ラテンアメリカ経済史

独立から現在まで

ビクター・バルマー＝トーマス
Victor Bulmer-Thomas

田中高・榎股一索・鶴田利恵——訳

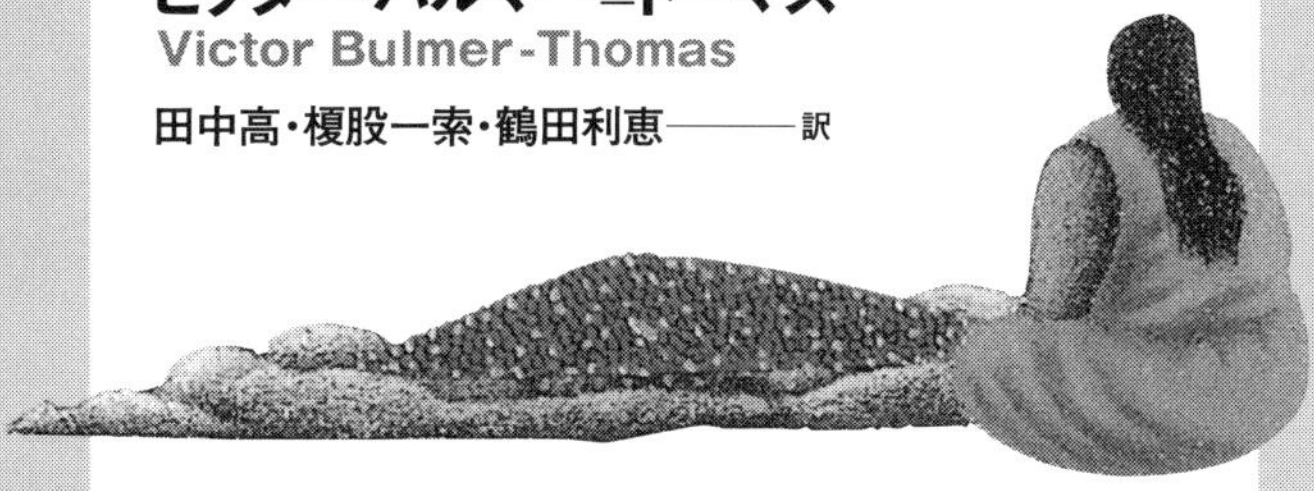

名古屋大学出版会

5%の富しか享受しない30%の人々には希望の光を、
30%の富を享受する5%の人々には警告を

はじめに

ラテンアメリカ全体をカバーする著作に取り組む著者は誰もが、一連の諸問題に遭遇する。これらの問題は、その時期がほぼ二世紀にもおよぶと、更に大きくなる。従って、個別の国や地域についての文献は急速に増えてはいるものの、独立以来のラテンアメリカ全体の経済史を通観する研究が比較的数少ないことは、驚くに当たらない。しかしながら、地域全体についての新しい経済史を必要としかつ可能とするのは、個別地域の研究の進歩である。チリからメキシコまで、新しい世代の研究者たちが、一次資料を探索する進んだ技術を利用し、広範な諸問題について、私たちの知識を実りあるものにしてくれた。

いかなるラテンアメリカ経済史も、学際的（multidisciplinary）アプローチを必要とするが、これは単一のディシプリンをより好む研究者の顰蹙を買うことになる。ディシプリンから離れることを鼓舞された世代を代表する最後のひとりとして、私は経済学、経済史、歴史、政治学、社会学、人類学それに国際関係論をカバーする広範な文献を利用する機会を得た。一九八六年以来、複合領域の学術誌 *Journal of Latin American Studies* の編集者として、私は世に広く知られる前の、新鮮な研究にアクセスする、またとない特権に浴した。

本書のような著作は、多くの恩恵なくして書くことはできない。ここではその一端を紹介する。ローズマリー・ソープ（Rosemary Thorp）とローレンス・ホワイトヘッド（Laurence Whitehead）は経済学の狭い分析枠組に絞ることの限界を教えてくれた。レズリー・ベッツェル（Leslie Bethell）は、金字塔ともいうべき *Cambridge History of Latin America* に参加した歴史学者と共に働く機会を与えてくれた。カルロス・ディアス＝アレハンドロ（Carlos Dĩas-Alejandro）はもし夭折しなければ、間違いなくこの本を書いていたであろう。ホセ・アントニオ・オカンポ（José Antonio Ocampo）は私に、専門職業人としてのエコノミストが一九世紀のラテンアメリカ経済をいかに洞察できるのかを開眼させてくれた。最後になったが重要なこととして、私の講演や講義に参加した全ての学生に特に感謝したい。彼らが示した反応はしばしば、本書の読者になるであろう多数の人々に、新しい考えを示したり理解してもらう方法として、どれが受け入れられるか、あるいは受け入れられないかの、リトマス試験紙の役を繰り返し果たしてくれたからである。

目次

地図1　中央アメリカ・南米の主要資源，1930年頃
Horn and Bice (1949) による

第1章　ラテンアメリカの経済発展――展　望

「ラテンアメリカ」という言葉は、一八五六年にコロンビア人のホセ・マリア・トレス・カイセド（José María Torres Caicedo）[1]が創り出したものである。ラテンアメリカは当初、リオ・グランデ川以南の、ラテン語から派生したスペイン語、ポルトガル語、フランス語をもっぱら使用する全ての独立諸国の地理上の意味にしかすぎなかった。この言葉が本来意味するところは、ラテンアメリカ諸国に唯一共通する特徴は、西半球に所在しかつまたその使用言語の起源が同一であるということである。しかし共通点ほどではないにしても、諸国間にはいろいろな点で、かなりの相違点がある。

面積、人口、民族、天然資源、気候、発展の水準などの相違点は依然として重要ではある。だが同時にまたこれらの国々が、地理や言語よりも多くのもので結ばれていることも明らかである。スペインとポルトガル両帝国の境界はあるものの、植民地支配を共有した経験は、独立後の新しい共和国の政治経済上の運命を形作るのに決定的な役割を果たした。工業国に天然資源を輸出するという一九世紀の発展パターンは、この過去の経験を共有するという意義を一層強固なものにした。

このように「ラテンアメリカ」という言葉には実質的な意味があり、その共通点はアフリカ、アジア、ヨーロッパの諸国を結びつけるものよりも強いのである。加えてラテンアメリカ・クラブの構成メンバーは独立後も大変安定し、国境改定、分割あるいは併合による構成員の増減は比較的少なかった。もちろんラテンアメリカ諸国の国境線はしばしば国家間の紛争の原因となり、その全てが解決しているわけではないが[2]、ヨーロッパやアフリカ、アジア諸国の国境線に比べれば、過去一五〇年間

地図 2　ラテンアメリカ，1826年頃，国境線の概略

地図3　ラテンアメリカ，1990年

微々たる変化しか経験していない。

ラテンアメリカ諸国とは、南アメリカの一〇カ国（ギアナ三カ国を除く）、中米六カ国（パナマを含むがベリーズは除外）、メキシコ、キューバ、ドミニカ共和国とハイチの総計二〇カ国を指している。ブラジルではもっぱらポルトガル語が、またハイチではフランス語から派生したクレオール語が使われているが、一八カ国では主にスペイン語が使用されている。先住民言語は依然としてメキシコ、グアテマラ、エクアドル、ペルー、ボリビア、パラグアイなどの国々では相当数の小グループで構成された住民によって使用されている。また英語は地域全体のかなりの数の少数グループの母語である。ブラジルのサンパウロの路上では日本語を聞くこともでき、ここには日系人が少なくとも一〇〇万人居住している。加えて多くの国では、かなりの数の中国系住民が存在する。

一八九八年までスペインの植民地であったプエルトリコは、米国に併合されその自由連合州となった。[3] プエルトリコは一九世紀には明らかにラテンアメリカの一部ではあったが、二〇世紀に入ってからの定義ではしばしば除外されている。多くの人々はこれをプエルトリコにとって冷酷なことと思うかもしれない。しかしプエルトリコは、米国との特別な関係により極めて特異な発展パターンを経ていることから、除外するのは正しいことと考えられている。従って本書ではプエルトリコは一九世紀を議論する際には登場するが、二〇世紀を分析する際にはそれほど多くは登場しない。対照的にパナマは一九世紀にはコロンビアの一部であったためラテンアメリカの一国には含まれていなかった。しかし一九〇三年にセオドア・ローズヴェルト（Theodore Roosevelt）が支援かつ扇動したことにより分離し、そして独立に至った。従ってパナマは二〇世紀にはラテンアメリカ諸国に含まれるのである。[4]

ラテンアメリカ諸国の多くは一八二〇年代にヨーロッパの宗主国から独立を勝ち取った。[5] ラテンアメリカに住む人々や外国人による当時の説明は、スペインやポルトガルの持つ貿易や行政上の特権がなくなりさえすれば実現する、と夢想した繁栄についての熱心な言葉で、満ち溢れている。生活水準は高くはなかったが、北アメリカと比べてそれほど低いわけではなく、おそらく多くの中欧諸国と同じくらい、また新しく発見されたオーストラリアやニュージーランドよりは多分高い生活水準にあった。ラテンアメリカの広大な未開拓の土地に眠る天然資源を開発するための資本と熟練労働者、そして西ヨーロッパの豊かな市場への無制限のアクセスが、必要なことの全てであると考えられていた。

それからおよそ二世紀後、その夢はまだ実現していない。ラテンアメリカの二〇カ国のいずれもが、先進国に仲間入りしていないし、いくつかの国は極めて貧しいままである。全ての国にいくらかの豊かな地域が存在するが、それは最貧層の貧困や困窮を覆い隠すことはできない。ラテンアメリカは世界の最貧地域に入るわけではないが、殆どが一九世紀を通してラテンアメリカよりもずっと低い生活水準であったことが明らかな、ア

表1-1　ラテンアメリカの開発比較指標，1990年頃

地域または国	1人当たりGNP（米ドル）	寿　命（歳）	乳児死亡率[1]	一日当たりカロリー供給（1人当たり）
開発途上国	800	63	65	2,468
南アジア	320	58	95	2,116
サハラ以南のアフリカ	340	51	107	2,011
ラテンアメリカ[2]	1,950	67	50	2,724
先進国[3]	19,090	76	8	3,417
英　国	14,610	76	9	3,252
米　国	20,910	76	10	3,666
スイス	29,880	78	7	3,547

注1）出生児1,000人のうち1歳未満で死亡する乳児数。
2）ラテンアメリカにはカリブ諸国の主要な英語使用国を含み，キューバは含まない。
3）経済協力開発機構（OECD）の全加盟国と定義される。
出所）World Bank (1991b).

ジアの一部の国々に追い抜かれてしまった。[6] 文学、美術、音楽、民衆芸能の分野でのラテンアメリカの業績は世界中で賞賛されてきたが、このことは、ラテンアメリカと先進諸国における経済発展水準の大きな格差を縮めるのに失敗したことを、部分的に相殺するに過ぎない。

経済発展は通常一連の指標により計測されるが、そのなかでもっともよく利用されるのはGDP（国内総生産）と一人当たりのGNP（国民総生産）である。[7] これ以外の指標としては平均寿命、一人当たりのカロリー摂取量、乳児死亡率、千人当たりの電話普及度などがある。これらの指標のどれをとっても、ラテンアメリカは北アメリカや西ヨーロッパの先進諸国（developed countries: DCs）とサハラ以南のアフリカや南アジアの最貧国の中間に位置している（表1-1参照）。世界銀行はハイチ、ホンジュラス、ニカラグアを低所得国と分類し、これ以外の全てのラテンアメリカ諸国を中所得国と分類している。しかし一九九〇年のこの地域の一人当たりのGNPが、DCsの水準の一〇分の一だったという事実を隠すことはできない。[8]

ラテンアメリカが経済的にうまくいかなかったからといって、不況だったわけではない。それどころかラテンアメリカで起こった変化は速いものであり、それを最もよく表しているのは都市人口比率である。人口増加は都市に集中したが、それは、一九世紀の外国からの移住者の流入と、また二〇世紀の農村から都市への人口移動の結果によるものであった。表1-2が示すように、現在ラテンアメリカでは人口の七〇%以上が町

表1-2　人口指標

国	1990年 人口 (1,000人)	都市化率[1]	人口増加 (年当たり％) 1961-70	1970-80	1980-90
アルゼンチン	32,322	86.3	1.4	1.7	1.4
ボリビア	7,171	51.2	2.4	2.6	2.5
ブラジル	149,042	78.9	2.8	2.4	2.1
チリ	13,173	85.9	2.3	1.6	1.7
コロンビア	32,300	70.0	3.0	2.2	2.0
コスタリカ	3,035	47.1	3.4	2.8	2.9
キューバ	10,610	67.0	2.0	1.3	0.9
ドミニカ共和国	7,170	60.4	3.2	2.6	2.3
エクアドル	10,547	56.0	3.2	3.0	2.6
エルサルバドル	5,172	44.4	3.4	2.3	1.3
グアテマラ	9,197	39.4	2.8	2.8	2.9
ハイチ	6,486	28.3	2.0	1.7	1.9
ホンジュラス	5,138	43.7	3.1	3.4	3.4
メキシコ	81,250	72.6	3.3	2.9	2.3
ニカラグア	3,676	59.8	3.2	3.1	2.8
パナマ	2,418	53.4	3.0	2.8	2.1
パラグアイ	4,277	47.5	2.9	3.0	3.1
ペルー	21,550	70.2	2.9	2.7	2.2
ウルグアイ	3,094	85.5	1.0	0.4	0.6
ベネズエラ	19,321	90.5	3.5	3.5	2.5
ラテンアメリカ	426,949	71.5[2]	2.8[2]	2.4[2]	2.1[2]

注1）都市に住む人口のパーセンテージと定義される。都市と区分される人口は，各国の定義による。Wilkie (1985), Table 657 を参照。

2）ラテンアメリカにはカリブ諸国の主要な英語使用国を含み，キューバは含まない。

出所）キューバを除く全ての国は IDB（1990）（1992）（1993）。キューバは Wilkie（1993）。

や都市に居住しており、都市化が際立って進んでいる。全ての中所得国の平均的な都市化率は五八％にすぎず、ＤＣsのそれは七七％である。このようなわけでラテンアメリカは「早熟の成長」であると説明されてきた。実際のところ、ラテンアメリカの都市におけるインフォーマル部門は劇的に成長しており、このことは都市の労働市場に向かう多くの新規参入者にとって、安定的で生産的な職に就くことがいかに難しいかを示す証拠となっている。[9]

　ラテンアメリカは世界的に見てかなり巨大な都市圏をいくつか有している。メキシコシティー（一八〇〇万人）、サンパウロ（一六〇〇万人）は先進工業国の大都市圏と同様の、あらゆる汚染問題を抱えている。しかしながらラテンアメリカの都市化に特徴的なことは、その首位性にある。ここで首位性とは、各国の主要都市で急速な成長が不均衡に進んだことである。ブラジル、ベネズエラ、エルサルバドルを除いて、主たる大都市圏に住む都市人口比率は、世界平均をはるかに上回っている。かくして首都は行政上の中心であると同時に通常、産業、商業、金融、文化の主要都市でもある。[10]

　表１－２にあるように、人口増加率は減速し始

めている。死亡率の低下が先行しこれと歩調を合わせて出生率も低下しており、人口転換がまさに進行中である。特にアルゼンチン、チリ、キューバそれにウルグアイなど、いくつかの国ではすでに人口増加率はかなり低いものになっている。しかし最も人口の多いブラジル、メキシコ両国は、ごく最近まで高い人口増加率を有していた。両国がラテンアメリカの総人口に占める割合は一九九〇年で五四％になるが、出生率が減少し始めていることから、一定の水準に保たれると予測される。

多くの開発途上国（less-developed countries: LDCs）では、急激に進む都市化の速度は、農村人口の増加と結びついている。農村から都市への移動は重要な要因ではあるが、都市部の面積が小さければ農村の人口増加を全て吸収することはできない。拡大する人口は依然として農村での新たな就業の機会を見つけねばならないのである。

しかしながら多くのラテンアメリカ諸国では、農村から都市への人口移動は、農村の人口増加率の低下にはつながらなかったけれども、農村の人口減少を招き、都市化を推し進めた。例えばウルグアイでは一九六〇年以後農村人口は四〇％減少し、農業に分類される労働力人口は一九九〇年には僅かに一四％に過ぎなかった。

これとは対照的に、一八二〇年代のラテンアメリカ全体の総人口は、今日のメキシコシティーの人口と大差のないものであり、その大部分は農村に住んでいて、労働力は農業と鉱業に集中していた。農業と鉱業部門が産出した天然資源が、域外の世界とのつながりをもたらし、またラテンアメリカに向かった労働力と資本の国際移動は、増加する輸出余剰に直接または間接に関係していた。現在でもラテンアメリカの名を知らしめる、砂糖のようないくつかの主な輸出商品は、独立の時期にはすでにその地位を確保していた。他方コーヒーのような多くの商品は、一九世紀になって輸出品リストに加えられた。

このような一次産品の重要性は低下し始めてはいるものの、一九八〇年代の終わりでも、総輸出額の三分の二を一次産品が占めている（表1-3参照）。加えて繊維、皮革製品、家具などのラテンアメリカの多くの非伝統的輸出産品は、天然資源を原料としている。従って一次産品が依然として域外の世界との主たるつながりを提供しているといっても過言ではない。もしここで非合法のコカインやマリファナなどの麻薬を輸出品のリストに加えれば、このことは一層はっきりする。麻薬類の末端価格はラテンアメリカ諸国が受け取る金額をはるかに上回っているものの、さまざまな方法を通してラテンアメリカに約六〇億ドル（一九九〇年の輸出額の五％相当）が還流していると推計されている。[11]

ラテンアメリカにおける天然資源の開発は、世界中の他の多くの地域と同様に、環境には十分な配慮がなされないまま実行された。森林は激減し、川や湖が汚染された。また有害物質が食物連鎖に入り込んだ。環境問題への地域の関心は徐々に高まっているが、ラテンアメリカの場合、ブラジル、コロンビア、エクアドル、ペルー、ベネズエラそしてギアナによって囲

表1-3　全輸出に占める一次産品の比率

国	第1位産品 (1985-87)	%	第2位産品 (1985-87)	%	一次産品全体 (1989)
アルゼンチン	トウモロコシ	8.0	牛　肉	6.7	68
ボリビア	天然ガス	54.2	ス　ズ	20.5	95
ブラジル	コーヒー	8.5	鉄鉱石	5.2	48
チ　リ	銅	42.9	ブドウ	4.6	90
コロンビア	コーヒー	49.0	石　油	12.6	75
コスタリカ	コーヒー	31.9	バナナ	20.4	70
キューバ	砂　糖	75.5	カンキツ類	2.2	86
ドミニカ共和国	砂　糖	22.2	ニッケル合金	16.0	74[1)]
エクアドル	石　油	49.0	バナナ	10.6	97
エルサルバドル	コーヒー	68.1	綿　花	1.9	80
グアテマラ	コーヒー	40.4	綿　花	3.5	83
ハイチ	コーヒー	23.9	砂　糖	0.2	27[1)]
ホンジュラス	バナナ	32.8	コーヒー	31.3	88
メキシコ	石　油	43.6	コーヒー	3.5	55
ニカラグア	コーヒー	43.0	綿　花	22.2	97
パナマ	バナナ	22.4	エ　ビ	18.5	80
パラグアイ	綿　花	32.4	大　豆	29.1	92
ペルー	銅	16.4	魚　粉	6.8	81
ウルグアイ	羊　毛	19.1	牛　肉	14.0	61
ベネズエラ	石　油	79.1	アルミニウム	4.2	92
ラテンアメリカ	石　油	20.0	コーヒー	7.0	66

注1）データは1988年。
出所）IDB（1988）; CEPAL（1988）; International Monetary Fund（1990）; World Bank（1991b）.

まれているアマゾン流域が、世界で最も大きくかつ重要な熱帯雨林を育んでいるという特別な問題にも直面している。もしこの熱帯雨林を破壊すれば、地球温暖化と温室効果の主因になるであろうと広く信じられている。そのためラテンアメリカは、先進国が適当であると判断した環境基準に適合せねばならないという、外部世界からの圧力も受けているのである。[12]

しかしながら環境破壊の問題は、天然資源に限定されているわけではない。大国の急速な都市化には、工業部門のかなりの成長を伴っていた。各国政府が工業化を支持する政策を採用した結果、化学プラント、製鉄所、セメント工場、自動車の組み立て工場がラテンアメリカのいたるところで次々と建設された。一九世紀の終わりにかけて、域内の主要国でこの工業化プロセスが開始され、さらに一九三〇年以後の大恐慌と第二次大戦により、輸入製品を国産品に代替する企業に刺激が与えられた結果、工業化は一層促進された。一九五五年までには実質GDPに占める製造業部門の比率は農業部門を上回り、[13]GDPに占める比率は一九九〇年までに農業部門が一〇・三%、鉱業部門が四・〇%であるのに対して、製造業部門は二四・五%にまで達した（表1－4参照）。

工業部門の成長は二〇世紀を通してかなり速いものではあったが、それほど効率的ではなかった。関税やその他の輸入障壁によって保護されたため、製造企業

表1-4　GDP への部門別の寄与，1990年

（1988年価格，%）

国	農　業	鉱　業	製造業	全製造業に占める各国の割合
アルゼンチン	14.0	4.2	22.0	8.6
ボリビア	26.6	11.6	14.0	0.4
ブラジル	9.1	1.9	26.7	40.2
チ　リ	6.8	8.6	20.5	3.1
コロンビア	17.4	6.6	21.6	4.6
コスタリカ	18.3	—[1]	20.1	0.5
キューバ[2]	16.0	—[1]	32.2	5.1
ドミニカ共和国	15.6	3.7	17.0	0.4
エクアドル	14.9	8.9	20.8	1.3
エルサルバドル	14.3	0.2	17.7	0.4
グアテマラ	25.8	0.2	15.0	0.6
ハイチ	32.6	0.1	14.4	0.1
ホンジュラス	20.2	1.4	13.5	0.2
メキシコ	8.1	3.1	28.1	23.3
ニカラグア	31.7	0.6	15.9	0.1
パナマ	10.9	0.1	8.2	0.2
パラグアイ	29.9	0.5	16.7	0.5
ペルー	8.6	2.4	28.0	3.7
ウルグアイ	13.6	—[1]	27.4	1.1
ベネズエラ	6.5	13.3	19.6	5.8
ラテンアメリカ[3]	10.3	4.0	24.5	100

注1）鉱業は製造業に含まれる。
　2）キューバのデータは1981年の非公式の推計。Brundenius and Zimbalist (1989). p. 43 を参照。
　3）ラテンアメリカにはカリブ諸国の主要な英語使用国を含みキューバは含まない。
出所）IDB (1992).

(multinational companies, MNCs: 多国籍企業を含む）は、国内市場で不当に高価格・低品質の製品によって利益を得た。従って多くの企業には国際競争力はなく、依然として一次産品の輸出所得から対外債務を返済しなければならなかった。二度の石油危機によってもたらされた一九七〇年代の対外累積債務の急激な増加は、ラテンアメリカを危険な状態に置き、一九八〇年代には、対外債務を返済するための十分な所得を、一次産品輸出で得ることは不可能になった。この結果、国際競争力のある産業を育成する必要性が認識され、企業はコストを下げ、品質を改善させるための圧力を各方面から受けるようになった。

ラテンアメリカにおける天然資源の採取とこれに関連した鉄道などのインフラへの投資は、外国資本を引きつけた。英国は一九世紀には主たる投資国であったが、多くの域内国では一九三〇年までに、米国が主たる投資国にとって代わった。その後国家の経済活動への介入が着実に進み、以前は外国人が支配していた公共事業、鉄道、天然資源などを次々に手中に収めていった。しかしながら外国資本は、特に非石油鉱物など多くの一次産品で重要な役割を果たしており、さらに第二次大戦後には、工業の新たな投資機会に引きつけられていった。

表1-5　所得分布：世帯収入のパーセンテージ

国	年	下位20%	上位20%	上位10%
アルゼンチン1)	1989	4.1	52.6	35.9
ボリビア2)	1989	3.5	57.5	41.2
ブラジル	1989	2.1	67.5	51.3
チ　リ	1989	3.7	62.9	48.9
コロンビア	1988	4.0	53.0	37.1
コスタリカ	1989	4.0	50.8	34.1
キューバ	1986	11.3	n/a	20.1
ドミニカ共和国	1989	4.2	55.6	39.6
エクアドル2)	1987	5.4	50.5	34.6
エルサルバドル2)	1990	4.5	50.0	33.6
グアテマラ	1989	2.1	63.0	46.6
ホンジュラス	1989	2.7	63.5	47.9
メキシコ	1984	4.1	55.9	39.5
パナマ	1989	2.0	59.8	42.1
パラグアイ3)	1990	5.9	46.1	29.5
ペルー4)	1985	4.9	51.4	35.4
ウルグアイ4)	1989	5.4	48.3	32.6
ベネズエラ	1989	4.8	49.5	33.2
スウェーデン	1981	8.0	36.9	20.8
米　国	1985	4.7	41.9	25.0

注記）特に断りのない限り，データは一人当たりの所得によって分類されている。
注1）ブエノスアイレス大都市圏のみ。
2）都市部のみ。
3）首都のみ。
4）データは一人当たりの支出額。
出所）CEPAL（1986）; Brundenius and Zimbalist（1989）; Wilkie（1990）; World Bank（1991b, 1993）; Psacharopoulos（1993）.

今日では疑問が高まっている、経済活動への国家介入は、ラテンアメリカの多くの国で見られる所得分配の著しい不均衡を是正することはできなかった。この不均衡は、もともと植民地時代から受け継がれた不均衡な土地の分配に端を発しているが、二〇世紀に産業と金融においても集中が進んだため、より一層助長された。こうしてラテンアメリカは、世界でも所得不均衡の最悪の地域の一つとなった。実際、表1－5にあるように、全ての国で上位二〇%の家計が全家計総所得の五〇%以上を得ており、他方多くの国で、下位の二〇%の家計が、家計総所得の三%以下しか得ていないのである。

国ごとの格差は、それぞれの国の国内格差よりも大きい。例えば一九九一年には一人当たりのGNP（表1－6参照）は豊かな国（アルゼンチン、ブラジル、メキシコ、ウルグアイ、ベネズエラ）でだいたい三〇〇〇ドル程度であったが、最も貧しい国（ハイチ）では三七〇ドルであった。すなわち平均的なメキシコ人は平均的なハイチ人よりも八倍豊かで、平均的な米国人（表1－1参照）は、平均的なラテンアメリカ人よりも一〇倍豊かであることを示している。ラテンアメリカ経済史は、地域全体が先進地域という地位に到達することに

表1-6　一人当たりGNP

（米ドル）

国	1980	順　位	1991	順　位
アルゼンチン	1,970	7	2,790	4
ボリビア	490	19	650	16
ブラジル	2,070	6	2,940	2
チ　リ	2,100	5	2,160	6
コロンビア	1,180	12	1,260	10
コスタリカ	1,960	8	1,850	8
キューバ[1]	2,325	3	—[1]	
ドミニカ共和国	1,080	14	940	14
エクアドル	1,260	11	1,000	13
エルサルバドル	750	16	1,080	11
グアテマラ	1,120	13	930	15
ハイチ	250	20	370	19
ホンジュラス	640	18	580	17
メキシコ	2,320	4	3,030	1
ニカラグア	690	17	460	18
パナマ	1,630	9	2,130	7
パラグアイ	1,340	10	1,270	9
ペルー	990	15	1,070	12
ウルグアイ	2,800	2	2,840	3
ベネズエラ	4,070	1	2,730	5
ラテンアメリカ[2]	1,920		2,390	

注1）キューバの公式データはGNPもGDPも該当しない。1980年の（一人当たりGDPの）推計はBrundenius and Zimbalist（1989）による。

2）ラテンアメリカにはカリブ諸国の主要な英語使用国を含み，キューバは含まない。

出所）World Bank（1991c, 1993）.

失敗したことだけではなくて、域内の個々の国の国内格差と国と国の間の生活水準の格差を明らかにしなければならない。

経済発展に関する多くの理論は、説明の一つを強調して残りの部分を犠牲にしてしまう傾向がある。例えば今日では殆ど受け入れられなくなった人種理論⑭は、ボリビア（先住民人口が多い）とハイチ（アフリカ系住民の多い）に関して一人当たりの実質所得が低いことを説明するのに利用された。しかしそれは、ヨーロッパ系の人口が多いコスタリカやウルグアイが、なぜDCの地位に到達できなかったのかを説明できなかった。人種理論は同じ国が成功から失敗に（例えばアルゼンチン）、あるいはその反対（例えばベネズエラ）に転換した理由を説明するのにも、まったく不適切である⑮。

ラテンアメリカに関するいくつかの経済発展の理論は、この地域の制度上あるいは構造上の特徴にかなりの力点を置いている⑯。一例を挙げると、土地所有制度はイベリア半島から継承されたものだが、発展の障害と考えられてきた。また植民地本国から継承された法律や行政上の機構は、民間の企業家精神や公的部門の効率的な意思決定に障害となるとみなされてきた。しかしながらこのような理論の表面的な魅力に惑わされて、その多くの欠陥に目をつむってはならない。植民地時代から継承された制度と構造は、同質的なものではなかったし、時代とともに著しく変化したからである。

他方従属理論は、「中心」（先進国）と「周辺」（ラテンアメリカ）の間の対立関係、双方の間に存在する不等価交換に力点を置いており、当初、ラテンアメリカが先進国に見られるような高い生活水準を得られなかった理由の、もっともな説明であると受け止められた。しかし従属理論は、ラテンアメリカのいくつかの国が、なぜ域内の他の国よりもかなり良好な成果を上げているのかを十分に説明することができなかった[17]。加えて従属理論は、アルゼンチンのような国がなぜ比較的短期間に成功から失敗に向かったかを明らかにすることができなかった。

従属理論は、ラテンアメリカの経済発展の主たる障害が、外国勢力との不平等な関係にあるとする、長い伝統を有する理論研究の一つである。多くのヨーロッパ列強（特に英国、フランス）が一九世紀に、また二〇世紀には米国が、ラテンアメリカに対して傲慢な態度をとっていたことは、多くの状況証拠によって裏付けられている。しかしながら、特定の外国勢力との結びつきの度合いと経済発展の速度との間に、負の関係があるという主張を支持するわけにはいかない。貧しくて後進的な国（例えばボリビア）が、比較的豊かな国（例えばアルゼンチンは一九四〇年代の後半まで、しばしば大英帝国の非公式メンバーと呼ばれてきた）ほどの関心をもたれたことは決してなかった[18]。

正統派の理論もうまくいかなかった。輸出主導型の経済成長に関する多くの理論は、世界経済に最も高い水準で統合された国は、最高の経済成長を達成し、最終的にＤＣの地位に到達すると論じている[19]。しかしながらホンジュラスのようにラテンアメリカで最も貧しいいくつかの国は、世界で最も開放的な経済の部類に入っている。他方ブラジルは一九二〇年代にはラテンアメリカ域内で最も貧しい国の一つであったが、一九七〇年代までには域内の最も豊かな国の一つに転換しており、これはその期間の殆どを通じて世界経済と分離していたという事情があったにもかかわらず達成されたものである。

近年、正統派理論の極端な型である新自由主義が流行している。この理論は、国家の介入は相対価格を歪め、活力ある民間部門の出現を妨げ、多くの人間をしばしば非合法なインフォーマル部門に追いやってしまい、ラテンアメリカ経済は麻痺してしまったと主張している[20]。この理論の批判者はすかさず、この議論の非歴史的な性質を指摘する。というのはラテンアメリカにおいては国家介入は世界の他の多くの地域と同様に、その大部分が、規制がなく「自由」な環境のもとでの市場の失敗への対応策であったからである。実際のところ、ラテンアメリカでは一九三〇年以前の半世紀は自由主義思想が支配的で、国家の役割は控えめなものであったし、外国からの民間投資が重要な役割を果たしていた。たとえ国家介入が常に、市場の失敗に対する適切な対応策ではなかったとしても、国家の介入がなければ必然的により効率的な資源配分につながるということにはならないであろう。

ラテンアメリカが世界の一人当たり所得規準で中位に位置し

ていることと、時間がたつにつれて、ラテンアメリカ諸国の間に現出した格差の両方を、一つの理論では説明できない。もちろん経済史が単なる記述以上のものになろうとするなら、理論的な枠組みは不可欠である。そこで本書全体を通して、地域全体と個々の国の置かれた立場を、商品の当たり外れ(commodity lottery)、輸出主導型成長の構造、経済政策の実施環境という三つの基本的な概念に立って説明することにしたい。

　ラテンアメリカの世界経済への統合は、一次産品輸出によってもたらされた。これまで見てきたように、これがラテンアメリカを域外の世界と結びつける、唯一最重要の要因である。しかしながら一次産品は同質ではない。商品の当たり外れという言葉は、商品間の相違点に注目するために使っている。いくつかの産品（例えば牛）は、輸出する前の加工段階など、前方連関に力を発揮する。しかしその他の商品（例えばバナナ）には殆どこの見込みはない。前方連関を持つ商品は、一九世紀のアルゼンチンで明瞭なように、工業化と都市化を促進することができる。しかしそれぞれの商品では投入物の需要（後方連関）が異なっている。土地から労働力のみを使って採取される商品（例えばグアノ）[21]は、投入物を供給するような産業に刺激を与えないが、その他の商品（例えば硝石）は、それが利益を生むように利用される前に、機械を含む広範囲の投入物を必要とする。

　商品はまた、その需要という点においても異なっている。例えば肉のようにそのいくつかは、比較的高い需要の所得弾力性を享受したし、現在も享受している。この結果、世界の実質所得が五％上昇すると、肉の需要は五％以上上昇する。一方、例えばコーヒーは、嗜好品から基本的な消費財に変化し、需要の所得弾力性はこれまで下がり続けている。いくつかの商品（例えば金）には、これにほぼ同一に代替するような合成品がない。しかし合成品との競争に直面し、そのため需要の価格弾力性が高い商品（例えば綿花）もある。ラテンアメリカは、いくつかの産品（例えばコカイン）では世界の供給を独占しているが、その他の産品（砂糖など）では厳しい国際競争にさらされている。

　ラテンアメリカの地理と地質が多様であったため、かえって各国は輸出すべき商品の選択肢が制約された。温帯にあるチリは、コーヒーではなく小麦を輸出することが可能であった。またチリは多量の銅を埋蔵しているが、石油は僅かしか産出しない。商品の当たり外れによってチリは、熱帯性気候で山の多い地形がコーヒー生産に最適なコロンビアとはかなり異なった生産物を基盤として世界経済に統合されたのである。商品特化に関する国ごとのこうした相違点は、必然的に長期的な成長に重要な意味をもたせた。

　商品特化は輸出部門の労働生産性の上昇を生み、輸出主導型成長に展望をもたらした。しかしながら輸出主導型成長のメカニズムが重要な問題となる。その構造が能率良く働く装置であれば、輸出部門における生産性上昇の利益を経済全体に移転させ、生活水準と一人当たりの実質所得を上昇させることができる。もしその装置が不完全であれば、輸出部門に集中した生産性上昇の利益は、しばしば国内の生産要素ではなく外国企業によって利用されてしまうであろう。このように輸出特化によって生じた資本余剰が、そのまま資本蓄積になるとは保証されない。

輸出主導型成長のメカニズムには資本（技術革新と技術移転を含む）、労働力そして国家の三つの装置が特に重要である。この装置が効率的に機能しない国では、輸出部門は成長可能でも、非輸出部門は停滞するかあるいは衰退することさえ起こり得る。従って一人当たりの輸出が伸び実質ＧＤＰに占める輸出の割合は増加するが、急速な生活水準の上昇は保証されないという結果になる。もちろん、やがて、輸出が上昇するにつれて実質ＧＤＰ成長率は輸出成長率と同じになるに違いない。しかしそれまでに、その経済が世界市場の不利な条件に対して極端に脆弱となる地点にまで輸出特化は行きついているであろう。加えて世界貿易の循環によってもたらされる景気後退は、深刻で長期化するかもしれないのである。反対に三つの装置が効率よく機能する国では、非輸出経済は輸出部門と同様に拡大するであろう。一人当たりの輸出は上昇するが、実質ＧＤＰに占める輸出割合は、実際には低下するかもしれない。そして生活水準は確実に上昇するであろう。そうなると、非輸出経済の活力によって、不利な外的ショックから非輸出経済が保護され、そのため世界貿易の循環による景気後退は短期的なものになりやすい。

最初の装置である資本は、輸出部門の資本余剰の一部を、非輸出部門経済に移転するものである。この移転は決して自動的ではない。例えば余剰が外国の投資家に生じる場合、あるいは金融仲介機関が少ない場合、また国内市場が小さい場合には、資本移転は起こりにくいであろう。資本移転は余剰が国内の生産要素に生じ、金融仲介機関が数多く存在し、国内市場が大きくかつ拡大している際により起こりやすいであろう。

国内市場の規模は、人口だけでなく購買力の関数でもある。第二の装置である輸出部門の労働力が現物で支給されていれば、国内市場は人為的に購買力を制約されてしまう。例えば一八八〇年代のブラジルやキューバの奴隷制に基づく労働力は、輸出部門の生産性上昇の利益が非輸出経済に移転するための刺激をあまりもたらさなかった。これとは対照的に、賃労働に基づく熟練労働力は、非輸出経済部門の売り手にとって重要な購買力の集団というだけでなく、その技術と知識を他の経済部門に利用できる、将来の企業家の潜在的な供給源でもある。

第三の装置は国家に関係する。輸出部門の拡大は輸入の拡大をもたらし、発展の初期段階での外国貿易への課税は例外なく、最も重要な政府の収入源である。収入の規模とそれをどのように使うかということは、輸出主導型成長が成功するか失敗するかを決める重要な要因である。資金が僅かで主として輸出部門の強化のみに使われれば、非輸出部門は活発化しないかもしれない。資金が豊富で非輸出部門の促進に使用されるのであれば、両部門は急速に拡大することができる。しかしながらそのバランスは微妙である。というのは輸出部門に極端に課税すると、経済が停滞してしまう可能性があるからである。

独立後のラテンアメリカの経済発展の成功と失敗の重要な決定要因は、商品の当たり外れと輸出主導型成長のメカニズムであったが、経済政策の実施環境も同様に重要であった。一貫しない経済政策あるいは経済政策の一貫しない実施が、輸出部門と非輸出部門の双方にかなりの損害を与えた。かたや広範な合意に基づき、政治的安定性に支えられた一貫した経済政策は、輸出部門の生産性上昇による利益を非輸出部門に移転するのにふさわしい環境を生み出した。ラテンアメリカ経済がより複雑化するにつれて、経済政策の実施環境は、いくつかの国では成功か失敗かの鍵を握るほど重要になってきている。

独立後の最初の約一世紀の大部分の間、ラテンアメリカの全ての国は、一次産品輸出に基づく輸出主導型成長政策を採用していた。商品の当たり外れ、輸出主導型成長の構造、経済政策の実施環境の組み合わせが好ましかった国では、その結果は目を見張るほどであった。例えばアルゼンチンは商品の当たり外れでは便益を得て、輸出主導型成長のメカニズム構造が順調に作用し、経済政策はかなり不完全であったにもかかわらず、一九二〇年代には一人当たりの実質所得では、世界の一二の富裕国に入っていたのである。しかしながらハイチやボリビアのようにこれら三つの要素の全てが好ましくない場合には、その結果はひどく期待外れであった。

一九二九年の大恐慌以後の半世紀間、大きな国を中心としてかなりの数の国が、輸出主導型成長から、輸入代替工業化(import-substituting industry: ISI)に基づく内向きの発展に転換した。これらの国では一次産品輸出が、主たる外貨獲得源であり続けたものの、転換した国々では輸出部門は活力を失い、商品の当たり外れはその妥当性を失った。活力ある新たな部門はISIであり、ISIの生産性上昇による利益を、いかにしてそれ以外の経済部門に移転するかが問題となったのである。従ってこの新たな状況でも、依然として生産要素市場と生産物市場が順調に機能する必要があり、さらに経済政策の実施環境は、もし失敗するとその代償はより大きくなるため、以前にもまして重要となった[22]。

一九六〇年代の終わりに、多くの国が内向きの経済発展から、製造業を含む非伝統的輸出に基づく新しいタイプの世界経済への統合に方向転換し始めた。このプロセスは一九八〇年代に速度を早め、一九九〇年代初めには、ラテンアメリカ全体で新しい輸出主導型成長の時代が始まっていた。この新しいモデルには多くの期待が寄せられているが、過去の経験を思い起こす必要がある。経済政策の実施環境は依然として重要である。世界経済がグローバル化した現代では、国内の資本や労働力などの生産要素がラテンアメリカ域外の投資や就業機会にいち早く気づき始めて、政策が失敗すればラテンアメリカからの資本逃避と熟練労働力の流出を生じ、損失を被ることになる。輸出主導型成長のメカニズムはより複雑になり、技術の移転と拡散がより肝要となっているが、輸出部門の生産性上昇による利益を非輸出経済部門に移転するという、基本的な問題はそのままである。商品の当たり外れはもはやそれほど重要ではなが、非伝統的輸出産品の選択は依然として、経済発展の成功と失敗に大きな影響を与える可能性がある。

ラテンアメリカ経済史の教訓では、現在ラテンアメリカが経済全般また特に一人当たりの実質所得が低い状態に置かれていることを、あらかじめ決定するようなものは何もない。とはいえ独立期に比べると、現在ではるかに成功の秘術を得ることが困難になっている。魔法の杖は存在しないし、国際競争はかつてない程激しい。ラテンアメリカ諸国の全てが、来たるべき世紀にDCの範疇に入ることは期待できないが、いくつかの国がDCの仲間入りに成功しないならば、それは驚くべきことであろう。[23] またたとえいくつかの国がDCに入ることに成功しなかったとしても、今生きているラテンアメリカ人の全ての子孫たちに人並みの生活水準を保証しようとするのであれば、過去の成功と同じように失敗の経験からも学ばなければならないのである。

第2章　独立から一九世紀中頃までの、ナショナルアイデンティティー

ラテンアメリカ諸国の大部分は一八二〇年代初めに独立を達成した。独立は生活水準が急激に下がったことが明らかな、長期にわたる経済的混乱と政治的不安定の時期の最後に起きた。ナポレオン戦争の間、英国とスペイン間に戦争が勃発したことで、ラテンアメリカ諸国の対外貿易は深刻な打撃を受けた。一八〇八年にナポレオンがイベリア半島に侵攻し、彼の実兄であるジョゼフ（Joseph）をスペイン王に就けた。これにより、ポルトガル王室はブラジルに移動し、スペイン国内の反ナポレオン勢力と英国は一時的な同盟を結んだ。ラテンアメリカからの輸出は不利となるいっぽうで、英国の商人たちが封鎖された大陸市場に取って代わるものとしてラテンアメリカに目をつけたため輸入が急増し、域内貿易は徐々に衰退した。[1]

ナポレオンがスペイン侵攻に成功したことは、ラテンアメリカにおけるスペインの権威を弱め、胎動したばかりで大して勢いのなかった独立運動が切実に必要としていた刺激となった。ナポレオンが一八一五年に最終的に敗北する頃には、独立運動はそれ自体が活力を持つようになった。イベリア半島で自らの権力を回復したスペインとポルトガル両王室も、これをラテンアメリカにまで拡大することはできなかった。一八一五年以降分離した王室となっていたブラジルは、リスボンのジョアン六世（João VI）の要求を退け、彼の息子のドン・ペドロ（Dom Pedro）を一八二二年に皇帝の位に就かせた。[2] ヌエバ・エスパーニャ［Nueva España: 植民地時代の呼称で現在のメキシコの地］はアグスティン・デ・イトゥルビデ（Agustín de Iturbide）のもとで九カ月間メキシコ帝国となり、中米を併合した結果、コロンビアの北の国境に接するまで拡大した。[3] スペイン

のラテンアメリカ植民地は当初から共和制の政治体制を選択し、一八二〇年代中頃には、スペインが支配していたのはキューバとプエルトリコだけとなった。[4] イスパニオラ島東部のサントドミンゴでさえ、一八〇四年にフランスから独立したハイチが、一八二二年にスペインから奪っていた。[5]

政治的な混乱は独立によって収束したわけではなかった。それどころか、スペインとポルトガルから受け継いだ国境がしばしば争いの種となった。中米は一八二三年にメキシコから分離したが、その過程で北部の国境であるチアパス地方を失い、一八三八年まで極めて困難な状況に置かれつつ、連邦として機能し続けたが、一八三八年ついに五カ国に分離した。[6] テキサスは一八三六年にメキシコから分離した。[7] ユカタン半島は一八三九年にメキシコから分離したが、一八四三年に再統合された。[8] シモン・ボリーバル（Simón Bolívar）が、ベネズエラ、コロンビア、エクアドルをまとめて創ったグラン・コロンビアは、一八三〇年に彼が死去した後に瓦解した。[9] 一八三〇年代に短期間存在したペルーとボリビアの連合は、チリが侵攻したことで崩壊した。[10]

大きな混乱もなく独立したブラジルでも、独立後の国境紛争とは無縁ではなかった。ブラジルはバンダ・オリエンタル[Banda Oriental: ラ・プラタ東岸地方で、現在のウルグアイの地]を領土にしようとして、アルゼンチンの怒りを買い、その結果生じた戦争によって、一八二八年に緩衝国としてウルグアイが誕生した。[11] ブラジルはまた多くの明らかに分離主義の性格を持つ反乱と対峙しなければならなかった。[12] またアルゼンチンとチリ両国政府は、スペインに征服されなかった先住民が支配していた土地に、新しい共和国の領土を拡大すべく戦っていた。[13] ハイチによるサントドミンゴの支配は、一八四四年のドミニカ共和国の独立によって終了した。[14] パラグアイは、絶対主義者であるホセ・ガスパール・ロドリゲス・デ・フランシア（José Gaspar Rodríguez de Francia）による孤立主義という安全策を採用することで、何とか近隣諸国との国境紛争を先送りすることができた。[15]

国境紛争はイベリア勢力の衰退によってもたらされた不可避的な結果であった。特にスペインは行政上、便宜的に決めたにすぎない国境に特別な注意を払う理由はなかった。加えて、人口の規模が小さく（表2-1参照）人口密度が低かったので、境界線はしばしば、国境線の画定をしようにも地方税関ではそれができないほどの過疎地域にまで入り込んでいた。外国勢力は新生ラテンアメリカのこのような弱みを躊躇なく利用した。英国領植民地であったベリーズとガイアナの現在の境界線は、一九世紀初頭に隣国から奪取して確保したものである。[16] メキシコは一九世紀中頃の米国との戦争に敗れ、国土のおよそ半分を失った。[17]

政治的な混乱は、国家間の争いに限らなかった。政治エリート同士が国家の性質、カトリック教会との関係、主要な組織をめぐって仲間内で争いをしたために、より大きな対立を生むこととなったのである。このような緊張は、一八世紀末の独立戦

表2-1　ラテンアメリカ独立前後の人口

（100万）

国	1788	1810	1823
ヌエバ・エスパーニャ[1]	5.9	7.0	6.8
グアテマラ[2]	1.2	—[3]	1.6
キューバとプエルトリコ	0.6	—[4]	0.8
ベネズエラ	0.9	0.95	0.79
ヌエバ・グラナダ[5]	1.8	2.0	2.0
ペルー[6]	1.7	2.05	1.4
チ　リ	—[7]	—[7]	1.1
リオデラプラタ[8]	1.1	2.35	2.3
小　計	13.2	14.35	16.79
ブラジル[9]	1.9[10]	3.3[11]	4.0
合　計	15.1	17.65	20.79

注1）おおよそ1850年代以前のメキシコ。
2）おおよそ現在の中米諸国。
3）ヌエバ・エスパーニャに含まれた。
4）不明。
5）現在のパナマとコロンビアに相当。
6）現在のボリビア，エクアドル，ペルーに相当。
7）ペルーに含まれていた。
8）現在のアルゼンチン，パラグアイ，ウルグアイに相当。
9）回答のないインディオは除外。
10）データは1776年。
11）データは1800年。
出所）Rippy (1945), pp. 106, 107, and 127. 最近の研究は全人口数を低めに訂正している。例として，Lockhart and Schwartz (1983), p. 338 を参照。これによると，リオデラプラタを低めに推定した結果，（ブラジルを除いて）1800年頃の人口を1,255万7,000人と推計している。

争後には基本的な問題では意見が一致した米国よりも、はるかに大きな影響をラテンアメリカに与えたが、その後数十年にわたって解決されなかった。三世紀間に構築され徐々に発展した植民地のシステムは、一晩にして取り壊すことはできなかった。争いの多くは、植民地時代システムをどのくらい残し、どれを捨てるかについての対立であると考えることができる。従って、ラテンアメリカ諸国が受け継いだ植民地経済の主な特徴を概観しておくことが適当であろう。

▼植民地の遺産

植民地経済の組織は、征服者たちが到着するにつれて多くの変化を経験したが、重商主義の原則は一貫して採用された。この原則によれば、一国の繁栄はしばしば貴金属と同一視されていた資本の蓄積と結びついていた[18]。スペインとポルトガルでは、国内では十分な量の金銀を手に入れることができなかったため、重商主義の原則に従って、貿易によって金銀（正貨）を蓄積することを目指したのである。

重商主義は、植民地であるラテンアメリカとイベリア半島諸国との関係に、多くの特別な影響を与えた。重商主義によれば、ラテンアメリカの輸入する商品は全てスペインとポルトガルのものでなければならなかったし、正貨を除いたラテンアメリカの商品輸出は、ラテンアメリカ域内の

表2-2　植民地の経済システム

	イベリア半島		ラテンアメリカ		
	貸　方	借　方	貸　方	借　方	
商品輸出	500			500	商品輸入
商品輸入		300	300		商品輸出
貿易収支	200（余剰）		200（不足）		貿易収支
純政府移転	100			100	純政府移転
金銀地金の輸入		300	300		金銀地金の輸出
総合収支	0			0	総合収支

市場に向けねばならなかった。その結果生じた商品貿易赤字は、スペインとポルトガルへの金銀の輸出によって補填された。理論的にはラテンアメリカの貿易赤字が大きければ、それだけスペインとポルトガルの正貨の蓄積は大きくなる。しかしこれは、ラテンアメリカの金銀鉱山の物理的な生産能力によって、制約された。

他国と貿易することはスペイン、ポルトガルとの貿易赤字を減少させることになるので、重商主義はこれを抑制させた。かくしてスペインとポルトガルはラテンアメリカとの貿易を独占し、ラテンアメリカの輸出品の唯一の買い手となったのである。しかしながらラテンアメリカの商品輸出は、それが宗主国に向けられ宗主国の商品と競合しない限りは促進された。そのため、ラテンアメリカがタバコや砂糖などの熱帯産品を輸出することは歓迎された。

スペインとポルトガルが植民地から正貨を引き出そうとしたメカニズムは、商品貿易の赤字だけではなかった。民間生産者、植民地行政府、加えてイベリア王室が鉱山の産出物を分配したので、かなりの量の金銀がスペインとポルトガルに流出した。この結果、国際収支の赤字はさらに増加した。この赤字は正貨の流出によってのみ補填することができた。また鉱山への課税に加えて、その他の多くの現地での税収入が、イベリア半島に移転されることになっていた。

イベリア半島とラテンアメリカで行われた重商主義の影響は、表2-2に要約されている。この表では、世界の他地域との貿易はないものと仮定している。すなわちイベリア半島の商品輸出五〇〇単位は、ラテンアメリカの同量の商品輸入となる。ラテンアメリカの商品輸出三〇〇単位は、イベリア半島の同量の輸入となる。その結果、商品貿易の不均衡はイベリア半島の黒字（二〇〇単位）となる。鉱山への王室の課税などの純公的移転（一〇〇単位）により、経常収支は三〇〇単位となる。後にこの差額は、ラテンアメリカからスペインとポルトガルへの地金輸出（正貨）により補填される。

正貨輸出は鉱業の生産能力の制約を受けていたので、主要な金銀の埋蔵量を有するヌエバ・エスパーニャ、アルト・ペルー［Alto Perú:　現在のボリビアの地］、チリ、ヌエバ・グラナダ［Nueva Granada:　現在のコロンビアの地］[19]がより多くの注目を集めたことは驚くにあたらない。グアテマラ総督領など他の多くの地域は無視され[20]、自領の限られた資源に依存しなければならなかった。ポルトガルの場合、一八世紀にブラジル中央部ミナス・ジェライスで金が発見され、この地域への関心が高まった。またこれが主なきっかけとなって、首都がバイアからリオデジャネイロに移ったのである。[21]

重商主義理論はラテンアメリカの植民地期の経済組織を動かしたかもしれないが、現実には、経済組織は、スペインやポルトガルも殆ど制御できない出来事によって、しばしば影響を受けた。従ってどちらの帝国も、植民地が必要とする全ての財を供給することはとてもできなかった。ヨーロッパの他の国から購入した商品をラテンアメリカに再輸出する試みは、ラテンアメリカにとって割高になっただけでなく、ポルトガルとスペインから正貨が他の列強諸国に流出することにつながった。また、ラテンアメリカの多くの地域で、スペインとポルトガル両帝国から商品を高い価格で購入しなければならなかったので、英国、フランス、オランダの貿易商との活発な密輸を生むことになったのである。

一七五九年に開始されたブルボン改革により、スペインはその植民地の国内および対外貿易システムを真剣に見直すこととなった。[22]スペインは正式にはその外国貿易の独占を決して放棄することはなかったが、輸出入の取り引きは簡素化された。ラテンアメリカからの商品輸出はますます重要となり、より多角化した。特に農産品の輸出は拡大し（表2‐3参照）、ラテンアメリカをスペインのみならず再輸出あるいは密輸を通して、他のヨーロッパ諸国とも結びつけることとなった。同様なプロセスはブラジルにも見られ、ポンバル改革（ポルトガル人のマルキス・デ・ポンバル Marquís de Pombal にちなんで名付けられた）により貿易上の制約が緩和され、ミナス・ジェライスの金産出の減少を補填する商品輸出が増加した。[23]

ラテンアメリカ地域内の貿易も増加した（表2‐3参照）。植民地内部のさほど重要でない通商上の規制は廃止され、植民地内の多くの地域では、実質的な関税同盟が貿易を刺激しかつ促進したのである。域内外への農産品貿易は生産性の上昇をもたらし、プランテーション（一般には世界市場向けに単一産品を生産する）だけでなく、アシエンダ（自給用あるいは域内市場向け、また輸出向けの多くの異なる産品を生産する大農園）にも影響を与えたのである。

ブルボン、ポンバル改革は、一六世紀から一七世紀のハプスブルク家時代には殆ど無視されていた非輸出経済にも注目した。非輸出経済は農業がその大部分を占めていたが、植民地の小さな町に集中していた、かなりの規模の職人部門も含んでいた。ラテンアメリカでは、特に依然として先住民が土地を共有していた地域などでは、自給自足経済の状態にあったが、市場で取り引きされる余った農産物への需要も存在した。この需要は都市の小さな中心部、あるいは特に鉱業地帯といった地方の非農業部門の労働者、またプランテーションの労働者（殆どが奴隷であった）が生み出していた。一八世紀の改革のもとで、この三種類の活動による生産が増加すると、主としてアシエンン

表2-3　ラテンアメリカ：植民地時代末期の域外と域内間貿易

地　域	地　区	産　品	市　場	
			域　外	域内間
メキシコ	中央部	砂糖，繊維		*
	オアハカ	穀　物	*	*
	ユカタン	インディゴ	*	*
	北　部	牛肉，繊維		*
	北　部	銀	*	
中米とカリブ地域	エルサルバドル	インディゴ	*	*
	ホンジュラス	銀	*	
	コスタリカ	タバコ		*
	アンティーエス	砂　糖	*	
ベネズエラ	海岸部	カカオ	*	*
	平地部	皮　革	*	*
コロンビア	東部高地	金，銀	*	
エクアドル	高　地	繊　維		*
	海岸部	カカオ	*	*
ペルーとボリビア	高　地	銀	*	
	高　地	水　銀		*
	北部海岸	砂　糖		*
	南部海岸	綿　花		*
チ　リ	北　部	銀	*	
	中央部	小　麦	*	*
アルゼンチン，パラグアイ，ウルグアイ	北部，中央部	手工芸品		*
	クージョ	ワイン		*
	北東部	マテ茶，牛		*
	北東部	砂　糖	*	
	リオデラプラタ	獣脂，皮革	*	
ブラジル	中央部	金，ダイアモンド	*	
	南　部	牛　肉		*
	アマゾニア	木　材	*	

出所）Cardoso and Brignoli (1979a), pp. 218-20.

ダ、にとって有利となる国内向けの農産品への需要も増加したのである。

職人部門は規制に縛られかつ封建時代さながらのギルド制のもとにあり、植民地の行政上の必要性と地域住民の購買力がある程度上昇したことに呼応して成長した。工業部門はイベリア半島以外からの輸入の禁止によって保護されていたが、コストが高くなり技術も遅れていたので、密輸品に競合することは困難であった。にもかかわらず、ヌエバ・エスパーニャ[24]の繊維に象徴されるように、工芸活動には繁栄したものもあり、少なからぬ商品が植民地内で貿易されるようになった（表2－3参照）。

タバコや塩など僅かばかりの王室の独占品を例外として、殆どの生産活動は民間が行っていた。民間投資のための資金源は限られており、多くの企業は収益の再投資あるいはイベリア半島からの新参者が持ってきた資本に依存していた。これ以外の主な資金源はカトリック教会と小規模な商人階級であった。支払い方法（主として正貨）は、母国に金銀が流出したためにしばしば不足した。

労働市場はスペイン人とポルトガル人が到着して以後、継続して成長したが、この市場は独立の時期でさえ、一般的には強制労働と自由な賃金労働者の欠如という特徴を持っていた。プランテーションでは奴隷労働が一般的で、キューバ、ブラジルでは一八八〇年代後半になってようやくこれが廃止された。アシエンダについては、労働力の供給はしばしば、（多くの場合、労働者が他の仕事を捜すことが事実上不可能な労働契約である）債務ペオンに依存していた。加えて、浮浪者取り締まり法により農村労働者に就労証明を所持することを強制した結果、労働力の供給が増加したのである。いくつかの鉱山では賃金労働者に依存した。しかし大半は、鉱山所有者に先住民などの労働力の十分な供給を確保するために考案された、ミタ（mita）と呼ばれる露骨な強制労働に依存していた[25]。

　財政システムは、植民地の運営には必要最低限しか支出しないという制約に基づいていたが、これは本国への資金フローが最大化することをねらったためであった。実際にはこの制約があっても、植民地の運営に要する費用はしばしば、植民地がスペインやポルトガルに送金する能力を上回るものであった。輸入税を中心とする対外貿易への課税、鉱山に課せられたキント（quinto）と呼ばれる税、いたるところにある実質的な売り上げ税であるアルカバラ（alcabala）、王室の独占権、教会の十分の一税、先住民に課せられた人頭税、ペニンスラール（peninsulares）と呼ばれるスペインとポルトガルからの新規参入者に官職を売却した代金によって歳入は構成されていた[26]。支出を構成していたのは行政上の費用、軍事費、債務支払いであったが、スペイン領アメリカの貧しい地域では、これら三項目の支出が歳入を上回った。その結果、スペイン王室はより豊かな地域（例えばヌエバ・エスパーニャ）から他の地域に資金を移転するシステムの実施を余儀なくされた。従って豊かな地域でさえ、しばしばスペインに送金する余裕はごく僅かかあるいは全くなかったのである。他方ブラジルは、常にポルトガルにある程度の送金をすることが可能であった。

　植民地経済は、ハプスブルク時代に、おもに鉱山業の盛衰により左右される、一連の周期を経験した。とはいえ一八世紀後半のブルボン改革は、鉱業、農産品輸出、域内貿易に基盤を置く長期にわたる発展をもたらした。ある資料によると[27]一八〇〇年までにラテンアメリカは第三世界の中ではすでに最も豊かな部類に入り、一人当たりの実質国民所得（GNP）は一九六〇年価格で二四五ドルに達し、北アメリカの二三九ドルとほぼ同じであった。ラテンアメリカの数値は間違いなく高めに偏向しているだろうが、現在私たちが第三世界と呼んでいる国の中では、一八世紀末には比較的優位な地位にあったことに議論の余地はないであろう。

　この優位な立場は、独立運動の混乱によって弱体化した。一九世紀の最初の二〇年間に遭遇した経済的に困難な状態が、ラテンアメリカの一人当たりの所得を大きく減少させたといって差し支えないであろう[28]。域外貿易は減少し、資本逃避と、多くのペニンスラールが帰国したことにより、この地域から資本が流出し、財政システムは事実上崩壊した。さらに悪いことに、皇室の宝物のような存在であった鉱山の生産性は、域外貿易の崩壊がもたらした混乱に加えて、洪水と沈下によっても深刻な影響を受けた。

▼独立の経済的帰結

政治的に独立したことによって新興諸国は、植民地経済の多くの問題点を改革する権利を与えられた。最初に改革の候補となったのは、本国による外国貿易の独占であった。これは植民地時代を通して頭痛の種であり、ラテンアメリカが最も高い値段で販売し、最も廉価な市場で購入できる機会を奪っていた。自由貿易実現の見通しは、ラテンアメリカの独立運動の時期には、イベリア半島以外の列強勢力を大いに刺激した。特に英国は輸出可能な製造品の余剰を持っていたので、独立したばかりの共和国をすぐに承認した[29]。

対外貿易独占の終焉は、相当な改善をもたらした。しかしながらブルボン、ポンバル両改革の相乗効果と、その後のスペイン、ポルトガル両国の権威の失墜により、独立が達成される前にすでに、ラテンアメリカは自由貿易の多くの利益を受けていた。例えば英国商人はナポレオンのイベリア半島侵入により生じていた真空状態を急いで埋めようとして、かなりの数がリオデジャネイロ、ブエノスアイレス、バルパライソ、リマに定住した。

独立はまた、ラテンアメリカに国際市場での資本調達の機会を与えた。具体的には、ロンドンの株式市場と英国の投資家が新たな共和国が発行した債券に素早く反応したのである。しかしながら国際資本市場に近づくことには危険が伴った。政府の腐敗や運営のまずさ、資金を非生産的な投資に支出したことなどが重なって、国債を発行した殆ど全ての国が一八二〇年代の終わりには、デフォルト（default: 債務不履行）の状態にあったのである[30]。

加えて自由貿易と国際資本市場に参入することで得られた利益は、植民地支配の崩壊に伴ういくつかの不利益によって相殺されなければならなかった。第一に、数多くの独立国と一つの帝国（ブラジル）が誕生したことで、ラテンアメリカで機能していた事実上の関税同盟に終止符が打たれた。今や関税は域外からの輸入だけではなく、あらゆる輸入品に適用され、不可避的に貿易の転換が起きた。貿易転換とはすなわち、高価な国産品をより廉価な輸入品に置き換えることであった。

第二に、資本逃避は緊急の課題である資本蓄積に深刻な打撃を与えた。問題はこの地域から金融資本が単に消えたということではなく、内戦と政治的混乱の結果、現に存在する企業が資本を引き揚げたことであった。鉱山の実物資本は維持されたわけでも修復されたわけでもなかったし、多くのアシエンダはまさに生産を減らしたのである。これはやがて主に教会への債務返済の問題を生み、独立後数年の間、国内の資本市場を衰退させた[31]。

第三に、財政システムの崩壊は単に独立戦争のみによってもたらされたものではなかった。共和国政府に王室税の徴収を期待することは不可能であったし、官職の売却は不人気であった。また多くの国では人頭税廃止への強い圧力があった。はじめに財政面で譲歩したことは、財政システムの健全性を破滅させることが判明し、先住民に課せられていた貢税のような「植民地時代」の税を復活しなければならなかった。新政権の中には伝統的な歳入を得るための正統性を欠いた国もあり、新規に課税することで政治的問題に拍車のかかることを恐れた。

　第四に、財政不均衡は、新しく独立した共和国が追加的に負担しなければならない支出によっても悪化した。政府軍は維持されねばならなかったし、独立戦争に従軍した兵士には恩給を与えて退職させねばならなかった。また国境を警備しなければならなかった。戦争被害への賠償請求は相当なものとなり、それは独立後に急増した一連の地域間の紛争によっても増加したのである。

　このように独立は、長期的には経済的な進歩の機会を生み出すことになる、自由貿易と国際資本市場へのアクセスという二つの大きな利点をもたらしたけれども、短期的には、多くの国で、その利益を上回る一連の不利な状況を招いた。チリのように比較的確固とした国境と安定した政府、健全な税収入のある国では、犠牲を最小限にとどめることができ、独立後の最初の一〇年間は決して失敗などはしなかった。他方メキシコのように領土紛争があったり、政治が不安定で財政危機にあったためにコストが増大した国は、一九世紀最初の二〇年間の経済の減退を打開することはできなかった。

　植民地経済下において一貫して継続した重要な構成要素は、独立後も存続することになった。プランテーション、アシエンダ、小規模農園[32]、先住民共有地などの土地所有システムは殆ど影響を受けなかった。加えて、（ファン・マヌエル・デ・ロサス Juan Manuel de Rosas将軍下のアルゼンチンのように）独立したばかりの国で行われた大規模な土地の譲渡は、植民地時代のやり方を踏襲する傾向があった。戦争功労者の中には軍務への報奨として僅かの土地を与えられた者もいたが、それは伝統的な土地所有システムを揺るがすには不十分であった。

　一八二〇年代の不運な経験の後、国際資本市場へのアクセスによっては、植民地時代から受け継いだ国内資本市場に大きな影響を与えるには至らなかった。自由派が世俗的な富と権力を弱めようと努力したにもかかわらず、教会は徐々にその地位を回復した。また多くの外国人が商業に従事したので商人の数は増加したが、彼らが金融の仲介上の重要な役割を果たし続けた。唯一の重要な革新的できごとは、輸入競争的活動を促進するためのメキシコの政府銀行である、バンコ・デ・アビオ(Banco de Avío)の創設であった。しかしこの試みはブラジルの初期の商業銀行と同様に、一九世紀中頃以降には姿を消した[33]。

　独立国の政治エリートにとり、より問題となったのは労働市場であった。土地所有構造と国内の資本市場が不変であるということは、労働関係あるいは労働市場の機能に急激な変化が起き得ないということを意味していた。移住者が大量にやってくることは期待できず、植民地の多くの活動が影響を受けた慢性的な労働力不足は、解消しそうにはなかった。しかし特にフランス革命や米国独立戦争の思想を吹き込まれた多くの政治エリートたちは、奴隷制と先住民に課していた数多くの強制労働の形態をなくすことに熱心であった。加えて、独立戦争で勇敢に戦った肉体労働者階級は、強制労働に戻ることを望んでいなかった。

その結果、労働市場はごく僅かしか変化しなかった。奴隷制は、それがあまり重要でなかった中米の国々では廃止されたが、生産に重要な役割を果たした地域（例えばブラジル、キューバ、ペルー）では維持された[34]。当初貢納は廃止されたが、先住民労働力が賃労働する意欲を持たないことが明白な場合にはしばしば復活された。

ミタは最終的には廃止された。しかし債務ペオンと浮浪者取り締まり法は以前のままであり、それまで適用されたことのなかったアルゼンチンのパンパなどの開拓の前線で新たにそれらが採用された。メキシコ、グアテマラ、ペルー、ボリビアの先住民の大多数にとって、独立は何ら実感できる変化をもたらさなかった。また独立後のブラジルの黒人奴隷は、スペインの植民地であり続けたキューバやプエルトリコの黒人奴隷とほぼ同じ境遇にあった。

植民地期の継続性は経済面だけでなく政治組織にも見いだすことができる。政治エリートの中には大規模な変化を望んだ者もいた。しかしそれ以外の者たちは、基本的な権力構造が変化しないシステムを好んだのである。この最も典型的な例はブラジルで、植民地は単に独立した帝国になったに過ぎなかった。メキシコではこのことが、政治闘争の主要テーマとなった。

これから見ていくように、この論争は経済組織と経済政策を巻き込むにまで発展し、多くの国で健全な経済運営に不可欠なコンセンサスを形成する上で障害となった。

▼自由貿易の問題

帝国が国際貿易の独占を廃止し、自由貿易に転換したことは、自由放任を意味したわけではない。それどころか対外貿易にどのような税、関税、種々の規制を適用すべきかという問題が、独立後の数十年間重要な論争の的となっていたのである。商品と人間の移動に対する植民地時代の無数の規制に慣れていたエリートにとっては、リカード流の貿易理論と比較優位説を全面的に受け入れる準備はできていなかった。その上、世界で最も有力な貿易国であり、かつ最も自由貿易に忠実であった英国も依然として、諸外国との貿易に多くの規制を加え、同時に植民地には有利な関税を課していた。さらに米国のアレキザンダー・ハミルトン（Alexander Hamilton）の著作によって、工業化を推進するためには製造品輸入への関税が必要であるという理論が既に打ち立てられていた[35]。

従って自由貿易の論争は、貿易に課税すべきかどうかではなくて、課税の程度と望ましい資源配分についてであった。「自由貿易論者」は、貿易への制限はできるだけ小さくなることを望んだ。このような主張は、イベリア勢力が消滅した後、この地域全体に定住しながら外国商品を輸入することに存在意義を持っていた外国人貿易商から最も強く出された。債務返済の多くは関税収入によって保証されると想定されていたため、外国の債権者（主として英国）は自由貿易に反対していたことを忘れてはならないが、外国人貿易商は一般にそれぞれの国の支援を受けていた。

外国貿易への規制が少ないことを望んだ国内の圧力団体には、輸出品の生産者、輸出か輸入のどちらかあるいはその両方に携わる商人、一次産品の製造品との交換を基盤とした国際分業を支持する、知識人の小さなグループがあった。このような人々と対峙したのは、国内で生産される商品の販売に従事していた多くの商人、諸外国（他のラテンアメリカ諸国を含む）からの輸入によって脅威を受ける生産物を販売する地主や農民、さらに小都市の中心部に集中しており、（輸入品への高関税なしには太刀打ちできないと見られた）手工芸品の生産をしていた、手工業者の組合であった。

従って対立の境界線は明確であり、最終的な決断は政府に委ねられた。しかし政策担当部門は、自由貿易の論争において相対立するそれぞれのグループに抱き込まれたりしたために、政府の立場はしばしば矛盾し、一貫性を欠き、変更しやすかったことは驚くに当たらない。とはいえラテンアメリカの殆ど全ての国には、関税政策を決める際の決定的な要因となる、国家予算という最も重大な一つの制約があった。

植民地から独立国となったことで、関税への依存は弱まるどころかむしろ強まった。関税以外の税は極めて不評であることも多く、管理が困難で、また脱税も多かった。一八三六年にコロンビアはアルカバラを廃止し、タバコの独占を段階的に廃止した。一九世紀中頃には政府の全歳入の五〇％以上は関税収入によるもので、織物、靴、帽子への課税だけで全関税収入の七五％を占めていた。これは決して例外的なことではなかった。

歳入と歳出の大きな格差に直面して、新興独立国の政府は孤立主義を採っていたパラグアイを除いて、歳入を増加すべく国際金融市場で国債を発行した。その殆ど全てが、不満足な結果となった。過度の手数料と高い割引率により減額された融資は、返済することができず、数年のうちに政府は債務不履行に追い込まれた。

こうしたわけで一八二〇年代の終わりには、外国からの融資は選択肢ではなくなり、一八三〇年代には、政府の財政収入に占める貿易税の割合は、その五〇年前よりも高くなったのである。政府は関税の「保護的」な機能について認識していたかもしれないが、財政危機の際には、歳入を増やすことが優先されなければならなかった。

貿易税により政府歳入を最大化するとはいえ、それは極めて高い関税率を意味したわけではなかった。反対に、もし高関税率を課したならば、それは輸入を実質的に禁止して密輸を促進し、政府に歳入をもたらさなかったであろう。従って特に英国が独立国との間で結ぼうとしていた貿易協定は、一般には受け入れ可能な妥協策と考えられた。というのはこのような協定は、歳入を最大化する上で最適な関税水準の維持を認めていたからである。例外の一つは一八一〇年の英国とブラジルの貿易協定で、英国が低い関税率でブラジル市場に特恵的にアクセスできるというものであった。これには予想通りの反発があり、同協定は更新されることなく一八四四年に失効した。英国は有利な地位を失い、ブラジルは関税率をかなり引き上げたのである。[36]

歳入を最大化することは、論理というよりも人為的なものであった。さらに通常一五％―一〇〇％の広範囲の無数に異なる率の関税が、国内生産物と競合する輸入品に加えられたため、課税の裁量範囲が拡大した。例えばペルーでは一八三〇年代に、保護主義者は多数の商品の関税を引き上げることができた。[37]アルゼンチンでは、一八三五年に、関税率は殆ど十分に保護的であった。メキシコでは保守派のルカス・アラマン(Lucas Alamán)が、自国の繊維産業を振興するために、英国綿布の輸入を禁止さえした。[38]

このように独立後の数年間は、当初保護主義的な目的で歳入増加のために設定された関税を、国内の利害に従って乱用することが可能であった。しかし関税の保護主義的な要素は、歳入を最大化させることの副産物ではあったが、二つの点で非難を受けやすいものであった。第一に、いったん生活水準が向上しはじめると、輸入品に対抗するだけの量と質を備えた国内工業が育たなかったことが、不満の原因となった。関税はまた極めて逆進的なものであった。その好例は、サルバドル・カマチョ・ロルダン(Salvador Camacho Roldán)が、一八五二年のコロンビアについて提示している。農民は年に三〇〇ペソ稼ぐことができるが、五〇ペソ相当の衣類の消費に二〇ペソの関税(彼の収入の七％)を支払う。一方、六〇〇〇ペソの収入のある富裕な商人は五〇ペソ相当の絹の輸入品に僅か五ペソの関税(彼の収入の〇・一％)しか払わない。[39]

第二に、歳入の最大化は単に暫定的な目標であった。例えば外国貿易の拡大の結果、もし財政危機が緩和され始めれば、財政均衡の目標はより低い関税率で達成することができた。自由貿易論争の結末には、輸出の成果が重大な鍵を握っていた。この重要な問題について、次に論じることにしたい。

▼輸出部門

一八紀後半のブルボンとポンバルの両改革は、ラテンアメリカから輸出される沢山の新しい農産品を生み出したが、多くの国にとっては、輸出経済の基盤は依然として鉱業であった。鉱山は一九世紀の最初の二〇年間は深刻な打撃を受けた。外国市場はナポレオン戦争により混乱し、多くの鉱山所有者は独立戦争のために生産を中断しなければならなかった。そしてその結果鉱業は、混乱し衰退したのである。

伝統的に鉱物輸出の依存度の高い国(メキシコ、コロンビア、ペルー、ボリビア、チリなど)では、鉱業生産の回復が優先された。鉱山を再建するための国内資本は不足していたが、外国資本は、潤沢な鉱産物があるという単なる噂話に急き立てられて、既存の地域の鉱業生産能力の回復だけではなく、新しい鉱脈の発見に加わることにも熱心になっていた。一八二四―二五年の間に英国では、ラテンアメリカで操業する鉱業会社が二五以上設立され、その払込資本金は総額三五〇万ポンドに達した。このような会社の活動は、唯一パラグアイを除いてメキシコからチリにまで広がった。(40)

国債が発行されたのと同じ時期、鉱業会社も債券を発行した。そして実質的にその全てが失敗した。資本は雲散霧消し、外国人の投資家は僅か数年前までは有望と見ていたこの地域に、偏見を抱くようになった。投下された資本だけでは鉱業を再建するには不十分であることも判明した。政治的に不安定な国でビジネスを成功させるという課題に取り組むには、外国人はおそらく、適当な立場には置かれていなかったのであろう。

しかし、外国からの投資が引き揚げられたことで、鉱業が破滅に向かったと考えるのは誤りである。多くの鉱業地域では、一八四〇年代までには生産と輸出の回復が始まっていたし、ずっと早い時期に回復していた地域もあった。ペルーの銀生産は一八三〇年代には倍増した。メキシコの銀産出は一八二〇年代に底を打ち、その後ゆっくりと回復し始めた。この間コロンビアの金輸出は停滞したままであったが、一八二〇年代から一八四〇年代の間にメキシコの金生産は倍増し、この時期までに、一八世紀後半の水準に戻っていたのである。チリでは鉱物生産は回復しただけではなく、植民地時代の生産水準をはるかに上回った。これはとりもなおさずチャニャルシジョ（Chañarcillo）の豊富な銀鉱脈が、そしていくつかの場所で、比較的採掘しやすい新しい銅の埋蔵が発見されたことによるものであった。鉱物生産は独立前の年間平均一五〇万キロから一八五〇年までには一二三〇万キロに増加した。(41)新規に発見された鉱脈は容易に採掘できたので、資本コストは低く抑えられた。従って例えば巨額の資本投資が必要なために、生産回復が遅れていたメキシコが抱えていた問題を免れることができた。

世界の銅需要はヨーロッパと北米で進行していた産業革命に依存していた。商品の当たり外れに関して言えば、明らかに幸運であった。世界の銅需要が急速に増加し、チリは市場の占有率を上昇させることができたし、その生産コストは低かった。しかしラテンアメリカの有力な鉱物輸出品は依然として銀であった。銀の需要はまず支払い手段として利用することで決定された。英国において金本位制がすでに確立し、その後他の国々も採用したため、銀産業は長期的には構造的な低落傾向にあり、従って輸出主導型成長モデルでは牽引車の役割を果たすには不十分であった。

一八世紀のブルボン改革以前、非鉱業経済に規制が課せられたということは、ごく一握りの農産品輸出だけが「伝統的」と呼ぶことができたことを意味していた。メキシコのインディゴ、中米のコチニールといった伝統的農産品輸出のうちのいくつかは、すぐに合成染色料との競争に直面した。もう一つの農産品である砂糖は、帝国列強が自らの植民地を優先したことや、ヨーロッパの甜菜業を保護育成したことなどの差別に苦しんだ。

従って、多くの伝統的な農産品の輸出が独立後、相対的に、あるいは場合によっては絶対的に減少したことは驚くに当たらない。しかしながら、めざましいブームとなったものもあった。それはキューバの砂糖である。というのは近隣のイスパニオラ島（一八四四年に分割が永続化するまでポルトー・プランス［ハイチ］が支配した）の糖業が壊滅したこと、またスペインとフランス両帝国の崩壊により他のラテンアメリカの多くの植民者がキューバに定住したことで、恩恵を受けたのである。事実キューバでは、糖業が成長した直接的な効果として、一八三八年にラテンアメリカで最初の鉄道路線が開通した[42]。

とはいえ総じて、伝統産品輸出の実績は落胆すべきものであった。従って農産品輸出の拡大は非伝統的輸出品に依存したが、これら非伝統的輸出品は、一八世紀後半にすでに確立していたか、あるいはそれ以前には輸出していなかった新しい生産物であった。ブラジルではコーヒーの輸出拡大が進み、一八世紀の中頃には全輸出額のほぼ五〇％を占めるまでになった。コロンビアではコーヒーが本格的に栽培され始めた[43]。コスタリカでは一八三〇年代に初めてコーヒー輸出が開始され、一八四〇年代までにはかなりの地位を確立していた。カカオは事実上伝統的輸出品といえたが、ヨーロッパのチョコレート需要に支えられて、ベネズエラとエクアドルからの輸出が大きく伸びた[44]。

牛とその副産物（牛革、乾燥肉、牛脂）の輸出は、アルゼンチンでは独立以前にすでに重要な足場を築いていた。一八二〇年代に事実上停滞した後、牧畜産業は拡大し一八四〇年代には成長率は加速した。肉牛の輸出は他のラテンアメリカ諸国（ベネズエラが顕著だった）でも拡大していたが、アルゼンチンにおける牧畜業の発展で特筆に値するのは、前方連関効果が当初から見られたことである。一九世紀半ばまでには多くの塩漬加工場（saladeros: サラデロス）がブエノスアイレスに設立（そのうちのいくつかは数百人の人間を雇っていた）された。サラデロスの乾燥肉は、ブラジルのプランテーションにおける奴隷の主食であったが、その他の外国市場向けにも輸出された[45]。

最も目を見張る非伝統的輸出品はペルーのグアノであった。一八四〇年には全く輸出されない状態から、一八五〇年代には年間三五万トンが輸出されるようになった。グアノ輸出は一八五〇年代の一〇年間ではペルーの総輸出額のほぼ六〇％に達した。ペルーのグアノ時代は一八五〇年までには始まっていたが、その主な難点はすぐに明らかとなった。グアノはごく僅かの資本しか要せず、廉価で非熟練の輸入労働力を利用したが、利益をもたらす事業で、その余剰は政府と（主として外国の）商人との間で分配された。どちらのグループもその経済的利益の一部を使って、他の経済分野で生産的投資を推進しようとはしなかったので、双方が利益の分配をめぐって争っても、ペルー経済の長期的な成長に何の効果ももたらさなかったので

表2-4　1850年頃の輸出額，人口，一人当たりの輸出額

国	輸出額 (1,000米ドル)	人　口 (1,000人)	一人当たり輸出額 (米ドル)
アルゼンチン	11,310	1,100	10.3
ボリビア	7,500	1,374	5.5
ブラジル	35,850	7,230	5.0
チ　リ	11,308	1,443	7.8
コロンビア	4,133	2,200	1.9
コスタリカ	1,150	101	11.4
キューバ	26,333	1,186	22.2
ドミニカ共和国	500	146	3.4
エクアドル	1,594	816	2.0
エルサルバドル	1,185	366	3.2
グアテマラ	1,404	847	1.7
ハイチ	4,499	938	4.8
ホンジュラス	1,125	230	4.9
メキシコ	24,313	7,662	3.2
ニカラグア	1,010	274	3.7
パラグアイ	451	350	1.3
ペルー	7,500	2,001	3.7
プエルトリコ	6,204[1)]	495	13.7[1)]
ウルグアイ	7,250	132	54.9
ベネズエラ	4,865	1,490	3.3
ラテンアメリカ	159,484	30,381	5.2

注記）可能な限り，３年平均を利用した。
注１）輸出額と一人当たり輸出額は1844年。
出所）付録 1 を参照。

ある。(46)

従って一九世紀までのラテンアメリカの全体的輸出実績は、大きな三つの流れの影響を受けた。第一に、一九世紀最初の二〇年間ないしは三〇年間に失った輸出水準を回復すること。第二に、輸出実績は長期的に低下していた伝統的な輸出活動の影響を受けたこと。第三に、輸出は非伝統的産品の成長もしくは導入により影響を受けたこと。驚くには当たらないが、一九世紀半ばまでの輸出実績は、一八世紀後半と比較すれば、メキシコやボリビアのような、前述の流れの二つのネガティブな影響が非常に強かった国では、それほど顕著ではなかった。初期の輸出低下がそれほど大きくない国（アルゼンチンのように）、あるいは非伝統的輸出がかなりの規模で増加した国（ブラジルやペルーのように）では、独立後の最初の三〇年間は人口増加を上回る速度でどうにか輸出は成長した。最高の実績を見せたのはチリとキューバであり、両国は供給サイドの有利な条件により、それぞれ銅と砂糖の市場で高い占有率を獲得した。

ラテンアメリカ経済史研究におけるこの時期の輸出統計は不十分かつ不完全だが、入手可能なデータを利用して、一九世紀中頃までの一人当たりの輸出額の大まかな数値を算出することができる（表２－４参照）(47)。そのいくつかの結果は驚くに当たらない。砂糖産業が徐々に確立しつつあったキューバでは、一人当たりの輸出額はオー

ストラリア（一六・五ドル）を上回り、ニュージーランド（二一・四ドル）とほぼ同じ水準に達した。ウルグアイは人口も多くなく、アルゼンチンとブラジル地域からの再輸出により押し上げられた高い貿易水準により、一人当たりの貿易額は最高位となった。コスタリカは早くからコーヒーへ特化していたため、一九世紀中頃に豊かな収穫を得ていた。しかし一般には、これらの数字は、対外貿易を促進しようとする努力が、ごく僅かの成功しか収めなかったことを示している。パラグアイに代表されるごく一握りの国は、独立後、輸出主導型成長を回避した[48]。そのために人口に対する輸出割合は低いものとなった。しかしコロンビアやメキシコのように外国貿易の拡大を表面上明言していた国でも、成長は事実上見られなかった。

従って独立後の輸出増加は、目ざましいとはとてもいえないものだったが、少なくとも純商品交易条件（net barter terms of trade: NBTT）に関しては長期にわたる改善を伴ったように思われる。ラテンアメリカのいくつかの一次産品輸出（例えば牛革、インディゴ、バニラ）の価格は下降したものの、輸入価格（特に繊維、衣料）はそれ以上に下落したのである。例えばレフ（Leff）は一八五〇年代までにブラジルのＮＢＴＴがかなり改善したという明白な証拠を発見した。この点は他の多くのラテンアメリカ諸国とフランスとの貿易についての研究でも確認されている[49]。

ラテンアメリカのＮＢＴＴの改善は、この時期についてはごくあたり前のことである。ヨーロッパと北米での近代的な産業の成長は、工業の供給曲線を下方にシフトさせ、多くの製造品の価格低下を伴った。また競争が生じたことで確実に世界中の消費者に利益をもたらした。とはいえ多くの一次産品の生産はまだ工業と同じような技術革命に晒されていたわけではなく、価格はもっぱら世界の需要曲線のシフトにより決定された。世界の一次産品需要が増加するにつれ、多くの一次産品価格が上昇し、一次産品生産者のＮＢＴＴが改善した。実際一九世紀中頃の古典派経済学者たちは、一次産品生産者のＮＢＴＴが長期には改善するだろうという当時一般的であった仮定には、決して疑問を呈していない。

ＮＢＴＴの改善は、輸出部門に問題があったにもかかわらず、輸入能力が増加することを意味した。関税収入は増加し、財政危機は緩和された。関税についての論争は消えなかったが、いくつかの政府はより保護主義ではない立場にシフトした。また少なくとも一カ国、すなわちペルーは、一八五〇年代初頭までには積極的に自由主義的な立場になった[50]。パラグアイでさえ、一八四〇年のフランシアの死後、自らの選択した孤立主義を徐々に離れ、より輸出指向型の発展戦略に転換した[51]。

▼非輸出経済

ラテンアメリカが独立後に外向きの戦略を採用していたことを考えれば、同地域の輸出部門に関して膨大な研究が蓄積されてきたことはごく当然のことである。他方、特に独立後の最初の五〇年間の非輸出経済については、殆ど知られていない。これは外国貿易統計に比較して、データが不足していたことを考慮すると理解できる。ラテンアメリカ経済史に関する理論的及び実証的な研究において、非輸出経済が軽視されたことは大変残念なことであるが、それにはいくつかの理由がある。

第一に、ラテンアメリカは独立後に、極めて低い生産性と高い非効率性に苦しんでいたであろう非輸出経済を受け継いだが、その規模は輸出部門よりはるかに大きかったからである。一八世紀のブルボン、ポンバルの両改革は、国際貿易と一人当たりの国際貿易の水準が、大変緩慢なものであったという事実を隠蔽することはできなかった。従って輸出部門は、国内総生産（GDP）に極く僅かの割合しか占めなかった。ブラジルでは一八二〇年代初めのGDPに占める輸出の割合はおそらく五%そこそこであった[52]。このような低い比率は、一人当たりの輸出額を低く抑え、ブラジルは必要とする消費の大部分を国内生産の財とサービスよって調達せねばならなかった。独立の時期に、ラテンアメリカに主に英国からの輸入品が洪水のように流れ込んだことは、消費と生産の関係を一時的には歪めたかもしれないが、一八二〇年代の終わりには以前の水準に回復していた。

輸出部門の規模が小さかったので、輸出が増加した結果、非輸出部門の生産性が改善しなければ、その時までは輸出主導型成長の政策は、その成果を出すことができないということを意味していた。もし非輸出部門の大部分が輸出の補完的な存在であれば、このような変化は、より起こりやすいことであった。しかしながら独立後の最初の数十年間、このことは決して自明のことではなかった。輸出部門の他の経済部門への後方、前方連関は、一般的に弱かった。そして要素所得の支払いによって食料とサービスに派生した需要は、国内生産と同じように輸入も刺激したのである。

非輸出経済は極めて多種で、理論的には輸入品（貿易財）と競合するものと、競合しないもの（非貿易財）の両方で構成されていた。最も重要な貿易財は国内消費向けの農産品や手工業品、手工芸品であったが、いくつかのサービス（特に沿岸の海上輸送）も外国との競合に直面した。卸売りと小売り業には、外国商人が進出したが、商業自体は輸入によって充足することはできなかったため、商業は依然として非貿易財に分類された。その他の重要な非貿易財としては、建設、運輸、特に家事使用人からなる人材サービスがあった。金融サービス（今日では重要な非貿易財である）あるいは行政は対照的に、大変未発達であった。

国内農業は、アシエンダや小さな農園（メキシコではランチョ rancho として知られている）、またいくつかの国では先住民共同体の土地に集中していた。一八世紀後半の経済成長は、アシエンダからの流通余剰の増加をもたらしたが、他方小規模の農園はブラジルのミナス・ジェライスのような鉱物生産が減少した地域で拡大した。一九世紀の最初の二〇年間に国内向け農業が直面した混乱は、鉱業が直面したほどのものではなかった。しかし植民地の関税同盟の崩壊は、チリ中央部の農民のように、他の帝国地域に商品を供給することに慣れていた農民に深刻な打撃となった。[53]

独立したラテンアメリカ諸国が自由貿易に移行する動きは、国内農業にとっては大した脅威とはならなかった。食料輸入に対する多くの制限は継続され、高い輸送コストは、国際競争に対する追加的な防壁となった。土地は十分にあった。そして少なくともアシエンダでは、独立に伴う混乱がいったん収束すれば、教会と商人階級という伝統的ルートを通した運転資本を利用することができた。

稀少な労働力の奪い合いで賃金が上昇したいくつかの例外を除いて、輸出部門の成長は国内農業にとり脅威とはならなかった。より深刻だったのは、多くの国の国内輸送網が不十分なため、波及効果が制限されたことであった。例えばユカタン半島からのサイザルアサの輸出は増加したが、輸送網が不十分であった間は、メキシコのバヒオ（Bajío）の大規模なサイザルアサの余剰の多くを運ぶことはできなかったのである。[54]ブラジルのように沿岸部に人口を持つ国では、沿岸部の船舶を利用できるので、貿易を行うには有利な立場にあった。同様な地形上の特徴を持つチリは当初、より踏み込んだ行動を取り、貿易の分野では外国籍の船舶が優勢であったが、国内の企業が沿岸部で外国の船舶を利用することを制限さえした。[55]

貿易財部門のなかで最も問題だったのは、手工芸品あるいは手工業品であった。この部門はその多くが輸入品を購入する余裕がない、あるいは入手できない人々の消費需要に応じて発展した。ある場合には職人芸の質は卓越していたが、単位当たりのコストは高く、使用されていた技術は大変未熟であった。その上、適当な原料がなかったので、作られた製品は工夫に富んだものではあったが、必要とされたものの単なる代用品に過ぎないことも多かった。[56]

手工芸品あるいは手工業品が輸入品から自衛する唯一の方法は、技術を輸入し移転することでそれ自体が近代的な製造業に転換することであった。プロト工業化（protoindustrialization）として知られているこのプロセスは、ヨーロッパの一部ですでに起こっており、英国の産業革命に呼応して米国でも起こりつつあった。ラテンアメリカのプロト工業化に関する研究はまだ未熟な段階にあるが、それほど重要なものではなかったと思われる。[57]むしろラテンアメリカでは、近代的製造業の成長のプロセスは独立したもので、輸入品と同様、手工業に脅威となった。

このような緊張関係を鮮明に提示しているのは、繊維産業である。高級服地を別として、「オブラーヘ」（obrajes）すなわちごく初歩的な労働集約的な技術を使って経営されていた作業所での生産量に、消費は伝統的に見合ったものであった。[58]独立後輸入が拡大し、繊維は輸入手形の中で、単独で最大の商品となった。主として英国、米国、そしてフランスの近代的な製造業による製品輸入が浸透してくると、いくつかの国、特にメキシコでは、製品の輸入と同時に、「オブラーヘ」の生産と競合するような近代的な生産技術の導入が促進された。

手工業が広まりつつある新しい技術の受け入れに失敗したことは、すぐには顕在化しなかった。独立後の数十年間は輸出水準も低く、経済成長はにぶかったので、輸入品が浸透することに歯止めをかけた。また輸送網が不十分であったので、内陸部の手工芸品生産はかなり保護された。例えばグアテマラの民族衣装のようないくつかの例では、国内製品は複雑で種類が豊富なので、輸入品は単に不完全な代替品以上のものには決してなりえなかったのである。

手工業は、独立後の最初の数十年間、近代製造業の成長が非常に緩慢であったことによっても保護された。この部門の失敗の原因は自明のものではない。これまで強調してきたように、自由貿易への変革はレッセ・フェール［laissez-faire: 自由放任］を意味するものではなく、関税及び非関税障壁によって多くの工業製品が、かなりの水準で保護されていた。市場は小さかったが、人口は増加していた。そしてラテンアメリカのいくつかの国では、産業革命が根を下ろし始めていたヨーロッパの国々とそれほど違わない人口構成を有していた[59]。

メキシコにおける近代的な繊維工業の成立は、何が達成できるかを提示している。競合する製品の輸入を禁止さえする貿易政策を取る一方で、政府が支援するアビオ銀行は、輸入品への関税収入を原資とし、新規事業に融資した。機械を輸入することにより技術移転が行われた。また必要な場合、熟練労働者が招かれた[60]。

メキシコ以外の国では近代的製造業を重視するという合意はなく、政策は一貫しなかった。例えばペルーでは一八五〇年代に政府がついに開放的な貿易制度の採用を決めたが、それまでは自由貿易と明瞭な輸入禁止貿易の間を揺れ動いていた。ブラジルは英国との貿易特恵条約が一八四四年に失効した後、より保護主義的な立場を取ったが、近代製造業を重視するための諸措置を採用することはなかった[61]。メキシコですら、近代製造業を助成するための合意を維持することはできず、バンコ・デ・アビオは一八四〇年代に閉鎖され、産業資本市場に深刻な空白を残したのである。

近代産業の促進をためらったのは、理解できることではあった。例えばメキシコの繊維産業は、生産の分野では成功していたかもしれないが、単位当たりのコストは高いままであり、輸出市場での競争力はなかった。一方、繊維製品を含む製造品の輸入価格は、技術革新によって供給曲線が下方にシフトしたので下落し続けた。一次産品輸出に比較優位を置く論拠は強力なものであった。

その結果、輸出増加によってもたらされた利益を利用することができない多くの分野からなる非輸出部門を生んだ。連関関係が弱かったので、急速な経済成長には輸出部門の例外的な成長が必要であった。しかしこれまで見てきたように、独立後最初の数十年間の輸出増加は華々しいというには程遠かった。こうして自由貿易に転換したことにより、輸入品と競合する非輸出部門の業種には圧力が加わることになり、一方それ以外の非輸出部門は、輸出品の増加によって、ごく僅かの刺激しか受けなかったのである。多くの国にとって、それはどちらに転んでも利益は全くなかった。

▼地域的な差異

一九世紀半ばまでには、ラテンアメリカ諸国全体で輸出主導型の成長を支持するという合意が形成された。しかしこの合意はそのまますぐに採用されたわけではなく、またいくつかの国(例えばメキシコやブラジルなど)では、輸出主導型成長を支持する政策は一貫したものではなかった。その上、いくつかの国(例えば中米、エクアドル、ボリビアなど)では、政治は依然として慢性的な不安定状態にあり、たとえ輸出指向型成長を支持する合意があっても、それを実施する政策手段を欠いていたのである。

商品の当たり外れで有利になる国が、一貫して輸出主導型成長を支持する政策を採用する傾向があった。チリでは保守派のディエゴ・ポルタレス(Diego Portales)の強力な影響のもとで、銅と銀の輸出が促進した外国貿易の拡大を強化するための一連の改革が実施された。ペルーはグアノの成功に続いて、徹底した輸出主導モデルを採用した。またキューバでは植民地行政府が砂糖輸出の障害となっていた残存する諸規制を撤廃したのである。

商品の当たり外れの主な受益者は、ヨーロッパと米国の経済拡大によって絶えず成長し続けた食料や原材料のへの需要を満足させるという最も恵まれた立場に置かれた国々であった。国際輸送コストが高かったので、一般的にアルゼンチンやキューバのような、大西洋岸に良好な港湾を持つ国がそれに相当した。とはいえペルーのグアノの場合のように、世界市場で独占的な立場を享受する国では、太平洋岸に立地したことは深刻な問題とはならなかった。その上チリの銅のような鉱物の場合、輸出価格が輸送費用よりもずっと高いため、立地条件はそれほど重要ではなかった。

にもかかわらずいくつかの産品に対する商品の当たり外れの優位性は、伝統的な輸出品の減少によって簡単に相殺されてしまった。この顕著な例はコロンビアである。コロンビアではキニーネ、タバコ、(それほど多くはないが)コーヒーの輸出増加は、金輸出下落のほんの一部分しか補塡することができなかった。ブラジルも同様であった。北東部における綿花と砂糖の輸出の減少は、コーヒーブームのもたらす活況に影を落とした。アルゼンチンでは、ポトシ鉱山からの銀再輸出の減少を、牧畜業からの輸出増加により補塡しなければならなかった。[62]

いくつかの例では、伝統的輸出産品の減少あるいは停滞は、非伝統的輸出産品の成長によって埋め合わされることはなく、輸出全体の実績は極めて不十分なものであった。ハイチとドミニカ共和国の両国では、独立闘争の結果生じた砂糖産業の衰退が、経済に大きな穴をあけた。中米ではコスタリカのコーヒーを除いて、国際市場に参入すべく新しい産品を見つけようとしたが失敗した。またボリビアは伝統的な銀輸出の減少を他の産品によって補塡することができなかった。

一八四〇年代まで自ら選択して孤立していたパラグアイが、最後に輸出主導型成長を採用した国となった。そして一九世紀半ばまで、その成果は殆ど現れなかった。主としてラプラタ河を通してのみ輸出しなければならないという立地条件により、パラグアイは大西洋岸のより強力な近隣諸国に翻弄された。それでもパラグアイが選択できる幅は殆どなかったのである。フランシア政権下の孤立した時期、物質的な豊かさは殆ど達成されず、また輸入がなかったために、資本財を購入することができなかった。これは殆ど全ての新しい経済活動が出現するための、厳しい制約条件となった(63)。

輸出実績は、輸出主導型成長の重要な決定要因である。しかしそれが全てではない。なぜなら輸出部門と残りの経済部門との間の連関もまた考慮しなければならないからである。この分野の研究はまだ始まったばかりだが、この連関の強度は中位から極めて弱い間にあるのは明白であると思われる。ペルーでは輸出の急激な増加は、多くの製造業とサービス産業が猛烈に収縮したのと同時に起きた。リマ経済の商業部門だけがかなりの成長を経験した(64)。ブラジルとキューバは、それぞれコーヒーと砂糖の輸出拡大に奴隷労働を使用したので、消費財に対して派生する需要を必要最小限にまで引き下げたのである。

輸出と非輸出部門の連関は、多くの要因により決定された。「理想的な」産品とは、かなりの程度の加工プロセスを通した前方連関と、国内で生産された投入財を吸収する後方連関を持ち、税収入を通して多くの歳入をもたらし、そして要素所得の支払を通して国内で生産された消費財への需要を生むものをいう。このような要求全てにかなう産品が存在しないことは明らかであるが、いくつかの産品は他の産品よりも優れていた。チリの銅は簡単な精練プロセスを通して、いくつかの前方連関を生み、また政府にかなりの収入をもたらし、高い賃金所得は消費財への派生需要を生んだのである。他方ペルーのグアノは、政府の歳入には大きく貢献したが、前方・後方いずれの連関もなく、消費財に対するそこそこの需要を生んだだけである(65)。

このように、チリだけが輸出の急速な増加と、経済の輸出部門と非輸出部門との間の適度の連関を享受したように思われる。国民所得統計を利用することは不可能だが、チリはおそらくこの時期に米国で記録された一人当たりの実質国民所得の増加率一・五％に近いところに達した唯一の国であろう(66)。これ以外の国では、人口増加を考慮すると(67)、一人当たりの実質国民所得の成長はおそらくごくささやかなもので、場合によってはマイナスですらあった。

この時期にヨーロッパから大西洋を渡った多くの人々の中で、自発的にラテンアメリカを最終目的地に選んだ人々はごく僅かであった。その上英国が外交を通して長期間非難したにもかかわらず、ブラジル、キューバ、プエルトリコはアフリカとの黒人奴隷貿易を継続した。独立の頃に意気込んでやって来た外国人商人の多くは母国に戻り、鉱業や他の輸出活動に魅力を感じていた熟練労働者はその頃には殆どいなかった。独立の時に抱かれた大きな期待は実現しておらず、ボリーバルのもっていたラテンアメリカ統一というビジョンは崩壊した。多くのラテンアメリカ人にとっては、事態はこれ以上悪くなることはないという希望が、大きな慰めであった。

第3章　輸出部門と世界経済、一八五〇―一九一四年頃

一九世紀中頃までには、世界経済の成長と国際貿易の長期にわたる拡大は、ラテンアメリカの経済政策と経済発展に関するあらゆる議論に対しての土台を提供していた。南北アメリカ大陸全体で、ラテンアメリカの経済を急速に向上させる最良の方法は、商品輸出と資本流入によって世界経済に統合していくことである、という広範な合意が形成された。またいくつかの国ではヨーロッパ移民の受け入れを進めた。政治エリートの間では、輸入品と競合する国内産業の保護、あるいは製造品輸出の促進という（あまり現実味のない）代替案は、殆ど支持を得られなかった。

独立後の初期に見られるように、有利な外部条件がそのまま商品輸出の増加をもたらしたのではない。供給側は依然として相当な問題点を抱え、誕生したばかりの国々の政治的な脆弱性は、大きな障害となっていた。フアン・マヌエル・デ・ロサス（Juan Manuel de Rosas）将軍治世下（一八二九―五二年）のアルゼンチンのように、明らかに強力な国家でさえも、一連の一貫した経済政策を首尾よく実行するのに必要な政治的合意を欠いていた。

問題は外国勢力が対処しても少しも緩和されず、ラテンアメリカの独立に対する諸外国の敬意は、時として憎悪にも転じた。例えばスペインは一八六〇年代にドミニカ共和国とペルーの太平洋沖諸島を再度統治しようと試み失敗したものの、[1] キューバの一〇年間（一八六八―七八年）にわたる独立闘争を抑圧することには成功した。[2] フランスは、帝国主義的な態度でハプスブルク・マキシミリアン（Hapsburg Maximilian）をメキシコ皇帝に据え、その後支援するために介入（一八六一―六

七年）したが、米国は南北戦争のせいで、モンロー・ドクトリン［Monroe Doctrine: 米国のラテンアメリカに対する覇権を主張する外交政策］にもかかわらず、当初は無力で抵抗できなかった。[3]

新大陸に保護すべき植民地を有していた、英国、フランス、オランダは、ラテンアメリカ諸国と時折国境問題を起こしたが、これらの出来事はそれ程重大なことではなかった。[4] より深刻なのは、貿易一般、とくに投資をめぐるヨーロッパ勢力との摩擦であった。ブラジルは、英国が奴隷貿易を禁止させるために活発に運動したことにより、英国との外交関係を断絶した。[5] フランスのメキシコへの介入は、一八六一年にフランスが英国とスペインと共に債務の返済を迫ったのと同時期に開始された。[6] 一九〇二年には、債務の利子不払いにいらだった英国、ドイツ、イタリアが、ベネズエラを封鎖した。[7]

ベネズエラ沖にヨーロッパの軍艦が出現したことは、ベネズエラ政府だけでなく米国への挑戦ともなった。キューバ、プエルトリコそしてフィリピンからスペインを追い出すことを助け、成功し勢いづいた米国は、[8] 事実上、植民地主義者の手口で、カリブ地域に乗り出した。[9] パナマは一九〇三年にコロンビアから引き離され、直ちに両大洋間横断運河の建設が開始された。[10] 一九一二年にニカラグアが最初に米国に占領され、[11] その数年後には米国海兵隊はハイチとドミニカ共和国に侵攻した。[12] プエルトリコに対するスペインの支配は米国の宗主権に交替したが、キューバはすんでのところで同じ運命を辿るところであった。[13] 米国はヨーロッパ列強の伝統的なやり方を真似て、多くの国で対外債務を迅速に返済させるため、また、ヨーロッパ諸国が介入する機会をこれ以上増やさないために、税関を支配下に置いた。[14]

こうした帝国史上のエピソードは、ラテンアメリカ政治の脆弱性と不安定性の原因であると同時に結果でもあった。政治的な安定性は、ラテンアメリカ諸国間の多くの領土紛争によっても脅かされ、そのうちのいくつかは、国の存亡自体を危険にさらすものだった。最も悲劇的な実例は三国間戦争（一八六五—七〇年）で、フランシスコ・ソラーノ・ロペス（Francisco Solano López）政権下のパラグアイはアルゼンチン、ブラジルそしてウルグアイとの壊滅的な戦争に引きずり込まれた。敗北したパラグアイは最終的に独立国家として存続することを許されたが、それはいくばくかの国土を譲渡し、成人男子人口の殆どが殺された後のことであった。[15]

ボリビアもまた弱い軍事力に苦しんだ。太平洋戦争（一八七九—八三年）の間、ボリビアはペルーと手を組んでチリと対抗したが敗北し、太平洋沿岸を失いペルーと同様に、硝石資源の豊かな砂漠地帯の一角を失ったのである。[16] およそ二〇年後ボリビアは、メキシコがテキサスを喪失したのとちょうど同じような事情でアクレをブラジルに奪われた。エクアドルは一九世紀を通してコロンビア、ペルーそしてブラジルに領土を譲った。この領土移転のゼロサムゲームにおいて、ブラジルが最大の獲得者であった。ブラジルはポルトガルから継承した範囲以上に国境を拡大するために、軍事力と外交の両方を利用した。

一九世紀に消えることのなかった領土紛争の脅威によって、各国政府は常備軍を持たざるを得なくなった。これは貴重な物理的な資源を消費させただけではなかった。強力な文民統制に基づく政治制度確立への努力を阻害したのである。第一次大戦勃発までに、ごく一握りの国（アルゼンチン、コロンビア、コスタリカ、チリそしてウルグアイ）しか代表民主制の確立に近づいておらず、またこれらの国々においてさえ政治制度は完全なものからは程遠かった。通常、大土地所有の権益に結びついた少数のエリートが、域内を通して政治及び経済的な影響力を行使し続けたのである。

一九世紀から第一次大戦に至るまで、多くのラテンアメリカ諸国の選択肢は、無政府状態、寡頭制支配あるいは独裁制のいずれかであった。独裁制はしばらくは安定をもたらした。アントニオ・グスマン・ブランコ（Antonio Guzmán Blanco）期（一八七〇—一八八年）のベネズエラが好例であるし[17]、ポルフィリオ・ディアス（Porfirio Díaz）期（一八七六—一九一一年）のメキシコでは経済的な成長さえ達成している[18]。しかし独裁制は決して広範な合意に基づくものではなく、従ってごく僅かの層の利益しか反映しなかった。

一九世紀中頃から第一次大戦の時期を通して、公的な論争の争点は、経済問題というよりもむしろ政治問題であった。すなわち、自由主義か保守主義、中央集権か連邦主義、教会と国家の関係、実証主義、社会組織、人種問題、憲法の性格などである[19]。経済問題は二〇世紀後半の公的な論争で大きく扱われたが、一九世紀後半以降はそれほど議論にはならなかった。自由貿易の問題は解決したし、国内経済活動へのある程度の保護は容認できると考えられた。また外国からの投資と移民は通常奨励された。

しかし論争がなかったからといって、一連の経済政策を首尾一貫して実行する上で、問題がなかったわけではない。政府は一次産品輸出を促進するためになすべきことを認識していたか、あるいは認識していると思っていた。すなわち適度の輸出税、社会的インフラストラクチャーへの公共投資、外国投資の促進が重要な内容であると考えられた。しかし輸出部門の成長をいかにしてそれ以外の経済に波及させていくかという点の考慮はあまりなかった。非輸出部門は、第一次大戦の勃発時においてさえ、輸出部門よりも依然としてはるかに重要なものであった。

こうして経済政策は主に輸出部門の要素に関心を払ってきた。そして輸出部門が残りの経済部門に与える影響に関しては不確かなままであった。有力な見解は、ある仮定に基づいて輸出部門の拡大の必要性を強調した。その論拠はそれほど明確なものではなかったが、輸出部門の拡大が、経済全体を通して生産性上昇と構造改革を促進するというものであった。輸出増加は、実質的には輸出主導型成長と同一とみなされたのである。

この点を考慮すると、当時（特に第一次大戦前の一〇年間）の楽観に満ちた報告が、一般には不満足な経済実績であったと判断するのは困難ではなかろう。外国人とラテンアメリカ人を含めた当時の人々は、もっぱら輸出部門と輸出部門の補完的部門（鉄道のような）の活動に関心を持っていた。力強い輸出実績が成功の鍵であると主張された。もし輸出部門が成長したならば、残りの経済部門はそれ自身で何とかやっていくであろう。このような楽観主義は、アルゼンチンの場合、十分に成り立ったかもしれない。アルゼンチンでは輸出部門の成長の利益が、実際、国内農業、製造業そしてサービス部門に波及した。しかしボリビアやエクアドルのような国には明らかにこのことは当てはまらない。なぜならこれらの国では、急速な輸出増大の時期でさえ、非輸出部門の低生産性は改善されなかったからである。

政策の内容については後述の二つの章でより詳細に検討することになる。しかしまず初めに、輸出主導型モデルの論理と、発展への刺激を提供した世界経済の拡大を考察する必要がある。私たちはまた、この刺激に対する輸出部門の対応が、どのようにそしてなぜ、ラテンアメリカ全体で同一のものではなかったのか、検討してみなければならない。これらが本章の主題である。

▼世界需要と輸出主導型モデル

一九世紀には、米国の一人当たりの実質国民総生産（GNP）は年平均一・五%で増加した。[20] この数字を一八五〇年以降のラテンアメリカ諸国の目標値、すなわちラテンアメリカが米国の異例な経済的成功に肩を並べるのに必要な数字、と考えることができる。この目標数字は五〇年間で生活水準が倍になることを意味しているが、二〇世紀のより要求のきつい水準よりははるかに穏当な目標値である。

国により大きな差異があったが、同時期にラテンアメリカの人口はほぼ同じ速度（一・五%）で増加した。従って目標となるこの時期の一人当たりの実質国内総生産（GDP）成長率は、地域全体で三%と考えることができる。しかしながら個々の国の数値については、その人口増加が地域全体の増加率を上回ったかあるいは下回ったかで、上方ないしは下方に修正する必要がある。

輸出主導型成長の論理を考察するために、実体経済が、輸出部門と非輸出部門の二つの部分により形成されていると仮定する。輸出部門は輸出活動の全ての付加価値からなり、非輸出部門はそれ以外の活動の付加価値よりなる。従って、成長率の目標値、$g(y)$は次式のように書き直すことができる。

$$g(y) = w \cdot g(x) + (1-w) \cdot g(nx) \qquad (3.1)$$

ここでwは実質GDPに占める輸出部門の割合、$g(x)$は輸出部門の成長率、$g(nx)$は非輸出部門の成長率である（成長率は全て年平均である）。これより、GDPの実質成長率の目標値に見合う輸出部門の成長率は、次のように書くことができる。

$$g(x) = \{g(y)/w\} - \{(1-w)/w\}\, g(nx) \qquad (3.2)$$

目標となる実質GDP成長率$g(y)$を所与とし、一方、GDPに占める輸出部門の割合であるwと非輸出部門の成長率$g(nx)$

についていくつかの仮定を行うことで、(3.2)式から必要となる輸出部門の成長率を求めることができる。

第一次大戦までの時期、輸出部門の活動の成長は非輸出部門の成長を上回ったので、GDPに占める輸出部門の比率は増加したと推定することが可能であるが、一九世紀中頃までは、実質GDPに占める輸出部門の割合は依然として控えめなものであった。またGDPに占める、輸出部門（純産出高で計測した）の比率とGDPに占める輸出（最終支出で計測した）の比率を同一とみなすならば、全ての国についてwはこの時期を通して一〇%から四〇%の間と推定できる（付録2参照）。wの最も低い数字は、一人当たりの輸出比率が低い、国土の大きな国（例えばブラジル）で、また高い数字は一人当たりの輸出比率が高い、小さな国（例えばキューバ）などで起こることが予想される。

非輸出部門の成長はより複雑である。四つの可能性が考えられる。第一は、非輸出部門の労働生産性は変化せず、従って付加価値は単に労働供給の増加によって上昇する場合である。しかしながら、非輸出部門の相対的な大きさ（1−w）は、GDPの六〇から九〇%であると考えられ、労働供給はほぼ全体の人口増加率と同率で増大すると仮定する。従って、この第一の場合には、非輸出部門の付加価値は、人口増加率と同じ割合で増加するとされる。第二は技術進歩により、労働生産性が年〇・五%で穏やかに上昇する場合であり、この時非輸出部門の付加価値は〇・五%に年間人口増加率を加えたものとする。第三は、労働生産性が年間一%で増加する場合であり、このとき非輸出部門の付加価値は一%に年間人口増加率を加えた率で上昇する。第四の可能性は、非輸出部門の労働生産性が経済全体の成長目標である一・五%で増加するというものであり、この時非輸出部門の付加価値の成長率は、一・五%に人口増加率を加えた率で上昇する。しかしながらこの可能性は低い。というのは、これは、輸出部門と非輸出部門が同じ割合で増加し、GDPに占める輸出の比率には変化がないということを意味しているからである。このことは、長期にわたる輸出主導型成長の末期には、大変望ましい帰結ではあるが、その開始の時点で期待することは、通常はできないであろう。

(3.2)式を利用すると、ラテンアメリカにおける、実質GDPの三%成長目標（一人当たりのGDP実質成長率一・五%に一・五%の人口増加を加えたもの）に見合う輸出部門の成長率を、輸出部門が実質GDPに占める割合と非輸出部門の成長率に関するいくつかの仮定をもとに、算出することが可能である。結果はマトリックス（図3-1）となる。ここで横g(nx)は非輸出部門の年間成長率について、いくつかの仮定を表しており、縦wはGDPに占める輸出部門の比率についての異なる仮定を表している。マトリックス内の数字は、異なる仮定のもとで、目標となる一人当たりの実質GDP成長率一・五%を達成するために必要とされる、輸出部門の成長率を表している。

図3-1にある、ラテンアメリカ全体で「必要とされる」年間輸出成長率は三・〇%から一六・五%の間である。この数字

w \ $g(nx)$	1.5	2.0	2.5	3.0
0.1	16.5	12.0	7.5	3.0
0.2	9.0	7.0	5.0	3.0
0.25	7.5	6.0	4.5	3.0
0.3	6.5	5.3	4.2	3.0
0.4	5.3	4.5	3.8	3.0

図3-1　一人当たり実質GDPの目標成長率1.5%を達成するのに必要な輸出増加率

注記）$g(nx)$＝非輸出部門の年成長率（%）；w＝輸出部門のGDPに占める比率；人口増加率＝年間1.5パーセント

は、GDPに占める輸出の割合wと、非輸出部門$g(nx)$の成長率に関するいくつかの仮定によって変化する。この数字は幅が広いが、いくつかの追加的な（そして現実的な）仮定を加えることにより、幅を相当狭めることができる。第一に、ラテンアメリカ全体のwの割合は、考察対象の期間は〇・一から〇・二五の間でしか変化しなかったと考えられる（付録2参照）。第二に、非輸出部門に多少労働生産性の上昇があったことと、その比率が年間一・五%以下であったことの両方を仮定することが妥当であろう。これらの仮定によって、表の最初と最後の縦列を除去することができる。これらの仮定を追加すると、それに相当する一八五〇年から第一次大戦までの年間輸出増加率の範囲は、四・五%から一二・〇%となる。従って、一人当たりの実質GDPを年間一・五%上昇させるためには、年間の輸出増加率が最低四・五%必要となる。

輸出主導型成長モデルが挑戦したのは、この数字であった。これが実現可能であったかどうかを見るためには、世界の需要増加を検討しなくてはならない。一九世紀後半までに産業革命は、四つの世界経済大国（英国、フランス、ドイツ、米国）を生み出した。これらの国々の推定実質GDPは表3-1に示してある。主な例外は米国であったものの、実質GDPの成長は、結果として輸入需要の増加を生み出し（これも表3-1に示してある）、その増加は一般的にGDPを上回った。

これら四カ国が世界経済に占める比重は桁外れのものであった。一九世紀末の最終四半期頃には、これら諸国は世界の輸出入のおよそ六〇%を占め、[21] ラテンアメリカの外国貿易で支配的な役割を果たした。とはいえ表3-1が明確に示すように、これら諸国の輸入増加率は、ラテンアメリカが目標とする成長率を達成するのに必要な輸出増加率を通常下回っていた。米国の一八九九年から一九一二年のようなごく例外的な時期にだけ、輸入が年間五%で増加したのである。

これによって輸出主導型モデルがだめになったとはいえない。実際のところ、考察の対象としている期間に、なぜラテンアメリカの輸出が世界の輸入よりも早く増加することができたかには、主に四つの理由がある。第一に、先進国の輸入品の構成が変化し、いくつかの原料や食料（一次産品）への需要が法外に増した。産業の勃興は、多くの場合先進国では入手できな

表3-1　1850-1913年頃の世界の生産と輸入の年間増加率

	GDP の実質成長率[1](%)	輸入の増加率(%)	注　記
米　国			
1873-1892	4.6	1.2	
1892-1906	4.1	3.9	
1884-1899	4.3	1.9	
1899-1912	3.8	7.9	
1850-1912	4.1	3.7	
英　国			
1845-1913	2.0	3.2	19世紀の不変価格の輸入額は，19年ごとに倍増した。これは量で計った年間増加率で，3.7%[2]になる。
1856-1913	1.9	2.7	
1856-1873	2.1	4.6	
1873-1899	2.1	1.0	
1899-1913	1.3	3.4	
ドイツ			
1857-1874	2.5	n/a	
1874-1884	1.3	n/a	
1884-1900	3.2	3.7	
1900-1913	2.9	4.9	
1884-1913	3.1	4.2	
フランス			
1852-1912	1.5	3.6	1830年代から1913年までの輸入増加は22年ごとに倍増した。これは年間増加率3.2%[2]となる。
1852-1869	1.8	7.1	
1875-1892	0.7	1.0	
1892-1912	1.9	3.4	
世　界			
1882-1890	2.6	3.0	量で計った輸入成長率。期間は GDP 成長率で利用したものと若干異なる。
1890-1899	2.8	n/a	
1899-1907	3.1	3.8	
1907-1913	2.6	4.5	
1881-1913	n/a	3.5	

注 1）ドイツは NDP, 純国内生産である。
　2）Staley (1944), p. 127.

出所）米国：GDP 成長率は Solomou (1990), p. 49 より。但し1850-1912年は Mitchell (1983) より。輸入増加率は Mitchell (1983) より。英国：GDP 成長率は Solomou (1990), p. 28 より。輸入増加率は Mitchell (1988) より。ドイツ：NDP 成長率は Solomou (1990), p. 37 より；輸入増加率は Mitchell (1980) より。フランス：GDP 成長率は Solomou (1990), p. 43 より。輸入増加率は Mitchell (1980) より。世界：GDP 成長率は Solomou (1990), p. 58 より。輸入増加率は Staley (1944), p. 126 より。

い原材料にかつてない程の需要をもたらし、加えて実質所得の増大は、需要のいくつかは贅沢品だったので、高い所得弾力性を持つ食料への需要を刺激した。

第二に、先進国の産業化は農村から都市への急激な人口移動とともに、農業から製造業への資源需要へのシフトを生み出していた。このことは、農業保護に再検討をせまり、英国に顕著なように、関税及び非関税障壁が段階的に引き下げられた。かくして輸入に見合うだけの消費の割合が増加したのである。ヨーロッパのより産業化の遅れた地域では、一九世紀末に農業保護主義が増大し始めたが[22]、これはラテンアメリカにとって当初は深刻な脅威にはならなかった。というのは、ラテンアメリカからヨーロッパ周辺部への輸出は、ごく限られたものであったからである。

第三に、一九世紀の自由貿易へのシフトは、ヨーロッパ植民地の受けていた諸特恵の減少をもたらした。ヨーロッパ市場でラテンアメリカが受けていた差別は消滅し始め、貿易の創出のプロセスが起こり、他の国々を犠牲にして、ラテンアメリカの市場占有率が増加するようになったのである。英国はこのプロセスの最も明確な例を示している。一九世紀末には、英国の植民地が享受していた国際貿易での優位性は、ほぼ完全に消滅していた[23]。

第四に、表３－１のデータは輸入額を表している。しかしながらラテンアメリカの実質ＧＤＰを表すのに適切な数字は輸出量である。もし価格が下がれば、先進国の輸入量は、輸入額よりも早く増加するであろう。他の事情が同じであれば、このことはラテンアメリカによる輸出量のより大きい増加を可能にするであろう。

従って表３－１にある世界貿易の成長は、図３－１で示されるラテンアメリカの輸出増加率と必ずしも一致しない。理論的には、ラテンアメリカが、米国と同様の水準にまで生活水準を上昇させるだけの輸出増加を行うことは可能であった。にもかかわらず、明らかにジレンマが存在した。もし（非輸出部門の生産性上昇をあまり考慮しないで）輸出主導型成長が追求されるならば、それは、極めて特異な状況下においてのみ可能な輸出増加率（例えば図３－１の第一列を参照）を必要とした。他方、もし輸出の増加が工業国の輸入の増加にしか期待できないのであれば、経済政策は、非輸出部門のより急速な生産性の上昇を妨げる障害物の除去に取り組まなければならなかった。

加えて国際貿易は、長期間にわたり、高い輸出増加率を維持することを困難にするような、さまざまな作用に大きく揺り動かされた。第一の問題は、資本主義経済が受けた長期変動により生じる周期的な国際貿易上のパターンであった。最近の研究はコンドラチェフ波（五〇年周期を仮定）[24]の存在に疑問を投げかけているが、全ての主要資本主義国の実例が、ジュグラー循環波（九年から一〇年）とクズネッツ波（およそ二〇年）[25]の存在を明確に示している。一九二〇年代末の恐慌とは異なり、当時は国際的な経済統合が両大戦間期程には進んでいなかったので、これらの循環は必ずしも全ての国々に同時に影響を与えたわけではなかった。従って全ての市場が同時に不景気になったのではない。しかしながらたとえ一つでも有力な市場で不景気がおこれば、急速に長期的な輸出拡大の持続を模索する国にとっては、深刻な打撃となったのである。

第二に、国際貿易は明白なパターンを持たない外的ショックにより、しばしば影響を受けた。例えば米国の南北戦争は一八六〇年代の数年間、[26]米国の輸入市場を悪化させた。一八七〇年代の普仏戦争は一八七〇年代前半のフランスの輸入を中断させた。一八九〇年の英国の金融危機は、最重要のラテンアメリカの貿易相手国からの輸入に数年間マイナスの影響を与えた。[27]それぞれの場合、貿易は危機が去った後にすぐ回復したが、輸出の長期の増加率は依然としてマイナスの影響を受けたのである。

第三に、多くの場合においてラテンアメリカ諸国は、第一次大戦までには特定の産品の市場で支配的な立場を獲得していた。戦争の直前、ブラジルは世界のコーヒー生産の七〇%以上を占めていたし、ボリビアはスズの世界生産の二〇%以上、エクアドルは世界のカカオ輸出の一五%を占めていた。支配的な立場は、過去においては急速な輸出の成長の証であった。しかし市場占有率を増加させたことによって、輸出増加率を維持することは、より困難となったのである。そのような市場では、輸出は世界の輸入に見合って増加するのが精一杯であった。生活水準の急速な上昇に見合っただけ十分早く輸出全体が増加することは、ありそうもなかった。従って、輸出主導型成長の論理は、当該国がすでに獲得した輸出所得を一ないし二種類の商品に依存するような状況を避けるために、商品の多角化の必要性を指摘したのである。

一九世紀末にはヨーロッパ周辺と日本に工業化が広がり、これらの国の製造業部門が拡大したため、原材料への新たな需要を生み出した。一八八〇年から一九一三年の間に、日本の輸入需要は一〇年ごとに二倍となった。ロシアは一五年ごとに、そしてスウェーデンの場合は、輸入需要が七年ごとに二倍になった。これは同じ期間に、二〇年ごとに二倍となった世界の輸入需要よりもはるかに早い速度であった。[28]

その意味するところは明瞭であった。先進工業国の技術的な進歩と構造変化によって、輸入原料へのより低い所得弾力性を持つに至ったのである。[29]最も進んだ国における新たな産業活動は、それほど輸入原材料には依存せず、また農業への保護を弱めることによって生じる貿易創出効果は、それ自体限界に達し始めていた。[30]かくして、輸出主導型モデルの論理は、ヨーロッパと日本の新興工業国の利益となるように、市場と共に商品の多角化を必要としたのである。

従って輸出主導型モデルは、極めてダイナミックである必要があった。新製品が導入されねばならず、新市場を開拓しなければならなかった。こうした状況のもとで、もし輸出部門の活力が、非輸出部門の労働生産性のある程度の上昇に反映されたならば、生活水準の相当な向上を達成することは可能であった。非輸出部門の生産性が不変であるか、あるいはメキシコの例で議論したように低下さえすると、世界経済の性質上、一人当たりの実質所得の長期的成長を維持するのに必要な輸出成長率を、市場及び商品を多角化することによって達成できると信じることが困難となった。

最悪の状況は明らかに、輸出が単一産品と単一市場に集中することであり、非輸出部門の生産性が輸出増加に何の影響も受けないことであった。このような状況の下では、輸出主導型成長は殆ど間違いなく失敗することになる。これから考察していくように、このような例は、いわゆる輸出主導型の黄金時代の時期でさえ、ラテンアメリカではあまりにも多く見られたのである。

▼**輸出実績**

一九世紀中頃から第一次大戦までの期間は、産業革命が生んだ需要に応えるために、ラテンアメリカ全体に新たな輸出産品の増大が見られた。その結果、主に貴金属に依存する植民地時代の輸出パターンはついに影を潜めた。メキシコとペルーでは、銀輸出は依然として重要であった。メキシコでは一九一三年に世界の産出量の三〇%以上を生産した。コロンビアでは金輸出が依然として輸出所得に大きく貢献していた。とはいえ、いずれの国でも一九一三年までは、貴金属が輸出所得の五〇%以上を占めることはなかった。貴金属の輸出所得に占める割合がラテンアメリカの他の国のどこよりも大きかったメキシコでさえ、(ポルフィリアート)初期の約八〇%から、第一次大戦前夜にはほぼ四五%にまで減少した。この減少は一九世紀末にはすでに始まっていたが、一九〇〇年代初頭にメキシコ湾で相当量の石油埋蔵が発見されたことで拍車がかかった。[31]

植民地時代の伝統的な輸出パターンは影を潜めたが、これによって鉱業が衰退したわけではなかった。一九世紀には新たな鉱産物が出現し、いくつかの国の輸出構造において大きな地位を占めるようになった。ペルーでは一八九〇年以降、銅が重要性を増し一九一三年までには輸出の二〇%以上を占めるようになった(表3-2参照)。ボリビアでは一八九〇年以降の銀輸出の減少はスズの登場で補われた。一九〇五年には早くも、スズはボリビアの輸出の六〇%以上を占めた。第一次大戦までにこの数字は七〇%以上に達し、一八九一年には六〇%であった銀は、ほぼ四%に減少した。チリでは太平洋戦争中に北部の砂漠に埋蔵する硝石を手に入れた後に硝石ブームが起こり、銅と銀の両方の輸出は急激に減少した。そして一九一三年までに硝石は輸出の七〇%も占めるようになった。

残りのラテンアメリカ諸国では、農産物が輸出所得を支配する新たな輸出品となった。ある場合にはヨーロッパや米国の産業工場が、ゴム(ブラジル、ペルー)、羊毛(アルゼンチン、ウルグアイ)を必要とした。これ以外の、メキシコのヘネケン[32]は北米の大草原で採用された新しい栽培技術を用いることで拡大した。産業革命は食料消費の増加をもたらしたが、穀物や肉などが、その需要増に呼応した代表的な産品であった。ヨーロッパと米国では所得が上昇したので、コーヒー、カカオ、バナナなどの熱帯産の「奢侈品」への需要もまた生まれた。医薬品と

表3-2　輸出商品の集中度，1913年頃

国	第1位産品	%	第2位産品	%	合　計
アルゼンチン	トウモロコシ	22.5	小　麦	20.7	43.2
ボリビア	ス　ズ	72.3	銀	4.3	76.6
ブラジル	コーヒー	62.3	ゴ　ム	15.9	78.2
チ　リ	硝　石	71.3	銅	7.0	78.3
コロンビア	コーヒー	37.2	金	20.4	57.6
コスタリカ	バナナ	50.9	コーヒー	35.2	86.1
キューバ	砂　糖	72.0	タバコ	19.5	91.5
ドミニカ共和国	カカオ	39.2	砂　糖	34.8	74.0
エクアドル	カカオ	64.1	コーヒー	5.4	69.5
エルサルバドル	コーヒー	79.6	貴金属	15.9	95.5
グアテマラ	コーヒー	84.8	バナナ	5.7	90.5
ハイチ	コーヒー	64.0	カカオ	6.8	70.8
ホンジュラス	バナナ	50.1	貴金属	25.9	76.0
メキシコ	銀	30.3	銅	10.3	40.6
ニカラグア	コーヒー	64.9	貴金属	13.8	78.7
パナマ	バナナ	65.0	ココナッツ	7.0	72.0
パラグアイ	マテ茶	32.1	タバコ	15.8	47.9
ペルー	銅	22.0	砂　糖	15.4	37.4
プエルトリコ	砂　糖	47.0	コーヒー	19.0	66.0
ウルグアイ	羊　毛	42.0	食　肉	24.0	66.0
ベネズエラ	コーヒー	52.0	カカオ	21.4	73.4

出所）数字は可能な限り Mitchell (1983) による。例外は Bolivia (Walle, 1914), Colombia (Eder, 1912), El Salvador と Guatemala (Young, 1925), Haiti (Benoit, 1954), Mexico (Enock, 1919), Panama (Bureau de Publicidad de la América Latina, 1916-17), Paraguay (Koebel, 1919), Puerto Rico (Dietz, 1986), Uruguay (Finch, 1981), Venezuela (Dalton, 1916) である。

してあるいは産業用の原料として必要なキニーネ、ケブラチョ抽出液[33]、ペルーのバルサム[34]といった、熱帯林産品への需要も増加した。

いくつかの例では、ブルボン改革の時期に最初に導入された産品が、主要輸出品を代表していた。キューバの砂糖は目を見張る成長を続け、砂糖産業は一八八六年の奴隷制廃止、独立戦争とそれが引き起こした米国の占領（一八九八年から一九〇二年）を生き延びた。一九一三年までには、キューバの糖業は世界の砂糖キビ生産の二五%を占め、砂糖キビ輸出ではそれよりもはるかに高い比率を占めていた。砂糖生産は奴隷制と結びついていたので、砂糖はイスパニオラ島の残りの地域では、長年にわたりタブー視されたが、一八四四年の独立後のサントドミンゴ（ドミニカ共和国）の砂糖生産の再開によって、キューバの砂糖生産はささやかな挑戦を受けた。ハイチでは、第一次大戦までの主要輸出品はコーヒーとカカオであった（表3-2参照）。

新たな産品の導入は、必ずしも輸出産品の多角化をもたらしたわけではなかった。それどころか、新たな輸出産品の増加は、しばしば伝統的輸出産品の減少と同時に起こり、その結果、輸出品の集中度は著しく高いままであった。大多数の国では（表3-2参照）、一九一三年には単一品目が、輸出総額の五〇%以上を占めていた。二カ国（アルゼンチン、ペルー）だけが、主たる輸出産品の輸出総額に占める比率が二五％以下であった。一七カ国で、最も重要な二つの商品が輸出総額の五〇％以上、一三カ国で七〇％以上、三カ国では九〇％以上を占めていた。

このような集中度はいかなる基準に照らしても高いものであった。一次産品を輸出するどの国も、世界不況の影響から逃れることは想像できなかったが、集中度が高い国は特に単一の商品市況の循環に極めて脆弱であった。例えばコーヒーは、一九一三年には七カ国で主要輸出産品となり、一カ国（コロンビア）を除いた残り全ての国で、輸出総額の五〇％を占めていた（表3－2参照）。コーヒーは三カ国（コスタリカ、エクアドル、プエルトリコ）で二番目に重要な輸出品であり、ラテンアメリカ全体の輸出所得で、最も有力な役割を果たしていた[35]。

輸出商品多角化に成功した例は、極めて稀であった。一八八〇年代のグアノ・ブームが終わった後のペルーでは、砂糖、綿花、コーヒー、銀、銅、ゴム、そして羊毛、アルパカなどを含む多様な産品を通して、輸出所得を増やそうと努力した[36]。パラグアイでは、フランシア（一八一〇―四〇年）の自主的孤立政策により、そしてその後は破滅的な三国間戦争（一八六五―七〇年）によって輸出主導型成長の開始が遅れたが、マテ茶、タバコ、材木、獣皮、食肉、ケブラチョ抽出液などを基盤として、世界経済と地域経済に参入していった。

しかしながら輸出商品の多角化に最も成功したのは、アルゼンチンであった。新しい産品の導入は、従来の産品を減少させることはなく、そのためアルゼンチンは容易に輸出商品の範囲を増大したのである。一九一三年までには、非常に多くの種類の穀物と牧畜産品が外貨収入源となった。穀物とは小麦、亜麻仁、ライ麦、大麦そしてトウモロコシであった。畜産品とは冷蔵及び冷凍牛肉、羊肉、羊毛、皮革であった。第一次大戦まで、アルゼンチンの輸出品目の数とその品質に匹敵する水準に達した国はなかった。実際アルゼンチンの輸出は極めて大きく、一九一三年までには、アルゼンチンの人口はラテンアメリカ全体の九・五％だが、地域全体の輸出所得のほぼ三〇％を占めていたのである。

輸出増加は、輸出主導型モデルの成否の鍵を握っていた。前節で明らかにしたように、非輸出部門の労働生産性の上昇と輸出の相対的な大きさについて、極めて楽観的な仮定をしたとしても、少なくとも四・五％のラテンアメリカの長期的年間輸出増加率が必要であった。しかし必要とされる各国の輸出増加率は、各国の人口増加率に依存していた。図3－2では、図3－1と同じ仮定を基にして、各国の人口増加率に依存した、それぞれの必要とする輸出増加率を算出している。従って各国の数値は、人口増加率の推定値（付録1参照）を基にして図3－2のマトリックスに配列されてある。また必要とされる輸出増加率は（3.2）方程式によって計算されている。

図3－2のマトリックスは、必要とされる輸出増加について、かなり広範囲にわたることを表している。しかしながらラテンアメリカ全体にあてはまることだが、いくつかの仮定を単純化することにより、その幅を狭めることが可能である。第一

に、前節と同様に、非輸出部門の労働生産性の上昇を、ゼロや急激なものではなくて年間〇・五%から一%の控えめなものと仮定することができる。これにより、図3－2のそれぞれのマトリックスから、最初と最後の列を削除することができる。[37] 第二に、個々の国の輸出の比率 w を狭めることが可能である（付録2参照）。かくして目標となる輸出増加の範囲は、図3－2の各マトリックスの中の一部の範囲となる。以上の仮定を基にした最良の「推定値」は表3－3である。例えばアルゼンチンは、人口増加率が三・一%、非輸出部門の労働生産性が年間三・五%から四・〇%、輸出部門の比率 w が〇・二と〇・三の間を変動すると仮定すると、目標の範囲は五・七%から八・五%になる（図3－2の(f)）。

表3－3が明らかにしているように、アルゼンチンとチリの二カ国だけが、一八五〇年から第一次大戦までの長期にわたって、目標の範囲の輸出成長率を達成することができた。アルゼンチンの成長率（六・一%）は注目に値するが、これは短期間の中断だけで、輸出量を着実に増大させた結果である。これは、一九世紀後半に世界経済が拡大する状況のもとで、輸出主導型成長が可能であったことを如実に立証している。チリの輸出増加率（四・三%）はそれほど目を見張るものではなかったが、この国の人口増加率が一・四%とかなり低いことは、チリの輸出実績が低下したとしてもそれは目標の範囲内に依然として収まって

(a)　PGR＝0.5%pa

w ＼ $g(nx)$	0.5	1.0	1.5	2.0
0.1	15.5	11.0	6.8	2.0
0.2	8.0	6.0	4.0	2.0
0.3	5.5	4.3	3.2	2.0
0.4	4.3	3.5	2.8	2.0

(b)　PGR＝1.0%pa

w ＼ $g(nx)$	1.0	1.5	2.0	2.5
0.1	16.0	11.5	7.0	2.5
0.2	8.6	6.5	4.5	2.5
0.3	6.0	4.8	3.7	2.5
0.4	4.8	4.0	3.3	2.5

(c)　PGR＝1.5%pa

w ＼ $g(nx)$	1.5	2.0	2.5	3.0
0.1	16.5	12.0	7.5	3.0
0.2	9.0	7.0	5.0	3.0
0.3	6.5	5.3	4.2	3.0
0.4	5.3	4.5	3.8	3.0

(d)　PGR＝2.0%pa

w ＼ $g(nx)$	2.0	2.5	3.0	3.5
0.1	17.0	12.5	8.0	3.5
0.2	9.5	7.5	5.5	3.5
0.3	7.0	5.8	4.7	3.5
0.4	5.8	5.0	4.3	3.5

(e)　PGR＝2.5%pa

w ＼ $g(nx)$	2.5	3.0	3.5	4.0
0.1	17.5	13.0	8.5	4.0
0.2	10.0	8.0	6.0	4.0
0.3	7.5	6.3	5.2	4.0
0.4	6.3	5.5	4.8	4.0

(f)　PGR＝3.0%pa

w ＼ $g(nx)$	3.0	3.5	4.0	4.5
0.1	18.0	13.5	9.0	4.5
0.2	10.5	8.5	6.5	4.5
0.3	8.0	6.8	5.7	4.5
0.4	6.8	6.0	5.3	4.5

図3-2　各国の一人当たり実質GDP成長率1.5%を達成するのに必要な輸出増加率

注記）(a)ボリビア　(b)キューバ，エクアドル，グアテマラ，ハイチ，メキシコ，ニカラグア，パラグアイ，ベネズエラ　(c)チリ，コロンビア，ホンジュラス，ペルー，プエルトリコ　(d)ブラジル，コスタリカ，エルサルバドル　(e)ドミニカ共和国　(f)アルゼンチン，ウルグアイ。$g(nx)$＝非輸出部門の年間成長率（%），w＝GDP に占める輸出部門の比率，人口増加率（PGR）パーセントは年間（% pa）。

表3-3　輸出の年間成長率，1850-1912年頃

（米ドル）

国	人口増加(%)[1]	クラス[2]	w[3]	目標レンジ[4]	輸出増加(%)[5]	イン／アウト[6]
アルゼンチン	3.1	F	.2-.3	5.7- 8.5	6.1	イン
ボリビア	0.5	A	.1-.3	3.2-11.0	2.5	アウト
ブラジル	2.0	D	.1-.3	4.7-12.5	3.7	アウト
チ　リ	1.4	C	.1-.3	4.2-12.0	4.3	イン
コロンビア（パナマを含む）	1.4	C	.1-.2	5.0-12.0	3.5	アウト
コスタリカ	2.0	D	.2-.4	4.3- 7.5	3.5	アウト
キューバ	1.1	B	.3-.4	3.3- 4.8	2.9	アウト
ドミニカ共和国	2.6	E	.1-.2	6.0-13.0	5.2	アウト
エクアドル	1.2	B	.1-.2	4.5-11.5	3.5	アウト
エルサルバドル	1.8	D	.1-.2	5.5-12.5	3.4	アウト
グアテマラ	1.2	B	.1-.2	4.5-11.5	3.6	アウト
ハイチ	1.1	B	.1-.2	4.5-11.5	1.5	アウト
ホンジュラス	1.5	C	.1-.2	5.0-12.0	1.4	アウト
メキシコ	1.0	B	.1-.2	4.5-11.5	3.0	アウト
ニカラグア	1.2	B	.1-.2	4.5-11.5	2.9	アウト
パラグアイ	0.8	B	.1-.2	4.5-11.5	3.9	アウト
ペルー	1.3	C	.1-.3	4.2-12.0	2.9	アウト
プエルトリコ	1.4	C	.2-.3	4.2- 7.0	3.0	アウト
ウルグアイ	3.5	F	.3-.4	5.3- 6.8	3.4	アウト
ベネズエラ	0.8	B	.1-.2	4.5-11.5	2.7	アウト
ラテンアメリカ	1.5	C	.1-.25	4.5-12.0	3.9	アウト

注1）このコラムを得た出所は付録1を参照。
2）それぞれの文字は図3-2のマトリックスを示す。
3）最初の数字は筆者の1850年頃のGDPに占める輸出部門の比率の推計による。二番目の数字は1912年頃である。付録2を参照。
4）このレンジは，図3-1，3-2から得た。
5）このコラムを得た出所については，付録1を参照。
6）「イン」は輸出成長率が年間一人当たり実質GDP1.5%の成長を達成するための目標値の中にあることを意味し，「アウト」は入らないことを意味する。

いたことを示している。

多くの国では、輸出増加率は目標の範囲の下限をはるかに下回っていた。ブラジルは最低目標値が四・七%であったが、長期的な輸出増加率は三・七%しか達成できなかった。この数字では、ブラジルが（米国と同様に）約五〇年で生活水準を倍にするという目標に到達するには程遠かった。砂糖産業で目を見張る成功を収めたキューバでさえ、長期的輸出増加率（二・九%）は、目標の範囲の下限（三・三%）を下回っていた。

もし非輸出部門の労働生産性が仮定したよりも、ずっと速く成長していたならば、目標の範囲の下限を下げる必要があるであろう。だが多くのラテンアメリカ諸国では、このような仮定は正当化されない。しかしウルグアイは、おそらく例外であろう。この国の中心都市部（特にモンテビデオ）は、ヨーロッパからの移民に魅力的なものと映り、第一次大戦前の数年間に、非輸出部門が急速に拡大した。長期的な輸出増加率（三・四%）はそれほど高くはないが（人口増加を僅か

ながら下回っていた)、ウルグアイはその非輸出部門が平均以上の実績を示した結果、生活水準をより急速に向上させることができていたかもしれない。[38]

どの国も、アルゼンチンとチリのような堅実な輸出増加を達成することは不可能であった。しかしいくつかの国は、少なくとも限定された期間に高い増加を達成した(表3-4)。米国の南北戦争の時期と重なる、およそ一八五〇年頃から一八七〇年頃の二〇年間、八カ国(チリ、コロンビア、コスタリカ、キューバ、エクアドル、エルサルバドル、ペルーそしてベネズエラ)は、表3-3の目標範囲の下限よりも早いペースで輸出を増加させた。ペルーの成長率はもっぱら一八四〇年代に始まったグアノ・ブームによるものであった。キューバの場合は砂糖輸出の急速な拡大によるものであった。これらの二カ国は、この二つの産品の市況の変化に脆弱であった。特にペルーの場合、チリとの太平洋戦争によってグアノの埋蔵量の一部を失ったことと、ペルー領内にあるグアノが枯渇したことで打撃を受けた。[39]

続く、およそ一八七〇年から一八九〇年の間に、六カ国(アルゼンチン、コスタリカ、グアテマラ、ホンジュラス、ニカラグアそしてパラグアイ)が、目標範囲の下限よりも早い速度で輸出を増加させ、メキシコはほぼそれに近づいた。グアテマラとニカラグアでは当初、それ以前にコロンビア、コスタリカそしてエルサルバドルで起きたように、主にコーヒーの拡大によって輸出が急速に増加した。[40] メキシコでは、ポルフィリオ・ディアス(Porfirio Díaz)の独裁により政治的安定性が確保されていたが、ようやく独立後の最初の半世紀の輸出実績の不振を克服することができた。これは、(銅などの)非伝統的な鉱物資源の輸出増加、銀輸出の強化、そしてユカタンにおけるヘネケン・ブームが続いたことによるものであった。[41] ホンジュラスとパラグアイは、非常に低い段階から出発するという利点があったので、控えめな成果でも、輸出増加率の急速な上昇をどうにか達成したのである。

最後の下位区分期間である、一八九〇年頃から一九一二年頃の間、五カ国(アルゼンチン、チリ、メキシコ、ペルーそしてプエルトリコ)の輸出増加率は、目標範囲の下限を上回っていた。ペルーはグアノから広範囲にわたる品目への多角化をはかったことで、一八五〇年から七〇年の間に享受した高い成長率を回復した。もし輸出成長率がマイナスとなった一八七〇年から九〇年までの輸出の暴落をペルーが回避できていたならば、ペルーの長期的輸出成長は実際のところ、アルゼンチンと同じ程度になっていたであろう。メキシコの輸出成長率は、ポルフィリオ政権が二〇世紀に入ると、加速化した。プエルトリコの砂糖産業は一八九八年以降、米国の投資により再活性化され、大規模な輸出ブームを経験した。

ラテンアメリカの輸出部門に関する基本的な問題点が、表3-4に明確に表されている。第一に、少数の国の大部分が、一ないし二期間に、満足すべき輸出増加を維持することが可能であったが、全期間を通して必要とされる増加率を維持することができたのは、アルゼンチンとチリの二カ国だけであった。第

表3-4　年間平均輸出増加率と輸出購買力増加率，1850-70，1870-90，1890-1912年

(%)

国	1850-70 輸出増加率	1850-70 輸出購買力増加率	1870-90 輸出増加率	1870-90 輸出購買力増加率	1890-1912 輸出増加率	1890-1912 輸出購買力増加率
アルゼンチン	4.9	4.1	6.7	8.2	6.7	5.4
ボリビア	2.8	2.0	2.3	3.8	2.5	1.2
ブラジル	4.3	3.5	2.5	4.0	4.3	3.0
チ　リ	4.6	3.8	3.3	4.8	5.0	3.7
コロンビア	7.8	7.0	0.5	2.0	2.4	1.1
コスタリカ	4.7	3.9	5.6	7.1	0.5	−0.8
キューバ	3.5	2.7	2.3	3.8	2.4	1.1
ドミニカ共和国	4.5	3.7	5.1	6.6	5.9	4.6
エクアドル	4.9	4.1	1.7	3.2	3.9	2.6
エルサルバドル	5.7	4.9	2.0	3.5	2.6	1.3
グアテマラ	3.2	2.4	6.9	8.4	1.1	−0.2
ハイチ	2.5	1.7	3.3	4.8	−1.0	−2.3
ホンジュラス	−0.5	−1.3	14.8	16.3	−0.3	−1.6
メキシコ	−0.7	−1.5	4.4	5.9	5.2	3.9
ニカラグア	0.8	0	6.1	7.6	2.3	1.0
パラグアイ	4.4	3.6	6.0	7.5	2.2	0.9
ペルー	6.4	5.6	−4.9	−3.4	6.9	5.6
プエルトリコ	0.1	−0.7	1.8	3.3	7.6	6.3
ウルグアイ	3.1	2.3	3.7	5.2	3.4	2.1
ベネズエラ	4.6	3.8	2.4	3.9	1.2	−0.1
ラテンアメリカ	4.5	3.7	2.7	4.2	4.5	3.2

注記）輸出購買力のデータは，輸出額を単位当たりの輸入価格指数で割ることで得た。輸出データの出所については付録1を，単位当たりの輸入価格については付録2を参照。

二に、最も不満足な期間は最後のおよそ一八九〇年頃から一九一二年頃で、これは世界経済が活況でラテンアメリカの輸出にとり最良の機会とみなされる時期であった。しかしながら、ラテンアメリカの輸出主導型成長モデルは、この時期に成熟段階に達していたので、世界市場の占有率を高めることはより困難となっていた。小国のいくつか（例えばコスタリカ、グアテマラそしてニカラグア）は、それ以前の時期の輸出実績は満足すべきものであったが、これらの国の主要輸出産品であるコーヒーが、とりわけブラジルの過剰生産がもたらす価格下落のために、これ以上拡大することは難しくなっていた。そしてその他の国（例えばホンジュラスとパラグアイ）の輸出実績は、一旦その輸出基盤が拡大すると、それを維持することができなくなっていたのである。

表3‐3にある輸出増加率は、ドル表示の輸出額で計算したものである。輸出価格が下落した場合もあったので、輸出量は輸出額よりも早く増加したかもしれない。従って、ラテンアメリカの輸出実績について寛大に解釈するために、価格が下落した結果、輸出量がより多く増加したことを考慮すべく調節してみよう。もしこの調節を年間〇・五％に設定するならば、一八五〇年から第一次大戦までの間に、輸出価格は二七％下落したことになり[42]、表3‐3にある各国の目標範囲

の下限は〇・五％下げることができる。しかしこの調節を行っても大した変化はない。一人当たり年間実質所得が年率一・五％上昇するのに見合うだけの輸出増加率を達成した国としては、アルゼンチン、チリの他にキューバが加わるだけである。

実際は、長期にわたって輸出価格がそれほど急激に下落したことを裏づける証拠はあまりない（付録2参照）。それどころか、輸出入の両方の価格は、最初の区分期間（一八五〇年頃から一八七〇年頃）までの第一期は上昇、第二期（一八七〇年頃から一八九〇年頃まで）は下落、そして第三期（一八九〇年頃から一九一二年頃まで）には上昇する傾向にあり、その結果、全期間を通してみれば実質的に変化しなかったのである。しかしながら砂糖価格は下落したので、輸出実績を砂糖に大きく依存していたキューバを「成功した」国に含めるのは妥当であろう。実際のところ、一八五〇年から第一次大戦までの全期間で、キューバの砂糖輸出量は、輸出価格よりも速いペースで増加したのである。

もし利用可能な輸入価格（付録2参照）を用いて、輸出購買力（purchasing power of exports）を算出するならば（表3－4参照）、それぞれの区分期間で結果が異なり、ラテンアメリカ全体にとっては好ましくないものとなる。輸入価格が上昇したと仮定される第一区分期間では、コロンビアとペルーの二カ国だけが、満足できる輸出実績を記録した。輸入価格が下落したと仮定されるので、輸出額よりも輸出の購買力がより速く上昇した第二区分期間では、成功した国は七カ国から一二カ国に増加する。そして第三の区分期間では、成功した国は五カ国から二カ国（ペルーとプエルトリコ）に減る。重要なことは、一八五〇年から第一次大戦までの全期間に関して、輸出購買力を判断基準に使うと、目標範囲に入る輸出増加率を達成することに成功しているのはアルゼンチンのみということになることである。チリでさえ、輸出実績は目標範囲の下限を僅かながら下回っている。

輸出増加の成功を判定する際に、一人当たりの実質GDP成長率の目標を一・五％と仮定している。もしこの目標値を、七〇年ごとに生活水準が倍になるような、より控えめな一％にまで下げるならば、輸出増加率に関する判定はそれ程厳しくはなくなる。とはいえ、意外であるかもしれないが、このそれ程厳しくない目標でも、大した違いはない。最低一％の一人当たりの実質成長率という目標に見合うだけの輸出実績を達成していると考えられるのは、三カ国（アルゼンチン、チリ、キューバ）だけである。もしこのリストに、非輸出部門の労働生産性が他のどの国よりも速く成長していたという理由で、ウルグアイを加えるとしても、依然として一六カ国（パナマを加えると一七カ国）が、七〇年ごとに生活水準が倍になるのに必要な輸出実績の下限を下回っている。従って、輸出主導型成長の黄金期の輸出実績は、望ましいものであるとは言い難かった。

実際のところ、これらの国の多くの長期の輸出成長率は、落胆すべきものだった。七カ国もが、一八五〇年から第一次大戦の間、年率三％以上の輸出増加を達成することができなかった。たとえ全てのラテンアメリカ諸国にとって、輸出部門の供給条件を克服するのに十分な時間が経過し、そして世界経済からの刺激が特に良好であったと考えられていた一八九〇年頃から一九一二年頃に限定したとしても、一一カ国もが年率三％を下回る輸出成長率を記録していた（表3－4参照）。第一次大戦前の一〇年間に限定した時に初めて、全体的に満足すべき輸出実績を見いだすことができる。[43]

輸出主導型成長モデルの成功を、特定の一〇年間の輸出実績で判断することは大きな誤解を招くことになる。真相は、世界経済の発展が一八五〇年以降（それ以前ではない）、一次産品輸出者に対して、初期段階で捕まえなければならなかった、機会の窓（window of opportunity）を提供したということであろう。その窓は永久に開いていたわけではなく、それどころか、第一次大戦以降決して全開することはなかった。ある区分期間の成功（例えばペルーのグアノ時代のように）は、長期にわたる輸出実績を保証するものではなかった。輸出主導型成長モデルの真の成功の機会を手中に収めるには、かなり長期間にわたって、輸出成長を維持する必要があった。

第一次大戦直前、カナダの一人当たり輸出額五一・九ドル、オーストラリアの八七ドル、ニュージーランドの九八・八ドルと比較すると、依然としてラテンアメリカ一四カ国の一人当たりの輸出額は二〇ドル以下と推定され、八カ国が一人当たり輸出額一〇ドルを越すことができなかった（表3－5参照）。米国の一人当たり輸出額二四・四ドルは、確かにラテンアメリカの平均よりもかなり高いというわけではなかった。しかし米国は、通常の意味での輸出主導型成長を追求することを止め、一九世紀中頃までには、非輸出部門の労働生産性の急激な上昇による巨大な国内市場に力を注いでいた。コスタリカは一人当たりの輸出額を二〇ドル以上に、チリとプエルトリコは四〇ドル以上に押しあげた。ところが、ウルグアイは（事実上一八五〇年以後変化がなく）五〇ドルのレベルを記録した。アルゼンチンは一九一三年までに、一人当たり輸出額が六〇ドルを超過した。とはいえ、ラテンアメリカではキューバが最高値である六四・七ドルを達成していた。しかしながら次のことを想起すべきである。それはキューバがアルゼンチンよりもずっと人口増加率が低かったこと、また植民地のなかでは優位な立場にあった結果、一人当たりの輸出額をより高い水準に維持しながら一九世紀を迎えたことである。

第一次大戦前に、一人当たり輸出額が四五ドルを超えていたかあるいはそれに近かった四カ国（アルゼンチン、チリ、キューバそしてウルグアイ）は同時に、最も条件が緩やかな輸出主導型成長のテストに合格している国でもある。このテストでは、年間の一人当たり実質所得の成長率の目標を、僅か一％と仮定しているのを忘れてはならない。メキシコは速い長期的な輸出増加も、十分な一人当たりの輸出額も記録することができなかったが、少なくとも、ポルフィリアート期の輸出実績はかなりのものであった。それ以外の国では、輸出増加の記録はがっかりするものであった。

表3-5　一人当たりの輸出額

(米ドル：3年平均)

国	1850年頃	1870年頃	1890年頃	1912年頃
アルゼンチン	10.3	16.5	32.4	62.0
ボリビア	5.5	8.6	12.4	18.6
ブラジル	5.0	8.6	9.6	14.2
チ　リ	7.8	14.2	20.3	44.7
コロンビア1)	1.9	6.6	5.7	6.4
コスタリカ	11.4	21.2	37.9	27.1
キューバ	22.2	44.3 2)	55.7	64.7
ドミニカ共和国	3.4	5.0	8.1	15.5
エクアドル	2.0	4.1	4.6	7.9
エルサルバドル	3.2	7.3	6.8	8.3
グアテマラ	1.7	2.5	7.5	7.2
ハイチ	4.8	6.5	10.1	6.1
ホンジュラス	4.9	3.6 3)	8.1	4.7
メキシコ	3.2	2.3	4.4	10.7
ニカラグア	3.7	3.5	10.1	10.8
パラグアイ	1.3	5.8 4)	8.5	8.6
ペルー	3.7	10.1	3.3	9.4
プエルトリコ	13.7 5)	9.6	11.0	40.1
ウルグアイ	54.9	46.6	44.6	50.3
ベネズエラ	3.3	6.8	8.3	10.5
ラテンアメリカ	5.2	8.9	11.7	20.4
オーストラリア	16.5	63.3	52.8	87.0
カナダ6)	6.4	20.4	21.7	51.9
ニュージーランド	21.4	97.1	77.3	98.8
米　国	7.0	10.0	13.7	24.4

注1）パナマを含む。
2）データは1877年。
3）データは1882年。
4）データは1879年。
5）データは1844年。
6）ニューファンドランドを含む。
出所）付録1参照。

▼輸出サイクル

一八五〇年から第一次大戦までの期間で、輸出が停滞した例はごく僅かであったが、事実上全ての国で好況期を経験した後に、部分的あるいは全体的な不況となった。(44) 経済循環に対するこの脆弱性が、ラテンアメリカの大部分の国々が、輸出主導型成長期の「黄金時代」にすら、貧弱な輸出実績しか示せなかった根本的な問題点であった。

好況に続いて輸出不振に陥った極端な例としてペルーがある。ペルーが一八七〇―九〇年に不況に陥ったのは、殆ど再生不可能な資源であるグアノが枯渇して輸出が減退したことと、埋蔵している硝石がチリに奪われてしまったからであった。かくして、不況を世界経済における貿易循環のせいにすることはできなかった。ペルーの衰退はなかんずく、太平洋戦争で敗れ、国土を失ったことにあった。この他の輸出不振の例としては、内戦と政治不安で輸出実績を悪化させた時のメキシコ(一八五〇―七〇年)、ホンジュラス

（一八五〇—七〇年と一八九〇年から一九一二年）とハイチ（一八九〇—一九一二年）である。それぞれの例でも、輸出の増加率はマイナスとなり、目標範囲の下限内の長期成長率を達成する見込みは、事実上なかった。(45)

多くの国は、それぞれの期間で、輸出額の明瞭な減少は回避できたが、このことは必ずしも、一人当たりの輸出額が増加したことを意味するものではなかった。表3-5で明らかなように、コロンビア（一八七〇—九〇年）、コスタリカ（一八九〇—一九一二年）、エルサルバドル（一八七〇—九〇年）、グアテマラ（一八九〇—一九一二年）、ニカラグア（一八五〇—七〇年）、プエルトリコ（一八四四—七〇年）そしてウルグアイ（一八五〇—九〇年）は、ドル換算での一人当たりの輸出額が減少した。このような減少は、必ずしも大きな損害をもたらすものではなかった。表3-5に示されている三つの英国植民地（オーストラリア、カナダそしてニュージーランド）では、一八七〇年から一八九〇年の間に、（ゆっくりとしか成長しない英国市場に依存していた結果）(46)一人当たりの輸出額の減少を経験したものの、満足すべき輸出成長を長期にわたって維持することが可能であった。(47)にもかかわらず、必要とされる長期の成長率を維持するためには、一人当たりの輸出額が一時的に下落すると、それ以外の期間には英国植民地で起きたように、輸出が例外的に増加しなければならなかった。

ペルーやメキシコの不十分な輸出実績が、軍事的あるいは政治的な理由によるものだとする従来の見方は、まったく間違ったものである。例えばブラジルは、帝政が終了する前の比較的安定した二〇年間、実に適度な輸出増加率を記録した。(48)この期間（一八七〇年から九〇年）、輸出実績はコーヒーが決定しており、ブラジルは世界のコーヒー輸出量の五〇％以上を占め、ブラジルの外貨収入の六〇％以上を占めていた。このような状況の下で、非常に速いペースで、無制限に輸出を拡大することのできる国は他になかった。そしてブラジルは、コーヒーの世界市場のサイクルに深くかかわった代償を払わされたのである。(49)

その上、一八九〇年から一九一三年の間、ラテンアメリカでは一般的に政治が安定したが、多くの国では不満足な輸出実績しか残せなかったのである。ボリビアの場合、その背景は単純なものである。ボリビアのスズの輸出増加は確かに劇的なものであったが、輸出全体の実績は銀輸出の相対的かつ絶対的な減少によって下降した。鉱石を採掘している多くの場合も同様であった。唯一の相違点は、新たなスズの埋蔵も発見されているという事情があったものの、鉱山経営者が埋蔵されている銀よりもスズの採掘に集中したことにある。

気候と土壌が特に重要な場所では、長年にわたる生産拡大の結果、輸出作物に適した土地が枯渇したために輸出実績が芳しくなくなった場合もあった。コスタリカ、エルサルバドル、グアテマラ、ハイチそしてベネズエラは一九世紀の終わりに、コーヒー生産でこの問題に直面し始めていた。ドミニカ共和国、エクアドルそしてベネズエラはカカオについて同様の問題に直面した。しかし、これらの国の多くでは、当該作物の一へクタール当たりの生産量は極めて低く、耕作適地の不足という問題は、生産性の向上を通して克服することができた。

コスタリカは、コーヒー輸出が抱える問題をバナナ輸出の急増によって、ある程度相殺することができた。一八七〇年代に始まったバナナ輸出は、第一次大戦までに、コーヒーに代わって、最大の輸出品目となっていた[50]。とはいえ、他のバナナ輸出国に起きたように、対処法が未だ見つかっていなかった植物病虫の蔓延によって、生産に影響が出ていた。主なバナナ輸出国（コスタリカ、グアテマラ、ホンジュラスそしてパナマ）の輸出所得は、第一次大戦以降も病虫と自然災害に左右されたのである[51]。

世界の貿易の循環は輸出所得を押し下げる役目もまた果たしたが、第一次大戦前のいかなる貿易不振も、全ての工業国に同時に影響を与えたようには思われない。地理的に多様な輸出市場を持つ国々では（六〇—四ページ参照）、一つの市場での不振を、その他の輸出市場の拡大により相殺することができた。しかしながらこの方法は、輸出品の大半を単一市場に向けていた国々では、殆ど役に立たなかった。

貿易不振の最悪の例は、一八七三年以後の一五年間における、英国の輸入額の低迷した時期であった。オーストリア＝ハンガリー、ベルギー、デンマークそれにイタリアの輸入にも同様に停滞が起きた。このことは、これらの国々の市場（なかでも英国が抜きんでて重要であったが）に大きく依存するようになっていた国々にとっては、明らかな脅威となった。一八七〇年代初期に、輸出の三分の一を英国に向けていたコロンビアは、米国への輸出を増加させたが、この時期の輸出の総体的な実績は、少なくとも額の面では依然として不満足なものであった。対照的にアルゼンチンでは、英国市場に依存していたにもかかわらず、輸出市場と輸出産品の多角化に成功した結果、一八七〇年から一八九〇年の間に、輸出成長は年率六・七％という高い数値に達した。

一八九〇年のベアリング恐慌が例証しているように、外部からの衝撃は、最も成功している国の外国貿易でさえ、その拡大を長年にわたり混乱させるものであった。ベアリング商会は、多くのラテンアメリカ諸国（特にアルゼンチン）で民間及び公的部門で密接かつ利益の高い企業活動を展開した。そしてこのマーチャント・バンク自体の信用は、南アメリカにおける有価証券投資の成功に、大きく依存していた。アルゼンチンのミゲル・フアレス・セルマン（Miguel Juárez Celman）政権は、国際資本市場で過剰に借り入れを行った。このためベアリング商会への支払いが不可能になり、金融危機が発生した。この金融危機はアルゼンチンのみならず、他のラテンアメリカ諸国（特にウルグアイ）と英国の金融システム全体に深刻な影響をもたらした。イングランド銀行を通じて救済作業が開始されたが、アルゼンチン（そしてウルグアイ）への融資は厳しく削減され、両国は極端に輸入を切り詰めなくてはならなくなった。輸出はそれほどの影響を受けなかったが、アルゼンチンのポンド価額の輸出額が、一八八九年に達したピークを上回ったのは一八九八年であり、輸入額を上回ったのは一九〇四年であった[52]。

一八五〇年以降の多くのラテンアメリカ諸国の輸出実績が、周期的に変動するという性質には、種々の外的・内的原因がある。第一次大戦前の六〇年間に国際経済は、二度とはないであろう、一次産品輸出拡大の機会を提供した。しかし国際経済が生み出す外的刺激に呼応した、ラテンアメリカの輸出実績の周期性は、ごく部分的なものに止まった。これまで見てきたように、この周期性には多くの原因がある。外部刺激のようないくつかの原因は、これを切り抜ける方法は殆どあるいは全くなかった。これ以外の、商品の集中や低い生産性といった、不十分な輸出実績の原因への対策は、ラテンアメリカ諸国の手中にあるのだということを明確に示唆していた。

▼対外貿易のパターン

一九世紀中頃から第一次大戦開戦までの、長期にわたる一次産品輸出の増加を促した原動力は、欧米における産業化であった。同時に、産業化はそれ自体で工業製品の余剰をもたらしたため、新市場を開拓しなければならなかった。ラテンアメリカの産業基盤は脆弱であり、また開かれた貿易制度を有していたので、欧米の市場となることは明らかであり、この期間の終わりには、主要工業国間の市場争奪戦は激化した。

僅かの例外もあったが、一般的な貿易のパターンは明瞭であった。ラテンアメリカ諸国（例えばエクアドル、メキシコ）は、主たる食料輸入国であり、この貿易は、ヨーロッパよりも米国に有利であった。いくつかの国はその貿易相手の大部分を、「中心国」ではなくて他のラテンアメリカ諸国に切り換えた。南米でしか消費されないマテ茶を主に生産していたパラグアイは、もっぱらアルゼンチン市場に依存し、その結果、自国通貨をアルゼンチンのペソに実際に連動させてしまった。ボリビアは輸入品の大部分を近隣諸国から購入していたが、この「域内の」貿易品の原産国の大半は殆ど間違いなく、ラテンアメリカ域外国であった。

ボリビアの例は、第一次大戦前の貿易統計を解釈する際の、一般的な問題点を示唆している。輸出品の仕向地は、商品が陸揚げされる港と決められており、他方輸入地は最終的に出荷される港と決められていた。かくして英国製品がブエノスアイレス経由でボリビアに輸出されると、ボリビアの貿易統計ではアルゼンチン製品となるのである。同様に、ドイツ経由でフランスに輸出されたグアテマラのコーヒーは、グアテマラの貿易統計には、ドイツへの輸出となるのである。従って貿易統計は慎重に扱わなければならない[53]。

一九世紀中頃には、一握りの国々を除いたラテンアメリカ諸国の主要な輸出市場は、依然として英国であった。一九一三年まで、英国はラテンアメリカ産品の第一位の輸入国であったが、英国は四カ国（アルゼンチン、ボリビア、チリそしてペルー）にとってのみ、主たる市場であった（表3－6参照）。フランスは（エクアドル、ハイチそしてベネズエラ）三カ国の主たる市場となったが、ハイチを除いてこれは殆ど統計上の錯覚であった。なぜなら（食肉、羊毛、コーヒー、カカオ）といった関係する産品は、最終消費地としてフランスだけでなく他のヨーロッパ地域にも向けられていたからである。ドイツも三カ国（グアテマラ、パラグアイそしてウルグアイ）にとって主たる市場となった。グアテマラについては（特にアルタ・ベラパスのコーヒー生産者のような）強力なドイツ人コロニーの存在を考慮すると、これはもっともなことである。

一九一三年には、大部分のラテンアメリカ諸国の主たる市場は、実際には米国であった（表3-6参照）。二一カ国のうち一一カ国までもが、第一次大戦前でさえも、米国が主な市場であったと報告しているが、これらの数字は、輸出が記録された方法によって大きく歪められたとは思われない[54]。当然のことだが、これらの国の多くは北半球にあり、米国市場は圧倒的に最重要であった。ホンジュラス、パナマそしてプエルトリコは、一九一三年までには、輸出の八〇%以上を米国に向けていた。キューバとメキシコは七〇%以上であった。もっぱら大きなコーヒー需要の結果、ブラジルとコロンビアにとっても、米国は主要な市場となった[55]。

米国向け輸出が相変わらず大して重要ではない国もいくつかあった。米国が羊毛と皮革に保護関税を課したため、アルゼンチンとウルグアイとの貿易に打撃を与えた[56]。またハイチはコーヒーとカカオの輸出のほぼ全量を、ヨーロッパに向けた。アルゼンチンは、一九一三年には、ラテンアメリカ諸国のなかでは抜きん出て重要な輸出国であったが、ヨーロッパ諸国との貿易比率が高かった。まさにこのことが、米国がラテンアメリカ諸国の輸出市場としてより支配的な立場を獲得することを阻害する、最も重要な要因となった。とはいえ、英国の二〇・七%と比較すると、米国はラテンアメリカ諸国の全輸出額の二九・七%を占めた（表3-6参照）。また南米諸国（パナマより南の国全部の輸出）にとっても、米国市場は英国市場よりもほんの僅かだがより重要となった。メキシコ、中米そしてカリブ諸国では、米国市場は支配的で、第一次大戦直前には、全輸出額の七〇%を占めていた。

貿易相手の地理的な集中は、商品の集中ほど正確には計測できないが、ラテンアメリカの輸出の場合、主要先進工業国である四カ国（米国、英国、ドイツそしてフランス）に大きく依存していたことは、統計的に明らかである。一九一三年までには、これらの四つの市場は、一〇カ国の輸出の九〇%以上、そして一七カ国の輸出の七〇%以上を占めていた（表3-6参照）。アルゼンチン、パラグアイそしてウルグアイだけが、この主要四市場への高い依存率を回避していた。しかしながらパラグアイの場合、アルゼンチンに大きく依存していたので、地理的な多角化を意味していたわけではなかった。

従って再度、例外的に良好であったアルゼンチンの立場に注目しなければならない。長期にわたる急速な輸出成長、ラテンアメリカの全輸出に占める高い占有率、そして商品輸出の多角化により、アルゼンチンは同時にその産品を広範囲の市場に広げた。一九一三年に英国は、アルゼンチン輸出の約四分の一を

表3-6　主要市場別の輸出，1913年

国	輸出額(100万米ドル)	米　国(%)	英　国(%)	ドイツ(%)	フランス(%)	合　計(%)
アルゼンチン	510.3	4.7	24.9	12.0	7.8	49.4
ボリビア	36.5	0.6	80.8	8.5	4.9	94.8
ブラジル	315.7	32.2	13.1	14.0	12.2	71.5
チ　リ	142.8	21.3	38.9	21.5	6.2	87.9
コロンビア	33.2	44.5	13.5	7.1	2.0	67.1
コスタリカ	10.5	49.1	41.3	4.8	0.9	96.1
キューバ	164.6	79.7	11.2	2.8	1.0	94.7
ドミニカ共和国	10.5	53.5	2.3	19.8	8.5	84.1
エクアドル	15.8	24.3	10.3	16.6	34.1	85.3
エルサルバドル	9.3	29.7	7.4	17.9	21.4	76.4
グアテマラ	14.5	27.1	11.1	53.0	0.1	91.3
ハイチ	11.3	8.8	7.1	37.2	44.2	97.3
ホンジュラス[1]	3.2	86.9	1.8	5.3	0.2	94.2
メキシコ[2]	148.0	75.2	13.5	3.5	2.8	95.0
ニカラグア	7.7	35.3	12.9	24.5	22.9	95.6
パナマ	5.1	94.1	1.3	4.3	0.3	99.9
パラグアイ	5.5	—	n/a	22.0	0.6	28.1
ペルー	43.6	33.2	37.2	6.7	3.5	80.6
プエルトリコ[3]	46.2	84.6	n/a	n/a	n/a	84.6
ウルグアイ	71.8	4.0	11.2	19.5	17.4	52.1
ベネズエラ	28.3	29.4	7.6	19.3	34.7	91.0
ラテンアメリカ[4]	1,588.2	29.7	20.7	12.4	8.0	70.8

注1）1912-13会計年度。
　2）1911-12会計年度。
　3）データは1910年。
　4）プエルトリコを除く。
出所）Pan-American Union (1952); Dietz (1986).

占めたが、これ以外の七カ国はそれぞれ三％以上を占めていた。[57]メキシコ、ペルー、パラグアイといった他の国は商品の集中を回避したが、地理的な集中を回避する点ではそれほど成功しなかった。他方、長期の輸出成長を享受した国々（チリそして判断次第ではキューバも）では、第一次大戦の直前には、商品の集中と貿易相手の地理的な集中の両方に苦しめられた。[58]

輸入のパターンは一見すると（表３−７参照）、同様の特徴を示しているように見える。事実、その状況は数字が意味するところよりもはるかに健全であった。第一に、ごく僅かの例外を除いて、輸入パターンは、英国が事実上全ての国々の主要な輸出国であった、一九世紀中頃よりもずっと多角化していた。第二に、ラテンアメリカの輸入貿易は一九一三年まで主要四カ国が支配していたが、これら四カ国がしばしば激しく競争しており、独占力を行使することは依然として稀であった。第三に、すでに示唆したように、ヨーロッパ列強による再輸出の結果、輸入構造はおそらく統計が示唆するところよりも、より多角化していたと思われる。貿易相手を英国から転換することは、各国で産業革命が起きたため、避けられなかった。その他の

表3-7　主要市場別の輸入，1913年

(%)

国	米国	英国	ドイツ	フランス	合計
アルゼンチン	14.7	31.0	16.9	9.0	71.6
ボリビア	7.4	20.3	36.7	3.8	68.2
ブラジル	15.7	24.5	17.5	9.8	67.5
チリ	16.7	30.0	24.6	5.5	76.8
コロンビア	26.7	20.5	14.1	15.5	76.8
コスタリカ	50.7	14.6	15.2	4.4	84.9
キューバ	53.7	12.3	6.9	5.2	78.1
ドミニカ共和国	62.2	7.9	18.1	3.0	91.2
エクアドル	31.9	29.6	17.8	4.9	84.2
エルサルバドル	39.5	27.2	10.8	6.6	84.1
グアテマラ	50.2	16.4	20.3	4.0	90.9
ハイチ	73.0	7.3	6.6	10.1	97.0
ホンジュラス1)	67.5	14.7	11.5	2.9	96.6
メキシコ2)	53.9	11.8	13.1	8.6	87.4
ニカラグア	56.2	19.9	10.7	6.9	93.7
パナマ	55.5	22.1	9.9	3.1	90.6
パラグアイ	6.0	28.6	27.6	6.6	74.8
ペルー	28.8	26.3	17.3	4.6	77.0
プエルトリコ3)	88.5	n/a	n/a	n/a	88.5
ウルグアイ	12.7	24.5	15.5	8.1	60.8
ベネズエラ	32.8	25.5	16.5	9.1	83.9
ラテンアメリカ4)	25.5	24.8	16.5	8.3	75.1

注1）1912-13会計年度。
2）1911-12会計年度。
3）データは1910年のもの。
4）プエルトリコを除く。
出所）Pan-American Union (1952); Dietz (1986).

国、とりわけフランス、ドイツ、米国は、外国に販売するための工業製品の余剰を有していた。そしてこれらの国々の輸出努力が、植民地関係がなく、最も安い供給国から自由に購入できる国々に向けられたのは、ごく自然のことであった。

輸入品相手国が英国から転換したことは、輸入品の構成の転換を反映したものでもあった。第一次大戦までの時期を通して、英国の対ラテンアメリカ輸出は、繊維製品と衣料品に集中していた。英国の競争相手であった工業国がこの分野で、本気で挑戦することは不可能であったが、それ以外の分野でこれらの国々は、英国を凌駕することには成功したのである。かくして世紀の終わりまでには、米国の農業・鉱業機械に対する需要は大きかったし、ドイツのファンシー・グッズは高く評価された。またフランスは贅沢な消費財の最良の供給者と考えられていた。例えば一八五〇年代のコロンビアでは、繊維製品と衣料品は依然として全輸入の六〇%以上を占めてはいたが[59]、これらの商品の重要性が低下していくにつれて、輸入品に占める英国の占有率は下落し始めた。

第一次大戦直前のベネズエラの例を見てみよう。繊維製品の全輸入額は八七万六〇一六ポンドとなり、このうち英国の占有率は最大であり、その他の国を大きく引き離していた。しかし食料と機械の輸入では、米国が支配的であった。フランスとドイツは「雑貨」の項目で健闘を見せた。繊維製品の重要性が相対的に減少したので、英国は一九世紀末までに、依然としてドイツ、フランスよりは上位ではあったが、ベネズエラの第一の輸入相手国の地位を、米国に譲ったのである。[60]

一九一三年まで英国は、アルゼンチン、ブラジル、チリそしてウルグアイを含む七カ国の、輸入品の最大の供給国であった。[61]英国が、ラテンアメリカの主要な輸入市場であるアルゼンチン市場で支配的な立場にあった結果、英国は米国のラテンアメリカ全体への輸出に対抗することができた。英米二カ国はそれぞれ一九一三年には全輸入の約四分の一（表3－7参照）を占めていた。いうまでもなく、英国の占有率は北部の国々よりも南部の国々のほうがはるかに大きかった。北部の国々では、米国は第一次大戦までには、輸入に占める割合を五四・一％にまで増加させ、他方英国は（依然として第二位ではあったが）、その比率をさほど高くない一二・三％にまで減少させていた。

いくつかの北部諸国では、米国の支配は深刻な問題であった。ホンジュラスの輸入市場の七〇％近くが、一般的にはバナナ会社を通して活動していた米国の供給者で占められていて、殆ど競争相手が存在しなかった。同様のことがコスタリカ、ニカラグア、パナマ、キューバ、ハイチそしてドミニカ共和国にもあてはまった。米国はまた、メキシコの輸入のかなりの割合（五〇％以上）を占めていたが、市場規模が大きかったので、供給側はより激しい競争に直面した。[62]

工業国で金本位制と通貨の完全な兌換性が採用されたことは、非兌換性紙幣さえ流通していたラテンアメリカ諸国が、二国間で貿易を均衡させる必要性のないことを意味した。ブラジルの対米国貿易の黒字を利用して、英国とドイツに対する貿易赤字を埋め合わせることが可能であった。これはまぎれもない多国間決済制度であったが、いくつかの顕著な二国間の貿易不均衡の例が存在していた。一九一三年のハイチの対米輸出は全輸出の一〇％以下であったが、その後間もなく軍事的にハイチを占領することになる米国から、全体の七〇％以上を輸入していた。コロンビアは第一次大戦前には、輸出のほぼ半分を米国に向けていたが、反対に米国からの輸入は全輸入の僅かに四分の一であった。このように二国間に巨大な貿易不均衡が存在した結果、一九一四年に兌換性が崩壊し、多くのラテンアメリカ諸国に、重大な混乱をもたらしたことは驚くに当たらない。

▼交易条件と国際輸送の費用

ラテンアメリカの対外貿易は、もっぱら一次産品を工業製品と交換することであった。この例外はごく僅かであった。いくつかの輸出品（エクアドルとコロンビアの麦藁帽子、[63]アルゼンチンとチリの小麦粉）は、工業製品と分類することが可能であったし、メキシコが輸入していた小麦などのいくつかの輸入品は、明らかに一次産品であった。とはいえこれらの商品があったからといって、ラテンアメリカ全体の特徴を変更することはできない。世界経済におけるラテンアメリカの地位は、一次産品の輸出と工業製品の輸入に依存していた。

一次産品の輸出価格と製造品の輸入価格はいずれも、第一次大戦までの長期間にわたり、不安定であり、従って、純商品交易条件（net barter terms of trade: NBTT）は絶え間なく変動していた[64]。このような変動は、資本主義的な経済発展に内在する性質であり、何人かの識者が、ラテンアメリカのNBTTが統計的に一九世紀全体を通して長期的に悪化していると主張していなければ、自明のこととして殆ど論評するには値しないであろう[65]。

独立後の一八二〇年代から一九世紀中頃まで、ラテンアメリカの輸入は繊維製品が支配していた。しかし輸出国における産業革命によって、単位当たりの生産費が引き下がったので、繊維価格は劇的に下落した。一次産品の価格はかなり変動したが、多くのラテンアメリカ諸国では、この期間にNBTTは改善した。ブラジルの場合、NBTTは一八五一年から五五年には、一八二六—三〇年の倍になったと推定されている[66]。

一次産品の価格は、一八五〇年代から一九一三年にかけて変動し続けた。コーヒー、カカオそして砂糖の価格の周期的な変動はすでに十分に定着していて、これらの産品に輸出が集中していた国は、NBTTの計算に使用される、単位当たりの輸出価格が激しく変動することになった。輸入価格もまた、一八七〇年以後には下落し一八九〇年以後は上昇に転じるといった具合に変動したが、多くの推計によれば、長期的な傾向は見られなかった[67]。

データの存在する国々では、NBTTはこの期間を通して、顕著な変動を続けていた。その傾向を見分けることは、不可能ではないものの、困難である。ブラジルは、一八五〇年から一九一三年まで、長期的に見るとNBTTの適度な改善を経験したが、これには、一八五〇年代の五五％の改善と一八六〇年代のほぼ同じ数字の下落を含んだ、非常に大きな変動が含まれている[68]。コロンビアは一八八〇年以後NBTTの深刻な悪化に苦しんだが[69]、メキシコは銀の金価格表示が下落したにもかかわらず、NBTTは同様に劇的に改善した[70]。ある資料によるとチリは、一八九〇年代には輸入価格が上昇し始めたので、NBTTは悪化したが[71]、他方ペルーは、グアノ時代の後はNBTTの深刻な下落を経験した[72]。

これらの数字の解釈は、輸入価格を計算するのに使われる手法によって、さらに複雑になる。第一次大戦前のラテンアメリカ諸国が貿易統計として、いずれも実際の輸入価格を示すには信頼できない公式あるいは申告による輸入額が広範に利用されていたため[73]、工業製品の主要輸出国（通常は英国）の輸出価格をそのまま、ラテンアメリカ諸国の輸入価格として利用することが一般的であった。

このような方法は、さまざまな反論を受けやすいものである。英国の輸出（繊維製品が殆どであった）のパターンは、ラテンアメリカの輸入パターンが変化していることを反映しなかった。一九世紀前半に繊維価格の下落が集中したために、利用していた英国の輸出価格が示す以上に、一八五〇年以後は輸入価格がより急激に下落したことは、ありうることである。この疑問は、メキシコの統計によって確認できる。これによると、例えば一八九一年から一八九五年までに、英国の輸出価格は一五%、メキシコの輸入価格は三五%下落した。(74)

さらにより説得力のある反対意見は、一九世紀後半の国際的な輸送革命から出てくる。ラテンアメリカのいかなる国のNBTTも、積み降ろし港での輸入価格（CIF価格）を反映したはずである。しかし英国の輸出価格は、積み出し港価格（FOB価格）で推計されている。この違いはもし国際輸送コストが安定していたならば大した問題ではなかったであろうが、ラテンアメリカとの貿易航路に蒸気船が導入されたことにより、輸送賃と輸入のCIFとFOB価格の格差は低下した。(75)こうして一八五〇年から一九一三年にかけてFOBによる輸入価格が減少した時には、われわれはCIF価格がより急速に下落したことを確信できる。たとえFOB価格が上昇した時にも、依然としてCIF価格はその反対の方向に動いていた可能性がある。

従って一九一三年までのラテンアメリカのNBTTが長期的に悪化していたとするいかなる主張も、極めて慎重に扱わなければならない。ある特定の国のNBTTが長期的に悪化する時期は確かにあった。例えば一八九〇年代のコーヒー市場における過剰供給によって発生した危機は、コーヒー輸出に特化していた全ての国のNBTTを大きく悪化させた。砂糖価格は長期の低下を経験し、キューバやプエルトリコなどの国のNBTTに問題をもたらした。しかし、逆の例を見つけることも難しくない。硝石価格の高騰は、一八九八年以後チリのNBTTに急激な改善をもたらした。ペルーのグアノ時代も同様にこの国のNBTTの改善を生んだ。またより高い銅価格が、第一次大戦前のボリビアの一〇年間の経済成長をある程度もたらしたのである。

一九一三年以前にラテンアメリカのNBTTが長期間継続的に低下したという主張は、従って妄想に近いものであった。どちらかと言えば、この時期のそのような長期傾向は、工業国に対して起こっていた。とはいえ、この二つの地域のNBTTの変化の原因は、異なるものであった。英国の輸出価格の低下は、輸出部門の生産性の改善をある程度反映したものであった。従ってNBTTの下落は、生産性の上昇を反映したものでもあり、必ずしも購買力の低下につながるものではなかった。一方、ラテンアメリカ諸国の輸出価格の低下は、各国が調整できない世界市場での需給バランスの変化を反映していた。従ってNBTTの低下は、購買力の急速な減少を引き起こした。(76)

このような理由により、交易条件に関して別の方法を用いることが、しばしば望ましいこととなる。その一つの例として、所得交易条件（income terms of trade: ITT）があるが、これはNBTTに輸出量を掛け合わせたものであり、従って輸入能力を計るものである。(77)ITTは一九一三年以前の、極く少数の国について計算されている。(78)輸出量が増加したので、一般的にI

TTは長期的な改善を示している。しかしながらITTが停滞もしくは、下落さえしている時期を見いだすことも可能である。その一例が一八九〇年代のブラジルであり、NBTTの悪化がたいそう急激であったので、輸出量の増加にもかかわらず、ITTは実質的には変化しなかったのである。

　ブラジルはコーヒー価格の変動とNBTTの悪化を経験したが、このことは、ブラジル政府と他のコーヒー生産国が、急進的で先駆的な商品価格の安定化計画の開始を決定するのに、影響を与えた。この計画（一九〇六年に最初に導入された）はタウバテー・コーヒー価格安定制度（Taubaté coffee valorization）として知られている。世界市場におけるブラジルの準独占的な立場を利用して、価格を安定化させようとするものであった。コーヒーの在庫を増減することで、ブラジルは世界市場に届けられるコーヒーの量を調節することが可能となり、この方法により、世界のコーヒーの供給量を、目標価格に一致する需要量に調整したのである。しかしながら、目標価格が高くなればなるほど、この計画はよりコストのかかるものとなったし、また他国のコーヒー輸出者が、売り上げを伸ばしブラジルを犠牲にして市場を獲得するという危険が増大したのである。コーヒーの木が成熟し、豆を収穫し始めるには五年が必要なので、コーヒーの価格安定化に付随する危険は、当初は軽く考えられていた。この最初のコーヒー価格安定化計画は、十分に成功したと広く判断されたが、第一次大戦の勃発により崩壊した[79]。

　第一次大戦直前に、市場の諸条件が、教科書が述べるような完全競争から程遠い商品はコーヒーだけではなかった。砂糖は依然として高度に「政治的な」作物であったし[80]、バナナの生産と流通は寡占的な外国系企業に支配されていた。ヨーロッパや米国の農業生産と競合した温帯性の作物には、関税や非関税障壁を適用することさえ、一般的になりつつあった。英国は自由貿易政策を取り止めようとするあらゆる試みに抵抗していたが、ラテンアメリカにとって英国市場は、相対的に重要性を減らしていた。世紀の変わり目の帝国特恵を重視するチェンバレン・キャンペーンは、到来する変化への警告であった[81]。

第4章　輸出主導型成長——供給面

輸出増加は輸出主導型成長の成功のための必要条件ではあったが、十分条件ではなかった。しかしながら第3章で見たように、この基本的な条件にさえ、適合したのはごく僅かの国であった。一般的には、問題は需要の不足ではなかった。より重要なことは、輸出供給の拡大に課せられた諸々の制約であった。輸出が急激に成長したのは通常、供給面の輸出拡大への障害を克服した国であった。一方成長の遅い国は、一九世紀を通して輸出部門が幾度となく直面した解決困難な恐ろしい問題を乗り越えることができなかったのである。

遅かれ早かれ、輸出増加は追加的、破壊的、波及的という輸出主導型の三つのモデルの内のいずれか一つを生みだした。追加的モデルでは、輸出部門は既存の生産構造に移植され、非輸出部門には殆ど変化をもたらさなかった。資源は輸出部門に引き寄せられたが、それ以外の部門の生産を減少させることはなく、従って非輸出部門の要素生産性が、輸出部門の成長の影響を受けることはなかった。追加的モデルの例として、二〇世紀初頭のホンジュラスのバナナ輸出の増加がある。以前は利用されていなかった土地の機会費用はゼロであったし、資本は外国資本であり、労働力は殆どが英領西インド諸島とエルサルバドルからの移民労働者によって供給された。残りの経済部門に与えた影響は僅かであった(1)。

破壊的モデルでは、新しい輸出産品の拡大は、残りの経済部門における既存の経済活動から資源を引きつけることで達成された。ここでいう残りの経済部門には、輸出部門自身あるいは非輸出部門が含まれる。前者の好例はボリビアのスズ生産の増加である。この場合、土地、労働力それに資本は全て、その大部分が以前は銀輸出に使われていた資源を利用した[2]。後者の例としては、一八七三年に最終的に奴隷制がなくなった後のプエルトリコにおけるコーヒー輸出がある。この場合、以前は国内市場向けの農業生産に向けられていた資源を振り向けることで達成された[3]。破壊的モデルでは、非輸出部門の多くが追加的モデルと同様に影響を受けることはなかったが、資源（主として資本と土地）がより高い要素収益に向かうことを意味していた。

波及的モデルでは輸出部門は、非輸出部門の生産性（労働と資本）にかなりの程度影響を及ぼして拡大した。このモデルで輸出部門に引きつけられた資源は、破壊的モデルと同様機会費用がゼロではない場合が多かったが、波及的モデルでは経済全体を通じて要素と生産物市場への影響はかなりのものであった。市場は効率的に働き、資源は最も高い収益率を得られる活動に引きつけられ、技術革新と生産性の上昇の利益は、経済のあらゆる部門に波及した。アルゼンチンの食肉と穀物の生産拡大は、第一次大戦前の輸出主導型成長の波及的モデルの最良の例である。

殆どの国では、輸出主導型成長には三つ全部のモデルからのいくつかの要素が重要な役を演じた。アルゼンチンですら、ツクマンの砂糖のようないくつかの重要でない輸出品は、波及的というよりもむしろ破壊的なものであった[4]。ラテンアメリカの経済発展の見地からすると、波及的モデルはその他の二つのモデルよりもはるかに優れており、明らかにプラスであった。追加的モデルは（定義上は）プラスであるが、その全体への影響はしばしば微々たるものであった。破壊的モデルもまた、より高い要素生産性を持つ活動へのシフトを意味するので、プラスとなることが可能であったが、労働生産性の総体的な水準は、離職した全ての労働者が新しい活動分野で完全雇用となるかどうかに依存していた。一年のうち八カ月間近くは労働者に仕事のないカリブの砂糖プランテーションの不完全就業の構造は、この仮定が常に成り立つものではないことを物語っている[5]。

輸出主導型モデルが追加的、破壊的、あるいは波及的かどうかは、ある程度は、商品の当たり外れに左右された。例えば食肉輸出産業は、多くの分離した工程（牧草地、フェンス、肥育、屠殺、梱包など）を有しているので、非輸出部門の多くの分野に波及せずに首尾よく拡大することは不可能であった。対照的にバナナ輸出は、物理的にも経済的にもその他の経済部門から分離した飛び地で可能であった。とはいえ、それぞれのモデルは要素市場が機能するその効率性も反映していた。こうした市場の働きは、輸出成長それ自身が早いか遅いかを決定する重要な要因であった。従って、第一次大戦前のラテンアメリカの労働、土地そして資本の市場を考察することから始めるのが適当であろう。

▼労働市場

輸出主導型成長は、人口増加という事情を背景にして発生した。千人当たりの出生率と死亡率の差である人口の自然増加率

表4-1　社会人口的なプロファイル，1910-14年頃

国	粗出生率[1] (CBR)	粗死亡率[2] (CDR)	乳児死亡率[3] (IMR)	都市化率[4] (市の数)	新　聞[5]
アルゼンチン	40.3	17.7	121	31.2 (9)	87
ボリビア				4.3 (1)	6
ブラジル	47.3[6]			10.7 (14)	9
チ　リ	44.4	31.5	261	14.5 (2)	44
コロンビア	44.1	26.0	177	7.1 (8)	3
コスタリカ	43.0	23.7	191	9.0 (1)	31
キューバ	44.7	21.4	140	15.1 (2)	9
ドミニカ共和国				3.0 (1)	9
エクアドル	46.5[7]	30.2[7]	188[7]	9.1 (2)	15
エルサルバドル	44.7	31.1	169	6.3 (1)	13
グアテマラ	46.6	33.0	142	5.1 (1)	
ハイチ				5.6 (1)	3
ホンジュラス	43.7	24.5	126	3.9 (1)	5
メキシコ	43.2	46.6	228	7.6 (11)	12
ニカラグア				7.0 (1)	28
パナマ	42.0	19.0	122	11.1 (1)	53
パラグアイ				14.2 (1)	20
ペルー				5.0 (4)	20
プエルトリコ	35.9	21.8	153	4.3 (1)	
ウルグアイ	31.5	13.2	103[8]	28.7 (1)	80
ベネズエラ	44.5	28.3	154	3.6 (1)	16
(非加重)平均	42.8	26.3	163		
変異計数[9]	.098	.313	.27		
オーストラリア	27.8	10.7	72	37.6 (7)	
カナダ	31.1	13.0	170	19.4 (11)	
ニュージーランド	26.2	8.5	57	26.6 (3)	

注1）粗出生率（人口1,000人当たりの出生）。
　2）粗死亡率（人口1,000人当たりの死亡）。
　3）出生児1,000人のうち1歳未満で死亡する乳児数。
　4）主要都市に居住する人口比率と定義される。括弧内は該当する市の数。
　5）人口1,000人当たりの日刊紙の部数。
　6）Sánchez-Albórnoz（1986), p. 144 より得た。
　7）1915-19年の平均。
　8）1921-24年の平均。
　9）標準偏差と平均との比と定義される。
出所）CBR，CDR と IMR は Mitchell（1983）から得た。都市化率は Mitchell（1983）から得た。新聞の発行部数は Wilcox and Rines（1917）から得た。

は、第一次大戦前の期間は、戦争のような例外的な条件が優勢でなければ、一%から二%の間で変化した。粗出生率（crude birth rate: CBR）は、低い変動係数に示されているように、国ごとでも（表4－1参照）、長期間にわたって千人当たり四〇人と驚くほど安定していた。他のラテンアメリカ諸国に比較して都市化が進み中間層の発達していたウルグアイの人口だけが、一九一三年までにCBRのかなりの減少を経験していた。

　粗死亡率（crude death rate: CDR）は千人当たり平均二六人であったが、これには大きな変動が隠されていた。第一にこの変動は不規則であり、なかんずくコレラや黄熱病などの流行病あるいは戦争の破壊により影響を受けた。しかしながらCDRは、衛生設備や水の供給の改善、そして近代的な医薬品の普及に応じて徐々に減少した。メキシコでは一歳の誕生日を迎える前に、千人の新生児の内三〇〇人が死亡していたが、一九世紀中頃の極めて高い乳幼児死亡率（infant mortality rates: IMRs）は、世紀の終わりまでには改善していた。この結果、現在の基準ではかなり短いものの、寿命は長くなり始めていたのである。[6] それでも一九一四年以前は、ラテンアメリカ全体でIMRsは一〇〇を超えており、これと比較するとオーストラリアは七二、ニュージーランドは五七であった（表4-1参照）。

考察対象である期間（一八五〇年頃から一九一四年頃）を通じて、人口の自然増加率は国際基準と比較して高かった。おそらくこれはラテンアメリカの殆どに見いだされる、極めて有利な土地-人口比率の所産であった。しかし輸出部門の雇用者は、労働力不足に不満を述べるのが一般的であった。このことは、ブラジルのサンパウロ州のコーヒーのように急速に成長した輸出部門でも、また一九世紀のドミニカ共和国の砂糖のようにゆっくりと成長した経済活動にも同様にいえることであった。過去の人口増加がもたらした労働力供給の年間増加では、輸出部門が必要とする追加的な労働力を満たすには、決して十分ではなかったようである。そして経済のその他の部門からも労働力不足の苦情が頻繁に聞かれたのである。従って輸出部門は国内かあるいは国際的な移住により労働力を引き寄せなければならなかった。

まず最初に、国内移住の場合について考察してみよう。一九世紀を通じてラテンアメリカでは、人口は圧倒的に農村部にあった。これは第一次大戦の直前まで、アルゼンチンとウルグアイを除いて変わらなかった（表4-1参照）。かくして輸出部門は、農村部、主として農業に従事する人口から労働力を得なければならなかった。輸出部門は通常平均以上の労働生産性によって、平均以上の成長を享受していた。そこで労働供給曲線が上方にカーブしていることを考慮して、輸出部門が名目賃金を生存費用で調整した実質賃金をより高い水準で提供するのは、ごく自然のことであったであろう。

この状況はラテンアメリカのいくつかの国で間違いなく起きた。チリの中央高原部から北部の硝石とその他の鉱物のために移動した移住者は、彼らが現に働いていた仕事で望める賃金よりもより高い賃金に間違いなく引きつけられたのである。[7] 牧畜と石油産業（一九〇〇年以後）で働くために、メキシコの中央部や南部から北部に移動した労働者もまた、より高い実質賃金への期待が動機となった。綿花と砂糖が衰退していたブラジルの北東部から移住したうちの何人かは、サンパウロのコーヒーブームによって、賃金がより高くなるであろうという見込みに引き寄せられたのである。

とはいえ、この労働市場の通常の機能は、多くの点でうまく働かなかった。輸出部門における実質賃金はしばしば長期間にわたり変化しなかったし、いくつかの例では低下すらした。雇用者はより高い賃金を提供することで労働者を引き寄せることに、極めて消極的であった。たとえ雇用者が名目賃金を上げたとしても、直営店で吊り上げられた価格で販売される財と労働者の賃金を引き替えねばならないようにして、雇用者はしばしば実質の費用を削減することができた。

かくして、植民地時代の労働市場の特色であった強制労働は、第一次大戦前夜の多くのラテンアメリカで依然として存在した。グアテマラやエルサルバドルのコーヒー生産者が、固定したあるいは引き下げた費用で労働力を確保した方法は、しばしば残酷なものであり[8]、同様のことが、ブラジルとペルーのゴムブームで雇用された多くの人々にもいえた[9]。パラグアイのマテ茶生産に使われた労働力供給は名目上のみ自由であり[10]、この状況は、国境を越えたアルゼンチンのツクマンで砂糖を生産していた労働者にとっても、大して変わりはなかった[11]。

一九世紀後半に亜大陸の多くの場所で吹き荒れた自由主義改革は、なかんずく、雇用者の直面していた労働力不足を緩和する意図があった。先住民の村落の手中にあった共有地を転用することは、生存部門の経済に私有権をもたらした。そして、私有地を持たない人々が資本主義部門の経済に対して労働力の提供を余儀なくされたと同時に、浮浪者取り締まり法（antivagrancy laws）が採用され、施行されていった。しかしながら実質賃金を上げることはしなかったので、雇用者が十分な労働供給を得るには、強制が唯一の方法であった[12]。

雇用者が労働市場の問題を解決するために高い賃金を支払うことに躊躇したのには、多くの説明がある。ラテンアメリカの主要な一次産品輸出の殆どは、世界市場において、世界各地（ラテンアメリカ自身の他地域を含む）からの供給品と競合した。輸出品の多くは労働集約的であり、労働コストは圧倒的に最大の支出項目で、高い賃金は、労働者の利益が雇用者の収益と利潤の減少を意味するゼロサムゲームであると考えられたのである。供給曲線の傾斜について懐疑的で、賃金の巨額の上昇だけが、追加的な労働力を自発的に確保できると仮定した雇用者もいた。また、エリート層の殆どに広く行きわたっていた下層階級への軽蔑の感情に共鳴して、ヨーロッパからの国際的な移民を受け入れることが、労働力不足を解決する唯一の方法であると確信していた雇用者もいた。

第一次大戦前のラテンアメリカへの国際的な移住には、実際のところ、選択的移住と集団的移住の二種類があった。選択的な国際移住とは、自由な労働市場を意味したわけではなく、労働者が特定の任務のために輸入されるものであった。例えば中国人のクーリーはペルーの砂糖と綿花産業[13]、キューバの砂糖プランテーション[14]、コスタリカの鉄道建設[15]で広く雇用されていた。中国人クーリーはメキシコでは、朝鮮からの年季奉公の労働者と共に、ヘネケン産業に従事した[16]。英領西インド諸島からの労働者は、環カリブ海でのバナナ産業、パナマの鉄道建設そして一九〇三年以後は運河建設に広く雇用された[17]。キューバの砂糖産業はプエルトリコの労働者を利用し、ドミニカ共和国の砂糖産業は、第一次大戦前にすでに、伝統的なハイチ人労働者への依存を開始していた。[18] 多くのラテンアメリカ諸国は同様に、ヨーロッパ移民による農業植民地の設立を促進した。その殆どは失敗に終わったが、チリ南部、ブラジル南部、アルゼンチン南部に顕著なように、南米南部諸国のいくつかではかなり成功した。[19]

選択的な移住の最も極端な例は、国際的な奴隷貿易であった。ブラジルでは一八五〇年代に、キューバでは一八六〇年代に最終的に禁止されたこの貿易は、奴隷を十分に供給してその結果、奴隷人口の低い増加率を相殺し、奴隷のコスト上昇を抑制するために企図された。奴隷貿易が禁じられたことにより、ブラジルとキューバは、賃金コストを抑えるために、これ以外の選択的な移住に転換する必要に迫られた。奴隷制が最終的に廃止され、そしてキューバでは米西戦争が終わった時点でようやく、この二カ国は集団的な国際移住の政策を採用した。[20]

全ての政府にとって、集団的移住は人気がなかった。選択的移住は、現地の労働市場の状況に応じて開けたり閉めたりできる蓋であったが、他方外国人を無制限に受け入れる集団的移住の場合は、労働力の不足している分野では移住者が働かないかもしれない、彼らが社会的あるいは宗教上の「危険思想」を持ち込むかもしれない、不況の際に退出しないかもしれないといった危惧をもたらした。その上、たとえ政府が集団的移住を望んでも、米国やカナダあるいはその他の「新しい開拓地」への移住と魅力を競わねばならず、実際に達成できるかどうかは不確かであった。

実際のところ、ラテンアメリカにおける集団的移住は、極く一握りの国に限られていた。顕著な例はアルゼンチンである。国際移住は一八六〇年代に始まり、三国間戦争［War of the Triple Alliance: アルゼンチン、ブラジル、ウルグアイの三国同盟と、パラグアイとの戦争。パラグアイは甚大な被害を被った］により一八七〇年代は加速され、一八九〇年代初めに短期間途断えたが、第一次大戦まで続いた。その頃には外国生まれが人口の三〇%を占めていたが、この数字は米国よりも遙かに高かった。移住者は一八七〇年以降の人口増加の半分を、また労働力では増加の半分以上を占めていた。移住者のかなりの割合が、ブエノスアイレスに住むことを選んだため、アルゼンチンの都市人口は増大し、ラテンアメリカで最初の人口一〇〇万人以上の都市を形成し、[21] 労働市場はかなりの程度効率よく機能した。労働力不足が輸出拡大の深刻な障害となることは、決してなかったし、一九一四年以前には、農村地域においてさえ、実質賃金が上昇した事実がいくつか存在する。[22]

ウルグアイもまた、集団的移住の受け入れ政策を選択した。アルゼンチンと同様に、移民の最大のグループはイタリア系であったが、ウルグアイ移民の場合は、アルゼンチンの移民よりも、モンテビデオでの都市型の生活をより強く好んだ。二〇世紀初頭までは政治状況が不安定で、移民の流入を制約したため、一九〇八年の統計では、外国生まれは人口の僅か一七%を占めるに過ぎなかった。[23] ブラジルもまた、一八八八年の奴隷制の廃止以後集団的移住の受け入れ政策を採用し、大量のイタリア人とポルトガル人をサンパウロに引きつけることができた。サンパウロは一九〇七年以降、日本人移民を引きつける主要な都市となった。しかしながら外国生まれが、人口の一〇%以上を占めることはなかった。

キューバはスペインが敗れた後、戦争で壊滅的となった人口を再建し、また糖業の構造的な問題である労働力不足を解決するために、集団的移住の受け入れを選択した。とはいえ人種上の偏見のため、労働力不足が特に深刻となった一九二〇年代までは、西インド人の入国を制限した。かくしてキューバの移民受け入れ政策の恩恵を受けたのはスペイン人（これには、当初キューバにスペイン軍人としてやって来たカストロの父親も含まれている）であった。チリの一部の例外を除いてこの他の国では、集団的移住を選択する政策は、全く採用されないか失敗に終わった。メキシコでは革命以前に、二〇〇人の内、僅か一人が外国生まれで、ベネズエラでは実際に定住したのは、到着した人々の一〇%だけであった[24]。

人口の自然増、国内移住、選択的な移住、集団的移住の受け入れが組み合わさって労働力不足を緩和したが、常に問題を解決したわけではなかった。ラテンアメリカの多くの国では第一次大戦まで、労働力不足への不満がずっと残っていた。加えて、いくつかの国で資本形成が低くとどまった明確な理由の一つは、労働市場が効率よく機能しなかったことであった。国内外の投資家は当然のことながら、労働力不足によってその収益性が打撃を受けるような経済活動に投資することをためらった。

労働力不足が輸出増加率の障害にならなかったのは、ごく僅かの国であった。例えばアルゼンチンへの移住の規模は、需給の格差に従って実質賃金が上下するような比較的効率よく機能する労働市場により調整され、長期的には労働力不足は解消された。とはいえ全ての集団的移住受け入れ国が、このようにうまく機能したわけではない。一八八八年、一八九八年にそれぞれ奴隷制が廃止されたブラジルとキューバでは、国際的な移民でさえ、労働市場の問題を必ずしも解決しえないことが判明したが、理由は両国とも同じであった。それは雇用者が実質賃金の上昇を阻止すべく、労働市場を操作したことであった[25]。

外貨収入を鉱物に依存する国（ボリビア、チリそしてメキシコ）でもまた、通常は輸出部門の労働力不足を回避した。鉱業部門は農産物輸出ほど労働集約的ではなく、雇用者は労働者を引き寄せる手段として、進んで賃金の上昇を受け入れた。しかしながら強制して労働者を鉱山に送り込む要素も依然として強く、労働不安はしばしば暴力を伴った[26]。

最後のグループは輸出増加が余り大きくなかったので、人口の自然増によって近隣諸国への労働力の移動さえも可能であったハイチ、エルサルバドルなどの国々である。国ではなくて地域であるが、ブラジルの北東部も同じような状況にあった。こうした事例では、輸出部門の成長が緩慢であったことを、労働市場の機能の問題だと非難することはできない。

これ以外の国では、労働力不足が続き、輸出部門の低成長を招いた。この問題の根本は、雇用者が市場の問題を解決するために賃金を引き上げようとしなかったことであった。例えばキューバの砂糖黍収穫農民、ブラジルのコーヒー農民、エクアドルのカカオ労働者の実質賃金は、労働力不足が存在したにもかかわらず、長期間にわたって変化しなかった。[27] 政府が土地利用を制限して労働力供給を増加させようとした努力は、この基本的な問題を緩和することはできたが、解決には至らなかった。政府は実質賃金を上昇させるよりもむしろ、国際的な労働力移動に喜んで補助金を支出し（例えばブラジル）、外国人に無料で土地を提供（エルサルバドル）したのである。

実質賃金を上げる必要なしに十分な労働力を確保するために、大土地所有者は労働と引き替えに労働者に対して土地利用の機会を提供する慣行（植民地時代から存在していた）を強化した。このような労働者はチリではインキリノ（inquilinos）、アンデス地方ではウアシプンゲロ（huasipungueros）、コロノス（colonos）、コンセルタード（concertados）、ヤナコーナ（yanaconas）、メキシコではペオン・アカシジャード（peones acasillados）として知られている。彼らへの支払いは現金よりもむしろ現物支給だったので、実質的にはしばしば貨幣経済の外に置かれた。

特定の仕事のために通年で雇われていた日雇い労働者でさえ、大抵は貨幣経済の埒外に置かれていた。これははっきりしない状況のもとで、将来の義務の見返りとして労働者に前貸しがなされた時に、しばしば発生した。前貸しは、債務者の死によって必ずしも帳消しとはならなかった。それどころか、前貸しは子供たちに転嫁することが可能であったため、このシステムはよく死の労役と表現されてきた。[28]

雇用者が実質賃金の引き上げを抑制したことは、ミクロ経済と同様にマクロ経済にも影響を与えた。このことは特に輸出部門で、一握りの土地と資本の所有者への所得の集中をもたらした。同時に、実質賃金の上昇に呼応する、労働節約的な技術革新の模索を阻害した。一九一四年までは自由な労働市場によって大量の移民を受け入れ、実質賃金が上昇したオーストラリア、ニュージーランドそしてカナダなどの国と、これ以上対照的なことはないであろう。[29] 第一次大戦の直前の期間に、農業に技術改良が起こり、実質賃金の上昇が輸出部門の顕著な特徴となったアルゼンチンだけが、このモデルに近づいたのである。

▼土　地

一九世紀中頃以降、またいくつかの例ではそれ以前から、農産物輸出が拡大したために、新しい土地の利用が必要となった。生産力に変化がないとすると、五〇年間に、農産物輸出が年率五％で増加することは、一〇倍の土地利用の増加を意味している。たとえ生産力の改善と多くの国での控えめな成長率を考慮しても、少なくとも農業に基盤を置く輸出主導型成長であれば、依然として土地投入量のかなりの増加を意味していた。

第一次大戦前夜あるいは独立初期に、人口密度が高いとされているエルサルバドルやハイチを含めても、物理的な土地不足に苦しんだラテンアメリカの国はなかった。ラテンアメリカは世界に、その人口に対する土地面積比率の高いことが知れ渡っていた。いくつかの大きな国（例えばアルゼンチンやブラジル）では、一九一三年に一平方キロ当たり三人以下の住民しかいなかった。エルサルバドルとハイチでさえ、この比率は七〇人以下であった。

とはいえ、土地利用ということは別問題であった。ラテンアメリカは二つの深刻な問題に直面していた。一つは交通網が不十分なため、鉄道が敷かれるまで事実上大部分の区域に接近することができなかったことである。そしてたとえ鉄道が敷かれても、多くの国の地方は依然として孤立し、二〇世紀に広範な道路網が整備されて初めて、国土のなかに組み込まれたのである。第二に、ラテンアメリカはスペイン、ポルトガルから受け継いだ土地所有制度を継続しており、これは土地所有を非常に集中させたのである。

集中した土地所有の構造が、独立後の一世紀の間殆ど変化しなかったことに関しては、意見は一致している。しかしながらこのことを、これまでしばしばなされてきたように、もっぱらイベリア半島の土地所有制度を相続したことだけに帰するのは誤りであろう。実際のところ、一八二〇年代に個人が所有していた土地は、一九一四年の個人所有の土地のごく一部分にしか過ぎなかった。およそ一世紀にわたるこの私有地の増加は巨大なものであり、もし個人所有の新しい土地がより平等に配分されていたならば、土地所有の集中度を変革する多くの機会を提供したことになったであろう。それに失敗したのは、受け継いだ植民地の様式に起因するよりも、むしろ政治権力のバランスと経済的に急迫した事情によるものであった。このことの最も顕著な事例として、メキシコやペルーのような植民地時代に重視された地域に、土地所有が非常に集中したのと同様に、スペインが長期間ないがしろにしたアルゼンチン、エルサルバドルそしてウルグアイといった国々でも土地所有の集中が起きたことである。

私的所有地の増加は、さまざまな要因によりもたらされた。いくつかの国では、それは征服の結果であった。アルゼンチン、チリそしてメキシコでは、一九世紀最後の四半世紀の先住民との戦いにより、国有財産が相当量増加し、政府が支持者に報酬として与える機会をもたらした。いくつかの例では、新しい土地はヨーロッパ系移民が形成する農業開拓地を促進するために利用されたが、通常それらは分配され、巨大な私有地になった。ある例では、ポルフィリアート期のメキシコ北部でのヤキ族敗北の後に、僅か一つの会社がエルサルバドルの国土面積の四分の一に匹敵する土地を譲渡された[30]。

私的所有地を増加させた最も一般的な方法は、かつての王室の所有地を売却もしくは譲渡することであった。それぞれの国は、必要と状況の変化に応じて処分できる、このような広大な土地を相続した。こうした公有地の処分は、もし国家が望むならば、より平等な土地所有の形態を実現することを含む、数多くの異なる目標を達成するための、強力な手段を国家に付与したのである。ときおり小規模土地所有が促進されたが、土地処分の一般的なパターンとしては、植民地時代に相続した土地所有の集中を再生産、あるいは増大させさえしたのである。

エヒード（ejido）、すなわち共有地の譲渡も同様であった。何世紀にもわたって土地が共有されてきた村落に、私有地を持ち込むことは、小規模の土地所有制度とヨーロッパの多くの地域で見られるような自作農の創設を可能にしたかもしれない。いくつかの先住民の村落はこの変化にうまく適応したが、殆どの場合、主たる受益者は資金と政治力のある大土地所有者であった。例えばエルサルバドルとグアテマラの大農園の多くは、自由主義政権がコーヒー栽培の普及の促進を決めた一八七〇年以降、共有地の譲渡を開始したことがその起源となっていた。

一九世紀後半に教会の所有地を没収したことは、土地所有の集中を緩和するもう一つの機会を提供した。メキシコでは特に、一八五七年以降ベニート・フアレス（Benito Juárez）が導入した自由主義改革は、教会の所有する土地を処分して、適度な規模の農民に分配することで小規模農業を促進しようと試みた。しかしラ・レフォルマ［La Reforma：改革の意］の目的は、大土地所有者により殆ど全面的に妨害され、メキシコは知り得るかぎり最も集中度の高い土地所有制度を有する国の一つとして二〇世紀を迎えた[31]。コロンビアやエクアドルのようなその他の国でも、教会の土地処分は同じような結果をもたらした[32]。

大土地所有者層が右に述べたメキシコ改革の意図をそぐ力を持っていたことは、一九世紀のラテンアメリカの大土地所有者が持っていた政治権力の賜物であった。第一次大戦前の五〇年前に、驚くには当たらないが、土地所有者は大抵政治的な覇権を行使して、可能な時にはいつでも、自分たちの特権を強化するために政府権力を利用していた。それどころか一八七〇年以降のパラグアイのようにいくつかの国では、国家と土地所有層が極めて重複していて、両者を分析上区別しようとするいかなる試みも無意味となる[33]。

とはいえ、土地所有の集中が存続した理由を、単に一部の土地所有者集団の政治力を反映するものであると見るのは間違いであろう。一九世紀を通して労働力不足が続いたため、政府はより一層、大多数の住民の土地所有の制限を正当化した。結局、労働力不足は人為的な（それはとりもなおさず労働市場の不完全さと非効率を反映した）ものではあったが、政治エリートは労働力不足が経済発展全体の、そして特に輸出促進の障害であると認識していたという事実がある。従って共有地を家族規模の私的所有に転換しようとする考えは、農園の労働力が外部の雇用を探すというインセンティブをあまり持たないであろうから、逆効果となるとみなされたのである。

いくつかの輸出作物はまさに大規模の農業技術に適していた。砂糖黍を二四時間以内に刈り入れるには、小規模農業では達成することが困難であった洗練された分業を必要とした。同じことがバナナ輸出にもいえた。中米では当初小規模農業が販売を拡大しようと努力したが、適切な運搬設備が不足していたために、バナナが痛んで大きな損失を生むという困難に直面した[34]。

輸出農業における規模の経済は比較的稀であった。コーヒー、タバコ、カカオそして小麦などは規模に対して収穫不変であり、小規模農場でも同じように効率的に生産することができた。事実、コスタリカとコロンビアの一部のコーヒー生産は、一九世紀のラテンアメリカの小規模土地所有による輸出農業の最良の見本を提供しているし、また通常国内市場向けに穀物やくだもの、そして野菜を生産していた独立した家族農業経営が、チリ、エクアドル、メキシコそしてペルーのいくつかの地域で成功した。主として南半球のいくつかの農業植民地の成功例は、中規模農園の収益性が高かったという証拠を提示しているし、またアルゼンチンのパンパのいくつかの地域では控えめな規模の借地農が繁栄した[35]。

相対的に見てこれらの小規模土地所有のそれぞれの成功例は、一つの説明で片づくものではない。これら孤立した自作農のグループのいくつかは、労働力不足が甚だしいために、労働市場をどんなに操作しても十分な賃金労働力を得ることが期待できないような、ラテンアメリカの部分的な地域で発展した。一九世紀を通して、コスタリカがこれにあてはまっていた。多くの家族は、その家族労働力の供給に見合う面積しか耕作できなかった。メキシコのバヒオ（Bajío）地方では、大土地所有者が資金に行き詰まり、土地が分割されて、その結果家族規模の農場が生まれた[36]。

しかしながら農業は、なかんずく輸出農業は、大規模な私有地により支配されたままであった。フロンティアの新しい土地の編入、フロンティア内の公有地の売却そして村落に近い共有地の処分は全て、植民地時代から受け継いだ伝統的な土地所有のパターンを強化したのである。徐々に透明でかつ活発となった土地売買市場において、大規模な私有地を売却しても、私有地は分割されることなくひとつの単位として売却されたため、僅かな所有者の手中に土地が集中しないようにすることはできなかった。

個人所有地の面積を増やすのに用いられたいくつかの手段は、土地供給がめったに輸出増加の障害とはならないことを十分に証明していた。ココア、コーヒーあるいはタバコなどのように、気候条件が極めて特別な場合にのみ、適地がないために輸出量が制約されたと主張することができた。そのうえ大農園の内部に、かなりの面積の土地を未耕地として残しておくことがよく行われた。そうすることで、市場環境の変化に応じて生産を柔軟に増加させることができたのである。世界市場の環境変化に素早くかつ柔軟に呼応することができた制度というかぎりでは、大農園が小規模ないしは中規模の農園よりも確かな優位性を持っていたことを認めなければならない。

とはいえ、大農園を、その他の経済と切り離して見ることはできないし、またそうすべきではない。特に二〇世紀初頭までに大農園が直面した労働力不足は、しばしばそれほど深刻ではなかった。大農園を支援した政治的な保護の力はまた、財政制度に影響を与え、政府が土地税（潜在的に累進的）を輸入税（逆進的）に替えることを促した。大土地所有層による政治的な覇権の行使は、要素市場の操作と国民所得におけるある程度の地代占有率の上昇につながったが、これらは経済的にも政治的にも、大部分の労働力を疎外させることとなったし、また高い資本蓄積率をもたらした時にのみ正当化され得るものであった。以下のように、資本蓄積率の上昇はしばしば実際には起こらなかった。

▼資本市場

輸出主導型の下での輸出部門の成長は、土地と労働力の追加的な投入を必要とした。同時に資本も必要とした。生産物一単位当たりに要する資本は、通常農業よりも鉱業の方が大きかったが、このことは主要輸出品が、鉱物あるいは農産品にかかわらず当てはまることであった。さらに、新しい資本設備に組み込まれる技術革新を採用することで、輸出部門の労働生産性の上昇が可能となった。かくして輸出主導型の成功は、輸出部門への資本供給によって大部分は決定された。

輸出部門の収益性はしばしば、運輸、公益事業、港湾そして住宅などの、関連する活動への補完的投資に依存した。このように輸出主導型に付随した全体の必要資本量は相当なものであった。高い資本蓄積のために必要な諸資源の動員に成功しても、輸出主導型の成功を保証することはできなかったが、必要な投資を実行できないと、このモデルが危うくなることは殆ど自明であった。ペルーのグアノなどの例外的な場合にのみ、輸出主導型成長が資本の供給によって制約を受けないといえた。[37] 輸出部門の拡大に直接、間接的に必要とされた物的資本は、機械、道具、交換部品、建設、土地改良（潅漑を含む）、家畜、木材そして淮木などであった。また人的資本への投資も含まれていた。一九世紀の前半、ラテンアメリカのいくつかの国における人的資本への最も重要な投資形態は、奴隷に対するものであったが、一九世紀の終わりには、人的資本への投資は、一般的には訓練や公的教育そして補助金を受けた熟練労働力の輸入に関するコストを意味するようになった。

輸出部門の多くの企業家にとっては、運転資本の供給もまた重要であった。二〇世紀初頭のブラジルのコーヒー農園（fazenda）は、作物を売却し支払いを受ける何カ月も前に賃金、道具類、運搬そして貯蔵に貨幣を使わなければならなかった。十分な金額の運転資本を入手することができないと、農園主や鉱山主は、輸出商館に市場価格よりもかなり割り引いた価格で売ることを余儀なくされ、収益性が下がり、輸出拡大に歯止めがかかった。

物的、人的、運転の三種類の資本は全て融資を必要とした。従って資本市場の効率に関する最初の試金石は、潜在的な貸し手から潜在的な借り手への資源の循環であった。再投資される利益にもっぱら依存していた輸出部門は、輸出主導型成長の成功を支えるほど十分急速には成長しないであろうが、輸出部門だけが潜在的な借り手であったわけではない。経常収入からは通常融資できないような社会資本への投資を、中央、地方、町村レベルの政府が引き受けることを期待されていたし、民間部門の新規企業が、鉄道のような、輸出部門の繁栄には不可欠である事業活動に、融資へのアクセスなしに投資することはできなかった。

従って潜在的な借り手の身元ははっきりしていたが、借り入れが起きる時は、必ず借り手が貸し手に接触するような制度的な枠組みが存在した。一九世紀の前半、主たる貸し手は教会、商人階級それに外国の資金であったが、資本市場は十分機能していたわけではなかった。教会の貸し付けを、輸出主導成長促進には非効率的なやり方であると判断した自由派の政治家たちは、教会の経済力に対して恨みを持っていた[38]。商人階級は多くの機会に、困難に陥った政府に融資したが、それらの融資はめったに資本蓄積を促さず、驚くには当たらないが、収益を求める商人は、見返りにさまざまな特権を要求した。最後に一八二〇年代に債券を発行することで外国から得た資金は、殆ど全ての場合、利息を払うことができず、また外国人が推進していた鉱業への投資は概して失敗した[39]。

資本市場の効率を改善するために、少数の政府（アルゼンチンとブラジルが顕著な例である）は、近代的な銀行制度を促進した。これらの銀行は急速に政府の赤字を補塡する組織に成り下がり、亜大陸の多くの国で紙幣に悪評を生むことになった。しかしこの立場は一九世紀の中頃に変化し始めた。一八五四年に設立されたアルゼンチンのバンコ・イ・カサ・デ・モネダ（Banco y Casa de Moneda）は、その誕生時から商業銀行のように機能した。この銀行は一八六三年にバンコ・デ・ラ・プロビンシア・デ・ブエノス・アイレス（Banco de la Provincia de Buenos Aires）に行名を変更し、アルゼンチンの最重要の金融機関の一つとなった。ブラジルでは一八五〇年代、バロン・マウア（Baron Maua）が自らの農業と鉱業への投資を完全なものとするために、一大金融帝国を構築し始めた。また他の多くの国では、一八六〇年代から一八七〇年代に商業銀行が確立するようになった[40]。

ラテンアメリカにおける商業銀行の広がりは、英国が金融機関の特権を拡大するために、有限責任の規則を変更したことによって促進された。英国の銀行はこの機会を素早く摑み、一八七〇年までには、ラテンアメリカの多くの国に支店を持つ三つの銀行が設立された。フランス、ドイツそれにイタリアの銀行も英国の銀行に続いたが、米国の銀行は第一次大戦の直前までラテンアメリカに投資することが禁じられていた[41]。ヨーロッパの銀行はよそ者ではあったが、現地で預金を増大させ、それをラテンアメリカの借り手に貸し付け、現地の金融機関と競合した。第一次大戦が勃発するまでに、ラテンアメリカの殆どの国で外国の商業銀行が設立され[42]（表4-2参照）、そのうちのいくつかは極めて収益性が高かった。実際一九一三年の、ラテンアメリカの商業銀行に対する英国の投資の利回りは一三・四％と推定されているが[43]、これは英国がラテンアメリカの他の分野に行った投資の利回りよりもはるかに高かったし、英国内での投

表4-2　ラテンアメリカの銀行業，1913年頃

国	銀行数	国際銀行の支店数[1]	一人当たりの紙幣流通額（米ドル）	一人当たりの銀行預金額（米ドル）
アルゼンチン	13	76	45.6	75.7
ボリビア	4	2	3.5	3.3
ブラジル	17	48	11.6	9.4
チ　リ	11	23	11.8	26.0
コロンビア	6	2		
コスタリカ	5	0		
キューバ	9	25		
ドミニカ共和国	3	2		
エクアドル	5	1	2.5	1.6
エルサルバドル	4	2		2.3
グアテマラ	5	0		0.9
ハイチ	1	0		
ホンジュラス	3	0		
メキシコ	32	14	6.7[2]	
ニカラグア	5	1		
パナマ	6	1		
パラグアイ	4	0		
ペルー	8	20		0.9
プエルトリコ	4	3	7.5[3]	5.6[4]
ウルグアイ	7	9	16.4	29.5
ベネズエラ	3	1		1.2
オーストラリア			10.6	150.3
カナダ			15.7	142.9
ニュージーランド			16.4	108.5

注1）右記の国際銀行が含まれている。Anglo-South American Bank Ltd., Banque Française et Italienne pour l'Amérique du Sud, Commercial Bank of Spanish America, British Bank of South America, Deutsch-Südamerikanische Bank, Aktien-Gesellschaft, Deutsche Ueberseeische Bank, London and River Plate Bank Ltd., London and Brazilian Bank Ltd., Banque Italo-Belge, National City Bank of New York, and Royal Bank of Canada.
2）Catão (1991), pp. 241-5 より得た。
3）Carroll (1975), p. 450 より得たが，1898年についてである。
4）Clark et al. (1975), p. 376 より得たが，1908年についてである。
出所）銀行と国際銀行の支店のデータは Wilcox and Rines (1917) による。特に断りのない限り紙幣の流通と一人当たり銀行預金は League of Nations (1927) より得た。

資の平均利回りを上回っていた[44]。

商業銀行部門は、ラテンアメリカにおける資本蓄積のための資金源を動員することに重要な貢献を果たしたが、主として二つの大きな弱点を持っていた。第一に、一九一四年までに商業銀行に引き寄せられた預金量は、依然としてそれほど大きくなかった。アルゼンチンだけが、銀行の習慣が広く受け入れられているということができたが、そのアルゼンチンでさえ、一人当たりの預金額はオーストラリアとカナダの半分の水準であった（表4－2参照）。表4－2が示すようにこれ以外の国では、商業銀行の量的な影響は依然として小さかった。一九一三年のエクアドルの一人当たりの預金額は一・六ドル、そしてまだ石油輸出国ではなかったベネズエラは、同じ年に僅か一・二ドルしか記録していなかった。

第二の弱点は、商業銀行が持つ資金配分への影響力が、総体的に限られていたことであり、特に輸出多角化にこのことが当てはまった。預金が本質的に短期であったために（ヨーロッパと同様に）銀行業務の伝統的な決まりに依れば、貸し付けも同様に短期でなければならなかった。かくして多くの銀行は貸し付けを、貿易金融を必要とする既存の輸出部門の活動に集中した。これは既にしっかりした基盤を持つ輸出活動には良い知らせとなったが（銀行自身の利益にも寄与した）、新規事業の育成や輸出構造をより多角化することにはあまり役立たなかった。

いくつかの銀行は、非伝統的な貸し付け戦略を試みて、懐妊期間の長いプロジェクトへの融資を行った。しかしながらこのような革新的な行動は、総じて不成功に終わった。というのは、一九世紀の資本主義世界で普通の出来事であった周期的な金融パニックが発生すると、預金者は資金を急いで引き揚げたからであり、伝統的な手法を使った銀行だけが、この事態に対応する準備ができていた。外国人の所有する銀行（特に英国の銀行）は、伝統的な金融規範に最も忠実であったために、金融危機に際して、現地所有の金融機関以上にうまく乗り切ることができ、それにつれて預金量全体に占める外国銀行の割合は増加した。

このような商業銀行の弱点を克服するために、いくつかの国は代替的なタイプの金融機関を試みた。例えば債券銀行は長期の担保付き債券を発行し、その金を農業への長期融資に充てたが、その際土地が担保となった。このような銀行は土地の権利証が明確にされていて、外国市場で担保付き債権を販売できるほど十分な信用度のある国で最も成功した。必然的にこのような銀行が、最も繁盛したのはアルゼンチン、チリそしてウルグアイであり、これ以外では、債券銀行の影響は限られたものであった[45]。より大きな国（アルゼンチン、チリ、メキシコそしてペルー）ではまた、一九一四年までに証券市場が設立されたが、これらの証券市場は単に政府発行有価証券を取り引きする場に留まり続けた[46]。

資金を貸す側から借りる側に流す制度的な枠組みが不十分であったことは、多くの新規事業がよりインフォーマルな経路を使ってしか実施できなかったことを意味した。ラテンアメリカの成功した多くの企業は、既存の企業の利益を新規開拓事業に注ぐことのできる家族ネットワークに依存した。アルゼンチンのディ・テラ（Di Tella）家[47]、ブラジルのプラド（Prado）家[48]、チリのエドワーズ（Edwards）家[49]、メキシコのゴメス（Gómez）家[50]がこの例に当てはまる。各国の二〇世紀の歴史に、これらの名前が繰り返し登場することは、家族の成員の間に確立した金融のネットワークが、どれほど効率的であったかへの賛辞である。

金融機関を利用しないで、資本蓄積を促進するために人気のあったもう一つの方法は、移民による投資であった。大量の移民を受け入れた国（七四ページ参照）以外の国では、移民がしばしば新規事業に投資するための資本を、少しずつ持ち込んだ。第一次大戦前の製造業の成長（第5章に詳述）は、この種の金融の移転によるところが大きかった。

これらの手法は役に立ったが、完全に満足できる解決方法ではなく、多くのラテンアメリカ諸国の非効率な資本市場の実態を覆い隠すことはできなかった。公式の制度的枠組みは、輸出主導型モデルが限られた輸出品目に集中する傾向を強めがちであり、輸出部門の内と外の両方から輸出品目の多角化を抑制した。他方インフォーマルな取り決めは、貸し手と限られた数の借り手（移民の場合は仲間同士）を結びつけたが、いずれにせよ全体的な資源の配分に大きな影響を与えるにはあまりにも力が弱かった。

人的資本への制度的な枠組みは、多くの国では十分ではなかった。初等教育制度がごく少数の子供にしか基本的な訓練を与えないために、熟練労働力はもちろん半熟練労働力の供給も制約された。第一次大戦前、成人の非識字率が八〇％を超えることは珍しくなかった。米国の例に感化されたドミンゴ・ファウスティーノ・サルミエント（Domingo Faustino Sarmiento）の下でアルゼンチンは、早くも一八六〇年代に初等教育の大衆化に向けて動いていた[51]。チリもその後アルゼンチンにさほど遅れることなく、同様の道を進んだ[52]。コスタリカも一八九〇年代までに[53]、ウルグアイは一九〇〇年[54]に初等教育の大衆化を行った。とはいえこれらの国々は例外である。ブラジル、メキシコという最も大きな国では、初等教育制度は悲惨なほど不十分で、雇用者は技術の進歩と革新に必要な基礎能力が、実質的に皆無な労働力に依存せざるを得なかった。

輸出主導型成長のモデルが必要とする、新規の技術を習得するための職業訓練機関がいくつかの努力の末創設された。植物の品種改良、作物学、牧畜飼育の専門機関の設立とともに、工学の教育機関が設立された[55]。しかし大学レベルでは状況は全く不十分で、カリキュラムもコース編成も植民地時代から殆ど変化していなかった[56]。

▼外国投資

資本蓄積のために国内資源を動員することが困難であったので、各国政府が追加的な融資の源泉として外国人に目を向けたことは驚くに当たらない。独立の時期には、輸出できる資本余剰を有していたのは、英国のみであったが、一九世紀の終わりにはフランス、ドイツそれに米国がこれに加わった。少額の資本は他の先進国からも得ることができたかもしれないが[57]、外国資本の長期的な供給は、決定的にこれらの四カ国からの資金を引きつけることに依存していた。

外国投資は有価証券投資あるいは直接投資のいずれかであったが、この二つの資金流入を左右する条件は大変異なっていた。有価証券投資は、主として先進国の株式市場で流通していた債券により構成されていた。最初の債券は一八二〇年代にロンドンの株式市場で流通し、各国政府はその収入を歳入と歳出の不均衡を埋めるために利用しようとした。この実験は大抵失敗したが、各政府は少しずつ不履行となった債務の再交渉を行い、一八五〇年以降再び債券を発行することができるようになった。[58] 債券はリスク・プレミアムを反映して相当割引して発行され、あまりにも頻繁にこのことは正当化されたのである。[59] 例えば一八八〇年までに、英国の債券保有者が購入した一億二三〇〇万ポンドの債券の大部分は不履行であり、また各国政府が定期的に債務返済を行うことは、二〇世紀の最初の一〇年まではごく稀にしか行われなかった。[60]

アルゼンチン、ブラジル、チリ、メキシコそれにウルグアイなどが顕著な例であるが、いくつかの政府は少なくとも一八七〇年以降は、政府歳出を補う手段として、定期的に外国債券を発行することが可能であった。このような国の債券は、一般的には外国人には歓迎された。一九一三年に英国資本がラテンアメリカの国債に投資した九〇％以上が、この五カ国に集中していたし（表4－3参照）、また英国人は債券の購入者として他を圧倒していた。とはいえこのような恵まれた国々でも、歳出超過のある一定の部分は国内資金を通して調達することが一般的であったため、外国債券が政府の赤字を補塡する唯一の手段というわけでは決してなかった。[61] しかし外国債券は、その債券を発行する政府にとっては明らかに魅力があった。新規に債券を発行し資金調達する際に付帯する条件は通常緩やかで、政府は資金を容易に経常支出に充てることができ、かくして不人気な税の引き上げを避けることができた。たとえ増税したとしても、資本蓄積には殆ど貢献しなかったであろう。

あまり恵まれない国の、政府の債券発行による資金調達は通常、新規投資というよりもむしろリファイナンスであった。債券所有者は、多くの国で債務不履行が続いたことに失望し、このような国が債務返済のために税金（通常は関税）を取っておくべく圧力を加えた。[62] その極端な例（ペルー）として、英国の債券所有者はペルー組合（Peruvian Corporation）を設立し、さまざまな国有企業と引き換えに、未払いの債券を帳消しにした。[63] 米国内では、ヨーロッパ列強が（モンロー・ドクトリンに挑戦して）、ラテンアメリカへ介入するために債務不履行を利用するのではないかという懸念が生まれた。このため、ヨーロッパ人の有する債券を、米国の投資家の所有する貸付金に置き替える試み（ドル外交）が何度か行われた。キューバ、ドミニカ共和国、ハイチそれにニカラグアには米国自身が侵攻したが、これらの国での最優先課題は常に、迅速な債務返済を確実なものとするために、関税収入を管理することであった。[64] このような手段によって、債務不履行は確実に第一次大戦直前の数年間で、その五〇年前よりもはるかに稀なものとなったが、こうした国の政府は依然として、外国の資金を用いても、歳出全体のごく一部分を埋めることしかできなかった。

いくつかの例では、政府ではなく民間企業が債券を発行した。これらの債券は鉄道、公益事業そして金融機関やその他の生産活動に従事する企業活動を支援するために発行された。これらの会社の多くは、外国の直接投資を通して設立され、資本は非居住者が所有し支配した。こうした例の最初の企業は、一

表4-3　ラテンアメリカの直接および有価証券投資，1914年頃

国	公的対外債務			直接外国投資		
	100万米ドル	英　国（%）	米　国（%）	100万米ドル	英　国（%）	米　国（%）
アルゼンチン	784	50.8	2.4	3,217	46.7	1.2
ボリビア	15	0	20.0	44	38.6	4.5
ブラジル	717	83.4	0.7	1,196	50.9	4.2
チ　リ	174	73.6	0.6	494	43.1	45.5
コロンビア	23	69.6	21.7	54	57.4	38.9
コスタリカ	17	47.1	0	44	6.8	93.2
キューバ	85	58.8	41.2	386	44.0	56.0
ドミニカ共和国	5	0	100	11	0	100
エクアドル	1	100	0	40	72.5	22.5
エルサルバドル	4	100	0	15	40.0	46.7
グアテマラ	7	100	0	92	47.8	39.1
ハイチ	1	0	100	10	0	100
ホンジュラス	26	0	61.5	16	6.2	93.8
メキシコ	152	92.1	7.9	1,177	54.0	46.0
ニカラグア	6	50.0	0	6	33.0	67.0
パナマ	5	0	100	23	0	100
パラグアイ	4	100	0	23	78.3	21.7
ペルー	17	47.1	11.8	180	67.2	32.2
プエルトリコ	44					
ウルグアイ	120	75.0	0	355	43.4	0
ベネズエラ	21	47.6	0	145	20.7	26.2
ラテンアメリカ	2,229	67.8	13.8	7,569	47.4	18.4
農　業				255	4.7	93.7
鉱　業				530	19.1	78.3
石　油				140	2.9	97.1
鉄　道				2,342	71.2	13.0
公益事業				914	59.7	13.9
製造業				562	14.8	3.0
貿　易				485	0.4	7.0
その他および非部門別				2,341	50.0	5.2

出所）ECLA (1965), pp. 16-7; プエルトリコについては，Clark et al. (1975), p. 586, データは1928年のもの。

八二〇年代の英国のいくつかの鉱業組合であったが、このうちのごく一握りしか長続きしなかった。対外直接投資（direct foreign investment: DFI）が回復したのは一九世紀の後半になってからであった。

現地の企業が技術上の問題と資本調達の面で参入を制約されていた分野に、DFIは引きつけられた。従って投資の大半は鉄道、公益事業、鉱業、銀行そして船舶業に向かって流れた（表4-3参照）が、鉄道、公益事業の二つが圧倒的に重要であった。第一次大戦までに米国はカリブ地域の製糖工場[65]と中米のバナナ[66]の権益を手に入れ、他方英国資本はアルゼンチンとウルグアイの食肉加工工場に投資した[67]。

これらの分野での外国所有の企業は重要であり、いくつかの例では支配的であった。従って不正競争や権益の乱用は枚挙に暇が

ない[68]。しかし多くの分野、特に国内市場向けの農産物の場合には、DFIはかなりの国でそれ程大きな役割は果たさなかった。加えて新興の製造業部門では、DFIは依然として小規模に留まった。建設業では例えばメキシコのウイートマン・ピアソン（Weetman Pearson）のような大規模の公共部門のプロジェクトに特化した、外国人所有の会社が設立された[69]。しかし、都市の住宅のような分野の活動への投資の大部分は、自国民が行った。

第一次大戦勃発までに、DFIは比較的僅かの制約しか受けなかった。政界では自由主義思想が優勢で、DFIは経済発展を推進しようとする努力に、不可欠な協力者であると政策立案者は確信していた。特に社会インフラへの外国投資は、輸出主導型成長が成功できる条件を生むのに、決定的なものであると考えられた。一八七〇年以降の鉄道網の発達は、全てが外国企業によって支配されていたわけではない。しかし鉄道は疑いなく輸出拡大に大きく貢献した。とはいえ相対的に見て人口千人当たりの線路距離は、依然としてそれほど長くはなかった。アルゼンチンだけが、オーストラリア、カナダそしてニュージーランドの数字に近づいた（表4-4参照）。公益事業の拡散もまた、都市生活の質の向上に貢献し、また多くの都市の企業の生産性を上昇させた[70]。

DFIが、その殆どが国際貿易に参加しない、比較的限られた部門に集中したことは、多くの問題を生んだ。大多数の会社は、もともと独占であった（例えば水道）。またそうではなくとも、半独占を享受していた（例えば鉄道）。いくつかの例（保険や船舶など）では外国企業は価格決定のカルテルを組織したが、こうしたことは現地の人々に不快感を与えた[71]。多くの鉄道網は輸出多角化を推進するよりもむしろ輸出特化を助長し、またいくつかの例では、鉄道会社自身が設けた価格差別化が、状況をさらに悪化させた[72]。小さな国々では、外国企業の利用できる資源が、それらの国自身の政府との間に対等ではない関係を生んだ。そして後になって考えてみると、外国企業に過度に有利と思われる多くの契約が調印された[73]。これは例えばペルーのように、財政状況が悪くて、政府がいろいろな手を打つ余裕が殆どない、いくつかの大きな国についても当てはまる[74]。

こうした問題点にもかかわらず、しばしば主張されるほど大々的なものではないにせよ、DFIが経済発展に果たした役割は、プラスであった。それほど明らかでないのは、全体的な資本蓄積の資金調達に対するDFIの寄与である。外国人所有の資本ストックの数字は、英国は南米で支配的な立場を、米国はコロンビアよりも北の多くの国々で同様の立場にあることを、明確に示している。にもかかわらず、融資の一部は収益の再投資を通して賄われ、現地でも資金が調達された。その上、チリとペルーの銅採鉱が顕著であるが、いくつかの例では、外国人所有は現地人が所有していた既存の企業を買収することにより達成された。この現地企業の国籍剝奪のプロセスは、DFIが新規企業に融資するために必要とされた、という主張を損なうものである。

表4-4　ラテンアメリカの鉄道，1913年頃

国	企業の数	線路距離（キロメートル）	1000人当たりの軌間（キロメートル）
アルゼンチン	18	31,859	4.3
ボリビア	2	1,284	0.7
ブラジル	15	24,737	1.0
チ　リ	10	8,069	2.4
コロンビア	11	1,061	0.2
コスタリカ	1	878	2.5
キューバ	6	3,752	1.6
ドミニカ共和国	2	644	0.9
エクアドル	2	1,049	0.6
エルサルバドル	1	320	0.3
グアテマラ	1	987	0.6
ハイチ		180	0.1
ホンジュラス	6[1)]	241	0.4
メキシコ	13	25,600[2)]	1.8
ニカラグア	1	322	0.6
パナマ	4[1)]	479	1.4
パラグアイ	1	410	0.7
ペルー	9[1)]	2,970	0.7
プエルトリコ	3[3)]	408[3)]	0.4
ウルグアイ	10	2,576	2.3
ベネズエラ	4	1,020	0.4
ラテンアメリカ		83,246	1.4
オーストラリア		31,327	6.9
カナダ		49,549	6.5
ニュージーランド		4,587	4.3

注1）*South American Handbook 1924* による。
2）Wilcox and Rines (1917) による。
3）Clark et al. (1965), p. 371 による。
出所）企業の数は Wilcox and Rines (1917) による。線路距離は League of Nations (1927) による。

従って債券発行を含めた外国投資が、資本蓄積に資金を提供するのに果たした寄与は、おそらくしばしば想像されるよりも大きなものではなかったのではないだろうか。この疑念は、外国投資の大部分を引きつけた大きな国（アルゼンチン、ブラジルそれにメキシコ）の貿易統計を検討することによって確認できる。[75] 第一次大戦に至るまでの間、三カ国全ての例で、貿易は赤字ではなく黒字がごく通常の状態となっていた。この黒字は、外国資本への利子と利潤の返済をするには不可欠であった。また所与の外国投資がもたらす資金の総流入額から、この資金の流出があったために、資金の純移転額は減少した。

資本蓄積のための資金調達に、外国投資が通常考えられているほどには寄与しなかったという事実は、外国投資がプラスの役割を果たさなかった、ということを意味しているのではない。技術移転と技術革新を促進し、新しい経営技術を広める原動力となったことで、DFIは極めて重要なものであった。しかしこのこ

とは、外国投資が資本市場の未熟さを解決するための万能薬であることを意味するものではなかった。ラテンアメリカの大多数の国々で長期にわたり輸出増加率が低かったことは、部分的には資本蓄積率が低いことの反映であるし、低資本蓄積率は国内資本を動員することの難しさを物語っていた。外国投資は有益な協力者となることはできたが、それはラテンアメリカの多くの国々の資本市場の制度的な脆弱性を解決することはできなかったし、またそうしなかったのである。

▼政策の背景

輸出部門の拡大の要因は、主要な投入物の供給がうまく機能したためだけではなかった。輸出産品の収益性の変化によっても大きな影響を受け、収益性は財政、通貨、そして為替政策（同様に国際価格）によっても影響された。政策実施の事情もまた、非輸出部門の成長率を決定する上で極めて重要であった。財政政策は輸出部門の収益性に直接的にも間接的にも影響を与えた。直接的な影響は、輸出税と輸入関税の税率と、これよりはずっと少ない度合いであったが、固定資産税によってもたらされた。間接的な影響は特に、財政赤字が通貨供給と為替レートに与える影響によりもたらされた。

全ての国は輸出税からある程度の公収入を得ていたが、これにより高い割合の収入を得ていた政府はそれほど多くはない。国際競争の教えるところは、輸出税を消費者に転嫁すると必ず、市場占有率を減少させる危険を生むということであった。実際、いくつかの政府は国際価格が下落した際には輸出税を下げる必要に直面し、輸出業者は国際価格が再び上昇する際に、輸出税がそれに見合っただけ上昇することにしばしば抵抗することが可能であった[76]。国の中のいくつかの地域（例えばブラジルのサンパウロ）は、歳入を得るために、輸出税にかなり依存していたが、輸出税そのものは輸出額のごく一部分しか占めていなかった[77]。

輸出税がそれほど重要なものではなかったことの、主な例外に鉱産物がある。右下がり（水平ではなく）の需要曲線に逆行し、かつまた簡単には他の国に輸入先を転換できないために、鉱物を輸出していた会社は、安い費用で歳入を増加する素晴らしい機会を政府に提供した。（革命によりその重要性は低下したものの）金、銀そして銅輸出に課せられた税金は、メキシコのポルフィリアート期の初期の財政の重要な構成要素であった[78]。最も目を見張る輸出税は、チリの硝石であった。これは一八九〇年から一九一四年の間の政府の全歳入額のほぼ五〇％を占め、同期間中輸出税だけで輸出額の一〇％を占めていた[79]。硝石の世界市場でチリは事実上独占状態にあり、硝石を採掘する会社は容易に税金分を消費者に転嫁することができた。そして硝石はラテンアメリカで最も有益なビジネスの一つであり続けたのである[80]。それどころか、第一次大戦前のラテンアメリカのどんな国でも、輸出税によって利益が出なくなったという、確たる証拠を見つけるのは困難である。そしてその全ての国で、おそらく必要ではなかった、度重なる外国会社への税金の免除をあまりにも容易に見つけることができるのである[81]。

ラテンアメリカ全体で政府は、歳入を得るために、輸入税に大きく依存しており、「自由貿易」の時代にさえ、ある種の商品への課税率は一〇〇％にまで達することがあった。とはいえ輸出に関係のある輸入品（機械、装置など）への輸入税率は通常極めて低く、加えて政府はたびたび期限付きの契約に基づいて、外国企業に免税特権を提供したのである。輸出税の場合と同様に、輸出部門の成長が輸入の高関税により大きく制約された事例を見いだすことは困難であり、また、免除を寛大に行った例を、容易に見つけることができる[82]。

財政政策の輸出部門への間接的な効果は、主として財政赤字を通して作用した。財政の赤字傾向は、ラテンアメリカの独立後の最初の数十年間では際立った特徴であり、これは対外貿易が増大したにもかかわらず、一九世紀の後半まで問題として残ったのである。税改革は植民地時代から受け継いだ多くの税の廃止と対外貿易への課税の集中をもたらした。第一次大戦までには、全ての国は歳入の五〇％以上を関税から得ていた。また多くの例では、それは七〇％以上にも達した[83]。

関税に力点が置かれたことは、いくつかの問題を生んだ。第一に、歳入は貿易と歩調を合わせて動いた。そしてわれわれがすでに見てきたように、あまりにも多くの国で、貿易の長期的な成長率は穏やかなものであった。第二に、貿易は周期的なものであった。貿易の不振に伴う歳入の減少は、支出の削減によっては容易に埋め合わせることができず、その結果しばしば赤字となったのである。それが故に、好況期には黒字を使い切ることはあまりにもたやすかった[84]。第三に、関税は通常従量税であった[85]。すなわち外国商品の国内価格（課税前の）に歩調を合わせて動いたわけではなく、従って関税収入は非弾力的であった。頻繁に起きたことであったが、国内価格が上昇している時には、このことは深刻な事態となった[86]。

このような理由全てにより一九一三年までは、一人当たりの税収額は依然として、哀れな程低かった（図4-1参照）。僅かの例外は全て、長期の輸出増加率がかなりのものであった国（アルゼンチンやチリ）、税基盤である対外貿易が比較的大きい国（ウルグアイ）のいずれかであった。とはいえ、一人当たりの輸出額で算出された税の基盤が大きくても、それは何の保証にもならなかった。キューバとコスタリカは共に、外国貿易への免税の過度の乱用に苦しんだ。また徴税を最大化することに熱心であった米国政府は、ドミニカ共和国、ニカラグア、それにパナマの税関を厳重な管理下に置いたが[87]、これらの国は、他のより豊かな国と比べて一人当たりの国の歳入は高かったのである。

政府による介入と公的部門の最適な規模についての期待は、今日の状況と第一次大戦前とでは異なっていた。民間部門は、今日では公的部門に任されている多くの活動を引き受けることを期待され、あるケース（ペルー）では、徴税すら民間会社に契約で委託したのである[88]。とはいえ、国家は逃れられない、行使せねばならないいくつかの基本的な機能を有していた。公的

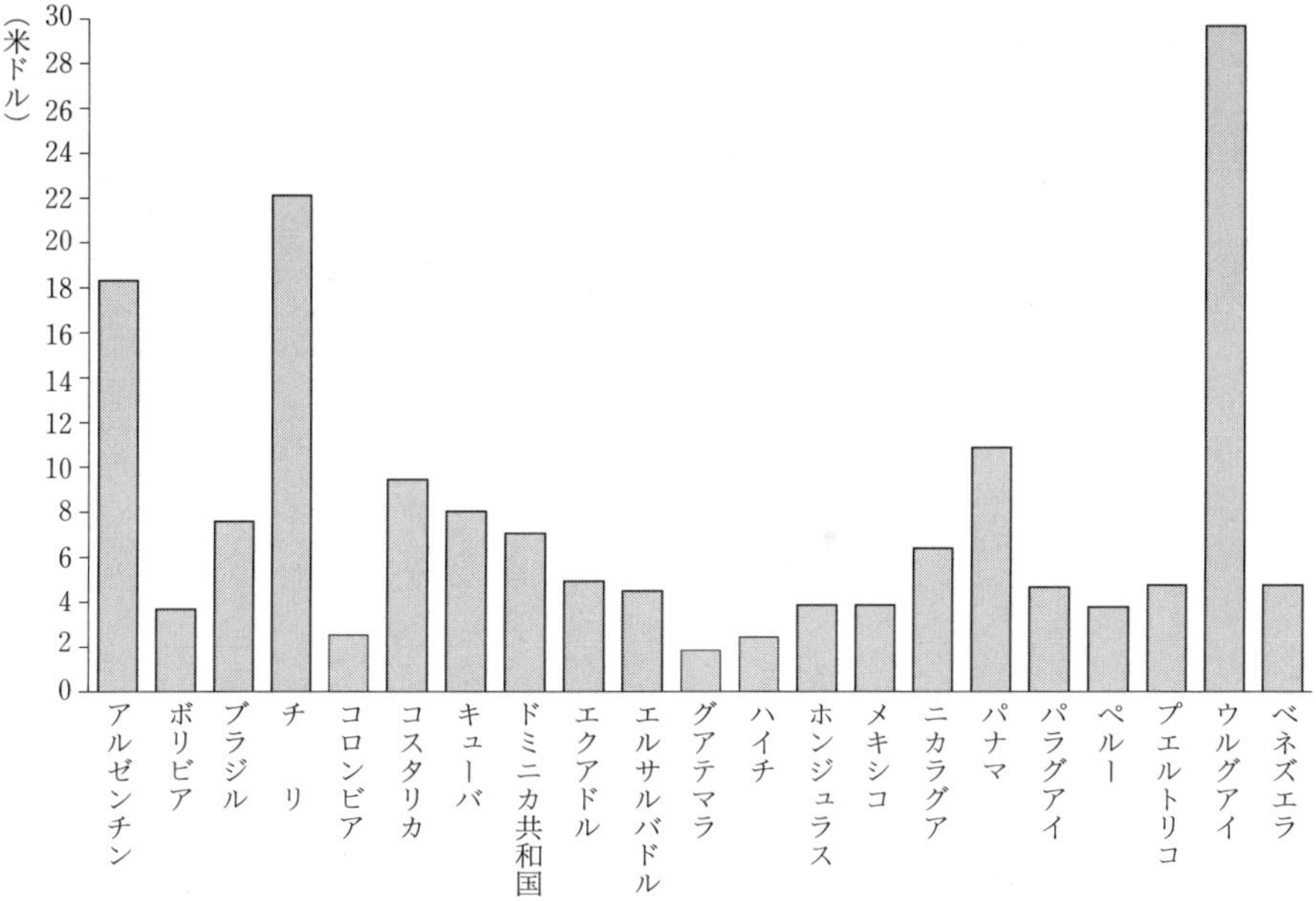

図4-1　一人当たりの国の収入，1913年頃

出所）Wilcox (1917)．プエルトリコのデータは Clark et al. (1975)．

債務の返済は、政府が、債務返済不履行かあるいはそれ以上の債務をするかを選択する、責務を課した。実際、第一次大戦前の多くのラテンアメリカ諸国では、公的部門の債務返済は単一の最も大きな歳出項目であった。[89]

国内もしくは国外のいずれかで、財政赤字のための資金調達をすることが可能ではあった。とはいえ、過去の対外債務返済の記録が思わしくないために、定期的に新規債券を発行して、赤字を埋め合わせることを期待できたのは、ごく一握りの国だけであった。一九一三年の時点で対外的に強い信用のあった国は、アルゼンチン、ブラジル、チリそしてウルグアイだけであり、メキシコは革命のために信用度が崩れていた。[90] そしてこれらの国々ですら、必要とする資金調達の少なくとも一部分は、国内債務に依存しなくてはならなかった。

従って国内債務は、財政の一般的な特徴であった。少数の国（特にアルゼンチン）では資本市場が十分に成熟していて、インフレの懸念なしに国内債券を発行することができたが、不兌換紙幣の発行を伴う国内債務はあまりにも頻繁に、貨幣の切り下げを引き起こした。ブラジルのミルレース［milreis: ブラジルの旧貨幣単位］は一九世紀の大半、英ポンドに対して徐々に切り下がった。そして一八九〇年代には事実上、大量の紙幣の発行が行き詰まった。[91] チリでは何年もの間保守党政権の下で、厳格な財政政策が採られたが、一八七〇年代の後半になって、チリ通貨は不兌換紙幣の発行という魅惑的な誘いに負けるようになった。アルゼンチンでさえ、一九世紀の大部分、急激な切り下げから通貨を保護することが極めて困難となった。

財政赤字の補塡の問題は、しばしば非常に深刻となった。一九世紀の終わりには、一〇〇〇日戦争［War of 1000 days: 保守派と自由派の争い。一〇万人の犠牲者を生んだ］の間、コロンビアは準備金の手当てなしに紙幣（多くの偽札を含めた）を発行した結果、通貨の劇的な下落を経験した。[92] グアテマラのペソは一八九五年以降、何代もの圧政者が紙幣への誘惑に負けて急激に下落した。[93] 同じことが一九〇九年に米国が介入するまで、ホセ・サントス・セラヤ（José Santos Zelaya）治世下のニカラグアで続いた。[94] ドミニカ共和国、ハイチそれにパラグアイは、財政赤字を補塡した結果、一九世紀のさまざまな時点で、通貨の急激な下落を経験した。

通貨の切り下げは、紙幣発行について信頼できる政策を行っていた国でも回避することができなかった。その理由は、米国とドイツが金本位制を採用した一八七〇年代以降、銀の金価格が下落したことであり、そしてその結果、銀本位制を採用する国は、多くの貿易相手国に対して、通貨下落を経験した。[95]

ラテンアメリカ諸国は宗主国から、あらゆる種類の金・銀貨が自由に流通する貨幣制度を継承した。[96] 独立後当局は硬貨が互いに交換できるレート（鋳造価格あるいは貨幣比率）の一覧表を定期的に公表していた。そして、貨幣比率に比べて金に換算された銀の市場価格がそれほど大きく動かないうちは、問題は深刻にはならなかった。しかしながら一八七〇年以降、銀の金価格が下落し、金貨が流通市場から引き揚げられ始め、多くのラテンアメリカ諸国は事実上の銀本位制となった。実際、いくつかの国（エルサルバドルやホンジュラス）では、正式に銀本位制が採用され、金融機関は、ちょうど金本位制の国々で紙幣と金とが兌換されるように、紙幣を銀と固定した比率で兌換することを義務づけられたのである。[97]

大多数の国は、正式な銀本位制を守り抜くことができず、銀の金価格が下落した後は不兌換紙幣の制度に戻った。[98] 従って通貨の下落は銀本位制の国でも、ごくあたり前の事態で、それぞれの国の損失者を特定することは容易である。輸入に依存していた商人は、海外に支払う現地通貨の必要額が上昇するという状況に直面した。またいうまでもなく、ある為替レートで購入した商品を数カ月後に別のレートで売ることに付随する不確実性と為替リスクが増大した。対外債務の返済が金建てであった各国政府は、対外債務の支払いに応じるために、不足する歳入をより深く掘り起こさねばならなかった。通貨下落で得をしたのは、間違いなく輸出業者であったろう。輸出品は金と引き替えに売られ、支払いは現地通貨であった。従って輸出部門は、通貨の下落に合わせて国内価格が上昇しない間は、予定外の儲けを得ることが期待できた。これは現実のものとなり、かなりの程度の貨幣的錯覚［money illusion: 貨幣価値が変化したにもかかわらず、表面上の貨幣額に惑わされて、実質価値の変化に気づかない状態］のあることを示唆した。そして賃金率を含めて多くの国内価格が、通貨の下落に直面しながら、驚くほど固定的であったように思われる[99]。多くの輸出業者はこの仕組みから大変な恩恵を受け、純商品交易条件の悪化に向かう動きは、為替レートの動きによって相殺することが可能だったのである。

とはいえ輸出部門でさえ、通貨価値低落の恩恵には慎重な態度で臨んだ。第一に銀の金価格の下落は安定したものではなかった。実際一八九〇年代初期の急激な金価格の下落に続いて、一九〇〇年代の初期の数年間にそれは上昇した[100]。外国為替市場が狭かったために、通貨の動きに伴う不確実性は、売買価格に大きな乖離を生んだ。そして多くの輸出業者は為替レートが不利な時期に、売却することを余儀なくされた[101]。実際のところ、予想外の利益は大部分が、取り引きに最善の時期まで待つだけの、十分な運転資本のある貿易業者のものとなった。最後に、不兌換紙幣に伴う犠牲は、兌換が習慣になりつつあった世界では大きなものであった。そして不確実性が高まることは、殆どの種類の投資をかなり抑制した。

貨幣錯覚の存在が蔓延したために、インフレ圧力は鈍ったものの、財政に追加的な不安定要因を与えた。非貿易財の課税基準は国内販売額の概算に近いものであったが、通貨価値の下落と歩調を合わせては上昇しなかった。従って非貿易財の税は上昇するどころではなくて、歳入は税比率の定期的な見直しによってのみ、維持することが可能であった。アルコール、タバコ、塩それにその他の政府の専売に置かれた商品の税収入は、通貨の価値下落に遅れる傾向があり、歳入への追加的な圧力を生んだ[102]。

このように一九世紀後半のラテンアメリカ全体に、通貨安定への強い要望が生じた。世界の主要国が全て金本位制であったので、ラテンアメリカにおける通貨安定は不兌換紙幣や銀本位制から離脱し、金本位そのもの、あるいは米ドルやポンドのように、金貨に対して一定水準を維持させる現地通貨に向かうことを意味した。

この転換は第一次大戦以前には殆ど全ての国で試みられたが、必ずしも成功したわけではなかった。金本位制は、紙幣の所有者に完全な兌換を保証するだけの十分な金保有を必要とした。これはしばしば政府の財源を超えており、いくつかの国では、新しく発行された金貨は流通するよりもむしろ、退蔵されるか輸出された。エルサルバドルは一八九〇年代にこの理由によって、銀本位制を離脱する最初の試みを断念せざるをえなくなり、最終的にこれに成功したのは第一次大戦後であった[103]。

アルゼンチン、ブラジル、チリのＡＢＣ諸国は、金本位制への移行に関する問題について、斬新な方法を導入した。これらの国では、金本位制のもとで成立した通貨交換率を保証するための兌換基金を設立し[104]、金の支払いに必要な資金を確保するために、歳入の一部分を支出した。従って税金は一部分は金で、一部分は紙幣で徴収され、歳出も同様に区分された。その結果は実際上、しばしば混乱し、時には運営することが困難な二重通貨制度であった。現実にチリでは世紀の変わり目までにこの制度は破綻し、不兌換紙幣制度に戻っていた[105]。

コスタリカ、エクアドル、ペルーそしてウルグアイなどのいくつかの国は、二〇世紀初頭までに金本位制への移行に成功し、そのため、第一次大戦が始まり兌換制が崩壊するまで短期間の、通貨安定を享受した。他方ボリビア、コロンビア、メキシコそれにベネズエラなどの諸国は、金本位制に移行する時期が大変遅くなり、戦争あるいは革命（メキシコの場合）によって、十分な機能を開始する以前に、金本位制度が弱体化してしまった。グアテマラとパラグアイは依然として通貨供給の過大な膨張に苦しんでいたが、不兌換紙幣制度を続ける以外の選択肢はなかった。

経済的に米国に大きく依存していた大多数のカリブ海諸国は、米ドルを基準とする金為替本位制を導入した。ドミニカ共和国とパナマは米ドルを法定貨幣とさえし[106]、ドルは第一次大戦までキューバ、ハイチ、ホンジュラス北部沿岸そしてニカラグアで自由かつ幅広く流通した。これらの国々の金為替本位制度は、通貨の相当な安定性をもたらし、第一次大戦まで続いた。そしてこの制度では、政府は費用のかかる金の準備を維持する必要がなかった。

従ってラテンアメリカ諸国の通貨と為替に関する状況は、第一次大戦前の輸出主導型成長の「黄金時代」には変化した。いくつかの国は長期の通貨価値下落を経験したので、貨幣的錯覚は消滅し始めた。インフレーションの歴史が一九世紀にまで遡るブラジル、チリそしてコロンビアの場合がそうであった[107]。他の多くの点でモデル経済であったアルゼンチンでさえ、一九世紀には紙幣のひどい乱用に苦しみ続け、通貨安定と完全な兌換への転換に大きな問題を抱えていた。その他の国では、銀の金価格の下落の結果による通貨の減価が通貨的錯覚とともに、輸出部門に間違いなく予期せぬ利益をもたらした。主な例として、ポルフィリアート期のメキシコがあるが、多くの小さな国でもまた、その恩恵を被った。

二〇世紀の初めまでに、輸出部門に対するゲームのルールは変化し始めた。金あるいはドル本位制は、交易条件の悪化が通貨の価値下落によっては補填できないことを意味した。コスト管理についてより大きな規律が必要となった。そして外国企業はより低い利率で資本を調達することができ、その結果ときには国内企業よりも優位な立場に立った。とはいえ通貨の安定性は、輸出に付随する不確実性の大半を除去し、長期の投資を促進した。輸出の最も急速な拡大の時期が、第一次大戦直前の比較的通貨の安定していた時期と一致するのは、単なる偶然ではない。

土地、労働そして資本市場の問題、社会的な基盤の欠如における問題、そして通貨の不安定性によって生み出された不確実性（特に一九世紀以前）の問題を考えると、長期にわたる輸出増加率が多くの国で大変不満足なものであったことは、驚くに当たらない。とはいえこれらの問題への解決を見いだすことは可能ではあったし、アルゼンチンとチリは、輸出部門が直面する問題が全て解決されない時でも、輸出を急速に増加させることが可能であることを例示している。

全ての国は、輸出部門が機能していた条件を改善する方向に向けてある程度前進し、輸出主導型成長の基本的な枠組みが、一九一四年までには出来ていた。とはいえ、重要なのはタイミングであった。一九世紀にラテンアメリカの一次産品輸出のために開かれた機会の窓は、第一次大戦勃発とともに閉まり始めた。ボリビアやドミニカ共和国のような国々は、一九世紀の世界貿易の拡大が提供した機会を失い、二〇世紀初頭まで、大規模の輸出拡大を待ち続け、相当の犠牲を払うことになった。

第5章　輸出主導型成長と非輸出経済

第一次大戦に先立つ一世紀の間、ラテンアメリカは輸出主導型の成長モデルに従ってきた。[1] 輸出主導型モデルの成功は、輸出部門の労働生産性の上昇を伴う輸出および一人当たりの輸出の急激な上昇を意味した。しかしこれは非常に重要ではあるが、一人当たりの実質所得を顕著に上げるための単なる一条件にしかすぎない。二番目の条件は、輸出部門の生産性の上昇を非輸出経済へ移転させることである。このようにして輸出部門は、それ以外への投資を誘発しながら「成長のエンジン」になる必要がある。

輸出部門は、あらゆる面において、このような刺激を与えることができた。例えば、後方連関を考えると、輸出部門の成長は鉄道に対する投資を促進し、今度はそれが板材を作る製材所、資本財（例えば機関車）、そして車輪の修理・保全のための工場に対する投資を生み出すことになる。前方連関に関してもまた、輸出部門は投資率の急激な上昇に貢献することができた。例えば、輸出向け肉牛の飼育は、牛肉や牛肉エキス生産への投資だけでなく、皮革産業・靴産業そして化学工業への投資にまでつながった。[2]

非輸出経済の幾つかの部門の成長は、輸出部門の成功と密接に関係があったので、両者は相互補完的な活動であったと考えることが出来る。その例は商業（卸売りと小売り）・鉄道輸送・公共事業・建設業そして行政である。これらサービス部門には、輸出に直接依存しているもの（例えば鉄道輸送）や輸出によって可能となる輸入と輸入関税に依存するもの（例えば商業や行政が代表的である）、あるいは輸出の成長に伴う都市化に依存するもの（例えば建設・公共事業）があった。

しかしながら非輸出経済部門の中には、輸出部門の成長のメリットを必ずしも受けなかったものもある。というのは需要は国内生産ではなく輸入によって満たされることが可能であったからである。これらの部門の幾つかは、輸入によって代替されるサービスを提供していた（例えば沿岸の海運業）。例えばチリの海運業は、一八五〇年代までは保護障壁によって守られており、第一次大戦前の五〇年間、輸出拡大による利益は受けなかった。[3] その後、保護がなくなり、外国の海運業者の沿岸海運業に占める割合は増加した。一九世紀半ば以降のブラジルにもかなり同じようなことがいえる。[4]

しかし輸入と競争する最も重要な部門は、実際には製品を供給していたのである。本章の対象はこれらの部門である。一九世紀の初め、全てのラテンアメリカ諸国の労働力の大部分は、農業か国内市場向けの商品を作る家内工業に雇用されていた。一人当たりの輸出量が非常に低かったので、この労働力は輸入からの競争にさらされることは殆どなかった。そして国内消費は主に国内生産によってまかなわれていた。一人当たりの輸出が増加するにつれて輸入が増加し始める。そして国内市場向けの生産を行っていた組織は、より強い外国との競争に直面した。輸入競合部門における労働者一人当たりの資本ストックの増加に失敗すると、全労働力の大部分は低い生産性の状態に残されてしまう。そしてそのために輸出部門の成長は、例外的状況がない限り、[5] 一人当たりの実質所得を大きく引き上げることができなくなる。このように輸出の成長に対する輸入競合部門の対応は、輸出主導型成長モデルが成功するのに不可欠なものであった。

労働力に関して言えば、最も重要な輸入競合部門は、国内消費向け農業（domestic-use agriculture: DUA）であった。この農業部門は、非輸出部門にいる全ての人を雇用し、ラティフンディスタ（latifundistas）、アセンダード（hacendados）、ランチェーロ（rancheros）、コロノ（colonos）そしてペオン（peones）を包摂していた。この部門には大農場と小農地、地主所有の農場と借地、効率的な農場と非効率的な農場が含まれていた。遅くとも一九世紀後半には、DUAの労働力は、事実上全てのラテンアメリカ諸国において、経済活動人口（population economically active: PEA）の最大部分を占めており、多くの国ではPEAのかなりの部分がDUAで働いていた。DUAは多種多様な部分から構成されていた。しかしその多様性にもかかわらず、原則的に常に輸入によって代替されるような産品を生産していた。

その他の主要な輸入競合部門は、家内工業であった。組織は小さく、技術は単純で、主要な投入は労働であった。従ってそれを手工業や職人部門と考えても差し支えない。しかしその生産物は輸入される工業製品と競合するので、それを工業部門であると考えることもできる。しかしたとえ一九世紀初めに、大多数のこの部門の労働者が都市部で雇用されていたとしても、この部門の組織は、農村もしくは都市に存在し得たし、存在した。奴隷は知られていないかったわけではなかった。しかし賃労働がより一般的であった。労働力はしばしば職人ギルドに組織化された。そしてそのギルドはある程度の特権を享受し、独立時には高い水準の保護を受けていた。

これら二つの輸入競合部門が本章の主な分析対象である。これらは輸出主導型成長の研究では、しばしば無視されている。しかしこれらの部門の活動は重要であったはずだ。輸出からの刺激に対するこれら二部門の積極的な反応がなければ、たとえ輸出が速いペースで成長していたとしても、一人当たりの実質所得のめざましい成長をもたらすと考えるのは非現実的である。私たちがこれから見るように、この反応は顕著であった。しかし輸入競合部門の低い生産活動の結果、輸出主導型成長モデルによって得るはずであった潜在的利益が諸国から奪われてしまうという状況も存在した。

▼国内消費向け農業（DUA）

生産性上昇利益を輸出部門からDUAに移転することは困難であることが多かった。この農業部門は、その全てが非輸出活動であり、伝統的に大部分の労働力を吸収してきた。そしてDUAの変化なしに、生活水準が向上することを想像するのは難しかった。一九世紀には、輸出部門の成長と都市化の進展によって、DUAに吸収される労働力の割合が、ゆっくりと減少したにもかかわらず、輸出部門の成長と都市化の進展の結果、DUAは第一次大戦に至るまで、相変わらず非常に重要であった。

一九一四年以前のDUAの正確な規模は分からない。しかし幾つかの国に関して、輸出向け農業（export agriculture: EXA）も含む全農業部門の労働力の割合を示す数値、そして国内総生産（GDP）に占める農業の割合に関する数値がある（表5－1参照）。一人当たりの輸出水準が高く、著しい構造変化が生じていたアルゼンチン、チリ、キューバ、ウルグアイを除く国においては、農業労働力はPEAの三分の二ないしそれ以上の割合を占めていたことがわかる。EXAにおける労働力の割合を経験に基づいて推測してみると、二〇世紀初頭、多くのラテンアメリカ諸国でDUAはおそらく労働力の五〇％以上を占めていたと思われる[6]。

多くの国で高い割合の労働力が農業に雇用されたことは、低い労働生産性を反映したものだった[7]。このことはGDPに占める農業の割合が、労働力におけるそれに比べて非常に小さいことから分かる（表5－1参照）。ブラジルとメキシコのケースでは、第一次大戦前後のGDPに占める農業の割合は、それぞれ二三％と二四％であった。一方、全労働力に占める農業労働力の割合は、両国とも六〇％以上であった。EXAの労働生産性が、DUAの労働生産性よりもはるかに高かったことを考えると、これら二つの大国（そして同様の構造を持つ他の国々）において、二〇世紀初めのDUAの労働生産性は、国平均の五分の一に過ぎなかったことを、はっきりと予想することが出来る[8]。

そのためDUAの規模を前提とすると、この部門の労働生産性が不変のままであった輸出主導型成長モデルは、殆ど確実に

表5-1　農業と農業労働力，1913年頃

国	年	農業労働力		農業純生産（1970年価格）		
		労働者数（1,000人）	総労働力に占める割合（%）	生産額（100万米ドル）	GDPに占める割合（%）	労働者一人当たりの生産額（米ドル）
アルゼンチン[1)]	1914	1,051	34.2	882	26.5	839
ブラジル[2)]	1920	6,377	66.7	835	22.9	131
チ　リ[3)]	1913	455	37.7	198	15.5	435
コロンビア[4)]	1913	1,270	70.5	307	54.6	241
キューバ[5)]	1919	462	48.9	n/a	n/a	n/a
ドミニカ共和国[5)]	1920	138	67.6	n/a	n/a	n/a
メキシコ[6)]	1910	3,581	63.7	824	24.0	230
ニカラグア[7)]	1920	170	83.7	55	55.8	322
ウルグアイ[8)]	1908	103	28.0	n/a	n/a	n/a
ベネズエラ[9)]	1920	n/a	72.0	n/a	n/a	n/a
オーストラリア[5)]	1911	481	24.8	n/a	n/a	n/a
カナダ[5)]	1911	1,011	37.1	n/a	n/a	n/a
ニュージーランド[5)]	1911	116	26.1	n/a	n/a	n/a

注記）現地通貨のデータは公式為替レートによって換算されている。
注1）労働力データはDíaz-Alejandro（1970），p. 428。生産額データはCEPAL（1978）。
2）労働力データはIBGE（1987）。生産額データはCEPAL（1978）。
3）労働力データは，PEAの構造と人口に占めるPEAの割合が不変であると仮定して，Ballesteros and Davis（1963）の1907年の数値を用いて1913年の数値を計算した。生産額のデータは，Ballesteros and Davis（1963）の指標を用いて，CEPAL（1978）の1940年の数値から1913年の数値を計算した。
4）労働力データは，成長率が1913年から1918年までの人口増加率に等しいと仮定して，Berry（1983），p. 25の1918年の数値を用いて1913年の数値を計算した。生産額データは，Maddison（1991）のGDP指標を用いて，1913年から1929年までGDPに占める農業の割合が不変であると仮定して，CEPAL（1978）の1929年の数値から1913年の数値を計算した。
5）労働力データはMitchell（1983）。
6）労働力データはMitchell（1983）から得た。生産額データについてはCEPAL（1978）の1920年の数値をSolís（1983）のデータを用いて1910年の数値を計算した。
7）労働力データはCantarero（1949），p. 61。生産額データはBulmer-Thomas（1987）。
8）労働力データはFinch（1981），p. 76。
9）労働力データはKarlsson（1975），p. 34。

失敗に終わってしまった。従って輸出部門の成長が、しばしば「生存」部門と誤解されて言及されるようなＤＵＡの変革を導く状況を考察することが重要になった[9]。

第一に、いくつかの国では輸出商品が国民の食糧の主要部分でもあった。このようなケース（例えばアルゼンチンの小麦、ウルグアイの牛肉）では、ＥＸＡに生産性上昇をもたらした技術変化が、ＤＵＡに対しても殆ど間違いなく同様の効果を持った。例えば牧畜業におけるフェンス（有刺鉄線）設営技術の改良や新しい飼育方法は、その最終用途に関わりなく、牧畜業全体の産出量に必然的に影響を及ぼした。

第二に、ＤＵＡの労働生産性は、輸出部門の成長に伴う何らかの変化によって利益を得ることを期待できた。最も重要だったのは鉄道建設やその他の輸送手段の改善によってもたらされた輸送コストの低下であった。ＤＵＡが生産する主要穀物のようにかさばる生産物の流通は、馬車・牛車輸送時代

表5-2　一人当たりの食料輸入と総輸入に占める割合，1913年頃

（米ドル表示の各年の価格）

国	年	食料輸入額（1000米ドル）	総輸入に占める割合（%）	一人当たりの食料輸入額（米ドル）
アルゼンチン	1913	60,452	12.4	7.7
ブラジル	1913	45,004	13.9	1.9
チ　リ	1913	11,183	9.3	3.2
コロンビア	1913	4,928	17.9	0.9
コスタリカ	1913	2,093[1]	23.8	5.5
キューバ	1913	36,279	25.9	15.0
エクアドル	1913	1,028	11.6	0.7
グアテマラ	1913	962	9.6	0.8
ホンジュラス	1911-12	492	15.1	0.9
メキシコ	1911-12	9,358	10.3	0.6
ニカラグア	1913	890	15.4	1.6
パナマ	1913	3,414[1]	30.1	9.4
パラグアイ	1913	1,991[1]	25.3	3.1
ペルー	1913	3,648	12.6	0.9
プエルトリコ	1914	14,818	40.7	12.9
ウルグアイ	1907	6,525	17.4	5.7
ベネズエラ	1909-10	2,218	19.8	0.9

注1）飲料を含む。
出所）Pan-American Union（1952）；ホンジュラスはKoebel（n. d.）；プエルトリコはClark et. al.（1975）；ウルグアイはKoebel（1911）；ベネズエラはDalton（1916）。

は単位当たりの輸送コストが高く、滞っていた。そのため有効な市場もまた、農場から数マイル内の地域に限定されていた。大農場主もまた、輸出部門と結びついた金融機関の成長の利益を期待することができた。輸出部門の生産性が上昇し、分業がより洗練され、そして人口増加がDUAの市場を拡大していった。

　しかしある状況のもとでは、EXAの成長とDUAの成長との関係は、DUAの生産性の低下によってマイナスになり得る。輸出への特化が極端になると、未開拓の土地が枯渇し、最も農業に適した土地はEXAによって独占される。そしてDUAは圧迫され、その部門の農民は廃業を余儀なくされ、仕事を追われるか、あるいはさらに生産性の低い土地へ追いやられる。同様にEXAの成長に伴い、地代が上昇し、DUAの生産は利益を生まなくなり、その結果、食糧の輸入が増加する。

　このような事例は、実際に起きた。第一次大戦直前の中米・カリブ諸国の中には、輸入手形の四〇%近くを食料品が占めていた国があった（表5-2参照）。一九世紀のプエルトリコでは、主要な輸出作物（コーヒー・タバコ・砂糖）の成長によって、DUAが行われていた農業地域が一八三〇年代の七一・一%から一八九九年の三一・六%に縮小した[10]。輸出への特化はDUAを衰退させ、場合によっては絶対的な下落をもたらし、多くの小農たちは労働生産性が低かったため守勢に立たされ、撤退を余儀なくされた。

　これら特殊な事例は特筆に値する。しかし一般的にはDUA

は需要の増加に歩調を合わせてきた。第一次大戦直前の殆どの南米諸国では、輸入に占める食料品の割合は、それほど高くなかった。そして一人当たりの食料品輸入（キューバとプエルトリコを除く）は、かなり妥当なものであった（表5－2参照）。さらに食料品の輸入手形は、一握りの主要生産物に集中する傾向があった。コロンビアでは小麦・米・砂糖・ラード・トウモロコシが一八七〇年頃の食料品輸入手形の六六・七％を占めており、その比率は一九〇五年には九一・三％に上昇した[11]。全期間を通してコロンビアでは、実に小麦だけで食料品輸入手形の約半分を占めていた。そしてブラジルとペルーでも、小麦は主要な輸入食料であった。

輸入された食料品を国産品に代替することは、多くの場合、物理的には可能であったが、それは必ずしも経済的な意義を持つものではなかった。土地・労働・資本の利用に伴う機会費用が輸入コストを下回る必要があった。一九世紀のラテンアメリカ諸国において、労働と資本は稀少であり、一般的に土地は豊富であった。しかし輸入が増加する食料品（例えば小麦）に適した土地が常に利用できたわけではなかった。こうして砂糖諸島（Sugar Islands）を除けば、食料品を輸入するという様式は、それほど大きな問題とはならなかったし、それと関連して、一般的にはDUAは食料品需要に従って増加してきた。

しかしDUAの生産率が十分に高かったからといって、それが労働生産性の上昇を保証したわけではなかった。労働生産性は、生産技術がいかに産出の拡大に対応していくかにかかっていた。もし全投入物のx％の上昇によって産出がx％上昇すれば、生産性は明らかに影響を受けていない。一方、もし労働投入が産出よりも遅いスピードで拡大すれば、労働の平均生産性は上昇するであろう。

一九世紀を通して労働力全体が稀少であったので、DUAにおける技術進歩が労働節約的となるのは当然であった。これは労働力以外の投入が、労働力のそれよりも急速に増加しなければならないことを意味した。たとえ全ての要素投入が比例して増加しても、おそらく輸出部門の成長に伴うデモンストレーション効果の結果、あるいはDUA生産における規模の経済の結果、産出がより速く増加するならば、労働生産性の上昇は達成され得るであろう。

このようなDUAの労働生産性の上昇は、確かに一九世紀のラテンアメリカで見られた。しかしそれらは南米南部諸国に集中的に見られる傾向があった[12]。DUAの労働生産性を正確に測ることは不可能である。しかしもし農業の労働生産性を測るために労働者一人当たりの純生産に関する数値を用いるならば（EXAを含めることで上向きに偏向している）、アルゼンチンとその他のラテンアメリカ諸国との間に生産性水準の著しい違いを認めることが出来る（表5－1参照）。確かにアルゼンチンの労働者一人当たりの純農業生産額は、ブラジルの水準の六倍、メキシコの水準の四倍近く高い。

労働者一人当たりの産出額は労働生産性を示す上で信頼に足る指標とはいえないが、土地生産性（ヘクタール当たりの産出量）に関する統計を見ても同様に、南米南部のDUAは躍動的であり、他のラテンアメリカ諸国ではDUAの産出高が不変であったことがわかる。さらに土地生産性のデータは個々の作物に関して言及しているので、労働生産性に関する総括的な数値から得られるものよりもDUAのより詳細な実態を知ることができる。チリでは、第一次大戦までの四〇年間で全ての主要農産物の産出高は二倍になり、トウモロコシは五倍になった。[13] 実際に土地生産性（ヘクタール当たりの産出量）は、DUAの重要な構成品目の大部分に関してはチリの方が米国よりも高かった。反対に、例えばトウモロコシのようなメキシコの国内向け農作物の産出高は、全てのラテンアメリカの中で最低であり、オーストラリア、カナダ、ニュージーランド、米国のそれよりもはるかに低かった。[14]

従って、明らかにいくつかの国では、輸出部門からDUAへ生産性上昇分をうまく移転することが可能であった。アルゼンチンとウルグアイにおいては、この移転には殆ど労力を要しなかった。なぜなら両部門の生産物が、牛肉のようにしばしば同じであったからである。チリの場合はもっとはっきりとしている。小麦輸出が成功したにもかかわらず外貨収入は主に鉱業からのものだった。それでもチリの農業は鉱業生産から依然として利益を受けることができた。なぜなら、食料農産物が育たないチリ北部の湿気の少ない硝石鉱山付近に労働力が集中していたので、肥沃な中部渓谷における産出量の増加、技術進歩、そして労働生産性の上昇に強い刺激を与えたからである。[15]

数多くの理由により、その他のラテンアメリカ諸国は生産性上昇の利益を輸出部門からDUAへ移転することができなかった。最も大きな原因は、輸送体系改善の大幅な遅れであった。そのため単位当たりの輸送費用が高いままになり、多くの農民たちはより広い市場へ参入するという利益を得ることができなかったのである。もしブラジルで鉄道網が強化されていたなら、DUAはよりダイナミックに展開したであろう。しかし鉄道網の整備がなされたのは遅く、表5－1に見られるようにブラジルの生産性の数値は低かった。[16]

鉄道時代がメキシコに到来するのにも時間がかかった。ポルフィリアートが政治的安定を保証して初めて、外国人投資家たちは積極的に鉄道建設に乗り出した。それでも鉄道網は圧倒的に輸出品の輸送を重視し、ポルフィリアート時代にはDUAの成長は人口増加に追いつくことさえ出来なかった。[17] このことが食料輸入の大規模な拡大をもたらさなかったのは、この時期の大部分において実質農業賃金が低下したためであったにちがいない。[18]

ポルフィリアート期のメキシコで起きた実質農業賃金の低下は、他の多くのラテンアメリカ諸国でも見られた。労働力が明らかに不足している時期に農民の賃金が下落するのは予想に反するかもしれない。しかし政府や地主による人為的な労働市場の操作（本書七〇－六ページ参照）は、人口増加の着実な加速と相まって、労働市場における逼迫状況を軽減した。第一次大戦までの半世紀の間に、アルゼンチンとウルグアイにおいてのみ、非輸出農業の実質賃金の上昇が見られた。

実質賃金の下落や停滞に直面した時、労働力に代わる機械の輸入に頼ろうとするインセンティブを農民は殆ど持たなかった。このような労働節約的な技術進歩は、労働生産性の大規模な上昇を生み出すことが可能であったにもかかわらず、アルゼンチンとウルグアイのDUA以外では見られなかった。またこの両国においてさえも、それが一般的であったわけではなかった。その上、関税や国内の高い輸送コストの重荷のため、機械化の費用が大きくなることがしばしばあった。そして大規模な農業経営者といえども、常に信用が供与されたわけではなかった。このようにラテンアメリカの大部分においてDUAは技術的に遅れたままで、生産性を押し下げることになったのである。

農村地域の学校教育の欠如や低い識字率は、DUAの労働生産性の上昇を妨げる更なる障害であった。低い識字率は、輸出部門における生産性の上昇を妨げることはなかった。しかし、この生産性の上昇はとりわけ労働者一人当たりの資本ストックの増加によるものであった。機械がなくても、例えば改善された農業技術の適用によって、生産性が上昇することもあり得た。しかし低い識字率は情報や知識の拡大を妨げる大きな障害であった。

多くのラテンアメリカにおけるDUAの最悪の状況を最も良く示しているのが牧畜業であった。広大な土地、良質な自然の牧草そして豊富な水があるので、殆ど全てのラテンアメリカ諸国は牧牛において潜在的な比較優位の可能性を持っていた。牧羊においても同様のことが言えた。しかし主要な牛肉輸出国以外では、一般的に家畜の質は劣っていると考えられていたし、皮革はしばしば傷がつき穴が空いていた。一九一四年までにアルゼンチン、パラグアイ、ウルグアイの三カ国だけが人口の二倍の牛を保有することが出来た。大部分の国は一人当たり一頭の家畜すらもっていなかった。[19] しかし繁殖のような牧畜業における進歩は、特に資本集約的であったわけではなく、最も大きな障害は無知であった。

ラテンアメリカにおけるDUAの低い生産性は、ある面では土地所有制度や少数の者への農地の集中、あるいはその両方に関係があると主張したくなるだろう。メキシコではポルフィリアート期の間、既に土地分配の不平等がより深刻になっていた。一九一〇年革命の直前には、半分以上の土地が人口の一％にも満たない人々の手中にあり、メキシコ人の九七％は土地を持っていなかった。[20]

実際は、これらいずれの主張も、それを実証的に裏付けるものはない。アルゼンチンでは、一八八〇年以降、自己所有に分類される農場の割合が急速に低下し、借地農の割合が上昇した。一九一四年までには全農場の四〇％近くが借地農によって経営されていた。そしてこの割合は、ブエノスアイレスやサンタフェといった重要な州では五〇％を超えていた。[21] その当時の人々は、アルゼンチンにおける自作農と伝統的な入植活動の減少を嘆いていたが、しかしこれがDUAの成長率や農業の労働生産性の上昇率にマイナスの影響を与えたわけではなかった。対照的に、コスタリカでは、農場の大部分が自己所有であったにもかかわらず、第一次大戦前はＤＵＡの労働生産性の顕著な上昇は達成されなかった[22]。

ラティフンディオ（大農場：latifundio）は一九五〇年以降のラテンアメリカに関する諸研究の中で槍玉にあがっていた。しかし他の規模の農場と比べて大農場がＤＵＡの改善に貢献しなかったとは思われない。これら大農場に関するミクロ経済学的な研究によれば、大農場は一九世紀における新しい機会に反応したこと、これら大農場の所有者もしくは経営者は市場・価格・生産技術に関する新しい情報を吸収するのに最も適した立場にいたことが明らかになっている[23]。確かに大農場による産出の増加は、なぜＤＵＡの供給が需要に対して大幅に遅れることがなかったのかを説明するのに役立つ。しかし労働力が活用されなかったことは頻繁にみられたし、生産は労働集約的なままであり、その結果労働生産性の上昇は実現されなかった。

二〇世紀の労働余剰の発生は、労働節約的な技術進歩を通してＤＵＡの労働生産性を上げようとするいかなる計画も大きな社会的コストをもたらすことを意味していた。ＤＵＡ部門に留まる人々はより高い生活水準を維持することができるが、この部門から追い出された労働者は代わりの雇用機会を得ることはできないかもしれなかった。しかしながら一九世紀を通して、このジレンマは明確な形では存在しなかった。技術の生産性上昇によってＤＵＡから追放された労働者は、労働力不足が存在したので別の雇用機会を見つけることができた。アルゼンチン人と外国人はともに、威勢のよいガウチョ（gaucho）が消え去るのを嘆いていたけれども、パンパにフェンスを敷設することでアルゼンチンが得た経済的利益は明白であった[24]。

米国では労働力の不足に対して、労働節約的な農業技術への大規模な投資によって対応してきた。そしてその結果、一九世紀を通じて起こった世界規模での農業機械の技術革新は、米国に起源を持つといわれるほどである。このようにして米国は非輸出部門の生産性や実質賃金を上げることが出来ただけでなく、独自の技術面での専門知識や資本財産業を確立することに成功した[25]。ラテンアメリカの大部分では、労働力不足に対して一九世紀にはまさに植民地時代と同様の労働市場への人為的な操作、強制労働、そして土地獲得の制限によって対応したのである。西半球を二分する二つの地域が異なる対応をした理由については、ここでは論ずることはできない（それは部分的には独立後の異なる政治システムに由来しているかもしれない）。しかしラテンアメリカの大部分、特に南米南部諸国のうち北に位置する国では、労働力の相対的な不足を認識しなかったために、結局は長期にわたって高い代価を払わなければならなかった。

▼製造業とその起源

輸出部門の拡大は都市化を促し、賃労働階級や給与を得る中産階級を増やし、製造品市場を拡げることになった。ＤＵＡの場合と同じように、この需要の拡大は国内生産の増加か輸入の増加によって満たされた。国内生産の増加によってまかなわれるなら、輸出部門から非輸出部門へ生産性の上昇の利益を移転する機会が作られ、近代的な製造業を出現させることになった。

一九世紀初めの数十年間、ラテンアメリカ全体の一人当たりの実質所得は低く、工業製品に対する需要もそれに応じてあまり大きくなかった。しかしながら一人当たりの輸出の低下（二八―三二ページ参照）によって、さほど大きくない需要の大部分を輸入で満たすことも不可能になった。植民地期に行われていた外国貿易の制限が撤廃された後に輸入が急増したが、長くは続かなかった。そしてこの地域の国々は、より「正常」な状態に戻り、工業製品に対する低い水準の需要の大部分が、事実上現地の生産によってまかなわれた。

この現地での生産は、その殆どが近代的な製造業というより手工業によって成り立っていた。都市と農村の両方に存在した職人部門は、多種の単純な製品を生産し、大部分の人々の基本的な需要を満たすことができた。加工食品（例えばパン・ビスケット・小麦粉など）の需要は家内工業によってまかなわれた。繊維産業は、オブラーヘ（obrajes）と呼ばれる作業場で簡単な布を作り、製品を仕上げた。[26]牧畜業の副産物は手工業部門で利用され、靴・蠟燭・石鹼そして馬具といった多岐にわたる単純な消費財を供給した。小さな鋳物工場は、鐙《あぶみ》・食器・手工具といった金属製品を含むより単純な製品を生産することができた。[27]より洗練された高級品への需要は、通常は輸入によってまかなわれた。しかしそれらを消費したのは人口のごく一部に限られていた。

製造業の中で家内工業が支配的ではなかったのは主として輸出部門である。すなわち輸出する前にある程度の加工をしなければならない原料は、「工場」と呼ぶにふさわしい大規模な施設でしばしば処理されたのである。ブラジルやキューバといった主要な砂糖輸出国の砂糖製造所は、この種のものであった。一方、砂糖輸出国ではない国でのサトウキビの加工工場は、近代的製造業と呼ぶにはあまりにも未熟であった。[28]ラプラタ河流域の塩漬け加工工場（サラデーロ：saladeros）は輸出用のビーフジャーキーを生産していたが、工場生産と呼べる全ての特徴を備えていた。そしてチリの銅のような鉱物の製錬所も「鉱業」と呼ぶのにふさわしい段階に達していた。

しかし実質的にこれら全ての近代的な製造工場が輸出部門に属していたことは、輸出の拡大に伴って増加した工業製品への国内需要には、主に手工業部門が対応していたことを意味した。同様のプロセスはヨーロッパの一部でも発生しており、プロト工業化を導いた。[29]プロト工業化では手工業部門の生産性の低い小規模な生産単位が、より洗練された分業を採用し、とりわけ近代的な機械を用いることでより高い労働生産性を享受する近代的な製造業に変化した。このようなプロセスがラテンアメリカでも見られるかどうかが、研究者の間で多大な関心を引き起こしたことは驚くにあたらない。[30]

その答えは否定的なものである。一九世紀末に存在していた近代的な工場の起源を、一九世紀初めに存在していた家内工業に直接求めることが出来る国は存在しない。逆に近代的な工場は、しばしば家内工業にとって競争相手であり、一八七〇年以降の手工業部門の重要性の低下を引き起こした主要な要因であった。第一次大戦前、家内工業は依然として活動を続けており、例えばメキシコのレボソ（rebozos［ショールのこと］）やグアテマラのウィピル（huipiles［袖なし上着のこと］）のようにいくつかの特定商品の市場を持っていた[31]。しかしそれ自体は、高い生産性を有する近代的な製造業に転換することは明らかに不可能であった。

従ってラテンアメリカの近代工業の起源をプロト工業化の過程に求めることは出来ない。しかし輸入増加によってもたらされた競争にもかかわらず、手工業部門は独立後何十年にもわたって活動してきた。国内における工業製品の消費を輸入によってまかなう割合が独立後最初の五〇年間に確実に高まったけれども、手工業部門は緩やかに成長していた。高い輸送コストによってもたらされた「自然」な保護は、一九世紀最後の二五年間の鉄道時代が到来するまでなくなることはなかった。そして関税も常に輸入に対するもう一つの障壁となった（本書一一三―六ページ参照）。

手工業が残存することは、労働力のかなりの部分を雇用する低い生産性を持つ部門が存続することを意味した。一九〇〇年になってもまだ、南米南部を除く殆ど全てのラテンアメリカ諸国においては、近代工業部門での雇用よりも家内工業での雇用の方が大きかった。事実一九二〇年代中頃においてさえ、コロンビアでは製造業で働いている者の約八〇%が家内工業に雇用されていた[32]。それゆえラテンアメリカにおけるプロト工業化が欠如していたため、輸出部門の生産性上昇利益を国内の製造業部門へ移転させることは、近代的な工場への投資を通してのみ達成可能となった。

手工業部門が自ら高い生産性を有するものに転換できなかったのにはいくつかの理由を指摘することができる。第一に、運転資本・固定資本コストに必要な資金がないことが大きな問題であった。手工業部門への参入には障害がなかったので、この部門の売上総利益は低いままであり、自己資金による拡大は難しかった。また数少ない既存の金融機関は、職人部門を形成している小企業への融資には殆ど関心を示さなかった。第二に、手工業部門の経営者たちは、明らかに社会的もしくは政治的エリートには属しておらず、自らに有利となるような公共政策を実施させるような交渉力を持っていなかった。第三に、家族労働が投入労働の重要な部分を占めており、この家族労働への依存が、明らかに各事業体の規模を制限していた。

家内工業が自ら転換できないことは次のことを意味した。すなわち、もし消費のうち輸入によってまかなわれる割合が上昇しないのであれば、工業生産の拡大は、新しい近代的な工場にもっぱら頼らなければならなかった。しかし近代的工業それ自体もまた、大規模な単位で生産を始められるまでに、克服すべきいくつかの障害に直面していた。

第一の問題はエネルギーの供給であった。ヨーロッパと北米の産業革命は、石炭と水に頼っていた。ラテンアメリカで石炭を埋蔵していたのは、ブラジル、チリ、コロンビア、メキシコといったほんの数カ国だけであった。しかもこれらの石炭の大部分は品質が悪く、加えて輸入される石炭は高価であった。ラテンアメリカ全体では、水は豊富にあった。しかし自然なままの水力は、しばしば当てにはならなかった。なぜなら雨期には水が過剰になり、乾期には不足したからである。一八八〇年以降、発電のための公共施設が建設されるようになってから、エネルギー供給の問題は軽減された（この電力供給施設の建設は都市部の路面電車導入としばしば結びついていた）。確かに二〇世紀初めにいくつかの国で水力発電所が建設されたことで、信頼性だけではなく安価な電力も供給されるようになった(33)。

第二は、近代工業は市場を必要とする点である。独立期の都市は小さく、農村部の労働力はその稼ぎのほんの一部分しか現金で受け取っておらず、この二点は大規模な製造業の開始にとって理想的な組み合わせではなかった。しかし徐々に輸出の拡大が市場を拡げていった。なぜなら一次産品輸出は、都市化や都市部における実質所得の増加を伴ったからである。一九〇〇年までにアルゼンチンは一次産品輸出国として最も成功を収めていたが、非常に都市化が進んでおり、ブエノスアイレスは世界の中でも大都市の一つとなっていた。他方、ボリビアのようにあまり成功していない輸出国では、都市化がもっと緩やかに進む傾向にあった(34)。

第三に、近代工業はその製品を販売するためだけでなく、中間投入物や資本財の供給のためにも輸送を必要とした。鉄道時代以前の近代産業の前に立ちはだかった障害は恐ろしく大きかったし、鉄道時代以降も単位当たりの輸送費用は、地域独占を生み出すほど高く(35)、国内の重要な生産地域から遠く離れた海岸地帯の中には輸入を好む所があった。にもかかわらず、鉄道が広がったことで、大規模工場が直面した障害を除去するのに大いに役立った。

第四に、近代工場制度は資金を必要とする。金融機関は、家内工業の資金需要には応じなかったが、近代工業の組織には時々貸し出すようになっていた。しかし銀行規則は、産業が必要とする長期ローンには向いておらず、また多くの銀行は、一次産品輸出の増加が自らの将来と深く結びついていたので、一次産品輸出業者へ好んで貸し出しを続けていた。確かにラテンアメリカにおける近代工業の初期の歴史において、移民が目立ったのは明らかに偶然ではない。移民は、土地の価格上昇に直面し、既に産業革命が進行している国からやってきており、自分たちの資金を新しい製造業に投資するリスクを負う準備はラテンアメリカの競争相手よりもできていた(36)。実際、多くのラテンアメリカ諸国の中にあるイタリア系移民社会では、主に工業を支援するための銀行を設立する意欲が際立っていた(37)。

最後に近代工業は原料の安定供給を必要とした。これは国産である必要はなかった。なぜなら英国の繊維産業で見られたように、輸入原料に頼っても比較優位を持つことができたからである。しかしながら輸入の場合、支払いのために外国為替の供給増加が必要であった。それゆえ、近代製造業の初期の成長のためには輸出の増加が殆ど前提条件となった[38]。

これら全ての障害を克服したからといって、近代製造業が利益を生むことを保証することにはならなかった。しかし現地市場に商品を販売する会社にとっては、関税といった政策手段の操作を通じて、自分たちの利益になるように価格に影響を与えることが常に可能であった。確かに消費者が世界市場よりもはるかに高い価格を喜んで払ってくれるならば、前述の障害が克服される前でさえ、利益を生むような生産が政策によって可能となったであろう。これらの問題については本書一一三―一二〇ページで議論する。

一九世紀を通じての近代工業への障害について説明してきたが、これらはラテンアメリカにおける工場生産の時期と立地条件の双方について有意義な洞察を与えてくれる。一八七〇年以前、市場は依然として非常に小さく、エネルギー供給は頼りにならず、輸送費用は高かったので、国内市場に商品を供給するために建てられた大規模工場の数はごく限られていた。当時、建設されていた大規模工場の大部分は、輸出のために原料を加工していたので、国内市場が狭小であったことは障害とはならなかった。ブラジルやキューバの砂糖工場、チリの銅鋳造所や製粉所、メキシコの銀加工工場、そしてアルゼンチンの塩漬け加工場といった工場は、未加工のままでは痛みやすかったり、あるいはかさばる原料を輸出用に加工していた。これらの作業のうち、製造に該当する部分は、間違いなく海外で行った方が効率的であったにもかかわらず、工業国は原料を欠いていたし、それらを未加工のまま輸入することは高すぎて不可能であった。このように製造（原料加工）によって付加価値を与えることは、原料産出国で行わなければならなかった。そしてこのことによって、ラテンアメリカ諸国は、しばしば近代的工場生産を初めて経験した。

国内市場向けに商品を供給する工場生産の初期の例は、たいてい繊維工場であった。難しい障害にもかかわらず、この産業が登場したのは、綿花や羊毛といった原料が利用可能であったからではなく、むしろ保護された広大な市場が存在したことと生産において規模の経済が働いたからであった。誰もが服を着なければならない。そして一九世紀を通じて輸入された繊維には比較的高い関税が課せられており、また国内生産には保護が与えられ、それによって家内工業が何十年にもわたって生き残ることができ、数多くの不足分を埋め合わせることができた。メキシコの近代繊維産業は、一八三〇年代初期から公式の保護を受けていた。バンコ・デ・アビオ（Banco de Avío）の失敗[39]にもかかわらず、ポルフィリアート時代に至るまでの動乱の半世紀の間、紡錘や織機の増加率は安定していた。

しかし一九世紀最後の二五年間になって初めて、国内市場向けの工場生産がしっかりと確立された。その時でも、ブラジルやメキシコといった大きな市場を持っている国、ペルーのように輸出が急速に拡大した国、チリやウルグアイのように一人当たりの所得の高い国、そしてこれらの三つの条件を全て持っているアルゼンチンといった限定されたごく少数の国だけが、近代工業が直面する他の障害を克服できる力を持っていた。より大きな国の中でも、例えばコロンビアやベネズエラでは、輸出の拡大が特に不十分であったので、一九一四年以前では、工場生産が最も緩やかな形で始まった[40]。そして殆ど全ての小国においては、十分な輸出の実績があっても、市場規模の不十分さを相殺することはできなかった[41]。

一八七〇年以降の鉄道網の急速な拡大、一八八〇年以降の電力発電施設の広がり、そして輸出増加による購買力の着実な上昇といった要因は全て、工場生産の障害を和らげる作用をした。しかし工場の立地は、市場との近接さと密接に結びついていた。ブラジルの繊維産業は、綿花が入手しやすかった北東部から、コーヒー輸出の成長のため都市集中が起こっていたリオデジャネイロやサンパウロのある南部へと移転した[42]。ブエノスアイレス市は、一九一三年にはアルゼンチンの人口の二〇%が住んでおり、近代工業にとって常に重要な活動場所であった。そしてモンテビデオとリマの魅力は、ウルグアイとペルー両国の企業家志望の人々にとって、殆ど抗しがたいものだった。二〇世紀初めのメキシコにはプエブラとモンテレイという二つの重要な工業都市があったが[43]、このメキシコだけが大都市に工業が集中するという流れに抵抗していた[44]。しかしメキシコでも、工場生産の大部分は首都で行われていた。

工場の立地は市場への近接性によって主に説明されてきたかもしれない。生産水準は、主に一人当たりの実質所得の影響を受けていた。アルゼンチンは、人口ではブラジルやメキシコよりもはるかに少なかったが、第一次大戦前夜、製造業の付加価値生産で最高水準にあった。しかし人口一人当たりの純工業生産高は、他の新興国と比べてもはるかに小さかった。ブラジルやメキシコは、全製造業の純生産高でアルゼンチンに次いだ。しかし人口一人当たりの付加価値は非常に小さかった。確かに一九二〇年においてさえ、ブラジルの一人当たりの製造業純生産額は、一六ドル（一九七〇年価格）に過ぎず、これと比較して第一次大戦前のアルゼンチンは八四ドルであった（表5－3参照）。

一九〇〇年にはブラジルの産業革命は進行中であったと考えてきた人にとっては、このブラジルの低い数値は驚きであろう。確かに一八七〇年以降、ブラジルの製造業生産は急速に発展してきており、その労働生産性は、隣国アルゼンチンと大きな開きはなかった（表5－3参照）。一九一九年には早くも、国内消費の七五%は、国内生産によってまかなわれていた[45]。しかしブラジルの一人当たりの実質所得が極端に低かったために、国内市場に合わせた工業化の水準は頭打ちとなった。一九二〇年代初め、労働力の三%しか近代産業の工場に雇用されておらず[46]、労働力全体の七〇%近くを占める農業労働者の大部分は貧しすぎ、食料・衣服といった必要最低限のもの以外を買うことはできなかった。

ラテンアメリカ製造業の緩慢な進行は、工業生産の構造を反映していた。食品加工・飲料の占める位置が大きいことは、エンゲルの法則を示している（表5-4参照）[47]。ただしアルゼンチンとウルグアイでは輸出向け加工食品も含まれているため、数値が押し上げられている。次に重要な部門は繊維・衣類であった。ブラジルでは、一九一〇年までには一〇〇万台の紡錘を持っていたし、メキシコもそれに迫っていた[48]。しかしアルゼンチンの繊維産業は、一九三〇年代までひどく低迷していた。これはアルゼンチンのエリート層が比較優位の法則を好んで伝統的に解釈し、現実を無視した傾倒の結果である[49]。

第一次大戦前の三〇年間、都市化が急速に拡大したため、建設業に非鉄素材を提供する企業は突出した機会を得た。これは国際間の輸送費用が法外に高く、輸入を排除していたためである。一九一四年までにブラジル、チリ、メキシコ、ペルー、ウルグアイ、ベネズエラでセメント産業が確立した。しかしアルゼンチンでは市場の魅力があったにもかかわらず、初期のセメント業設立の試みは成功しなかった[50]。金属産業は依然として遅れていた。メキシコだけが一九一〇年までに組織化された近代的な鉄鋼業を築き上げていた。しかしこの種の企業が本質的に利益を生まない体質であったことを考えると、他のラテンアメリカで鉄鋼業成立が遅れたのは当然だったかもしれない[51]。

食品加工、繊維そして衣服は、第一次大戦前のラテンアメリカにおける製造業生産の約七五％を占めていた。これは、この地域の一人当たりの実質所得水準や消費パターンを一般的に反映した、あまり高度ではない構造を表している。この種の産業部門が成長した結果、輸入のパターンが変化し始め、近代産業が育ち始めた国では、輸入に占める非耐久消費財の割合が急速に低下した。一九一三年までに、より大きな国では、資本財や中間財の輸入が支配的となり、消費財の輸入は三分の一ぐらいにまで減少した[52]。近代産業が国内に確立していない国だけが、輸入に占める消費財の割合が五〇％を超えていた。

最近、ラテンアメリカにおける初期の工業化の努力について関心が持たれているが、第一次大戦以前の工業化の成果は穏当なものだったと結論付けるのは難しい。大部分の国（なかにはより大きな国までも含む）は、近代的工業に多額の投資を行ってこなかった。最も発展していたアルゼンチンも、その所得や富に比べて、後進的な産業構造を持っていた。確かにアルゼンチンはチリに比べて一人当たりの所得は高かったが、工業の労働生産性はチリのほうが高かった（表5-3参照）。メキシコの工業も急速に発展した。しかし誰の目から見ても利益を生まなかった。また革命直前に製造業がＧＤＰに占める割合は僅か一二％であった。ペルーの工業化も一九一四年以前は停滞していた[53]。ブラジルの製造業は高い成長率を示していた。しかし近代工場に雇用される労働力は少なかったので、工業が輸出部門の生産性上昇の利益を非輸出経済に移転させる推進力になるのは困難であった。そして一人当たりの実質所得は依然として非常に低かった。次の節では、この失望すべき結果に対して政策にどの程度の責任があったかを分析する。

表5-3　製造業生産の指標，1913年頃

(1970年価格)

国	年	付加価値			
		生産額 (100万米ドル)	GDPに占める割合 (%)	労働者一人当たりの額 (米ドル)	人口一人当たりの額 (米ドル)
アルゼンチン[1]	1913	619	16.6	977	84
ブラジル[2]	1920	440	12.1	744	16
チ　リ[3]	1913	184	14.5	1,061	53
コロンビア[4]	1925	58	6.7	142	8
メキシコ[5]	1910	371	12.3	713	24

注1) 生産額データはCEPAL (1978)。労働力データはDíaz-Alejandro (1970)。
2) 生産額データはCEPAL (1978)。IBGE (1987) の労働力データには鉱業と建設業の労働者が含まれているので，製造業部門の労働者が全体の75%を占めると仮定して計算した。
3) 生産額データは，Ballersteros and Davis (1963) の指標を用いて，CEPAL (1978) の1940年のデータから1913年のデータを計算した。Ballersteros and Davis (1963) の1907年の労働力データには建設業の労働者が含まれているので，製造業部門の労働者は全体の80%を占め，かつ1907年から1913年までの間に労働力が人口増加率と同率で増えたと仮定して，計算した。
4) 生産額データはCEPAL (1978)。労働力データは，Berry (1983), p. 10 の少ない方の雇用者数を用いた。
5) 生産額データは，Solís (1983) のデータを用いてCEPAL (1978) の1920年のデータを1910年に換算した。Mitchell (1983) の労働力データには建設業の労働者も含まれているので，製造業部門の労働者は全体の80%を占めると仮定して計算した。

表5-4　製造業部門の構造

(%)

国	年	食品・飲料	繊　維	衣　類	小　計	金　属
アルゼンチン[1]	1914	53.5	1.7	7.9	62.9	6.3
ブラジル[2]	1920	40.7	25.2	8.2	74.1	3.3
チ　リ[3]	1914	53.8	6.0	14.4	74.2	3.6
コロンビア[4]	1925-29	67.0	5.0		72.0	1.5
コスタリカ[5]	1929	65.1	4.0		69.1	3.3
メキシコ[6]	1930	37.7	23.4	6.1	66.9	7.8
ペルー[7]	1918	74.8	7.5		82.3	n/a
ウルグアイ[8]	1930	51.9	3.8	7.5	63.2	4.5
ベネズエラ[9]	1913	33.1	4.3	14.1	51.5	0

注1) ECLA (1959).
2) IBGE (1987).
3) Palma (1979).
4) Ocampo (1991), p. 227.
5) Dirección General de Estadística y Censos (1939), p. 65 で報告されている事業所数のデータを基礎にしている。
6) Dirección General de Estadística (1933), pp. 63-7 を参照。
7) 事業所数を基礎にしている。Thorp and Bertram (1978) を参照。
8) Finch (1981), p. 165.
9) 従業員数を基礎にしている。Karlson (1975), Table A1 参照。

▼工業と相対価格

一人当たりの工業生産の水準を決定する際に一人当たりの実質所得水準と人口の規模は最も重要な要因である。[54] しかしいつの時代においても製造業の成長率は外部のインセンティブによっても影響を受ける。第一次大戦前のラテンアメリカにおいては、最も重要なインセンティブは、競合する輸入品に対する国産品の相対価格であった。

この相対価格は五つの変数に左右されていた。第一に、各工業製品の価格は、実質所得の成長率と国内価格が変化する割合に影響を受けていた。第二の影響は、競合する輸入品の外貨建て価格とその価格の変化率であった。第三は、下落し続ける国際輸送コストの変化率であった。なぜなら、他の条件が同じならば、このことが競合する輸入品の価格を押し下げるからである。第四は、外国通貨一単位を購入するのに何単位の国内通貨単位が必要かを表す名目為替レートであった。五番目の変化の要因は、名目関税率で表された保護の構造であった。

これらの変数の中には、例えば国際輸送コストのように、ラテンアメリカの政策担当者がコントロールできないものもあった。しかし、関税は各国の政策事項であった。独立後の最初の一世紀を通じて関税の役割は、主として歳入を増やすことであった。全ての国において関税は歳入の重要な部分を占めていたし、一部の国においては実質的に唯一の財源であった。[55] これは米国やドイツとは全く異なった状況であった。米独でも関税は広く採用されていたが、しかしそれは明らかに国内生産者を保護する目的で用いられていた。[56] しかし保護目的の関税は、それがあまりにも高いと歳入をもたらさないということがあり得るが、歳入目的の関税は常に何らかの保護機能を有していた。このようにラテンアメリカの関税は主に歳入の増大を狙ったものだとしても、二次的な保護機能を排除するものではない。事実、ラテンアメリカの関税の保護主義的な性質は、一九一四年までにいくつかの国で極めて顕著になっていたのである。

独立したラテンアメリカ諸国は、植民地宗主国の関税構造の手法を引き継ぎ、独立後の数十年間は大きく変わることはなかった。[57] 最も重要な例外はブラジルであった。ブラジルは、後に英国にブラジル市場での特恵関税を与えるポルトガルと英国の間で締結された一八一〇年条約を履行する義務が課せられた。[58] この条約は、当然のことながらブラジル側の怒りを招き、二五年後に失効した。そして一八四四年の関税法に取って代わられたのである。これは関税を大幅に引き上げ、英国に対する特恵を排除した。当時のラテンアメリカの平均的な関税水準は二五%から三〇%であり、無関税であった品目はごく限られていた。

独立したラテンアメリカ諸国が関税を変えることに気が進まなかったのは、歳入を関税に依存していたからではなかった。手工業は依然として非常に重要であり、職人ギルドはある程度の影響力を持ち続けていた。職人部門にとって関税は保護機能を果たしており、職人たちはそれを維持するために一所懸命戦った。「自由貿易主義者」たちが関税引き下げを迫るだろうと思われていたが、ともかく政府の歳入を増大させなければならないという考えによって、彼らの主張は和らいだ。そして関税に代わる明確な代替案は土地への課税であったが、強力な大土地所有者（latifundista）からは完全に拒否された。[59]

一九世紀の第三四半期の間、関税自由化の動きがいくつかの国で生じていた。ブラジルの一八五三年法やチリの一八六四年条例は、ある範囲の消費財の関税を引き下げるものであった。コロンビアでは一八六〇年代に平均関税が二〇％まで低下した。[60]これらの変化が起こったのは、決して大きくはなかった手工業階級（artisan class）の影響力が弱まったためというよりも、輸入の価格弾力性が一より大きい場合、関税を引き下げた方が歳入増加につながるということが広く知られるようになったためであった。[61]さらに輸出量が拡大すると、課税ベースとなる輸入量が急激に上昇し始めた国もあった。こうして保護の平均的な比率（すなわち関税率）を削減することが可能となった。[62]

一九世紀の第三四半期は、ラテンアメリカが自由貿易に最も近い状況になった時期である。しかし保護のレベルは、ゼロからは程遠かった。一八六〇年代後半のブラジルの繊維への平均関税率は五〇％に近かった。[63]一八五九年のコロンビアでは、特定の織物（domésticas）に対する関税率は八八％にまで上がっていた。[64]アルゼンチンは一八七七年に、小麦と小麦粉に対し、明らかに保護主義的といえる関税をかけた。その後アルゼンチンは、小麦の純輸入国（主にチリから輸入していた）から数年後には主要な輸出国へと変貌した。[65]グアノ（guano）による収入が政府の主要な財源となっていたペルーでさえ、一八六〇年代の平均関税率は約二〇％であった。[66]

一九世紀の第四四半期には、輸入価格が全体的に低下し、主要なラテンアメリカ諸国では保護主義が強まった。この保護の強化は、メキシコやウルグアイでは従量税を変えずに平均関税率を上昇させたこと、またチリやアルゼンチンでは平均関税率の格差を大きくしたため、[67]そしてブラジルのようにこの両方を利用して達成されたものであった。このように関税システムは政府の主要な財源であり続けたが、しかし一人当たり所得水準、あるいは人口規模によって近代的な製造業を導入することができる国では、保護主義的な機能も兼ね備えていた。一九一三年まではラテンアメリカの輸入額から徴収された関税の割合は、少なくともオーストラリア（一六・五％）、カナダ（一七・一％）、米国（一七・七％）に匹敵していた。またブラジル（三九・七％）、ウルグアイ（三四・四％）、ベネズエラ（四五・八％）のように非常に高い国もあった。[68]

これらの数値は幾つかの理由から、保護率を示す大まかな指標にしか過ぎない。第一に、ラテンアメリカ諸国は輸入に対しては公定価格を用いており、必ずしも実勢値を反映はしていなかった。これらの公定価格は輸入業者の脱税を防ぐために導入されたものであり、あまり見直しはされなかった。従って公表された輸入の数値は必ずしも実際の輸入価格の上昇と下落を考慮には入れていない。そのため公定価格が実質価格よりも高ければ、真の保護率はより高いものであったろう（そしてその逆もありえた）[69]。

第二は、全ての輸入品に関税がかけられていたわけではなかったことである。無関税で輸入される割合が高ければ、関税がかけられた商品に対する保護率は、それだけ大きくなったであろう。米国では無関税で輸入される商品の割合が高かったので、課税された商品の輸入額に占める関税の割合で、徴収された関税を表すと、この場合の保護率は前述の一七・七％から四〇・一％に跳ね上がった[70]。逆にラテンアメリカでは、その保護率の上昇はもっと穏やかであった（例えば、アルゼンチンでは二〇・八％から二五・八％へ、ペルーでは二五・四％から三三％へ、そしてパラグアイでは三二・二％から三八・一％へと上昇した）。

第三は、国内の生産者の関心が名目的な保護率ではなく、実効保護率（effective rate of protection: ERP）にあったことである。名目保護率が競合する輸入品に対する税率を示すのに過ぎないのに対し、ＥＲＰは投入物に対する関税も考慮に入れて保護主義的な構造の結果生じる付加価値の増加の割合を計算する。競合する輸入品に対して高い関税が、原料、中間投入財そして機械に対して低い関税がかけられていた場合、有効保護率は名目値よりも大きくなる。

保護率に影響を与えるような他の要因を全て考慮に入れることは不可能である。しかしいくつかの注目すべき点がある。まず一般的にみて、ポンドとドルで表示された輸入価格は、一九世紀の最後の四半期に下落した。しかし一九一三年に先立つ一〇年間には上昇した。しばらくの間、公定価格を改定しなかった国では、実質的な効果として「公式」な保護率は「実質的」な保護率よりも僅かに低いままであっただろう。一方、アルゼンチンのように一九世紀の初めに公定価格を見直した国では、逆のことが生じた[71]。

ラテンアメリカ諸国は幾つかの輸入品に対しては関税をかけなかった。しかしその割合は二〇％を大きく上回ることは決してなく、米国よりもはるかに少なかった。なぜなら関税の主要な機能は歳入を集めることにあったからである。非課税品目のリストの中で最も重要であったのは、外国企業との特別契約によって免税で輸入されることが許された商品であった。例えば、一九〇七年のアルゼンチンのミトレ法（Mitre Law）によって、外国資本系企業だけでなく全ての鉄道会社は、必要な物資の大部分を無税で自由に輸入できた。この特例は、鉄道網が結果的に急速に拡大したことに大きく貢献したと考えられている[72]。

政策担当者が、関税の歳入機能と保護機能を組み合わせることに長けてくると、消費財の中には高いＥＲＰを持つものも出てきた。早くも一八六四年のチリでは平均関税率は下がっていたが、消費財に対する関税は中間財や資本財に対する関税ほどは下がらなかったので、ＥＲＰは幾つかの工業製品については増加した[73]。ブラジルの繊維・衣服・靴に対する措置には、競合輸入品には高い関税を、投入財には低い関税を課したいという意志が明らかに現れており、多くの非耐久消費財のＥＲＰは一〇〇%を超えていたと推定される。[74] アルゼンチンでは、家具・金属・建設資材産業における原材料に対しては、同部門の競合輸入品よりもはるかに低い関税がかけられていた。[75]

しかしながら関税だけではなく既に検討してきたその他の変数によっても相対価格は決まっていた。外貨建て輸入価格の下落や一九世紀後半に見られた国際輸送費の減少は、為替レートの切り下げによってある程度相殺された。一八七三年以降、銀本位制の国では切り下げ率が特に目立っていた。しかし一八七八年以降のチリのように不換紙幣を用いていた国でも、名目為替レートの切り下げが見られた。通貨の名目価値の変化は、実質為替レートの安定化のために意図的に追求されたものであったと主張するのは間違っているかもしれないが、自由に平価を変動させていた国が国際競争の中でひどく痛めつけられたとする十分な証拠はない。

為替レートを自由に変えることのできなかった国は、金本位制を採用していた国だけであった。このような状況の下では、外貨建て輸入価格あるいは国際輸送コストの低下は、輸入品と競合する国内生産の収益性にとって深刻な結果をもたらすことになった。しかしラテンアメリカで最初に金本位制が採用されたのは、外貨建て輸入品価格が上昇しつつあった一八九〇年代の末であった。もちろん国内価格は依然として外貨表示価格よりも速く上昇することがあったが、金本位国は国際競争力を回復させる手段として為替相場切り下げを使うことはできなかった。このことは、ブラジル[76]のように関税のさらなる引き上げで相殺することのできた国もあったが、一九一四年以前には、ペルー[77]や他の幾つかの国にとっては大きな問題であったと思われる。

全体的に、ラテンアメリカ諸国における産業保護の実効値は、世界の他の地域における値よりもはるかに低いということはなかった。しかしながら、一人当たりの実質所得水準や人口規模に見合うだけの工業生産実績を達成するためには保護が必要だったが、ラテンアメリカの製造業が直面していた問題は、実際の保護の程度がそれよりも圧倒的に低かったということであった。事実、回帰分析によれば、幾つかの重要なケースにおいて、ラテンアメリカ製造業の一人当たりの純生産は国際比較による予測水準よりも低かった[78](表5－3参照)。

この結果が非常に悪かったのはアルゼンチンであった。アルゼンチンはラテンアメリカで最も裕福な国であった。しかし一人当たりの実質所得や人口規模においてアルゼンチンを下回る多くのヨーロッパ諸国と比べると、一人当たりの製造業生産水準では劣っていた。[79] 牛肉・羊肉・小麦といった一次産品輸出品の加工が製造業部門で果たした役割を除くと、この格差はより鮮明になるであろう。アルゼンチンは全てのラテンアメリカ諸国の中で最も工業化の進んだ国であったにもかかわらず、国際比較から期待されるよりも、その製造業部門は依然として小さかったのである。[80]

アルゼンチンの工業化の最も顕著な弱点は、繊維産業と衣服産業であった。食品加工・飲料・タバコ生産・建設資材・化学・そして金属業ですら十分に発展していた（すなわち十分に保護されていた）にもかかわらず、繊維と衣服部門は非常に遅れており、ブラジルやメキシコの水準から大きく引き離されていた。事実、アルゼンチンと海外の比較可能な国との間の工業格差の大部分は、アルゼンチンの繊維産業が一九一四年以前のブラジルの水準ぐらいにまで発展していたならば解消していたであろう[81]。

従ってアルゼンチンの工業の弱さは非常に特殊なものであり、一部の土地所有者の陰謀によるものではなかった。しかし工業および産業家たちが農産品輸出業と同じ地位を獲得することができなかったのは事実である。工業振興政策も採用された。しかしそれらは常に首尾一貫したものではなかった。例えば繊維部門と衣服部門とでは、ERPを名目保護率以上に押し上げるために異なった率の関税率が適用された。しかしこの税率の違いはブラジルやメキシコに比べてはるかに小さく、そのためERPは到底高くはならなかった。輸入される衣服に対する関税は、一九〇六年関税法によって、ちょうど二〇％を超えていた。しかし多くの種類の食品や飲料に対しては五〇％以上の関税がかけられており、国内生産者にとって、これでは十分なインセンティブにはならなかったことは明らかである[82]。

ラテンアメリカの大国においては、製造業の国内生産を促進するのに十分な保護率があったが、関税政策が最適であったとは必ずしもいえない。ラテンアメリカの関税は、成長・分配・資源配分に対してマイナスの結果をもたらしたという点で不十分であった。輸入品に対する「公定価格」の適用が「実質的」な保護率を測ることを難しくしており、またその公定価格も頻繁には見直されず、保護率の変更は殆ど恣意的であり、変化を予想することは難しかった。政府が積極的に方針を示す準備のない国では、「受身」の性格を持つ保護では工業投資を促進することにはならないだろう。公定価格が実情に合わなくなればなる程、新しい輸入品の分類がますます難しくなり、輸入業者や腐敗した役人があからさまに商品をより低い関税に分類するようになった。

公定価格の利用はまた、たとえラテンアメリカの関税が従価で表示されていても、事実上従量であったことを意味している。もし低品質の商品が高品質の商品と同じ輸入分類に区分され同じ税率を適用されるのであれば、低価格で大量生産されたものよりも、高価格の「贅沢」品の輸入を促進したであろう。コロンビアではこれが極端になり、関税は輸入品の量によって計算され、贅沢品の生産を抑制した。多くの国では、一九一三年以前は実質賃金の上昇は緩慢であり、上から一割に所得が集中していたので、従量税の制度は不必要に輸入を増加させたかもしれない。

一九一四年までにラテンアメリカの大国においては、関税は保護主義的な機能を持っていた。しかし主に歳入目的で課せられる税金による保護率は、主に保護主義的な目的のそれとは同率になることは決してなかった。例えば、米国の保護関税率はアルゼンチンと同じように見られていた。しかし、関税は外国との競争から守る必要があると考えられていた製品に集中的にかけられていたので、米国の実際の保護の程度は非常に大きかった。さらに米国とラテンアメリカの保護率が同じ二〇％であっても、それは質的に異なっていた。なぜならラテンアメリカでは、関税を適用することで国内産業が克服しようとした不利な状況は米国よりもはるかに大きかったからである。

関税が歳入として機能したのは、政府の財源として政治的に受け入れられる代替案がないためである。まれにこのような代替案が見つかった場合には、歳入の確保を犠牲にして、保護的機能を強化するために関税を利用することができた。一八八〇年以降の硝石輸出の増加に伴う思いがけない輸出税収入を得た後のチリは、このことが当てはまるだろう。一方、必ずしも関税がこのように利用されたわけではなかった。既に見てきたように、一八五〇年以降のペルーでは、グアノの収入によって関税の自由化が可能となり保護率が低下した[83]。

一九世紀第四四半期に、より強い保護を支持する関税政策に変化したのは、強力な産業組合が登場したためではなかった。新しい産業家たちは、圧倒的に移民や商人、もしくは鉱山経営者からなっていた。自らの利益を守るために、主要な全ての国において組合が結成されたけれども、それらの影響力は、土地所有者や農産物輸出業者と対抗することができなかった[84]。しかし、土地所有者や農産物輸出業者にとっても、中央政府の資金調達や対外債務を返済するには、関税収入が比較的痛みの少ない方法であったことは、既に見てきた通りである。なぜなら関税は主に国内消費財および輸入消費財の価格に影響を及ぼすので、強く組織化されておらず政治力が殆どない社会グループである都市部の消費者に対して、主にそのコストがのしかかったからである。

ここでアルゼンチンと他のラテンアメリカとの間の興味深い相違点をもう一度確認しておこう。典型的な移民国家はアルゼンチンだけではなかった。しかしアルゼンチンの移民は都市部に集中していた。ブエノスアイレスに住むイタリア人・スペイン人そして英国人たちは、自分たちが必要とする消費を満足させるために最初に輸入品を求めた。そして彼らは外国における同じ商品の「本当」のコストを既に知っていたから、おそらく関税によって高くなった価格を不承不承支払ったのであろう。海外市場の情報が入る都市にアルゼンチンの移民が集中したことは、なぜこの国の繊維産業や衣服業が一九一四年まで十分に発展しなかったのかを説明する一つの理由になるかもしれない。

アルゼンチン、ブラジル、チリ、メキシコ、ペルーのように、第一次大戦までに工業化が進展したラテンアメリカの五カ国では、消費財で高い水準の輸入代替を達成していた。これらの五カ国においては、国内で生産された消費財によって表面上充足されたシェアは、五〇％から八〇％の間であった。商品の中には国内生産が輸入品を駆逐したものもあった。しかし牛肉や砂糖等の商品を除いた非伝統的な消費財の輸出を見ると、輸入を駆逐した商品は輸出ではさほど重要でないことがわかる。

第一次大戦中に工業製品の貿易量が急速に拡大したことを考慮すると（第6章参照）、一九一四年以前に工業製品輸出が行われていなかったことに、いっそう驚かされる。ヨーロッパと北米からの輸入品との競争がいったんなくなると、ラテンアメリカの製造業者は近隣諸国への輸出が可能になり、かなりの成功を収めた。従って平時において他国からの輸出品との競争に敗れたことは、高すぎる価格、悪すぎる品質、あるいはその双方に原因があったに違いない。

既に見てきたように、ラテンアメリカの関税システムは大量消費向けの低品質な品物の生産にとって有利であった。ラテンアメリカの低所得の消費者には受け入れられるこのような商品は、北米やヨーロッパのように品質を重視する市場では売りさばくことはできなかったであろう。しかし品質の問題よりも高価格の問題の方が確かにより深刻であった。外国企業が原料、エネルギー、そして輸送コスト面で得ていた利点は、国内の関税によってある程度相殺することができた。しかし関税による保護を受けない海外市場では、ラテンアメリカの製造業者たちが優位に立てるのは実質賃金の低さだけであった。しかしながら実質賃金の違いは、大抵の場合、生産性の違いを埋め合わせるには不十分であった[85]。

一九一四年以前にラテンアメリカから輸出された最も重要な非伝統的な製造品は小麦粉とパナマ帽であった。いずれもラテンアメリカの輸出業者が先進国よりも優位に入手できる原料を用いた。パナマ帽は、女性と子供からなる家族労働に依存しており、そのコストは実際に存在したどのような生産性格差も十分に相殺した。しかし、ちょうどアルゼンチンがチリからの小麦粉の輸入に対し保護関税をかけることで自国の小麦粉産業を発展させてきたように、他の先進諸国も同様のことを行ったので、小麦粉の輸出は徐々に難しくなっていった。

製造品輸出は、その他の障害にも直面した。ラテンアメリカにおける単位当たりの生産コストが高かった理由の一つとして、規模の経済を追求できなかったことと低い設備稼働率があげられる[86]。もちろん部分的には、ラテンアメリカの工業化が抱えていたこのような明白な問題は、有効需要が低い水準にあったことに端を発していた。しかしこれらの問題は国内取引に対する障壁によっても引き起こされていた。ブラジル、メキシコ、コロンビアの州政府は依然として、各州間の取引に課税していた。これらの税金は地域内の独占を強める傾向があった。そしてこの地域独占がやがて設備の完全稼動と規模の経済を利用する機会を潰してしまった。

ラテンアメリカの消費財生産者が通常の状況下でも輸出できなかったという事実からは、ある意味で関税が高すぎたのではないかという疑問が出てくる。オーストラリア、ドイツそして米国と同様にラテンアメリカにおいても、工業投資に刺激を与えるために関税による保護が必要なのは明らかであった。国内での競争と学習があれば単位コストは下がるはずであり、工業は輸出市場へ向かうことができた。幼稚産業に関するこの古典的な議論は、一八七七年以降のアルゼンチン産小麦のケースに当てはまった。しかしそれ以外にはあまり当てはまらなかった。

ブラジル、ウルグアイ、ベネズエラの関税率は法外であったと言えるかもしれないが、その他の国では全くそうではなかった。国際競争力の弱さは、国内競争が関税保護によって可能となる水準以下に価格を引き下げることができなかったことに大きな原因があった。参入障壁は非常に高かったし、国内の関税と高い輸送コスト、そして不平等な所得分配によって制限されていた市場は小さかった。小国は言うまでもなく、大国においても少数の企業が国内市場を支配することは非常に簡単であった。従って単位コストと価格は、より競争的な環境下では普通であったであろう水準よりも高めに留まったのである。

▼第一次大戦直前における地域格差

一九一四年までのほぼ一世紀の間、ラテンアメリカは自由貿易（制限のない貿易）を基礎にした輸出主導型成長モデルに従ってきた。各国は、商品、資本、そして労働（移民を通じて）において世界市場と緊密に結びついてきた。しかし一九世紀初めに比べて、地域格差はより鮮明になった。輸出主導型成長下におけるこのような格差は二つの理由から生じた。一つは、各国における一人当たりの輸出の長期的な成長率に違いがあったこと、そして輸出部門の生産性の上昇の利益を非輸出部門へ移転する速度に違いが見られたことである。この結果、大きな生活水準格差が見られるようになった。例えばアルゼンチンの一人当たりの所得はブラジルの約五倍以上であった（表5-1参照）。

輸出の成長率から生じた地域格差については既に検討した（本書第3章参照）。一九一四年までに一人当たりの輸出量から見て最も成功した国は、南米南部諸国（アルゼンチン、チリ、ウルグアイ）とカリブ諸国（キューバ、プエルトリコ）であった。その他の国では、ペルーのように長期に渡って成長率が低下していくという特徴的な輸出サイクルを示す国もあれば、メキシコのように経済活動を全開にするのが遅れたため、それまでのひどい経済実績を逆転させることができなかった国もあり、各国の経済実績はばらばらであった。

輸出部門の生産性の上昇による利益を非輸出部門に移転させることから生じた地域格差は本章で見てきたとおりである。輸出部門に生産性の上昇が見られない国では非輸出経済への移転が見られないのは明らかである。輸出部門からの刺激が弱すぎたためDUAや製造業での生産性の上昇を促進することはできなかったし、他の部門（例えば商業）における生産性の上昇は輸出部門それ自体の盛衰と結びついていた。他方、輸出部門の繁栄が非輸出経済の急速な発展を必ずしも保証したわけではない。輸出からの刺激は単に輸入水準を増加させただけで、多くの非輸出部門の生産性の水準には変化が見られなかった。

従ってラテンアメリカ諸国を三つのグループに分類する必要がある。第一のグループは、高い輸出成長率（かつ、あるいは一人当たりの輸出水準）と非輸出部門での生産性の上昇が見ら

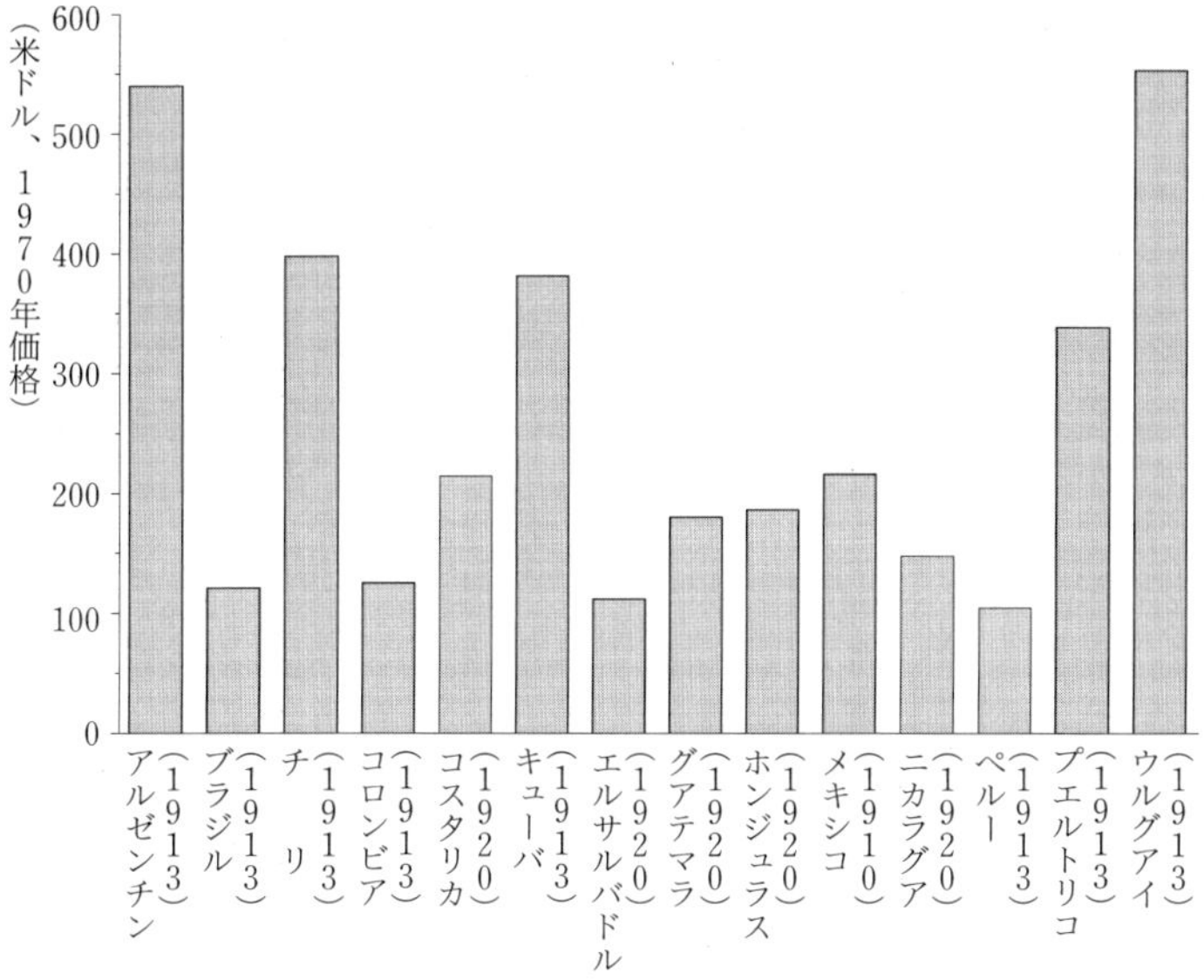

図5-1　一人当たり GDP

出所）付録3を参照。

れた国である。第二のグループは、輸出成長率は高かったが、非輸出部門の生産性は殆ど上昇しなかった国である。そして第三のグループは、輸出の成長があまり見られず、かつ非輸出部門の生産性の水準も低いままの国である。

　第一のグループに確実に分類される国はアルゼンチンとチリである。両国は長期にわたる急速な輸出の成長を達成しただけでなく（第3章参照）、輸出部門の生産性の上昇による利益を他の経済部門に移転させることにも成功した。たとえアルゼンチンの工業発展とチリの輸出の多様化が十分に望ましいものではなかったとしても、生活水準の上昇は目覚しく、外国人の間でも頻繁に評判になった。ウルグアイもこのグループに含めることができる。同国の輸出増加は緩やかであったけれども、非輸出経済の実績は良好であり、一人当たりの実質GDPの推定値（図5－1参照）はアルゼンチンと同じくらい高かった。従って南米南部三カ国は第一次大戦前のラテンアメリカの成功例を代表している。

　これら三カ国の長期にわたる経済実績は、他のラテンアメリカ諸国に比べると良好ではあったけれども、あくまでも相対的なものであった。国際基準に照らすと、実績はそれほど目立つものではなかった。一九一三年の一人当たりの輸出は、アルゼンチンにおいてさえ、オーストラリア、カナダ、ニュージーランド、スウェーデン、ノルウェーの水準よりも低かった。一人当たりの工業生産高の差はさらに大きかった。一九一三年においてアルゼンチンの一人当たりの実質所得水準は世界で十二番目であり、オーストリア＝ハンガリー、フィンランド、イタリア、ポルトガルよりも高かったことは事実であった。しかしこれは、多くの北半球諸国では生産性の非常に低い小作層が巨大であったため、生活水準が押し下げられたためであった。例えばフランスは工業化が十分に進んだ国であったが、一九一三年の一人当たりの実質所得はアルゼンチンを僅かに下回っていた。これは生産性の低い小作層が労働人口のかなりの部分を占めていたためであった。小作層がそれほど重要でない「新興国」と比較してみると、アルゼンチンの一人当たりの実質所得水準はそれほど高くはない。実際アルゼンチンの数値は、一九一三年のオーストラリア、カナダ、ニュージーランドが記録した水準の僅か半分にしか過ぎなかった。[87]

第二のグループにはキューバとプエルトリコが含まれる。一人当たりの輸出の成長はかなり急速であったけれども、非輸出経済を変化させるまでには至らなかった。ラテンアメリカの中でキューバの一人当たりの輸出は最高水準にあったが、一九一三年のキューバの一人当たりの実質所得はアルゼンチンの水準の七〇％にしか過ぎなかった。キューバの一人当たりの実質GDPはチリとほぼ同じであったにもかかわらず（図５－１参照）、キューバでは近代的な製造業部門は発達せず、DUAの重要性は低下していき、キューバの経済は絶望的なまでに砂糖に依存したままであった。[88]プエルトリコは、ラテンアメリカの中でも一人当たりの輸出においては最高水準にあったけれども、一人当たりの実質所得は比較的低い水準にあった。キューバと同様に、プエルトリコには近代的な製造業が未だ登場しておらず、非輸出農業はコーヒーと砂糖の拡大によって衰退してしまっていた。

この第二グループに属する国々は小国であったので、輸出部門が急速に成長してもその刺激が弱かったのは経済規模のためであるという議論がされやすかった。ウルグアイもまた経済的には小国であった。しかし輸出部門の生産性の上昇の利益を非輸出部門へある程度は何とか移した。従って第二グループの落胆すべき経済実績を全面的に経済規模のせいにすることはできない。より重要な要因は、両国の輸出部門における外国の大きな影響力であった。これは生産性の上昇分の利益の大部分を海外へ移してしまったからである。一八九八年以降のキューバとプエルトリコの半植民地的な性格は、それ以前は植民地であったという事実を思い起こすまでもなく、非輸出経済の発展に役立つような財政・金融・外国為替政策の採用を抑制した。[89]

第三のグループには、他の全ての国が含まれる。長期にわたる一人当たりの輸出成長率は非常に小さく、一九一三年の一人当たりの輸出も低かった。当然のことながら一人当たりの実質所得は低下した（図５－１参照）。しかしこうした国の中にも第一次大戦に至るまでの数十年間に、経済実績をかなり改善させた国もあった。ポルフィリアート期のメキシコと太平洋戦争［硝石をめぐるチリ対ペルーおよびボリビアの戦争：一八七九—八三年］以後のペルーでは、一人当たりの輸出成長率が上昇したことで生産率が上昇し、製造業部門への投資と成長を刺激した。

従ってこれら二カ国において輸出主導型成長が失敗したのは、何よりもまず、独立後最初の六〇年間に持続的な輸出実績を達成できなかったためであった。輸出を継続することができなかったのは、一つには商品の当たり外れ（例えばペルーのグアノの変動）があったこと、そしてメキシコのように国民国家形成に伴って社会的・政治的な分裂が生じたためであった。

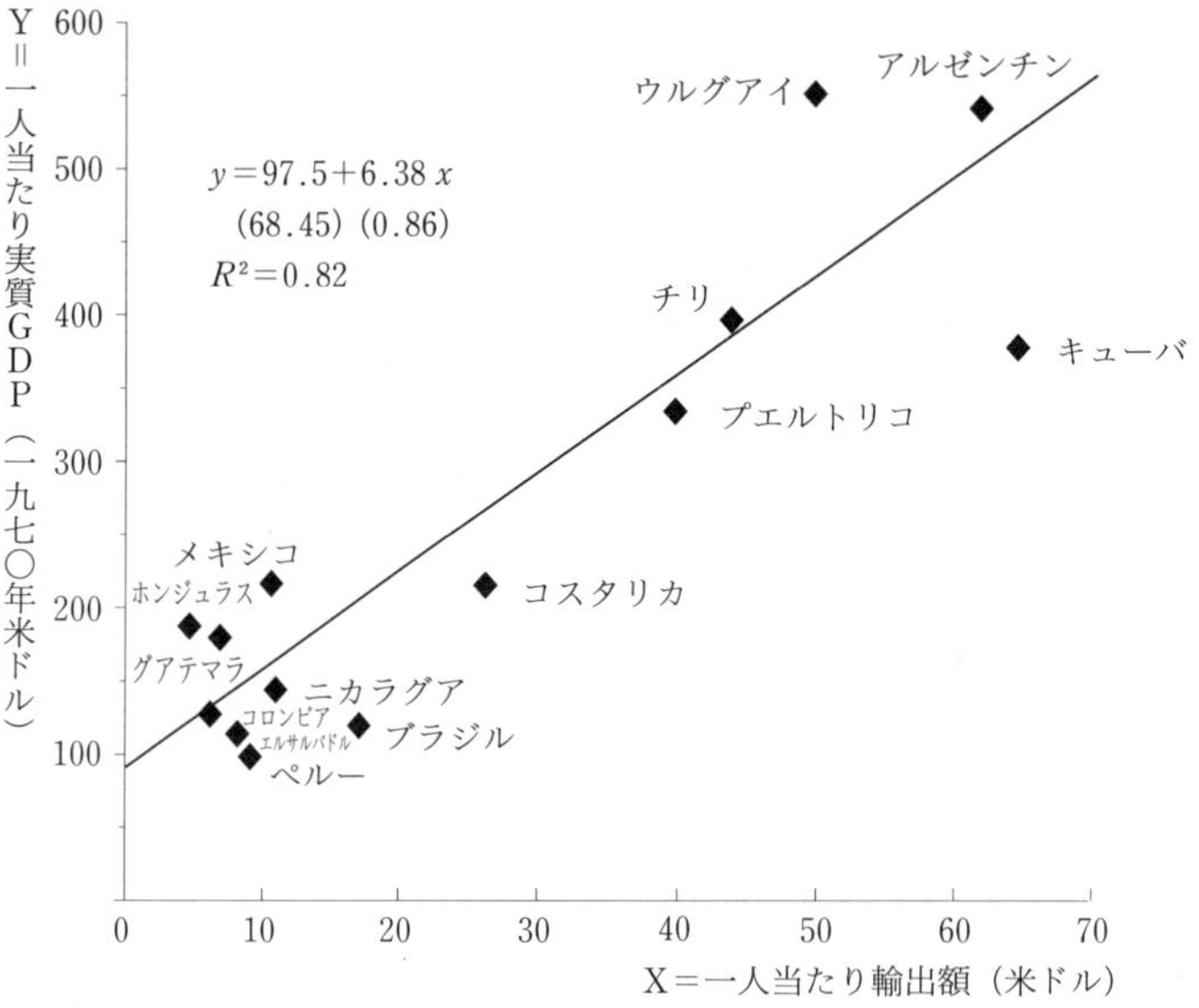

図5-2　一人当たり実質 GDP と輸出，1913年頃

出所）表 A-1-1，A-1-2，A-3-1を参照。

たとえこの第三のグループからメキシコとペルーを除いたとしても、このグループは依然として最大規模である。この一四カ国（特別な事例であるパナマを除けば一三ヵ国）は、満足のいくような長期的な一人当たりの輸出成長率も記録しなかったし、第一次大戦直前の数十年間においてさえ、輸出が活発化しそうな様子が全く見られなかった。このグループには、コロンビアやベネズエラといった中規模国と一緒にエルサルバドルのような小規模国も含まれている。ボリビアのような鉱物輸出国とグアテマラのような農業輸出国が含まれている。またドミニカ共和国のような半植民地と一緒にパラグアイのようにまぎれもなく独立した国が含まれている。また近代的な製造業が興っていたにもかかわらず、一九一三年の一人当たりの輸出と一人当たりのＧＤＰの双方が低かったブラジルもこのグループに属している。

一人当たりの輸出が小さい国は一人当たりの実質所得も低くなる傾向があるという事実を検討するためには、統計上の比較をしなければならない。独立後の約一世紀の一人当たりの輸出と一人当たりの実質所得の関係が、図５－２に描かれている。単純回帰分析を用いて出された最適線が図の中で示されている（括弧の中には係数の標準誤差が記されている）。ウルグアイのように直線よりも上にある国は、輸出実績から予測される値よりも一人当たりの実質ＧＤＰが高いことを示している。キューバのように直線の下に位置する国は一人当たりの所得が予測よりも低いことを示している。

単純回帰分析の結果は、一人当たりの輸出額の変動が一人当たりの実質ＧＤＰの変動を八〇％「説明」していることを示している。データが不完全であることは明らかであるが（付録一と三を参照）、第一次大戦前のラテンアメリカにおいて、輸出実績が生活水準の重要な決定要因であったことを否定するのは困難である。単純回帰分析では考慮に入れなかった多くの要因のために、キューバのように「平均以下の実績を示す」国やウルグアイのように「平均以上の実績を示す」国があるかもしれない。しかし二つの変数の間にはかなりの相関関係があることは明らかである。

輸出主導型モデルは多くの国においてあまり芳しくない結果をもたらしたという事実から、研究者の中には輸出主導型成長それ自体に疑問を持つものも出てきた。しかしこの第三グループの属する一三カ国がどのようなモデルを採用しても、僅かな収益率しかもたらさなかったと結論付けるのは難しい。政治的な不安定性、行政の無能、貧弱な輸送システム、資本の欠如、労働力不足、そして小規模な国内市場が、一九世紀の輸出主導型成長に対して考え得るいかなる代替案をも潰してしまったのである。

他のラテンアメリカ諸国も同様の問題に直面していた。しかし輸出部門の持続的な成長によって、部分的にこの問題は解決された。事実、第三グループに属する国々においてこれらの問題を解決しようとする前向きな動きは、輸出部門の発展と結びつく傾向があった。鉄道と銀行システムは萌芽状態ではあったけれども輸出部門の発展によって整備された。また輸出成長だけが輸入品の支払いを可能にし、この輸入から関税が徴収され、政府収入の基盤となった。

従って「失敗」の基本的な問題は、一人当たりの輸出成長率が緩やかであったことである。歴史的に見て第一次大戦前（特に一八五〇年以降）の一次産品世界市場には殆ど制限がなかったので、失敗の矛先は明らかに供給サイドに向けなければならない（第4章参照）。いずれにせよ失敗の代償は大きかった。第三グループに属する国々の住民だけが低水準の一人当たりの実質所得を余儀なくされたのではなく、一次産品によってもたらされる機会は消え始めていたのである。一九一四年以前においてさえ既に、農業に対する保護が、大陸ヨーロッパで露骨に現れていた。英国では、チェンバレン（Joseph Chamberlain）が率いる保守党の中枢部は帝国特恵の旗印を鮮明にした。米国では、国内競争がトラストとカルテルを形成しつつあり、ラテンアメリカの輸出業者を含む原材料生産者の交渉力は小さくなった。一九二〇年代には輸出主導型成長を取り巻く環境はあまり好ましくなくなった。そして商品の当たり外れが成功する見込みは小さくなり始めた。

第6章　第一次大戦とその後

一九一四年八月二日、ヨーロッパで戦争が勃発した時、崩壊したのは国際的な勢力均衡だけではなかった。ナポレオン戦争終結後、ゆっくりと発展してきた国際貿易・決済システムも混乱したのである。一九一九年に休戦条約が調印されて、戦前の体制を再建しようとする勇ましい動きもあった。古い国際経済秩序は滅びたが、新しい体制も危険で不安定であった。この不安定さは、その当時は殆ど認識されなかった。そしてラテンアメリカのような周辺地域を、一九二〇年代末の国際貿易と資本移動の崩壊に対して非常に傷つきやすくしたのである。

古い秩序の主な特徴は、相対的に制限されていない国際貿易の存在であった。これは一九世紀において支配的な経済勢力であった英国の利益を反映していた。実際に限定された形で使われていた規制は、一般的に関税の形をとった。関税は透明性を求める人々にとって好都合であった。資本と労働の双方は、国境を自由に越えていた。パスポートはむしろ特別な習慣であった。英国が最初に採用した金本位制は、一九世紀末までには、全ての主要な工業諸国に広がった。そして国際収支を調整するメカニズムを確立した。国内均衡（完全雇用とゼロ・インフレ）は、対外均衡ほど重要であるとは考えられていなかった。そのため不利なショックを調整しなければならない時は、たいてい物価下落と不完全雇用によって達成された。

一次産品輸出、資本流入、そしてアルゼンチン、ブラジル、ウルグアイにおいて顕著にみられた国際移民を基礎にしたこの枠組みに、ラテンアメリカ諸国は比較的容易に順応した。国際収支の調整は、決してスムーズにはいかなかった。景気循環に順応する性質をもっていた資本流入は、資本を最も必要とするときには減少した。しかし、これらの崩壊は、ベアリング恐慌のようなまれなケースを除いて、世界経済成長の流れには殆ど影響を与えなかった。国内における調整は、低い生産性を持つ大規模な非輸出農業部門の存在によって緩和された。労働需要が落ち込んだとき、多くの労働者を受け入れることが可能であった。

▼旧体制の崩壊

第一次大戦前の国際経済システムの頂点には英国が立っていた。一九世紀末には英国の工業製品輸出における支配的な位置や科学技術における卓越性は脅かされていたにもかかわらず、英国は依然として世界の金融の牽引力であり、周辺国への資本の供給者であり、一次産品の主要な輸入国であった。英国の金融面での優位は国際システムのルールを支え、その海軍力は貿易や資本移動の自由を脅かそうとする一切の試みをいつでも阻止することができた。

第一次大戦によって最初に破壊されたのは金本位制と資本移動であった。通貨の兌換性は交戦国によって延期され、新規の株式発行は中止され、既存の借款はヨーロッパの金融機関のバランスシートを支えるために回収された。アルゼンチンやブラジルといったラテンアメリカ諸国は、国際収支の均衡に必要な資金をヨーロッパ市場に大きく依存しており、ヨーロッパ系銀行がローンを回収することで国内に金融危機が発生し、特にひどい打撃を受けた。たとえば、ブラジルに対する新規の長期公的ローンは、一九一三年には一九一〇万ドルに達していたが、一九一四年には四二〇万ドルに減少し、一九一五年にはゼロになった。そして一九一四年第四四半期にはマネーサプライが一九一〇年の第三四半期に記録した水準にまで収縮した。(1)

ヨーロッパにおける戦闘によって旧大陸からの直接投資も途絶えた。一九一七年まで第一次大戦に中立であった米国は、ラテンアメリカに対する直接投資、特に戦略物資採取に対する投資を急増させた。しかし一九二〇年代になるまで有価証券買い付けを増加させることはなかった。米国の銀行は一九一四年まで法律によって外国の子会社への投資が禁じられていたけれども、それ以降は米国の銀行はラテンアメリカにおける支店業務を開始した。一九一九年までに米国初の多国籍銀行であるナショナル・シティー・バンク (National City Bank) はラテンアメリカの九カ国に四二の支店を持つにいたった。(2)

資本市場の激変は商品市場の崩壊を反映していた。しかし商品市場崩壊の短期的な影響力はその長期的な効果と異なっていた。戦争開始時の船舶の不足は、貿易信用の不在と相俟って通常の商品供給を途絶させた。しかし需要は供給よりも急速に減少し、多くの市場で価格下落が生じた。短期的な輸出収入の減少は、新規の資本流入の減少とともに、輸入品に対する需要を減らした(いずれにしても船舶の不足によって輸入品の供給は途絶えてしまっていた)。輸入の下落は急激であり、ラテンアメリカ全体では一九一五年まで経常収支黒字が続いていたと推定される。(3) しかし対外不均衡に対するこの急激で短期間の調整は、依然として輸入関税に依存していたラテンアメリカ諸国の政府の実質収入を大幅に減らすことになった。例えばチリでは、一九一一年から一九一五年にかけて政府の歳入はほぼ三分の二にまで落ち込んだ[4]。

商品市場混乱の短期的な影響は、主要な工業国が戦時経済へ移行することによって間もなく克服された。銅や石油といった戦略物資に対する需要は急上昇し、連合国軍はそのための船舶を確保した。外国企業が石油探索を行うことで、ベネズエラは初めて石油輸出を行った[5]。メキシコの石油、ペルーの銅、ボリビアのスズ、チリの硝石といった戦略物資の価格は急上昇し、高い割合でこれらの物資を輸出している国では、輸入品の価格上昇にもかかわらず、純商品交易条件（net barter terms of trade: NBTT）の改善を享受することとなった。しかしながら、輸入能力が急速に上がったにもかかわらず、多くの場合、輸入量は制限されたままであった。その結果、輸入価格は上昇し、貿易黒字と財政赤字と相俟って、国内のインフレーションを引き起こした[6]。インフレが都市部の実質賃金に対して与えた影響は、第一次大戦中から直後にかけて幾つかのラテンアメリカ諸国で見られた政治的変動の要因のひとつとなった[7]。

非戦略物資（例えばコーヒー）を輸出している国は、それほど恵まれてはいなかった。自国の輸出品価格は上昇したが、交易条件は悪化し、船舶の不足が輸出量の増加に深刻な影響を与えていた。コーヒー輸出に強く依存していたブラジルは、最初のコーヒー価格安定化計画を維持することができず、輸出量は変化していなかったにもかかわらず、交換交易条件（barter terms of trade）は一九一四年から一九一八年にかけて五〇％も下落した[8]。中米、カリブ諸国は、大戦終了まで船舶の不足のためバナナ輸出量がひどい打撃を受けたにもかかわらず、米国に近かったのである程度は保護されていた[9]。

ヨーロッパでの戦闘の開始は、伝統的な市場の全面的喪失には結びつかなかった。英国は食肉や砂糖といった食料輸入に深く依存していたし、ラテンアメリカは輸出を維持しようと懸命に努力していた。同様に連合国は、ドイツがラテンアメリカの原料を入手できなくなるように強く働きかけていた。ブラジルを除くラテンアメリカの主要国は中立であったにもかかわらず、ドイツとの貿易はますます難しくなった。また米国と英国はドイツ人の管理下にあると考えられるラテンアメリカの企業のブラックリストを作成した。その結果、ドイツに対するラテンアメリカの輸出入のシェアが際立って減少した。

この減少によって恩恵を受けたのは主に米国だった（表6－1参照）。第一次大戦中、米国はすでにメキシコ、中米そしてカリブ諸国に対する主要な輸出国であったが、ラテンアメリカ諸国にとってもっとも重要な市場となった。そして南米諸国の輸入に占める米国の割合は二五％となり、カリブ諸国（メキシコを含む）の輸入に占める割合は八〇％近くになっていた。第一次大戦が始まった時、大西洋をまたぐ貿易は危険かつ難しくなっていたが、ちょうど良いタイミングでパナマ運河が開通して、米国からの輸出を可能にし、以前は一般的にヨーロッパ、

表6-1　ラテンアメリカ・米国間の貿易，1913年頃，1918年，1929年

（全体に占める割合，%）

国	米国向け輸出			米国からの輸入		
	1913年頃	1918年	1929年	1913年頃	1918年	1929年
ラテンアメリカ	29.7	45.4	34.0	24.5	41.8	38.6
メキシコ・中米・パナマ	67.2	83.5	57.4	53.5	78.1	65.7
キューバ・ドミニカ共和国・ハイチ	73.9	66.1	68.9	55.2	76.8	59.6
南　米	16.7	34.9	25.1	16.9	25.9	31.4
アルゼンチン	4.7	29.3	8.3	14.7	21.6	23.2
ブラジル	32.2	34.0	45.5	15.7	22.7	26.7
チ　リ	21.3	56.8	33.1	16.7	41.5	30.8
ペルー	33.2	35.1	28.8	28.8	46.8	41.4
ウルグアイ	4.0	25.9	10.7	12.7	13.2	30.2
ベネズエラ	28.3	60.0	26.5	32.8	46.7	57.5

出所）Pan-American Union (1952)；Wilkie (1974)；1913年頃の各国のデータは表3-6および3-7による。

特にドイツによって供給されていた南米市場に米国が進出していった。この貿易の流れに従ってできた米国銀行の支店網は、米国の企業活動を援助する外交的努力と相俟って[10]、平和が訪れてからも依然として米国は北部のラテンアメリカ諸国において覇権を握り、それ以外の地域でも強い地位を維持した。

貿易相手国としてのドイツの失墜は米国の重要性を増すことに寄与しただけでなく、英国の重要度の低落を和らげることとなった。英国の支配力はアルゼンチンとの貿易においてのみ保たれていた。しかしアルゼンチンは依然としてラテンアメリカにおける最大の市場であり、同地域の中でももっとも重要な輸出国であった。しかしながらアルゼンチンの英国への輸出は実質的に英国からの輸入を超過していた。そしてこの貿易黒字は大雑把にみて米国との貿易赤字に釣り合っていた。この貿易における三角関係（ブラジルにおいては逆の関係が観察される）は、兌換可能な通貨制度と多角的決済制度という世界システムの中でのみ機能し得たのである。従って、主要なラテンアメリカ諸国の一九二〇年代の対外貿易は、正統的な金本位制から離脱すると維持され得なくなっていたのである[11]。

金本位制への復帰は、ベルサイユ条約[12]後の優先課題であった。しかし実際に復帰するまでには数年を要した。英国の場合、旧平価を採用したため、大きな困難を伴った[13]。一九二〇年代の英国経済のゆっくりとした成長[14]は、伝統的に英国を輸出市場としてきたラテンアメリカ諸国にとって打撃となった。そして支配的な経済勢力としての米国の登場は、米国の農民と競合

表6-2　米国の対ラテンアメリカ投資，1914，29年

地域および部門	直接投資		有価証券投資		総　額	
	1914	1929	1914	1929	1914	1929
投資総額(100万米ドル)	1,275.8	3,645.8	365.6	1,723.9	1,641.4	5,369.7
地域別(%)						
メキシコ，中米，パナマ	53.0	26.3	73.8	17.5	57.7	23.5
キューバ，ドミニカ共和国，ハイチ	21.5	26.5	15.0	7.4	20.0	20.4
南　米	25.5	47.2	11.2	75.1	22.3	56.1
部門別(%)						
農　業	18.7	24.1				
鉱業・精錬	43.3	22.0				
石　油	10.2	20.1				
鉄　道	13.8	6.3				
公益事業	7.7	15.8				
製造業	2.9	6.3				
貿　易	2.6	3.3				
その他	0.8	2.2				

出所）ECLA（1965）.

する商品を売らざるを得ないラテンアメリカ諸国にとって、殆ど慰めにはならなかった[15]。一九一三年から一九二九年の間、米国とラテンアメリカ貿易は、英国とラテンアメリカの貿易よりも急速に増加した。しかしラテンアメリカに対する米国の輸出は、ラテンアメリカからの輸入に比べ、大きな開きがあった[16]。

このように第一次大戦前から戦中にかけて対米貿易黒字を続けてきたラテンアメリカ諸国は、大戦後一九二〇年代末には逆の立場に置かれることになった。一九二九年の米国への輸出は、全輸出の三四%であったのが、米国からの輸入は全輸入の四〇%となっていた（表6－1を参照）。

米国がラテンアメリカとの商品およびサービス取引によって享受した黒字は、米国が資本輸出国として出現したことを反映したものであった。大戦後、主要な国際金融センターとしてニューヨークがロンドンに代わった。ラテンアメリカ諸国は債券発行・公共部門の債務・直接投資に関して、ますます米国に頼るようになった。当初は米国政府のドル外交政策に助けられて[17]、資本流入はすぐにそれ自体の勢いをもった。海外からの投資（直接投資と有価証券投資）はラテンアメリカに流れ込み（表6－2参照）、米国の投資家によって保有されている株式の量は、ヨーロッパ諸国の犠牲によって着実に増加していった。英国とフランスは、ラテンアメリカの一部に対しては投資を続けていた。しかし新規投資は少なく、両国の国際収支の弱さに相応したものだった[18]。

米国が外国資本の主要な供給源として一九二〇年代に登場し

てきたことは、ラテンアメリカにとって損得相半ばするものであった。西半球に躍動的な新しい資本市場が現れたことは、伝統的なヨーロッパ市場から調達可能な余剰資本の縮小を考慮するならば、非常に重要であることは明らかであった。しかし新たな借款は、相当な犠牲を払ってのみ達成された。小国においては新規の貸し出しは米国の外交政策目標と絡み合っており、多くの国においては、債務の早期返済を確実にする目的で、関税や国有鉄道までもが気づいてみれば米国の支配下に置かれざるを得なくなっていた[19]。比較的規模の大きな国に対する新規の貸し出しは、「民衆の小躍り」(the dance of the millions) として知られるくらいにまで広まっていた[20]。外貨で確実に返済ができる生産的事業に資金が投資されることは殆どなかった[21]。そしていくつかのケースで汚職が蔓延した。米国当局者が、財務上の公正さを実施させるため、税関に駐在することになった。しかし彼らは、拡大していた公共部門の赤字を埋め合わせるために米国の銀行が債券を発行することを殆ど、あるいは全くコントロールしなかった。

国際的な勢力均衡の変化、そして国際資本市場におけるシフトは、一九二〇年代にラテンアメリカが取り組まなければならなかった唯一の問題ではなかった。より深刻だったのは、商品市場の変化と商品価格および収入の不安定性の増大であった。第一次大戦中及び大戦後の不安定な状況は需要曲線の突然のシフトを引き起こし、そしてこれによって商品価格は混乱した。一九二〇年から二一年にかけての世界的な景気後退はその良い例である。多くの商品の価格（特に砂糖）は、戦略目的のために保有されていた在庫が解かれると、崩壊した[22]。主要国においては、官僚によって強引に戦時価格管理が廃止された。これによって最初に物価が高騰したことで、供給が力強く反応し、そして最終的には多くの市場において価格が崩壊した[23]。

一九二〇年から二一年にかけての世界的な不況は短期間であった。しかし商品の供給過剰の問題は、さらに長く続いた。人口構造の変化[24]、エンゲルの法則[25]、そして合成代用品の開発[26]などによって一次産品輸出に対する中心国の需要の長期成長率は弱まりつつあった。それにもかかわらず、技術進歩・社会資本（輸送部門も含む）に対する新規投資、そしてヨーロッパの多くの国での農業保護主義の結果、供給の長期成長率の増加は速まっていた。

これらの需要と供給のシフトは、ラテンアメリカにおける資源配分の変化を示すシグナルとして機能すべきであった長期均衡価格の変化を生み出した。多くの国では、一九一三年から二九年の間にＮＢＴＴが悪化した。しかしながら、価格のシグナルによって伝えられる情報がいくつかの要素によってゆがめられ、戦争によって不確実性が生み出され、戦後もラテンアメリカの民間企業や公共部門は適切な対応をすることが困難となっていた。その結果、ラテンアメリカは一九二〇年代の新しい国際状況に自国の対外部門を合わせることができなかっただけでなく、一次産品輸出への依存を顕著に深めることとなった。

第一の問題は、商品価格の短期的な不安定性であった。これは商品価格の長期的趨勢を見えなくした。このことは大戦以前からのラテンアメリカの一次産品輸出国の抱える問題であったが、一九二〇年代にはそれが大きくなっていた。チリでは輸出価格の不安定性が一九一四年以前の二倍になり、輸出価額の不安定性は五倍になっていた。[27] 輸出部門がかなり多角化していたアルゼンチンでさえ、一九二〇年代の輸出の不安定性はその歴史上他のどの時期よりも大きかった。[28]

第二の問題は、第一次大戦後の数年間、鉱物に対する「戦略的」需要が続いたことである。石油・銅・スズなどの供給管理の必要性は、米国企業のラテンアメリカに対する重点的投資を公式に促した。ヨーロッパ列強の植民地や自治領でも同様の動きがあったため、いくつかの鉱物が世界的に供給過剰となる危険性は現実味を持っていた。さらに、これらの新規投資は一九二〇年代後半に噴出したため、多くの場合、戦略的需要は衰え、在庫は増加し始めた。一九二八年の株式市場ブームに続く世界的な利子率の上昇は、在庫を抱えるコストを急激に押し上げ、鉱物を追加的に購入することを抑制した。

第三の問題は、いくつかの主要商品市場における価格操作である。ブラジルのコーヒー価格維持計画は一九二〇年代に再開され、世界市場に出されるブラジルのコーヒー供給は減少し、価格は上昇した。しかしコロンビアなど他のコーヒー輸出国は、この世界価格の上昇に対応し、コーヒーの植樹を増加させたのである。数年後、生産増加が市場を襲い、一九二六年にはコーヒー市場は過剰供給の状況となった。ブラジルはゴムにも同様の価格操作を行おうとした。しかしブラジルのゴムの世界市場に占める割合はあまりに小さく、価格に顕著な影響を及ぼすことはなかった。

最後の問題は、多くのラテンアメリカ諸国に見られる非輸出部門の弱さである。長期均衡価格の下落に対応して一次産品輸出部門から資源がシフトするであろうという考え方は、長期価格の動向が観察できるだけでなく、資源は別の活用先を見つけることができるという仮定によっている。工業化が成功裡に始まったいくつかの国（本書一〇五－一一二ページ参照）では、これは道理にかなった仮説である。しかし殆どのラテンアメリカ諸国では、一九二〇年代までに工業化に向けてささやかな一歩が踏み出されたに過ぎなかった。一九二九年恐慌で見られるような長期均衡価格の大幅な下落だけが、資源のシフトを必然的に誘発したのである。長期均衡価格の小規模な下落は、たとえそれが観察されたとしても、常に為替相場の切り下げ、輸出関税の引き下げ、あるいはより有利な借款によって相殺されてしまった。事実、本書第7章で見るように、小国のいくつかは、一九三〇年代においてさえ、輸出部門からの資源の大幅なシフトではなく、このような政策に頼ろうとしたのである。

▼貿易戦略

一次産品輸出業者が一九一三年以降に直面した危機は、一九二〇年代末の価格崩壊以前よりも激しかった。第一次大戦に伴う激変に加えて、ラテンアメリカの輸出業者は、世界経済が平時経済に適合する一九二〇年から二一年にかけての不況期に特に急激な価格下落を経験していた。価格と輸出量はその後の数年で回復したが、一九一三年から一九二九年までを通してNBTTの上昇を享受したのは、ほんの数カ国でしかなかった。[29]

主要な問題は世界貿易の成長が緩慢であったことである。一九一三年から一六年間、ドル表示の世界貿易成長率は、年率三%を僅かに超えたに過ぎない。[30] この緩やかな成長の特徴は、その成長が価格上昇によるものだという事実によって際立っている。事実、世界貿易量の増加は、年一%に過ぎなかった。[31] これは、正常な状況下で輸出主導型経済を導入した国には刺激として不十分であった。さらに多くの商品の世界貿易は、世界生産よりも、よりゆっくりとしたスピードで増加していた。この不一致は、多くの国において農業部門の輸入代替化が進行していたことを示す確かな証拠であるが、これはヨーロッパや北米における農業保護が強まったことを反映していた。そしてライ麦・大麦・亜麻仁・綿花・羊毛輸出には不利な影響を及ぼしていたのである。

世界の総貿易が緩やかにしか成長しなかったからといって、全ての商品に対する世界の需要がゆっくりと増加したわけではない。しかし当時ラテンアメリカからの輸出が支配的であった二二品目の商品のうち、石油・カカオ・ゴムの三品目の世界貿易量だけが一九一三年から二八年の間に年率五%以上で増加したのであり、一五品目については、年率三%以下の増加であった。さらにいえば、ラテンアメリカにとって重要であった六品目（銀・金・ライ麦・大麦・綿花・羊毛）は、世界的規模での生産あるいは貿易量では年率一%以上は増加しなかったのである。

このような世界貿易の困難な状況に直面して、ラテンアメリカ諸国はいくつかの異なった貿易戦略を選択せざるを得なかった。最初の選択肢は、「商品の当たり外れ」に頼ることであった。もしその国の主要な輸出商品が、世界需要の急速な増加に直面する商品の一つであれば、市場のシェアが低下しないという条件のもとでは、その輸出額は依然急速に増加したであろう。しかしラテンアメリカは、需要の急速な拡大を享受していた三商品のうちのカカオとゴムの二つで、シェアの激減という厳しい状況に苦しんでいた（表6－3参照）。ブラジルとボリビアからの天然ゴムの輸出は東アジアのプランテーションで生産され輸出されたゴムと競合して崩壊した。多くのアフリカのヨーロッパ植民地がカカオ輸出を強力に推進したので、ブラジル、エクアドル、ベネズエラ、ドミニカ共和国、ハイチの全ての国は、市場でのシェアを失った。ラテンアメリカで唯一当たった商品は石油だけであった。コロンビア、エクアドル、ペルー、アルゼンチンといった国でも、ある程度の石油を産出していたのだが、主に利益を享受したのは、第一次大戦前から油田開発をしてきたベネズエラであった。[32]

第二の選択肢は、世界需要が適度に増加している商品の市場シェアを拡大することであった。数十年の間、ラテンアメリカ政府は、自国の一次産品輸出を促進するため、自らの裁量に

表6-3 商品別の世界市場における各地域のシェア，1913，28年

(%)

商品	世界の産出量の成長率[1]	ラテンアメリカ 1913	ラテンアメリカ 1928	ヨーロッパ[2] 1913	ヨーロッパ[2] 1928	米国・カナダ 1913	米国・カナダ 1928	アジア 1913	アジア 1928	アフリカ 1913	アフリカ 1928	オセアニア 1913	オセアニア 1928
鉱　物[3]													
石　油	8.5	7.2	15.9	22.1	9.1	64.5	67.4	6.0	6.8	0	0.1	0	0
銅	3.7	9.3	21.3	18.6	9.2	60.6	58.0	6.5	4.1	0.8	6.8	4.3	0.7
ス　ズ	1.8	19.9	23.0	4.2	2.0	0	0	65.3	66.9	4.8	6.4	5.8	1.6
銀	1.0	38.2	54.0	7.3	4.6	43.6	31.0	2.4	5.7	0.5	0.8	8.0	3.9
金	−1.6	16.5	6.2	6.1	0.8	20.6	21.9	5.9	6.5	40.5	61.2	10.4	3.4
鉛	2.6	4.8	13.5	46.8	22.7	36.6	48.1	2.0	5.1	0	1.6	9.7	9.0
硝　石	1.9	97.4	81.2	2.6	18.8	0	0	0	0	0	0	0	0
その他[4]													
小　麦	1.5	14.7	25.6	48.4	4.4	20.3	59.0	8.6	1.4	1.1	2.1	6.8	7.5
小麦粉	2.6	5.7	5.4	28.4	17.2	51.6	56.1	4.9	7.5	1.1	0.7	6.2	12.0
ライ麦	−2.1	0.4	12.2	98.5	44.4	0.9	43.1	0.3	0.2	0	0.1	0	0
大　麦	−2.8	0.8	7.2	83.4	21.4	4.7	48.1	7.0	7.5	4.1	15.2	0	0.6
トウモロコシ	1.9	42.8	70.8	36.8	7.6	16.0	7.3	2.3	4.4	2.1	9.9	0	0.1
バナナ	4.4	49.2	65.5	12.1	7.0	0	0	0.5	4.2	0	0.4	0.3	0.2
砂　糖	3.7	29.2	40.0	30.6	14.0	0.6	1.0	23.7	30.1	3.6	3.2	7.3	8.4
カカオ	5.1	41.5	23.0	10.1	2.6	0	0	2.3	0.9	31.3	61.4	0.3	0.5
コーヒー	1.2	82.0	83.7	10.5	2.1	1.6	0.3	4.0	9.1	1.0	3.7	0.2	0.2
亜麻仁	1.0	42.4	86.8	22.7	1.8	11.3	3.2	23.0	7.5	0.6	0.6	0	0
綿　花	0.1	1.2	3.0	10.2	4.0	61.4	57.4	16.9	22.4	10.1	11.6	0	0.1
ゴ　ム	13.5	33.8	2.5	39.3	13.9	0	1.0	12.9	78.5	12.2	0.8	0	0.1
肉　牛	1.0	30.4	19.1	36.6	57.7	13.8	3.2	13.1	6.1	5.3	7.4	0.6	0.3
羊　毛	0	20.3	18.0	33.1	22.6	0.1	0.4	4.7	7.2	7.4	13.5	34.1	38.1
牛　肉	3.7	64.0	72.8	12.4	9.4	0.2	2.9	2.0	1.3	0.2	1.8	15.3	11.8

注1）1913年から1928年の総量の年成長率。
2）ソ連を含む。
3）世界生産に関する統計。
4）世界輸出に関する統計。
出所）League of Nations, *Statistical Yearbook and International Yearbook of Agricultural Statistics.*

表6-4　世界市場でシェアが変化した商品，国別，1913-28年

国	シェアの増加[1]	シェアの減少[2]
アルゼンチン	小麦，ライ麦，大麦，トウモロコシ，亜麻仁，牛肉，石油，綿花	肉牛，羊毛
ボリビア	スズ，銀	ゴム
ブラジル		コーヒー，ゴム，カカオ
チリ	銅，羊毛	硝石
コロンビア	石油，バナナ，コーヒー	
コスタリカ	カカオ，コーヒー	バナナ
キューバ	砂糖	カカオ
ドミニカ共和国	砂糖	カカオ
エクアドル		カカオ
エルサルバドル	コーヒー	
グアテマラ	コーヒー	カカオ
ホンジュラス	バナナ	
メキシコ	銀，鉛，バナナ，コーヒー綿花	石油，肉牛
ニカラグア	バナナ，コーヒー	
パナマ	バナナ，カカオ	
ペルー	銅，銀，石油，砂糖綿花	
プエルトリコ	砂糖	コーヒー，ゴム，カカオ
ウルグアイ	亜麻仁，小麦	肉牛，羊毛
ベネズエラ	石油	金，カカオ，コーヒー
合計	41%	20%

注1）僅かな増加（0.5%以下）は無視した。
　2）僅かな減少（0.5%以下）は無視した。
出所）League of Nations, *Statistical Yearbook* and *International Yearbook of Agricultural Statistics*.

よってこの方法に磨きをかけており，そのためこの戦略は決して不可能ではなかった。世界市場で取引される商品の国内価格と資本収益率は，為替レート・輸出税・輸入関税などの変更によって変えることが可能であった。それゆえ対外的な（純交易）条件の下落は，国内の部門間交易条件（農村―都市間）の下落や輸出の収益性の下落を必ずしも意味しなかった。[33]

この時期，ラテンアメリカにとって特に重要であった主要生産物の中で，一九一三年から一九二八年の間に世界市場における輸出のシェアが〇・五％以上変化した品目は六一あった。これらのうち四一品目（全体の三分の二以上）では，市場シェアが増加した（表6-4参照）。カカオを除けば，全体の四分の三近くの品目において市場シェアが拡大した。それゆえこの貿易戦略は人気のある選択肢であった。事実，一品目もシェアを拡大させることのできなかった国は，ブラジル，エクアドル，ハイチ，パラグアイの四カ国だけであった。

市場シェア戦略は全ての種類の一次産品に作用した。北半球での農業保護の高まりにもかかわらず，アルゼンチンは八品目で市場シェアを何とか拡大した（表6-4参照）。英国の食肉市場は開放

されており、他の市場に導入された輸入制限を埋め合わせるのに十分なくらい大きかった。ヨーロッパの保護は、まだトウモロコシには及んでおらず、アルゼンチンは、世界輸出のシェアを第一次大戦前の四〇％から一九二八年の七〇％へと増加させた。小麦・ライ麦・大麦・亜麻仁といった北半球のいくつかの国で保護されていた全ての商品で、アルゼンチンが上げた利益はさらに際立っていた。亜麻仁の場合、アルゼンチンは一九二〇年代の終わりまでに世界輸出のシェアを倍の八〇％以上にまで拡大させた。

市場シェア戦略は鉱物にまで影響を及ぼした。鉱物の有する戦略的性格から、ラテンアメリカでは国内外の企業が熱に浮かされたように新しい油田・銅・鉛・スズを探索した。ベネズエラが石油においてまず先頭をきった。独裁的政府であるファン・ヴィセンテ・ゴメス（Juan Vicente Gómez）政権の気前良い契約が英米からの投資を促し、一九一三年まで石油輸出を行っていなかったベネズエラが一九二八年までには世界の石油市場において一〇％近くのシェアを獲得した。コロンビアやペルーでも、米国の投資が刺激となって、石油輸出市場におけるシェアを獲得した。エクアドルやアルゼンチンでは、石油生産の小さな一歩が踏み出されていた。しかしアルゼンチンでは、ナショナリズムが十分に強く、早くも一九二三年には、政府による石油産業の部分的管理が行われていた。

ベネズエラの石油市場シェアの拡大は、メキシコの犠牲によって成し遂げられた側面もあった。メキシコでは第一次大戦の一〇年前には石油輸出が急増していた。タムピコに拠点を置く石油産業は他の産業とは異なり、一九一〇年革命の混乱の影響をあまり受けることはなく、生産と輸出は拡大し続けたのである。一九一七年憲法は石油の国有化という不安を引き起こしたけれども、[34]カランサ（Carranza）政権は、確実に投資を行う米国系石油会社にわざわざ再保証を行った。一九二三年のブカレリ条約は、米国との間で未解決のままだった全ての争点を解決すること、そして鉱業に対する外国投資を再開させる道を開く意図があった。[35]それはある程度までは成功し、メキシコは銀と鉛の市場シェアを急激に拡大させた。しかし石油輸出は一九二一年にピークに達し、その後は着実に減少していった。メキシコ政府の美辞麗句も、外国人投資家がベネズエラの石油産業で享受した例外的な好条件に代わることはできなかった。[36]

帝国主義勢力が植民地に与えることのできた特恵のため、熱帯産物は保護主義の危機にさらされていた。すでに述べたように、アフリカのカカオ生産やアジアのゴム生産の増加により、ラテンアメリカの市場シェアはともに急速に縮小することになった（表６－３参照）。しかし米国の投資を伴った二つの熱帯産品だけは、ラテンアメリカの市場シェアを急激に増加させた。

その第一はバナナであった。この熱帯果物が目新しいものであり、ヨーロッパと北米の食卓に新たに乗るようになったため、その世界市場への輸出は急速に拡大することができた。それに加え、全ての主要なラテンアメリカの輸出業者が、市場シェアを高めようしたため、バナナ輸出は急増した。輸出は少数の外資系果物会社によって支配されていた。これらの企業は中米とコロンビアに生産を集中させようとしたが、これは低い平均生産費と例外的に有利な税制上の措置を基礎にしたものであった。最もダイナミックだったのはホンジュラスであった。この国は、一九世紀においては輸出主導型成長に成功したことはなかった。この国の輸出は殆どバナナに占められており、一九一三年からの一六年間の輸出額は他のどのラテンアメリカの国よりも急速に増加した[37]。

二番目は砂糖である。帝国特恵、そして温帯国の甜菜栽培業者を保護するという脅威が生む危険にもかかわらず、多くのラテンアメリカの輸出国は、そのシェアを拡大させた。この増加は特にキューバとプエルトリコに顕著に見られた。世界市場に占める両国の砂糖（甜菜も含む）のシェアは、一九二〇年代末には三分の一以上になっていた。これらカリブ諸国に対する投資は、主に米国の企業によってなされ、記録的な水準まで生産を押し上げ、キューバにおいては一九二〇年代半ばから生産量調整を試みることを余儀なくさせた。しかし、価格が上昇すれば、競争相手国は輸出を増加させることになった[38]。キューバが、重要な米国市場で特恵関税を享受していたとしても、競争相手国のいくつか（特にプエルトリコとハワイ）には関税が全くかけられず、また一九二〇年代終わりにヨーロッパの甜菜糖生産が復活したことで、キューバの対ヨーロッパ輸出は徐々に脅かされていた。砂糖価格は一九二七年一月にピークに達し、その後は一九三〇年まで長期間にわたって下落した。

価格を調整するために輸出量を制限する問題は、コーヒー市場においてより容易にあらわれた。ブラジルは一九一三年までコーヒーの世界輸出量の六〇%をコントロールしていた。ブラジルがコーヒー価格安定策を一九二〇年代に再開することで、コーヒーの国際価格は上昇した。しかし、ブラジルがコーヒー輸出量を制限しても、他のラテンアメリカ諸国はそれに応じず、ブラジルの犠牲の上に自らの市場シェアを拡大したのである。コロンビアと中米諸国は、ブラジルがもたらした価格上昇の恩恵を受けるのに特に成功した。両国の世界輸出に占めるシェアは、一九二八年までの一五年の間に倍になり、二〇%を占めた。このような市場シェアの上昇は、ブラジルの犠牲のみによるものではなかった。ブラジルは一九二〇年代末において も依然として世界輸出の五五%のシェアを占めていた。為替相場が高いためにコーヒー輸出の利益を失ったベネズエラもまたその市場シェアを減らしたのである。これは悪名高い「オランダ病[39]」が早い時期にあらわれた事例を示している。

以上のことからもラテンアメリカにおいて市場シェア拡大戦略は、多くの国で好んで採用され、利益をあげた。この戦略によって大部分のラテンアメリカ諸国は、一九一三年から二九年の間に、世界の輸出額の増加よりも速いペースで輸出収入を増大させた[40]。そして一九世紀から採用されてきた輸出主導型モデルをさらに強化したのである。対外的な交易条件の悪化は、農村部に有利になるように国内の交易条件を操作することで相殺することができた。長期間にわたって進展し続けてきた輸出主導型成長にとって第一次大戦とは単に一時的な挫折に過ぎないという幻想を、一九二〇年代、多くの国が抱いていた。

しかし市場シェア拡大戦略は問題をはらんでいた。一九二〇年代末に深刻な不況が起こることは誰も予想していなかったが、北半球での農業保護や植民地に与えられた特恵の危険性は、誰の目にも明らかであった。市場シェア拡大戦略によって、多くのラテンアメリカ諸国は、世界市場の状況変化に対して非常に脆弱になってしまった。不況の危険性が出てくることでその脆弱性は疑いなく高まった。一九二八年までにアルゼンチン、ボリビア、ブラジル、チリ、キューバ、ホンジュラス、メキシコでは、少なくとも一品目において世界輸出の二〇%以上を支配していた(41)。そしてアルゼンチンは、殆ど全ての輸出品において世界市場への主要な供給国であった。

輸出ブームは、多くの国において輸出部門に対する自国の支配権を大きく失わせることになった。一九一三年から二九年の間に年率五%以上で輸出額が増大した国(コロンビア、ドミニカ共和国、ホンジュラス、パラグアイ、ペルー、プエルトリコ、ベネズエラ)では、輸出部門に対する外国の進出が特に目立った。これらの外国投資は、世界需要が比較的急速に増加している全ての品目(たとえば石油・銅・バナナ・砂糖)に対してなされた。これらの品目の市場シェア上昇に伴って、外国が所有する飛び地がしばしば支配的な位置を獲得した。当時の外国投資家に対する非常に寛大な契約は、収益の多額の送金と当該国にとっては低い税収入をもたらした。これによって多くの国では輸出の成長に伴って還元される収益を減少させ(42)、輸出主導型モデルが持つ非輸出部門への刺激を減退させた。

輸出産業から自国経済への還元額に関する詳細な研究は殆ど存在しない。しかしペルーのセーロ・デ・パスコ銅会社(Cerro de Pasco Copper Corporation)に関する綿密な実証研究を利用することができる。この巨大な鉱物企業は、二〇世紀初頭にペルーの資本家から買収し、一九二〇年代にはペルーでの生産活動によって約二〇〇〇万ドルの総収益をあげた(43)。ペルー国内の労働者・仕入れ業者・政府(税金の形で)への支払いは、平均すると一〇〇〇万ドルであった。従って還流額は記録された収入の五〇%を占めていた。その差額は輸入と海外への収益送金となった。これは必ずしも例外的な事例ではなかった。事実、ベネズエラの石油産業が自国に還元した額は総輸出額のごく一部に過ぎなかった(44)。

市場シェア戦略は報復の危険性にもさらされていた。ラテンアメリカの利益と損失がほぼ相殺されていたコーヒーを除いて、多くの国が輸出を強化したことは、この地域全体が他の大陸から広範囲に及ぶ一次産品の市場シェアを奪い取ってきたことを意味する(表6-3参照)。一九一三年以降の脆弱な地政学上の状況下で、そして保護主義の脅威が高まっていることが認識されている中で、他の地域がラテンアメリカからの輸入品を差別したり自国の一次産品生産者への援助を通して報復してくることはないと考えるのは非現実的であった(45)。

市場シェア戦略は全ての事例において成功したわけではなかった。実際、ラテンアメリカのいくつかの国では、一九二九年までの一六年間に世界貿易が拡大するのに歩調を合わせて輸出収入をあげることにすら失敗していた。さらに第一次大戦後に形成された新しい国際経済秩序における輸出主導型モデルに隘路があったことがはっきりしてきた。商品価格の不安定な性質、作物病の危険性、合成製品との競争などは、輸出部門の必要性を優先して政策が決定されてきた国に対してすら輸出収入を大きく変動させる可能性があった。

輸出価格の不安定性は、ボリビアの輸出収入が不調であった主要な原因であり、キューバの貿易実績がさほど芳しくなかった背景でもあった。両国の貿易量は急速に拡大した。ボリビアはその主要輸出品であるスズで市場シェアを増やしたし、キューバは砂糖のシェアを拡大した。しかし一九二〇年代末まで、価格は第一次大戦前に記録された水準よりも僅かに高くなっただけであり[46]、輸出額は緩やかに成長したにすぎなかった。キューバの輸出収入の上昇は世界平均に近い割合で増加したにもかかわらず、一九二〇年代末における同国の立場は非常に弱かった。その背後にはヨーロッパ諸国の甜菜糖生産者に対する保護政策、帝国特恵、主要市場である米国がプエルトリコやハワイから輸入したことなどがあった。一方ボリビアでは、スズ王シモン・パティーニョ(Simon Patiño)による寡占支配体制の下で、輸出の減少が見られた。彼は英国でのスズ精錬部門への投資を抜け目なく行っていた[47]。一九二〇年代にパティーニョが彼の事業をヨーロッパに移すにつれて、スズ産業のボリビア経済への貢献は小さくなっていったけれども、ボリビア資本は、スズの採掘だけでなく、その加工によっても収益をあげていた[48]。

作物病も輸出主導型成長を維持しようとする努力を台無しにする要因の一つであった。コスタリカのバナナ産業は、一九二〇年代のパナマ病の広がりによって打撃を受けた。世界市場に占めるコスタリカのシェアは、一九一三年の一五・六%から一九二八年の六%に急激に落ち込んだ。果物会社にとって、作物病の拡大を防ぐ最も簡単な「解決方法」は、処女地に新しいプランテーションを開発することであった。たとえこれが別の国に生産を移転することを意味するとしてもである。コスタリカにとって幸運だったのは、バナナの崩壊を相殺するまでにコーヒーによる収入が急速に増加したことである。そして全輸出収入は世界平均以上で成長した。エクアドルは幸運ではなかった。カカオプランテーションでの作物病の蔓延によって、同国はあまり主要でない輸出国となり[49]、他の輸出(コーヒー・金・石油を含む)も外貨獲得の減少を防ぐほど十分には増大しなかった。

合成製品との競争から最も影響を受けた国はチリであった[50]。硝石産業は、英国資本が重要な役割を果たしており、第一次大戦中には高価格を享受していた。そして硝石輸出は、全輸出の七〇%を占め続けていた。戦争終結による需要の崩壊は、英国人投資家が他の資本家(主要な部分はチリ人)に事業を売却する動きを促し、一九二〇年代には硝石産業は復活した[51]。しかし ドイツ化学工業の技術進歩によって競争価格で硝酸を生産することが可能となり、チリの硝石業は両大戦間期の不況によって最終的につぶれてしまった。一九一三年以降の銅産業の目覚しい成長は、チリにとって硝石輸出のダイナミズムの喪失を埋め合わせるまでになり、大いに発展した。しかし一九一三年以降一五年間の輸出収入の成長は依然として世界平均を僅かに下回っていた。

ブラジルとウルグアイは、輸出収入成長が世界平均よりもはるかに下回った国ではあったが、一九一三年から二八年の間にNBTTは改善された。すなわち輸出収入の実績が望ましくなかったのは、明らかに外国に販売された商品量が実際に停滞したからである。従ってこれら二つの国は、一九三〇年代までのラテンアメリカで追求された輸出主導型成長の部分的例外を示している。

ブラジルの輸出の停滞は、東アジアのプランテーションとの競争に破れたことによるゴム輸出の減少、そしてコーヒー価格安定策が原因であった。しかしながら、世界市場に出荷されるコーヒー輸出量を制限しようとするサンパウロ州政府の様々な努力はコーヒー価格に著しい影響を及ぼし、コーヒーから得られる実質所得は着実に上昇していった[52]。従ってブラジルの産業の大部分が位置しているサンパウロ州では、輸出部門からもたらされる有効需要が増加し、コーヒー産業から非輸出産業へ資源を移転させようとする政策が奨励された。この力強い組み合わせは、この時期のブラジルの工業化を説明する上で重要な要因である[53]。

食肉・肉エキス・皮革・羊毛などといったウルグアイの主要輸出品は高価格であったにもかかわらず、一九一三年から一五年間の輸出量は実質的に変化しなかった。この背景には第一次大戦期の輸送問題が部分的にあり、一九二〇年代半ばには輸出量は若干増加した。しかし食肉産業のカルテル化が生産増加を阻む重要な要因であった。外国資本によって支配されていた食肉冷凍加工会社（frigoríficos）は、アルゼンチンの同業者と協力して、主要な市場であるロンドン向けの貨物スペースの分配を行う食肉プールを形成した[54]。プールは食肉加工業者に対し、牧畜業者との価格交渉における優越権を与えた。牧畜業者にとって、「一九二〇年代は、外資系食肉冷凍加工会社の行動に対する幻滅と恨みの一〇年間であった[55]」。

ウルグアイの事例に関しては、バッイェスモ（Batllismo）のイデオロギーについてさらに考察をしなければならない。ホセ・バッイェ・イ・オルドーニェス（José Batlle y Ordóñez）は、二〇世紀初頭にウルグアイの大統領を二期務めた。そして一九二九年のその死まで彼はウルグアイの象徴であった。彼は都市の中産階級の代表であり、都市部への福祉サービスに必要な資金獲得のためには農業への課税をためらわなかった。バッイェスモによって農産物輸出が弱められたという証拠はないが、輸出主導型成長を目指す他の国に比べて税率ははるかに高く、バッイェスモのイデオロギーは確かに非輸出部門の都市部の活動を活発にした。食肉プールの実施とも相俟って、バッイェ政権期のウルグアイは、その小さな規模にもかかわらず、ラテンアメリカ諸国の中で最初に伝統的な輸出主導型の経済成長から方向転換した国であることは疑い得ないであろう。[56]

▼外国為替レート・金融・財政改革

輸出額の増加を重視する輸出主導型モデルは、輸出部門それ自体の盛衰を反映する激しい変動にさらされていた。財政金融システムも循環を抑えるという形では実施されておらず、輸出部門から発生する変動を助長し、為替レート・価格・名目所得を不安定にした。

財政システムは景気の変動を強める特徴を持っていた。輸入額は輸出額に歩調を合わせて推移する傾向がある。政府の歳入も大部分を関税に頼っていた状況なので、政府歳入・歳出は対外貿易に合わせて動く傾向があった。同時に、外国貿易額のいかなる増加（減少）も、輸出入の動きに大きく依存している商業や輸送といった他部門の純産出額の増加（減少）を引き起こした。このように実質経済もまた、名目輸出額の変化に合わせて循環しながら推移する傾向があった。

輸出額の変化も、マネーサプライの変化と強い相関関係があった。輸出が増加（減少）するにつれて、外国為替は国内に流入（国外に流出）する。輸出主導型成長を行っている国においては、「海外からもたらされる」通貨がマネーサプライ全体に占める割合が非常に高くなる傾向があったので、財政赤字や国内信用の創造を通じた「国内から生み出される」通貨の減少（増加）により、海外からの資金の動きを簡単に相殺することはできなかった。[57]

景気循環を助長するという通貨政策の性質は、金本位制を実施していたラテンアメリカ諸国においては特に深刻であった。この制度は国際収支均衡の問題を自動調節によって徐々に解決していくように設計されていたからである。国内信用を過度に創造する結果、国際収支赤字を抱えた工業国は、金の流出、マネーサプライの減少、そして価格の下落を経験するだろう。こうして工業国は、新たな国際収支均衡を達成するために輸出を増加させ輸入を減少させることが可能となる。金本位制に対しては後に批判が向けられることになったものの、第一次大戦前のそれは、工業国においてはうまく機能しており、[58]ラテンアメリカ諸国は当然それを同様に採用すべきだと考えられたのであろう。

不幸にして、この議論は二つの間違った考え方に基づいている。第一に、ラテンアメリカにおける国際収支均衡問題は、通常一次産品の世界市場の不安定性から発生した。この問題は一般的に、国内金融の無秩序から起こったのではなかった。例えば金の流出は、価格に影響することで輸出が拡大したわけでは必ずしもなかった。従って国際収支の是正は、殆ど全ての場合、輸入削減によって達成されなければならず、このことが国内の実質経済活動の水準に悪影響を与えた。第二は、金本位制は、世界価格の水準にしたがって輸出額が大きく変動せざるを得ない国を想定しては設計されていなかった。例えば金の流入は、一時的な価格上昇を引き起こして、輸出価格が下落したときには維持できないような水準にまであっさりと輸入を増加させるのである。

おそらくこれらの理由のため、ラテンアメリカ諸国は、第一次大戦前には金本位制採用に慎重になったのである。金本位制を採用した国では、金が流出している時期には、外国為替取扱所が兌換を延期する傾向がみられた。このようにして国際収支の赤字のデフレ効果を軽減し、為替レート調整という責務をかわしてきたのである。[59] 金が流入している良い時期には、各国は金本位制の正統的な教えを守ろうとした。しかし悪い時期には、過度の金流出に依存した形で国際収支均衡を回復することには、あまり積極的にはなれなかった。さらに、このように金本位制のゲームのルールを都合良く解釈することに対し、国際的な圧力はそれほど深刻な障害とはならなかった。

一九一四年の金本位制停止は、輸出主導型モデルを採用していた国に、非常に不安定な時代に突入したことを告げた。ヨーロッパで戦争を遂行する必要から船舶の輸送スペースが再配分されたため輸入量は減少し、輸入品価格は高騰した。多くの国では、輸入量の動きにそって政府の歳入が下落し、厳しい財政危機を生み出し、財政赤字が当たり前となった。外国からの借款が途絶えたため、国内で資金を調達して赤字を埋め合わせなければならなかった。このため、輸入品価格の高騰によってもたらされたインフレに加えて、しばしば物価が上昇した。[60] メキシコでは、一九一三年から一六年にかけての革命期の混乱の中で、金銀の裏付けなしに紙幣が増刷されたため、インフレ圧力はきわめて大きな水準にまで達した。[61]

不安定の更なる要因は、通貨の変動からも来ていた。金本位制度が停止された状況下では、米ドルと結びついていた通貨（例えばキューバ）だけが通貨の不安定性を避けることが期待できた。それ以外では、輸出部門の問題と一致する形でドルに対する通貨の価値が下がり、輸出収入を増加させることができるか否かによって為替レートは上下した。チリやペルーといった戦略物資の輸出国では、第一次大戦終結時には自国通貨の価値が上がった。一方、ブラジルやコスタリカのようにあまり重要でない物資の輸出国ではさらなる通貨価値の下落に苦しんだ（表6－5参照）。

輸入インフレ、国内で資金を調達することで生じた財政赤字、そして通貨価値の低落が組み合わさって、国内の物価水準は上昇した。この状況はヨーロッパや北米でも生じたのだが、ラテンアメリカではより大きな社会不安を生み出した。都市部の中間層を含む労働者は、自らの実質賃金をあまり維持することができなかった。戦時の犠牲的行為を宣伝することも効力をもたなかった。社会不安はしばしば暴力を伴い、特にアルゼンチンでは「悲劇の一週間」(la semana trágica)[62] の間にそれが顕在化した。第一次大戦終結までに、政治不安の雰囲気がこの地域に充満していた。

ヨーロッパの戦争が終結すれば未解決の経済問題を取り除く

表6-5　対米ドル為替レート，1913，18，23，28年

国	通貨単位	1913	1918	1923	1928
アルゼンチン	Paper peso	2.38	2.27	2.86	2.38
ボリビア	Boliviano	2.57	2.44	3.23	2.86
ブラジル	Milreis	3.09	4.00	10.00	8.30
チ　リ	Paper peso	4.50	3.45	8.33	8.33
コロンビア	Peso	1.00	0.94	1.05	1.02
コスタリカ	Colón	2.15	4.55	4.55	4.00
キューバ	Peso	1.00	1.00	1.00	1.00
ドミニカ共和国	Peso	1.00	1.00	1.00	1.00
エクアドル	Sucre	2.05	2.56	4.76	5.00
エルサルバドル	Colón	2.43[1)]	2.43[1)]	2.04	2.00
グアテマラ	Peso	20.00	35.00	60.00	1.00[2)]
ハイチ	Gourde	5.00	5.00	5.00	5.00
ホンジュラス	Peso	2.50	2.00	2.00	2.00[3)]
メキシコ	Peso	2.00[4)]	2.00	2.04	2.08
ニカラグア	Córdoba	1.00	1.00	1.00	1.00
パナマ	Balboa	1.00	1.00	1.00	1.00
パラグアイ	Peso	1.43[5)]	1.00	1.27	1.04
ペルー	Libra	0.21	0.19	0.24	0.25
ウルグアイ	Peso	0.96	0.83	1.27	0.97
ベネズエラ	Bolívar	5.27	4.55	5.26	5.26

注1）Silver Peso。
2）Quetzal（60pesoと同価値）。
3）Lempira。
4）1911-12年のデータ。
5）1910年のデータ。
出所）1913年のデータはMills (n. d.), Young (1925), およびPan-Amerikan Union (1952)。1918，23および28年のデータはWilkie (1974)。

ことになるだろうという期待は、一九二〇年から二一年の厳しい不況によって消えてしまった。幸いにしてこの不況は短かったが、貿易によって引き起こされる不況は、輸出主導型モデルが景気の変動を大きくする性質を持っていることを強く印象付けた。世界市場における一次産品価格の崩壊は、再び外国為替の流出を招き、マネーサプライを減少させ、輸入を減らし、政府の歳入を減少させることとなった[63]。最も劇的だったのは、米ドルと固定リンクをとっていなかった殆ど全ての国で見られた通貨価値の下落である（表6-5参照）。例えばブラジルとエクアドルでは、それぞれの通貨の名目価値が、一九一八年から一九二三年の間に半分になった。

一九一三年以降、輸出が極端に不安定になると、ラテンアメリカ諸国の政府は、輸出主導型モデルが悪い方向に行き過ぎる要因を取り除くためには、金融および財政改革の方がより望ましいと考えるようになった。通貨の不安定性は、最大の問題の一つであると認識されていた。固定為替相場への復帰（あるいは採用）は、新しい正統的な考え方の象徴となった。新たに国際連盟[64]が結成されたことで金本位制が強調されることとなり、ラテンアメリカ諸国に対して、金本位制に参加し、そのゲームのルールに従って行動すべく圧力がかけられた。

しかしながら通貨の不安定性は、必ずしも全ての人の関心事ではなかった。輸出業者と国内の債務者は、通貨価値の下落によって利益を得ることはよく知られていた(65)。そしてこのことは第一次大戦前にいくつかの国（例えばチリやグアテマラ(66)）が金本位制に参加できなかった理由だとしばしばいわれてきた。しかしながら通貨の不安定性は、通貨価値の下落と同時に通貨価値の上昇をもたらし、一九一三年以降の通貨の動きに伴う不確実性は、固定相場制採用に反対する勢力を減らしていった。さらにラテンアメリカでは都市中間層が社会勢力として台頭してきており、彼らは明確に通貨の安定を望んでいた(67)。一九二〇年代の各国政府は、この社会階層の利益を考慮に入れ始めたので、伝統的な外国為替レート管理を支持する合意ができ始めた(68)。

カリブ海のいくつかの小国にとっては、米国が固定相場を望んでいたことが、自国通貨を安定させなければならない最も重要な要因であった。米国は戦時期から国際経済および金融において自らの地位をより強める形で登場してきた。中米やカリブ諸国に対する米国の影響力は大戦前から目立っており、大戦後にそれは明白なものになった。一方、メキシコや南米でさえ、米国が安定的な為替レートを望んでいることに対して注意を払ってしかるべき理由があった。米国はいち早くラテンアメリカに対して、有価証券投資・直接投資の両方で主要な資金供給源となっており、為替レート安定をもたらす改革を行うことは、あまり痛みを伴うことなく米国資本の流入に対し門戸を開放する方法であった。外国資本への需要は高まっており、また伝統的な供給源（特に英国、フランス、ドイツ）からの資金供給は戦後の経済的困難から制限されていたので、米国が金融・財政改革を望んでいることに対し完全に無関心でいられる国は一つもなかった。

少数の国では、通貨の安定は戦時期から一九二〇年代を通じて続いていた（表6-5参照）。しかし例外なく、これらの国（キューバ、ドミニカ共和国、ハイチ、ニカラグア、パナマ）は全て、米国の半植民地であり(69)、そこでは米ドルが自由に流通し、通貨政策は完全に受身であった。他の国では、第一次大戦後にようやく為替レートが安定した。そのうち殆どのケースでは一九二〇―二一年不況の後に達成された。他のいくつかの国（特にアルゼンチン、ボリビア、ブラジル、エクアドル、ペルー）では、一九二七―二八年まで通貨の安定は見られなかった。しかし一九二九年までには、全てのラテンアメリカ諸国は、米ドルに対する自国通貨の為替レートを安定させたのである(70)。

為替レートの安定は、通常、金為替本位制の採用によってもたらされた。周辺国にとってこの制度は、現地通貨と金の交換との保証は既に必要ではなかったので、金本位制よりも厄介ではなかった。その代わりに金為替本位制では、各国通貨をドルのような外国通貨と交換することを可能とした。ドルは金と十分に交換可能であったからだ(71)。しかし金為替本位制は、それ自体問題を抱えていた。ホンジュラスやメキシコのように、歴史的理由から交換の媒介物として銀貨が好まれてきた国では、一九二〇年代に銀に対する金の価格が高騰し始めたので銀の価値の下落に苦しむことになった。これによって金貨が流通から引き揚げられてしまうので、銀貨を減らして金貨の鋳造を増やすことでしか埋め合わせることができなかったのである。[72]

ラテンアメリカにおける第一次大戦前の金本位制は、為替管理当局による金流出の停止措置の結果、しばしば機能しないことがあった。戦後の新しい状況下では、このリスクを軽減するために、銀行機関、金融監督、そして銀行規制を新たに作るという金融改革が行われ、為替レートの安定化が図られた。この変化を最も典型的に示しているのは、アンデス諸国における中央銀行の設立である。[73]これらの国の多くは、一九一四年以前には、あまり正統的ではない為替管理が行われていた。

これらの中央銀行の設立は大抵、米国の学者で金融経済の専門家であるケメラー（E. W. Kemmerer）の訪問に先駆けて行われていた。ケメラー使節団は、米国国務省と財務省とは独立したものであったが、しかし両省は共に、ケメラーと彼のチームが決まって提案した金融財政改革を好意的に見ていた。事実、ケメラーの訪問は、将来米国から借款（さらに民間部門からの貸し付け）を受けるために必要な前提条件であると、しばしばみなされていた。またケメラーは自らの改革プランを採用した国に対する民間部門からの融資を引き出すために、しばしば強力にロビー活動を行った。[74]

ケメラー使節団が成功したのは、発生していたと思われる変化と彼の提言が一致していたことが大きな要因であった。ケメラー使節団を迎えなかった国（たとえばブラジル）でも同様の改革を行った。[75]ラテンアメリカ全体をみると自由な銀行システムはなくなり、一つの銀行（もしあれば中央銀行）に対して銀行券発行の独占権が与えられ、これによって政府が財政赤字を紙幣増刷で埋め合わせることは難しくなった。

一九二〇年代の金融制度改革はきわめて正統的であった。その主な目的は、為替レートの安定や金為替本位制を支える制度的枠組みを提供することにあった。この制度改革の実施過程においては、政府には景気循環を阻止する通貨政策を実施することは許されず、外国為替の急激な流入がマネーサプライや国内の物価水準に与える影響を遮断する技術はきわめて原始的であった。英国と米国は一九二〇―二一年不況後のほぼ一〇年間、物価の安定期を過ごしたが、多くのラテンアメリカ諸国は、通貨安定後も物価の急激な変動に悩まされていた。[76]

為替レート目標の採用は、金融システムだけでなく財政政策とも密接に関係していた。財政赤字は、インフレ的な手法によって資金が充当されたので、通貨の安定性を損なうことになり、歳入増加への圧力が強くなった。しかしながら、歳入は貿易の循環と密接な関わりがあったので、政府の収入の安定性を強化するためには、税の基盤をより広くしなければならなかった。このように金融・通貨改革を補完するためには財政改革が必要とされたのである。

これら全ての議論は、輸出入に直接結びついていない新しい税金の必要性を提起した。その有力候補は、所得・財産・販売

表6-6　歳入，1929年頃

国	歳入額		構造（%）			
	合計（100万米ドル）	一人当たり（米ドル）	輸入関税	輸出関税	直接税[2]	間接税
アルゼンチン	308.3	27.5	45.7	2.4	3.6	0
ボリビア	17.8	5.9	32.3	13.7	9.0	n/a
ブラジル[1]	282.1	7.2	43.9	0	4.0	3.1
チ　リ	148.1	34.0	30.0	24.3	17.7	12.6
コロンビア	73.2	9.2	54.0	0.5	4.9	3.6
コスタリカ	8.9	18.0	56.8	7.9	2.8	0
キューバ	79.3	22.1	50.3	4.5	5.7	5.5
ドミニカ共和国	15.4	15.0	32.5	n/a	n/a	n/a
エクアドル	12.1	6.1	32.9	6.4	6.6	1.8
エルサルバドル	13.5	7.8	50.7	11.9	5.2	0
グアテマラ	15.4	7.2	47.4	13.6	1.3	0
ハイチ	8.5	3.4	59.5	23.1	1.9	1.2
ホンジュラス	6.9	9.8	58.6	1.3	0	0
メキシコ	146.0	9.7	37.7	3.5	6.7	6.7
ニカラグア	6.6	10.1	58.6	1.2	0	0
パナマ	6.5	13.0	48.8	1.6	4.7	0
パラグアイ	5.8	6.9	49.3	10.0	6.9	0
ペルー	56.2	9.1	27.7	6.5	10.3	6.0
ウルグアイ	61.3	34.1	40.8		19.2	1.2
ベネズエラ	44.5	14.4	51.1	0	20.1	0

注1）連邦政府。
　2）所得税を含む。
出所）Council of Foreign Bondholders (1931); League of Nations (1938).

税であった。しかし殆どの国では税制改革はこの方向では進展しなかった。一九二〇年代末までには貿易税の占める割合は、ラテンアメリカ全体を通じて非常に高い値を示していた（表6－6参照）。所得税が政府歳入の五％以上を占めていた国は、ほんの数カ国に過ぎなかった。ウルグアイとベネズエラは直接税からの収入が大きかった。ウルグアイの場合は、バッイェスモと結びつく形での、累進的な税率（主に不動産に対する課税）に拠るものであった。ベネズエラは、石油輸出と結びついた巨額な利益の僅かな部分を歳入として獲得していた。しかし一人当たりの歳入（表6－6参照）で計った場合、財政面での努力は依然としてあまり大きくはなく、多くの国の歳入は、一人当たり一〇ドル前後が一般的であった。アルゼンチン、チリ、ウルグアイだけが、公共部門の収入で一人当たりで二五ドルを超えた。しかしアルゼンチンは一九一五年の白熱した議会での審議の後、所得税導入は否決され、その代わり輸出税が開始された。[77] 他の多くの国では、たくさんの控除により所得税からの収益は低くなった。

　財政改革を進める上での別の障害は、対外債務支払いであった。第一次大戦前・戦中・戦後の緊迫した国際情勢の下で、主にヨーロッパ列強に対する債務支払いが履行できなければ、ヨーロッパ諸国が西半球へ介入する口実を与える可能性があった。これはモンロー・ドクトリンへの潜在的な挑戦を意味しており、二〇世紀に入ってから引き続いて米国は債務支払いを確実なものにするため自らの影響力を行使するに至った。これを行うための最も効果的な方法は、対外貿易で得た収入を対外債務支払いに充当することをラテンアメリカ諸国に誓約させるように強く主張することであった。このように、債務不履行に逆戻りするのを防ぐために、多くのラテンアメリカ諸国の関税事務所に多くの米国政府の役人が派遣された。事実、一九二〇年代半ばまでには、二〇のうち一〇カ国において米国政府の役人が「すでに監視業務を行っていたか、その時点で行いつつあった(78)」。

債務利払いを重視することによって、政府は貿易税への依存を減らすことが難しくなった。なぜなら、そのほかの税と異なり、貿易税は金で支払うことが可能であったからだ(79)。戦時期のインフレーションによって全歳入に占める輸入関税の割合は急激に低下したにもかかわらず、一九二〇年代にはこの割合は急速に回復した。一九二〇年代末には、政府の全収入に占める貿易税の割合は、一九一三年を大きく下回ってはいなかった。従って歳入は、依然として輸出額の変動の影響を大きく受けていた。それゆえ財政改革はためらわれ、政府が景気循環に対抗する財政政策を追求することは非常に困難なままであった。

財政改革がためらわれた理由の一つは、ラテンアメリカ政府の一部で、外国からの借款を使えばインフレを起こすことなく財政赤字を穴埋めすることができるという認識が広まっていたからである。米国が資本余剰国として登場してきたことで、政府・州・市への借款という形で米国からラテンアメリカへ大量の資金が移動した。他の資本輸出国は、米国の対ラテンアメリカ貸し出しの爆発的な増大に対抗することができなかった。そして一九二九年までに米国は、アルゼンチン、ブラジル、パラグアイ、ウルグアイを除く全てのラテンアメリカ諸国にとって最重要の投資国となったのである。

この資金の流入は、不名誉にも「民衆の小躍り」といわれるように、ときどき資金受入国の消化能力を超えて、汚職や腐敗がおびただしくなった。一九二七年にペルーは、同国の総輸出額の五〇%以上に相当する資金を証券投資の形で受け取った(80)。一九二六年から二八年の間、米国だけで正味一〇億ドル以上の資金をラテンアメリカに輸出しており、その大部分は対政府融資の形が取られた(81)。痛みを伴う必要のある財政改革を避けるために外国資金に頼りたいという誘惑は強いものだった。これはコロンビアのように、海外からの資金を生産的な資産への投資(例えば社会資本など)に使った国でも同様であった(82)。

伝統的な外国為替管理、保守的な金融改革、そして決断力に欠ける財政政策の組み合わせは、不安定性が増大する一次産品の世界市場への対応としては不十分であった。外国資本、特に米国資本の流入を促したにもかかわらず、ラテンアメリカは対外的なショックに危険なまでに傷つきやすい状態のままであった。このことは一九二〇年から二一年にかけてはっきりと示され、一九二九年以降はより悲惨な形で繰り返された。さらに対外交易条件が悪化している時期には、殆ど全ての国において、金融・財政改革に対して及び腰になり、輸出部門経済から非輸出部門経済に資金をシフトさせることができなかった。小国では、自国の非輸出部門が弱いため「成長のエンジン」にはなり得ないことを自覚しつつ、一九三〇年代の不況に突入した。一方、大国の非輸出部門は、依然として資金の不足、貧弱なインフラ、そして一次産品輸出を重視する政策環境という悪条件に苦しんでいた。

▼外的ショック・相対価格・製造業部門

ヨーロッパで戦争が勃発するまでに、アルゼンチン、ブラジル、チリ、メキシコ、ペルー、ウルグアイでは近代的な製造業がすでに確立されており、コロンビア、ベネズエラでは工業化がささやかではあるが始まっていた。国内市場向けの産業の登場には多くの要因が絡んでいた。需要側の要因としては、輸出主導型成長の副産物である都市集中によって、賃労働者や増大しつつある中間層を基盤に置く市場が拡大した。市場が拡大するにつれて生産の単位原価は下落したので、広範囲にわたる貿易財の輸入に対し、現地企業は容易に競争することができた。都市集中がそれほど大きくなかった小国は不利な立場に立ち、輸出向けの原料加工に従事する工場を除けば近代的な工場生産は、第一次大戦前には非常に限られていた。例外はウルグアイであった。ウルグアイでは一人当たりの輸出が非常に多く、都市部を重視する経済政策が実施されたので、多くの工業製品の生産を受け入れることができる十分に大きな市場を持つ都市化社会を生んだのである。[83]

社会的なインフラの発展は、近代工業を促進させたもう一つの重要な要素である。国内の輸送網が発達するにつれ、従来農村部人口の必要を満たしてきた伝統的な職人・手工業部門生産に対し、近代的な工業の生産物はより容易に競争を開始することができた。第一次大戦前のコロンビアの劣悪な輸送システムは、近代的な製造業の出現に対する大きな障害となった。一方メキシコの工業は、ポルフィリアート期の鉄道網の拡大からかなりの恩恵を受けた。公共施設や金融機関の増加も、近代的な工場を出現させる上で重要な役割を果たした。

工業が勃興する上で重要となる第三の要素は相対価格であった。生産は主に国内市場向けであったので、競合する輸入品の国内価格の変化に対し収益は敏感に反応した。例えば関税の引き下げ、為替レートの切り上げ、あるいは世界価格の下落などによって輸入品の価格が下がった時には、国内生産は悪影響を受け、工業資源が流出した。逆に輸入品の実質国内価格が上昇した時には国内生産は促進され、工業は経済の他部門から資源を引き寄せた。

一九一四年以前に近代的な製造業が勃興してきた「正常な」環境は第一次大戦によって破壊された。第一の大きな変化は、海運やその他の障害によって輸入が減少したことであった。競合する輸入品を遮断したので、現地の工業はもはや相対価格を同様に心配する必要はなくなった。事実、輸入品にかかる関税は輸入割当に代わり、商品が売り切れるまで国内価格は無制限に値上げされた。しかし輸入制限は全ての生産物に適用されたので、企業が自らの生産能力を高めるために必要な資本財の輸入が不可能になることもよく起きた。従って多くの場合、既存の生産能力をより徹底的に利用することで需要が満たされなければならなかったのである。しかもこのことは常に可能であったわけではない。

需要は戦争の影響も受けた。殆ど全ての国では戦争の直接的な影響は、輸出額の減少であった。輸出額が減ると、乗数効果によってさらに輸出が減り、工業製品に対する国内需要は減少した。このことから工業生産の減少が起こると考えがちであるが、それは必ずしも事実ではない。近代的な製造業は三つに区別しなければならない。第一は、アルゼンチンやウルグアイの食肉冷凍加工会社のように輸出向けの一次産品加工部門である。この部門は輸出額の下落によって明らかにマイナスの影響を受ける。第二は、パンやレンガといった非貿易財、あるいはマッチ・タバコ製品のように国内市場においてすでに輸入品に取って代わり、実質的に非貿易財になっている商品を生産している部門である。この部門の生産は輸入品とは競合しないので、国内需要の減少は自動的に生産の減少をもたらす。第三は、繊維・靴のように輸入品と競合する貿易財を生産する部門である。輸入が需要よりも急速に減少するならば、この部門の生産は上昇することが予想されうる。このように製造業の生産の変化の方向は、輸出額が減少したということからだけでは、容易に予測することはできない。さらに輸入制限は他のラテンアメリカ諸国からの輸入には適用されなかったので、近隣諸国に輸出することで、制限を受けることなく生産は拡大した。

ヨーロッパでの戦争が激化するにつれて、戦略物資に対する需要は拡大した。価格は高騰し、ラテンアメリカのいくつかの国では、輸出収入やＮＢＴＴの目覚しい改善を享受した。競合する商品の輸入制限が続いたこともあり、十分な工業生産能力を持つ国は、大規模な投資をせずに生産を拡大させる強い刺激を受けた。しかしそれほど大きな工業生産能力を持たない小国は国内生産を拡大させることはできなかった。刺激は単純に価格の高騰を招いただけであった。

各国の立場は米国との距離によってさらに複雑になった。ヨーロッパから大部分の輸入を受け入れている国は、輸入制限から最も深刻な影響を受けた。中米やカリブ諸国は、輸入制限の影響をあまり受けなかった。なぜなら第一次大戦前に米国がすでに主要な供給国になっており、さほどの困難もなくヨーロッパからの輸入品に代わることが可能だったからである。このようにこれらの小国では依然として、海外から資本設備を購入することが可能であったけれども、競合する輸入品の減少に伴い工業生産への刺激はなくなった。全てのラテンアメリカ諸国に対する米国の輸出は増加したが、アルゼンチンのようにそれまで米国からあまり物を購入してこなかった国にとっては、ヨーロッパからの輸入の減少を埋め合わせることはできなかった。その結果、南米南部諸国にとって、輸入制限による国内製造業への刺激はより重要となった。

次に第一次大戦中のラテンアメリカにおける製造業部門の実績に眼を向けてみよう。これはかなりの注目をあび、かつ激しく議論がなされた論点である。[84] まず最初に注目すべき点は、製造業部門の生産能力を殆ど持たない国は、戦時下においても大して発展しないという一般的な認識である。これら中米、カリブ諸国、ボリビア、エクアドル、パラグアイといった小国は、輸出実績に沿ってその経済の富が変化するという伝統的な輸出主導型成長モデルを採用し続けていた。コロンビアやベネズエラでは、第一次大戦前になされた繊維、靴、セメント、食品加工業に対する投資を基礎に、ある程度の生産増加が見られた。しかし製造業の進歩は依然として小さかった。[85] 一方、メキシコの工業の実績は、大戦それ自体よりもむしろ革命の大混乱による衝撃によって説明することができる。飛び抜けて重要であった繊維産業部門の生産は、一九一三年から一八年の間に三八％減少した。そして一九二一年までは、製造業の生産は依然として、一九一〇年の水準を九％下回っていた。[86] 市民戦争、一九一三年から一六年のハイパーインフレーションによる実質賃金の崩壊、そして社会的インフラ（特に鉄道）への打撃は需要を減少させ、輸入制限によってもたらされたであろういかなるプラスの刺激をも減退させてしまった。[87]

輸出の増加と輸入制限の両方に直面した国は、製造業の実績を上げる上で特に都合が良かった。その場合、輸入品と競合する企業のみならず、輸出に直接結びついていた企業や国内市場向けの非貿易財を販売している企業に対しても、戦争はプラスの刺激を与えたのである。チリとペルーは、戦争開始時には一時的な輸出減少に見舞われたものの、このような状況にあった。工業生産に関する統計はあまり信頼性がない。しかし全ての指標は、一九一四年以降、チリの生産が急上昇していることと、そして資本財輸入の問題があったにもかかわらず多くの企業が新たに設立されたことを示している。[88] ペルーのデータはさらに不完全である。しかし輸入競合部門（特に繊維と靴）は拡大した。そして戦争中においても企業が新たに設立されたことをいくつかの証拠が示している。一九〇五年から一九一八年の間に工場の数は二倍になっており、この増大が全て一九一四年以前に起こったと考えるのは困難である。[89]

アルゼンチンとウルグアイの事例は、輸入減少が工業化を促進させたという説明を支持するようなものをあまり与えてはくれない。両国とも船舶の制限の結果、輸入の急激な減少に悩まされたにもかかわらず、製造業部門が生んだ付加価値のかなりの部分（一〇％から二〇％の間）が、輸出実績と直接結びついていた。[90] 戦争中の輸出量の減少と交易条件の悪化によって、工業製品に対する需要は悪影響を受けた。輸入品と競合する部門の中でも、繊維のように急速に生産を拡大させた部門もあったが、他の部門（例えばアルゼンチンの金属）は、輸入制限がもたらした刺激に反応するだけの十分な生産能力を兼ね備えておらず、産出高は実際には減少したのである。[91] 新しい企業も設立はされた。特にウルグアイではそうであった。[92] しかし工業生産全体の動きは鈍かった。アルゼンチンの工業生産指数によれば、一九一九年まで一九一三年の生産水準を超えることはなかった。[93]

戦争は確かに、この二つの国の工業に対し、ある程度は有益な影響を及ぼした。両国とも、近隣諸国への工業製品輸出を増加させようとした。例えばアルゼンチンは小麦粉をブラジルに輸出したし、ウルグアイは帽子をアルゼンチンに輸出していた。アルゼンチンの化学工業では、初めて硫酸アルミニウムの生産が急上昇し、自動車の組立も一九一六年に始まった。[94] しかしながら、需要減少というマイナスの影響は、多くの産業にとって厳しいものであった。実質歳入が下落している時期に財政均衡を達成しようとしたアルゼンチンの努力は、公共事業契約に大きく依存してきた建設資材産業において深刻な景気後退を引き起こした。結局、アルゼンチンにとって輸入の制限は、国内生産物による代替可能な消費財よりも、代替が難しい資本財や中間財にとって深刻であった。なぜなら全輸出に占める消費財の割合は、第一次大戦前の四〇%以下から一九一五—一九一九年の間にほぼ五〇%へと上昇したからである。[95]

ブラジルの経験は、アルゼンチンやウルグアイとはかなり対照的であった。輸出量が低下し交易条件が悪化したけれども、ブラジルでは財政・金融政策を緩めることで財政赤字を「調整」する選択をしたので、国内需要は同程度には低下しなかった。その結果生じたインフレーションは、貨幣価値の目減り率を加速し、実質賃金を低下させた。しかしインフレーションは名目需要を増加させ、企業は輸入を犠牲にすることで生産を拡大したのである。ブラジルの工業生産もまた、コーヒーが主である輸出とそれほど直接的には結びついていなかった。従って輸入品と競合する部門は、アルゼンチンやウルグアイのそれと比較して重要であった。

従って、一九一四年の最初の急激な減少の後、第一次世界大戦中に工業生産が拡大していったことを利用可能なあらゆる統計が示しているのは驚くには及ばない。[96] 一九一二年から一九二〇年の間に、工場労働者の数はほぼ二倍になった。そして資本財の輸入が制限されていたにもかかわらず、新たに多くの企業が設立された。[97] 実際、アルゼンチンとは対照的に、ブラジルの全輸入に占める消費財の割合は戦時中に減少した。[98] と同時にそれまでヨーロッパから供給された投資財市場に米国が参入してきた。銑鉄の生産は急激に増加し、ブラジルは他のラテンアメリカ諸国に輸出市場さえ求め始めた。化学工業では、一九一八年に始まった苛性ソーダの生産が本格化した。

戦時期のブラジルの景気循環に対抗する財政・金融政策は、かなり非正統的であり、一九二〇年代にはより伝統的な経済運営の方法に取って代わられた。戦争中に非正統的な政策が成功したという事実は、輸入の制限と多くの工業部門における戦前の投資が生んだ生産能力の余裕と関係していた。その他の国(例えばグアテマラ)の非正統的な財政・金融政策は、工業生産の拡大よりもむしろ、激しいインフレを引き起こした。ブラジルのケースは、アルゼンチンやウルグアイでは成功したかもしれないが、全ての国に一般化することはできなかった。

ちょうど戦時期に輸入量が減少したように、平時の状況に戻った時には、大量の物資がラテンアメリカの市場に流入した。この競合する輸入品の増加は、ただ単に戦前の状況に戻ることを意味しなかった。輸入の増加は、関税率が下落した結果輸入品の相対価格が急激に低下したという事実にも起因していた。ラテンアメリカの国内のインフレーションは、この地域の従量税による貿易保護の効果を徐々に衰えさせた。一九一九年までには、輸入品のうち関税が徴収されたのは、アルゼンチンで七・五％、ペルーでは九・六％、ウルグアイでは七・五％に過ぎなかった。[99] 国内企業は安い輸入品と競争することができなかった。多くの国の繊維産業では産出高の下落が見られ、輸入品と競合する部門の状況は、一九二〇・二一年の世界不況によって改善されたにすぎなかった。これは国際収支均衡を保つためにラテンアメリカ諸国が為替レートの切り下げを余儀なくされたからである。価格水準の急速な下落によって関税保護を強めた。なぜなら、外貨建て価格が下落した輸入品に対して同様の従量税がかけられたからである。[100]

一九二一年以降、ラテンアメリカの輸出収入は急速に回復した。それは世界需要の回復だけでなく、市場シェアの増加にも促された成長であった（本書一三一—四〇ページ参照）。工業製品に対する需要は、輸出主導型成長のもとで機能していた通常のメカニズムを通じて刺激された。国内産業は、いまや生産を拡大するのに必要な資本財を自由に輸入できるようになっていた。コロンビアとベネズエラの両国では、輸出成長が急速であり、繊維・靴・帽子・家具・製紙が先頭に立って工業化の第一段階へ向けて大きく前進することができた。一九二〇年代を通じて殆ど毎年、アルゼンチンは高い工業成長を享受した。そして耐久消費財や非耐久消費財（例えば繊維）は競合する輸入品を抑えて急速に拡大を遂げるにつれて、全輸入に占める消費財の割合は戦前水準にまで下がった。石油精製・化学・金属といった中間財産業も繁栄した。唯一、建設資材産業だけが戦前の水準以下のままであった。

チリでは採掘作業が徹底して行われ、主要輸出品が硝石から銅に代わりつつあり、小規模な資本財産業が勃興した。一九二〇年代末までには中間財・資本財・耐久財の需要を国産品によってまかなった割合は、一九一四年の一六・六％から三〇％にまで達し、非耐久消費財の需要も八〇％以上が現地で調達された。[101] このような目覚しい実績から、チリにおいては世界大不況前に既に工業が主導部門になっており、[102] 工業の実績は、もはや輸出部門の盛衰に依存しなかったと主張するものもいる。しかしながらこのような主張は、十分に正当化されてはいない。[103] 対外的な交易条件はチリの工業生産にとって、依然として非常に重要な決定要因であった。小規模な資本財部門も、鉱山会社からの要求に見合うような、さらに複雑な製品の仕様に合わせることは不可能であり、米国が所有している鉱山会社の多くは、必要な資本財は海外から輸入していた。[104]

一九二〇年代には成功した産業もあったが、同時に多くの失敗もあった。繁栄していた小国でさえも、一般的に、工業化への第一歩を踏み出すことはできなかった。一九二〇年代後半、キューバ、ハイチ、ドミニカ共和国では関税が引き上げられた。しかしそれによって主に恩恵を受けたのは、輸入食料に代わってその生産を急速に拡大することができた非輸出農業であった。[105] 一九二五年以降に起きたメキシコの輸出収入の減少は、金融の収縮を伴って工業生産の停滞を生み、一九二六年以降には繊維生産が減少した。[106] ペルーの目覚しい輸出成長も、還流額でみると、はるかに小さなものであった。[107] そして関税率を戦前水準へ戻すという失敗を犯してしまったため、国内生産への刺激は損なわれてしまった。[108]

一九二〇年代に工業生産が活発化して注目を浴びたブラジルはやはり謎である。[109] 一九二〇・二一年の不況の後に行われたコーヒー価格安定策は、結果的に輸出収入を安定させた。そしてコーヒーの輸出制限政策は、諸資源を他の活動に振り向けることを促した。ブラジルにおける保護関税は、戦前水準には及ばなかったが、高いままであった。[110] 外国企業は、アルゼンチン、チリ、メキシコのように魅力的なブラジルの国内市場に強く引き寄せられ、自動車・ミシン・紙・タイヤを生産する子会社（工場）を設立した。[111] しかしブラジルの工業統計を表面的に読んだところでは、工業生産の実績はあまり躍動的でないという印象をうける。特に綿織物生産は一九二二年以降、落ち込んだ。

一九二〇・二一年不況の後にブラジルの工業生産がそれほど急速には上昇しなかったことは明らかである。一九二〇年代半ばに金本位制復帰を意図して採られた正統的な政策は金融の縮小を引き起こし、さらに交易条件からくる工業生産へのプラスの刺激を台無しにしてしまった。[112] しかしながら工業が躍動的ではなかったと結論付けるのは間違いであろう。工業生産は、一九二一年から二三年の間には急速に拡大したし、一九二六年から二八年の間にも再び拡大した。国際市場での激しい競争によって打撃を受けた綿織物を除けば、ブラジルの工業生産は、一九二〇年から二九年の間に、五五％増加した。年率にすれば五％の上昇である。一九二〇年代には多くの新しい産業が設立され、その中には資本財を生産する企業もいくつか含まれていた。鉄鋼業はこの時期発展したのである。おそらく最も重要なのは、工業機械の輸入が一九二〇年代に急速に増加したことであろう。これによって新しい工業生産力が生まれ、既存の工場も近代化された。事実、工業用機械の輸入は、まさに大恐慌が起こる年の一九二九年にピークに達したのである。[113]

一九二〇年代の終わりまで、ラテンアメリカ全体では、工業部門は依然として輸出主導型モデルにおいて脇役であった。工業生産は自国の市場に大きく依存していた。戦争中の短期間に急増した輸出は、一九二〇年代に入りヨーロッパや北米から安い商品の輸入が可能になったことで落ち込んでしまった。国内需要は依然として輸出部門の盛衰と強く結びついていた。さらに工業の成熟は、それまでの輸出の成長率と一人当たりの輸出水準と密接に関連していた。最も豊かであったアルゼンチンは、工業の発展という点では群を抜いていた。国内総生産（G

表6-7　製造業純生産，1928年頃

（1970年米ドル）

国	年	合　計[1)]（100万米ドル）	一人当たり（米ドル）	GDPに占める割合（%）
アルゼンチン	1928	1,279	112	19.5
ブラジル	1928	660	20	12.5
チ　リ	1929	280	65	12.6
コロンビア	1928	65	9	5.7
コスタリカ	1928	10	20	9.0
ホンジュラス	1928	10	11	4.9
メキシコ	1928	469	29	11.8
ニカラグア	1928	7	10	5.0
ペルー	1933	107	18	7.7
ウルグアイ	1930	160	93	15.6
ベネズエラ	1928	64	21	10.7

注1）現地通貨を1970年の公式為替レートで米ドルに換算してある。表 A-3-1を参照。
出所）基本資料はCEPAL（1978）で，アルゼンチン，ブラジル，コロンビア，ホンジュラス，メキシコについて用いた。しかしCEPAL（1978）では，多くの国のデータが1930年以降から始まっている。したがってその他の資料（利用できるもの）からそれ以前の指標を作成し，CEPAL（1978）の中の最も古い年のデータにつなぎ合わせた。チリはBallesteros and Davis（1963）。コスタリカとニカラグアはBulmer-Thomas（1987）を用い，購買力平価を公式為替レートで調整した。ペルーはBoloña（1981），Table 6.1および6.3。ウルグアイはMillot, Silva, and Silva（1973）。ベネズエラはRangel（1970）。

DP）に占める製造業の割合は一九二〇年代末には二〇％に達しており、一人当たりの工業生産は、一九七〇年価格で一一二ドルであった（表6－7参照）。工業化において二番目に位置する国はチリとウルグアイであった。GDPに占める製造業のシェアは、一二％から一六％の間であり、一人当たりの工業生産額は、それぞれ六五ドルと九三ドルであった。三番目に位置するのは、ブラジル、メキシコ、ペルーであった。これらの国では一人当たりの純工業生産額は、三〇ドル以下であった。他の地域では、コロンビアやベネズエラにおいてさえも、近代工業は依然として小さかった。

　アルゼンチンは、一人当たりの純工業生産額が高水準であったにもかかわらず、国産の工業製品が総需要を満たす割合を見ると、近隣諸国に比べて、あまり大きくなかった。この割合はブラジル、チリあるいはウルグアイの値よりも小さかった[114]。このことは、多くの人の誤解を招くように、アルゼンチンが他国に比べて工業化されていないことを意味するものではない。しかしアルゼンチンの工業は、その急速な輸出の成長が生み出した工業製品に対する巨大な需要を満たすことに成功しなかったことを意味している。繊維産業・資本財・非耐久消費財は、アルゼンチンのような豊かな国に見合ったほどには発展していなかった。工業製品に対する需要は大きかったにもかかわらず、農業輸出と強力な農牧畜エリートの利害に合わせて適度な保護関税や社会インフラが整備された。そしてアルゼンチンにおいて輸入と競合する工業の生産が増加すると、英国の輸出品が真っ先に被害を被るので、英国との緊密な関係は、アルゼンチンの産業資本家たちから、輸出主導型成長が当然もたらしたであろう潜在的な利益の一部分を奪ったのである。[115] それに加え、他のラテンアメリカ諸国と同様に工業は競争力の欠如に苦しめられていた。単位原価が高く、通常の状況のもとでは工業製品の輸出を促進させることができなかったのである。殆どの市場で、一握りの企業が販売を支配しており、生産技術を改善したり、商品デザインや管理技術を改善しようとするインセンティブが乏しかった。このようにして、全要素生産性の成長は控えめなままであり、生産の増加は、もっぱら全要素投入の増加を通じて達成された。これは、工業が世界的な競争力を持つ上で必要とする単位生産当たりのコスト引き下げを達成するための方法としては最適なものではなかったのである。

第7章　一九三〇年代における政策・実績・構造変化

第一次大戦後の最初の一〇年間に、主要なラテンアメリカ諸国の経済では、構造変化・工業化・非輸出経済の多様化などに向けて、資源の移転が起こった。それに加えて、戦後、各国政府が正統的な為替取引と金本位制に復帰するにつれて多くの国では財政・通貨制度が整備された。[1]これらの中にはケメラー(E. W. Kemmerer) の率いる使節団によって行われたものもあった。しかし例外なく各国の経済活動は、依然として輸出部門の盛衰に大きく依存していた。一九二〇年代末になっても、国内総生産(GDP)に占める輸出の割合は依然として高く、輸出入総額の対GDP比率で測った経済の開放度は、ブラジルの約四〇%からコスタリカやベネズエラの一〇〇%以上までばらつきがあった[2](表7-1参照)。

一九二〇年代の構造変化は、輸出部門自体の多様化をもたらさなかった。逆に一九二〇年代末において各国の輸出品の構成は集中度が高く、第一次大戦前夜と殆ど同じであった。全てのラテンアメリカ諸国において、外国為替収入の五〇%を主要輸出三品目が占めていた。一つの品目が五〇%以上を占めていたのは一〇カ国あった(ボリビア、ブラジル、コロンビア、キューバ、ドミニカ共和国、エルサルバドル、ホンジュラス、グアテマラ、ニカラグア、ベネズエラ)。[3]実質的に全ての輸出収入は一次産品からもたらされた。そして対外貿易の約七〇%は米国、英国、フランス、ドイツの四カ国に集中していたのである。[4]

このように大恐慌前夜のラテンアメリカ経済は、一次産品世界市場の不利な状況に影響を受けやすい経済発展モデルのままであった。一九二〇年代末においてアルゼンチンはラテンアメリカ経済の中で最も発展しており、一人当たりのGDPはラテ

表7-1　ラテンアメリカの対外部門：1928年と1938年の貿易比率

（1970年価格，％）

国	輸出/GDP		(輸出＋輸入)/GDP	
	1928	1938	1928	1938
アルゼンチン	29.8	15.7	59.7	35.7
ブラジル	17.0	21.2	38.8	33.3
チリ	35.1[1)]	32.7	57.2[1)]	44.9
コロンビア	24.8	24.1	62.8	43.5
コスタリカ	56.5	47.3	109.6	80.7
エルサルバドル	48.7	45.9	81.0	62.4
グアテマラ	22.7	17.5	51.2	29.5
ホンジュラス	52.1	22.1	69.8	39.5
メキシコ	31.4	13.9	47.7	25.5
ニカラグア	25.1	23.9	54.9	42.3
ペルー	33.6[1)]	28.3	53.2[1)]	42.6
ウルグアイ	18.0[2)]	18.2	38.0[2)]	37.1
ベネズエラ	37.7	29.0	120.4	55.7

注1）1929年のデータ。
　2）1930年のデータ。
出所）Rangel (1970); Millot, Silva, and Silva (1973); CEPAL (1976, 1978); Finch (1981); Palma (1984); Bulmer-Thomas (1987); Moddison (1991). 必要に応じて，データは1970年価格に換算されている。また全期間を通して公式為替レートが用いられている。

ンアメリカ平均の二倍、ブラジルの四倍以上だった。[5] そのアルゼンチンでさえ、輸出収入が減少することで輸入と政府収入も減少し、支出削減や国内需要の低下を引き起こすという連関を断ち切ることはできなかったのである。

▼一九二九年恐慌

一九二九年一〇月、ウォール街の株式市場の崩壊によって世界大不況が引き起こされたと考えられている。しかしラテンアメリカにおいては、それ以前から危険な兆候が現れていた。戦時中の崩壊から回復するにつれて供給が需要を上回る傾向が続いたので、商品価格の多くは一九二九年以前にピークに達していた。ブラジルのコーヒーは一九二九年三月に最高価格を記録した。[6] キューバの砂糖価格は一九二八年三月に、そしてアルゼンチンの小麦価格は一九二七年五月にピークを迎えていた。

ウォール街の株価大暴落以前の株式市場では価格の急騰が起こっており、信用に対する過剰需要が起こり、世界的に利子率が上昇した。そのため在庫品を抱えるコストが上がり、ラテンアメリカが輸出していた一次産品の多くの市場で需要が減少したのである。

ニューヨークの商業手形の割引率は株式市場崩壊の一八カ月前に五〇％も跳ねあがり、利子率が上昇したので、ラテンアメリカは資本市場から新たな圧力を受けた。ラテンアメリカ以外の地域での高い利子率に引きつけられて資本逃避が増加する一方、ロンドン、パリ、ニューヨークでの収益率が高いこともあって、海外の投資家からの投資は減少していった[7]。

一〇月の株式市場の崩壊は、ラテンアメリカの主要な市場に一連の変化を引き起こした。金融資産価値の下落は、いわゆる資産効果を通して消費者の需要を引き下げた。債務不履行は新規の信用を締め出し、金融収縮を引き起こした。そして金融システム全体が厳しい圧力にさらされることになったのである。利子率は一九二九年の第四四半期に下がり始めた。しかし輸入業者は、信用制限と需要の減少に直面しているため、一次産品の在庫を増やすことはできなかったし、そのつもりもなかった。

続いて生じた一次産品価格の下落は、文字どおり劇的であった。全てのラテンアメリカ諸国がその影響を受けた。一九二八年から一九三二年の間（表7－2参照）に、データが利用できる国のうち一〇カ国で輸出の単価が五〇％以上の下落をみせた。唯一単価の下落が小さかったホンジュラスやベネズエラのような国では、一次産品価格が外国企業によって管理されており、市場の力の影響をもろに受けることはなかった。

世界需要の低下とコストの減少がラテンアメリカに販売される商品の単価に二重の圧力をかけたので、輸入価格もまた下落した。しかし全体的に輸入価格は輸出価格ほど急速に、あるいはそれほど大きくは下落しなかった。そのため純商品交易条件（net barter terms of trade: NBTT; 表7－2参照）は、一九二八年から一九三二年の間に二カ国を除く全てのラテンアメリカ諸国で下落した。例外はベネズエラとホンジュラスであった。ベネズエラでは、石油輸出の単価が一八・五％「しか」下落しなかった（輸入価格の下落とほぼ一致していた）。またホンジュラスではバナナの輸出「価格」が、単純に現地通貨でのコストをカバーするように果物会社によって決められており、同期間に九％の下落を示した[8]。

全ての国は一次産品の輸出価格の下落に直面していた。しかし輸出量は国ごとに大きく異なっていた。最悪の影響を受けたボリビア、チリ、メキシコでは、価格と輸出量の急激な下落に直面していた（表7－2参照）。特にこれら三カ国の輸出品は鉱物が圧倒的であり、鉱物輸入国の企業は不況に対応するため新規の注文をせず在庫品を減らしたのである[9]。これらの国の輸出購買力（purchasing power of exports: PPE; NBTTを輸出量の変化で調整したもの）が急激に低下したのは驚くに当たらない。チリでPPEが短期間に八三％低下したことは、ラテンアメリカ史上最大のものであり、世界でも最も厳しいものの一つであった（表7－2参照）[10]。

キューバは比較可能なデータが欠けているため、表7－2には記載されていないが、この国もまた輸出量の大幅な下落に直面した第一グループに加えるべきであろう[11]。砂糖が大部分を占めるキューバの輸出は、一九二九年以降、急激に減少した。それは、この島国が砂糖に特化していたことと米国に過度に依存していた結果である。キューバの砂糖権益と結びついていたニューヨークの弁護士トーマス・チャドボーン（Thomas Chadbourne）の率いる委員会は、一九三〇年、キューバ糖の

表7-2　輸出価格，輸出量，純商品交易条件（NBTT），輸出購買力，1932年

（1928年＝100）

国	輸出価格	輸出量	NBTT	輸出購買力
アルゼンチン	37	88	68	60
ボリビア	79[1)]	48[1)]	n/a	n/a
ブラジル	43	86	65	56
チ　リ	47	31	57	17
コロンビア	48	102	63	65
コスタリカ	54	81	78	65
ドミニカ共和国	55[2)]	106[2)]	81[2)]	87[2)]
エクアドル	51	83	74	60
エルサルバドル	30	75	52	38
グアテマラ	37	101	54	55
ハイチ	49[2)]	104[2)]	n/a	n/a
ホンジュラス	91	101	130	133
メキシコ	49	58	64	37
ニカラグア	50	78	71	59
ペルー	39	76	62	43
ベネズエラ	81	100	101	100
ラテンアメリカ	36	78	56	43

注1）1929年＝100。
　2）1930年＝100。
出所）CEPAL（1976）; Bulmer-Thomas（1987）; Ground（1988）.

輸出を急激に削減することで米国市場を分割した⑫。そして翌年には、主要な砂糖生産国と輸入国との間で、さらにキューバに輸出制限を強いる国際砂糖協定が調印された⑬。

輸出量の落ち込みが二五％以下とあまり大きくなかった第二グループの国の数は多かった。このグループにはアルゼンチン、ブラジル、エクアドル、ペルー、そして全ての中米諸国が含まれており、既存の在庫では需要を容易にまかなうことのできない一連の食料品や農業原料を生産していた⑭。例えば英国は一九二九年八月において一年間の小麦輸入量の二％分しか港に在庫を持っていなかった⑮。同時に輸入諸国における実質所得の減少にもかかわらず、価格が急速に下落したので、消費需要を十分に満たす場合もあった。例えば世界のコーヒー輸入量は、一九三二年において依然として一九二九年の水準にあった。

第三のグループは、一九二八年から一九三二年の間に輸出量は一〇％以下の小さな落ち込みしか示さなかった。コロンビアは、ブラジルのコーヒー価格調整スキームの崩壊によってもたらされた混乱⑯に乗じ、コーヒー輸出量を少し増加させることができた。ベネズエラは一九二九年以降、石油輸出量の減少に苦しんでいたが、この落ち込みは一九二八年から二九年にかけての大幅な輸出増加分を相殺したにすぎなかった。ドミニカ共和国は、恐慌期の最悪の時期においても、その主要な輸出品である砂糖の輸出量を順調に増加させた。砂糖輸出は、チャドボーン委員会、そして一九三一年の国際砂糖協定によってキューバの砂糖輸出に制限が加えられており、ブラジルと共にこの国際

協定に調印していなかったドミニカ共和国は、これによる利益を享受したのである[17]。

全ての国に見られた輸出価格の下落と、大部分の国で起こった輸出量の減少が組み合わさったことで、不況が最も深刻な数年間にPPEの急激な減少が生じた（表7-2参照）。石油によって保護されたベネズエラと、低コストのプランテーションに生産を集中させるという果物会社の決定に助けられたホンジュラスだけが、PPEの低下から逃れることができた。その他の国では、PPEに対する不況の影響は深刻だった。メキシコのような鉱物生産国、アルゼンチンのような温帯食物生産国、そしてエルサルバドルのような熱帯果物輸出国などが影響を受けた。

一九二九年以降、輸出と輸入価格が下落する中、一つだけ変化しなかった「価格」があった。それは公共および民間の対外債務の名目固定利子率であった。他の価格が低下するにつれ、おもに国債に対する実質利子率は上昇した。そのため、債務返済を早く行うことで国際資本市場における信用を保ちたいと考えていた各国政府の財政および国際収支均衡の負担は増加した。

債務の実質負担の増加は、減少しつつある総輸出の中で債務の返済に振り向けなければならない割合が増加したことを意味していた。例えばアルゼンチンでは一九二九年において二一億六八〇〇万ペソの総輸出額に対し対外債務の返済額は九一二〇万ペソであった。一九三二年には輸出額は一二億八八〇〇万ペソにまで減少したが、対外債務の返済額は九三六〇万ペソのままであり、実質的な債務負担は二倍になった[18]。

変化しない債務返済額と輸出収入の減少が組み合わさったため、輸入に対しても強い締め付けが行われた。輸入量および輸入額が減少したので、国庫収入を関税に大きく依存していたことで生じた新たな問題に各国政府は取り組まなければならなくなった。輸入が崩壊した結果、歳入の主な財源であった輸入関税は維持できなくなった。例えば一九二八年のブラジルでは、歳入の四二・四％を輸入関税からまかなっていた。そして一九三〇年には、輸入関税収入は三分の一にまで減少し、歳入は四分の一になった[19]。チリのように輸出関税に大きく依存していた国も、特に歳入の深刻な縮小を経験した[20]。

債務返済の実質負担が増大することは、国際収支均衡に対するのと同様に財政面にも影響を及ぼした。政府の歳入が減少し、さらに債務返済が名目値で固定されていたことは、政府支出に強い圧力をかけることになった。例えばホンジュラスの公務員に一時的に郵便切手で給料が支払われたように、経理の操作も行われた。しかしこのような方法では根本的な危機を解決することはできなかった。大部分のラテンアメリカ諸国では、不況が最悪であった数年間に政権交代が見られた。振り子がゆれるように、ウォール街の危機が発生した時に政権についていなかった政党や政治家が望まれたのである[21]。最も重要な例外はベネズエラとメキシコであった。ベネズエラでは一九〇八年にゴメス（Juan Vicente Gómez）独裁政権が誕生し、一九三五年の独裁者の死まで同政権が続いた[22]。メキシコでは、結成されたばかりの国民革命党（Partido Nacional Revolucionario, 後の制度的革命党 Partido Revolucionario Institucional: PRI）が、革命後の混乱や内戦によって疲弊した国を支配していた[23]。

国際的に危機があまり進行していない状況下では、ラテンアメリカ諸国の政府は外国借款によって困難な状況から脱却しようと考えたかもしれない。しかし、ウォール街の危機以前から既にラテンアメリカへの資金の流入は減少しており、新たな資金の貸し出しフローは一九三一年までに停止してしまった。この年、一九二〇年以降初めて、米国証券資本に対する償還額が、新規の米国証券投資額を上回った。ラテンアメリカへの資金の純フローは、一九三八年の僅かな例外を除いて、一九五四年までマイナスのままであった[24]。ラテンアメリカの中で、あらゆる基準において最も高い信用格付を得ていたアルゼンチンでさえ、不況の最初の数年間は、十分な新規の借款を得ることができなかった。

大不況の影響を受けなかったラテンアメリカの国は一つもない。しかし他国よりもさらに大きい打撃を受けた国があった。最も悲惨だったのは、非常に広く経済が解放されている中で、輸出品の価格が大幅に下落し、そして輸出量も急激に減少した場合であった。従って、恐慌の打撃を最も深刻に受けた国がチリとキューバであったことは驚くにはあたらない。これらの国々では外的なショックが最悪だった。事実、両大戦間期のキューバの国民所得を推計すると、一九二八年から一九三二年の間に一人当たりの実質国民所得は三分の一にまで落ち込んだ[25]。また一九二九年から一九三二年までのチリの実質国内生産の低下は三五・七％と推計されている[26]。

外的ショックの影響は特別な状況下では和らげることはできたが、影響そのものを避けることができなかった。例えば、砂糖輸出に依存していたドミニカ共和国は、一九二九年以降の新たな砂糖協定に調印しなかった国としての立場を利用することができた。ベネズエラは、アメリカ大陸の中で最も低い生産コストを持つ石油産出国としての立場を生かした。ペルーのように輸出が外国企業によって支配されている国では、外国企業の利益送金額を減らし、総輸出のうち国内に還流される割合を増やすことによって、外的ショックの負担を国外へ振り向けた。しかし一般的に、外的ショックは深刻であり、対外均衡・国内均衡を回復させるための安定化政策の導入を先延ばしにすることはできなくなっていた。

▼短期的な安定

恐慌に伴う外的なショックは、各国の政策担当者が緊急の問題として取り組まなければならなかった二つの不均衡を生み出した。一つは輸出収入の激減と資本流入の減少によって生じた対外不均衡であった。二番目は歳入の減少によって引き起こされた国内不均衡であった。歳入の減少は財政赤字を引き起こしたが、これはもはや外国からの資金によって埋め合わせることはできなかった。

一九二〇年代、ラテンアメリカ諸国は金為替本位制を採用した。ボリビアのように初めてその制度を採用する国もあれば、アルゼンチンのように復帰した国もあった。[27] 金為替本位制のもとでは、対外不均衡の調整は自動的になされると考えられていたし、この点こそがこの制度の主要な魅力の一つであった。輸出が減少すると、金や外国為替が国外に流出し、その結果、マネーサプライや信用、そして輸入品に対する需要が減少してゆく。同時に通貨収縮が物価水準を引き下げ、輸出品の競争力を高め、輸入品を割高にする。こうして支出を削減したり、国産品へ支出を向けることによって輸入が減少する。このプロセスは対外均衡が回復するまで続くのである。

しかし輸出額の減少は一九二九年以降厳しくなり、対外均衡が自動的に回復するかどうかは必ずしもはっきりとしなくなった。さらに資本流入の減少と対外債務利払いを初めに行うという決定によって、国際収支の赤字を特に急激に削減するために輸入を減らすことが必要となった。アルゼンチンの輸出額は一九二九年の一五億三七〇〇万ドルから一九三二年には五億六一〇〇万ドルに減少した。そしてこれは最も厳しいケースではなかった。一九二九年には一三億八八〇〇万ドル輸入していたアルゼンチンは、一九二九年と同じ条件で一九三二年の対外債務利払いを履行しようとするならば、外国からの購入を七〇％カットする必要があった。[28]

金為替本位制のルールの下で活動しようとする国は、自国の金準備や外国為替準備が急速に減少していくのを目の当たりにした。コロンビアは英国が一九三一年九月二一日に金本位制から離脱してから四日過ぎるまで、それを維持しようと懸命に努力をしていたが、その時点で同国の外貨準備は六五％も減少していた。[29] しかし殆どの国は正式に金為替本位制を離脱するか（例えばアルゼンチンは一九二九年一二月に離脱した）[30]、あるいはコスタリカのように銀行などに対する様々な規制によって金や外国為替の流出を制限した。[31] しかし、このことによって、輸入を制限し対外不均衡を再建するために安定化政策を実施する必要性はなくならなかった。調整のプロセスは決して自動的には達成されないということを示していたのである。

アルゼンチン、メキシコ、ウルグアイの三カ国は、英国が求めに応じて金や外国為替を販売することを中止する以前に金本位制を廃止していた。しかしペルーはラテンアメリカの中でただ一国、新しい金平価を二回も導入した。[32] しかし殆どの国は何らかの形で為替管理を行い、輸入に対する外貨割当制度を作っていた。唯一、為替管理を行わなかったのはカリブ諸国であった。これらの国々では、支払手段として米ドルを正式に（パナマとドミニカ共和国）、もしくは非公式に（キューバとホンジュラス）[33] 採用していた。

金本位制の国際的なゲームのルールに固執しようしたのは、平価切り下げ（すなわち通貨価値の下落）が当初は限定的にしか利用されていなかったからである。不況が現実のように厳しくなると想像したものは誰一人いなかった。一九二〇年から二一年の先の世界不況は短期間に終結し、国際金融システムを回復不能に破壊することはなかった。さらに多くのラテンアメリカ諸国は、一九二〇年代に金融制度を整備し、中央銀行を設立し、金融秩序確立のため奮闘していた。一九二九年大恐慌は、これらの金融制度を初めて試す試練であると見られており、通貨切り下げを行うことで自らの失敗を認めることをためらったのは当然であった。

一九三〇年末までにアルゼンチン、ブラジル、パラグアイ、ペルー、ウルグアイの五カ国のみで、米ドルに対し前年度に比べ五％以上の自国通貨価値の下落が見られた。しかしペルーだけはその金平価を変えた。パラグアイ・ペソは、公式にアルゼンチンの金ペソに固定されていたので、為替レート政策の意図せざる結果として米ドルに対して切り下がった。英国による金本位制の廃止とその結果生じたポンドの下落によって、アルゼンチン、ボリビア、パラグアイ（アルゼンチン・ペソとのリンクを通じて）、ウルグアイといったポンドとリンクしていたラテンアメリカ諸国の通貨は、米ドルに対して一九三一年九月以降急速に下落した。そして一九三三年四月に米国が金本位制から離脱したときには同様に突然の通貨価値切り上げが生じた[34]。

英国と米国の金本位制離脱の決定によって、最終的に全ての国は為替レート管理の問題に真剣に取り組まざるを得なくなった。キューバ、ドミニカ共和国、グアテマラ、ハイチ、ホンジュラス、パナマの六つの小国は、全ての国が一九三〇年代を通じて米ドルに対して自国通貨を一定水準に固定した。コスタリカ、エルサルバドル、ニカラグアの三カ国も同じようにしようとしたが、結果的には切り下げに追い込まれた[35]。南米においてさえ、大国の中には、自国通貨の価値をポンドもしくは米ドルに固定しようとする多くの試みがなされた国もあった。パラグアイはアルゼンチン・ペソに連動させる政策を続けていたが、殆ど成功はしなかった。アルゼンチンは一九三四年一月から、ボリビアは一九三五年一月から、それぞれ自国通貨を英ポンドにリンクさせようとした。アルゼンチンの方はある程度成功したが、ボリビアは失敗した。ブラジルは一九三七年一二月、チリは一九三六年九月、コロンビアは一九三五年三月、エクアドルは一九三二年五月、メキシコは一九三三年七月に、それぞれの国の通貨を米ドルにリンクさせようとした[36]。

本当の意味で為替相場が変動する通貨は珍しかった。ベネズエラの通貨ボリーバル（bolívar）は変動し、一九三二年末から一九三七年末の間に、米ドルに対してすぐに五〇％切り上げられた[37]。アルゼンチン、ボリビア、ブラジル、チリ、エクアドルといった南米のいくつかの国では、米国の金本位制離脱後、自由に変動する非公式レートを認める二重為替レートシステムが採用された。この自由レートは様々な取引に適用された。その中には資本輸出、利益送金、非伝統的な輸出、それほど重要ではない輸入なども含まれていた。為替レートの利ざやが公共部門の資金になるという経験[38]は、第二次大戦後の為替レート管理にとって非常に重要なものとなった。

ラテンアメリカ諸国の大部分が本当の意味での自由な変動為替相場制の採用に消極的であったので、これらの国々では対外均衡を達成するために他の手法に頼らざるを得なかった。最も一般的な方法は為替管理であり、輸入の価格とは無関係な外貨割当制度であった。この方法は大規模な国に限定されず、ボリビア、コスタリカ、エクアドル、ホンジュラス、ニカラグア、パラグアイ、ウルグアイといった小国においても積極的に採用された。輸入品のCIF価格（運賃保険料手数料込み）が下落した時には、大部分の国で関税率が引き上げられた。こうすることで輸入の実質コストを急激に引き上げ、国内代替品に対する支出への転換を促した。たとえ関税率が公式には引き上げられなくとも、従量税が広く採用されていた結果、輸入品の実質コストは上昇する傾向にあった。(39)

為替管理や価格とは無関係な輸入割当ではなく、金本位制のようなメカニズムによって対外均衡が達成されたケースも存在した。経常収支赤字は、外貨準備の流出によって支払われた。これはマネーサプライの急激な減少を生み、必要とされる名目の輸入額の減少に調和するように名目需要が落ち込んだ。このような自動的な対外均衡調整が最もはっきりと見られたケースはキューバ、ドミニカ共和国、ハイチ、パナマであった。メキシコでも、不況の最初の年にマネーサプライが急激に減少した。これは銀貨と金貨が流通している資金の大部分を占めていたメキシコ特有の通貨制度のためであった。(40)

一九三二年の終わりまでには、名目の輸出入額がはるかに低い水準になり、名目の債務返済額も若干減少し、実質的に全ての国で対外均衡が回復された。ラテンアメリカの名目の輸出額は一九二九年の四六億八三〇〇万ドルから一九三二年の一六億六三〇〇万ドルと三分の一にまで減少したにもかかわらず、貿易収支黒字は五億七〇〇〇万ドルから六億九〇〇万ドルへと増加した。(41)一九二九年に貿易赤字を記録した国は八カ国だったが、一九三〇年には六カ国、一九三一年には五カ国、一九三二年には四カ国に減少した。しかしこれら最後の四カ国（キューバ、ドミニカ共和国、ハイチ、パナマ）は、原則が証明することの例外であった。これらの国の経済は米ドルが自由に流通しており、為替管理がなく、従って貿易赤字や外国為替の流出が、名目需要をPPEに一致させる機能を果たしていたのである。

いかに苦痛を伴おうとも、対外均衡を達成しなければならなかった。多くの国々は自国通貨で輸入の代金を支払うことができなかった。従っていったん外貨準備が底をつくと、輸入に振り向けることのできる外国為替の供給に制限が加えられた。国内均衡はこれとは異なっていた。なぜなら政府は財政赤字を埋めるため自国通貨を常に増発することができたからである。唯一、パナマのように米ドルが自由に流通し、中央銀行が存在しない国々では、対外均衡の達成が国内均衡をも意味した。(42)

多くの国が、金本位制からの離脱と為替管理を採用したことは、各国の対外調整と国内調整との間に楔を打ち込むことになった。財政赤字が続き、国内的に資金繰りする場合、名目の輸入額の減少に合わせてマネーサプライが減少することはないだろう。このことは輸入に対する国内信用の割合を引き上げることになり、過剰なマネーサプライを招き、ひいては名目値で

表7-3　マネーサプライ：商業銀行の定期預金と要求払い預金，1930-36年

（各年の価格；1929年＝100）

国	1930	1931	1932	1933	1934	1935	1936
アルゼンチン	101	90	90	89	88	86	94
ボリビア	84	78	133	144	322	520	547
ブラジル	97	101	115	109	125	131	141
チ　リ	84	68	82	96	110	124	143
コロンビア	87	78	90	94	102	110	120
エクアドル	98	59	92	145	187	187	215
エルサルバドル1)	74	68	64	57	42	44	37
メキシコ2)	111	67	74	107	108	136	143
パラグアイ	100 3)	76	64	72	125	191	170
ペルー	69	63	62	78	100	116	137
ウルグアイ	114	115	126	114	116	124	139
ベネズエラ	49	68	69	76	85	106	89
米　国	101	92	71	63	72	81	92

注1）米ドル預金を含む。
　2）1932年と35年のデータは異なった基準で集められているので，一連のデータは首尾一貫していない。
　3）1930年＝100
出所）League of Nations, *Statistical Yearbook*.

の国内支出を刺激することになるだろう。名目的な支出の増加が価格に反映されるか量的に反映されるかは、いかに早く、そしていかにうまくその国が不況から脱出するかを決定する重要な点となるのである。

通貨の過剰という考え方は、多くの国で経験的に支持されたことである。一九二九年から一九三三年の間に、米国の商業銀行の名目預金額が四〇％減少する一方で（表7－3参照）、ラテンアメリカ諸国の中には、ボリビア、ブラジル、エクアドル、ウルグアイのように商業銀行の名目預金額が増加した国もあるし、アルゼンチン、チリ、コロンビアでもその減少はほんの僅かであった。実質額（価格水準の変化で調整したもの）では、この動きはもっとはっきりとしてくる。存在する価格データによればチリを除く殆ど全てのラテンアメリカ諸国で一九二九年から一九三三年の間に物価が下落したからである[43]。

マネーサプライが増加傾向にあったことにはいくつかの理由がある。第一に、為替管理を行う際、多くの国では金や外国為替の流出を制限したため、海外から流入した通貨の供給量の減少に歯止めをかけた。最初に為替管理を実施した国の一つであるウルグアイでは、外貨準備は少し減少しただけで済んだ。為替管理を実施しなかったメキシコからは、同国の通貨量のうちかなりの割合を占める金貨・銀貨が大量に流出した。

二番目は、歳入を増やし歳出を減らすために多大な努力が払われたにもかかわらず、財政赤字が続いていたことである。ブラジルは一九二九年から一九三二年の間に、実質ＧＤＰが減少していたにもかかわらず、直接所得税の徴収額が二四％増加した。しかし関税が圧倒的に重要であったため、輸出入が崩壊するのに従って歳入は減少せざるを得なかったのである。[44] さらに国内外の公的債務を最初に返済するという決定と公務員の給与を急激に削減することに伴う問題は、財政赤字を減らすのに十分なだけの歳出を削減することを実質的に不可能にした。新規の対外債務を組むことができないため、マネーサプライを拡大させる効果を持つ銀行システムによって財政赤字は解消されなければならなかった。

第三に、民間の国内信用は、銀行システムと輸出部門との間の緊密な関係から考えられていた程には、必ずしも急激には減少しなかった。銀行の数が少なかったこと（例えばメキシコは一一行であった）、そしてそれら銀行は公的な性格が強かったため、銀行の倒産を避ける強い動機となった。銀行家と輸出業者が緊密な関係を保っていたため（時には両者は同一人物であった）、より競争的な環境で許されるよりもはるかに柔軟に債務返済繰り延べが容易になった。銀行は一九二〇年代を通じて、法定準備率よりもはるかに大きな額の準備金を持つ傾向があり、そのことによって一九二九年以降の困難な時期に利用可能な緩衝を残すことができた。為替管理が開始された後、利益送金ができなくなった外国銀行は、自分自身を守るため、不況期を通じて準備金を余分に持つようになった。[45]

このように不況期の真っ只中における金融政策は、多くの国において比較的いい加減に行われており、対外均衡とは異なり、国内均衡は一九三二年末まで回復することはなかった。関税を含む増税の努力は、不十分であったことがわかっている。またさらなる増税を行うことは、各国経済を自滅に導く恐れがあった。公共部門の賃金給与支払い額を削減することは、一九三〇年代初めの不穏な政治状況のもとでは非常に困難であった。そのため財政赤字削減のための政策は、次第に債務返済の方に焦点を移していった。

ラテンアメリカ経済史において債務不履行は目新しいことではなかった。事実、ニカラグアのような小国の中には、税関に依然として米国の官吏が常駐しており、過去の債務不履行が繰り返されるのを避けるため彼らには関税を徴収する権限が与えられていた。当初、全ての国では、国際資本市場を利用する機会を保つために、債務返済を履行するための多大な努力が払われていた。このことが興味深いジレンマを生み出したのである。国際債券の発行残高の点においては、主要な資金供給国は依然として英国であった。そして証券取引の原則からいえば、債務不履行に陥った国が新規に債券を発行することは不可能であった。一方、ラテンアメリカに対する毎年の新規の資本流入は、ますます米国に依存するようになっていった。そこでは債務不履行に対する罰則はあまり明確ではなかった。ラテンアメリカでは、全体的に見ても英国からの新規の資金供与が期待できないことが次第に明らかになってくると、債務不履行を宣言するという誘惑が殆ど圧倒的に強くなった。

依然として革命の余波に巻きこまれていたメキシコは、早くも一九二八年には債務返済を延期した。しかし一般的には、債務返済の停止は一九三一年に始まり、その後の数年間はその勢いが増した。債務不履行は一方的な行為であった。しかし対外債務の返済義務を否認した国は一つもなく、全ての問題が同じように扱われたのではなかった。例えばブラジルでは、一九三四年に債券を七段階に分類し、債務完全履行から元利返済不履行まで様々な取り扱いがなされた。[46]一九三〇年代が進行するにつれて債務返済に充てることのできる資金があらゆる国で不足しつつあったにもかかわらず、政府支出に対する影響は、債務不履行国の間でさえかなり多様であった。

全ての国が対外債務の不履行を行ったのではなかった。また対外債務の不履行は必ずしも国内債務の不履行を意味しなかった（逆の場合も同様である）。ゴメス政権下のベネズエラでは、他国よりも一五年早く、一九三〇年には対外債務の返済を終えた。[47]ホンジュラスは国内債務の不履行に陥ったが、対外債務の返済は完全に実行した[48]（ドミニカ共和国やハイチも同様である）。ベネズエラを除く主要な国のうち、アルゼンチンだけが国内・対外債務を完全に履行したが、その理由に関しては議論の余地がある。アルゼンチンと英国の特別な関係、両国の貿易関係の緊密さ、そして借款を続けることができる見通しがあったことが要因となって、アルゼンチンの政策担当者は対英債務が大部分を占める対外債務の返済を続けた。それに加えて、一九三〇年代アルゼンチンの保守政権が持っていた金融政策の正統性へのこだわりが債務返済を支持する強いバイアスとなったのである。[49]

債務不履行は、多くの国において財政赤字の負担を軽減した。そしてそれが対外債務の場合には、他の目的のために利用できる外国為替を増やすことになった。しかしながら債務利払いの減少は、更なる増税や支出削減を必要としなくなったため、財政政策に対する強制力を失うことになった。従って財政赤字が続くことになり、多くの国において国内均衡は、なかなか達成できない目標となった。対外均衡と国内不均衡の間の緊張関係によって、ボリビアのように金融と経済がかなり不安定になった国もあった。[50]しかしそれは経済回復をもたらすこともあった。厳格な財政・金融政策を実施したために非輸出部門が不十分な需要しか持たず、そして相対価格の新しい方向に対応することができなかった国よりも、速いペースで経済が回復した国もあった。

▼不況からの回復

不況から脱出するため各国経済を安定化させる目的で採用された諸政策は、短期間で国内外均衡を回復することを意図していた。しかしながら、それらの短期的な政策も、各国において恒久的に相対価格に影響したので、必然的に長期的な意味を持った。

一九二九年以降の輸出価格の崩壊、NBTTの悪化、そして名目関税率の上昇は、相対価格の点で、輸出部門よりも非輸出部門（非貿易財と輸入可能財の双方）[51]に有利に働いた。実質的な通貨切り下げが生じた国（すなわち国内価格と外国価格との開きよりも名目的な通貨価値の方が急速に下落した国）では、非貿易財に比べて輸出可能財および輸入可能財の双方が価格の上で有利になった。このように輸入競合部門の価格が、あらゆる場合において、輸出可能財と非貿易財に対し、有利になっていった。その一方で、非貿易部門では、もし実質的な通貨切り下げが起こらなければ（この場合、その結果は不確定であるが）、輸出部門に対してその価格を引き上げることになった。

このような相対価格の短期的なシフトが続くかどうかは、輸出入価格の変動に大きく左右されていた。ラテンアメリカ全体としては、輸出価格は一九三四年まで着実に下落した。その時点で新しい景気循環が始まり、一九三六年と一九三七年に急速に価格が回復しその後の二年間に輸出価格は下落した。しかしながら輸入価格は依然として弱含みで、一九三三年から一九三七年の間にNBTTは改善された。一九三九年においても一九三三年水準よりも三六％上回っており、一九三〇年と同じ水準であった。このようにラテンアメリカ全体としては輸入競合部門の相対価格の永続的な改善は、NBTTの変動というよりも、むしろ関税率の上昇や実質的な通貨価値下落に拠っていた。

輸入競合部門は輸入品に取って代わることのできる全ての活動からなっていた。輸入競合部門は、輸入勘定に占める製造業の重要性を考慮すれば、一般的には輸入代替工業化（import-substituting industrialization: ISI）と同一であるとみなされてきた。しかしながら、一九二〇年代には多くの国において、原則的に国内で生産可能な農産物が相当量輸入され続けていた。従って輸入競合部門の一部として輸入代替農業（import-substituting agriculture: ISA）も考慮に入れる必要がある。[52]

相対価格の変化は資源のシフトを促し、不況から回復するメカニズムとして働いた。しかしながらこれはほんの一部の役割にしか過ぎなかった。例えば輸出部門の産出量が減少し、輸入競合部門の生産量が増加すると構造変化が生じるが、しかしこのことは必ずしも実質GDPの回復には結びつかない。輸出部門の減少を伴うことなしに輸入競合部門が増加した場合、もしくは輸入競合部門の拡大が輸出の減少を相殺できるほど急速に拡大する場合にのみ、回復が確実なものとなったのである。最初の可能性は、これまで殆ど無視されてきた一九三〇年代における輸出部門の業績の重要性を指摘している。二番目の可能性は名目需要の成長を考慮に入れる必要性を示している。

一九三二年までに殆ど全ての国において、安定化プログラムは対外均衡を回復させる点においては非常に成功したが、しかし多くの国においては財政赤字を削減させることにはあまり成功しなかったことを既に示した。債務不履行によって債務返済が減少した後においてさえ、いくつかの国で恒常的に財政赤字が存在したことは、名目需要を刺激することになった。そしてこの名目需要は、ある条件下では実質的な（ケインズ的な）効果を持つと期待されていたのである。これらの条件には、低い実質利子率で運転資金を供給できる金融システムと共に、余裕のある生産能力、そして輸入競合部門において供給が価格弾力的に反応することが含まれていた。ボリビアのようにこのような条件が存在しなかった国では、財政赤字と名目需要の増加は単純にインフレを招き、名目為替相場は崩壊した[53]。ブラジルのようにこれらの条件があった国では、緩和的な財政金融政策が景気回復に貢献したのである。かくしてある国にとっては、一九二九年以降に採られた国内均衡を追求する安定化のための諸政策が不完全であっても、必ずしも不利益にはならなかったのである。対照的に、アルゼンチンのように「健全な」政策を遂行してきた国では、均衡財政を目指す正統的な財政金融政策が一九三〇年代の経済成長率を引き下げたのかもしれないという矛盾に直面したのである。

ホンジュラスとニカラグア[54]の二つの小国を除けば、実質GDPから見た不況からの回復は一九三一年・三二年の後に始まった。一九三〇年代の残りは、データが利用できる全ての国において[55]、プラス成長が達成され、先の二カ国を除いた全ての国で恐慌以前の実質GDPの最高値を上回ったのである。しかし回復のスピードの違いは顕著であり、回復のメカニズムにも違いがあった。特に回復においてISI化に過度に依存した国は殆ど存在しなかった。なかには輸出市場でのより有利な条件がもたらした利益に単純に依存した国もあった。

チェネリー（Chenery）によれば[56]、一九三〇年代のラテンアメリカの景気回復は、実質GDPの変化を主要な構成要素に分けて考察する成長要因分析方程式を用いることで分析できる。主要な構成要素とは、輸入代替、輸出促進、そして国内最終需要の成長である[57]。ここでは成長要因分析方程式における要因にほぼ等しい数の回復のメカニズムを明らかにすることができる。これは表7-4で示されている。この表ではGDPのデータが存在する一四カ国に対し、回復が急速・緩やか・不十分という三つのカテゴリーに分類されている。

急速に回復したグループは、景気の底であった一九三一年もしくは三二年から一九三九年までの間に実質GDPが五〇％以上増加した八カ国から構成されている。ブラジルとメキシコの二カ国は大国であり、チリ、キューバ、ペルー、ベネズエラの四カ国は中規模の国であり、コスタリカ、グアテマラの二カ国は小国といえる。従って国の規模と回復のスピードとの間には何ら相関関係は見られない。このグループに属する大部分の国においてはISIが回復の重要なメカニズムである。しかしキューバ、グアテマラあるいはベネズエラでは違っている。実際、キューバの回復の主要な要因は、砂糖価格が有利になったためであり、一九三二年から一九三九年の間に輸出額は二倍になった。ベネズエラの回復は主として石油産出の成長に拠るものであった。そしてグアテマラの回復はISAに大きく依存していたのである。

緩やかに回復したグループには、景気が底を打った年から一九三九年の間に実質GDPが二〇％以上増加した国から構成されている。アルゼンチン、コロンビア、エルサルバドルの三カ国だけをこのグループに含めることができる。ボリビア、エク

表7-4　1930年代の成長要因の定性分析

国	輸入代替工業化	輸入代替農業	輸出成長
急速に回復した国			
ブラジル	*		$
チ　リ	*		$
コスタリカ	*	#	
キューバ		#	$
グアテマラ		#	
メキシコ	*	#	
ペルー	*		$
ベネズエラ			$
緩やかに回復した国			
アルゼンチン	*	#	
コロンビア	*		
エルサルバドル		#	$
回復が不十分な国			
ホンジュラス		#	
ニカラグア		#	
ウルグアイ	*		

注記）急速に回復した国は，1939年までに実質GDPが50％以上増加した国を想定している。緩やかに回復している国は，増加が20％以上50％以下の国を想定している。回復が不十分な国は，増加が20％以下であった国を想定している。＊は，GDPに対する製造業の純生産の割合が顕著に増加したと考えられるケース。#は，GDPに対する国内向け農業の割合が顕著に増加したと考えられるケース。$は，名目あるいは実質輸出のGDPに対する割合が顕著に増加したものと考えられるケース。

出所）Rangel (1979); Millot, Silva, and Silva (1973); CEPAL (1976, 1978); Finch (1981); Palma (1984); Bulmer-Thomas (1987); Maddison (1991). 必要に応じて，データは1970年価格に換算してある。また全期間を通して公式為替レートが用いられている。

アドル、ドミニカ共和国、ハイチといった国はこの時期の国民所得のデータが存在していないが、一九三二年以降は輸出量が顕著に増加しており、この第二グループに入れることができる程度にGDPが増加していたと思われる。アルゼンチンとコロンビアではISIが回復の重要なメカニズムであった。しかし輸出の成長はあまり見られなかった。

　最後のグループには、回復の度合いが最も小さかった国が含まれる。ホンジュラス、ニカラグア、ウルグアイの三カ国だけが表7－4に記載されている。しかし国民経済計算データが利用できないパラグアイとパナマの輸出状況は壊滅的であり、両国は当然このグループに含めるべきである。これら五カ国は全て小国であり、ウルグアイを除けば輸出状況の弱さを輸入競合部門の活動を活発化することで埋め合わせる可能性は殆どなかった。ウルグアイは確かに工業生産を増加させたし、ISIは重要であった。しかしこれは、同国にとって重要な意味を持っていた牧畜業の停滞を埋め合わせるには不十分であった。サービス輸出が重要であるパナマでは、一九三〇年代に世界の貿易量が減少したことで、運河を利用する船舶の数も急減した。このことはパナマ経済全体の業績に悪影響を与えることになった[58]。パラグアイは、ボリビアとのチャコ戦争（Chaco War, 一九三二―三五年）で勝利したものの、壊滅的な損害をこうむり、一九四〇年

表7-5　1932-39年および1929-39年の成長要因の定量分析

（%）

国	1932-39 (1)	1932-39 (2)	1932-39 (3)	1929-39 (1)	1929-39 (2)	1929-39 (3)
アルゼンチン	+102	+6	−8	+51	+84	−36
ブラジル	+74	−11	+37	+39	+31	+31
チリ	+71	−24	+53	+67 1)	+28 1)	+5 1)
コロンビア	+117	−35	+18	+61	+24	+15
コスタリカ	+96	−21	+25	+36	+64	0
エルサルバドル	+39	−4	+65	+31 2)	+11 2)	+58 2)
グアテマラ	+92	+2	+6	+64	+30	+6
ホンジュラス	3)	3)	3)	+55 2)	+17 2)	+28 2)
メキシコ	+108	+1	−9	+113	+61	−74
ニカラグア	+98	−1	+3	+64 4)	+47 4)	−11 4)
ペルー	+85	−2	+17	+68	+30	+2
ベネズエラ	+80	−1	+21	+19	+67	+14

(1)　輸入係数が変化しなかったと仮定した場合に国内最終需要が実質GDPの増加に寄与した割合。
(2)　輸入係数の変化が実質GDPの増加に寄与した割合。
(3)　輸出振興が実質GDPの増加に寄与した割合。
注1）データは1925-39年。
2）データは1920-39年。
3）1932年から39年の間，国内最終需要が減少したので，成長要因分析は適用できない。
4）データは1926-39年。
出所）Rangel（1970）を用いた筆者の計算；Millot, Silva, and Silva（1973）；CEPAL（1976, 1978）；Finch（1981）；Palma（1984）；Bulmer-Thomas（1987）；Maddison（1991）。必要に応じて，データは1970年価格に換算されている。また全期間を通して公式為替レートが用いられている。

まで名目的な輸出額は減少し続けた。

ラテンアメリカにおいて景気回復が最も強力であった一九三二年から三九年に期間を限定すれば、限定的な成長要因分析方程式を作成するのに十分な国民所得のデータが一二カ国[59]から得られる。この成長要因分析方程式では、実質GDPの変化を、国内最終需要の成長（輸入係数の変化を伴わない場合）による部分、輸入係数の変化による部分、そして輸出の回復による部分に分ける（表7-5を参照）。全てのケースにおいて、圧倒的に重要な貢献をした要因は国内最終需要の回復であり、続いて輸出促進が重要である。輸入係数は一九三二年以降、下がるどころかむしろ上昇する傾向があったので、輸入係数の変化の貢献度は一般的にネガティブである。

一九三二年ではなく一九二〇年代のある年を出発点とするならば、実態は大きく変化する（表7-5を参照）。一九三九年の輸入係数が、例外なく一〇年前よりも低くなっていたからである。しかしながら輸出促進は、多くの場合において依然として有効な成長要因であった。また国内最終需要（輸入係数が変化しないと仮定した場合）の貢献度は、アルゼンチンを除く全ての主要な国において、輸入代替よりも重要であった。これらの結果は、工業における輸入代替が重要ではなかったということを意味しない。なぜなら製造業部門だけに適用した成長要因分析方程式は、違った結果を生み出す可能性もあるからだ。しかしより長い期間（一九二九年から一九五〇年）を利用すると、アルゼンチン、ブラジル、チリ、コロンビア、メキシコといった大きな国の工業成長に対する輸入代替の貢献度は加重平均で三九％であったと推定されている。このことは、工業製品輸出の貢献度を無視できると考えるならば、国内最終需要の成長は、他の分野と同様に製造業にとっても重要であったということを意味する。[60]

国内最終需要の回復は、先に述べたように、緩和的な財政金融政策を反映したものであった。財政赤字は一般的になり、対外借款がなくなった状況では、大抵はマネーサプライの拡大効果を伴う銀行システムを通じて財政赤字は処理された。アルゼンチンやエルサルバドルのように中央銀行設立によって強化されたり、あるいは一九二〇年代の金融改革によって下支えされた金融機関は、輸出部門への貸し出しによって生じた損失を、この新しく利益を生む貸し出しによって相殺することができた。[61] 利用できる生産能力が低下しているという極端な状況を仮定すれば、マネーサプライの増加は緩やかなインフレを生むに過ぎず、価格効果と同様の効果をもたらすのである。[62]

国内最終需要は政府支出だけではなく投資や個人消費によっても構成されていた。公共投資は、一九二九年から一九三二年の間には急激にカットされたけれども、殆ど全ての国では、輸入量を増やさない形で投資支出を行おうとしたため、道路建設プログラムによって公共投資が促進された。[63] 道路網整備は、いくつかの国では見事に展開した。[64] このことは国内市場向けの製造業および農業の成長に間接的に貢献したのである。民間投資でさえ、輸入を増加させるにもかかわらず、国際収支の制約が緩和されるにつれて、一九三二年以降には回復することができた。[65]

国内最終需要の最も重要な要素である個人消費の増加は、一九三〇年代の工業発展にとって不可欠の条件であった。個人消費は、輸出部門の回復と緩和的な財政金融政策の両方によって活発化した。国内需要が回復するにつれて、国内企業は輸入品の相対価格が上昇している市場に商品を供給するという絶好の機会を与えられた。主として消費者信用を与えようとする金融機関は、一九三〇年代に新たに設立されたものも含めて殆どなかったため、自動車のような高価な耐久消費財の需要は依然としてさほど大きくはなかった。しかし飲料や繊維という非耐久消費財は、かなりの実質的な成長を遂げたのである。

一九三〇年代の消費需要の増大は、所得の機能的分配の変化によって刺激されたものであると考える者もいた。[66] この仮説を支持したり否定するデータは存在しない。しかしある部門においては、資本に対する労働の収益に重要な変化が生じていたことは確かである。例えば輸出部門では、実質賃金に比べて実質収益率がより急激に下落し、恐慌の衝撃は資本所有者に最も重くのし掛かった。一九三二年以降の輸出部門の回復は、利益率の回復に役立った。しかし資本の収益率が一九二九年以前の水準に戻ったというのは疑わしい。このように輸出部門では労働に有利な形で所得の機能的分配のシフトが起こったと論じるほうが現実的である。

一方、輸入競合部門では、反対の事が生じたと考えるのが妥当であろう。為替レートの下落と名目関税率の上昇を背景とするこの部門の成長は、資本所有者が主な利益享受者となるような相対価格のシフトを生じさせた。同時に、通貨価値が下落した国では、緩やかな物価上昇に対応する形で名目賃金もゆっくりと上昇したので、さらなる利益のシフトが生じていたかもしれない。非貿易部門では、不況とそれに続く回復は、機能的分配を殆ど変えることはなかった。そのため所得の機能的分配における変化の総和もあまり大きくはなかった[67]。以上のように、一九三〇年代の消費需要の増大を所得分配の急激な変化によるものとは考えられない。

▼国際環境と輸出部門

量と額の双方における輸出部門の回復は、一九三二年以降に輸入能力を高め、プラスの経済成長率を回復させた。しかしこの輸出の回復は、一九二九年以前の世界貿易システムへの単純な復帰ではなかった。反対に、一九三〇年代の国際経済環境では、各国の運命に重大な影響を持つ一連の変化を生んだのである。

世界貿易システムにおける主要な変化は、保護主義の進展である。一九三〇年の悪名高きスムート・ホーリー関税[68]（Smoot-Hawley tariff）は、米国市場でラテンアメリカの輸出国が直面する障壁を強化した。一九三二年に米国が銅の輸入にかけた従量関税[69]は、特にチリに強い打撃を与えた。一九三二年に英国がオタワ会議で帝国特恵関税を定めて（自由貿易から撤退したことで、ラテンアメリカは、二番目に大きな市場で差別的な関税に直面することになった。ドイツではアドルフ・ヒットラーが、アスキ・マルク（aski-mark）と呼ばれる不換紙幣を編み出した。それはドイツに向けて輸出する国に支払われたもので、ドイツ製輸入品のみを買うことができる紙幣であった。主要輸出品（特に砂糖）の中には、キューバのような主要生産国に対して輸出量割当を定めた国際協定によって管理されているものもあった。ボリビアのスズも国際スズ協定[70]によって規制されていた。

世界各国が保護主義に逃避したにもかかわらず、一九三二年以降もドル換算でみた世界貿易は、少なくとも一九三八年の不況で米国の輸入や世界貿易量が減少するまでは安定的に増大していった。主要工業国の輸入は一九三二年から一九三四年の間に転換点を迎えた。フランスだけが一九三五年以降まで回復が遅れた。肝心の米国市場では、一九三二年から一九三七年の間に輸入が一三七％も回復した。これは米国国務長官コーデル・ハル（Cordel Hull）が、互恵的な関税引き下げをも盛り込んだ二国間協定を結ぶことでスムート・ホーリー関税の影響を弱めようと努力したことによって部分的に促進されたのである[71]。

ラテンアメリカ全体でみると、一九三二年以降の輸出実績は一瞥しただけではあまり目立つものではなかった。第二次大戦が始まるまでの七年間、輸出額は変化しなかったが、輸出量の方は一九・六％と控えめだが増加していた。しかしながらこれは誤解を招きかねない。なぜならここに現れた数値は、かなりアルゼンチンの影響を受けているからだ。アルゼンチンはラテンアメリカの最も重要な輸出国であり、その輸出は地域全体のほぼ三〇％を占めていた。アルゼンチンを除けば、輸出量は一九三二年から一九三九年の間に三六％増加した。もしメキシコを除けば、残り一八カ国の輸出量は、同じ時期に五三％もの増加を示す。これは年率六・三％の成長である。

メキシコ経済の芳しくない実績を説明するのは簡単である。なぜなら輸出は実際には一九三二年から一九三七年の間に急速に増加したが、残念ながら一九三八年の石油国有化の結果、経済が崩壊したからである。[72] 金本位制崩壊後の金銀の高価格は、外国資本系石油会社の接収に対抗して採られた輸入禁止措置の結果生じる問題を相殺することはできなかった。そのため一九三七年から一九三九年の間に輸出は五八％減少したのである。

アルゼンチンの輸出品は多くの分析の対象となってきた。輸出量を見ると、一九三二年以降続いてきた減少は一九五二年まで上昇に転じなかった。しかし一九三〇年代のアルゼンチンが享受した有利な価格やNBTTによって、この傾向は見えにくくなった。例えば一九三三年から一九三七年の間、北米の一連の不作によって穀物や食肉の価格が上昇したのに対応してNBTTは七一％改善した。

しかしアルゼンチンが英国市場に依存していたことは、輸出拡大の大きな障害となった。[73] 一九三三年のロカ・ランシマン協定（Roca-Runciman pact）で英国は、アルゼンチンに同国の主要一次産品の英国市場への輸出枠を与えた。しかしこの協定のもとで最も期待することができたのは、アルゼンチンの輸入市場におけるシェアを確保することであった。他方で英国の農家は今や、差別的な関税によってもたらされた価格インセンティブを持つことになり、輸入をやめて生産を増加させるようになった。このように輸入市場シェアを維持することによってでさえ、アルゼンチンの対英国輸出の僅かな減少を避けられなかった。

アルゼンチンの輸出は実質為替レートの変動によっても徐々に弱められていった。多くのラテンアメリカ諸国の伝統的な輸出品は、長期にわたる実質的な通貨価値下落のメリットを享受していた。しかしアルゼンチンの輸出業者は一九三〇年代の切り上げ傾向にあった実質為替レートに直面していたのである。例えば、一九二九年以降の一〇年間で英国の卸売物価は二〇％低下し、アルゼンチンの卸売物価が一二％上昇したため、アルゼンチンの輸出品が英国で競争力を保つために必要なペソの対ポンドの名目的な切り下げは三二％であった。これは三〇年代を通じて公式為替レートに見られた実際の切り下げよりもさらに大きかった。そして為替レートの年々の著しい変動は、輸出部門での自信を支えることは殆どなかった。それとは対照的に、同時期のブラジルの輸出業者は、公式為替レートを基準にして四九％の実質的な通貨切り下げを享受した。これは自由市場のレートを基準にすると八〇％の実質的な切り下げとなった。[74]

残りのラテンアメリカでは、一九三二年以降の輸出の実績は驚くほど力強かった（表7－6参照）。輸出量のデータが得られる一七カ国のうち、アルゼンチンとメキシコに加えてホンジュラスだけが、一九三二年から一九三九年の間に減少している。さらに一九二九年を基準に取ると、一九三〇年代全般の例外的に困難な状況にもかかわらず、調査対象となっている国の半分が輸出量を増加させた。

輸出実績が相対的に堅調であったことは次の三つの要因から説明できる。第一は、政府が輸出主導型モデルの成長エンジンとして伝統的輸出部門を、為替レート切り下げから債務の支払い猶予まで含む政策体系を通じて維持することを確約したことが挙げられる。第二は、一九三二年以降のNBTTの動きである。第三は、商品の当たり外れであり、これによって一九三〇年代のラテンアメリカから輸出された商品のうち、幾つかは成功を収めたのである。

一九三〇年代の初期においては、少数の例外を除いた大部分の国は伝統的輸出部門をないがしろにできなかった。このことは、輸出部門が雇用・資本蓄積・政治権力の源泉であった小国ほど当てはまった。大国でも、輸出部門と非輸出部門とが直接的・間接的に連関していたため、輸出が減少すると非輸出部門も徐々に衰退するという恐れがあった。一九三〇年代の実質GDPと実質輸出のデータがそろっている一三カ国の内、実に一国を除いた全ての国で実質輸出と実質GDPが同時に増加していたのである。既に見てきたように例外はアルゼンチンであった。アルゼンチンは輸出量の回復に失敗した。

しかしアルゼンチンは、原則を示す例外であった。一九三〇年代初期のラテンアメリカの中でアルゼンチンは、一人当たりの所得の面では唯一ウルグアイと競合していたが、抜きん出て豊かな国であった。アルゼンチンは経済構造が最も多様化しており、産業基盤が最も強かった。非輸出部門は、一九三〇年代において新たな成長のエンジンになるのに十分な程に力強かった。そのため実質GDPと実質輸出は正反対に動いたのである。同時に、アルゼンチンではNBTTがかなり改善され、一九三二年以降の国内最終需要と個人消費を押し上げることになったことを想起しなければならない。すなわちアルゼンチンでさえ、それまで続いてきた輸出部門への依存から完全に脱却することはできなかったのである。

ラテンアメリカの輸出部門を支え促進する方法は、多様かつ複雑であり、そしてしばしば非正統的なものだった。二〇カ国のうち、キューバ、ドミニカ共和国、グアテマラ、ハイチ、ホンジュラス、パナマの六カ国だけが、いかなる形態の為替管理も行わず、その代わりに一九二九年以前から続く米ドルへのペッグ制の維持を選んだ。他の国では、名目的な通貨切り下げがしばしば行われたし、複数の為替レートを持つことは当たり前となっていた。アルゼンチンの例が示すように、名目的な通貨切り下げは必ずしも実質的な通貨価値の下落を意味しなかった。しかし国内の物価の上昇は概して緩やかであった。そしてボリビアだけが、チャコ戦争とその結果生じた金融の無秩序状態によって、高いインフレーションと為替レート切り下げの悪

表7-6　年平均成長率，1932-39年

(%)

国	GDP	輸出量	輸入量	純商品交易条件(NBTT)
アルゼンチン	+4.4	−1.4	+4.6	+2.1
ボリビア		+2.4		
ブラジル	+4.8	+10.2	+9.4	−5.6
チ　リ	+6.5	+6.5	+18.4	+18.6
コロンビア	+4.8	+3.8	+16.1	+1.6
コスタリカ	+6.4	+3.4	+14.0	−5.4
キューバ	+7.2			
ドミニカ共和国		+3.0	+4.4	+15.2
エクアドル	+4.4	+9.7	0	
エルサルバドル	+4.7	+6.7	+4.2	+1.9
グアテマラ	+10.9	+3.4	+11.2	+2.0
ハイチ		+4.9		
ホンジュラス	−1.2	−9.4	+0.8	−0.3
メキシコ	+6.2	−3.1	+7.8	+5.7
ニカラグア	+3.7	+0.1	+5.6	+5.5
ペルー	+4.9[1)]	+5.4	+5.0	+7.2
ウルグアイ	+0.1[1)]	+3.5	+3.0	+1.4
ベネズエラ	+5.9[1)]	+6.2	+10.4	−3.4

注1）1930-39年のデータ。
出所）Rangel (1970); Millot, Silva, and Silva (1973); CEPAL (1976, 1978); Brundenius (1984); Finch (1981); Palma (1984); Bulmer-Thomas (1987); Maddison (1991). 必要に応じて，データは1970年価格に換算されている。また全期間を通して公式為替レートが用いられている。注 (25) を参照。

循環に陥った。

一九二九年以降、輸出部門に対して国内および外国からの信用貸し付けは減少し、多くの企業は銀行の抵当流れに脅かされていた。その結果、政府は輸出基盤が崩れることを防ぐために、債務返済猶予を与えるという方法で介入せざるを得なくなった[75]。いくつかのケースでは、国家の援助、もしくは政府参加によって新たな金融機関が設立され、輸出部門へ資金が追加的に向けられた。輸出権益を代表する圧力団体が力を強めたり、あるいは初めて設立された。そして輸出関税はしばしば下方に修正された[76]。

一九三二年以降のNBTTの改善は、輸出部門に対してさらなる追い風となった。NBTTのデータが得られる一四カ国の内、一九三二年から三九年の間にNBTTが悪化したのは四カ国だけであった（表7-6参照）。この内、コスタリカとホンジュラスの二カ国は主要なバナナ輸出国であり、国際的に展開する巨大果物企業に利用される形でバナナの管理価格の下方修正に苦しんでいた。これらの価格は高度に人為的であったので、実際にはNBTTの下落は、さほど深刻な問題ではなかった。石油の国際価格が弱いままでNBTTが下落したベネズエラも同様であった。しかしベネズエラは、ゴメスが失脚した後、外国企業との契約を見直したり、税収入を増加させることで、外国企業からより高い利益を搾り出すことを始めた。その結果、PPEは着実に増加していったのである[77]。

NBTT下落を経験した残り一カ国はブラジルであった。一九二九年以降のコーヒー価格の下落は、ブラジルに大打撃を与えた。コーヒー生産に対する新しい支援策は、コーヒー輸出関税と政府信用によって集められた資金で基金を作り、コーヒー豆の収穫の一部を廃棄することであった[78]。これによって世界市場に出回るコーヒーの供給量が減少し、他の方法で可能とされていた価格よりも高いドル価格でコーヒーを販売することができた。同時に通貨切り下げは、輸出されるコーヒーの現地通貨価格を引き上げることになり、従ってコーヒー販売による収入の減少は、NBTT下落がもたらす問題ほどには過酷ではなかった。しかし利用可能な方法によっていかに事態に対処しようとしても、コーヒー部門が深刻な危機にあるという事実を覆い隠すことはできなかった。一九三〇年代にコーヒーに対する綿花価格が上昇すると、資源の再配分が起こり、ブラジルの綿花生産と輸出は急激に増加したのである。一九三二年から一九三九年の間に、綿花の栽培面積は四倍近く、生産は六倍近くに増加し、ブラジルの輸出量はどの国よりも急速に増加したのである（表7－6参照）。輸出によってブラジルが得た米ドル収入は、依然としてそれほど多くはなかったかもしれないが、輸出量の増加やブラジルの通貨で計った輸出額の増加はかなりのものであった[79]。

商品の当たり外れは、ラテンアメリカ内部に一連の勝者と敗者を生み出した。敗者の代表は、英国市場に依存していたことによって伝統的な輸出が打撃を受けたアルゼンチンであった。葉巻を含むキューバのタバコ輸出もまた、米国市場で保護主義的な政策が採られたことで打撃を受けたため敗者となった[80]。主要な勝者は金銀の輸出国であった。なぜなら金銀価格は、一九三〇年代に急上昇したからである。この思いもかけない事態は、金を輸出していたコロンビアとニカラグア、そして銀を輸出していたメキシコに恩恵をもたらした。ボリビアは一九三一年以降、国際スズ委員会がもたらしたスズ価格上昇の利益を受けた。一九三〇年代後半の再軍備の過程では、さらにスズ価格が急騰した[81]。チリは不況が最悪だった時期には、輸出価格の最も急激な下落によって苦しめられていた。しかし再軍備によって銅価格が回復したため、一九三二年から一九三九年の間に、NBTTは年間平均一八・六％の上昇が見られた。ドミニカ共和国は国際砂糖協定に加わらなかったことによって、砂糖の高価格と砂糖販売増加の恩恵を受けた。

一九三二年以降の輸出量増加の主要な理由は、伝統的な輸出部門の回復であった。ブラジルの綿花を除いて、輸出の多様化はそれほど重要ではなかった。なぜならエルサルバドルとニカラグアが綿花を輸出したり、またバナナプランテーションの廃止によって、コスタリカがカカオを輸出するようになったが[82]、これらは偶発的な試みがほんの少し行われたに過ぎなかったからである。しかし、ナチス・ドイツの興隆と、アスキ・マルクを基礎においたその侵略的な貿易政策は、貿易の地理的構成が非常に急激に変化したことを意味した。一九三〇年のラテンアメリカの総輸出に占めるドイツの割合は七・七％、総輸入に占める割合は一〇・九％であったものが、戦争状態に入っていない最後の年である一九三八年までには、総輸出の一〇・三%、総輸入の一七・一%をドイツが占めるようになっていた[83]。米国の対ラテンアメリカ輸出のシェアが、一九三〇年の三三・四%から一九三八年の三一・五%に減少していたにもかかわらず[84]、ドイツのシェアが拡大したので、英国は大きな不利益を被ることになった。

ドイツ市場の重要性が高まったのは、第三帝国の通商政策によるところがかなり大きい。ラテンアメリカ諸国が不換紙幣であるアスキ・マルクを引き受ける気になったのは、ドイツが各国の伝統的輸出品に対し、より高い価格を提示したからである。例えば、ブラジル、コロンビア、コスタリカは、コーヒーの新たな市場を探しており、ドイツ市場の重要性が急速に高まったのである。そして戦争が勃発した後にドイツ市場を喪失したことは、これらの国に深刻な問題を引き起こすことにもなった。英国市場への接近に問題を抱えていたウルグアイは、対ドイツ輸出によって、一九三八年までに総輸出が二三・五%増加した。それとは対照的に、コーデル・ハルが推進していた互恵的な通商協定は、ラテンアメリカ諸国の対米貿易額を増加させはしたが、米国市場における各国のシェアを引き上げるところまでには至らなかった[85]。

一九三〇年代末まで、輸出部門は以前の重要性を十分に回復してはいなかった。しかし一九三二年以降の実質GDP回復において輸出部門は少なからざる貢献をしていた。一九二八年と一九三八年を比較すると（表7-1参照）、当該国の殆どで、実質GDPに対する実質輸出の割合が減少していたことがわかる。メキシコ、ホンジュラス、アルゼンチンといったむしろ例外ケースとして既に検討した国だけは、大きな減少が見られた。またブラジルでは上昇を経験していた。

殆どのラテンアメリカ諸国における輸出量の回復は、一九三二年以降の輸入量の急激な上昇を説明するのに役立つ（表7-6参照）。しかしこれだけでは、輸出量が減少した三カ国を含む全ての国で輸入が回復したことを説明することはできない。輸入の動きを説明するためには、さらにNBTTの変動、そして債務不履行・為替管理・利益送金の減少によって生じた要素支払いの減少を含めて考えなければならない。対外債務を期限通り履行し、輸出量が減少していたアルゼンチンでさえ、NBTTの望ましい変動と利益送金の減少によって、一九三二年から一九三九年の間に輸入量が年率四・六%で増加することが可能となった。

一九三二年以降に全てのラテンアメリカ諸国で見られた輸出量の増加は際立っているので、実質輸入の変化と実質GDPの変化の相関関係を調べてみる価値がある。データが利用可能な一二カ国について[86]、最小二乗法の相関係数が〇・七五を示し、一%の水準で有意であり、両者の間に強い正の相関関係が見られる。一九三〇年代はISIと輸入抑制を基礎においた回復過程であるという見方が一般的であることを考えれば、この結果は、一九二九年恐慌以降においてさえ対外部門や貿易が圧倒的に重要であったことを示す上で有益である。

この点は、通説的な見解がかなり強固に確立されてはいるが、さらに検討する価値がある。次節で見るように、確かに製造業における輸入代替は重要であった。また一九二八年から一九三八年までの一〇年間で、実質GDPに対する実質輸入の割合は低下した。しかし輸入の抑制が最も激しかったのは、一九三〇年から一九三二年の不況が最も深刻だった時期であり、消費財輸入が特に削減された。一九三二年以降は、工業が成長したため、それまで輸入によってまかなわれていた消費財への需要が十分に満たされるようになった。しかし同時に、限界輸入性向は非常に高いままであったので、実質的に全ての例において、実質輸入は実質GDPよりも急速に増加したのである。輸入品の構成は、特に非耐久消費財を中心とする消費財ではなくなっていた。しかし経済実績は、輸入の成長に非常に敏感であり、かつ依存していた。輸出の回復がない限り、あるいは少なくともNBTTの改善が見られない限り、一九三〇年代のラテンアメリカがISI化を成功裡に実施することは、かなり難しかったであろう。

▼非輸出経済の回復

輸出量、価格、そして多くの場合その両面において輸出部門が回復したために、一九三〇年代のラテンアメリカ経済は成長した。緩和的な金融財政政策によって輸出部門が蘇生したので、名目国内最終需要は拡大した。多くの国では価格が程よいレベルで上昇したので、実質国内最終需要が増加し、いくつかのケースでは非輸出部門が急速に拡大することになった。国内消費向け農業（domestic-use agriculture: DUA）の拡大や建設業・運輸に代表される非貿易活動の成長も顕著であったが、最も恩恵を受けたのは製造業であった。

アルゼンチンは、実質GDPの回復と輸出部門の回復との間に関連が見られなかった唯一の国であった。逆にアルゼンチンの名目および実質輸出額は、実質GDPが底を打った一九三二年の後の数年間、減少し続けた。しかし一九二〇年代末において、アルゼンチンは他のどの国に比べても最大規模の最も洗練された工業部門（繊維産業を除く）を有していた。この成熟した工業があったからこそ、恐慌によってもたらされた国産品と外国製品との間の相対価格の急激な変化に対応して、製造業がアルゼンチン経済を不況から脱却させたのである。

相対価格は工業製品だけでなく全ての輸入可能商品に影響をもたらす。この相対価格の変化は三つの要因によって引き起こされた。第一は、ラテンアメリカでは従量税が広く採用されていたので、輸入価格が下落すると関税率が上がり始めたことである。価格が上昇しているときは不利になる従量税も、価格が下落しているときには政府の行動がなくても保護主義的な機能を増す。しかし殆どの国は不況時に関税率を上げることで対応した。こうして名目上の保護をさらにねじ曲げることとなった[87]。これら関税率の上昇はしばしば、主として歳入の増加のために計画された。しかし慣例通りに、このような関税は輸入品に対する保護主義的な障壁としても機能した。例えばベネズエラの平均関税率は、一九二〇年代後半に二五％であったのが一九三〇年代後半には四〇％にまで上昇した[88]。

相対価格が変化する二番目の理由は、為替レートの切り下げである。一九三〇年代初めにあらゆる国で物価が下がった時、名目為替レートの切り下げは、実質的な通貨切り下げを合理的に保障した。一九三〇年代末までには、緩やかな物価上昇が見られた国もあったが、実質的な通貨切り下げは、国内価格と国外価格の差額よりも名目的な通価切り下げの方が大きい場合にのみ、確実なものとなった。多くの国、特に比較的規模の大きな国は、この条件を満たしていた。そして外国為替政策は、輸入品と競合する国内商品に有利になるように相対価格をシフトさせる上で強力な手法となったのである。複数の為替レートを採用していた国（南米の大部分）ではさらに、輸入消費財の現地通貨でのコストが上昇し、国内企業が生産するのが最も望ましい状況になるような好機がもたらされた。

相対価格を変化させる第三の要因は為替管理であった。不必要な輸入品に対して外国為替の割当を制限することで、通貨切り下げをしなくても、これらの商品の現地通貨でのコストを効果的に引き上げることになった。このようにして、為替管理の結果、自国通貨の為替レートを米ドルに固定していた国の幾つかは、事実上、通貨切り下げの恩恵を受けていた。顕著な例外はベネズエラであった。この国は、自国通貨ボリーバル（bolívar）がドルに対して切り上がり、関税率の上昇によってもたらされた利点の殆どを失ってしまった。

相対価格の変化は多くの場合、為替管理とあいまって、工業が既に定着していた国の製造業に対しては絶好の機会を与えることになった。一九二九年以前に製造業部門に設備余力があった国は、さらに有利な立場にあった。このような国では、輸入資本財に依存した高額な投資をしなくとも、国内需要の回復や相対価格の変化に対してすぐに生産を対応させることができた。

ラテンアメリカ諸国の一部は、実際にこの条件を満たしていた。アルゼンチンは既に言及した通りである。アルゼンチンよりはるかに劣っているとはいえ、ブラジルも産業基盤を着実に発展させており、一九二〇年代の有利な状況を利用して製造業の生産能力を拡大させた。ディアス政権下のメキシコでは、産業投資が高まった。そして革命による混乱の後、あまり大きくない規模で投資が再開された。中規模の国の中では、チリが第一次大戦前に既に比較的洗練された産業基盤を築き上げていた。ペルーでは、一八九〇年代に産業投資のブームがあったが、それは相対価格が有利な時期の直後に限って維持されたものであった。コロンビアは、一九世紀に強力な国内市場の形成に失敗したため、その産業発展は遅れたが、一九二〇年代に最終的に重要な産業基盤が形成され始めた。小国の中ではウルグアイのみが、モンテビデオの人口集中と高所得に引き寄せられた企業によって近代的製造業が確立されたということができた。

これら七カ国は、国内需要が回復し始めた後に、製造業部門

表7-7　1930年代の工業部門の指標

国	A	B	C	D
アルゼンチン	7.3	22.7	122	12.7
ブラジル	7.6	14.5	24	20.2
チ　リ	7.7	18.0[1)]	79	25.1
コロンビア	11.8	9.1	17	32.1
メキシコ	11.9	16.0	39	20.1
ペルー	6.4[2)]	10.0[3)]	29	n/a
ウルグアイ	5.3[4)]	15.9	84	7.0

記号）
A　製造業純生産の年成長率，1932-39年。
B　GDPに対する製造業の割合，1939年（1970年価格，％）。
C　人口一人当たりの製造業純生産（1970年価格，公式為替レートで換算），1939年頃。
D　各事業所ごとの労働者数，1939年頃。
注1）1940年のデータ。
　2）1933-38年のデータ。
　3）1938年のデータ。
　4）1930-39年のデータ。
出所）Wythe（1945）のデータを用いた筆者の計算。Rangel（1970）; Millot, Silva, and Silva（1973）; CEPAL（1976, 1978）; Boloña（1981）; Finch（1981）; Palma（1984）; Maddison（1991）。必要に応じて，データは1970年価格に換算されている。また全期間を通して公式為替レートが用いられている。

が直面した例外的な条件を利用する上で最も良い状況にあった。事実、製造業部門の純生産の年成長率が一〇％を超えたケースも二、三あった（表7－7参照）。設備余力は、当初、増加した需要を満たすために用いられたけれども、一九三〇年代の半ばまでには使い尽くされてしまった。メキシコのモンテレイ（Monterrey）で操業していた巨大な製鉄所は、ほぼ一世紀の間利益を上げることができなかったが、一九三六年には、生産能力の八〇％を稼動させるに到り、最終的にはきちんと配当を出すようになった。[89] その後、海外から資本財を購入することを含んだ新規の投資によってのみ、需要を満たすことができた。このように工業化は、輸入に占める消費財の割合を減らし、中間財や資本財の割合を高めることで、輸入の構造を変え始めたのである。

　アルゼンチンは、GDPに占める製造業のシェアや製造業の一人当たりの純生産から見ても、依然として最も工業化が進んだ国であった（表7－7参照）。一方、ブラジルの製造業部門は一九三〇年代に目覚ましい発展を遂げた。コーヒーの国際価格が下落していたにもかかわらず、コーヒーから得られた所得を現地通貨で表示するとそれほどには減少しなかった。これはコーヒー生産援助プログラムの結果であった。そして綿花輸出が、躍動的な新しい収入源となった。同時に、実質的な通貨価値の下落と関税の引き上げ、そして為替管理が組み合わさることで、輸入品から国産品へ切り替える強いインセンティブが消費者に向けて働いた。この刺激は他国でも機能したけれども、生産能力の制約によって、企業はそれ程積極的には対応できなかった。しかしブラジルでは、一九二〇年代に資本財の輸入を高めることができたので、生産能力がかなり拡大していた。従ってブラジル企業は、繊維・靴・帽子といった伝統的産業のみならず、耐久消費財や中間財といった新しい産業においても、需要を満たす体制が整っていたのである。

ブラジルでは、一九三〇年代には資本財産業さえ発展した。しかし付加価値に占めるシェアは、一九三九年において依然として四・九％に過ぎなかった[90]。従ってブラジルの工業化は輸入資本財に大きく依存しており、いくつかの部門では一九三〇年代終わりに生産能力の制約が明らかになり始めた。一般的に、他のラテンアメリカの大国と同じように、これらの生産能力の制約は労働集約的な操業を促し、可能な限り資本を労働に代替することが行われた。ブラジルにおいて製造業に雇用される労働者の数は急激に上昇した。特にサンパウロでは一九三二年以降、年率一〇％以上の増加を示した。事実、一九三〇年代のブラジル工業の成長は、かなりの部分がこの労働投入によって「説明」されるので、生産性の上昇はそれほど高くはなかった。したがってこの工業化の効率性と国際的な企業の競争力には疑問が残る。

一九三〇年代の工業化は、主要国における工業生産の構成に重要な変化をもたらした。食品加工や繊維業が依然として重要な製造業部門であったけれども、いくつかの新しい部門が初めて主要な位置を占めるようになった。この新しい部門には、耐久消費財、化学（製薬を含む）、金属、そして製紙業などが含まれた。工業製品の市場はまた、さらに多様化した。大部分の企業は家計に対して耐久・非耐久消費財を販売し続けていたが、それまでは海外から購入されていた投入物を供給する企業が出現したことで、産業間の関係は今やさらに複雑化した。

これらの変化は顕著であったが、しかし過大視すべきではない。例えば一九三〇年代末にはGDPに占める工業の割合は依然として大きくなかった（表7－7参照）。アルゼンチンだけが二〇％以上のシェアを持っていたのだが、この国においてさえ依然として工業よりも農業のほうが重要であった。コロンビアは遅れたとはいえ急速に工業化を進めたにもかかわらず、一九三九年の実質GDPに占める工業部門の割合は一〇％以下であった。ブラジルとメキシコは工業化に向けて重要な進展を遂げていた。しかし両国の人口一人当たりで計った製造業の純生産は、依然としてアルゼンチン、チリ、ウルグアイの水準よりもはるかに低かった。

一九三〇年代、工業部門は別の問題にも直面していた。高度に保護された国内市場に引き寄せられていたので、多くの非効率を克服しようとしたり、海外市場での競争を始めようとする刺激に欠けていた。事業所当たりの平均従業員数がウルグアイの七・〇からコロンビアの三二・一の幅であることからも分かるように、一九三〇年代末まで、工業部門は依然として規模が小さかった（表7－7参照）。労働生産性もまた低かった。労働者一人当たりの付加価値は、アルゼンチンでさえ米国の水準の四分の一であった。そして多くの国では半分以上の労働者が食品加工業や繊維産業に雇用されていた。

工業部門の低生産性の問題は、電力不足、熟練労働力の欠如、信用を利用する機会が限られていたこと、そして時代遅れの機械の使用などに起因していたと見ることができる。一九三〇年代末には、いくつかの政府では、民間の工業部門に代わって、政府自身が間接的に介入する必要性を自覚していた。そして規模の経済が働き、現代的な機械を用いる新しい製造業の形成を促進するために政府機関を設置した。注目に値する例は、チリ生産振興公社（Corporación de Fomento de la Producción: CORFO）である。同様の開発公社は、アルゼンチン、ブラジル、メキシコ、ボリビア、ペルー、コロンビア、ベネズエラでも設置された[91]。これらの公社の大部分は、チリのそれが一九三九年に設立されたように、一九三〇年代の工業発展に対して十分な影響を持つには、設立されるのが遅すぎた。しかしこれらの影響力は一九四〇年代に現れたのである。

政府介入が間接的ではなく直接なされた事例もいくつかある。一九三八年のメキシコにおける石油会社の国有化によって石油精製所が公的所有になった[92]。社会民主主義国ウルグアイにおける国有化は、食肉冷凍加工業やセメント製造業にも拡大していた。しかし一般的には、工業は国内の民間企業によって運営されており、スペイン、イタリア、ドイツからの到着後間もない移民たちが重要な役割を果たしていた。アルゼンチン、ブラジル、メキシコの三カ国においては、外国人によって所有される外国企業の子会社の存在が重要であったが、これら諸国でも総工業生産に対する企業の貢献度は依然として控えめなものであった[93]。

国内製品と外国製品の相対価格の変化は、ISIのみならずISAにとっても有利に働いた。一九二九年以前は、輸出主導型モデルを実施し、特化が進んだので、国内需要を満たすために多くの食料品や原料を輸入しなければならない段階にまできていた。相対価格の変化は、この動きを逆転させる機会を提供し、DUAの生産を促進した。

DUAの拡大は、特にカリブ諸国で顕著であった。これらの小国は十分な産業基盤を欠いていたので、ISIの機会を利用できない状況を埋め合わせるためには、ISAを利用するというのが無理のない方法だと考えたのである。一九二〇年代末までに輸出の特化と外国所有の飛び地が国内に無数にあったため、農村のプロレタリアや急増する都市部人口を養うのに必要な輸入食料品に対する巨大な需要を生み出した。土地と労働力が余っていたため、また相対価格が変化したことでインセンティブが働いたため、輸入をやめて国内生産を拡大させることは比較的単純な問題であった[94]。

中米やカリブの小国にとってISAは重要であったが、それは南米に対しても影響を及ぼしていた。多くの主要農業産品を見てみると、購買力の崩壊によって不況期に輸入が急激に減少し、そして食料および原料の国内生産が拡大したので、輸入は不況以前のピークを回復することはなかったという明確なパターンを読み取ることができる。主な例外は、綿花や麻といった急速に拡大した工業部門が必要とする原料であった。従ってこれらの輸入は依然として重要であったのである。

国内市場向け農業と工業の拡大を説明する上で、国産品と外国製品との間の相対価格の変化は重要であった。しかし非貿易財やサービスもまた実質経済の成長や国内最終需要の回復とともに発展した。工業部門へ向けての資源のシフトとそれに伴って強まった都市化は、例えばエネルギー需要を増やし、電力供給（水力発電用ダムを含む）、原油採掘、石油精製において新たな投資を促した。一九三〇年代全体を通じて、電力の需給という問題は依然として続いていたが、超過需要の存在は、公共事業と建設業の双方の成長を強力に促した。

建設業もまた輸送システムへの新規投資の恩恵を受けた。一九三〇年代末までにラテンアメリカの鉄道ブームは終わっていた。しかしこの地域では、トラック・バス・自動車の需要に対応するために必要であった道路システムの開発がようやく始まったばかりであった。道路建設は、その大部分が政府によって融資されたが、補完的な輸入に大きく依存するよりも、現地の労働力や原料を利用できるという点で大きなメリットがあった。道路体系は、一九三〇年代のラテンアメリカ全体で拡大していった。特にアルゼンチンでは目を見張る発展が見られた。この拡張は、多くの農村地域における失業者を吸収する機会を提供した。

道路体系の拡張には、更なる政府支出を必要とした。それは限られた政府の財源にさらなる圧力をかけた。特にグアテマラのホルヘ・ウビコ（Jorge Ubico）政権に代表されるような権威主義的な政府の中には、道路体系の拡張に必要な労働力投入を得るために、強制労働を利用したところもあった。しかし道路体系はいったん完成すると、それまで孤立していた地域の余剰農産物を市場で売買させることができ、DUAの成長を促した。これはブラジルにおいて顕著にみられた[95]。

空輸システムもまた、一九三〇年代末になっても乗客数や積載貨物に制限がある低い水準から出発したものの、この一〇年間に急速に拡大した。しかし地理的に鉄道による移動が不可能であったり、道路による移動が難しい国にとっては、航空輸送システムを作ることは、近代化と国内統合に向けての重要な一歩であった。例えばホンジュラスでは、ニュージーランド人の企業家が一九三二年の内戦時に民間飛行機を爆撃機に転用したことへの謝礼として、ティブルシオ・カリアス・アンディーノ大統領（Tiburcio Carías Andino）が、その企業家に航空事業の独占権を与えた。この結果新しく設立された中米航空（Transportes Aéreos Centroamericanos: TACA）は、孤立していた東部諸州を首都と結びつけるうえで重要な役割を果たした。コロンビアの航空路線の飛行距離は一九三九年に一〇〇万マイル以上となった[96]。

ヨーロッパと北米の不況によって、預金の取り付けや銀行の崩壊などが一般的となり、先進国の金融システムは徹底的に破壊された。しかし不況の最悪の時期でも、ラテンアメリカの金融システムは、それほど大きな打撃を受けずに、切り抜けることができた。さらに一九三〇年代には新たに中央銀行が設立され、保険産業が拡大し、政府所有の開発公社を含む第二次銀行の活動の成長も見られたのである。

多くの銀行と輸出部門との間の緊密な関係を鑑みれば、金融システムの安定の重要度はますます高まった。一九二九年以降、輸出収入額が激減したので、多くの輸出業者は自らの金融義務を果たすことができなくなり、いくつかの政府が抵当流れに対するモラトリアムを公表した時には、銀行によってはさらに不利な状況が生じていたのである。

いくつかの要素がこの状況を和らげ、銀行システムは生き残ることができた。多くの場合、ケメラー教授によって促された一九二〇年代の大規模な金融改革は、より強力な金融システムの創設につながり、大不況期までには明確なルールが出来上がっていた。システムが新しくなったことで、多くの国では現金準備率が法定準備率よりもはるかに高くなり、避けることのできない預金減少に対処できるようになった。

第二の要因は為替管理で説明できる。ラテンアメリカの銀行と外国の金融機関との密接な関係は、外国資金への非常に高い依存を生み出した。為替管理を実施したことによって、海外の債権者に対し元利返済を履行しなければならなかったことで銀行が倒産することを防いだ。

銀行システムが存続した最も重要な理由は、おそらく、一九三〇年代を通じて、財政赤字への資金提供で銀行システム自体が主要な役割を果たしたことにあった。政府が国内で債券発行を行う際に銀行は見事に貢献し、確実に続けられた利払いによって利益を得たのである。銀行資金によって財政赤字を埋めたことは、一九三〇年代後半のラテンアメリカにおける物価上昇の要因になったかもしれない。しかしインフレーションは緩やかなままであり、銀行にとって受け取り利子は有用な収入源となった。さらに輸出部門が回復し始めると、銀行は多くの伝統的な顧客とより正常な関係を回復できるようになり、なかには輸出部門以外の部門に開かれた新たな機会を開拓し始めた銀行もあった。

一九三〇年代の実質GDPの回復は急速であった（表7－6参照）。不況が比較的穏やかだったコロンビアでは、一九三二年に既に、不況以前の実質GDPのピークを超えていた。ブラジルは一九三三年、メキシコは一九三四年、アルゼンチン、エルサルバドル、グアテマラでは一九三五年に回復した。不況が特に厳しかったチリとキューバが、実質GDPが不況前のピークを追い越すのは一九三七年になった。そして悲惨だったホンジュラスは、バナナ輸出に全面的に依存していたため、回復するのに一九四五年まで待たなければならなかった。人口が年率二％で増加したので、大部分の国は一九三〇年代末までには一人当たりの実質GDPが不況前のピークまで回復したことになる。最も深刻な例外は、ホンジュラスとニカラグアであった。

▼内向きの発展への転換

一九二〇年代末に始まった世界不況は、対外部門を通じてラテンアメリカに波及した。殆どの国では、不況からの回復もまた対外部門の回復と結びついていた。輸出の成長は、債務不履行や利益送金の削減、そしてＮＢＴＴの改善を伴い、輸入量の実質的な増加を引き起こし、そしてそれは一九三〇年代の実質ＧＤＰの成長と密接に関連していた。緩和的な財政金融政策、輸入品と競合する国内生産に有利な相対価格の変化、そして国際収支制約の緩和により、補完的な輸入品が入手可能となったことで、一九三〇年代に著しい構造変化が生じた。これによって、特に大国の製造業部門と小国の国内市場向け農業が恩恵を受けた。

それゆえ、一九三〇年代のラテンアメリカ経済の実績や政策は、しばしばいわれてきたように転換点を示すものとして見るべきではない[97]。確かに工業部門は特に躍動的であり、殆ど全ての国において実質ＧＤＰよりも急速に成長したが、このことは一九二〇年代にも見られたことである。アルゼンチンにおいてのみ、製造業部門が一九三〇年代初期の不況からの回復を牽引したので、一九三〇年代初めには既に輸出量の減少によってそれほど深刻な打撃を受けない程度にまで経済が発展していたといえる。その他の国については、工業基盤が広範に広がっていた大国の方が、実質的には近代製造業部門がない小国よりも経済実績が良かったと主張できる証拠はない。双方のケースにおいて、経済実績は輸入能力の回復に大きく依存していた。アルゼンチンにおいてさえ、経済実績は一九三三年以降のＮＢＴＴの急激な改善に対し反応した。

しかし一九三〇年代末、大規模な国においては、製造業の発展によって量的な面のみならず質的な面においても経済構造の変化が生じていたと論ずることができる。一九四〇年代・五〇年代には（第８章参照）、これらの変化が十分に展開したので、多くの国の工業と実質ＧＤＰは、一次産品輸出とは逆の動きをすることができた。従って輸出主導型モデルは各国経済の実態を正確に記述するものではなかったのである。こうして一九三〇年代の変化は、一九五〇年・六〇年代に最も極端な形をとるようになった輸入代替モデルへ転換するための基礎を築いた。これはブラジル、チリ、メキシコにおいては確かに当てはまっており、一九三〇年代末までに既に開始していたアルゼンチンも含めて、これらの国だけが、工業化と構造変化を推進し、国内需要がもはや、主に輸出部門によっては決定されない段階にまで到達していたのである。

一九三〇年代の最も重要な変化は、自己調整的な経済政策から政策当局者が操作する政策への転換であった。一九二〇年代末までには、殆どのラテンアメリカ諸国は金本位制を採用していたので、独自に為替レート政策を実施してはいなかった。金本位制が展開していたということは、金融政策がおおむね受身であり、金の流出入によってマネーサプライの動きが支えられ、対外・国内均衡が自動的に調整されることも意味していた。財政政策でさえ、その重要性の大部分を失っていた。小国においては多くの場合、ドル外交と厳しい融資条件によって、政府の主要な財源である対外貿易税に対して外国の管理が及んでいた。大規模な国では、「民衆の小躍り」によって、財政改革よりも対外借款によって経費を捻出するほうがはるかに容易だった。

金本位制の崩壊によって、全ての国が為替レート政策の問題に取り組まなければならなくなった。いくつかの小国は、米ドルへのペッグを選んだ。こうして積極的な政策としての為替レートを放棄した。小国の幾つかを含む、殆どの国は、管理為替レートを選んだ。高度に開放された経済においては為替レートは、多くの商品の価格に対し、即効性のある強力な効果を及ぼした。従って為替レートは、相対価格や資源分配に対し最も重要な唯一の決定要因となる。独立した為替レート政策は、自分たちに都合の良い為替レート改定を支持するため、当局に対しロビー活動をする圧力団体の形成を促した。これらの競合する圧力を解決する方法として、一九三〇年代の多くのラテンアメリカ諸国で複数為替レート・システムが採用されたことは驚くには値しない。それが、一九四五年のブレトン・ウッズ会議の後、国際通貨基金が新たに設立された時に、複数為替レート・システムを実施していた一四カ国のうち一三カ国がラテンアメリカであったことの理由の一つである[98]。

一九三〇年代の国際収支制約と為替管理によって、海外からもたらされた通貨である国際準備の変動は、マネーサプライの主たる決定要因ではなくなった。代わりにベース・マネーは政府の財政赤字と中央銀行の再割引政策によって操作される場合が多くなり、通貨乗数は準備率の変化の影響を受けた。このようなマネーサプライの変化は、国内から生み出される通貨の変化によってより促された。これによって殆ど全ての国では、より積極的な金融政策を採用するようになったのである。主な例外は、キューバとパナマであった。両国とも中央銀行がなく、従ってマネタリーベースの変化を通じてマネーサプライに影響を及ぼすことができなかったのである。

輸出部門と輸入能力の回復は、必ずしも貿易額の増加を伴わなかった。従って関税から得られる歳入は深刻な影響を受け、デフォルトの結果、対外公的債務の返済にそれほど出費する必要がなくなったとしても、十分に歳入減少を埋め合わせることはなかった。この危機は全ての国において財政改革とより積極的な財政政策を促した。新たに導入される政策の主たる候補は関税率の引き上げであった。しかし一九三〇年代には、国内消費に対する様々な種類の間接税の導入と同様に、緩やかではあるが収入と資産に対する直接税へと移行していくのが見られた。一九三〇年代末までには、貿易額と政府収入の相関関係が弱くなっており、従って輸出主導型成長モデルの実施における決定的な連関が徐々に衰えていったのである。

より攻撃的な為替レート・金融・財政政策が広く採用されたことで、「積極的」政策を採用する大国と、「消極的」政策を続ける小国にラテンアメリカ諸国は分類されるという主張を続けることは難しい。確かに全ての大国が積極的な政策を実施したが、ボリビア、コスタリカ、エクアドル、エルサルバドル、ニカラグア、ウルグアイを含む、多くの小国においても同様であった。[99] キューバ、ハイチ、ホンジュラス、パナマのようにはっきりと消極的な政策を採用していた国は全て、一九三〇年代、米国の半植民地であった。しかしニカラグアの例が示すように、全ての半植民地が消極的であったわけではない。

経済政策の主要な部分の運営方法が変化したからといって、政策理論面での革命にはつながらなかった。逆に、内向きの開発に関する理論は未だ不完全なままであり、輸出部門は依然として支配的であり、輸出部門を支えていた勢力は政治的にも力を保持しつづけていた。しかし一九三〇年代に政府が、為替レート、金融財政政策で選択せざるを得なかったものは、国連ラテンアメリカ経済委員会（Economic Commission for Latin America: ECLA）と連携して発生した知的革命や一九四〇年代終わりに体系化されたISIモデルの踏み台となった（第8章参照）。一九三〇年代の政策運営は、相対価格による資源分配に対して反応が早く、大国の製造業の対応は、効率的な経済政策はいかにして形成され得るかということをはっきりと想起させた。

一九三〇年代の経済政策運営は確かに成功し、戦後の経験と比べても良好であった。政府の経験不足は、いくつかの方法で埋め合わせることができた。第一に、財政金融政策に関与する官僚（例えばアルゼンチン中央銀行のラウル・プレビッシュ：Raúl Prebisch）は大抵有能なテクノクラートであったし、国民が経済学に無知であったことを利用して、政治的圧力をあまり受けることのない環境で政策を決定することができた。第二に、合理的期待の立場から政府の政策の無力を主張するために必要な完全予想と完全情報という二つの前提条件は、一九三〇年代にはその双方が明らかに欠如していた。従って全てを知り尽くす民間部門が、経済政策を変化させようとする意図的な動きを邪魔する危険性はかなり低かった。第三に、インフレーションの昂進という戦後の経済政策がもたらした問題の原因は、一九三〇年代には大きなものではなくなった。貨幣錯覚（その一部は価格統計がなかったため生じたのだが）や世界経済における価格下落、そして国内経済における設備余力によって、拡張的な経済政策を実施することで財政赤字やインフレーションの悪循環に陥る可能性は低くなっていた。

一九三〇年代の緩和的な財政金融政策は、国内最終需要の成長を支えた。表7－5が示すように、各国が不況から脱却する上で、さらに輸入可能財・非貿易財・サービスの成長に必要な刺激を与えたという点で、これは非常に重要であった。この成長とともに都市化が進んだことで、いくつかの国では、一九三〇年代終わりにおおむね都市化が完了したと主張することができ、全ての国では農村部に住む人口の割合が大きく低下していったのである。

一般的に一九三〇年代、少なくとも一九三二年以降の経済実績は満足に値するものであったが、この地域パターンから逸脱するケースが幾つかあった。表7－4で「ゆっくりとした回復」に分類された国には、経済活動が停滞、もしくは落ち込んだところもあった。基本的な問題は輸出部門であった。政府の管理が及ばなかったという理由により、一九三〇年代の大半、輸出部門は停滞したままであった。ホンジュラスでは一九三一年以降、作物の害虫のためバナナ輸出が崩壊し、一九六五年まで輸出額のピークであった一九三一年の水準を回復しなかった。輸出が停滞したため、ISAやISIといった輸入競合部門が回復につながる最大の希望となった。しかし小規模の市場では、輸出部門の落ち込みを埋め合わせることは難しかった。

アルゼンチンとコロンビアを除けば、「緩やかに回復」した国は、主に輸出部門を基礎にして不況から回復した。一九三〇年代の経済成長は、従って、重大な構造変化は伴わず、輸出品の構成も殆ど変化しなかった。ボリビアの回復は、一九三一年の国際スズカルテルの結成に決定的に依存していた。このカルテルによって輸出されるスズ価格は引き上げられ、輸出関税からの政府歳入も増えたのである。

コロンビアの輸出部門も拡大した。しかしその成長は、製造業部門の華々しい成長と比べれば、見劣りするものであった。製造業部門では、繊維の生産増加が特に顕著であった。アルゼンチンでは、輸出部門が実質的に停滞していた。従って回復は非輸出部門に強く依存していたのである。工業・運輸・建設・金融部門を問わず、この非輸出部門の実績は、一般的に満足のいくものであった。よって長期間にわたるアルゼンチン経済の凋落は一九三〇年代に始まったと結論付けることは難しい[100]。

「急速に回復」した国には、ブラジルのように不況の影響が比較的小さかった国や、チリやキューバのように厳しかった国も含まれている。従って後者に属する国の急速な回復は、チリのように新たなISIの発展を享受した国もあったけれども、主として不況の最悪期に喪失した実質的な産出を「回復」したものと考えられていた。一方ブラジルでは、急速な回復は主として、実質的な産出への追加を含んでいた。ブラジルでは輸出の回復が重要であったが、経済構造は工業に有利な形で変化し始めていた。しかしながら一九三九年におけるブラジルの一人当たりの実質GDPは、アルゼンチンの四分の一、ラテンアメリカ平均の六〇%であり、ひどく貧しい状態のままであった。メキシコもまた目覚しい構造変化を遂げた国である。カルデナス大統領（Lázaro Cárdenas; 一九三四―四〇年）の下で行われた土地改革は、非輸出農業を強化し[101]、政府は主要な投資主体となり、工業や建設業部門の多くの企業が公共部門との契約に依存し始めた[102]。

ラテンアメリカの一九三〇年代は、過去との明確な訣別を示してはいなかったかもしれない。しかしこの一〇年間は、失われた機会を示すものでもなかった。一般的に敵対的な国際環境下で、殆どの国が輸出部門を再建したといえる。僅かな例外ではあるが、輸出部門を再建することができた国では、輸入可能財の生産を拡大し、非貿易財とサービスの供給を増加させた。これらの変化は、一九四〇年代初めの域内貿易の目覚しい発展の基礎となった。その頃、他の地域からの輸入が削減されたからである（第8章参照）。また一九三〇年代の経済政策の変化は、一般的に理にかなったものであった。輸出部門からの大規模な撤退と、半閉鎖的な経済の構築は、非効率性を大きく高めたことになっていたであろう。輸出主導型成長モデルに対して卑屈なまでに傾倒していたら、長期にわたって変化する比較優位とは調和しない資源分配に、この地域を固定することになってしまったであろう。これらの変化は、一九三〇年代が輸出主導型成長から内向きの発展への転換期を示しているといえるくらいに十分な広がりを持っていた。しかし大多数の国は一九三〇年代末までは転換を終えなかったのである。

第8章　戦争と新国際経済秩序

一九三九年九月にヨーロッパで勃発した第二次大戦は、第一次大戦以降の二五年の間にラテンアメリカを襲った三番目の主要な対外ショックであった[1]。第一次大戦の衝撃との間には多くの共通点があり、一九二九年大恐慌ともいくつかの共通点があったが、第二次大戦がラテンアメリカに及ぼした意味は、量的にも質的にも、先の二つの衝撃とは異なっていた。

第一に、第二次大戦は伝統的な貿易市場を崩壊させた点でラテンアメリカをさらに打ちのめした。一九四〇年まで、ノルウェー北部から地中海までのヨーロッパの海岸線は、枢軸国[2]によってコントロールされていた。そしてその結果、対英封鎖が行われたことで、ラテンアメリカ諸国は当初中立を保っていたにもかかわらず[3]、大陸ヨーロッパ市場に接近できなくなった。さらにアルゼンチンやウルグアイにとって重要であった英国市場は、英国が戦争経済へ突入するにつれ縮小し始め、最も重要な輸入に限って許されることになった。

第二に、大恐慌後の約一〇年間、ラテンアメリカで伝統的な輸出主導型モデルに対する幻滅が膨らみ続けた後に大戦が勃発したことである。一九三〇年代に世界貿易は回復していた。しかしその貿易は、ますます強く「管理」されたものであり、しばしば二国間で行われたものであり、高い関税率とおびただしい非関税障壁によってひどく歪められていた。列強は、例えばスムート・ホーリー関税（Smoot-Hawley tariff）[4]のように無責任な行動をしばしばとり、あるいはロカ・ランシマン協定（Roca-Runciman pact）[5]締結のように自己中心的に振舞った。その結果、ラテンアメリカの国の中にはナショナリズムの意識が増大し、明確な形は取らなかったけれども、伝統的な輸出主導型成長に代わるものとして内向きの開発と工業化へより強く傾斜していった。

このような理論面での、そして政策面での雰囲気の変化は、一九三〇年代に既に現れ始めていた。ナショナリズムの高揚は、一九三七年のボリビアや一九三八年のメキシコで見られた外国石油企業の接収や、チリの生産振興公社（Corporación de Fomento de la Producción: CORFO）のように新しい組織を設立して製造業への投資を促進する工業への関与などに現れていた。[6] しかし戦争がこの過程を加速した。特に大国で見られた、工業を支えるための国家の介入は、直接的になり、より複雑な産業システムを支えるために必要なインフラストラクチャーへの投資と同様に基本的な財への重要な投資も見られた。

一九四一年一二月に戦争に突入するよりもずっと以前から、米国によって促されていたこの変化は、枢軸国に対する戦争に参加した殆ど全ての国においても、より際立つようになった。[7] 船舶量の不足と輸入不足、さらに価格統制と非貿易障壁によって歪められていた資源配分は、一方で連合国の戦争努力によって、他方では政府の工業化への選好によって、決定づけられていった。新しい工業体制の登場が華々しかった国もあったが、製造業部門での効率性に関しては疑問が残ったままであった。小規模な市場と長期投資に対する金融の欠如によって規模の経済が妨げられ、戦時期には輸入不足そして平時には高い関税と非貿易障壁によって外国との競争から守られていたため、新しい工業は、戦後期に輸出主導型成長に代わるものを構築するには、その基盤が弱かった。

▼第二次大戦下の貿易と工業

一九三〇年代におけるラテンアメリカの貿易の回復は、貿易相手国の地理上の変化を伴った。英国市場と、英国に比べてやや小さかったが米国市場の重要性は弱まり、ドイツ、イタリア、日本市場の地位が高まった（表8-1参照）。一九三八年まで、ヨーロッパはラテンアメリカの全輸出のほぼ五五%を購入し、ラテンアメリカの全輸入のほぼ四五%を供給していた。このことによってラテンアメリカは、ヨーロッパでの戦争勃発や英国封鎖の実施の影響を非常に受けやすい状況にあった。

一九四〇年に英国は、ラテンアメリカ市場へ自国製品を供給するため、そして敵国に必要物資が渡るのを防ぐため、ラテンアメリカからできるだけ多くのものを購入しようと必死の努力を行った。[8] しかし英国経済が危険な状態になったので、英国市場がラテンアメリカの大陸市場の喪失を補償することは殆ど不可能であった。必然的に、それまでヨーロッパに向けられていた商品を吸収するのに十分な大きさを持っている唯一の経済は米国のみであった。

ローズヴェルト政権は、それまでの政権よりもラテンアメリカの要求に対して敏感であり、ラテンアメリカの経済の崩壊を避けることが重要であるということを強く認識していた。一九三〇年代のラテンアメリカの中には、ファシズム、さらには国

表8-1　ラテンアメリカの貿易シェア，1938-48年

(%)

国	1938	1941	1945	1948
輸　出				
米　国	31.5	54.0	49.2	38.2
英　国	15.9	13.1	11.8	13.3
フランス	4.0	0.1	…	2.9
ドイツ	10.3	0.3	…	2.1
日　本	1.3	2.7	…	0.9
ラテンアメリカ	6.1	n/a	16.6	9.3
その他	30.9	n/a	22.4	33.3
輸　入				
米　国	35.8	62.4	58.5	52.0
英　国	12.2	7.8	3.6	8.1
フランス	3.5	0.1	…	1.9
ドイツ	17.1	0.5	…	0.7
日　本	2.7	2.6	…	0.1
ラテンアメリカ	9.2	n/a	25.6	10.9
その他	19.5	n/a	12.3	26.3

注記）n/a は利用不可能を示す。…は無視できることを示す。
出所）Horn and Bice (1949), Table 7, p. 112; Pan-American Union (1952).

家社会主義さえをも声高に支持する政治グループが存在しており、戦争になった場合、ラテンアメリカと米国との連帯が保証されなくなる恐れがあった。同時に、米国は、ラテンアメリカ以外の伝統的な貿易相手国との関係が閉ざされた場合に備えて、原料や戦略物資の供給を確保する必要があったのである。

その結果成立したのが米州間の経済協力システムである。この基盤は、ヨーロッパで戦争が勃発してから僅か三週間後の一九三九年九月にパナマで開催された汎米会議（Pan-American Conference）において築かれた[9]。米州金融経済諮問委員会(Inter-American Financial and Economic Advisory Committee)が組織され、そこで米州開発委員会（Inter-American Development Commission: IADC）が一九四〇年に設置され、米国を含む二一カ国全てに支部が置かれた。米州開発委員会の任務は、ラテンアメリカと米国との間で競合しない財の貿易を促進すること、ラテンアメリカ域内の貿易を推進すること、そして工業化を促進することにあった。その後まもなく、ネルソン・ロックフェラー（Nelson Rockefeller）が米州諸国間の通商文化関係調整事務所（Office for the Coordination of Commercial and Cultural Relations）の所長に任命された[10]。

米国が主に重視したのは、戦略物資の調達ルートの確保であった。従って一九四〇年、ローズヴェルト政権は金属準備会社（Metals Reserve Company）とゴム準備会社（Rubber Reserve Company）を設立し、必要な物資を備蓄した。これらの商品はどこからでも購入することができたが、ラテンアメリカが戦争の影響を直接受けていない唯一の主要な原料輸出地域であったため、主にその恩恵を受けた。日本がアジア地域の多くを占領してからは、米国はアジアに代わる原料供給源を求めることに狂奔することになった。そしてラテンアメリカ地域は、マニラ麻・ケナフ・キナノキ・ゴムといった商品の供給源としてアジアに取って代わるようになった[11]。ラテンアメリカに対する米国の直接投資は、その大部分が戦略物資に向けられており、戦時中には、一九二〇年代末以来、かつてないほどのレベルにまで達した。また輸出入銀行（Export-Import Bank）や武器貸与法[12]を通じて提供された米国の公的な借款は、戦略物資の採掘に限定されておらず、ますます重要になっていった[13]。

米州間の協力関係は戦略物資に限定されなかった。ラテンアメリカ一二カ国においてコーヒー輸出が決定的な意味を持つことを再認識していた米国は、米州コーヒー協定（Inter-American Coffee Convention: IACC）を推進し、輸出割り当てや優遇価格を与え、市場を保証した[14]。一九四一年に成立したIACCは、小国にとっては生命線であり、大国にとっても非常にありがたいものであった。多くのコーヒー輸出国は、一九三〇年代には、ドイツ市場にかなり依存していたからである。しかし米国からの援助は、特に英国市場との結びつきを保っていた南米南部の温帯産品には及ばなかった。

米国の購買量の増加によって、ラテンアメリカの輸出品にとって米国市場の重要性は非常に高まった。しかし、日本・大陸ヨーロッパ市場の喪失や英国市場の収縮を相殺するには米国市場は十分ではなかった（表8－1参照）。したがってラテンアメリカ諸国の関心は、輸出量を維持するために域内貿易の方に移った。この貿易は、一九三八年時点でこの地域における輸出のほんの六・一％にすぎず、独立以来ずっとさしたる重要性を持たなかった。内陸部のパラグアイだけが、材木・マテ茶・ケブラチョの樹液を近隣諸国へ輸出しており、ラテンアメリカ市場にかなり依存していた。さらに多くの国では、ラテンアメリカ諸国間よりもヨーロッパや米国との間の輸送手段のほうが充実していた[15]。

以上で述べたことは全て、戦争と米州間の経済協力システムの結果生じた変化であった。早くも一九四〇年には、アルゼンチン蔵相フェデリコ・ピネド（Federico Pinedo）が南米南部諸国間の関税同盟形成を睨んだ計画を提出した[16]。そして一九四一年一月にモンテビデオで開催されたラプラタ河五カ国間の会議で、この提案をあと一歩で採用するところまでいった[17]。しかしながら最終的には、ラテンアメリカの域内貿易は、近隣諸国間で関税や非関税上の優遇措置をとる多数の二国間協定によって推進されたのである。この結果、他のラテンアメリカ諸国に向けられた輸出のシェアは、一九四五年に一六・六％にまで増加した（表8－1参照）。ラテンアメリカの全輸入に占める域内貿易の割合は二五・六％を下ることはなかった（またこの数値は現在に至るまで超えられることはない）。なぜなら海外からの総輸入が戦時期の品不足や海運問題の影響を受けて、総輸出よりもはるかに小さかったからである。

表8-2　部門別の年平均成長率，1939-45年

(%)

国	輸出額[1]	輸出量[2]	GDP[3]	農　業[4]	工　業[5]
アルゼンチン	8.0	−2.9	2.1	0.2	3.6
ボリビア	15.7	+6.0			
ブラジル	13.6	−2.0	2.4	0	5.3
チ　リ	7.1	+3.4	4.0[6]	0[6]	9.3[6]
コロンビア	10.4	+3.4	2.6	2.2	5.1
コスタリカ	5.6	−2.2	−0.1	0	−3.5
キューバ	17.1	+2.0[7]	1.8	n/a	4.3
ドミニカ共和国	15.4	−1.4			
エクアドル	20.1	+2.5	4.2	2.7	5.2
エルサルバドル	9.8	−1.1	2.2	1.4	3.9
グアテマラ	8.5	+3.7	0.9	−6.3	4.4
ハイチ	15.2	+1.5			
ホンジュラス	3.5	+2.1	3.5	2.4	4.7
メキシコ	9.4	+1.3	6.2	2.3	9.4
ニカラグア	6.2	−4.9	3.9	−2.6	7.9
パナマ	4.7	−9.3			
パラグアイ	21.6	+8.0	0.4	−1.7	1.0
ペルー	6.6	−1.8	4.8[6]	n/a	4.8
ウルグアイ	11.7	+1.8	1.7	−1.0	3.5
ベネズエラ	13.6	+8.9	5.3	0	9.2
ラテンアメリカ	10.5	+0.5	3.4	0.8	5.7

注1）各年の価格（ドル表示）を基礎にしている。
　2）不変価格（1963年）を基礎にしている。
　3）1970年価格を基礎にしている。
　4）純農業産出（1970年価格）。
　5）純製造業産出（1970年価格）。
　6）1940-45年のデータ。
　7）砂糖輸出量のみを基礎にしている。
出所）Pérez-López（1974）; CEPAL（1976, 1978）; Boloña（1981）; Brundenius（1984）; Bulmer-Thomas（1987）.

　ラテンアメリカ諸国間および米国とラテンアメリカ諸国との間の米州間協力システムは、一九三九年以後の輸出の崩壊を避けることのできた主要な要因であった。しかし輸出量は一九四五年になってようやく一九三九年の水準を超した。特にアルゼンチンやブラジルといった最も重要な国で、戦争終結時においても戦前期の実質輸出水準を回復していないところもあった（表8-2参照）。米州間の協力関係は、アルゼンチンとウルグアイの対英市場縮小を十分に埋め合わせることができず、IACCは、ブラジルのコーヒー販売の喪失を全て肩代わりすることは現実的にはできなかった。ほんの一握りの国だけが、戦時期に輸出量を増加させたのである。ボリビアは、英国が崩壊⑱したことで行き場を失い余っていたスズを、米国が全て購入すると決定したことで恩恵を受けた。これは戦前のテキサスのスズ精錬所に対する投資のおかげで可能となった決定であった。ベネズエラは、英国と米国が石油の確実な供給源を確保するという決定を行ったことで多大な利益を得た⑲。

　輸出額は、輸出量とは異なり、より高いドル価格の結果、全ての国で急速に増加した

（表8－2参照）。これは何にも増して戦時期のドルのインフレーションに負っていた。しかし輸入価格と国内の生活コストもまた急速に上昇した。このように殆どの国が、輸出部門の発展によって実質消費が刺激されることはあまりなく、もしありえたとしても、僅かであった。アルゼンチンでは、工業製品に対する実質家計支出が一九四六年においても一九三七年水準よりも依然として低かった[20]。

早い段階では、輸出部門と実質消費が停滞していたため、大国でも工業発展の可能性は殆どなかったと思われる。しかし戦時期になると状況は変わり、家計部門の実質可処分所得の伸びがゆっくりであったにもかかわらず、あえて工業生産を急速に引き上げようとした国があった。この明らかな矛盾を説明する三つの要因がある。

第一に、第一次大戦期と同様に、一九三九年以降輸入量が急速に減少したことで、実質消費水準が変化しなくても国内製造業者は生産を増やすことができた。何年も輸入代替工業化（import-substituting industrialization: ISI）を行ってきた国においてさえ、一九三〇年代後期に工業製品輸入が回復したことで、戦時期の輸入代替によって生み出されたかもしれない経済的圧迫が和らげられた。設備や機械の輸入量が不足していたため、工業製品の生産能力が発展することは困難ではあったが、米州開発委員会（Inter-American Development Commission: IADCs）のネットワークを通じて米国人からラテンアメリカ諸国に対して提供された技術援助の恩恵をＩＳＩの過程は受けていたのである[21]。さらにアルゼンチン、ブラジル、チリ、メキシコにおいて工業が高度化すると、小規模の資本財産業が展開するようになり、これによって製造業投資に対する需要の一部を満たすようになった[22]。

第二の要因は一九三〇年代と全く対照的で、ラテンアメリカの域内貿易が拡大したことで、製造業者は近隣諸国に対して製品を販売することが可能となった。ブラジルの繊維輸出は急増し[23]、アルゼンチンは一九四三年において全製造業生産の内の二〇％近くを輸出していた。事実、ラテンアメリカの工業製品輸出は域外の市場に浸透さえしていた。南アフリカはそれまでの英国からの供給を断たれ、戦時期にはラテンアメリカから輸出された工業製品のうちのかなりの数量を購入した。そして米国とメキシコとの間の製造業部門における合弁事業は、非伝統的な工業製品をリオ・グランデ以北に供給することになった[24]。

大国において工業の成長を促した第三の要因は、消費需要に依存しない企業が登場したことである。これらの工場は主に中間財を生産したが、資本財も部分的に生産しており、家計よりも生産部門と政府が主な市場であった。特に注目に値する例は、ブラジルのボルタ・レドンダ製鉄所（Volta Redonda integrated steel mill）である[25]。この資金の一部は米国から融資され、製品は主に建設会社や製造業に販売され、それまでは輸入されていた製品に取って代わったのである。他の例としては、セメント工場、基礎的な化学工場、石油精製、プラスチック、レイヨン、そして機械などが挙げられる。これらの産業の展開は、主にアルゼンチン、ブラジル、チリ、メキシコに限定されるが、製造業の構造を変革する新しい（第二段階の）ＩＳＩを意味していた。そして一般的に消費財、そして特に非耐久財の重要性が相対的に低くなった[26]。アルゼンチンの総工業生産のうち家計向けは、一九三七年の七五％から一九四六年までには半分以下になり、総工業生産の三分の一が生産部門へ販売される中間財から成っていた[27]。

産業構造の変化と新しい産業の出現は、ラテンアメリカにおいて経済介入政策を採る政府が増加してきたことと結びついていた。非常に保守的な政府でさえ、戦時期には、政府の役割を高めざるを得なかった。自由な市場では、ドル・インフレの昂進、輸入不足、そして売れ残った農産物余剰がもたらした諸問題を解決することができなかったからである。市場を均衡させるためだけに価格を用いることは不可能だったし、価格管理は限られた場合にのみ利用可能であった。従って外国為替や輸入ライセンス、そして多くの必要物資を配分する政府による割り当てが基本的なものとなった。戦争の遂行と米州間の協力システムは、インフラストラクチャーの整備と公共事業の必要性を通じて、政府に更なる要求を突き付けることになった。アラスカからティエラ・デル・フエゴまでを結ぶことを意図したパンアメリカン・ハイウェーは早くも一九三三年にモンテビデオで開かれた汎米会議で合意されてはいた。しかし、戦時期の戦略上の考えから、また米国の寛大な資金提供があって初めて実質的に展開したのであった。

枢軸国の国民が所有していた財産の接収が、政府の介入が広がったもう一つの要因であった。ドイツ資本は特に、一九三〇年代に伝統的な農業や銀行業から輸送や保険にまで拡大していた。大戦前に誕生していた多くの航空会社はドイツ人の所有であったので、非常に明白な対象となった。そのため投資受入国がドイツに対して宣戦する以前に接収された会社もあった。新たに接収された財産の全てが政府所有のままだったわけではない。しかし、これらの財産を民間へ売却することでさえ、政府にとっては余り馴染のない分野であった[28]。

いくつかのケースでは政府の介入がさらに進んだ。一九四三年の軍事クーデターの後、アルゼンチン政府はすぐにフアン・ペロン（Juan Perón）大佐によって掌握されるのだが、最終的には経済活動への政府の介入に対するこの国の伝統的な嫌悪感を捨て、生産的な資産への直接投資をするようになった[29]。ブラジルにおける政府の直接介入はボルタ・レドンダの製鉄業だけに限定されることはなく、鉱山、化学、そして大型モーターにまで及んだ[30]。戦争という緊急事態から必要とされた新たな資源配分を促進するだけでなく、工業部門が直面するいくつかの障害を取り除くようなインフラストラクチャーを整備するため、あらゆる国の政府は、発電・建設・運輸といった分野により深く関与するようになったのである。

政府介入によって刺激が与えられたことを考えると、戦時期にいくつかの非貿易部門が急速に発展したのは驚くには当たらない。一九三九年から一九四五年の間にラテンアメリカ全体の建設業は年率六・六%で成長し、チリ、コロンビア、エクアドル、ホンジュラス、メキシコ、ベネズエラの建設業は七%以上の成長を記録した。運輸・公共事業・行政部門もまた、多くの国で急速に成長した。

非貿易部門の拡大は、製造業部門へ直接的影響をもたらし、多くの国で見られた工業の健全な成長を説明することができる（表8－2参照）。チリ、メキシコ、ベネズエラの工業部門は卓越した実績を示していた。しかし、国内需要の大部分を家計部門の実質可処分所得に全面的に依存していた少数の小国を除けば、この表に載っている全ての国が人口増加を上回る成長率を記録した。反対に、農業の実績は芳しくなかった（表8－2参照）。戦争という状況下で輸出量が拡大するという問題のため、輸出に振り向けられる農産物は逼迫するようになった。そして国内需要向けの農業は、国内での販売が家計部門の購入に大きく依存していたので、遅い実質消費の成長によって抑えられていた。一〇年間の輸入代替農業化（import-substituting agriculture: ISA）の後、国内産の農産物が輸入品に取って代わる機会は限られていた。

ほんの一握りの国が、なんとか農業生産を拡大した。最も重要なのはメキシコであった。この国では、カルデナス（Lázaro Cárdenas）大統領の下で一九三〇年代後半に実施された広範囲にわたる土地改革プログラムが実を結び始めた。道路建設や灌漑事業への政府の投資、民間部門の運輸への投資[31]、そして研究と開発によって可能になった小麦の収穫高の増加に支えられて、農業生産は人口増加率と同じペースで増加した[32]。カカオ産業における天狗巣病の問題を抱えていたエクアドル、そしてコロンビアも自国の農業部門を僅かながら拡大させた。しかし両国は、輸出が増加するという利点を持っていたため、実質可処分所得や農産物の需要を維持することができたのである[33]。

一国を除く全ての国において工業の成長が農業の成長を上回っていた[34]。そのため経済全体の実績は、とりわけこの二部門のうちどちらの比重が大きいかということにかかっていた。中米の小国やキューバでは、製造業がある程度発展していたものの、農業が支配的な位置を占めていたため、国内総生産（GDP）の成長率を引き下げることになった。アルゼンチン、ブラジル、チリでは、農業が停滞していたにもかかわらず、工業の成長によってGDPが僅かながら拡大した。メキシコのGDPの成長が最も顕著であった。メキシコは米国に近接していたことで、戦時期を通じて大きな利益を享受した。ベネズエラでは、メディーナ（Isaias Medina Angarita）政権が戦時期に同国が持った強い交渉上の立場を利用して、外資系企業との間で、より公平な石油採掘収益の分配を達成することができた[35]。

第二次大戦は、伝統的な輸出主導型成長から輸入代替工業化を基礎に置く内向きモデルへのさらなる転換をはっきりと特徴付けた。この転換は、大きな国でさえ一九五〇年代になるまでは完結しなかったが、構造変化が非輸出部門の重要性を高めると同時に、工業生産の内容を中間財・資本財へ変化させるにつれて、対外部門と全体的な経済実績との間の関連を着実に弱めた。

戦時期には国際環境が良好ではなかったにもかかわらず、多くの新しい製造業の企業が設立された。ヨーロッパからの難民は、自らの技術と資本をアルゼンチン、ブラジル、チリ、ウルグアイに持ち込んだ。またフランコ体制下のスペインを逃れて、多くの高い能力を持ったスペイン人がメキシコへ渡った。しかし、一般的には、これらの新しい企業は脆弱な基盤の上に設立されていた。資本と金融制度の欠如に対応して、新たに設立された企業はそれまでに設立された企業に比べてさらに小規模であった。アルゼンチンでは、戦争終結時に存在していた全企業の三〇%近くが、一九四一年から一九四六年の間に設立されたものであった。しかしこれらの新しい企業は、生産額の僅か一一・四%を占めていたに過ぎなかった。[36]輸入不足によって国際競争力を考えなくてもよかった時には、規模の経済を追求できなかったことも、殆ど問題にはならなかった。しかし平時という条件の下で工業化計画に着手するには、このことは適切な基盤とはならなかった。一九三〇年代に設立されたものを含む実に多くの企業が、高い保護・輸入制限・間接的な政府の補助金によって実現された人工的な条件のもとで、成功したのである。

▼**貿易黒字・財政政策・インフレーション**

世界が戦時経済へ移行するにつれて、一九三〇年代の価格低下は価格上昇に変わった。主要な工業国では政府支出の大幅な増大が消費財供給の減少と結びついて、極めて厳しい価格管理を行っても価格上昇へなだれ込むことを防ぐことができないくらいの過剰な購買力を生み出した。一九四五年に戦争が終結したことで、消費財の供給は増加し、また財政赤字は抑制されるようになった。主要な先進国では、インフレーションを完全に取り除くことは明らかに不可能であったが、物価は急速に低下した。[37]

従って先進国にとって戦時期は物価面において異常な時期であった。しかしいくつかのラテンアメリカのより重要な国では、戦時期の物価上昇は、取り除くことができない痼であり、戦後も同様であった。このように、アルゼンチン、ブラジル、チリ、コロンビア、ウルグアイを含む重要な諸国にとって、戦時期のインフレーションは、常軌を逸脱していたというよりも、主要な貿易相手国における平均よりもはるかに大きく物価が上昇し続ける長期的傾向の始まりであった。

一九四〇年代以前のラテンアメリカにインフレーションがなかったわけではない。しかしそれまでのインフレーションは、その国固有のものであるという傾向があり、政治面・金融面の無秩序と結びついていた。一九世紀末のコロンビアや革命期のメキシコで見られた大幅な物価上昇は、ともに内戦の最中に紙幣を増発したために引き起こされた。平時に戻るにつれて、マネーサプライは抑制され、価格は安定した。同じように、一八九〇年代初期のエンシルアメント［encilhamento: 一八八九年から九三年にかけて、特にリオデジャネイロで起こった証券市場におけるブームを指す」のブラジル、エストラーダ・カブレラ（Manuel Estrada Cabrera）大統領政権下（一八九八―一九二〇年）のグアテマラ、そして二〇世紀最初の一〇年間のニカラグアにおける生活コストの上昇は全て、不換紙幣の過剰な増発と結びついていた[38]。

主要な先進工業国で起こっていたこととは対照的に、ラテンアメリカ諸国の中には一九三〇年代に生活コストの上昇も見られた。しかしこれらの殆ど全てのインフレが起きた背景もやはり単純明快であった。ボリビアとパラグアイ間のチャコ戦争では、紙幣によって融通される形で政府支出が大幅に増加した。ブラジルとコロンビアでは、通貨価値の下落や関税上昇、そして明らかに放漫な通貨政策の結果、それほど激しくない物価上昇が見られた。グアテマラのように為替レートが固定されていた国、あるいはベネズエラのように通貨を切り上げた国でさえ、物価下落は通常の状況であった。生活コスト指標が一八七〇年代以降着実に上昇し、一九三〇年代には約二倍になったチリにおいてのみ、インフレーションが起こったが、この国においてさえ価格水準はときおり下落した[39]。

戦時期にはラテンアメリカからの輸出量の際立った増加は見られなかったかもしれない。しかしこの時期に輸出価格は上昇した。米国の買い手独占の力によって価格上昇に限界はあったが、それにもかかわらず、ラテンアメリカ全体で年率九・八％で輸出価格が上昇したのも事実である（表8－3参照）。特に英国が砂糖を買い続けていたドミニカ共和国、そしてエクアドルでは最高の上昇率を記録した。ホンジュラスは、果物会社によってバナナの価格が「管理」され続けていたので、輸出価格上昇率は最低であった。アルゼンチンのように国内で消費される可能性のある商品を輸出していた国にとって、輸出価格の上昇は生活コストに対して直接的かつ即時に影響を及ぼした。

米国のような主要な貿易相手国において発生したインフレーションは、船舶の不足と相俟って輸入品のドル価格を上昇させた。地域全体では、輸入価格は輸出価格ほど急速には上昇しなかった。しかし個々の国の間では支払われた価格に大きな開きがあった。すでに米国からの輸入に依存していた国や、メキシコのように輸送コストがそれほど高くなかった国では輸入価格の上昇は僅かであった。米国から遠く離れていたり、アルゼンチンのようにそれまでヨーロッパから供給されていた国は、輸入価格の大幅な上昇に苦しんだ。

戦時期の異常な状況の下で、輸入品のドル価格の上昇によって、ラテンアメリカはインフレーションに陥りやすくなった。これは、先進工業国が戦争状態に入った結果、輸入品の供給が減少し、また国際的に船舶が不足していたためであった。その結果、輸入品に対する需要は利用可能な供給量をはるかに上回り、輸入割当を十分に与えられた幸運な人々には思いもかけない利益を得る無数の機会が与えられた。ラテンアメリカが輸入した物資の量は、一九三九年から一九四二年の間に三分の一減少した。ここでも、伝統的にヨーロッパから輸入していた国が最もひどい輸入減少に悩まされていた。アルゼンチンは一九三

表8-3　通貨，物価および外貨準備：年平均成長率，1939-45年

(%)

国	輸出価格[1]	輸入量[2]	マネーサプライ[3]	物価 小売価格	物価 卸売価格	外貨準備[4]
アルゼンチン	11.1	−16.0	17.7	5.0	12.3	22.8
ボリビア	9.3	+2.1	26.9	20.5		37.7
ブラジル	15.9	+0.3	23.2	10.7	17.1[5]	
チ　リ	3.5	−3.7	20.9	14.9	19.3[6]	22.0
コロンビア	6.8	−2.1	21.6	8.1		39.5
コスタリカ	7.0	−2.5	19.6	9.8	11.4	30.9
キューバ	n/a	n/a	28.8	12.8		49.0
ドミニカ共和国	16.7	−5.2	29.1	16.0	19.1	52.2
エクアドル	17.1	+2.7	27.0	17.7		50.5
エルサルバドル	10.6	+2.0	23.4	15.3		27.6
グアテマラ	5.0	−3.1	21.3	10.0		33.3
ハイチ	13.3	n/a	n/a	9.7		n/a
ホンジュラス	1.3	0	20.9	20.4		51.8
メキシコ	7.9	+13.8	25.5	13.4		30.6
ニカラグア	11.4	0	28.0[7]	27.3		34.6
パナマ	14.5	+0.8	49.0	8.4		17.3
パラグアイ	12.2	n/a	25.8	11.9		69.2
ペルー	8.5	+0.6	24.2	10.5	12.9	24.2
ウルグアイ	9.6	−2.4	18.1	4.8		23.1
ベネズエラ	4.3	+2.4	16.4	4.7	6.3	26.0
ラテンアメリカ	9.8	−0.7	19.6	12.6[8]	14.1[8]	29.6

注1）輸出単価を基礎にしている。
2）輸入量を基礎にしている。
3）通貨および預金通貨。
4）中央銀行が保有する金および外貨為替（ドル表示）。
5）サンパウロのみ。
6）製造業の賃金。
7）1940-45年のデータ。
8）加重していない。
出所）CEPAL (1976); IMF, *Yearbook of International Financial Statistics*（1946年から51年の間の各年）。

九年から一九四三年の間に、輸入量が三分の二減少した。一方メキシコでは、その地理上の位置を有利に利用することができ、米国からの輸入量を急速に増加させることで、同国との関係を改善させた（表8－3参照）。

ドル表示の輸入価格・輸出価格の急激な上昇は、ラテンアメリカの生活コストの引き上げを誘発するには十分過ぎるものであった。しかし戦時期のインフレーションに関する主要な要因は、実際には貨幣面からのものであった。輸出入価格の双方が上昇していたけれども、輸出額の増加は輸入額の増加と同じ程度ではなかった。なぜなら「輸入量」が減少したためである（表8－3参照）。ラテンアメリカ全体で見ても、二〇カ国それぞれで見ても、要素支払い（例えば利益送金）やサービスの輸入（例えば海運）を圧倒するぐらいの貿易黒字を維持していた。直接投資や軍事支出、そして社会的インフラに対して資金を供給するため、米国から資本を受け取ったことによって金や外国為替の純流入は膨らんだ。

この結果、外国為替の不足した一九三〇年代とは全く対照的に、外国為替は潤沢となった。外貨準備は部分的には米国が保有していたが、異常な割合で増加していった。幾つかの国では、一九三九年から一九四五年の間に、年率五〇％以上の割合でドル建ての外貨準備を増加させることができた（表8－3参照）。パナマを除く全ての国では、年率二〇％以上の増加率を維持した。事実、アルゼンチンの保有する対外資産だけで、一九三九年末にラテンアメリカが保有していた外貨準備総残高をはるかに上回っていた。しかしながらアルゼンチンのように依然として英国と貿易を続けていた国々にとっては、対外資産増加分の一部がロンドンで凍結されたポンド残高になってしまったのである。[40]

輸出業者が銀行システムを通じて手持ちの外貨収入を自国通貨に交換したので、マネーサプライが増加し始めた。この「海外からの通貨」の増加は、マネーサプライを急激に増加させた。そして輸入量の減少によって制限されていた商品の供給が可能となったが、名目需要の方がはるかに上回る形で増加したため、戦時期のインフレを避けることはできなかった。[41] 幾つかの国では、インフレ圧力となる国内要因を加えたり、物価を危険な水準にまで高めたりするような財政政策によって、この問題はさらに悪化した。

数カ国で巨額の財政赤字という形で現れた財政問題には、幾つかの原因があった。歳入面では、輸入量の減少によって関税収入が減少した。一九二〇年代以降、輸入によってもたらされる関税収入の重要性は低くなっていたが、一九三九年時点においても、大国では依然として政府収入の二五％前後、小国では五〇％以上を関税収入が占めていた。多くの国では戦時中、輸入関税が引き上げられた。しかし課税ベースである輸入量が急速に減少したので、終戦時には、アルゼンチン、ブラジル、メキシコの主要三大国において歳入の一〇％ぐらいまで関税収入が減少し、それ以外の国でも大幅に減少した。従って政府は収入増加のために別の方法を探らざるを得なかった。

戦時下において最も適切な税は直接税であった。これは二つの利点があった。直接税は必ずしも物価上昇を引き起こさないこと、そして可処分所得や購買力を減少させるので、名目需要を供給可能な線にまで抑えることができるのである。しかしラテンアメリカにおいて直接税はまだ新しいものであった。また戦争前に直接税を導入していた国でもそれほど高い税収を直接税から得てはいなかった。なぜなら課税ベース（税を支払うべき個人や企業の数）が極めて小さかったからである。コロンビアでは利益税が広く用いられており、戦争開始時までに歳入に占める直接税の割合は二〇％近くになっていたけれども、[42] 政府の収入に占める直接税の割合が高かったのは、石油会社への課税をしていたベネズエラだけだった。

多くの国は直接税からの収入を引き上げようと多大な努力をし、多少の進展が見られた。ブラジルのヴァルガス（Vargas）政権は歳入に占める直接税の割合を、一九三九年の八・五％から一九四五年には二六・五％に引き上げた。[43] しかし必然的に、直接税の対象の規模がさほど大きくなかったので、政府は歳入を増加させるために別の課税方法を見つけなければならなかった。一般的であるがあまり目立たなかった財源は、複数為替レート・システムの実施によって得られる収入であった。すなわち外国為替を輸出業者から最も低い公式レートで購入し、それを最も高い自由レートで輸入業者に販売することで政府はかなりの収入を得ることができた。しかしこのような操作は、輸入品の国内通貨コストを引き上げるため、インフレーションを生み出す結果となった。各国政府が採用していた消費財や他の財に対する高率の間接税も同様であった。こうして政府の歳入は、少なくとも名目値では輸入が減少したにもかかわらず、戦時期において増加した。しかし間接税、特に消費財に対する間接税の増加は、悪性インフレをさらに悪化させることになった。実際のところ、戦争状態の下では、企業は消費者に対して高価格を提示することで間接税の上昇分を転嫁していたと考えてほぼ間違いないであろう。

政府支出が注意深く抑制されていたならば、財政状況は依然として管理可能であったろう。実際、エルサルバドルやグアテマラといったより保守的な多くの国では、公共支出に対して厳しい制限を続けており、巨額の財政赤字を回避していた。またベネズエラでは、積極的な石油政策の結果、外国企業からより豊かな収入を得始めていた。しかし一般的には、様々な理由によって、政府は名目的な需要を増加させインフレ圧力を強化すると分かっていても、戦時期に拡張的な活動を選択したのである。

公共支出が増加した理由の一つは、特にコロンビアでの政策に明確に現れているように、景気対策であった。戦争が始まってからの最初の数カ月は、輸出部門の幾つかは厳しい状況に置かれ、失業が広がった。農業部門で頻繁に実施されていた公共事業は、世界中で支持を得つつあった新しいケインズ経済学の正統的な考え方に合った政策であったと考えられている。しかし輸出部門が回復し輸入が減少するにしたがい、政府支出の拡大によってもたらされた追加的な購買力は全く不適当なものになっていった。

政府支出増加をもたらした、より道理にかなった理由は、国内供給を増やすための社会的インフラに対する投資の必要性であった。輸入が減少するにつれて国内供給増加の必要性は高まっていった。しかし輸送・エネルギー・港湾施設の不足によって、国内生産者は多くの場合生産を拡大することができなかった。特に製造業と域内貿易の二つが、一九三〇年代から続く社会インフラの不足によってひどく足を引っ張られた。たとえ政府の借金を意味するとしても、公共投資がなければ、国内供給を増加させることは非常に難しかったであろう。

多くの国は参戦し、枢軸国と戦うことを選び、軍事費を増加させた。米国の軍事援助は豊富であり、軍事費増加の一部を埋め合わせたが、必要なもの全てを満たすことは期待できなかった。どうでもよい理由で軍事費を増加させた国もあった。エクアドルとペルーは、未解決のままになっていたアマゾン・ジャングル地帯の国境をめぐって争っていた。[44] カリブ諸国の独裁者の中には、例えばニカラグアのソモサ（Anastasio Somoza）のように、国内の抑圧体制の強化を覆い隠すために戦争を利用した者もいた。[45] アルゼンチンでは、ペロンが直ぐに軍部に便宜を図るようになった。ペロンが一九四三年以降、権力を掌握できたのは、彼が軍部に介入したためである。[46]

政府支出のパターンは、戦時期の政治の変化にも敏感に反応した。米国とソ連の連合によって、多くのラテンアメリカ諸国では共産党や労働組合が力を持つようになった。これらの組織が「責任ある」行動をとったことに対する見返りとして、各国政府は急進的な労働法を整備し、社会保障の枠組みを充実させた。ウルグアイでは早くも一八九六年に最初の公的年金プログラムが採用されていたように、[47] 全てが新しかったわけではないが、戦時期の立法は社会支出を急激に増加させ、一般的に都市部の少数の特権階級がその恩恵を受けた。良く計画された社会保障プログラムは、一九四〇年代のチリで見られたように当初は政府の歳入を歳出以上に増加させるはずである。しかしこのようなシステムが乱用されたため、最初から政府の収入の流出が見られた。[48]

歳入よりも政府支出の方が急速に増加した結果、戦時期には財政赤字が発生した。幾つかの例外的なケースでは、このような赤字はインフレを引き起こすものではなかった。アルゼンチンは国内資本市場がよく整備されていたので、銀行以外の民間部門に対して債券を発行することで赤字を埋め合わせるのに十分な資金を調達することができた。またコロンビアでは一九四二年以降、余剰利益を持っている企業に対して公債への投資を強制する法律を通じて同様に赤字を埋め合わせることができた。[49] しかし殆どの国は、銀行システムからの借入に依存しており、赤字分を通貨発行で補った。ブラジル、エクアドル、メキシコ、パラグアイ、ペルーでは、中央銀行から政府に対して与えられた信用が、一九三九年から一九四五年の間に年率二〇％以上の割合で増加していった。財政赤字を埋め合わせるために運良く外国からの借款を利用できた国は、その収入が全て輸入に支出されることはなかったため、依然としてインフレ圧力に直面していた。

急増する外貨準備と財政赤字の増加が組み合わさって、通貨の増大が起こった（表８‐３参照）。エルサルバドル、グアテマラ、ベネズエラといった保守的な財政政策を実施していた国でさえ同様の問題に苦しんだ。なぜなら、これらの国は傾向として最も開放的な経済であり、従って海外からの通貨が最も増加しやすい国であったからである。特にカリブ海の小国では、外からの資金によってマネーサプライが増加したが、ブラジル、チリ、ペルーといった幾つかの国では、主に国内的な要因によってマネーサプライが増大した。これはコスタリカでも同様であった。この国では改革主義者であるカルデロン（Rafael Angel Calderón Guardia）政権が、野心的な社会プログラムを実施するために巨額の財政赤字を生み出した。[50]

戦時期におけるマネーサプライの急激な増加は、全ての国で生活コスト指標を押し上げた。かなりの国で見られたこの指標の上昇は、米国におけるインフレ率よりも大きく、また輸入品価格上昇よりもはるかに大きく上昇していた。しかし生活コスト指標は、常にインフレ圧力を最適に指し示すものではなかった。このことは、都市部（首都に限定される場合もあった）への偏向が見られたことと、対象とされる範囲が限られていた（全ての家計を包括していたわけではない）ためである。さらに重要なことは、政府によって様々な価格管理が試みられたことである。しばしば米国の価格管理局（U.S. Office of Price Administration）からの支援を受けて行われた価格管理は、インフレを排除することはできなかったが、インフレを沈静化する点では役に立った。したがって小売価格の年平均上昇率は（表8－3参照）、一般的に、マネーサプライの増加率よりもはるかに低かった。この違いは、実質生産高の増加によっては説明することができない。より正確なインフレ指標は卸売物価である。卸売物価は小売価格ほど価格管理の影響を受けなかったからである。小売価格・卸売価格両方の変化を公表していた国では、卸売物価は例外なく生活コスト指標を上回っていた（表8－3を参照）。

価格管理は、インフレ率を引き下げるために採用された唯一の方法ではなかったが、それが最も効果的であった。既に述べたように、コロンビアは外国為替の流入を阻止したり、インフレを伴わない形で財政赤字を埋め合わせる方法を採用していたが、他の国にとってこれらの方法はあまりにも急進的であると考えられていた。特に複数為替レートを採用していた幾つかの国では、ウルグアイのように[51]自国通貨建ての輸入コストを引き下げるために、自国通貨を米ドルに対して切り上げようと考えていた。しかし通貨切り上げは輸出業者からの強い反対と製造業者からの反発があった。通貨切り上げは財政担当大臣（finance ministers）の間でも不人気であった。彼らにとっては、通貨切り上げは名目税収が減少することを意味したからである。外国為替準備が蓄積していたにもかかわらず、公定為替レートの切り上げを検討していたのは一国だけではなかったことは興味深い。同様に、商業銀行によって増加した通貨を削減するために、中央銀行の公定歩合を急激に引き上げようとした国は一つもなかった。金融政策は消極的なものであっただけでなく、一貫性のないものであった。

急速に通貨が増加したことで生み出された過度の購買力は、商品やサービスはもとより、資産にも影響を及ぼした。証券取引が行われていた国では、証券市場の指標が高騰したが、市場が小規模であったことと買値と売値との間に大きな開きがあったため、多くの投資家にとっては魅力的ではなかった。[52]より大きな関心を呼んだのは都市部の資産市場であった。多くの都市では、戦争中に、様々な理由から土地の価格が上昇した。[53]

急速な都市化は、[54]主要なラテンアメリカ諸国[55]では第二次大戦前から進行していた。人口増加率の加速は、農業部門の問題と絡まって、一九世紀の農業労働者不足から二〇世紀の農業労働者過剰へと転換させ始めた。一九三〇年代の内向きの政策は、都市を基盤とした活動を促し、農村・都市間の人口移動を引き起こした。そして一九四〇年代の製造業・サービス・行政部門の発展はもう一つの重要な刺激となった。都市中心部や都市周辺に住む土地や資産の所有者は、不動産価格の高騰によって思いもかけない利益を手にした。多くの場合、戦後の繁栄はこの特殊な状況によってもたらされたものであった。

インフレの別の側面は、所得分配における不平等の拡大であった。土地を含む資本の所有者は明らかに資産価格の上昇によって利益を得ていたが、賃金・給与所得者の中で、インフレによる実質収入の激減から自らを守ることができた者は、ごく少数であった。特権グループに軍部や製造業部門の労働者が含まれていた国も数カ国あった。これらの国では、政府が政権存続のために軍部に依存していたし、企業が価格決定を行う際に輸入品との競争はあまり問題とされなくなっていた。しかし一般的に、大部分の労働者グループは、彼らの実質的な賃金や給与は生活コストの上昇によって引き下げられていると思っており、これが戦争末期の数カ月間に社会不安を引き起こしたのである。[56]

▼戦後のジレンマ

西半球が戦争状態に入っていたことと、戦時下では米国が南米の経済的必要性を優先していたので、多くのラテンアメリカ諸国にとって平和が到来しても、本当の意味で朗報とはならなかった。アジアからの供給が市場に戻り始めるにつれて、一次産品の幾つかについて米国はラテンアメリカからの購入を減らした。米州間の経済協力の後ろ盾によって築かれた米国からの商品のルートや技術援助、そして資本をラテンアメリカへ流す綿密なメカニズムは、次第に衰えていった。一九四五年にメキシコのチャプルテペックで開催された米州会議では、米国は懐疑的なラテンアメリカ諸国に対し、自由貿易に対する自らの信念を再び主張した。そしてコーヒー協定のような戦時下で締結された全ての商品協定を終結させた。[57] 米国にとっての最優先課題は、ヨーロッパの復興に移っていた。一九四七年に冷戦が始まると、この目的はさらに重要になった。公的な米国の資金は、今度はヨーロッパへ向けて流れていった。このことで、ラテンアメリカにとって米国からの金融支援は民間部門からのものでなければならないことが明白となった。[58]

従ってラテンアメリカの輸出に占める米国のシェアが小さくなるのと同時に、米国の輸入市場におけるラテンアメリカのシェアも低下した（表8-1を参照）。このシェア低下は、第一次大戦後に発生したものと似ており、予想できたのだが避けることはできなかった。しかし平時へ復帰したことで、ラテンアメリカの輸出業者が他のラテンアメリカ諸国であげてきた多くの利益を完全に失ってしまった。戦後、ヨーロッパや米国から輸入された工業製品がラテンアメリカ製品を締め出したので、他のラテンアメリカ諸国へ向けられたラテンアメリカの輸出のシェアは急激に低下した（表8-1参照）。

ラテンアメリカ域内の貿易がある程度低下するのは避けられ

なかった。しかし為替レート政策によって状況はさらに悪化したのである。戦時中はラテンアメリカのインフレ率はヨーロッパや北米よりもはるかに高く、戦後、ラテンアメリカの通貨はかなり過大評価されていた。製造業部門における賃金を含むラテンアメリカ国内のコストは急速に上昇したが、名目為替レートは実質的に変化しなかった。通貨切り下げが効果的でなかった戦時中においては擁護されていたこの政策は、一九四五年以降も継続され、一九四八年になっても公定為替レートは実質的には変化しなかった。ラテンアメリカのインフレ率がその貿易相手国のインフレ率よりもはるかに高いままであるという状況の下で、工業製品輸出は価格面で競争できなかった。それでも価格競争は劣る品質を埋め合わせるために絶対に必要であった。

米国やラテンアメリカへの輸出が減少した分は、ヨーロッパへの輸出のシェア増加で釣り合った。しかしヨーロッパでの経済再建は、当初は問題をはらんでおり、ラテンアメリカから購入される商品量には限りがあった。ドイツは破壊されたままであり、フランスは戦時期に工場に与えられた打撃を克服するために奮闘しており、英国はポンドの兌換を可能にするという誤った発想の計画を一九四七年に早急に放棄しなければならなかった。[59]一九四八年にマーシャル・プランが打ち出された時に初めて、米国からの大量の資金の移動が起こり、ヨーロッパの回復が確実なものになった。そしてその時においてさえ、冷戦が西ヨーロッパの再建を制限することになった。[60]

このような状況の下で、戦後しばらくの間、ラテンアメリカの輸出量が、ほんの僅かな割合でしか増加しなかったことは驚くには値しない。一九四五年から一九四八年の間（表8－4参照）、大国の中でブラジルとベネズエラだけが年率五％を超える輸出の成長を何とか達成した。ボリビア、チリ、メキシコ、ペルーといった鉱物輸出国の輸出はひどかった。ウルグアイは、ヨーロッパがウルグアイの伝統的な輸出産品に対して市場を開放した機会を利用することができなかった。アルゼンチンでさえ、戦時期にヨーロッパ市場を失ったことが特に深刻であったので、輸出を増加させることができなかった。

輸出量の増加が問題をはらんでいたのなら、価格上昇は全く別の問題となった。戦争中に人為的に抑制されていた商品価格は、貿易を取り巻く状況が正常になると高騰した。幾つかの国では（表8－4参照）、終戦後の最初の三年間で輸出品の価格が二倍になり、殆ど全ての国において五〇％以上の価格上昇の恩恵を受けた。輸入品価格もまた上昇していたが、一般的に輸出価格ほど速くは上昇しなかったので、大部分の国は、純商品交易条件（net barter terms of trade: NBTT）の改善が見られた。

NBTTの改善が戦時から平時への調整によってもたらされたものであることを脇に置いても、これは明らかに例外的なものであった。他の地域からの一次産品輸出が正常に戻った後にNBTTが若干悪化すると考えることは当然であっただろう。しかし朝鮮戦争の勃発によって、異常な状況はさらに続くこと

表8-4　貿易指標，1945-48年

(1945年＝100)

国	輸出量[1]	輸出額[2]	輸入量[3]	純商品交易条件 (NBTT)	輸出購買力
アルゼンチン	103	213	400	160	164
ボリビア	87	122	118	94	80
ブラジル	121	179	165	96	116
チ　リ	100	160	139	119	118
コロンビア	101	197	136	132	134
コスタリカ	167	397	110[4]	166	282
キューバ	n/a	177	n/a	n/a	n/a
ドミニカ共和国	104	188	145	118	120
エクアドル	98	196	162	159	157
エルサルバドル	118	214	158	88	107
グアテマラ	100	170	191	109	108
ハイチ	101	175	n/a	n/a	n/a
ホンジュラス	146	196	176	84	127
メキシコ	79	143	90	112	90
ニカラグア	217	380	148	129	267
パナマ	175	254	95	99	176
パラグアイ	48	126	n/a	n/a	n/a
ペルー	82	153	121	111	94
ウルグアイ	70	147	130	115	88
ベネズエラ	155	313	314	157	235
ラテンアメリカ	110	199	175	117	128

注1）不変価格（1963年）で表示された輸出額を基礎にしている。
2）ドル表示の輸出額を基礎にしている。
3）輸入量を基礎にしている。
4）1948年の内戦の影響を受けている。
出所）CEPAL（1976）.

になった[61]。戦時中に不足するという予想により備蓄が増やされたので、輸出価格は再び高騰した。そしてアルゼンチンを除く全てのラテンアメリカ諸国のNBTTは、一九五〇年代初めに最高値を示した。朝鮮半島での戦闘が始まると、鉱物に対する需要が急速に拡大し、鉱物輸出国は戦争の最初の時期に最も利益を得た。さらにコーヒー輸出国は、一九五四年にピークに達するコーヒー価格とNBTTの着実な上昇の恩恵を受けた。

輸出価格とNBTTの急速な上昇は、輸出量の低迷を部分的に埋め合わせた。その結果、戦争中に増大していた外貨準備残高は、一時的にではあるが、さらに増加する傾向を見せていた。たとえ一時的ではあっても、全ての国では外国為替が豊富になっており、国際収支は成長を締め付ける制約にはならなかった。さらに外国為替が蓄積されたことで、一九四五年以降、各国は重要な決定をすることになる。すなわち実質価値がインフレによって目減りする前に、蓄積された外貨をいかにして利用するかという問題である。これは戦後の難しいジレンマであった。

外国為替を使用する一つの選択肢は、公的な対外債務問題を解決することであった。一九三〇年代に債務不履行に陥っていた国の大部分が、債務

返済義務を拒否していたわけではなかった。一九三〇年代は外国為替が不足していたため元利返済は不可能であったが、米国と英国の債権者委員会との交渉は続けられていた。外国為替準備が蓄積されたことで本格的に交渉することが可能となった。同時に一九四〇年代の世界的なインフレーションと商品価格の上昇によって、実質的な債務負担が急速に下がっていった。

債権者との交渉を促したのは、外国政府による報復を恐れたからではなかった。逆に外国政府は一九三〇年代には債権者のためにとりたてて精力的になることもなかったし、第二次大戦中は、米国政府はラテンアメリカ諸国に対し、その国の対外債務の状況にかかわりなく、公的な資金を流した。しかし一九四五年以降、国際資本移動が正常に戻るという見通しは、外国の債権者との間で問題が解決していなかった政府にとっては、飴と鞭の役割を果たした。特にチリは、新たに設立された国際復興開発銀行（世界銀行）から融資を受ける前提として債務問題を解決しなければならないことが明らかになったので、すぐに合意に達した。(62)

合意に達する決定をしても、それは完全な元利返済を意味しなかった。未払いの利子は、いかなる合意においても決して資本化はされなかったし、元本も幾つかの特別なケースにおいて削減された。全体的に見て、債務不履行になっていた国は債務返済を再開する合意をしたが、名目利子率は非常に低く、返済期間は何年間も延長された。これらの合意は、どの国に対しても大きな負担を与えることはなかった。いかなる場合でも世界的に進行していたインフレーションが、債務返済の実質的な負担を着実に押し下げたのである。

アルゼンチンは例外的であったが、それは初めてのことではなかった。アルゼンチンは一九三〇年代を通して、巨額の新たな資本流入を得ることはなかったが、自らを犠牲にして債務を完全に返済した。一九四三年の軍事クーデターを引き起こし、一九四六年の大統領選挙ではペロンを彼の最初の大統領職に押し上げたナショナリズムの高まりによって、アルゼンチンの政策担当者は、全ての対外債務を国内証券に転換しなければならなくなった。そして戦前期に中央政府・州政府・市が負っていた対外的な返済義務は、一九四九年までに完全に履行されることになった。このためにアルゼンチンは蓄積された外国為替のかなりの部分を使わなければならず、アルゼンチンの外国為替の利用方法の選択肢は、他国に比べて次第に小さくなっていった。(63)

アルゼンチンはまた、外国所有の資産を国有化するために外貨準備のかなりの部分を使用した。もっとも特筆すべきは、鉄道網の国有化であった。アルゼンチンの鉄道は、第一次大戦前の形成期から、かなりの部分が英国系企業に、そして少し規模は小さくなるがフランス系企業によって所有されてきた。一九四八年、一億五〇〇〇万ポンド（六〇〇〇万ドル）という巨額の資金を英国鉄道会社に支払った。そしてこの額は現在では過大評価であったと一般的に考えられている。しかし、ロンドンに蓄積され、交換されずに残っていたポンド残高を利用することで、アルゼンチンはこの買収の資金を調達したことを忘れてはならない。このように双方の利益が追求されたのである。[64]

外国資本が所有する資産の国有化は、アルゼンチンに限ったことではなかった。大国や小国の中にも、多くの公共施設・運輸会社、そして金融機関を買収し公共の所有としたし、鉱山事業の中にも買収されたものがあった。メキシコは蓄積された外国為替を使い、外国企業との間で一九三八年の石油産業の買収に対する補償条件について合意に達した。ラテンアメリカの多くの地域では、増加傾向にある外貨準備や高まりつつあるナショナリズムによって、民間部門と公共部門との間のバランスにおける理想的な変化がおこり、外国の資本家だけが影響を受けたわけではなかった。[65]

債務返済と国有化によって、一九四五年以降、外国為替準備が減っていったが、その主要な原因は輸入の増加にあった。戦争中、全ての国において輸入を確保する努力が無駄に終わっており、行き場を失った膨大な需要が残された。家計は、それまでずっと利用不可能であったり、不完全な代替物が使用されていたので、消費財を入手したがっていた。企業は生産能力を向上させたり品質を高めるために資本設備を必要としていた。農業から工業への転換は輸入原材料に対する強い需要を引き起こしていた。

当初、各国政府は、後回しにされてきたあらゆる種類の輸入品に対する需要を満たすのに十分な外貨が蓄積されていると考えていた。しかし終戦直後の成長はあまりにも大きすぎた。戦争が終わってからの三年間、ラテンアメリカの輸入量は実に七五%も増大し（表8-4参照）、輸入額は一七〇%増という支えられない額にまで増加した。戦時中に輸入が急激に減少していたアルゼンチンでは、輸入量が三〇〇%も増加した。[66] ラテンアメリカの主要国の中でメキシコだけが輸入量が減少した。メキシコは一九四五年以前の輸入不足の影響を受けなかったが、一九四七年には早くも深刻な国際収支問題が生じていたのである。

政策担当者が極めて残念に思ったことは、輸入の増加率が衰える傾向を見せなかったことであり、それゆえ難しい選択をしなければならなくなったことである。輸入の増加が続くならば、輸出拡大や外資流入によって外貨準備を補充しない限り外国為替はすぐに枯渇するであろう。逆に実行できそうもなく、望ましいものでないという理由でこの選択肢が排除されるならば、唯一の選択肢は輸入の増加を制限することだけである。この基本的な選択は、各国に対して戦後の大きなジレンマを与えることになった。

ラテンアメリカにおいて輸入を制限することは新しいことではなかった。事実、一九二九年以来、この地域が置かれている状況に促されて、このような政策が採用されてきたし、広範囲にわたる構造変化や工業の成長に貢献してきた。しかし、内向きの発展を次善の選択肢とみる傾向のあった政府がこれらの政策を実施してきており、理論上の知識に基づいた裏づけを欠いていた。ルーマニアの経済学者マノイレスク（Mihail

Manoilescu）の研究は工業保護を支持する最も重要なものであり、スペイン語とポルトガル語の双方に翻訳された。しかし著者の思想と彼のファシストへの共感によって、戦争終結後その信用は失墜した。[67]

終戦直後、多くのラテンアメリカで政策論争に大きな変化が見られた。全ての国ではなかったが、幾つかの国が最善の政策として内向きの開発と輸入制限を採用した。この変化を促した要因には、内的・外的要因、理論的・政治的要因があり、これらが組み合わさって、ラテンアメリカの多くの地域で行われていた一次産品輸出を基礎に置いた輸出主導型成長の理論的な立場を弱めることになった。

一九二〇年以降大きく変わった要因の一つはナショナリズムであった。一九三〇年代には、国際貿易と決済システムが崩壊したこと、そして先進国には自らの経済的・政治的そしてさらには軍事面でのより大きな力までもラテンアメリカとの関係で利用しようとする思惑があったので、これらが全て組み合わさって、外国の商品や資本に門戸を開放する必要がある発展モデルに対して、ある種皮肉な感情がラテンアメリカには生じていた。米国との戦争協力が新しいより公平な戦後の国際分業を生み出すであろうという希望は、すぐになくなった。また米国とアルゼンチンの戦時期の緊張関係は、外国勢力への依存を減らす発展モデルを重んじるナショナリズムを爆発させた。[68]

第二の要因は輸出に対する悲観的な見通しであった。終戦後のヨーロッパが直面していた問題を見て、旧世界が再び輸入一次産品の主要な消費者になるには時間がかかるだろうとラテンアメリカ諸国の大部分は捉えていた。当初ヨーロッパの実質所得は急速に増加しなかったため、需要の伸びが制限されていただけでなく、ヨーロッパの農業を包んでいた保護主義の繭を剝ぎ取ることはより困難になった。冷戦によって、第三次大戦の可能性が非常に現実味を帯びており、脆弱な国際貿易・決済システムはさらに崩壊するかもしれないと考えられていた。

輸出に対する悲観的な見方は、一九四八年に設立され一九五〇年からラウル・プレビッシュ[69]（Raúl Prebisch）が関わった国連ラテンアメリカ経済委員会[70]（CEPAL）による研究にも反映されていた。米州全体ではなくラテンアメリカを対象とした最初の地域組織であるCEPALはまさに最初の出版物から次のような主張を展開していた。すなわち、ラテンアメリカのNBTTには長期的な低下傾向があり、それに対する適切な政策的対応は内向きの発展であり、そのためには工業化を促進するために輸入障壁を強める必要があるという主張である。結局のところCEPALモデルは理論上・経験上の基礎が弱かったのだが[71]、それにもかかわらず多くの国で輸出主導型成長から輸入制限へと政策論争の重点を変化させた。

しかし輸入制限を支持する最も説得力のある議論は、外国為替不足であった。一九四八年末、アルゼンチンは保有していた金の殆どと外貨準備の大部分を失っていた。一九四七年には早くもブラジルが外国為替の使用割当を行うために輸入免許制度を採用せざるを得なくなっていた。[72]メキシコでは国際収支の状況が深刻になり、外国為替レートは一九四八年に急速に下落し、一九四九年に再び下落した。これによってたった一年間で米ドルに対してメキシコ・ペソは半分以上の価値を失った。[73]

従って幾つかの要因が組み合わさって、内向きの開発を基盤とする発展モデルがより魅力的になった。しかしラテンアメリカにおけるそれに対する反応は画一的ではなかった。アルゼンチン、ブラジル、チリ、ウルグアイといった国では、首尾一貫して熱心に新しいモデルを採用した。しかしコロンビアやメキシコを含む他の多くの国は、輸出促進政策と内向きの開発モデルを組み合わせようとしていた。石油で富を築いたベネズエラを含む小国は、輸出悲観論の影響を受けなかった。そして当初は一次産品輸出を基礎に置いた伝統的な輸出主導型成長から外れる理由がなかった。最後に、ボリビア、パラグアイ、ペルーといった、多くの輸入競合部門を振興することなく輸出を停滞させた粗悪な政策を戦後すぐに実施した国は、結果的に輸出の多角化を基盤とした外向きの政策に転換した。最後の政策はプエルトリコでも採用され、ブートストラップ計画（Operation Bootstrap）が米国企業に対して大きな刺激を与えることで、製造業の子会社が設立され、それら子会社の生産物は免税で米国の本土へ再輸出された。[74]

新しい内向きのモデルは輸入制限を伴っていた。これは輸入免許制、高関税率、そして必要不可欠な輸入投資財に対しては最も低いレートを、贅沢な消費財に対しては最も高いレートを適用する複雑な為替レート・システムによって達成された。内向きの発展を行っている国の中には、為替レートの高低の違いが大きかったり、大きくなりつつあるところもあった。アルゼンチンでは一九四五年に為替レートの開きが三四％であったのが、一九五一年には四五二％になり、この時点で少なくとも七つの為替レートが存在していた。[75] 同様のパターンは、ボリビア、ブラジル、パラグアイ、ウルグアイにも見られた。逆にコロンビアやメキシコでは、輸出部門への衝撃を避けたかったため、両国とも為替を切り下げて、一九五〇年代までに実質的に為替レートを統一した。[76]

内向きモデルの下で採用された輸入制限は非常に効果的であった。NBTTの改善や商品価格に対する朝鮮戦争の影響にも関わらず、輸入量は、メキシコでは早くも一九四七年に、アルゼンチンでは一九四八年に、チリでは一九四九年に、ブラジルとウルグアイでは一九五一年にピークに達した。さらに輸入制限は生産財に有利になるように輸入構造が変化するという点で申し分のない効果を持っていた。内向きモデルを採用していた全ての国において輸入に占める消費財の割合は急速に減少したし、アルゼンチンとブラジルでは早くも一九六〇年代には一〇％以下になった。[77]

外向きのモデルも存続していた。しかし今や経済的にあまり影響力を持たない国に限られていた。このグループに属する国にとっては、輸入制限はあまり深刻な問題ではなかった。複数為替レートも一般的ではなく、為替レートはずっと安定していた。当初はNBTTと輸出購買力（purchasing power of exports: PPE）の改善に伴って輸入量が着実に増加した。しかし朝鮮戦争後、NBTTが下落し始めると、内向きモデルに対する反対は弱まっていった。一九六〇年代半ばまでには、輸出を促進していた国も含む全てのラテンアメリカが、輸入を制限し輸入競合部門の振興を促すための一連の強力な政策手段を兼ね備えるようになっていた（第9章参照）。

▼新しい国際経済秩序

戦争の初期の段階から、特に英国と米国といった主要な連合国は戦後の計画を始めていた。全ての勢力は戦間期の間違いや誤り、そして近隣窮乏化政策を避けたいと考えていた。国際収支調整に関する国際的な管理、為替レートの安定を促進するメカニズム、国際資本移動を促進する新しい手段、国際貿易に対する障壁の除去を監視する世界規模の組織の必要性が広く認識されていた。また、少なくとも戦争中は、一次産品の組織立った市場の整備や商品価格の破壊的な変動を避けることが必要であるとも認識されていた。

新たな国際経済秩序の確立へ向けた最初の実質的な第一歩は、一九四四年七月のブレトン・ウッズ会議であった[78]。米国は世界最大の債権国であり、戦時中の生産増加によって経済が大幅に強化された国であったので、会議において協定の内容を決定できる唯一の国になっていた。会議参加国のほぼ半分がラテンアメリカ諸国であったにもかかわらず、最終的な会議の成果に対してこれらの国が与えることのできた影響力は最低限のものであった。英国でさえ、債務と戦争の打撃によって力を失っており、ケインズ（John Maynard Keynes）によって出された急進的な構想は支持を得ることはできなかった[79]。

従ってブレトン・ウッズでは米国の選択と優先順位が反映され、国連の支持の下で機能する二つの新しい国際組織が設立された。国際通貨基金（International Monetary Fund: IMF）と国際復興開発銀行（International Bank for Reconstruction and Development: IBRD, 以下、世界銀行）である。中立国のスイスに拠点を置いていた国際連盟の組織とは異なり、これらの新しい組織（後に「天国の双子」（heavenly twins）として知られる）は、ワシントンに拠点を置いた。これは新しい国際勢力バランスを反映していた。商品協定や価格管理を含む貿易問題については、米国はその重要度が二番目であると考えており、後の会議に持ち越された[80]。

ブレトン・ウッズに参加し、一般的に新しい組織を熱狂的に支持していたラテンアメリカ諸国にとって、貿易問題が先送りされたことで過度に影響を受けたわけではなかった。実際、全ての国が設立メンバーとして「天国の双子」に参加していた（ハイチとアルゼンチンは除く。ハイチは一九五三年に、アルゼンチンは一九五六年にそれぞれ加入した[81]）。当初IMFはラテンアメリカから幅広い支持を受けていた。その理由として、基金からの借入が自動的にある程度まで決定されていたこと、そしてブレトン・ウッズでは追加的な借入に対する条件が決定されなかったからである。融資を受ける権利によって、国際収支問題に対する外的ショックが発生しても痛みの伴う調整プログラムを実行しなくても良くなり、実質利子率に不利な影響を及ぼす巨額の外貨準備を保持し続ける必要性がなくなった(82)。

ＩＭＦが為替レートを固定しようとするのに対しては、ラテンアメリカの経済学者から留保が表明された。しかし、ラテンアメリカ諸国は世界銀行に対して完全な期待を寄せていた。債券発行による資金調達が崩壊し、旧世界の復興のためにヨーロッパからの直接投資が不可能になったので、プロジェクト融資を行う本当の意味での多国間組織が設立された。これによって、ラテンアメリカは米国資本への行き過ぎた依存を是正することができるようになった。実際、一九四八年から四九年にかけて世界銀行が行った最初の融資の幾つかは、チリやコロンビアといったラテンアメリカ諸国向けのものであり、多くの国で公共投資の優先順位を確定するための高度なレベルの調査が世界銀行によって集中的に行われた(83)。

しかし結果は期待通りにはならなかった。ＩＭＦも世界銀行も双方とも、拠出額に応じて投票権が決められていたので(84)、ラテンアメリカよりもヨーロッパの方に非常に高い優先順位が与えられており、従って米国資本への依存の是正は実質的には極めて僅かなものであった。さらに冷戦が始まった時から、ラテンアメリカは米国の公的資金の貸し出し先としては重視されてはおらず、ラテンアメリカ地域は、開発や国際収支均衡に必要な資金を米国の民間資金に頼らなければならないことが明らかになっていた。従って必然的にラテンアメリカの関心はブレトン・ウッズでは棚上げされていた国際貿易問題に移り始めた。

新しい国際経済秩序計画の第三の柱である国際貿易機構(International Trading Organization: ITO)創設に向けた最初の試みは、一九四七年のスイスでの「関税と貿易に関する一般協定」(General Agreement on Tariffs and Trade: GATT)の調印によって始められた。ＧＡＴＴは、貿易政策に関連するあらゆる問題を討議するより包括的な会議への準備段階であった。この重要な会議は、一九四七年一一月から一九四八年三月の間にハバナで開催され、ラテンアメリカからの参加がかなり目立った。実際、チリとブラジルはオーストラリアとインドと共に、開発途上国に対する国際貿易や投資における特別な譲歩を主張する勢力に加わった。これらの国々が関心を寄せていたことが初めて承認されつつあったのである(85)。

五六カ国のうち五三カ国が調印したハバナ憲章は、貿易全般や特に一次産品に関するラテンアメリカの要求を部分的に反映するものであった(86)。しかし米国は決して憲章を批准しなかったし、英国は米国が態度を決めるまで決定を先延ばしにし、ＩＴＯの構想そのものが、あいまいになってしまった。そしてブラジル、チリ、キューバのラテンアメリカ三カ国を含む二三カ国しか協定に調印せず、あまり関心を集めなかったＧＡＴＴのみが残ったのである。一九五〇年代初めには、ニカラグア、ドミニカ共和国、ハイチ、ペルー、ウルグアイといった他のラテンアメリカ諸国もＧＡＴＴに加盟したが、しかし既に加入していた国も含めた大部分の国は、ラテンアメリカ諸国が第一に関心を持つ貿易問題に取り組むにはこの組織は不適切で能力を持っていないと考えていた。

GATTが不適切であると考えられていたのは、一次産品の貿易問題に取り組むことができなかったためであった。農業は検討事項から外されており、一次産品輸出国が直面していた無数の関税や非貿易障壁に取り組める状況ではなかったのである。逆に工業製品貿易についてはGATTの緊急の問題として検討されており、殆どの加盟国において適用されていた貿易障壁が徹底的に廃止されていった[87]。

GATTが一次産品に関わる国際貿易問題に取り組むのに失敗したことで、ラテンアメリカ諸国は内向きの開発に傾斜する方向へ転換した。一世紀以上に及ぶ輸出主導型成長の後で、最も重要な国々は、国際市場には成長や発展に必要な刺激を与えるだけの能力があるという確信を既に失ってしまっていた。そして大部分のラテンアメリカが内向きになろうとしていたまさにその時に、殆どの先進国や多くの開発途上国にとって国際貿易が成長のエンジンとして再び機能する目覚しい二五年（一九四八―七三年）に世界は突入しようとしていた。

幾つかの要因が戦後期の国際貿易の躍動を支えた。一九四〇年代末までマーシャル・プランによる援助によって、ヨーロッパは国際収支問題を緩和し、資本蓄積率を高め、再建の過程を早めた。旧西ドイツによる通貨改革とフランス、英国の通貨切り下げによって為替相場平価の不均衡を解消し、ヨーロッパからの輸出が再開されたため、米国からの大量の工業製品購入の代金を支払うことができた。アジアでは商品供給と購買力は徐々に正常に戻り、日本は憲法によって軍事支出に歯止めがかかったので、資源を前例のない割合で生産的投資に投入した[88]。

一次産品貿易やサービスを扱うことを条項から除外していたGATTは、工業製品が直面していた貿易障壁の削減に力を入れた。一連の「ラウンド」においては、GATTのメンバーが重要であると考えていた工業製品に対する関税および非関税障壁が次第に削減されていった。ラテンアメリカは自らGATTとは距離を置いていたため[89]、この組織を支配していた先進国の利益がGATTの交渉に反映された。途上国にとって特に重要である工業製品に対する貿易障壁は、例えば加工食品のようにゆっくりとしか下がらないか、繊維のように増加するかのいずれかであった。

GATTは、無差別・多角主義・最恵国待遇といった原則に立脚していた。しかし自由貿易地域や関税同盟の場合については例外が認められていた。西ヨーロッパ諸国は再び戦争を起こさない状況を作り出すことを決意し、ヨーロッパ経済共同体(European Economic Community: EEC) とヨーロッパ自由貿易地域 (European Free Trade Area) を通じた地域統合を推進するためにこの機会を利用した[90]。ソ連はGATTの加盟国ではなかったが、経済相互援助会議 (Council for Mutual Economic Assistance) を通じて、独自に地域統合を推し進め、その結果、東欧諸国との貿易が急速に増加した。

貿易に対する障壁が減少したことで、世界の輸出入量は空前

表8-5　世界輸出および域内輸出に占めるラテンアメリカのシェア，1946-75年

(%)

年	世界貿易に占めるシェア			ラテンアメリカの全輸出に占める各国のシェア				
	ラテンアメリカ全体	主要国[1)]	その他の国	アルゼンチン	ブラジル	キューバ	メキシコ	ベネズエラ
1946	13.5	8.9	4.6	25.5	21.2	11.6	6.9	11.1
1948	12.1	7.3	4.8	24.5	18.2	11.2	5.7	17.2
1950	10.7	6.7	4.0	18.4	21.2	10.4	8.3	14.5
1955	8.9	4.9	4.0	11.8	18.0	7.7	9.9	23.0
1960	7.0	3.5	3.5	12.8	15.0	7.2	9.0	27.2
1965	6.2	3.2	3.0	13.9	14.9	6.4	10.4	22.8
1970	5.1	2.8	2.3	12.0	18.5	7.1	9.5	17.7
1975	4.4	2.2	2.2	8.2	24.0	8.1	8.0	24.3

注1）アルゼンチン，ブラジル，チリ，コロンビア，メキシコ，ウルグアイが含まれる。
出所）IMF, *Yearbook of International Financial Statistics* から得た。CEPAL (1976).

の増加を示した。国際貿易額は、一九四八年から一九七三年の間に年率九・七％の割合で増加し、貿易量の増加はこれよりも僅かに低かった。しかし世界貿易は、工業品輸出に特化しているごく限られた先進国に集中していった。一九五五年までは、先進国間の工業製品の貿易は世界貿易の三分の一を占めていたが、一九六〇年代末には半分近くにまで増加した。さらに先進国は一次産品の輸出額においても開発途上国を凌駕していたので、世界貿易全体に占める先進国の総貿易の割合は、一九六九年には八〇％を超えるまでになっていた[91]。

従って新しい国際経済秩序は、主として先進国の利益になっていた。幾つかの東南アジア諸国が一九五〇年代後半から行ったように[92]、工業製品輸出の目覚しい発展があって初めて、開発途上国も世界貿易の拡大からの主要なメリットを得られると期待することができた。しかし一次産品貿易が停滞したわけではない。確かに国際貿易の拡大においては低い地位に甘んじていたが、一次産品輸出は一九五〇年から一九七〇年の間においても年率六％の成長を何とか達成し続けていた。これは歴史的に見れば特筆に価することであり、市場のシェアを維持することで世界貿易の拡大から少なくともある程度の利益を得ることを開発途上国に保証した。

開発途上国の中には、一次産品輸出の拡大から適度な恩恵を得た国も確かにあった。しかし主なラテンアメリカ諸国は別の道を進んだ。この結果、世界の輸出に占めるラテンアメリカの割合は着実に減少した（表8-5参照）。世界人口の六・五％を

占めるラテンアメリカは、一九四六年に世界輸出の一三・五％を占めていたが、一九五五年までには一〇％以下に、一九六〇年までには七％以下に減少した。実に一九六五年までには、この地域の世界輸出に占めるシェアは、人口のシェア以下にまで低下した。おそらく、これは独立後初めてのことだろう。世界輸入に占めるラテンアメリカの割合も同じように低下したため、この地域は国際貿易システムからますます離脱しつつあった。

世界貿易に占めるラテンアメリカのシェアが低下したのは、内向きの政策が全ての要因というわけではなかった。またいずれの場合でも、全ての国が輸出指向型の成長を回避したのではなかった（第9章参照）。問題の一部は、一次産品貿易が世界貿易に比べてあまり急速には増加しなかった時にあっても、ラテンアメリカ諸国が一次産品輸出に集中していたことにあった。ラテンアメリカの交易条件がピークに達した朝鮮戦争後、一次産品価格は工業製品に比べて低下した。このNBTTの悪化は、CEPALが活発に主張していた、一次産品輸出国のNBTTは長期間持続的に低下する傾向を持っているという仮説を受け入れるものにとっては、都合が良かった。実際、一九七〇年代に一次産品価格のブームが到来するまで、交易条件悪化は一次産品輸出国にとって頭痛の種であった[93]。

ラテンアメリカの一次産品輸出国が直面したもう一つの問題は、先進国における農業保護と旧植民地を優遇するヨーロッパ諸国の差別化の動きであった。これらは双方とも新しい動きではなかった。しかしEECの共通農業政策[94]は、ラテンアメリカの温帯農産物輸出国に対してさらなる打撃を加えた。また米国と日本の農民を取り囲む保護主義の覆いがラテンアメリカを刺激するもう一つの要因となった[95]。ヨーロッパの帝国特恵はなくなったが、しかしその代わりにEECは、ラテンアメリカと競合関係にある幾つかの開発途上国からの輸出に対し関税を課したり、別の特恵を与えるという計画を採用した。最終的にロメ協定（Lomé Convention）に結実した協定は、一九八九年にハイチとドミニカ共和国の加入が許されるまで、全てのラテンアメリカ諸国を排除していた[96]。

一次産品貿易を取り巻く世界的な障害はかなり大きなものであったにもかかわらず、それだけでラテンアメリカの輸出が低迷していたことを十分に説明することはできない。ラテンアメリカの輸出成長率は世界貿易の成長率よりもはるかに低かっただけではなく、全ての開発途上国の成長率よりもやや低く、さらに西半球の開発途上国の成長率さえも下回っていた[97]。例えば綿花のように多くの一次産品の世界貿易は依然として比較的自由ではあったが、市場シェアを増加させるどころか維持することも不可能であった一握りの一次産品にラテンアメリカ諸国は依存していたのである。

一九三〇年代後半（表8-6参照）、ほんの二〇品目がラテンアメリカの輸出の八〇％を占めており、この数値は実質的に二〇年近く経った後も変化していなかった。実際、商品品目の集中はこれらの数値が示しているよりも強かった。その理由とし

表8-6　ラテンアメリカの総輸出に占める商品のシェアおよび順位[1)]

(%)

商　品	1934-38	順　位	1946-51	順　位	1963-64	順　位
コーヒー	12.8	2	17.4	1	15.0	2
石　油	18.2	1	17.3	2	26.4	1
砂　糖	6.1	4	10.2	3	8.6	3
綿　花	4.5	8	4.7	4	4.3	6
銅	4.7	7	3.4	8	4.9	4
小麦・小麦粉	5.1	6	4.2	6	1.7	
牛肉・肉牛	5.7	5	4.4	5	4.4	5
羊　毛	4.3	9	3.7	7	2.0	9
トウモロコシ	6.3	3	2.0		2.0	10
魚・魚粉	0		0.1		2.4	8
皮　革	3.5	10	3.2	9	0.5	
鉄鉱石	0		0.1		2.8	7
林産物	1.0		2.3	10	1.0	
小　計	72.2		73.0		76.0	
20品目[2)]	80.4		79.3		81.8	

注1）各期間の上位10品目のみが順位付けされている。
　2）表に記載されている品目に次の品を加えたもの。カカオ，バナナ，鉛，亜鉛，スズ，脂肪種子，硝石。
出所）Grunwald and Musgrove (1970), Table A. 6, p. 21 から得た。

て、上位一〇品目が輸出の七〇%近くを占めており、上位五品目で五〇%近くを占めていたからである。このように輸出が多角化していなかったので、ラテンアメリカの輸出の成長はごく少数の商品の動向によって決定されていた。

例えば砂糖・トウモロコシといった商品の中には、保護主義や差別待遇などの結果、世界市場では克服できない問題に直面していたものもあった。一方石油や綿花といったその他の商品は有利な所得弾力性を持ち、貿易障壁の影響を比較的受けなかった。しかし一九三〇年代後半以降にラテンアメリカが輸出していた主要十品目の世界市場に占めるシェアを計算するならば、一九三四―三八年以降の三〇年間に増加を記録したのは綿花と銅の二品目しかないことが分かるだろう。コーヒー・石油・砂糖・小麦・牛肉・羊毛・トウモロコシ・皮革では市場のシェアを失った。

幾つかのケースでは、市場シェアの喪失は極めて大きかった。従って一九五〇年代にはベネズエラの石油輸出による収入が増加したにもかかわらず、より安い中東の石油が押し寄せてきたため、世界の石油輸出に占めるラテンアメリカのシェアは、三〇年も経たないうちに五三%から二九%へと低下した。積極的な内向きの政策は、特に南米南部で実施されていたが、小麦・牛肉・羊毛の市場シェアを貿易差別化だけでは説明できないくらい低い水準にまで押し下げた。実際、ペロン政権下のアルゼンチンは、世界市場から国内市場へ生産が向かうのを止めようとするために、特定日の牛肉の国内消費を禁止する破れかぶれの法律を、仮に成功しなくても成立させなければならないと考えていた[98]。

市場シェアを上げた国も幾つかあったが、しかし輸出の実績が地域全体に対してはそれほどの影響を及ぼさないような小国が殆どであった。輸出の多角化についても同様であり、これに成功したのは中米、ドミニカ共和国、エクアドル、そしてペルーであった。多くの場合、ラテンアメリカのある一国の市場拡大は単純にラテンアメリカの別の国の市場喪失であった。コーヒーの世界市場において、アフリカの輸出国もシェアを拡大していたが中米、エクアドル、ドミニカ共和国、メキシコのシェア拡大は、部分的にはブラジルの大規模な喪失によって相殺されてしまった。一九六〇年代の砂糖市場におけるラテンアメリカ地域のシェア拡大も、カストロ登場後のキューバに対する米国の輸入割り当ての再配分を単純に反映したものであった[99]。

長期にわたる世界貿易のブームも永久に続くことはなく、一九七三年の第一次石油危機以降、世界貿易量は著しく減少していった。しかし一九四五年以降、毎年、世界貿易は世界全体のGDPよりも急速に増大した。そして新しい需要のパターンに合う輸出構造を持っていた国にとっては輸出拡大の新たな機会が提供された。世界貿易において最も躍動的であった部門は工業製品であった。ラテンアメリカ諸国は新たな現実を認識するのに時間がかかった。戦後の輸出実績が良好だった国も、依然として一次産品に特化していたのである。

米国との間に特有の関係を築いていたプエルトリコは、一九五〇年代末に、工業製品輸出を新たな成長の推進力とした。しかし米国市場への輸出の免税と殆ど無限に近い米国からの資本供給があったので、多くの政策担当者は適切なプエルトリコのモデルを見失ってしまった。一九六〇年代、メキシコが、北部の国境地域にあるマキラドーラ[100]（maquiladora: 輸出加工区）から米国への工業製品輸出に目覚しい成功を収め始めたとき、他のラテンアメリカ諸国の政策担当者はより真剣に輸出促進を実施し始めた。工業製品輸出を背景にして成長と公正さを組み合わせた東南アジア経済の成功は、政策変更をさらに促すことになった[101]。しかし、最終的にラテンアメリカの全ての国が少数の一次産品輸出に依存している体制を打破するためには思いきった努力をしなければならないと認識したのは、一九八〇年代の債務危機であった（第11章参照）。

以上のように、ラテンアメリカは戦後の世界貿易の長く続いたブームによってもたらされた機会を利用することができなかった。ごく僅かな小国が一次産品輸出の促進によって限られた成功を収めたが、このことはラテンアメリカ全体では市場シェアを失ったという現実を覆い隠すことはできなかった。非輸出部門に資源の一部を移す方がより賢明であると思われた一九二〇年代にラテンアメリカが輸出特化を推し進めたのと同じように、輸出促進によって膨大な機会を手に入れることができた一九四五年以降、ラテンアメリカは世界市場から撤退したのである。それぞれの機会において、「市場」は資源配分をうまく促すことができず、政策担当者が空白を埋めようとしたり、望ましい方向へ相対価格をシフトさせようとした[102]。内向きの開発に対する根拠は、一九四〇年代後半の不確実な状況下においては信用されてきた。しかし一〇年後にはあまり妥当性がなくなり、一九六〇年代には殆ど意味のないものになってしまった。ラテンアメリカは自ら採用した政策の失敗に対して、すぐに高い代償を支払ったのである。

第9章　戦後期における内向きの開発

一九五〇年代初頭、朝鮮戦争が終結するまでには、ラテンアメリカ諸国はある明らかな選択に直面していた。それは、外的ショックへの脆弱性を減少させる内向きの開発モデルを明確に選択するか、あるいは、輸出強化と輸出多角化の組み合わせを基盤として輸出成長を推し進めていくか、であった(1)。

この選択はその他の問題と無関係ではなかった。それぞれの選択肢は、社会の中の異なるグループに有利で、大部分の経済問題に対して政治的な歪みをもたらした。同時に、国際および地域的な諸機関は、その結果にできるだけ影響を与えようとした。国際通貨基金（International Monetary Fund: IMF）は、国際収支問題の解決策として外向きの政策を支持したが、国連ラテンアメリカ経済委員会（Economic Commission for Latin America: CEPAL）は、ラウル・プレビッシュの強いリーダーシップのもとで、内向きの政策を主張した。朝鮮戦争以降、（CEPALの内向きの開発擁護論の主要点である）純商品交易条件（Net barter terms of trade: NBTT）が悪化する中で、知的世論は、輸入代替工業化（Import-substituting industry: ISI）に向けて変化し始めた。しかし多くの政府は、輸出部門がそれでもなお、経済的、社会的、そして政治的にも重要な役割を果たしていることを認識しており、依然として、輸出主導の成長を完全に放棄することを躊躇していた。

すでに、かなりの工業基盤を構築していたいくつかの国（アルゼンチン、ブラジル、チリ、コロンビア、メキシコ、そしてウルグアイ）にとっては、この問題は簡単に解決できた。これら諸国では、一九二〇年代後半より輸出部門がさらされてきた一連のショック（いくつかは好ましいものもあったが、大半は好ましくないものであった）によって、輸出主導成長に対する強い反発と、明確に工業化を目指す政策に対する広範な支持がすでに生まれていたのである。CEPALは、そのような政策に関する理論的な正当性を提示するようになり、ISIは、すでに、製造部門での生産の急速な成長と雇用を創出する能力を証明していた。実際のところこれらの国では、ISIの「容易な」段階はすでに完成していたのである。なぜならば、輸入抑制によって、総輸入に占める消費財のシェアはすでに適切なレベルにまで減少していたからである。(2)

他の国は、より大きなジレンマに直面していた。いくつかの国（ボリビア、パラグアイ、ペルー）は、第二次大戦直後の数年間に、内向きの政策に飛びついたが、結果は悲惨なもの（外国為替準備の崩壊、供給側のボトルネック、さらにインフレ圧力）であった。ペルーは、一九四八年の軍事クーデター後に積極的に輸出主導型の成長を導入したが、ボリビアとパラグアイは、伝統的政策に回帰し、その結果長期におよぶ苦痛に満ちた出来事がもたらされた。これ以外の国では、十分な工業基盤が存在していなかったことが内向きの政策への決定的な障害となり、輸出主導型モデルが（当該国間で信念の程度に違いはあったが）当初は維持された。他の多くの国が輸出多角化に目を向けていたのに対して、ベネズエラ（商品の当たり外れの勝者）とキューバ（敗者）は、外貨獲得の増加率を維持するため、輸出強化（それぞれ石油と砂糖）に依存していた。

両方のグループの多くの国では、国内総生産（GDP）成長率、そして一人当たりのGDP成長率さえそれほど低くはなかったが、一九六〇年代には不満が広がっていった。内向きのグループは、国際収支危機、インフレ圧力、労働争議に悩まされた。外向きのグループもまた、国際収支問題と不利な外部条件への脆弱性に苦しんでいた。従って、両グループとも、地域統合が自分たちの諸問題に対する部分的解決策であるとみなした。地域統合は、内向きのグループにとっては、国際競争に全力でたち向かわずして輸出促進の機会を与えてくれるものであり、外向きのグループにとっては、地域的なISIを通して工業化の機会を与えてくれるものであった。

それぞれのグループは、一つの特徴を共有した。それは所得と富の分配の不平等であった。古くから続いていた所得分配の不平等は、全く改善されず、いくつかの例ではさらに悪化さえしていた。所得および富の集中に関する新たなデータを見ると、「世界の別の地域よりもラテンアメリカにおいて、不平等はより顕著である」と、多くの人々が常に信じていたことも当然のことであった。下部の一〇分位数が多くの財やサービスに対して有効な市場を提供できないことが、より高い成長と発展に対する障害となっていることは、ある程度認識されていたものの、所得と富の分配を改善するための試みの殆どは、効果的ではなかった。キューバだけは、高い代償（一人当たりの実質消費の停滞と米国との対立）を支払ったものの、一九五八年以後革命的な社会主義政策を採ってから、最も貧しい人々が受け取る所得のシェアが、顕著に変化した。

▼内向きモデル

一九二九年以降の二〇年間、ラテンアメリカの政府は、工業成長のための新たな機会を提供するような、一連の国際収支防衛策の採用を強いられた。大恐慌以前にすでに近代的な製造業が構築されていた多くの国では、そのような機会が利用され、工業生産の成長が急速に進んだ。一九五〇年代の初めまでに、このような国であるLA6（アルゼンチン、ブラジル、チリ、コロンビア、メキシコ、そしてウルグアイ）では、既に工業がリーディングセクターになっていたか、もしくはなろうとしており、もはや輸出部門の浮き沈みによって需要が絶対的に決定されることはなくなっていた。この相対的な自立性が、国内市場を基盤とする明確な工業化政策への条件を創出したように思われる。

内向きモデルは、工業化の第一段階を完了していた、おおよそ全ての国によって採用された。しかしペルーでは、二〇世紀前半の殆どを通して不適切な政策が行われたために、工業の活力が阻害され、適度な工業力があったにもかかわらず、一九四九年以降輸出主導型の成長を採用した。ベネズエラもまた、石油収入の増加によって持続的な需要があり、国内市場に適合した近代的な製造業の台頭がみられた。しかし、安価な石油を基盤とする世界経済が創出した無数の機会を、後続政権が自己本位的に利用したため、工業は戦後モデルでは従属的なパートナーのままであった。従って、完全なる内向きモデルは、当初、LA6（本節の焦点）に限定されたのである。

内向きモデルは製造業を基盤としていた。建設、輸送、そして金融といった国内市場と結びついていた他の活動が軽視されたわけではない。しかしピラミッドの基盤は、輸入財から保護された市場で既に成長していた、工業部門の構築に大きく依存していた。ところが、工業に対する保護はその場しのぎのものであったり、しばしば一貫性に欠けたもので、工業の必要性というよりも国際収支の防衛に焦点が置かれていた。関税に加え、複数為替相場、輸入割り当てやライセンス、そして一時的な輸入禁止が行われた。従って、政策立案者の当初の仕事は、工業に与えられた保護に対してより高い合理性を与えることであった。

工業を明確に保護する方向に転換したとはいえ、外圧から逃れられたわけではなかった。IMFのメンバー（最後にアルゼンチンが一九五六年に加盟）として、内向きの政策を採る国は、輸入割り当てや複数為替レートを排除する必要に迫られていた。いくつかの国はこれに抵抗した。メキシコは、一九四七年に導入した輸入割り当てのシステムを一九八〇年代まで続けた。ブラジルは、一九五〇年代に複数為替相場制を維持しただけでなく、さらに週ごとに為替オークションを行い、多くの輸入財のコストを決定した[3]。しかしながら、一般的には国際的圧力が成功を収め、保護は主として、よりオーソドックスな手段で行われるようになった。

最も重要だったのは、関税であった。関税と貿易に関する一般協定（General Agreement on Tariffs and Trade: GATT）が

表9-1　ラテンアメリカの名目保護率，1960年頃

(%)

国	非耐久消費財	耐久消費財	半製品	工業原材料	資本財	平　均
アルゼンチン	176	266	95	55	98	131
ブラジル	260	328	80	106	84	168
チ　リ	328	90	98	111	45	138
コロンビア	247	108	28	57	18	112
メキシコ	114	147	28	38	14	61
ウルグアイ	23	24	23	14	27	21
EEC	17	19	7	1	13	13

注記）名目保護率は，（従価税での）関税および賦課金の概算負担の単純な算術平均で算出されている。ウルグアイの場合は，輸入のCIF価格による理論的負担（課徴金および事前保証金を除く）の単純な算術平均で算出されている。

出所）Macario (1964), Table 5, p. 75. ウルグアイについては，Macario (1964)，Table 3, p. 70.

行う継続的な交渉ラウンドのもとで、先進国が適用していた関税が急速に引き下げられていた時に、（内向きの国だけでなく）多くのラテンアメリカ諸国は、反対の方向に進んでいた。さらに、多くの国が輸入に対して事前保証金を利用したが、これによって、輸入財がその後転売できるような水準にまで現地通貨価格が上昇したために、強い保護効果が生じた。

表9-1は、LA6に関して、一九六〇年代初頭までにこれらの関税がいかに高くなっていたかを明瞭に示している。これら名目関税率の高さは、部分的には、複数為替レートと輸入割り当ての段階的削減を反映している。例えばメキシコとウルグアイは、大部分の輸入財が依然として輸入割り当ての対象となっていたために、他の多くの国と比べるとより低い関税となっていたようである。さらに、実際は為替レートが常に世界と国内のインフレ率の違いに歩調を合わせて変化したわけではなかったので、経営者たちに通貨の過大評価の損失を「埋め合わせる」ために関税が用いられることになった。しかし、それでもやはり、いかなる基準からしても名目関税率は非常に高かった。過去にラテンアメリカが適用したよりも高く、また、先進国が今まで採用したいかなる関税率よりもかなり高かったのである。実際に、表9-1が示すように、欧州経済共同体(European Economic Community: EEC) の名目保護率は、全種類の財でラテンアメリカよりもはるかに低かった。

高い名目関税率は国際価格と国内価格を乖離させ、消費者に多大な負担を負わせた。しかし生産者にとっては、高い名目関税は話の半分にすぎない。生産者にとって重要な尺度となったのは、競合する輸入財への名目関税のみならず、投入コストに対する関税および別の形態の保護の効果をも考慮に入れた保護システムによって作り出される、生産単位当たりの付加価値の変化であった[4]。この測定は実効保護率（effective rate of protection: ERP）として知られており、工業に与えられたインセンティブを、より適切にしめす指標であった。一般的にERPは、多くの種類の財について、名目保護よりも高く、特に消費財に関して高率であった。実際、ERPが一〇〇%であるということ（決してまれなことではなかった）は、保護システムのもとでの生産単位当たりの付加価値が、自由貿易の場合の二倍になるということを意味していたのである[5]。

このように高い（名目および実効）保護率に直面していたため、国内の民間部門は、十分なダイナミズムで対応でき海外資本は必要ないと唱えるだろう、と考えられていたかもしれない。しかし、一九五〇年以前には製造能力の増大の大部分を担っていた国内の民間部門は、戦後期には二つの深刻な限界に苦しんでいた。それは、新規産業での大規模な投資を支えるために必要となる追加的融資へのアクセスの欠如、さらに、徐々に高まるより洗練された産業事業に必要とされる技術の欠如であった。

輸入代替の奨励のもとで、工業が非耐久消費財の生産に集中していた時期には、このような二つの問題は経済活動に大きな損害を与えるものではなかった。このISIの「容易な」段階は、個々の事業所において巨額の資本投資を必要としなかったし、必要な技術は、輸入された資本財に含まれていた。しかし、耐久消費財へ、そして中間財、資本財へ産業構造がシフトしたため、投資の最低規模が上昇し、また、オープン・マーケットでの獲得が常に可能となるわけではない技術へのアクセスが必要となった。

従って、内向きの国は、（ある場合には不本意ながら）対外直接投資に関する法律の変更を余儀なくされ、多国籍企業（Multinational Corporations: MNCs）を引きつけるのにふさわしいと思われる条件を作った。アルゼンチンでさえ、新たな法律的枠組みが一九五九年まで適用されはしなかったものの[6]、一九五五年のフアン・ペロン失脚以前に、対外投資に対する見解をすでに改めていた。メキシコは、多くの部門（例えば、石油、銀行、保険、運輸）を国内資本で保有する一方で、製造業ではMNCsを奨励し投資を行わせた（これは、一九三八年の石油の国有化以来MNCsが抱いていた嫌悪感のため、当初は困難なことであった）。もっとも強い信念をもって工業化プログラムを適用したブラジルは、非常に熱心にMNCsを招致しようとしたため、現実にはいくつかの面で、国内投資家以上に海外投資家を優遇する法律を可決さえした[7]。

当初は、米国企業が支配的であったMNCsが、その技術、マーケティング、経営能力、資金へのアクセスのため、ラテンアメリカに招かれた。しかしながら、MNCsを引きつけたのは、彼らがそれまで輸出品を供給していた専属市場であった。

高い関税障壁は輸入を閉め出していたかもしれないが、いったん障壁内に入ってしまえば、海外投資家は今度は逆に外国との競合から保護されることになった。しばしば、最も収益が高かったのは、政府が構築しようとした中間財や資本財の産業よりも、消費財の生産であった。従って海外の企業所有者は、新たな産業分野に限られていたわけではなく、既に存在していた国内企業の買収を行う海外投資も多く存在した。[8] そのため、政府の目標と、MNCsの目標の間で摩擦が起こることがあった。これらの摩擦は、MNCsが税負担を最小限にするために移転価格を利用したことと相俟って、[9] 一九六〇年代末までに大きな緊張を生み出した。さらに、特に自動車産業において、海外企業に対して国内で調達する投入財の割合を増加させるよう、政府が指示を出したため、このような緊張関係が改善されることはなかった。[10]

国内の民間部門が十分な投資を行わなかったため、工業化プログラムを維持する目的で多くの国営企業（state-owned enterprises: SOEs）が設立された。主な公共投資は、社会的インフラ（エネルギー、運輸、通信）の分野で行われたが、いくつかの産業分野もまた、公共投資の対象として妥当であると考えられた。それは、国内の民間部門が資金を供給できない、あるいはしないだろうという理由からであったり、また、そのような生産物が非常にセンシティブで、外国企業では管理できないという理由からだった。ブラジルは、石油産業を管理し製造業の既存の公共投資を補完するために、一九五三年にPetrobrasを設立した。[11] 一九六〇年代まで、ブラジルの自動車産業（MNCsに支配されていた）の収益性は、SOEsからの投入財価格（例えば鉄、電気）とブラジル政府の石油政策にもっぱら依存していた。内向きの成長をとる諸国では、鉄鋼産業もまたSOEsの優先目標であった。

このように、LA6において製造業部門が強化されたため、同部門が急激に拡大したことは驚くに当たらない。リーディングセクターである製造業部門の成長率は、GDP成長率を超えるものであった（そのため純総生産高に占める製造業のシェアは上昇した）。一九六〇年代末までに、内向きの成長を採る諸国では、GDPにおける製造業のシェアは先進国並の水準にまで上昇した。さらに、工業生産の構造は、食料加工品や繊維から、金属利用工業や化学工業へと変化していった。ラテンアメリカの大国（アルゼンチン、ブラジル、メキシコ）は、「準工業国」とのお墨付きを得、また、国内市場が比較的小さなチリやコロンビアも、それに追いつこうとしていた。ウルグアイだけは、戦後の一〇年間に工業の成長が急激にのびたが、その後、国内市場が非常に狭小であったために、製造部門の大きな成長を維持することができなかった。

この工業化の成功のために支払った代償は大きかった。国際競争から保護されたために、多くの製造業部門は、全ての面で高コストであり非効率であった。単位コストが上昇したが、これは、輸入可能な投入財に対して国際価格以上を支払わなければならなかったためだけでなく、国内市場が通常非常に小さく最適規模の企業を維持することが困難なためであった[12]。非効率性は、要素価格のゆがみ、国内市場での競争の欠如、高い参入障壁を持つ寡占的な構造への傾向から生じたものであった。MNCsを含む市場リーダーたちは、価格を限界コスト以上に設定することができ、他の産業もそれに追随した。保護を受けた工業部門では、必然的に利益率はけた外れに高くなった[13]。

工業生産が高コストであったため、工業製品が国際貿易に参入することは困難であった。この問題は、為替レートの過大評価と、一九五〇年代の政策につきまとっていた輸出悲観論によってさらに悪化した。加えて、多くのMNCs子会社は、第三国（そこでは、同じMNCsの子会社の生産物と競合することになっていたであろう）への輸出を行わないという契約でラテンアメリカに参入していた。一九六〇年代中頃まで、総輸出量に占める輸出製造業生産量の割合、および総輸出に対する製造業の寄与率は、依然として小さかった。一九四八、一九四九年、および一九五四年の平価切り下げによって通貨の過大評価が是正されていったメキシコだけは、工業製品輸出においてかなりの進展を実現させることができた。しかし、メキシコでさえも、米国市場に近く、また国境産業の成長があったにもかかわらず、外貨獲得に対する工業の寄与率は、依然として小さかった[14]。

少なくともメキシコは、観光部門における貿易の成長で、このような状況を補完することができたものの[15]、その他の国は、工業が国際市場に浸透することができなかったために、輸出収入は一次産品に依存せざるを得なかった。しかしながら、内向きの成長を採る国による一次産品輸出は、非常に多くの要因によって負の影響を受けた。朝鮮戦争後NBTTが悪化したことに加えて、伝統的輸出部門は、工業に対する新たな保護構造によってもたらされた反輸出偏向の被害を受けていた[16]。一次産品輸出者は、高関税のために国際価格以上で投入財を購入しなければならなかったが、その産出財は、国際市場において依然として国際価格で販売しなければならなかった。それどころか、ペロン政権下のアルゼンチンでは、国のマーケティング当局(state marketing board)は、農民に国際価格以下しか支払っておらず[17]、また、LA6全ての国で行われていた通貨の過大評価は、一次産品輸出の成長を妨げがちであった[18]。輸出の多角化は限られたものであり、輸出収入は少数の伝統的生産物によって支配され続けた。ウルグアイでは、反輸出偏向が非常に強かったため、輸出量は一九五〇年代に急減し、さらに、一九七〇年代初期には、輸出額は依然として二〇年前の水準を下回っていた[19]。

もし、内向きのモデルが、輸入の削減に成功していたのならば、輸出収入のダイナミズムが欠如していたということは、重大な問題にはならなかったかもしれない。しかし、それは成功しなかった。確かに、新たな工業生産の一部は、輸入財を代替する傾向にあったが、工業そのものは輸入集約的であった。たとえ消費財の輸入を削減することは可能でも、中間財および資本財を輸入しなければならなかった。収益の送金はいうまでもなく、ライセンス、ロイヤルティ、技術移転の支払いのために外貨が必要とされた。さらに、運輸や電気通信といった、関連する多くの非貿易財およびサービスもまた輸入集約的であった。国際収支を均衡させるための輸入抑制の必要性は、非効率的であったにもかかわらず、公的支援を得て、輸入財を代替する計画の殆どに重大なゆがみをもたらすこととなった。ブラジルは、積極的なシミラーズ（Similars）法を用い、効率性の問題に十分な注意を払わずに輸入競合財の国内生産を奨励した。[20]現実には、こうした国内生産自身が輸入集約的であったため、これらのいくつかの計画によって節約された純外貨は、しばしばゼロに近かった。[21]

輸入増加の必然性と輸出増加の欠如によって、内向きの成長を採る諸国では、国際収支問題が殆ど恒常的に起きていた。中間財と資本財購入を削減することによってのみ輸入カットが行われたが、これは生産および生産能力に負の効果を与えたため、国際収支不均衡を是正するための安定化プログラムは、コストが高いものになりがちであった。さらに、逼迫した国際収支上の制約は、過度のマネーサプライ増加が消費財輸入に向かうことができないことを意味していた。従って通貨拡大（例えば財政赤字による）は、国内財への超過需要と高インフレにつながった。LA6では金融節度が弱い傾向にあり、また、国内供給（特に農産物）は相対的に非弾力的であったため、内向き成長を採る諸国の多くは、深刻な為替レートの不安定とインフレ圧力に苦しんだ（表9-2参照）。

国際収支の制約、財政赤字、供給サイドのボトルネックが同時に起こったために、インフレの原因について構造主義者とマネタリストの間で白熱した議論が起こった。マネタリストの解釈では、膨大な財政赤字、マネーサプライの拡大、そして国内インフレに至らしめた無責任な財政政策が特に強調された。マネタリストのモデルでは、供給サイドのボトルネックは、価格管理（例えば、農産物に対する価格管理）と価格のゆがみ（例えば、為替レートの過大評価）によるものであり、従って、インフレの原因というよりは結果であった。構造主義者たちは、過度の貨幣創出がインフレに結びついたことを否定はしなかったが、マネーサプライは外的影響を強く受けるものであり、インフレの根源は財政、農業そして国際収支のボトルネックにあると主張した。[22]

構造主義者は、税収が非弾力的な特質をもっていたことと、ISIプログラム支援のために政府支出を増大させなければならないという絶え間ない圧力のために、財政の「ボトルネック」が生じたと考えた。税収増加のために計画された関税から、保護を与えるために計画された関税へと政策が変更されたことで、歳出に占める関税所得の割合は確実に減少し続け、新たな課税源の導入を余儀なくされた。しかし、税収の「非弾力的な」特質は、とりわけ間接税に依存している税制を反映したものであり、この間接税は特に貧困層を苦しめていた。直接税からの税収は期待に反するものであり、高インフレ率のため、納税者はできるだけ支払いを延期しようとした。物価上昇の結

表9-2　為替レートおよびインフレーション，1950-70年

国	為替レート[1] (1960＝100)			年平均インフレ率 (%)			
	1950	1960	1970	1950-55	1955-60	1960-65	1965-70
LA6							
アルゼンチン	17	100	482	17	38	27	20
ブラジル	10	100	2,439	18	28	62	48
チ　リ	3	100	1,109	47	24	29	29
コロンビア	28	100	269	4	10	14	11
メキシコ	69	100	100	10	6	2	3
ウルグアイ	17	100	2,273	13	25	35	44
LA14							
ボリビア	1	100	100	108[2]	6[3]	5	6
コスタリカ	100	100	118	2	2	1	2
キューバ	100	100	100	0	1[4]	n/a	n/a
ドミニカ共和国	100	100	100	0	0	3	2
エクアドル	100	100	166	2	0	0	5
エルサルバドル	100	100	100	4	0	0	1
グアテマラ	100	100	100	3	−1	0	1
ハイチ	100	100	100	1	1	4	3
ホンジュラス	100	100	100	5	1	4	2
ニカラグア	100	100	100	11	−2	2	3
パナマ	100	100	100	0	0	1	1
パラグアイ	4	100	100	47	11	5	3
ペルー	56	100	144	6	8	10	9
ベネズエラ	100	100	138	1	2	0	1

注1）名目為替レート（対米ドル）。
　2）データは1950-56年のもの。
　3）データは1957-60年のもの。
　4）データは1955-58年のもの。
出所）Thorp (1971), Wilkie (1974および1990), World Bank (1983), vol. I: International Monetary Fund (1987).

果、貨幣残高の目減りをもたらした悪名高いインフレ税でさえ、国民がインフレに対する防御として自分たちの貨幣残高を節約しようとするに従って、その効果が減少していった[23]。

構造主義者たちは当初、食料供給のボトルネックという問題を重要視していたようであり、彼らはこの問題を、ミニフンディオ（零細農家）とラティフンディオ（大土地所有者）に分割した、ラテンアメリカにおける時代遅れな土地所有制度の結果と考えた。しかし、一九三〇年代まで世界で最もダイナミックな農業部門の一つを体現していたアルゼンチンのような国では、食料供給の成果の乏しさは、価格管理と農家が直面した国内外の交易条件の悪化にのみ起因すると考えられる。メキシコは、一九六〇年代半ばまで非常に高い農産物生産の成長率を記録しており、構造主義者たちは、これを一九三〇年代の農地改革の結果であると考えた。しかしメキシコ農民は、アルゼンチン、チリ、そしてウルグアイでみられたような価格の歪みに一度も直面せず、一九五〇年代の大半において為替レートが有利に働き、農産物輸出は有益なものとなった[24]。

国際収支問題とインフレ問題は、内向きの政策を採る諸国にIMFとのスタンドバイ協定を余儀なくさせた。これらのプログラムは一般的には失敗に終わったが、その失敗を、マネタリストによるアプローチの立場をとったIMFは、評判のよくない政策を政府が最後までやり遂げようとしなかったためであると考え、また、多くの論者はIMFがマネタリストのアプローチをとったためであると批判した[25]。実際には、問題はIMFの外向きの指向と、LA6に採り入れられた内向きの開発モデルとの間の対立に根ざしていた。全てのIMFのプログラムは、輸出の拡大を通じて国際収支不均衡を是正しようとする政策を重要視する傾向にあった。しかしLA6の政府は、輸入抑制によって問題の除去を図ろうとする政策を依然として採り続けようとした。当然のことながら、IMFの意を受けた政策へのコミットメントは表面的なものとなり、諸政策に関連して生じた実質賃金、生産、雇用の短期的な下落は、平価切り下げによる輸出の増加を上回るものとなった[26]。

特に一九五〇年代の内向きモデルは、今考えると常軌を逸していたように思われる。ラテンアメリカの指導者や国際機関も同様の批判を行っている。内向きモデルは歪みをもたらすものであるといわれるようになり、その達成は実現されなかった。いくつかの歪みは回避不可能であった。それは、工業化の促進を意図する内向きのモデルとは、国内価格と国際価格の間に無理にくさびを打ち込むものだからである。しかし、多くの歪みは必要以上に大きくなった。アルゼンチンやウルグアイの農業と輸出に与えた打撃は、工業化プログラムによって完全に説明されるものではない。メキシコは、工業へ大きなインセンティブを提供したことで、この時期の殆ど、賢明な公共投資の利用（例えば、灌漑）や、通貨の過大評価の回避（少なくとも一九六〇年代まで）によって、依然として農業と輸出、そして価格でさえ満足すべき実績を記録することができた。

過大な歪みはたいていは無益なことであったが、歪みが小さい場合でさえ、このモデルを擁護することはできない。準工業化諸国では、輸入抑制は意味がなかった。というのは、生産設備の効率性と最新技術を維持するために必要な追加的輸入財を購入するために、輸出を拡大しなければならなかったからである。そのような半ば閉ざされた特質をもつ経済は、内向きの国が第二次大戦の始まり以降受け入れなければならなかったインフレ圧力をさらに助長した。さらに、このモデルは、まさに世界経済と国際貿易が、最も長くかつ最も速い長期拡大の時期に乗り出そうとしていたときに、明確な形で適用されたのである。このモデルには最悪のタイミングであった。

▼外向きの諸国

その他のラテンアメリカの国々（LA14）は、工業化に反対していたわけではないが、一九四〇年代末の時点では、内向きの開発に基づくモデルのみが実行可能であるとは考えていなかった。一九二〇年代以降の構造変化は緩慢であり、一四カ国は各国とも、依然として典型的な輸出主導型の成長経済の特徴を有しており、生産、所得、雇用、そして歳入は、一部の一次産品輸出の浮き沈みと高い相関関係にあった。

これらの国の工業部門は、極めて脆弱であった。二度の世界大戦および一九三〇年代の輸入制限によってもたらされた機会を有効に利用することができなかったため、製造業部門は一九四〇年代終盤には非常に脆弱で、新たな内向きモデルのための出発点を提供することはできなかった。社会的インフラは、依然として主に輸出部門が必要とするものが中心であり、さらに、エネルギー供給は製造工業活動の拡大には不十分であった。人口増加率の加速と農村−都市間の人口移動によって、当初の労働力不足は労働余剰へと転換したが、近代的な製造業が必要とする熟練労働者は依然として不足していた。

さらに、これらの国の多くでは、経済エリートが依然として政治的にも力を有していた。彼らは自分たちの資産を工業およびサービス活動にすすんで投資しようとしていたが、彼らの伝統的な基盤であった一次産品輸出部門に公然と対立する政策を、容認する覚悟があったわけではなかった。戦後の機会に対するこの実利主義的なアプローチの主要な例は、ドミニカ共和国のトルヒーヨ・ファミリーやニカラグアのソモサ王朝で、彼らは、輸出部門を中核として、広い範囲の経済活動にわたって投資を展開していった[27]。

この輸出主導型成長へのコミットメントは、戦後経済エリートが政治力を失い、また、内向きの政策が短期間行われた（悲惨な結果に終わった）、三カ国（ボリビア、パラグアイ、ペルー）の経験によって強化された。ボリビアの政治経済は、半世紀以上もの間スズと強く結びついてきていたため、*rosca*（ボリビアのスズ産業をコントロールしてきた三企業に与えられた名称）の影響力の低下は、輸出部門に対立する政策の到来を意味するものであった[28]。しかし、一九四六年以降のボリビアの内向きの開発の試みは、経済混乱の大きな一因となり、一九五二年の革命につながった。スズ産業を国営化し、その経営管理についての経済的配慮を無視した革命後の決定は、ボリビアの輸出収益と経済成長を約一〇年間にわたって損なうこととなった[29]。一九五六年のハイパーインフレという人々を震撼させた経験によって、新しい政治エリートたちは、経済的な意思決定（輸出部門へのインセンティブを含む）により強い合理性を持たせる必要性をようやく認識したのである[30]。

一九五四年に政権についたアルフレド・ストロエスネル（Alfredo Stroessner）将軍以前のパラグアイの政治的混乱も、ボリビアの場合と同様に激しいものであった。パラグアイはまた、ペロン政権下のアルゼンチン（パラグアイが二〇世紀前半を通して非公式に強く結びついていた国）の方向転換にもひどく苦しんでいた。輸出収益は打撃を受け、為替レート政策は徐々に弱体化し、採用された矛盾だらけの内向きの政策のために、パラグアイはハイパーインフレ寸前にまでなった[31]。ストロエスネル政権は、輸出主導型成長に回帰する基盤を敷いた。ただし、パラグアイでは、昔から密輸（紛れもなくストロエスネルに近い軍閥が行っていた）が行われる傾向があったため、実績を示すものとして公式の貿易統計を利用することは不可能である。[32]

ペルーは、戦後の短期間、中途半端な内向きの政策を行ったが、その失敗はより顕著であった。ボリビアやパラグアイと異なり、ペルーは少なくとも多角化された工業部門を有しており、CEPALが支持した工業化プログラムのための前提条件を多く満たしていた。しかし、輸出部門から国内市場に資源を転換した、一九四五年以降のホセ・ルイス・ブスタマンテ（José Luis Bustamante）大統領政権の努力は、悲惨な結果に終わった。国際収支における経常収支は急速に悪化し、外貨準備は枯渇し、年間のインフレ率は急増した。マヌエル・オドリア（Manuel Odría）将軍が引き起こした一九四八年の軍事クーデターは、二〇年間にわたる積極的な輸出主導型成長の道を開いた。一九六八年の軍事介入も、同様に政策の劇的な転換へのきっかけとなったが、この時は、内向きの開発が支持された。[33]

ボリビア（そのテンポはゆっくりとしたものだった）、パラグアイ、およびペルーが伝統的政策に回帰したことで、LA14は一つのブロックを形成したが、その輸出実績は他のラテンアメリカ諸国とはきわめて対照的であった。内向きの六カ国（LA6）の世界貿易に占めるシェアが、一九四六年の八・九％から一九六〇年の三・五％へと低下したのに対して、LA14は僅かな低下を経験したにすぎなかった。この低下は、一次産品貿易が世界貿易ほど急速には成長しなかったときに一次産品に特化したためだといって、ほぼ間違いないだろう。一九六〇年までにLA14の世界貿易に占めるシェアは、LA6と等しくなり、ラテンアメリカ総貿易に占めるシェアは三分の一から二分の一に上昇した。[34] 五カ国（コスタリカ、エクアドル、エルサルバドル、ニカラグア、およびベネズエラ）にいたっては、戦後の一五年間で世界貿易におけるシェアが上昇した。

輸出主導型成長が単に輸出の増加を意味した場合もある。これは、長期にわたって確立された伝統的な一次産品に、輸出収益が殆ど完全に依存し続けた場合である。一九五〇年代末の民主主義強化の前も後も、石油は実質上、ベネズエラの輸出収益の全部を占め続けた。[35] 中東の石油生産はより低い単位コストを享受していたが、ベネズエラが米国に近いことと、（一九七〇年代半ばに国営化されるまで）多国籍石油企業への対応が寛大だったことで、一九五〇年代に、急速な輸出増加のための土台が作られた。[36] ボリビアはスズへの依存を（天然ガスを大量に輸出し始めた）一九七〇年代まで払拭することができず、一九六〇年代の輸出回復にはボリビア鉱山会社（Corporación Minera de Bolivia: COMIBOL; 国有鉱山からの鉱石輸出を担っていた国営巨大企業）を徹底的に見直す必要があった。[37] キューバは、カストロが政権を握る一九五九年の革命以前もその後も、輸出収益を殆ど完全に砂糖に依存していた。[38] GDPへの輸出の寄与度が依然として高かったので、キューバは、経済実績に対して砂糖の輸出量と価格が鍵を握る状態のままであった。[39]

しかしながら大抵の場合、外向きの政策は輸出の多角化を伴った。一般的には、このことは新たな一次産品の促進か、あるいはそれまで少数であった輸出財の急激な発展を意味した。海外企業による、鉛、亜鉛、銅、鉄の埋蔵物採掘と、魚類製品の急速な成長によって、ペルーがその先頭に立った。先進国の家禽産業や養豚産業に投入財として利用された魚粉は、特にダイナミックであった[40]。魚類製品は一九四五年にはペルーの総輸出収益の一％以下でしかなかったのに対し、一九七〇年までには、総輸出収益の約三分の一を占めるようになっていた。エクアドルは、バナナ生産に適した未開拓地を求めていた巨大フルーツ企業の恩恵をうけた。一九六〇年までには、バナナによる輸出収益が外貨収入を支配するようになり、エクアドルは世界輸出の四分の一以上を占めていた[41]。パラグアイは、綿花を輸出することと、食物オイル輸出に転換するために大豆や他の穀物を栽培することで、その膨大な農業潜在力を利用し始めた[42]。

中米では、輸出収益と経済の実績は、数十年間コーヒーとバナナに依存していた。マラリアの抑制と社会的インフラの強化によって、太平洋沿岸の肥沃な土地は、一九四五年以降広大な綿花プランテーションとなり、数年間のうちに新しい牧場ができ、家畜の繁殖が改善された。一九五〇年代に堅調な発達を遂げていた砂糖産業は、米国がキューバ産砂糖の輸入割り当てを他のラテンアメリカに再分配することを決定したために、急激に成長し[43]、一九六〇年代半ばまでには、綿花、砂糖、そして牛肉を合わせた収益が、コーヒーとバナナからの収益に匹敵し始めていた[44]。一九六〇年代末期には、グアテマラの農産品輸出業者はカルダモンの生産を試み始め、一〇年以内に世界輸出の八〇％を占めるまでになっていた[45]。

輸出の多角化は主に一次産品に変化をもたらしたが、第二次産業でも、また第三次産業にさえ、少しではあったが多角化したケースがあった。農産物の供給拡大を殆ど実現できないという問題に直面していたハイチは、それほど成功したわけではないが、輸出収益を維持するために努力を払い、一九六〇年代に軽工業へと転化した[46]。パナマは、一九七七年のカーター・トリホス条約（Carter-Torrjos treaties）以前であったが、運河運営に伴って所得が上昇していた[47]。コロン港における自由貿易地帯の創設は、貨物中継活動から主要な所得源をもたらした。船舶登録は着実に増加し、銀行、金融および保険からの収益によって、パナマは世界で最も重要なオフショア金融センターの一つとなり、また、徐々に大陸の麻薬ディーラー（*narcotraficantes*）のマネーロンダリング（money-laundering: 資金洗浄）にとって魅力的な場所となった。一九七〇年までには、財によって得られる輸出収益は全体の僅か三分の一となり、残りはサービスが占めていた[48]。

戦後の輸出主導型成長は利点が多大であり、小国は、内向きの諸国にみられたいくつかの過剰を避けることができた。資本流入がそれほど多くなかったことと相俟って、輸出の増加は安定的な為替レートを支えた。名目為替レートの切り下げはこのグループの国の間では殆ど行われず、アメリカドルに対するLA6の為替レートの状況とは全く対照的に、一九六〇年代に、LA14のうち一〇カ国は、為替レートを変化させなかった（表

9－2参照)。外向きの諸国は比較的開放的であったので、[49]為替レートの安定は価格の安定をもたらした。事実、いったん、ボリビアとパラグアイでの高インフレ問題が一九五〇年代に克服されてからは、これらの諸国のうちどの国も（強いていえばペルーを除いて）大きなインフレ問題に直面することはなかった（表9－2参照)。従って、固定為替レートは必ずしも為替レートの過大評価を意味するものではなく、これらの国の大部分は、輸出を有益にする平価の維持にさほど困難をきたすことはなかった。[50]

価格が安定的だったとはいえ、通貨および財政政策が常にオーソドックスであったわけではなかった。いくつかの国（例えば、エルサルバドルやグアテマラ）は、かなり保守的な線に沿って国内の諸政策を実行したが、その他の国の多くは、内向きの諸国で非常に大きな問題を引き起こしていたのと同様の、ルーズな財政・通貨政策に明け暮れていた。[51]国の歳入システムは多くの場合時代遅れなものであり、脱税が蔓延し、国内資本市場は未発達であった。当然のことながら、財政赤字が一般的となり、それはしばしば貨幣の増刷でまかなわれた。しかし、このような放漫なやり方への報いは、外向きの諸国ではかなり異なっていた。貨幣の超過供給は、国内価格の上昇を通じてではなく、輸出とは比べものにならないくらいの輸入の増加を通じて、国際収支問題に反映された。[52]

実際、国際収支問題は、このグループの間では極めて一般的であり、従って、通例はＩＭＦが後押しをする安定化プログラムが不可避となった。[53]しかし、主に対外不均衡を是正するために計画された安定化は、外向きの諸国では非常に容易であった。第一に、比較的に経済が開放的な性質を持っていたため、消費財が依然として総輸入のかなりの比率を占めていたが、これら消費財は、経済の生産能力に過度の損害を与えることなく、減少させることができた。[54]第二に、一四全ての国が、既に多少なりとも輸出主導型成長の状態にあったため、国際収支改善に対するＩＭＦのオーソドックスな政策は、より成果の上がる国に向けられる傾向があった。従って、一九五〇年代および一九六〇年代のＩＭＦ安定化政策の「成功した」殆ど全ての例は、ＬＡ14の中に見られる場合が多かった。[55]

しかし一九六〇年代までには、多くのＬＡ14の間で、輸出主導型成長に伴う膨大な問題によって不満感が増大していた。ＣＥＰＡＬが強調し、その政策の土台となった問題の一つは、ＮＢＴＴの悪化であった。朝鮮戦争期に記録された財の高価格が長続きするはずもなく、続いて起こったＮＢＴＴの低下は、多くの国で国際収支問題を引き起こした。[56]先進国が一部の生産物（例えば、牛肉）に輸入割り当てを導入し、また、世界の財価格の不安定を防止するために、砂糖、ココア、コーヒー、スズにおいて国際商品協定が結ばれていくにつれて、自由に貿易されていた財の数は確実に減少していった。[57]石油（石油輸出国機構(Organization of Petroleum Exporting Countries: OPEC) カルテル[58]の形成以前でさえ）も例外ではなく、米国は国内生産者を保護するために一九五九年に輸入割り当てを導入した。この措置はベネズエラに影響を与えた[59]。一次産品の環境に対する配慮が欠如していたため、供給の制約が余儀なくされ始めた。ペルーの魚類在庫は一九七〇年頃には明らかに枯渇したし[60]、土壌浸食と結びついてハイチは農業輸出を拡大できなかった[61]。多くの国では、牛の大放牧場のために進められた熱帯森林の破壊が気候条件を乱し、パナマ運河の閘門の水位（河川から供給される雨量）でさえ、影響を受け始めた[62]。

多くの国では、輸出主導型成長によって海外からの進出も増加したが、これは常に歓迎されたわけではなかった。外国企業は、ボリビアを除く全ての場所で鉱物輸出品を支配し、さらにバナナや砂糖といった多くのダイナミックな農業輸出部門に外国企業が着実に設立された。たとえ生産を管理しなくても（綿花のように）、外国企業はしばしば、加工、流通、マーケティングを管理し、原材料が加工される全ての段階で、投入財の供給に特権的地位を有した[63]。国内企業は、収益率がより低い活動分野を占めるようになっていき、従って、輸出部門の内と外の双方で資本蓄積の機会が制限されていた。

なかでも、急速な輸出の成長を長期にわたって維持することが非常に困難であったことから、輸出主導型成長に対する不満が生じた。一九六〇年から一九七〇年までの間、輸出部門に対する敵愾心がなくなっていたボリビアだけが、世界輸出に占める自国のシェアを上昇させることができた[64]。一九五〇年から一九七〇年の間では、ニカラグアとペルーのみが世界輸出に占める自国のシェアを上昇させることができた。たとえ目標をより緩やかに設定したとしても、結果は依然としてよくならない。一九五〇年以降の二〇年間に、一次産品において、少なくとも世界貿易の成長と同じ早さで輸出を上昇させることができたのは、コスタリカ、ニカラグアおよびペルーのみであった[65]。輸出の成長は、殆ど全ての熱帯生産物の生産者が繰り返し直面した多くの問題に、次々に遭遇した。一九五〇年代のキューバの砂糖輸出は、国際砂糖協定の条項と条件によって損失を被った[66]。（一九六〇年代に後退した）一九五〇年代のエクアドルの驚異的なバナナの成長は、単に、中米からの輸出に取って替わっただけであった[67]。ペルーの鉱山投資は、収穫逓減に直面した[68]。ベネズエラは、低コストの中東石油との競争に苦しみ始めていた[69]。ボリビアは、主要なスズ輸出国の中で依然として高いコストを有する生産国であり、世界価格が高いときのみ、ＣＯＭＩＢＯＬは損失を回避することができた[70]。

不十分な輸出実績を慎重な反輸出政策のせいにすることができたケースは少数にすぎなかった。トルヒーヨが一九六一年に暗殺された後、ドミニカ共和国では砂糖依存からの方向転換を試みる期間があったが、その後元に戻ってしまった[71]。キューバ革命は、経済を多角化させるために、まず砂糖輸出を抑制したが、まもなく砂糖依存に回帰せざるを得なくなった。それは、ソ連が主要な市場として米国に取って替わったからである[72]。ペルーの通貨は、一九六〇年代の前半には殆ど間違いなく過大評価されていた[73]。しかし、一般的には輸出に有利な政策がとられた国と内向きの諸国における状況とは顕著に異なっていた。

従って、熱心さの程度は一様ではなかったが、外向きの諸国は、相次いで工業部門に対する自分たちの政策を再検討し始めた。近隣諸国の内向き政策の経験が注意深く研究され、一九五〇年代終わりにその影響力がピークに達したＣＥＰＡＬの意見が、敬意を持って傾聴された。ＬＡ14は、輸出部門を放棄することなく、工業促進をいかに輸出主導型成長と結合させるかを探った。主な手段は大抵の場合、工業投資を奨励するために新たな製造業の生産企業に特典を与える、工業促進法であった。企業は、機械や部品を低率あるいは無税で輸入することを許され、貿易収益が免税された[74]。開発銀行が設立され、製造業部門に低金利の融資が行われるようになったが[75]、留意された点は、輸出部門の資金需要が完全に満たされるようにすることであった[76]。

その結果、高コストで非効率な工業が蔓延したが、これらの工業はそれにもかかわらず収益性が高かった。新たな工業は、主に消費財に集中し、関税によって輸入財から保護されており、これらの関税は、内向きの諸国よりは大抵の場合低かったが、大きな歪みを生み出すには十分に高かった。ベネズエラのような国では、高関税が消費財輸入を妨げる一方で、輸出収益が、工業製品への国内需要を拡大し、工業生産の成長率は特に急速であった。事実、ベネズエラの工業生産は、一九五〇年代を通して年率一三％で上昇した。

従って、たとえ小国が内向きモデルの完全な採用に反対したとしても、これらの国でＩＳＩは、結局のところ重要なものとなってきた。しかしながら、新たな工業は大国以上により輸入集約的であり、従って純外貨準備はさほど多くはなかった。市場が小規模であったため、多くの部門で規模の経済を利用する機会が損なわれ、たとえ、関税がもたらす追加的な歪みがなくとも、単位コストを世界価格以上に押し上げることとなった。

▼地域統合

一九五〇年代の終わり頃までに、全てのラテンアメリカ諸国は工業化の第一ステージに乗り出し、いくつかの諸国は準工業国にさえなっていた。とはいえ、安価な未熟練労働者が豊富であったにもかかわらず、工業は一般的に高コストで非効率的であった。生産工程は小規模で、プラントは最適規模にまで及んでおらず、大企業でさえ、新しいダイナミックな工業の単位コストは国際水準からすると高かった。その結果、工業製品は輸出品目表にはのぼらず、外貨収益は依然として少数の一次産品に依存したままであった。戦時期に発達した工業製品を含む域内貿易は急速に衰え、工業生産は圧倒的に国内市場向けに制限された。この市場は狭小であり、それは上位一〇分位に所得が集中したことでさらに悪化した（二四三―五三ページを参照）。そのため、少数企業が多くの生産物に対する需要を満たすようになり、従って殆どの産業構造は、寡占が必要とする条件に近似するものとなった[77]。

大国は、耐久消費財や（基礎を含む）中間財生産のための工場を設立することで、非耐久消費財以上に工業生産を拡大させていた[78]。しかし、これらの大国においても、工業は輸入集約的で、急速な経済成長はそのためにしばしば国際収支問題を伴った。市場規模に妨げられていた資本財産業は発展が遅く、従って増大し続ける輸入手形の多くは、機械や設備によるものであった。さらに、非常に多くの技術が資本財に内包されていたため、ラテンアメリカは、海外から輸入され、かつ、先進国市場のために考えられた技術に、依然として大きく依存していた。

同様の問題は、他の途上国の工業化プログラムの前にも立ちはだかっていた。しかし、少数の東南アジア諸国、特に、香港、シンガポール、韓国、そして台湾は、この時期（一九五〇年代末期）を選んで政策を転換し世界の他の地域に工業製品を輸出しようとしたが、ラテンアメリカは依然として、工業製品を輸出するには圧倒的な障害が残っていると確信していた。一九六七年においても、CEPALの文書は、「途上国は、途上地域において、また先進地域においてはなおのこと、他の国々と競合できるような資源も技術も持ち合わせてはいない。そして途上国が他国と競合できるようになるまでには、非常に大きな障害に遭遇するであろうことを、経験が示している[79]」と述べている。

この輸出悲観主義は、何年もの間CEPALの考え方の特徴であり続け、実際に、世界中の他の諸機関で反響を呼んだ。非対称的な国際貿易政策が主張され、一九六三年にCEPALを去り、新たな機関である国連貿易開発会議（U. N. Conference on Trade and Development: UNCTAD）を指導したラウル・プレビッシュ（Raúl Prebisch）は、途上国の工業製品が先進国の市場に特恵的に参入できるよう長期にわたって模索したが、これは失敗に終わった[80]。

ラテンアメリカでその影響力が今やかなり大きくなっていたCEPALにとって、解決策は地域統合（Regional Integraion: RI）であった。一九五八年の欧州経済共同体（EEC）の形成につながったローマ条約の影響を受けて、CEPALは、第三国からの輸入品に対する保護を維持する一方で、国内市場を拡大させ、規模の経済を享受でき、単位コストを引き下げる方法として、ラテンアメリカ内部の関税と非関税障壁を廃止することを考えた。CEPALの見解では、RIは、この地域全体を通した工業化への新たな推進力となり、大国においては技術的自律性を有した高い水準の資本財産業を構築する機会を提供するものであると考えられた。域内輸出の増加によって域内輸入の増加が可能となり、従って、経済発展にのしかかる国際収支制約を軽減するかもしれない。また域内貿易は、域外貿易ほど不安定ではなく、従って、外的ショックはそれほど大きくならないであろうと考えられた[81]。

もしも外部の支援がなかったならば、CEPALの見解は、一九六〇年代にラテンアメリカをRIの方向に向けるには、本来は十分ではなかったかもしれない。実際ISIは、影響力を持ついくつかのグループを作りだし、彼らの中には、ラテンアメリカ内の自由貿易によって損害を受けそうな者もいた。また、近隣諸国とのあまりにも強いつながりを好ましくないと考えるナショナリズムは、依然として大きな政治力を持っていた。しかし、ＲＩに関するある程度の見解（規模においてＣＥＰＡＬが考えたのとはかなり異なっていたが）が、多くの諸国で支持された。

明らかにその第一グループだったのは、第二次大戦後、域内貿易の低下に最も苦しんでいた南米南部諸国（アルゼンチン、チリ、ウルグアイ、そしてブラジル）であった。一九五〇年代前半頃には、この諸国グループは、一次産品および二次製品の双方において、利用可能な全ての貿易手段を差別的に行うことによって、諸国間で適度な域内貿易を維持していた。貿易拡大のためのこれらのメカニズムは、国際機関（ＧＡＴＴを含む）によって主張された、一つの貿易相手国に対して拡大された貿易特典は全ての貿易相手国に与えられるべきであるという、最恵国（most-favored nation: MFN）待遇と逆方向に動くものであった。これらの慣行が排除されたため、域内輸入は域外輸入と同じ条件で競合しなければならなくなり、これによって域内の輸入額は深刻な影響を受けていた。従って、この諸国グループにとってＲＩは、域内貿易を以前のレベルにまで回復させる方法であった(82)。

第二のグループは、中米諸国であり、これらの諸国では近代的な製造業は殆ど開始されていなかった。一九五〇年代の間ずっと、輸出主導型成長が支配的なモデルであり続けたが、朝鮮戦争後ＮＢＴＴが悪化したため、また、国内市場が非常に小さいため大きな歪みなしに多くの単純な工業を維持していくのは困難だという認識が拡がり、エリートは、ＲＩが伝統的および非伝統的一次産品輸出を悪化させないのならば、ＲＩの見解に従った試みを行ってみようと考えるようになった。従ってＲＩは、輸出農業が享受していた利点をなくすことなく工業への諸特典を与えようとするモデルにおいて、補助的な役割を担うことになった(83)。

ＲＩへの傾倒は理想的ではあったが、ラテンアメリカの状況の中で統合が直面する膨大な問題を隠すことはできなかった。労働と資本の自由移動を伴うラテンアメリカ共同市場に対してそれほど真剣に言及する人間はいなかったが、関税同盟（対外共通関税（common external tariff: CET）を伴う）と自由貿易地域（第三国への関税の賦課は各国の自由にさせる）との間の選択を避けて通ることはできなかった。さらに同盟以前のラテンアメリカの関税は全ての国で高かったが、国によってかなり異なっており（例えば表９－１を参照）、従って域内貿易の関税の撤廃も、やはり国家間でさまざまな調整を行わなければならなかった。当時は殆ど認識されなかったが、さらに問題だったのは、為替レート、財政、および通貨政策の分野で調整が完全に欠如していたことであった。

第二の問題は、域内貿易に対する非関税障壁の規模であった。輸入に対する量的規制は、（メキシコを除いて）段階的に除去されていたが、ラテンアメリカ諸国間の財の輸送は、依然として問題点が多かった。ヨーロッパや北アメリカといった伝統的市場への運賃は非常に低く、航路もより普及していた。国内の運送業者への規制によって、財が積みおろされた後再び積み込まれるため、国境で長期にわたって財の輸送が遅滞した。また域内貿易は、一般的に輸入を妨げるように考えられた官僚主義の力から逃れることができなかった。

第三の問題は、RIから期待される厚生の増大であった。この問題に対する伝統的なアプローチでは、厚生の便益は、貿易創出（trade creation: TC）が貿易転換（trade diversion: TD）を上回ることと考えられていた。TCとは、相手国からのより安価な輸入品が高コストの国内生産に取って替わることで、TDとは、相手国からのより高い輸入品が第三国からのより安価な輸入品に取って替わることである。[84] TCがTDを上回る超過分が厚生の純便益であるとする考え方にはいくつかの有力な根拠があるが、[85] ラテンアメリカの状況ではTDがTCを超過するであろうという懸念があった。その理由は、（予想されることではあったが）国内の製造業者が高コストな工場の閉鎖に反対するであろうということよりも、RIが国家ではなく地域で輸入代替を継続させる手段として考えられていたからであった。地域の生産者は、域内貿易における関税が廃止された結果、域外からの輸入品に代替することができたのである。[86]

たとえ、TDがTCを上回る場合でも純厚生が改善すると仮定したとしても、加盟国間で純便益がどのように分配されるかが、さらなる問題となる。その理由は簡単である。このラテンアメリカモデルにおけるRIの利益は、域外からの輸入を国内生産と域内輸出に代替することに成功した諸国に発生する傾向があった。域外からの安価な輸入を、単にパートナーからの高コストな輸入に代替するような国は、より厳しい状況となったであろう。従って、厚生の損失が、域内貿易赤字と関連していたのに対して、厚生の増大は、新たな工業を獲得し、域内の貿易黒字を実現することと結びつく傾向にあった。そのため、RIスキームを成功させるには、損失が生じた国に補償を与え、市場の力を無視して、全ての加盟国間に新たな工業を配分する何らかの方法を見つけださなければならなかった。[87]

便益の分配に関する最後の問題は、域内の支払いシステムに関連していた。域内の輸出と輸入は等しくなるはずであるが、個々の国に関してはそうではない。域内貿易が赤字の国は、輸出以上に輸入が超過したことに呼応して、黒字国に資金を回さなければならないであろう。もし、ハードカレンシーで支払われるのであれば、域内収支の決済は、国際収支制約を緩和することがRIを促進する本来の理由の一つであったにもかかわらず、赤字国の国際収支制約を悪化させることになるであろう。

一九六〇年代の統合計画を立案する際に、CEPALの主導者たちや国の政策決定者たちはこれらの多くの問題に気づいていたが、提案されたいくつかの解決策は適切なものとは言い難かった。正式に採用された最初のスキームはラテンアメリカ自由貿易連合（Latin America Free Trade Area: LAFTA）であり、これは一九六〇年二月にモンテビデオ条約によって設立され、最終的にはメキシコを含む南アメリカの一〇カ国が参加した。[88] LAFTAは、定期的な交渉を通じて一九七一年までに域内貿易の全ての関税を撤廃するという目標を設定した。これらの交渉には、個々の国が二国間の議論で合意した範囲の財に関して加盟相手国に関税の削減を約束する、国家スケジュールに基づく年次交渉と、自由貿易を積極的に構築していこうと、財をリストアップした共通スケジュールに基づく三年ごとの交渉とが含まれていた。[89]

国家スケジュールのもとでの進展は、当初顕著であり、最初の二年間（一九六一—六二年）で七五九三の関税譲許が合意された。しかし多くの関税「譲許」が、域内貿易に参入しない財についてのものであるか、あるいは、非常に高いレベルから関税が削減されたものであったため、このように交渉が容易に進んでもそれは大した意味を持たなかった。国家スケジュールのもとでのその後数年間の関税交渉は、より困難となり、一九六〇年代末までには完全な停止状態となった。一方、共通スケジュールのもとでの交渉は、少数の一次産品の自由貿易を「原則的に」合意した、一九六四年の第一ラウンド以上に前進することは決してなく、その実施日程も次第に延期された。[90]

かくして、LAFTAは域内関税を撤廃するという目的を何ら達成することができず、ましてやラテンアメリカの状況で、RIが直面したその他の諸問題に取り組むことにLAFTAが成功することは疑わしかった。支払いシステムは一九六五年以降構築され、多国間の手形交換所は、一九七〇年までに域内貿易の三分の一の、また一九八〇年までには三分の二の自動手形交換を行うようになった。[91] その成果は無意味なものではなかったけれども、より開発の遅れた国（ボリビア、エクアドル、およびパラグアイ）[92]の利益を促進することは殆どなく、弱小加盟国に資金をそそぎ込むことのできる地域開発銀行は一つも設立されなかった。少数の国が主要産業における関税削減に成功できるよう、産業補完体制に関する合意がなされたが、一九七〇年代に広く採用されたこの便宜は、主としてラテンアメリカの様々な地域に子会社を持つ多国籍企業に利益をもたらした。[93]

LAFTAのもとで進展のないことに不満を持ったアンデス諸国は、一九六九年にアンデス地域統合（Andean Pact: AP）を形成したが、その目的はより野心的なものであった。[94] この時点での目標は、CETを伴う関税同盟と、RIの便益が多国籍企業に対してよりも、国内の生産要素に対して向けられることを保証する法律制定であった。[95] 地域的なインフラへ対外的な資本を注ぎ込むために、アンデス開発公社が設立され、最も開発の遅れた国（ボリビアとエクアドル）[96]のために特別な配慮がなされた。またRIは、明確に工業化プログラムを促進するためのものとして捉えられた。[97] しかし、APは最初の障害につまずいた。最低限度のCETが原則的には容認されたものの、履行されることはなかった。さらにチリは、関税削減と海外投資（第10章参照）に関する自国の新自由政策がAPの加盟国と調和しないと分かった一九七六年に脱退した。[98]

APと同様、一九六〇年末に発足した中米共同市場（Central Amerian Common Market: CACM）が、CETを伴う関税同盟の創設に着手した。しかしＬＡＦＴＡやＡＰと異なり、ＣＡＣＭは、域内関税譲許に反対する既存の近代的な製造業の圧力団体に立ち向かう必要はなかった。一九六〇年以前に工業化が低水準であったため、域内の自由貿易は比較的容易で、一九六五年までにＣＥＴが実施された。支払いシステムが履行され、一九七〇年までには域内貿易の八〇％以上が自動決済になった。さらに、中米経済統合銀行（Central American Bank for Economic Integration: CABEI）が地域インフラのための資金を全ての国に注ぎ、弱小国（ホンジュラスやニカラグア）は、総融資のかなりの割合を特別に受けた。しかしながら、その他の同様の措置は却下されるか延期されたので、ＣＡＢＥＩは弱小加盟国を補償する、唯一の効果的なメカニズムとなった。[99]その結果、ＲＩは間違いなく純便益を生じさせたが、加盟国間の便益分配は均一ではなかった。特にホンジュラスは、徐々に大規模な域内貿易赤字を記録し、貿易転換が貿易創出をはるかに上回り、域外輸出から得るハードカレンシーで年に二回その赤字を支払わなければならなかった。[100]一九八〇年までエルサルバドルとホンジュラスの貿易を停滞させることになった一九六九年の両国の戦争後、ホンジュラスはＣＡＣＭから脱退した。[101]

ＣＡＣＭという部分的な例外はあったが、ＲＩを促進するため制度的枠組みを構築しようとするラテンアメリカの努力は、あまり成功しなかった。特に、そのやり方がお役所的であったＬＡＦＴＡの域内貿易の成長は、緩慢であった。一九七〇年代末でさえ、ＬＡＦＴＡ譲許でカバーされた商品は域内貿易の半分以下にすぎず、さらに、ＬＡＦＴＡ譲許でカバーされた商品貿易の成長は、譲許の対象となっていない生産物の貿易よりも遅かった。[102]ＣＡＣＭの総貿易に占める域内貿易の割合は一九七〇年にピークに達し、その後着実に減少していった。[103]また、ＡＰの場合、一〇年後の域内貿易は依然として総貿易の五％以下であった。[104]

しかし、ＲＩにおけるラテンアメリカの試みを、完全に無視してしまうのは間違いであろう。制度上の失敗はあったが、域内貿易は、一九六〇年以降の二〇年間、絶対額で急激に拡大しただけでなく、相対的（すなわち、総輸出における割合）にも、地域全体としては一九七〇年代後期まで成長した。表９－３が明らかに示すように、総輸出に占める域内輸出のシェアは一九六五年には二桁にまで達し、その一〇年後には一八％近くにまでなっていた。さらに一九六〇年代初頭には、域内貿易は一次産品に支配されていたが、それはかなり減少し、一九七五年には、工業製品貿易が域内輸出の殆ど半分を占めるようになっていた（表９－３参照）。これは域外輸出とは対照的である。域外輸出では、工業製品はそれほど重要ではなかった。[105]

ＲＩは地域的な資本財産業を構築するための基盤として利用され得るという、ＣＥＰＡＬの議論を支持して、工業製品輸出の域内貿易は特に機械と設備において急速に拡大し、総輸出に占めるシェアは、一九六五年以降の一〇年間で四％から一五％にまで上昇した（表９－３参照）。実際、一九六〇年代の高度な加工工業製品の輸出は地域市場に大きく依存しており、機械・

表9-3 生産物グループごとの総輸出に占める域内輸出の割合，1965，70，75年

輸　出	1965	1970	1975
食料および原材料			
食料品	8.8(27.1)	8.0(22.2)	10.0(17.1)
飲料およびタバコ	7.6(0.3)	12.2(0.5)	8.5(0.4)
非食品，原材料	9.4(12.2)	9.9(10.3)	8.2(6.2)
燃料および鉱物性燃料	13.9(31.5)	14.0(22.9)	16.7(29.3)
動植物性油脂	13.3(1.8)	14.6(1.7)	16.6(1.2)
小　計	(72.9)	(57.6)	(54.2)
工業製品			
化学製品	36.1(5.6)	48.2(7.4)	53.9(8.2)
工業製品（原料）	15.6(13.3)	18.0(19.6)	27.1(16.3)
機械類および輸送用機器	70.2(4.1)	51.0(9.2)	52.6(15.4)
雑製品	70.0(3.7)	55.2(5.5)	38.5(5.3)
小　計	(26.7)	(41.7)	(45.2)
その他	27.5(0.4)	38.9(0.7)	16.4(0.6)
計	12.6(100)	14.0(100)	17.9(100)

注記）カッコ内の数字は，パーセンテージで示した域内輸出の構成比である。IDB加盟国による貿易データに基づく。したがってキューバは除かれ，バルバドス，ガイアナ協同共和国，ジャマイカ，トリニダッド・トバゴ共和国は含まれる。
出所）Thoumi (1989), Table 4, p. 10 および Table 5, p. 12.

輸送機器およびその他工業製品に関しては、総輸出の七〇%がラテンアメリカ諸国に向けられていた。一九七〇年代に大国の企業が、域外に対して当該財を輸出し始めると、この比率はその後減少した。従って地域市場が、高度な技術を持つ財の域外輸出の出発点であったということは、ある程度の正当性を持って主張され得る。[106]

一九六〇年代の終わり頃に制度上の麻痺が現れていたため、域内貿易の拡大は、公的部門よりも民間部門に依存するようになっていた。実際、一九六〇年には事実上存在していなかった地域的な民間部門の組織が、徐々に重要性を増し、一九七〇年代には、貿易成長は殆ど完全に彼らの努力に負うものだった。産業補完体制が提供した好機は充分に利用され、コンサルタント、金融、保険、そして建築を含む地域的なサービス貿易もまた重要となっていった。[107] 遅ればせの努力ではあったが、民間部門の貢献に合わせようと、ラテンアメリカの政府はラテンアメリカ経済機構（Sistema Econômico de América Latina: SELA）を創設し、一九七五年には加盟国を拡大し、英語圏のカリブ諸国がこれに参加した。[108] 一九八〇年にモンテビデオ条約の期限が切れた際に、LAFTAはラテンアメリカ統合連合（Latin American Integration Association: LAIA）となり、産業補完と民間部門のイニシアティブをより重要視するようになった。[109]

域内輸出における民間部門の重要性は、地理的な貿易パターンに影響を受けていた。最も重要な貿易フローは、近隣

諸国のブロック間で起こった。すなわちLAFTAにおいては、アルゼンチン、ボリビア、ブラジル、パラグアイ、そしてウルグアイが、LAFTA内貿易を支配する一つのブロックを形成した。これは、比較的小規模な三カ国（ボリビア、パラグアイ、ウルグアイ）にとって非常に重要なものとなり、一九七〇年代末期頃には、これら三カ国の総輸出の四〇％近くを占めるようになっていた[110]。APでは、総輸出はコロンビアとベネズエラ間のフローによって支配されており[111]、CACMでは、エルサルバドルとグアテマラ間の貿易が総貿易の半分以上を占めていた[112]。域内貿易は非常に集中しており、貿易が全く行われない国の組み合わせも多かった[113]。従って、CEPALが予想した市場の拡大はむしろ緩慢であり、そのようなプロセスは、基本的には民間部門の諸グループによって生み出された。彼らは、工場規模と生産工程を大きく変化させることなく、近隣市場に関する知識を利用して、生産への追加的な販路を構築しようとしたのである[114]。

民間部門が、投資決定の基盤をラテンアメリカ市場に置きたがらなかったことは、当然のことであった。域内貿易に対して関税および非関税障壁を除去するための適切な枠組みを構築しようとする公的部門のイニシアティブが失敗するのを、幾度となく見せられていた。また、貿易が地理的に集中していたので、外的ショックの影響を受けやすくなっていた。実際、域内貿易は域外貿易以上に不安定なものとなっていた。RIスキームに従っていた殆ど全ての国において、域内輸出に関する不安定係数は高く、それは域外輸出よりも高かった[115]。

域内貿易は、また、副循環的でもあった。域内貿易は域外貿易に同調して変動する傾向があり、かつその変動は大きかった。従って、一九六〇年代および一九七〇年代に総貿易額が成長した時は、域内貿易額はこれよりも早く成長した。一方、一九八一年以降総輸入額が減少した時は、域内貿易は激減し、一九八〇年代末に総輸入が再び上昇し始めた時に、ようやく回復した。この域内貿易の副循環的な性質は、外的ショックに直面してもRIによってラテンアメリカの自立性が高まるであろうと期待した人々にとっては、期待に反するものであった。しかし、それは驚くに値しない。域内輸出と域外輸出の構成は異なっており、短期間で、輸出を一つの市場から別の市場へ転換することは、通常不可能であった[116]。

▼成長、所得、分配、および貧困

第二次大戦以前には、ラテンアメリカ諸国に関する統計上の情報は不十分であった。いくつかの国（例えばボリビアやパラグアイ）では、人口規模に関する正確な情報すらなく、国民会計のデータは存在しなかった[117]。しかし一九五〇年代頃までには、状況は改善した。依然として多くの不備は残っていたが、全ての国が定期的な統計を提供するようになり、さらに国際機関に参加することによってかなりの程度の国際比較が可能となった。特にCEPALは、戦後期に関してのみならず、ある場合にはそれ以前の時代に関しても、情報の収集と作成に熱心であった。従って、首尾一貫した枠組みの中で、全ての国の成長と発展を比較することができるようになり、多くの場合、所得分配と貧困の測定が初めて利用可能となった。

成長を測定するのに最も一般的に利用されるのは、不変価格でのGDPである。ラテンアメリカの成長率は、一九四〇年以降の三〇年間、一〇年ごとに上昇し、十分な成果を収め、一九六〇年代までには年平均五・四%となっていた（表9－4参照）。ウルグアイ、ベネズエラ、およびドミニカ共和国においてのみ、成長率が一〇年ごとに低下したものの、ベネズエラとドミニカ共和国の場合は、一九六〇年代においてさえも成長率は依然として高かった。ラテンアメリカの成長率は、他の途上国をしのいでおり、一九五〇年代には東アジアの成長率よりも高かった。さらに先進諸国よりも速いスピードで成長したのである。

一方、人口の増加は殆どの時期に加速していた。他の途上国と同様に、ラテンアメリカ諸国は、出生率の若干の増加と死亡率の大幅な低下の結果、人口統計上急激な増加のまっただなかにあった。[118] 一九〇〇年から一九三〇年の間に、人口が年二・五%以上で増加したのはアルゼンチン、ホンジュラス、キューバだけであったが、一九五〇年代までには、人口が二・五%で増加したのは一三カ国となった。さらに、一九三〇年以前の速い人口増加は、熟練労働者や場合によっては資本をもたらした国際的移民の比率が高かったことが要因となっていたが、一九五〇年代にはラテンアメリカへの国際的な移住は事実上終わっていた。従って、人口増加の要因となったのは、扶養を必要とする若年層であった。[119]

GDPの数値が人口増加で調整され、一人当たりGDPが示されても（表9－4参照）、その数値は依然として一般的に良好であった。ハイチだけが一九五〇年から一九七〇年までの間に生活水準の低下に直面した。殆どの国では、各一〇年間に一人当たりGDPが上昇した。地域全体としては、実績は他の途上国に比べてかなりよく、人口増加がずっと緩慢であった先進諸国にそれほど遅れをとっていたわけではなかった。一九六〇年代末までのラテンアメリカの一人当たりGDPの水準によって、ハイチを除く全てのラテンアメリカが、世界銀行が「中所得」と評したグループに仲間入りし、上位六カ国は「上位中所得国」と評される中にランクされた。[120]

一人当たりGDPの水準は、基準年の価格に換算される。純産出額が世界価格での価額をはるかに上回っていたので、ISIと結びついた歪みによってGDP中の工業の項目に上方バイアスが働いた。しかしながら、購買力平価為替レートは一般的に低かったので、公定為替レートを用いて国内通貨をドルに換算すると、工業の項目に下方バイアスが働いた。[121] これら二つのバイアスは、必ずしも相互に相殺し合うものではなかったが、GDPと一人当たりGDPの数値を無意味なもの、あるいはもっと悪くいえば、間違いであると軽んじるわけにはいかなかった。さらに、内向きの開発に従事していた諸国グループでも、また、より外向き指向を追求していたグループでも、経済

表9-4　国内総生産：成長率および一人当たり国内総生産，1950-70年

国	成長率 (%)		一人当たり国内総生産 (1970年米ドル価格)			
	1950-60	1961-70	1950	1960	1970	順　位
アルゼンチン	2.8	4.4	753	812	1,055	1
ボリビア	0.4	5.0	189	151	201	19
ブラジル	6.9	5.4	187	268	364	12
チ　リ	4.0	4.3	561	631	829	3
コロンビア	4.6	5.2	224	261	313	14
コスタリカ	7.1	6.0	318	394	515	8
キューバ	2.4[1)]	4.4[2)]	450[3)]	534[4)]	638[5)]	7
ドミニカ共和国	5.8	5.1	252	324	403	11
エクアドル	4.9	5.2	184	221	256	17
エルサルバドル	4.4	5.8	218	237	294	15
グアテマラ	3.8	5.5	271	288	361	13
ハイチ	1.9	0.8	95	99	84	20
ホンジュラス	3.1	5.3	190	231	259	16
メキシコ	5.6	7.1	362	467	656	6
ニカラグア	5.2	6.9	249	311	436	10
パナマ	4.9	8.1	358	443	708	5
パラグアイ	2.7	4.6	203	212	243	18
ペルー	4.9	5.5	278	364	446	9
ウルグアイ	1.7	1.6	770	820	828	4
ベネズエラ	8.0	6.3	485	723	942	2
ラテンアメリカ	5.3	5.4	306	396	513	

注1）データは1950-58年。Brundenius（1984）を参照。
　2）Brundenius and Zimbalist（1989）を参照。
　3）Maddison（1991）および Pérez-López（1991）による。
　4）1962年。Brundenius and Zimbalist（1989），Table 5. 8, p. 63 による。またこれにより，1970年の一人当たりGDP を推定した。
　5）Pérez-López（1991）を参照。
出所）Wilkie（1974）; World Bank（1980）; IDB（1990）.

実績は満足のいくものであり、後者のグループは、一九五〇年以降の二〇年間に経済実績をより大きく改善させた。[122]

情報の収集は、社会指標にまでおよんだ。それら指標の多くもまた、大きな改善を物語っていた。平均寿命は上昇し、乳幼児の死亡率は低下した。初等および中等学校の入学者数は、絶対数でも就学年齢人口に占める割合でも急激に上昇し、非識字率も低下した。衛生指標は全て望ましい方向に向かっていた。ラテンアメリカはますます都市社会となっていったのである。一九四〇年の四〇%以下と比較すると、一九六〇年代末期頃には、ラテンアメリカ地域の人口の六〇%が都市（すなわち、一〇〇〇—三〇〇〇人以上が住む町もしくは市）に分類されていた。小国では、農村人口が依然として多数であったが、いたるところで相対的減少が起こっていた。[123]

ラテンアメリカの急激な都市化は、人口増加、農村—都市移動、および多くの国で都市を基盤とした活動が顕著になったことを反映したものであった。主要都市は驚くほど早いスピードで成長し、都市のスプロール現象、産業公害、標準以下の住宅の数が拡大した。メキシコシティー、ブエノスアイレスそしてサンパウロは、今や世界の最大都市の中に入っていた[124]。実際、各国の主要都市の吸引力はしばしば非常に大きかったので、他の町や市からの移住は、時には農村部からの移住以上に大量でさえあった[125]。

このような状況の下では、当然のことながら、労働市場の動きに大きな問題が発生したが、とりわけ都市部においてはそうであった。一〇年間人口が急激に増加すると、常にその後の数十年間に労働供給が上昇し[126]、また、農村―都市移動は、直接的に都市の労働供給を増やした。さらに、農村部においても都市部においても、女性の参入率（就労を希望する成人女性人口の割合）が上昇していた[127]。実質GDPの成長が労働需要を上昇させるということは事実だし、そのような期待があったかもしれないが、高い生産性と高い資本―産出高比率を持つ、都市を基盤とした活動へのシフトによって、労働力吸収はそれほど大きくないと考えられた[128]。

こうした問題にもかかわらず、この時期にラテンアメリカにおいて失業もしくは不完全雇用が増加し続けたと証明するものは、僅かである。実際、一連の歴史研究において、国際労働機関（International Labour Organisation: ILO）の一部門であるラテンアメリカ・カリブ雇用地域計画（Programa Regional del Empleo para América Latina y el Caribe: PREALC）は、分析対象となった多数の国で、一九五〇年以降の三〇年間に不完全雇用の低下が見られたことを明らかにした（表9－5参照）。全てのケースで、不完全雇用に分類される非農業人口の割合は上昇したが、大抵の場合、農業労働者の不完全雇用の低下がそれを十二分に相殺した。従って、農村―都市移動は、不完全雇用の全体的な影響を低め、同時に、農村―都市移動が農村の問題以上に都市の問題となっていることを明白にした。

都市部で不完全雇用が増大し続けたことは、成長と発展が同じではないことを暗示した。同様に、所得と富の分配に関する証拠が蓄積されたことで、憂慮すべき点が示された。一九三〇年以前の一〇〇年間に、大多数の国が、分配パターンが不平等であった植民地時代の遺産を強化する輸出主導成長を経験していた。最高所得者層二〇％は、海外の最高所得者層二〇％よりも大きなシェアの所得を受け取っており、最低所得者層二〇％についてはその反対であったことを示す証拠もあった。

第二次大戦以降より完全な研究が行われたことで、この状況が確認された。より深刻であったのは所得分配の傾向であった。世界の他の地域では、最低所得者層二〇％が受け取る所得のシェアは、適度に改善していたが、多くのラテンアメリカ諸国では、さらに減少していた（表9－6参照）。すなわち、一九七〇年までに、全ての途上国の平均は四・九％であり、先進国のそれは六・二％であったのに比べて、ラテンアメリカの平均は、僅か三・四％であった。所得分配の不平等を測定するのに一般的に用いられる[129]ジニ係数（表9－6参照）は、所得の集中度がラテンアメリカでかなり高く、先進国がラテンアメリカと同じ程度の発展段階にあった時期と比べてみても、はるかに高

表9-5　経済活動人口に占める不完全雇用の比率，1950，70および80年

国	1950	1970	1980
アルゼンチン	22.8 (7.6)	22.3 (6.7)	28.2 (6.8)
ボリビア	68.7(53.7)	73.1(53.5)	74.1(50.9)
ブラジル	48.3(37.6)	48.3(33.4)	35.4(18.9)
チ　リ	31.0 (8.9)	26.0 (9.3)	29.1 (7.4)
コロンビア	48.3(33.0)	40.0(22.3)	41.0(18.7)
コスタリカ	32.7(20.4)	31.5(18.6)	25.1 (9.8)
エクアドル	50.7(39.0)	64.9(41.2)	62.0(33.4)
エルサルバドル	48.7(35.0)	44.6(28.0)	49.0(30.1)
グアテマラ	62.7(48.7)	59.0(43.0)	56.7(37.8)
メキシコ	56.9(44.0)	43.1(24.9)	40.4(18.4)
パナマ	58.8(47.0)	47.5(31.7)	36.8(22.0)
ペルー	56.3(39.4)	58.4(37.7)	51.6(31.8)
ウルグアイ	19.3 (4.8)	23.7 (6.9)	27.0 (8.0)
ベネズエラ	38.9(22.5)	42.3(19.9)	31.1(12.6)
ラテンアメリカ(14カ国)	46.1(32.5)	43.8(26.9)	38.3(18.9)

注記）カッコ内の数字は農業労働力に占める農業の不完全雇用をパーセンテージであらわしている。
出所）Wells (1987), Table 2. 1, pp. 96-7. PREALCによる推計に基づく。

かった。また、所得の集中は、最もダイナミックな成果を上げた国（例えば、ブラジル、メキシコ）で悪化した[130]。ラテンアメリカ全体で見ると、最高所得者層二〇%が所得の約六〇%を受け取っていた（表9－6参照）。この高いシェアは、いつまでも続き、また、先進国（約四五%）よりも高いものであった。

不平等な所得分配と高いジニ係数は、内在する土地、物的および金融資本、そして人的資本である、資産の分配を反映したものであった。土地の分配は、所得分配以上にかなり不平等であり、農地所有に関しては、ミニフンディオとラティフンディオという、ラテンアメリカでの伝統的な二分割が、少数者の手中に極端な土地所有の集中をもたらしていた[131]。コスタリカのみが、自作農というその誇るべき伝統によって家族規模農家が支配的であったが、このコスタリカでさえ、独立以降土地所有の分配は確実に集中度を増していった[132]。

都市の富もまた大きく偏っていた。株式が金融市場でごくまれにしか取り引きされなかったため、新たな活動の所有権は、重役会とつながりのあった比較的少数の拡張大家族たちに大きく集中した[133]。このグループの覇権に主として挑戦したのは、資産を所有していた中流階級ではなく、一九六〇年代末期までに多くの最もダイナミックな部門で強い地位を獲得していた多国籍企業であった[134]。しかし、この挑戦が国内の生産要素全体にわたる所得と富の集中を減少させることは殆どなかった。

賃金と給与についても、先進国でみられるよりもかなり大きな、最上位と最下位の間の所得格差があった[135]。この格差は大部

表9-6　所得分配および貧困，1960年頃と70年頃

国	所得シェア（%） 最低所得者層20% 1960年頃	1970年頃	最高所得者層20% 1960年頃	1970年頃	ジニ指標1) 1970年頃	貧困指標2) 1970年頃
アルゼンチン	6.9	4.4	52.0	50.3	.425	8
ボリビア		4.0		59.0		
ブラジル	3.8	3.2	58.6	66.6	.574	49
チ　リ		4.4		51.4	.503	17
コロンビア	2.1	3.5	62.6	58.5	.520	45
コスタリカ	5.7	3.0	59.0	54.8	.466	24
キューバ	2.1	7.8	60.0	35.0	.25	
ドミニカ共和国					.493	
エクアドル		2.9		69.5	.625	
エルサルバドル	5.5		61.4		.539	
グアテマラ		5.0		60.0		
ホンジュラス		2.3		67.8	.612	65
メキシコ	3.5	3.4	61.0	57.7	.567	34
ニカラグア		3.1		65.0		
パナマ		2.5		60.6	.558	39
パラグアイ		4.0				
ペルー	2.5	1.9		61.0	.591	50
ウルグアイ		4.0			.449	
ベネズエラ	3.0	3.0	59.0	54.0	.531	25
ラテンアメリカ	3.7	3.4				39

注1）ジニ係数の説明については注(129)を参照。
　2）貧困線以下で生活する人口の割合と定義。
出所）World Bank (1980, 1983, 1990); Brundenius (1984); Sheahan (1987); Wilkie (1990); Cardoso and Helwege (1992).

分、不平等な人的資本の分配（とりわけ教育）を反映したもので、大半の労働力が、殆どあるいは全く教育を受けていない状態のままであった。それゆえ、入学者数は増えたものの、一四カ国では、一九七〇年まで労働力の四〇％以上が三年以下の教育しか受けていなかった[136]。当然のことながら、このような状況の下では個人の教育収益率は高く、従って大量の未熟練な、そして無学な労働者に比較して、中等教育あるいは職業訓練を受けた労働者たちは、自分たちのサービスに対して高い価格を要求することができた[137]。

資産（人的資本を含む）の分配が不平等であった結果の一つとして、成長の便益が最高所得者層一〇％の手に集中した、ラテンアメリカの発展プロセスがあげられる。最低所得者層一〇％の人々でさえ、一般的にはある程度の実質所得の上昇を享受したので、時にはそういうこともあったが、貧しい人々がますます貧しくなっていくというほどではなかった[138]。問題は、成長による便益の分配が不平等だということに関係していた。さらに、最低所得者層一〇％の生活水準はある程度上昇していたにもかかわらず、急激な人口増加のために、貧困層の絶対数だけでなく、極めて貧しい（困窮と分類される）人々の数も上昇した。従って、貧しさが相対的に減

少しても、依然として、総人口の大部分が貧困層に類別されることに変わりはなかった（表9-6参照）。

一九四〇年代末に都市化の水準が低かったことは、殆ど必然的に、貧困層の大部分が農村部に存在していた、ということを意味した。農村の平均所得は都市部のそれよりも低く、農業の持つ季節労働的性質の結果、多くの農民は不完全雇用の状態にあった。顕著なケースはキューバで、ここでは、砂糖産業は年間僅か三カ月間だけしか伐採者を必要としておらず、残りの九カ月間には、収穫期に労働者を確実に利用するために彼らが土地に近づくことを拒もうとした(139)。他国では、地方の土地所有者の買い手独占力によって、しばしば労働需要は競争市場における水準以下に低下し、また、多くの国で土地所有者層の政治力が強かったため、農村部における最低賃金法と労働組合の普及が妨げられた(140)。

農村―都市移動は、一部の農村労働力に、後に残る人々の状況を改善することにもなる安全弁を与えた。いたるところで、時には急速に、農業に占める労働力比率は低下し、アルゼンチン、チリ、ウルグアイでは一九六〇年以降、農村人口は絶対数で減少さえした(141)。不完全雇用と貧困の問題は、農村の問題と同時に、都市の問題にもなった。そうなればなるほど、一九七〇年代末までの急激な都市化は、都市人口のうち貧困層と類別される比率が低いにもかかわらず、貧困層は都市部と農村部の間に均等に分配されることを意味した(142)。

都市部の貧困と不完全雇用は、早い成長を遂げた労働力と、近代部門やフォーマルセクターでの緩慢な雇用創出を反映したものであった。その結果、都市のインフォーマルセクターが急増した。このインフォーマルセクターでは、フルタイム就業者の生産性と賃金が一般的には低く、統計的に把握できる場合もそうでない場合もあったが、不完全雇用が拡大した(143)。数人の経済学者たちは、近代部門の雇用創出の低成長を、人為的に資本コストを引き下げ工業において資本集約技術を奨励した、歪んだ諸要素価格のせいにした(144)。別の経済学者たちは、官僚的形式主義と法律によって作り出された参入障壁のせいにした(145)。政府の官僚制度の拡大は、近代部門産業の雇用の低成長を部分的に相殺したが、両方の非難はある程度事実である。いたるところで、雇用創出はサービス部門において最も早く、インフォーマルセクターは、都市雇用のかなりの割合を占めていった(146)。

都市の不完全雇用の増大は、成長による便益の分配が不平等であったことと相俟って、選挙民の要求に敏感である政府に一つの挑戦を与え、少数のエリートのために統治する政府に脅威をもたらした。同時に、ラテンアメリカの政府は、社会改革に着手する圧力を受けた。それは、経済的および政治的な理由の両方によるものであった。

CEPALは、改革への経済的根拠を最も力説し、不平等な所得分配が、工業製品の効率的な市場を弱め、ISIの機会を狭めていると論じた(147)。CEPALの議論によると、所得の再分配は、輸入されるかあるいは高い単位コストで生産される多くの財に対して、より大きな市場を提供することができる。それは、工業化プロセスへ新たなダイナミズムを注入する可能性がある。東アジアの新興工業国（Newly Industrialized Countries: NICs）の成功が一九六〇年代に注意深く研究され始め、韓国と台湾両国ともに、日本の占領下であったにもかかわらず、広範囲にわたる土地改革の後に工業化プロセスを開始し、消費財を購入できる家計の比率が上昇したのは、偶然の一致ではないと考えられた[148]。

改革への政治的圧力は、キューバ革命への反動からくるものであった。一九五九年一月一日に政権の座についたフィデル・カストロの革命活動が成功したのは、キューバがラテンアメリカでより豊かな経済の一つであったという事実にもかかわらず、一般的には、多くのキューバ人がすさまじい社会的および経済的条件に直面していたためであったと考えられる[149]。アメリカ諸国のリーダーたちによって、改革主義のレトリックが大げさに誇示され、一九六一年に「進歩のための同盟」（The Alliance for Progress）が着手された[150]。そして、米州開発銀行（Inter-American Development Bank: IDB）の創設によって促進された公的資金の流れは、社会および経済改革の採用と結びついていた[151]。

従って様々な理由で、改革は一九六〇年代初頭までに、そして、ある場合にはそれよりかなり以前から、問題にされていた。改革の目的と方法ともに、かなり多くの論争にさらされ、成功の程度はさまざまであったが、膨大な数の試みが実施された。アルゼンチンの経験が既に物語っているように、短期的に最も成功した場合は、しばしば、長期的には最も失敗した。アルゼンチンでは、最初のペロン政権期に、都市の実質賃金が大幅に上昇したが、このことは、次の一〇年間には分配に関する激しい闘争を生み、そのためマクロ経済が不安定となり、インフレ問題が悪化したのである[152]。チリのサルバドル・アジェンデ（Salvador Allende）社会主義政権の最初の二年間（一九七〇—七三年）における、実質賃金の急激な上昇についても、同じことが言えた[153]。

所得分配に取り組む、より間接的な方法は、財政政策によるものであった。ラテンアメリカ全体の課税制度は、間接税に大きく依存しており、これは大抵の場合、逆進的であった。従って、直接税への転換、特に所得の累進課税が課税後の所得分配を改善すると期待された[154]。同時に、低所得者層数十％に対する政府支出の目標設定も、社会的な所得分配（すなわち、政府支出による効果で調整される所得分配）を改善させると期待された。

コロンビアとコスタリカという部分的な例外はあったが、結果は、前述の二点に関して期待はずれなものとなった[155]。新たな所得税が導入されたが、脱税が横行し、常に所得税を支払うのは、成人人口のうち極く僅かであった[156]。政府支出の面では、最低所得者層一〇％は、小学校および保健診療では政府支出から便益を受けたが、中学校および大学への支出の基本的な受益者は中位および上位所得者層数十％であった。最低所得者層一〇％は、国営企業が供給していた電気や水道を利用する機会が一般的になかったため、公共事業補助から便益を受けることはなかった。[157] 財政政策がポジティブな役割を果たした国でさえも、依然として最も重要な歳入源であった逆進的な間接税がもたらすネガティブな分配の効果を相殺するには、通常不十分であった。[158]

教育への支出は、長期において所得分配を改善する重要な方法と認識され、全ての国で、小学校に通学する就学年齢人口の比率が望ましい程度にまで上昇した。にもかかわらず、中学および大学教育への投資に対する個人の収益率は、小学校教育への投資に対する収益率よりも一般的には高く、入学者数の割合が最も大きくなったのはこれらの部門であった。従って、教育支出の大幅な拡大は、最低所得者層数十％に対してもある程度は寄与したが、中所得者層数十％の厚生により大きく貢献した。教育へのコミットメントを長く誇りにしていたコスタリカでは、最低所得者層一〇％が得る所得のシェアが減少したにもかかわらず、一九六〇年代の間ジニ係数は低下し、より平等な方向へシフトしたことを意味した。[159]

農地改革（すなわち、物的資産の再分配）を支持していた人々によって、分配問題に対するより急進的な答えが提示された。ラテンアメリカは農地改革の経験がなかったわけではない。メキシコ連邦憲法によって、一九一七年までには農地の社会的機能が既に認められていた。しかし、一九三〇年代のメキシコ、[160] 一九五二年革命以降のボリビア、[161] ハコボ・アルベンス（Jacobo Arbenz）政権の最後の二年間（一九五一―五四年）のグアテマラで行われた初期の農地改革の試みは、主に政治的理由で実現されたものであった。[162] 農地改革に関する新たな議論は、農地規模とヘクタール当たりの産出量の間に反比例の関係が存在していたことから生じた。土地単位当たりにより多くの労働者を使用している小農園が、土地単位当たりにより多くの資本を使用している大農園よりも高い産出量を有していたことを、非常に多くの研究が明らかにした。[163] 従って、この「反比例産出法則」を基盤にして、大農園を小区画地に再分配することが、より高い生産とより多くの雇用の双方をもたらすであろうと主張された。[164]

農地改革は一九六〇年代に広く試みられたが、大部分の政府にとっては、それは「進歩のための同盟」への協力を確かなものにするために計画された、表面的な行為であった。政府がより急進的な試みに消極的であったのは、土地所有者層の政治的影響力のためだけではなく、農業製品輸出の大部分が大規模農場によるものであったので、再分配が輸出収益を減少させるのではないかと恐れたからであった。[165] 実際に、一九六〇年代以降かなりの農地改革を試みた国（例えば、チリやペルー）では、このような脅威が結果的に正当化された。[166] さらにメキシコは、農地改革による農業製品輸出に対するネガティブな効果を排除することを、非常に重要視していたため、公共支出（例えば灌漑）や融資は大農園に集中した。そして、農業所得に占める大農園のシェアはそれに応じて上昇した。[167] 皮肉なことに農地改革の脅威が十分大きかったため、しばしば大企業は、緑の革命と結びついた新たな多種多様な種子を含む、より優れた技術を採用するようになり、そのため反比例産出法則はその効果を保つことができなくなった[168]。一九七〇年代終わりには、農地改革に対する政治的論拠は、いくつかの小国（例えば、グアテマラ）では依然として強く、そのような国では、土地所有層の買い手独占力が、社会および経済の近代化の障害物となったが[169]、農地改革に対する経済的論拠は大きく弱まった。

補償を伴っても伴わなくても、非農地資産の買収が、それがより急進的であるならば、所得分配を変えるもう一つの方法となった。国営化はそれまでラテンアメリカで珍しいことではなかったが、主に外国企業に影響を与えるものであった。多くの民間企業がペロンによって国営化されたり、ボリビアの革命政府が（主に）ボリビア人所有者からスズ産業を買収したりしたが、最も重要な例外は、アジェンデ政権下（一九七〇―七三年）のチリとカストロ政権下のキューバであった。上位所得者層一〇%が得ていた富を直撃することで、これらのケースの国営化は所得分配に対して即効性を持っていた。例えばキューバでは、一九六〇年代初期の大規模な国営化の結果、上位所得者層一〇%のシェアは四〇%から二三%に減少した[170]。

国営化は効果的であったかもしれないが、それは広範囲にわたる政治的混乱と結びつき、多くのラテンアメリカ政府にとってはあまりにも急進的であった。一九五九年以降、キューバは急激に、ラテンアメリカで最も均等な所得分配を持つ国となったが、それは、多くの魅力を備えたモデルではなかった。キューバの一人当たり所得の統計については、非常に異論が多いが、一九六〇年代の実績が評価に値するものではなかったという点では意見が一致している[171]。保健衛生および教育への支出は変化したが、消費財が欠如していたため、多くの基本的なニーズを十分に満たすことはできなかった[172]。キューバは、所得の再分配がラテンアメリカの状況でも実現可能であったことを示したかもしれないが、ラテンアメリカの他の政府は、支払う代償があまりにも大きいとみなした。

キューバを除けば、結果的に所得分配は不平等なままであった。多くの改革の試みにもかかわらず、成長は、最低所得者層二〇%に便益を与える以上に、中位および上位所得者層数十%に便益をもたらした。改革が効果的でなかったのには、多くの原因があった。それらの中には、一九八〇年代以前の多くのラテンアメリカ諸国に民主主義が欠如していたこと、最も貧しいグループが必要とするものに政府が敏感でなかったこと、そして進歩的な政権でさえ利用可能な政策手段の効果が限られていたことが挙げられる。急進的な農地改革と国営化が不可能となったため、短期的な再分配戦略は財政および賃金政策に大きく依存した。しかし、そのいずれも大きな効果をもたらすことはできなかった[173]。

内向きの国では、インフレが問題を悪化させた。成長がすすんだ数年間に低所得者層数十%が得た適度な利益は、インフレを下げるために周期的に採用された安定化プログラムによって、しばしば一掃された。対外不均衡の回復に成功した平価切り下げは、しばしば実質賃金の低下に依存することとなり、強い労働組合を通じて自分たちを守ることのできない低賃金労働者にとっては、特に悲惨な結果をもたらした。[174]

改革の非効率性は、都市を基盤とした活動へのシフトからも生じた。農村の平均所得は都市の平均所得よりも常に低かったが、それらは、少なくとも最低段階で、より均等に分配されていた。[175] 農村における不平等の根源は農地の不平等な分配であったが、都市経済における不平等分配の問題は、未熟練労働者が多くを占める労働供給が急激に成長したことから生じた。最終的には、出生率の低下につながる人口統計の推移と教育機会がその状況を改善すると期待された。しかし、これらの効果が影響を与えるには多くの年数が必要であり、その間に都市部への活動のシフトは大きく動き出しており、改革プログラムは、その流れを逆流させるにはどちらかといえば不十分であった。従って、一九五〇年以後の二〇年間におけるラテンアメリカ経済の急激な成長は、殆ど全ての国の最低所得者層数十%には、僅かな利益しかもたらさなかった。

第10章　新貿易戦略と債務主導型成長

一九六〇年代の初めには、地域統合によって、大国は内向きの開発モデルのダイナミズムを回復し、小国は工業化のための土台を得るであろうと、信じられていた。しかし、六〇年代の終わり頃には、そのような雰囲気に変化が生じていた。少なくとも南米における地域統合は、期待された利益をもたらさず、内向きのモデルは収穫逓減が起こりやすかった。内向きの開発と地域統合の双方を固守していたCEPALの権威は、この地域機構が最大の努力を払って工業化へのアプローチを修正したにもかかわらず、低下した(1)。そしてラテンアメリカの政策決定のエリートたちは、貿易と開発に関するいくつかの代替案に注目し始めた(2)。

内向きの開発モデルのアキレス腱は、依然として国際収支の制約であった。一九二九年以降の永続的な国際収支問題によって、より多くの諸国は、一次産品を基盤とした輸出主導成長を放棄し、外的ショックへの脆弱さを低めると期待される新たなモデルを支持しなければならなかった。しかし、内向きの開発のもとでも、国際収支問題は継続していた。というのは、工業化を選択した諸政策が輸出部門を徐々に衰えさせ、輸入の構成を補完財の方向に変化させ、この補完財への需要が、工業の成長に伴って急速に拡大したからである。

従って、一九七〇年代以降の諸事象が明らかに立証しているように、新たなモデルのもとでも、外的ショックへの脆弱さは依然として深刻な状態におかれたままであった。米国政府が固定価格でドルを金に交換し続けることができなくなった後に起きた、一九七一年のブレトン・ウッズ体制の崩壊と、主要先進諸国による変動相場制の採用によって、ラテンアメリカ諸国は、貿易で加重された安定的な実質為替レートを維持することが困難となった。[3] 一九七三年のアラブ－イスラエル戦争の後、石油輸出国機構（Organization of Petroleum Exporting Countries: OPEC）は加盟国に厳しい輸出割り当てを課すことができるようになり、石油価格は四倍となった。当時石油の純輸入国であったラテンアメリカ諸国（ボリビア、コロンビア、エクアドルそしてベネズエラは除く）[4] にとって、第一次石油危機は、国際収支制約によって経済発展にのしかかるかもしれない限界を暗示する厳しいものであった。一九七八年以降の第二次石油危機は、同様の教訓をより強く痛感させた。[5]

内向きの開発モデルは、輸出悲観主義に根付いていた。その結果、輸出部門に与えられたインセンティブは、少なくとも大国では減少し、殆ど全ての国では、世界貿易に占める自国のシェアが減少した。しかしながら一九七〇年代初頭までには、世界経済と国際貿易政策でいくつかの変化が起こり、このことによってラテンアメリカは、輸出に立ちはだかる障壁に新たに目を向けざるを得なくなった。

まず第一に、先進国の実質賃金の継続的な上昇と、先進諸国と開発途上国の大きな賃金格差によって、多数の多国籍企業（multinational corporations: MNCs）が先進諸国以外でより単純でより労働集約的な作業を遂行する、新たな国際分業が構築されるようになった。投入物の中で資本のみは移動させることができたが、このように単純な労働力を途上国が供給したことは、工業製品の国際貿易を急激に上昇させるのに寄与した。また、ＭＮＣｓの要求に応えることができたり、応える意思のある途上国に絶好の機会をもたらした。

第二に、工業製品を基盤として輸出主導型成長が確立した東南アジア諸国（特に香港、シンガポール、韓国、および台湾）の成功が、目を見張るほどのものとなっていた。最初は、ラテンアメリカにはあまり関係のない「特別なケース」として軽視されたが、アジアの経験は事実上、輸出悲観論者への大きな挑戦となった。多くの、また、ラテンアメリカでは考えられなかった教訓をアジアの新興工業国（newly industrializing countries: NICs）の経験から早い時期に得るべきだったが、アジアの新興工業国の輸出成長率と国内総生産（gross domestic product: GDP）が加速し始めるようになってから、これら諸国の成果がラテンアメリカにおいてより詳しく分析されるようになった。二度にわたる石油危機といった外的ショックにもかかわらず、その回復力もまた、特に顕著であった。[6]

第三に、国連貿易開発会議（U. N. Conference on Trade and Development: UNCTAD）と他の国際機関が、開発途上国（less-developed countries: LDCs）に対する特別な貿易特恵のために尽力したことで、ＬＤＣｓの輸出に特別な待遇が与えられるという期待が出てきた。一九七〇年代初めには、大部分の先進諸国が一般特恵制度（Generalized System of Preferences: GSP）を採用した。ＬＤＣｓからの非伝統的輸出品が先進諸国市場に無関税でアクセスできる保証は、本来期待されたよりもかなり程度の低いものとなったが、続いて行われた交渉ラウンドで、より開かれた機会がある程度提供された[7]。その間に、一九七六年までGSPを採用しなかった米国は、一九六二年に関税規定を改正し、投入物が米国を原産地とするのであれば、海外からの財輸入を容認し、付加価値だけを課税の対象とした[8]。この改正は、明らかに米国のMNCsに便益を与える意図があったが、組み立て型操業への投資を引きつけることのできるラテンアメリカの国には好機となった。

最後に、一九七〇年代に商品価格が急騰したことによって、輸出悲観主義はさらに弱くなった。一九七一年のブレトン・ウッズ体制の崩壊は、主要先進諸国での通貨統制を支えていた固定相場制を終焉させた。為替レートを維持する義務がなくなったために、先進諸国の通貨政策は自由となり、世界的流動性（ベトナム戦争の資金を調達するために生じた米国の膨大な財政赤字によって増加した）が高まった。その結果、石油のみならず一次産品は記録的に高い価格となり、多くのラテンアメリカ諸国（いくつかの石油輸入諸国を含む）の純商品交易条件（net barter terms of trade: NBTT）は、一九七〇年代に急激に改善した[9]。

国際環境のこのような変化は、ラテンアメリカにおいて間違いなく認知されていたはずであった。これらの変化は、輸出促進、輸出代替、そして一次産品輸出型の開発という異なる三つの反応を引き出し、この三つの反応のそれぞれが輸出部門をより強化させ、伝統的な輸入代替工業化（import-substituting industrialization: ISI）からの転換を引き起こした。輸出促進は内向きのモデルに工業品輸出を盛り込もうとし、輸出代替は保護されていた部門以外に諸資源を転換することを目的とし、そして一次産品輸出の開発モデルは、世界の商品価格の上昇を利用しようとした。しかしながら、三つのモデルのいずれも顕著な成功を収めるにはいたらなかった。世界貿易に占めるシェアの低下は元には戻らず[10]、ラテンアメリカは、自らの経済成長を促すために海外からの借り入れにますます依存するようになっていった。一九八二年に債務危機が勃発して初めて、小規模な輸出部門と上昇する債務返済負担という組み合わせが、悲惨なものであることが判明したのである。

▼輸出促進

輸出促進（export promotion: EP）戦略は、多くの産業分野において、国内市場がさほど大きくないため、最適規模の企業を維持することができない、という認識を基盤としたものであった。それと同時に、この戦略は、依然として国際競争から製造業を保護していた。すなわちこの戦略は、ISIに工業製品の輸出を可能にするような、新たな一連のインセンティブを盛り込むことを試みたのである。従って、EP戦略とは、企業が、保護された国内市場と世界貿易の成長によって提供された諸機会を利用できるようにした、工業化戦略であった。

六カ国（アルゼンチン、ブラジル、コロンビア、メキシコ、ハイチ、そしてドミニカ共和国）は、首尾一貫していたわけではないが、一九六〇年代以降EP戦略を採った。アルゼンチンは、一九七〇年代にこの政策を放棄し、輸出代替（二六三―九ページ参照）を支持した。ハイチとドミニカ共和国は、輸出加工区(export-processing zones: EPZs) 内で工業製品を組み立てるインセンティブを外国企業に与えることで新たな国際分業を利用しようと試みた。メキシコは、北部国境のマキラドーラ産業を通じて組み立て型操業を奨励し、さらにより高度な産業基盤を考慮して、他種の工業製品輸出の促進も行った。

ブラジルのＥＰ戦略は、一九六四年の軍事革命以後に始まった。しかし、当初の三年間は主に、実質賃金の急激な低下と所得分配の悪化という犠牲を払いながらもさらなる成長に基盤を置く安定化プログラムの必要性が、経済政策を左右した。[11] しばしばブラジルの奇跡として知られているこの急成長の期間は、一九六七年に始まり、あらゆるマクロ経済集計値（輸出を含む）の増加率を生んだ。これらの数値は他のラテンアメリカの数値をはるかにしのぎ、またアジアＮＩＣｓのそれと匹敵するものであった。[12] しかし、輸出促進はブラジルの奇跡の重要な一部ではあったが、他のいくつかの政策のほうがより重要な役割を果たした。特に、上位一〇分位層に所得が集中し、[13] また新たな融資方法が生まれたため、耐久消費財産業が急成長する必要条件が整い、ラテンアメリカで初めて自動車の大量生産が可能となった。[14]

保護によるＩＳＩ戦略は、国内市場での生産単位当たりの工業の付加価値を上昇させた。同時に、工業製品の輸出業者は、為替レートの過大評価と輸入投入財に対する関税の両方によって、不利な立場に置かれていた。従って殆どの工業製品に関して、世界市場における生産単位当たりの付加価値は、国内市場で保証されるよりもはるかに低かった。[15] ＥＰ戦略が成功のチャンスを有するためには、この反輸出性向が排除されるか、少なくとも減少されるべきであった。

反輸出性向を低下させるために利用できるあらゆる手段は、当局によって管理されていた。実質為替レートと実効為替レートの切り下げは、全ての輸出財に関する生産単位当たりの付加価値を上昇させるので、為替レートが最も重要であった。しかし、実質的な平価切り下げは、同時に競合する輸入品の価格を上昇させるので、企業に国内市場での販売を促す追加的なインセンティブをもたらす。従って、ＥＰ戦略は財政および信用政策を用いて、輸出業者に追加的なインセンティブを提供する必要があった。利用可能な手段としては、輸出業者に対する特別な融資措置やその他の補助金と共に、いくつかの関税引き下げや戻し減税があった。[16]

為替相場政策を行ったＥＰ諸国の経験はまちまちであった。ハイチとドミニカ共和国は、米ドルに対して名目値で固定された為替レートを維持しており、現実には実質的な平価切り下げは不可能であった。一方で両国は共に、一九七〇年代の大半に高インフレ率を回避したので、当初は為替レートが著しく過大評価されることはなかった。メキシコもまた、一九五四年の平価切り下げ以降、米ドルに対して固定した為替レートを維持した。しかしインフレ率が米国（メキシコの最も重要な貿易パートナー）のインフレ率を上回っていたため、通貨はつねに実質単位で評価され、一九七六年にさらなる大幅な平価切り下げが起こるまで、EP戦略は徐々に弱体化していった。その後まもなくメキシコは広大な新油田を発見したため、石油輸出促進を支持して、EP戦略を放棄した。(17)

他の三カ国は全て、「クローリング・ペッグ」で知られている為替レート政策を採用し、最初の通貨再編成に続いて、小幅な切り下げを頻繁に行って通貨の実質値を維持しようとした。今や広範囲に行われるようになったこの政策は、アルゼンチンでは一九六四年に、コロンビアでは一九六七年に、そしてブラジルでは一九六八年に採用された。クローリング・ペッグは輸出業者には魅力的であったが、インフレ期待を助長したため、アルゼンチンは一九六七年以降、クローリング・ペッグをやめ、名目固定為替レートを選択し、急激に過大評価となっていった。(18) また、一九七〇年代中頃にブラジルもこの政策を放棄した。コロンビアでは、一九七五年以降のコーヒー価格の急騰が、工業製品輸出を減少させる水準にまで為替レートを押し上げていた。(19) 従って、クローリング・ペッグが行われていた間、三カ国全てにおいて工業製品輸出の実績が著しく改善したにもかかわらず、為替レート政策は一貫したものではなかった。

公定為替レートが過大評価されていた国でも、当局は依然として輸出促進のために並行レートを利用することができた。さらに、輸入競合企業ではなく輸出企業に特典を与えるために、二重為替レートを利用することも可能であり、かくして反輸出性向は弱まった。ドミニカ共和国で広く用いられた方法の一つは、輸出業者には並行市場で外貨の一定割合を売ることを許し、他方、残りを公定為替レートで交換するというものであった。その割合を変化させることによって、当局は、EP戦略のもとでのインセンティブを変化させることができた。(20) 中央銀行による為替相場差損を回避するために、同様のスキームを輸入業者のために行わなければならず、必需品には低い為替レートを適用し、奢侈品には高い為替レートを課した。当然、これは多くの輸入業者の反発を招き、それぞれのカテゴリーへの輸入品の配分は、しばしば汚職を助長した。(21)

EP戦略は、保護された市場で販売活動を行う企業に与えられる保護を弱めるというよりは、生産物を輸出する企業に対するインセンティブを高めようとするものであった。各国で関税の改正が行われたが、主な目的は、後日輸出される生産物に使用する輸入投入財の関税を引き下げることであった。いくつかの包括的な関税の引き下げが起こったが、ブラジルの一九六〇年代後半の引き下げが特に顕著であった。しかし、貿易自由化によって輸入競合部門の収益性が大きく脅かされることは全くなかった。一九七〇年代になると、第一次石油危機後、いくつかの国は再び関税を引き上げた。

輸出品に使用される輸入財への関税割戻し（場合によっては関税払い戻しスキームと呼ばれる）が広く用いられ、特にコロンビアのプラン・バジェホ（Plan Vallejo: 輸出向け生産用輸入優遇制度）のもとで採用されたスキームが成功を収めた。(22) しかし、メキシコでは、一九六〇年代に、輸入割り当てとライセンスの利用が広範囲にわたり、かつまた増大したため、関税払い戻しスキームの効果は次第に弱まっていった。というのは、投入財が高価格であった主な原因は、関税よりも輸入割り当てであったからである。[23] いかなる関税や輸入割り当ても輸入投入財に課せられることがないマキラドーラ産業という特別なケースにおいてのみ、関税政策は明白に輸出促進に有利に働いた。同様のことがハイチとドミニカ共和国内のＥＰＺｓについても当てはまり、投資者に非常に寛大な税措置が提示された。[24]

工業製品輸出に与えられた別の主要なインセンティブには、払い戻し減税と補助信用があった。非伝統的輸出品への税負担を軽減するために採られた典型的な手段は、ＦＯＢ輸出額の一定割合に相当する証書であり、これは、将来の税負担額に対して設定することができた。これらの納税証明書（cerrificados de abonos tributarios: CATs）はしばしば取得が容易であり、また輸出を促進するのに成功した。当然のことながら、ＣＡＴｓは政府にかなりの財政負担を負わせた。この問題は、補助信用の利用によってさらに悪化した。最も極端な形でこの政策を採っていたブラジルでは、一九七〇年代の初め頃には、補助総額が工業製品のＦＯＢ輸出額のおよそ二五％となった。[25]

また、ＥＰ（輸出促進）戦略の下で広範囲にわたって補助を利用することは、関税と貿易に関する一般協定（General Agreement on Tariffs and Trade: GATT）のルールに反することであった。メキシコ、ハイチ、およびコロンビアは一九八〇年代までＧＡＴＴに加盟していなかったが（アルゼンチンは一九六七年に加盟）、輸入国は、不当に補助金を支給されていると考えられる財に対して相殺関税や反ダンピング関税を課す権利を依然として与えられていたので、非加盟国は報復的な措置に対する保護を備えていなかった。[26] 実際、違反した国は調停に訴える権利を有していなかったので、非加盟国はどちらかといえば報復というリスクを生じさせる可能性が高かった。しかし、ＥＰ諸国が世界市場に適度に進出したため、ブラジルという主な例外はあったが、その殆どの国は報復的な措置を回避することができた。

表面的には、ＥＰ戦略は成功した。総輸出に占める工業製品の割合は各国において急速に上昇し（表10－1参照）、そのシェアの上昇はＥＰ戦略が実施された時期に符合していた。アルゼンチンでは、いくつかのＥＰ戦略が実施された数年間に、総輸出に対する工業製品の寄与率が二五％近くにまで上昇した。ハイチでは、新たな（主に組み立て品）輸出に関連した国内の付加価値は依然としてそれほど大きくなかったものの、一九七〇年代末までには総輸出に占める工業製品のシェアが五〇％以上に高まった。ラテンアメリカでここまでシェアを拡大したのは、ハイチが最初であった。ドミニカ共和国では一九七〇年代のシェアの上昇が、当初のＥＰＺｓ促進の時期と一致していた。[27]

ＥＰ戦略は、輸出品の構成を価格が非常に変動しやすい一次産品から脱却させることによって、輸出収益を安定させた。工

表10-1　輸出促進諸国：工業製品輸出，1960-80年

国	年	工業製品輸出		GDPに占める輸出の割合[1]
		価　額（100万ドル）	総輸出に占める割合	
アルゼンチン	1960	44.3	4.1	7.9
	1970	245.9	13.9	9.2
	1975[2]	717.9	24.4	7.2
ブラジル	1960	28.4	2.2	6.7
	1970	420.5	15.4	6.5
	1980	7,491.9	37.2	5.6
コロンビア	1960	6.9	1.5	17.5
	1970	78.5	10.7	14.2
	1980	775.3	19.7	15.8
ドミニカ共和国	1970[3]	5.9	2.8	17.2
	1980	166.1	23.6	18.4
ハイチ	1960	3.6[4]	8.0[4]	15.8
	1970	18.2	37.8	12.3
	1980	199.7	58.6	17.6
メキシコ	1960	122.3	16.0	8.4
	1970	391.3	32.5	7.7
	1975[5]	929.4	31.1	8.8

注1）1980年価格。
　2）1975年以降は輸出代替を採用したと考えられる。
　3）輸出促進は1970年以降はじめて開始されたと考えられる。
　4）データは1962年のもの。
　5）1975年以降は一次産品輸出開発を採用したと考えられる。
出所）IDB (1982), Table 3, p. 351, Table 6, p. 353; ECLAC (1989), Table 281, p. 520, Table 70, p. 105; World Bank (1989); Fass (1990), Table 1. 8, p. 40.

業製品輸出の市場は一次産品輸出の市場と同じではなかったため、輸出の地理的集中もまた低下した。米国および欧州経済共同体（European Economic Community: EEC）への輸出のシェアはハイチを除く全てのケースで減少し、いくつかの新しい非伝統的市場が生まれた。特にブラジルは、他の開発途上国で市場の獲得に成功した。一九八〇年代初頭には、二度目の石油価格の急激な上昇によって輸入需要が膨張した中東とアフリカが、ブラジルの総輸出の一〇％以上を占め、工業製品輸出の割合ははるかに高まった[28]。

　ＥＰ戦略は、外国貿易に経済を開放するという点と、成長のエンジンの一つとして輸出部門を回復させるという点では、それほど成功しなかった。ＧＤＰに対する輸出の比率（表10－1参照）は、殆ど上昇しなかったのである。国際貿易の中で最も早く成長していたこれらの財（工業製品輸出）から、非常に多くの外貨収入を得るようになっていたという事実にもかかわらず、六カ国のいずれも海外輸出に占めるシェアを永続的に上昇させることはできなかった。従って、輸出促進は一次産品輸出の脆弱な実績を完全に相殺することはできず、反輸出性向にさらされ続けた。一九七〇年代末のコロンビアのコーヒーブームやメキシコの豊富な石油鉱脈の採掘といった、例外的な時期においてのみ国際貿易におけるシェアは上昇したが、そのような場合の全てにおいて、シェアの改善は主に一次産品輸出の高価格によるものであった。

従って、EP戦略に従事した大半の諸国（アルゼンチン、ブラジル、コロンビア、そしてメキシコ）の経済発展は、国内市場に依存し続け、このような国内市場では、需要形態は所得配分の影響を大きく受けた。ブラジルでは、一九六四年以降、上位一〇分位の所得集中がさらに進んだが、このことが工業の停滞につながることはなかった（CEPALはそうなるであろうと論じた）。しかしこの所得集中は、しばしば、貧しい人々のための労働集約的な基本消費財以上に、豊かな人々のための資本集約的な耐久消費財を優先する生産構造を助長した。EP戦略は新規企業の創設を奨励するよりはむしろ既存の産業を促進させたので、新たな輸出品が労働集約的になるとは言い切れなかった。実際、ブラジルおよびメキシコ両国からの工業製品輸出は、国際貿易パターンに関する一般的な経済学の常識に反して、概して資本集約的であり[29]、コロンビアのみが、労働集約的で、かつ一九七〇年代前半の雇用条件と所得分配の改善に寄与する、工業製品輸出パターンを構築することができた[30]。

EP戦略は、工業のために依然として極めて重要であると考えられていた保護を犠牲にすることなく内向きの開発モデルを守ろうとする、大胆な試みであった。それは成功しなかったわけではない。工業部門の企業家たちは、自分たちは価格やその他のインセンティブに敏感であり、また、世界市場に参入することができるということを示してきたし、また、少なくとも工業製品輸出の場合には、輸出悲観主義は正当ではないと考えられるようになった。しかしこの戦略は、いかなる国においても（ブラジルでさえも）無条件に成功したとみなすことはできず、アルゼンチンは一九七〇年代中頃にはこの戦略を断念していた。

失敗の理由はいくつかあったが、なかでもある一つの理由が非常に重要であった。それは実質実効為替レート（real effective exchange rate: REER）の変動であった。競争的な為替レートの重要性は認識されており、REERは、固定的かあるいは下落（すなわち切り下げ）が理想的であったが、EP戦略は幾度となない切り上げによってコースから逸脱した。一九七〇年代後半のコロンビアのコーヒーブームが為替レートに与えた影響については既に言及したが、コロンビアではまた、麻薬（マリファナおよびコカイン）の販売により一九六〇年代以降外貨が流入し、一般的にはこれがREERを弱めたと考えられている[31]。ドミニカ共和国とメキシコの両国においても、実際には国内と海外のインフレ率の間に違いがあるにもかかわらず、固定レートを固守する決定を行ったため、通貨の過大評価という深刻な問題が生まれ、これが最終的に度重なる平価の切り下げを招いた。

第二の問題は、短期的な政策と長期的な政策との間の不調和であった。ＥＰ戦略が要求した長期的な為替レート政策は、しばしば、固定レートがインフレ圧力に対する防御であると考える短期的な安定化プログラムの必要性とは一致しなかった。アルゼンチンは特にこの不調和の影響を受けやすかった。そして非伝統的輸出品を促進するのに非常にうまく機能していた一九六四年以降のクローリング・ペッグ政策は、一九六七年に大幅な平価切り下げに変更され、この切り下げによって通貨の名目値は永久に固定されるだろうと考えられた。

アルゼンチンの安定化プログラムが半永久的な性質であったために、ＥＰ戦略と調和する長期の為替レート政策を遂行することは、不可能ではないにしても非常に困難であった[32]。しかし、苦しんだ国はアルゼンチンだけではなかった。ブラジルは、輸入手形に占める石油のシェアが二五％にまで上昇した第一次石油危機の後、インフレ圧力を抑制するためにＲＥＥＲが上方に（すなわち、切り上げへ）変動することを容認した。同時に、一九七三年以降、国際収支が制約を受けていたため、ブラジルの政策決定者たちは、ブラジルの輸入エネルギーへの依存を低下させる意図で立案された輸入代替プログラムに、再度重点を置くようになった[33]。従って、補助金を増やすことによって工業製品輸出の急速な成長が依然として可能であったにもかかわらず（表10－1参照）、外的ショックがブラジルのＥＰ戦略の基盤を脅かしていた。

先進国が途上国からの工業製品輸出に対して築いた障壁は、ＣＥＰＡＬによってその重大さが力説されてはいたが、多くの人々が予想するほどには大きな問題とはならなかった。最大の困難は、一九七〇年代末にブラジルが経験したように、輸出自主規制（voluntary export restraints: VERs）が多くの工業製品輸出に課せられたことであった[34]。しかしこれは、ブラジルがある程度の成功を収めたためである。というのは、他のそれほど成功しなかった国々は同様の障壁には直面しなかったからである。さらにそのような障壁は、少なくとも部分的には、ブラジルの膨大な補助金への対抗措置であった。反対にコロンビアは、非関税障壁が一般的であったという事実にもかかわらず、労働集約的な工業製品輸出（例えば、繊維）の範囲を拡大することができ[35]、また、子供向け書籍の世界最大の輸出国としての地位を築いた。メキシコの工業製品輸出は、特にマキラドーラの輸出が米国の景気に影響を受けやすく、一九七四年の米国の景気後退によって打撃を受けたが、これは、全ての工業製品輸出国が直面していた状況と何ら異なるものではなかった。従って、先進国の通商政策に保護主義的傾向があったからといって、ＥＰモデルの諸欠陥を単に先進国のせいにすることはできない。

▼輸出代替

ＥＰ戦略は、少なくとも、ラテンアメリカが工業製品を輸出することができるということを示した。しかし、国際競争から高い水準で保護することによって生じた、国内産業の非効率を排除することはできなかった。ＥＰ戦略は、輸入品と競合する生産を依然として奨励する一方で、工業製品輸出に対する新たなインセンティブを与えた。従って、輸出促進は工業における継続的な輸入代替と結びついたものであり、工業製品輸出は、膨大な補助金に支えられて世界市場で競争することができたにすぎなかった。

EPよりも急進的な選択は、輸出代替（export substitution: ES）戦略であった。ESの背後にある基本的な考え方は、ラテンアメリカの経済発展が、ISI、国家介入、および協調組合主義によって大いに歪められたというものであった。その解決策は、より市場指向的で保護の少ない環境に移行することであると考えられ、これは反輸出性向の排除につながる。従って、経済はより開放的になり、世界市場にさらに統合され、国内価格は国際価格の水準に近づいていく。保護の撤廃と反輸出性向の削除は、輸入可能財を衰退させる一方で輸出可能財を奨励することになるのである。従ってES戦略は、GDPに対する輸出と輸入両方の比率の大きな上昇につながると期待され、さらに、負のISIにもつながることができた。負のISIとは、それほど高価でない輸入品が、高いコストを有する国内の工業生産物に取って替わることである。

ES戦略は、一九七〇年代に南米南部の三カ国（アルゼンチン、チリ、そしてウルグアイ）によって実施され、またそれより緩やかな試みがペルーで実行された。チリは、一九七三年九月のサルバドール・アジェンデ（Salvador Allende）社会主義政権が敗北し、アウグスト・ピノチェット（Augusto Pinochet）の独裁政権が置かれた後に、最初にこのプログラムを採用した。チリに続いてウルグアイが、一九七三年の民主主義の崩壊後ESプログラムを採用し、アルゼンチンは、ペロニスタ（Peronist）体制に対する軍事介入の後の一九七六年に、ESプログラムを支持した。従ってES戦略は、南米南部諸国では軍事政権によって履行されたのである。自由市場経済への移行は政治的弾圧を伴い、経済政策の成果に与える影響と権威主義的な政治を切り離すことは困難であった。[36] 反対にペルーでは、軍事政権から文民政権に移行した一九七八年以降、ESプログラムが採用された。

多くのラテンアメリカで広く受け入れられていた考え方に真っ向から対立する戦略を、四カ国全てが進んで受け入れようとしたのは、彼らが別の諸政策に失敗したことに大きな不満を持っていたからであった。GDPに占める輸出シェアが非常に低いレベルにまで落ち込んだため、輸入財に対する需要を大きく生む急速な成長は、国際収支上の制約によって不可能となった。一人当たりGDPは他のラテンアメリカ諸国を大幅に下回り、南米南部諸国の一人当たりの輸出量は一九五〇年以降減少した。[37] チリとウルグアイは決してISIの方針から乖離しようとはしなかった。一九六〇年代のアルゼンチンのEPの試みは、一九七〇年代前半の一連の安定化プログラムによって挫折した。ペルーは、一九六〇年代半ばまでは伝統的な輸出主導型モデルを維持していたが、一九六八年以降、軍政が内向きの開発を積極的に推進したため、世界貿易に占める同国のシェアは一〇年間で三分の二に減少した。

四カ国全てにおいて、国際収支問題はインフレ圧力となり、インフレは諸金融手段への信頼を徐々に失わせ、金融抑圧(financial repression)が拡がった。(38) 様々な社会的グループが、名目所得の上昇によって自分たちの実質的な生活水準を守ろうとしたために、インフレは階級闘争によってさらに悪化した。その結果、無責任な財政政策と相俟って、インフレが加速し、南米南部諸国の文民政権の崩壊とペルーの軍事政権の失墜に少なからず寄与することになった。アジェンデ政権(一九七〇―七三年)下のチリは、最悪の状態であった。資本流入の急激な減少と同時に生じた無責任な財政および金融政策によって、インフレは一九七〇年の三三%から一九七三年の三五四%に上昇した。外国の関係者(特に米国の政府機関)も、アジェンデ政権を強く揺すぶったが、インフレ圧力を押さえることができなかったことが、おそらく、アジェンデ失墜の最も重要な要因の一つであった。(39)

従って、ES戦略(事実上の調整プログラム)は、ドラスティックな安定化措置を必要とした経済的混乱を背景にして実行された。理論的には、安定化プログラムと調整プログラムを同時に採用することは可能であるが、ラテンアメリカの多くの政府がその損失に気づいていたように、実際には非常に困難である。(40) 調整を支持して用いられた手段(例えば競争的な為替レートや相対価格の変更)は、安定化を徐々に弱め、逆もまた同じであった。二種類のプログラムの間の摩擦はES戦略を採用した諸国で深刻となり、最終的には両方のプログラムが失敗に終わった。

ES戦略の基盤は、貿易自由化であった。最初に、REERのかなりの下落を達成するために大幅な切り下げが行われ、その後、国内と世界のインフレ格差を相殺するために、通貨が周期的に再調整された。その目的は、最初に切り下げた後REERを安定化させることであった。しかし南米南部諸国の政治的抑圧はかなり深刻であり、当初実質賃金は急激に低下した。このことは、REERの変化によってもたらされる以上に、さらに大きなインセンティブが輸出業者に与えられることを意味した。

実質的な切り下げが輸出を促進したのに対して、関税引き下げと非関税障壁の段階的撤廃が輸入を促進するために用いられた。これは、他のラテンアメリカで確立していた慣例からの根本的な転換であり、また、ES諸国の間でさえも議論を呼んだ。チリが最も先駆的であり、一九七九年までには平均の名目関税率を一〇%にまで引き下げたが、チリが低関税に踏み切ったことは、アンデス地域統合(Andean Pact: AP)からの離脱の原因の一つとなった。なぜならば片務的な関税引き下げは、APの共通対外関税(common external tariff: CET)の目標と矛盾していたからである。アルゼンチンとペルーは、一九八〇年代初頭までに、それぞれ関税率を平均三五%と三二%に引き下げた。ウルグアイでは、輸入割り当てとライセンスの削減に集中し、関税引き下げはごく僅かしか進展しなかった。(41)

表10-2　輸出代替諸国：対外貿易の構成，1970-80年頃

国	年	A	B	C	D	E
アルゼンチン	1975	7.2	16.4	24.4[1)]	3.1	1,287
	1980	11.2	26.2	23.1[1)]	14.2	4,774
チ　リ	1970	12.4	32.8	8.1[2)]	8.1[3)]	91
	1975	16.9	35.3	19.9	4.5	490
	1980	22.8	48.6	27.3	22.6[4)]	4,733[4)]
ペルー	1978	15.8	25.2	3.9[1)]	8.7[5)]	192
	1980	14.0	27.4	14.1[1)]	16.0[4)]	1,728[4)]
ウルグアイ	1970	14.9	31.8	19.8[3)]	7.1[3)]	45
	1975	18.3	35.0	34.5	4.1	190
	1980	21.6	42.5	42.1	12.3[4)]	709

記号A　1980年価格でのGDPに対する輸出の比率
B　1980年価格でのGDPに対する輸出と輸入の合計の比率
C　総輸出に対する非伝統的輸出の比率
D　総輸入に対する消費財輸入の比率
E　経常収支赤字，100万ドル

注1）非伝統的輸出品は工業製品とする。
2）データは1971年のもの。
3）データは1973年のもの。
4）データは1981年のもの。
5）データは1975年のもの。

出所）IDB（1981），Table 3, p. 400, および Table 8-9, p. 403, また IDB（1982），Table 3, p. 351, および Table 6 および 7, p. 353; Ramos（1986），Tables 7.7-7.9; ECLAC（1989），Table 70, p. 105, および Table 281-3, pp. 520-7; World Bank（1991c）.

貿易自由化は，当初はうまくいっていた。輸出は急激に増加し，各経済の開放度は上昇した（表10－2参照）。輸入もまた増加したが，自由化の第一段階では国際収支問題を悪化させるほど急激ではなかった。さらに望ましいことに，輸出の構成が変化し，非伝統輸出（アルゼンチンを除く）が急激に増大していった（表10－2参照）。これらの新たな生産物は，農産物か工業製品であるかにかかわらず，価格面において，世界市場で競合することのできるものであった。現地企業は，増加する輸入と下落する実質賃金の景気後退効果によって，国内市場で圧迫され，輸出財生産への転換が促進された。従って，負の輸入代替（すなわち，高コストな国内生産物を輸入品により代替する）が，輸出増加と結びついたのであった。これが輸出代替戦略の本質である。

他の諸国に比べると，ペルーの貿易自由化の成果はかなり限られたものであった。それは貿易自由化の採用が非常に遅く，かつかなり早い段階で断念したという事実をある程度反映している。一九七八年以降の輸出収益の改善の多くは，実際にはNBTTの上昇によるものであり，従って，輸出実績は，圧倒的に伝統製品（主に鉱物）が支配し続けていた。輸入は関税引き下げに非常に強く反応したため，一九八〇年以降交易条件が悪化するに伴って，貿易赤字は途方もなく大きくなった。従って，ペルーの短期間の貿易自由化とES戦略の試みは逆行していった。というの

は、一九八二年に発生した債務危機以前でさえも、関税引き上げを含む、国際収支を守るための諸政策が採られていたからである[42]。

全ての輸出代替諸国、特に南米南部諸国において主要な関心事であったインフレに対する闘いが、マネタリストの見解によって活発化した。貨幣供給量の増加率を下げるために、主に実質賃金の低下を利用して財政支出を削減することで財政赤字に対処しようとした。国内資本市場は、多くの金融自由化措置によって強化された。利子率が自由化され、信用に対する量的管理は次第に撤廃され、新たな金融機関の参入障壁が削減され、銀行規制が緩和された。その結果、金融仲介が急速に増加し、GDPに対する金融資産の比率が全ての国において上昇した。

そのため、貨幣供給量の増加は、二つの相反する力に左右されていた。財政赤字の縮小は、政府が中央銀行借り入れに依存する必要性を低めたが、金融自由化は、国民が貨幣を保有したいと思う時間と貯蓄性預金を増加させた。第二の力は、第一の力より強いもので、貨幣供給量が急激に成長したため、当局はインフレへの影響を懸念するようになった。さらに、調整を支持して採られた為替レートの切り下げ、利子率自由化、価格管理の廃止などの多くの措置がインフレ圧力を強め、安定化プログラムを徐々に弱めていった。

金融自由化と財政赤字の縮小は、南米南部諸国の当局が伝統的な方法では貨幣供給量をコントロールする能力を失った、ということを意味した。しかし、貿易自由化はかなりの経済開放につながり、マネタリストは、この経済開放の下で貨幣の供給と需要の不均衡が国際収支に反映されるであろう、と論じた。国際収支についてのこのマネタリー・アプローチは、貨幣供給量が外生的ではなく内生的であり、外貨準備を変動させることで、国民が保有したいと思ういかなるレベルにも調整できることを意味した[43]。

かくして当局は、インフレ安定化は、国際収支とりわけ資本収支のさらなる自由化によって最もうまく達成でき、従って国際資本フローが貨幣の供給と需要を均衡させるメカニズムを与えることができると考えた。同時に、貿易自由化は国内価格と国際価格の間の格差を解消すると期待され、そのため、国内インフレは相手国のインフレに同調して下がるであろうと考えられた。

これらの議論の全てにおいて、外国価格を国内価格に換算するための手段として、またインフレ期待の主要な決定要因として、そして国際収支の均衡メカニズムとして、為替レートは中枢的役割を果たすものとみなされた。従って南米南部諸国では、為替レート政策は輸出を促進するためのものから、インフレを打破するためのものへと転換した。これ以降、インフレ期待を弱めるため、また企業にその生産物に対して国際価格を適用させるため、名目上の切り下げは、国内と海外とのインフレ格差以下のレートで、事前に公表されるようになった[44]。この新たな政策は、一九七六年以降チリにおいて始められ、その二年後にアルゼンチンとウルグアイでも始められた。一九七九年にはチリの政策決定者たちは、この戦略の正当性に非常に強い自信を持っていたため、名目為替レートは米ドルに対して一定水準に維持された。これはチリの経済史上、殆ど経験のないことであった。

南米南部諸国の為替レート政策と金融自由化の試みは、ともに悲惨なものとなった。インフレは確かに鎮まったが、十分な水準にまで鎮まったわけでも、早く鎮まったわけでもなく、従って、ＲＥＥＲは、着実に切り上がっていった。輸入が急激に増大し、輸出は為替の過大評価によって弱体化した。国際収支上の経常収支赤字は急速に拡大し、これは主に、海外からの商業ベースの借り入れによってファイナンスされた。無秩序な借り入れは消費者信用の急増を生み、そのため、輸入の構成品目は、生産財から消費財へと変化していった（表10－2参照）。資本流入にもかかわらず、国内の利子率は、実質単位で極端に高いままであったので、生産的投資が損なわれた[45]。金融機関は、危機的状況にある企業への追加的貸し出しによって、自分たちの貸し付けの多くが契約不履行の状態にあることを隠そうとした。海外の貸し手が、そのようなやり方は長続きしないと気づくに従って、資本流入は減少し始めた。そして、当局は、国際収支を守るための緊急措置を実行せざるを得なくなり、金融危機が発生した。

輸出代替戦略の失敗は、新保守的経済全体に反対する諸グループの強い反発を招いた。これはある程度、もっともなことであった。金融自由化の試みはコストの高いものであることが明らかとなり、その基盤となっていた仮定は明白に不適切であり、そのため、いくつかの市場が明らかに予想に反して反応したのである[46]。貿易自由化はより成功を収め、特に非伝統的輸出品の実績は、ＥＰ戦略からＲＥＥＲが重要であるとの教訓を確認した。それにもかかわらず、為替レートの過大評価への転換と低い関税が、輸入財への需要を強く刺激したため、国際収支は、危険なほど高い水準の資本流入によってのみ緩和することのできる、厳しい制約に直面したままであった。

国際収支に対するマネタリー・アプローチと為替レートの過大評価によって、インフレを管理することができるという仮定は、特に不適切なものであった。貿易自由化の第一段階では、輸入可能財の大幅な減少につながることなく輸出可能財が増大したため、当初はＧＤＰに占める貿易可能財のシェアが上昇した[47]。このことによって、当局は、経済の全ての価格が国際価格、関税、そして為替レートに関連して決定され得ると信じた。しかし、過大評価された為替レートによって、輸出が差別待遇されただけでなく、輸入品が国内生産の工業製品に代替したために、大幅な工業力の衰退につながった。その結果、貿易可能財の重要性が低下し、世界市場の条件ではなく国内の需給条件によって価格が決定される非貿易財の、ＧＤＰに占める比率が上昇した。

従って、南米南部諸国の経済は、インフレ安定化プログラムが基盤としていた諸仮定からかなりかけ離れていった。一九八一一八二年の国際収支を守るためのドラスティックな措置（為替レートの切り下げを含む）の導入以降、産出が急激に減少するのと同時に、インフレが再び加速し始めた。実質GDPの低下は非常に深刻であり、一人当たり実質所得は、ES戦略が始まったときの水準にまで低下した。[48]

南米南部諸国でも、ペルーでも、ES戦略はその目標のいずれも達成することはできなかった。インフレは鎮まらず、国際収支問題は残ったままであり、輸出の増加率は維持されなかった。さらに、経済が成長した数年間でさえも、所得分配の悪化と実質賃金の低下が起きた。にもかかわらず、最初の段階では、ES戦略はEP戦略からの教訓をさらに強めた。それは、非伝統的輸出品は実際、適切なインセンティブの下で増加するということであった。

▼一次産品輸出型の開発

ラテンアメリカの残りの一一カ国（南米のボリビア、エクアドル、パラグアイ、ベネズエラと、中米五カ国、パナマ、およびキューバ）は、ES戦略には関心を持たなかった。同時に、これら諸国の脆弱な工業基盤は非常にもろいと考えられていたため、工業製品輸出を基盤としたEP戦略を支持することもできなかった。

戦後期を通じて、革命的なキューバでさえ、基本モデルは依然として、ISIを補助的な活動として接合させる輸出主導型の成長であった。このグループの多くの国々は、地域統合が、一国単位ではなく地域レベルでのISIを可能にすることによってより強固に工業化を推進すると期待していたが、一九七〇年代の初頭までには、このモデルへの失望が拡がり始めていた。製造業は、資本集約的、かつ輸入集約的であり、外国の資本と技術に過度に依存していた。一方、名目固定レートによって支えられていた価格安定が一般的であり、従って、実質為替レートの切り下げによって、非伝統的輸出品全般、特に工業製品の輸出を促進することには、本質的な反発があった。

従って、ESおよびEP戦略は除外されたが、一九七〇年代の商品価格の高騰によって、別のモデルが実現可能となった。殆どの一次産品価格が高騰したことは、このグループの諸国に対して絶好の機会を生み、これら諸国のいずれも、鉱物あるいは農業製品輸出を基盤とする伝統的な輸出主導型の成長モデルを完全に放棄することはなかった。一次産品輸出型の開発(primary-export development: PED）と呼ぶことのできるこの戦略は、一次産品（パナマのサービスを含む）による外貨収益を重視し、工業製品輸出を軽視した。[49]

PED戦略は、国際市場での有利な条件を利用しようとするものであった。これは時折、輸出量の増加となって現れた（例えば、中米の綿花[50]）が、一般的には、国々は単に、高価格と結びついた思いがけない利益の獲得だけで満足していた。これは、ベネズエラの石油やボリビアの石油およびスズに起き、これらのケースでは、量ではなく価格により、輸出収益が急速に上昇した。[51]また、一九七三年以降の世界の砂糖価格の上昇によって、ソ連はキューバに支払う価格を増加させなければならず、このため、輸出量の増加が困難であったにもかかわらず、一九八〇年において、砂糖はキューバの総輸出額の八〇％以上を占めていた。[52] しかし、急激な価格の上昇時に輸出量を増大させることのできた国々が、最大の利益を得た。一九七五年にブラジルで霜害が起き、国際コーヒー協定（International Coffee Agreement: ICA）[53] 下の輸出割り当てシステムが崩壊した後の中米諸国がその例である。

ＰＥＤ戦略には、新しい一次産品の開発も含まれていた。ボリビアは、アルゼンチンへのパイプラインによって、一九七二年以降、サンタ・クルス地域からの天然ガスの輸出に次第に依存するようになった。一九七〇年代末までには、ボリビアの総輸出の半分以上は他のラテンアメリカ諸国向けのものとなり、約二〇％が南米南部の近隣諸国向けのものであった。[54] 一九七二年には、エクアドルで新たな石油生産が行われるようになり、そして間もなく総輸出額の多くを原油が占めるようになった。[55] パラグアイは肉と材木の輸出から、綿花と大豆の輸出へと転換した。グアテマラは、一九八〇年に原油の輸出を開始し始めた。

新たな輸出財の全てが、統計として記録されたわけではなかった。主に、コロンビアの加工処理工場に向かっていたコカ・ペーストの輸出は、ボリビアとエクアドルで急速に増加し、麻薬ドルの流れをもたらした。このことはボリビアで安定的な為替レートと高い国内インフレが同時に起きていたことを説明するのに役立つ。[56] パラグアイでは密輸が盛んとなり、アルフレッド・ストロエスネル（Alfredo Stroessner）大統領周辺の実業界（軍部を含む）が、同国の地理的条件と為替レートが対米ドルに固定していたことを利用して、通貨が変動している近隣諸国と売買を行った。

公表されている統計を分析する際には、これらの記録されていない活動の存在を心に留めておかねばならない。[57] しかし、公式の数字でさえ、輸出部門の富の著しい改善を示唆していた。輸出単価は一九七〇年以降の一〇年間で急激に改善し、輸出額は五〇〇％から一〇〇〇％の間で飛躍的に伸び、輸出の購買力（purchasing power of export: PPE）は、急上昇した（表10－3参照）。[58] 一九七三年および一九七八年の両年以降の石油価格の急激な上昇は、主なエネルギー輸出国（ボリビア、エクアドルそしてベネズエラ）に有利であったが、石油の純輸入国であった国もまた、主要な一次産品輸出の価格が高くなり、かつ上昇し続けたので、著しい成果を記録した。

豊富な外貨収益は、ブレトン・ウッズ体制崩壊の以前でさえ、米ドルに対して一定水準に維持されていた為替レートを支えた。一九七〇年以降の一〇年間に、一一カ国は米ドルに対して全体で僅か四回の切り下げしか行っておらず、九カ国は、そのような切り下げを全く行わなかった。[59] 国際通貨基金（International Monetary Fund: IMF）のスタンドバイ協定は比較的まれであり、さらにコンディショナリティの程度は一般的に緩やかであった。

表10-3　一次産品輸出開発諸国：単価および輸出購買力，1970年および80年

国	1980年における輸出単価（1970＝100）	1980年における輸出購買力（1970＝100）	輸出/GDP（1980年価格%） 1970	1980
ボリビア	585	196	36.9	23.6
コスタリカ	299	150	38.2	33.9
キューバ	425	109[1)]	15.5	8.1
エクアドル	278	350	15.6	25.0
エルサルバドル	292	157	28.8	34.8
グアテマラ	275	185	21.1	22.2
ホンジュラス	321	146	41.6	37.8
ニカラグア	282	165[2)]	29.5	23.9
パナマ	238	455	38.9	45.4
パラグアイ	303	167	15.8	13.9
ベネズエラ	1,234	263	65.4	39.4

注1）Brundenius and Zimbalist (1989), Table 9. 2および9. 3より。輸入価格はラテンアメリカの平均と同率で上昇したと仮定した。
2）1979年の革命によって1980年の輸出はかなり減少した。そのため1978年を参考年として利用した。
出所）Brundenius (1984), Table 3. 7, p. 75, Brundenius and Zimbalist (1989), Table 9. 2, p. 146, ECLAC (1989), Table 275, p. 504, Table 279, p. 512, および Table 4. 3, p. 70.

しかし一般的には、PED戦略は成功しなかった。ともに石油輸出国であったエクアドルとベネズエラのみ、一九七〇年と一九八〇年の間に世界輸出に占める自国のシェアを上昇させたが、ベネズエラの場合、これは輸出量の変化によるものではなく、完全に価格の変化によるものであった。対外債務の累積と同じ割合で輸出収益を拡大させた国は殆どなかった。対外的なショックに対するこれら諸国の脆弱さは、以前と同様に大きく、弱い国内経済は依然として回復力が不十分であり、いかなる措置を施すこともできなかった。安定的な為替レートの存在は、通貨拡大と輸入品に対する高いドル価格が引き起したインフレ圧力に対する防波堤としては不適当であり、そのため、多くの国で所得分配が悪化し[60]、実質為替レートは次第に過大評価されていった。

PED戦略の失敗は、一九七三年以降石油の消費国から生産国へ移ることにより、世界の石油所得の大規模な再分配から最も利益を得るはずだった、三つのエネルギー輸出国（ボリビア、エクアドル、そしてベネズエラ）にとっては大きな失望となった。ベネズエラはOPECの創設メンバーとして、長年、高価格を伴う輸出割り当ての方が低価格を伴う自由市場よりも望ましいと信じていた。一九七二年に軍事支配が確立した後に、エクアドルも同様の見解を持ち、米国との関係に緊張が生じるにもかかわらず、一九七三年一一月にOPECに加盟した。

三カ国全てが、そのエネルギー輸出の発展を、当初外国投資に大きく依存していた。一九三七年にスタンダード石油（Standard Oil）を国有化したボリビアでさえ、輸出を促進しようと一九五〇年代にガルフ石油（Gulf Oil）に対して非常に寛大な条件を提示した[61]。三カ国全ての政府は、自分たちの主要な義務は、非輸出部門へ諸資源を向けるために、再生不可能な天然物に付随してその割合が上昇している経済的レントを引き出すことであると考えていた。これは基準価格[62]、課税、ジョイント・ベンチャーによって達成され、政府収入はますますエネルギー部門に依存していった。

この「レント追求」アプローチは多くの利点を持っていたが、投資、生産、そして輸出に関する重要な戦略的決定の管理は、外国企業に委ねられたままであった。増大するナショナリズムの傾向は抑えられないものとなり、三カ国全てにおいて、エネルギー部門は最終的に国営企業によって支配されるようになった。ボリビアのガルフ石油は一九六九年に接収され[63]、石油公社（Yacimientos Petrolíferos Fiscales Bolivianos: YPFB）がエネルギー分野の主要企業となった。ガルフ石油は、一九七六年にエクアドルでも同様に国有化された。これは、外国企業自身が買収されるよう尽力したまれなケースであった[64]。一九八三年の石油契約の満期を待って、ベネズエラ政府は、一九二〇年代初めより外国企業に支配されていた石油産業を一九七五年末に国有化した[65]。

エネルギー部門が成長のエンジンとなったのは、エクアドルだけであった。一九七〇年から一九八〇年の間に実質ＧＤＰは、年率九・七％で上昇し、一人当たりＧＤＰは六・五％の見事な成長率を記録した。しかし同国の軍事政権は、石油の富によって、長期間延期していた財政改革を先送りにし、石油によって過大評価が可能となった通貨は、非伝統的輸出品の拡大を妨げた。ボリビアとベネズエラでは、国営化は僅かな利益しかもたらさなかった。鉱業部門の純産出量は両国において殆ど増大せず、ベネズエラでは一九七〇年以降、一人当たり実質ＧＤＰは変化しなかった[66]。両国は、実質国民総所得を急激に押し上げ、つかの間の繁栄の幻想を与えた、ＮＢＴＴの劇的な改善によってのみ救われたのであった[67]。

三カ国全ては、エネルギー価格の上昇による思いもかけない利益を、エネルギー部門以外の新たな活動を促進する試みに用いた。ベネズエラは、鉄鉱石産業の国有化、金属産業でのジョイント・ベンチャー、自動車生産の促進を先駆けた。エクアドルの急進的な軍事政権は、保健、教育、住宅への膨大な社会投資の拡大を実現した。ボリビアは、食料輸入への偏向を改めるために、農業の輸入代替（import substitution in agriculture: ISA）を試みようとさえした。三カ国全てにおいて、交易条件の（一時的な）改善によって得られるもの以上に大きな野心が動いていた。輸入が急激に上昇したので、各国は、エネルギー価格が高かった何年かの間に、国際収支の経常収支が赤字となり[68]、その後続いて起きた交易条件の悪化に危険なほど脆弱となった。

中米五カ国は、これとは別の問題に直面していた。同地域は石油の純輸入国であったので、一九七〇年代の石油危機によって損失を受け続けていた。しかし、伝統的輸出品（コーヒー、バナナ、綿花、食肉、そして砂糖）の価格は、一九七〇年以降何度か急激に上昇し、そのため、必ずしも交易条件が常に不利であったわけではなかった。さらに、第一次石油危機と輸入投入財価格の上昇は、工業収益を圧迫したが、このことは、諸資源を製造業と中米共同市場（Central American Common Market: CACM）からシフトさせ、一次産品輸出へ再度転換することを促した[69]。CACM全体の域内貿易は成長し続けていたので[70]、CACMの衰退は単に相対的なものであったが、成長のエンジンは、再び、域外輸出全般、特に伝統的生産物の輸出となっていった[71]。

中米では、PEDは外国為替収益の大きな上昇をもたらした。地代が上がり、国内市場向け食料品を生産していた小規模農民は圧迫された。都市部でも、輸入投入財のコストが上昇した結果、小規模工業に同様の圧迫が起きた。その結果、賃金に依存する労働力の割合が増大し、農村と都市のプロレタリア化が急速にすすんでいった[72]。

中米の経済は、一九七〇年代に急速に発展したが、その利益が等しく分配されることはなかった。世界価格の上昇と外貨準備の上昇の結果外貨が急激に増大したことで、一九五〇年代と一九六〇年代には事実上みられなかった国内インフレが加速し始めた。防御メカニズムと強い労働組合がなかったために、労働運動は自らを保護することができず、実質賃金は一九七〇年代前半に下落した[73]。この賃金の低下は、強い労働組合を有していた二カ国、コスタリカとホンジュラスではその後回復したが、エルサルバドル、グアテマラ、ニカラグアでは減少し続け、同三カ国で社会的政治的緊張の増大に深くかかわった。

ニカラグアのソモサ王朝への反発は、労働者階級に限らず、サンディニスタ民族解放戦線（Frente Sandinista de Liberación Nacional: FSLN）が支配していた広い層に支持される運動となり、ついに一九七九年七月に独裁政権の転覆に成功した[74]。連立支配の期間は短く、ニカラグアはまもなく、数年のうちに経済を崩壊させることになる、内戦と米国との対立の双方に巻込まれることになった[75]。一九七〇年代の終わりに始まったエルサルバドル[76]とグアテマラ[77]の内戦は、中米の不幸を増幅し、CACMは早い時期にその犠牲となった。一九八一年までには域内貿易は絶対額で低下し続け、その低下は数年間続いた[78]。

残りの三カ国（キューバ、パナマ、パラグアイ）は全て、PEDとは対照的な方法を採っていた。一九六〇年代中頃にあったモノカルチャーと砂糖依存への反発を払拭していたキューバは、ソ連と東欧同盟諸国が提供する特恵価格やその他の形態の援助に基づいて、社会主義経済を構築した。世界市場に向けられた砂糖生産は相対的に僅かで、そのためキューバの外貨不足は重大な問題のままであった。しかし、国内消費には必要でないソ連の石油をキューバが自由市場で販売することを許可したソ連の決定は、キューバのエネルギー節約行動を刺激し、短期的にこの国にかなりのドル所得をもたらした[79]。計画立案の改善と、精神的なインセンティブから物質的なインセンティブに転換したことが相俟って、キューバ経済は一九七〇年代と一九八〇年代の前半にかなりの成長を享受した[80]。

パナマの統治者たちは長年、パナマの比較優位は一次産品輸出よりもむしろその地理的境遇にあると、認識していた。バナナ、エビ、砂糖、そして精油の輸出は増加し続けていたが、一九七〇年代の実質的な成長のエンジンはサービス輸出であった。従って、パナマの場合、PED戦略は、第三次部門の輸出促進を意味するものと解釈すべきである[81]。オフショア・バンキング・センターの成長が、特に顕著であった。一九八〇年代の初め頃までに一二〇以上の銀行が参加し、その預金は一九八二年のピーク時には総額で四三五億ドルにまで達した[82]。コロン自由貿易地帯は、ラテンアメリカのあらゆる地域に向けられる財の重要な積み換え地点となり[83]、地峡横断の石油パイプラインによって、パナマは、超大型輸送船が運河を使用できないことで得られずにいた所得を取り戻すことができた[84]。パナマ国旗を掲げた船舶の数が急激に上昇し[85]、保険業は銀行業と海運業の幸運な副産物となった[86]。

運河そのものが、パナマの歴史の最初の日から、パナマ経済発展の鍵を握っていたが、その管理と所有は、ずっと米国の手に委ねられていた。一九七七年のカーター・トリホス条約（Carter-Torrijos treaties）の調印と、一九七九年の米国議会によるその批准は、新たな夜明けを約束した。運河地帯の主権はパナマに戻り、パナマが二〇〇〇年まで管理することが約束された[87]。運河運営の所得は急速に上昇し、運河地帯に関する取り引きは、外国貿易扱いではなくなり、コロン自由貿易地帯（Colón Free Trade Zone）からの輸出は、ついにパナマに帰することとなった[88]。

パラグアイのPEDには、新たな一次産品（綿花および大豆）の追求が含まれていたが、これは加工（工業）製品輸出の重要性の低下につながった[89]。しかし、パラグアイの成長のエンジンは一次産品輸出（あるいは密輸）に限定されたものではなく、建設も含まれていた。ブラジルとアルゼンチンと共に、二つの巨大な水力発電ダム（Itaipú と Yacyreta）を建設する決定は、それぞれ、建設部門のみならず、建設会社とその膨大な労働力に投入財を供給するあらゆる活動の景気をあおった[90]。その結果、一九七〇年代には実質GDPは、八・七％上昇した。いかなる基準からしても称賛に値すべき高い実績である。

PED戦略は成功したが、非常に多くの国では、商品価格の高騰によって新たな長期均衡がもたらされると考えられた。一九七〇年代には商品価格が変動しやすかったため、民間部門も公的部門も、外的環境の改善が一時的なのか恒久的なのかを認識できなくなっていたのである。容易にはその傾向を元に戻すことはできない一次産品輸出部門への資源の移動が、短期的な価格の変化に基づいて行われた。それは、多くの国では一九二〇年代の政策の名残りであった。商品価格が低下し始め、交易条件が悪化すると、あまりにも多くの国が危険にさらされた状態のままとなった。

商品価格の上昇は、平均的な実質価格もしくは長期の実質価格の上昇を反映したものであると、広く解釈されていた。PED諸国は、有利な対外条件に輸入の大幅な増加を伴って反応したため、輸出が最高峰に達していた数年でさえ、経常収支はしばしばマイナスのままであった。公的部門は民間部門と全く同じほど近視眼的であった。例外的な貿易関税水準によって膨張した予算が常態であるとみなされ、支出が急激に上昇し、黒字が消滅した[91]。

外的ショックに対するPED諸国の脆弱さは、一次産品輸出部門以外への生産的投資によって相殺することができた。後でみるように、かなりの努力がなされ、膨大な資金を国際資本市場で借り入れた。しかし、そのような投資の多くは外的ショックへの抵抗を強めるには時期が遅すぎたし、また、殆どの資金が浪費され、いくつかの諸国は資本逃避による投資の深刻な流失に悩んでいた。

PED諸国の中のエネルギー輸出国（ボリビア、エクアドル、ベネズエラ）でさえ、他のPED諸国と同様の宿命に苦しんでいた。一九七〇年代の後半に新たな石油埋蔵量を確認した後のメキシコも、同様であった。エネルギー輸出諸国の交易条件の改善はより長く維持できたが、それは永久的ではなかった。高いエネルギー価格が恒久的であることを前提とした戦略は持続可能ではなく、従って、不利な外的条件に備えるために、リスク極小化戦略は調整プログラムの採用を必要とした。エネルギー生産と結びついた膨大な経済的レントは、比較的痛みの少ない調整に対して潤滑油を提供することはできたが、その代わりにその諸資源は、家計や民間部門への移転及び補助金のために利用された。調整が必要とした投資は、海外借り入れによって調達され、この海外借り入れは、交易条件の改善が恒久的であると確認された場合にのみ維持することが可能となるペースで行われた。

▼国家、国営企業、そして資本蓄積

一九三〇年代以前の一世紀において、ラテンアメリカの経済発展の背後にあった推進力は、民間部門であった。時折、海外投資家に対して、国内の資本家階級が補助的な役割を果たすこともあったが、生産、投資、そして分配に関する全ての意思決定において、民間部門の支配的役割は明らかであった。民間部門の構成員たちは、国家による規制が可能としたレントを取り合う競争を依然として猛烈に行っていたが、国家の役割は明らかに二次的であり、輸出主導型成長を奨励する規則の枠組みを提供していた。

伝統的な輸出主導型成長からISIへの転換は、公共政策の管理という作業を複雑にした。特権の付与と国民所得の再分配を含む新たな規則の枠組みの提供に加え、さらに、新モデルの収益性を守るための多くの公共投資が国家に要求された。

このような作業の複雑さと、国家権力に対抗する新たな社会グループの出現は、民間部門と公的部門の間の摩擦を生み、政治的および経済的安定性の双方を時折弱めていった。しかし、

民間部門の全ての派閥に対して同様に便宜をはかることはもはや不可能ではあったが、殆ど例外なく、国家の一般的な機能は民間企業を支援することであると考えられた。従って、アルゼンチンのペロニズムに対する伝統的な農業輸出業者の反発は、製造業における民間投資への国家支援と密接に結びついていたし、一九三〇年代のメキシコにおける私有地の没収によって、メキシコ国家と台頭する工業ブルジョアジーとの間で形成された絆が弱まることは、殆どなかった。

国家が民間部門と強く対立したり、あるいは、国家が民間企業に対して開かれていた活動の範囲を急激に制限しようと望むケースは非常にまれであったが、その場合は、常に反革命が起こり、そして勝利を収めることとなった。チリでは、一九七〇年以降のアジェンデ大統領下で起きた短期間の社会主義によって、[92]経済のあらゆる分野で国営企業が設立されるにつれて民間投資が衰退したが、結果的には一九七三年九月の軍事独裁制につながり、自由市場の利点に過度に傾倒していった。ハコボ・アルベンス（Jacobo Arbenz）政権下（一九五一—五四年）のグアテマラにおいて、[93]フアン・ベラスコ・アルバラード（Juan Velasco Alvarado）政権下（一九六八—七五年）のペルーにおいて、[94]その後、サンディニスタ政権下（一九七九—九〇年）のニカラグアにおいて、[95]政権発足直後、国家の役割が拡大したこともあったが、それは結局一時的なものであった。民間部門は、国家権力を再び打ち破って、その経済的支配を回復した。フィデル・カストロ（Fidel Castro）に支配されたキューバだけが、民間部門の力を喪失させ、かつ反対勢力をうち負かした唯一の国で、国家が、事実上全ての投資、生産及び分配を管理する唯一の主体となった。[96]

いくつかの国内資本家派閥による苦情はあったが、公的部門と民間部門間の関係は一般的に調和のとれたものであった。後者は、前者に対して特権、保護、そして補完的な投資を期待し、国家介入の範囲は、発展モデルが普及していく中であらゆる工夫がなされ、より広がりを持ち、かつより複雑になっていった。しかし、これらの諸機能を実行するために国家が利用できる諸資源は、厳しく制限されていた。徴税努力を示すおおざっぱな指標であるＧＤＰに対する歳入の比率は、国際水準からすれば低かった。唯一の例外はベネズエラであり、この国では、政府は通常より高い石油レントを国営化以前でさえも獲得していた。[97]多くのラテンアメリカで徴税努力が大きくなかったのには、様々な理由があった。農業の影響力が、一九世紀に地租を阻止することに成功し、このため、財政負担は逆進的な間接税にのしかかることとなった。二〇世紀になると、民間部門は所得税の導入を阻止することができず、また、税率構造は大抵の場合、理論上は累進的で平均税率よりもかなり高い限界税率となっていたが、諸控除が広範囲におよび、また脱税（あるいは節税）が頻繁に行われた。戦後期には、先進諸国は「財政的障害」（fiscal drag: 高い限界税率の結果、インフレが実質租税収入を上昇させるプロセス）を懸念したが、ラテンアメリカ諸国は、オリベイラ-タンジ効果（Oliveira-Tanzi effect: インフレが実質税収価値を損なうプロセス）を懸念した。さらに、その活動の多くが財政当局によって把握されていない都市のインフォーマル・セクターの成長は、国内の物品税収入を徐々に低下させた。

歳入は借り入れによって補うことができたが、国内資本市場が脆弱で、海外の資金源へのアクセスは制限された（一九七〇年代以前）ため、赤字の規模は、大きなインフレを伴わないでファイナンスできる程度に抑えられた。その結果、GDPに対する中央政府歳出率は国際水準よりも低いものとなった。実際、一九七五年において途上国全体の平均比率（二二・四％）を上回っていたのは、四カ国（チリ、パナマ、ウルグアイ、そしてベネズエラ）[98]のみであり、先進国の平均（二八・六％）を上回っていたのは二カ国（チリおよびパナマ）[99]のみであった。しばしば、浪費の源とみなされる防衛費でさえ、一九七〇年代半ばに、GDPに占める割合は低かった（チリおよびキューバは例外で、両国ともにGDPの三％を超えていた）[100]。

従って、戦後期を通じて、殆どの国の中央政府が利用することのできる諸資源が極端に制限されていたことと、民間部門が国家に求める要求がますます上昇したことで、摩擦が生じた。国家による資本蓄積は、高い民間投資率を維持していくために必須と考えられていたため、公共投資率が特に重要視された。公共支出による民間投資の「クラウディング・アウト」（crowding out）は、公共投資の欠如によって有益な民間部門の投資機会がなくなるのに比べれば、それほどの脅威ではないと考えられた。さらに、CEPALの影響力があったことと、世界銀行および他の国際金融機関が公的部門へプロジェクト貸し出しを行ったことで、国家介入は、一九四〇年代とそれ以降、高い信頼を得ていた。

この摩擦は、国営企業（state-owned enterprises: SOEs）の拡大によって、大部分解決された。州政府さらには市政府の拡大を含む、間接的な国家介入の措置が軽視されたわけではないが、SOEsの拡大は資本蓄積率の上昇の鍵と考えられた。実際、SOEsの支出を他の政府部門（中央、州、および市）に含めると、GDPに占める公共支出のシェアは（新保守的なチリを除く）、一九七〇年以降、急激に上昇したことがわかる（表10－4参照）。

最初のSOEsは植民地時代にさかのぼり、利益の多かったタバコおよびアルコールの独占企業が王室（後の国家）にとって有益な歳入源となったが、これらは、第一次大戦以降、様々な理由でその重要性を増していった。第一に、ラテンアメリカ全域にわたり、外国人に支配されていたいくつもの公共事業が国有化され、一九七〇年代までに、外国の支配下にあったのはごく僅かとなった。二〇世紀初頭のウルグアイのホセ・バテュレ・イ・オルドネス（José Batlle y Ordóñez）政府がこの分野で先駆的役割を果たし[101]、いくつもの公共事業を生み出して、外国企業が享受していた独占的地位を徐々に弱体化し、ついには、第二次大戦末期の国営化の波によって、外国所有の公共事業の力は崩壊した。これには外国所有の鉄道も含まれ、一九五

表10-4　公的部門支出，1970-80年

国	GDPに占める非財政公的部門支出の割合			GDPに占める国有企業の経常および投資支出の割合		
	1970	1975	1980	1970-73	1974-78	1979-81
アルゼンチン	38.6	46.4	49.1	12.5	17.0	19.5
ブラジル	35.9	42.7	52.7	10.4	18.6	25.6
チ　リ	41.3	40.4	31.6	21.8	31.3	26.1
コロンビア	25.9	27.6	29.4	6.4	6.0	8.4
メキシコ	22.3	31.9	35.0	11.9	16.4	20.7
ペルー	24.5	46.1	60.1	10.1	24.3	32.1
ベネズエラ	28.7	38.9	53.3	19.3	21.1	28.2

出所）コロンビアを除くすべての国については，Larraín and Selowsky (1991), Table 1. 1, p. 2, および Table 8. 1, pp. 308-9 による。コロンビアについては，IDB (1984b), Table 1, p. 148, および p. 171による。

○年代以降、多くの国で国家が鉄道網の主要な投資者となっていった。

第二に、長期にわたって主要な外国投資の対象であった鉱業は、ナショナリストの政府には非常に魅力的なものであった。一九四〇年代にブラジルで鉄鉱石を採取する国営企業が創設された後、[102]それに続いて、一九五〇年代にはボリビアでスズ産業が国営化され、[103]そして、一九六八年以降の軍事政権下のペルーでは、鉱業部門全体にSOEsの拡大が起こった。[104]チリのアジェンデ政権下における外国所有の銅企業の買収は、新保守的なピノチェット政権によっても行われ、[105]ベネズエラのカルロス・アンドレス・ペレス（Carlos Andrés Pérez）の最初の政権期（一九七四―七八年）では、石油から離脱し経済を多角化する壮大な野望の一つとして、鉄鋼石とボーキサイト生産の国家管理が構築された。[106]

原油および精油とともに、石油もまたSOEsが好んだ標的であった。実際、アルゼンチンは率先して一九二〇年代に石油公社（Yacimientos Petrolíferos Fiscales: YPF）を設立し、[107]ボリビアとメキシコは一九三〇年代に外国所有の石油企業を買収した。一九七〇年代末までに、全ての石油生産国で国家が活発に投資を行い、石油輸入諸国においてさえも、石油精製はしばしば国家の掌中にあった。[108]メキシコのPEMEX、ブラジルのPetrobras、ベネズエラのPDVSAといった石油のSOEsは、ラテンアメリカで最大の企業の一つとなり、雑誌*Fortune*の世界最大企業のリストに登場さえした。[109]

長期の開発金融もまた、SOEsの参入に人気のある分野であった。殆どいたるところで金融抑制があり、また多くの国で高いインフレ率が存在していたため、民間金融機関は、リスクの多いベンチャー事業への長期貸し出しよりも、有利な取り引き相手への短期貸し付けを好んだ。一九三〇年代以降SOEsがそのギャップを埋め始め、メキシコのNacional Financiera[110]とチリのCORFO[111]が、他の多くの国のモデルとなった。時折、民間商業銀行が国家によって接収されたが、これは通常、倒産や閉鎖を回避するために行われた。実際、一九八〇年代以前に銀行預金の国家独占を構築していたのはコスタリカ、そして、当然キューバだけであった。[112]

ISI戦略の下で始められた消費財産業は民間企業によって支配されていたが、中間および資本財部門の全てがそうであったわけではなかった。民間部門の関心が欠如していたために残っていた空白を埋めるべく、多くの国においてSOEsがこれらの産業分野で設立された。鉄鋼産業はSOEsにとって好ましい候補であった。鉄鋼生産が工業化プログラムの活性化に非常に重要だと考えられた大国では、公的部門の資本が主導的役割を果たした[113]。石油化学でのSOEsの設立にも同様のことがいえ、造船および武器生産でのSOEsを正当化するために、「国家安全保障」がしばしば引き合いに出された[114]。

SOEsの拡大をうまく例示しているのはブラジルである。ブラジルでは、一九六四年の軍事介入の前後で、ダイナミックな民間部門が国営企業の創設を歓迎した。国内の民間部門、MNCs、そして政府が三者同盟を形成し、同時に公共投資が民間の収益性を高め、かつ新たな民間部門のイニシアティブを鼓舞しようとした。一九七〇年代末までに、ブラジルは六五四の国営企業を設立し、そのうちの一九八社は連邦レベルで設立された[115]。後者は経済範囲の隅々にわたって広がり、多くのブラジル最大の企業を取り込んだ。実に、一九七九年には最大企業上位三〇社のうち二八社がSOEsであり、一九六二年に記録された上位三〇社中一二社から、急増した[116]。

ブラジルのSOEsは、国内外両方の民間部門企業の収益性を決定するのに、きわめて重要な役割を果たした。外国企業が支配していた自動車産業では、企業は、SOEsから電気の全てと鉄鋼の殆どを購入しなければならず、自動車の需要は、一つには他の公的部門企業が供給する燃料（ガソリンとアルコール）の価格によって、また一つには消費者信用を管理する国家規制によって決定された。SOEsが民間部門の収益性にかなった価格および投資政策を採る限りは、SOEsの存在は外国と国内の両方の資本家階級の構成員たちから歓迎された。

しかし時折、SOEsの形成は、民間部門の利益に反する行動に出た。貧困層の消費を補助するために必要であるとの観点から政府が正当化した、食料品の生産と分配における国家の介入には、通常民間部門は難色を示した。しばしば威信上の理由で国家が経営していた国営航空会社は、有益な民間投資が可能な分野であった。観光において、あるいはいくつかの国であったように、ナイトクラブにさえもSOEsが必要であることを、懐疑的な民間部門に説明するのは困難であった。さらに、西ヨーロッパ同様、ラテンアメリカは歯止め効果から逃れることができず、買収の本来の意味がなくなるずっと後になっても、企業を公的所有のままにしようとした。

しかし、ラテンアメリカにおける公的所有の拡大に対する民間部門の不満は、一九八〇年代まではそれほど大きくはなかった。市場の力、民間企業、そして対外投資を強調したES諸国でさえも、国家の介入をかなりの程度にまで押し戻す覚悟はなかった。チリは一九七〇年代に民営化プログラムを実行したが、その殆どは、アジェンデ社会主義政権下で短期間公的所有になっていたものを、再び民営化したものであった[117]。実際、ピノチェット政権下でチリは公的部門においていくつかの産業(銅を含む)を保有し、その収益性を上昇させ、投資を減少させ、黒字の機会を利用して民間部門への税率を引き下げた[118]。

SOE^sの数は、多かったが、その実質GDPへの寄与率は通常それほど大きくはなかった。経済が石油によって支配されていたベネズエラにおいてのみ、一九七〇年代の終わりに、SOE^sが純産出量の一五%以上を占めていた[119]。さらに、もしベネズエラを除けば、ラテンアメリカの平均値は、開発途上国と先進国の双方の平均を下回っていたのである。付加価値の大半は、外国および国内の民間部門が生みだしており、(効果的な高い直接税率がなかったために)資本家階級は国民所得の分配に強い影響を与えた。

しかしながらSOE^sは、資本蓄積の過程において非常に重要な役割を果たした。浪費的あるいは非効率的な投資の実例は決して珍しくはなかったが、民間部門が低い資本・産出高比率と短い計画期間を有する諸活動を選好していたいっぽうで、資本集約的な活動分野(例えば、鉱業やエネルギー)にSOE^sが進出したため、SOE^sは資本蓄積に大きく貢献したと言える。総固定投資に対するSOE^sの寄与は、純産出高へのSOE^sの寄与を上回る傾向にあった。実際、ラテンアメリカの資本支出におけるSOE^sのシェアは、LDC^s全体よりも遙かに高く、先進国を上回ってさえいた[120]。

社会的に有益な投資機会が非常に多くあり、また民間部門からの反対がなかったにもかかわらず、公的部門の資本蓄積は当初は資金不足によって制約を受けた。公的部門の緩慢な経常収支黒字は、さまざまな分野の行政機関の意欲的な投資計画をファイナンスするには、決して十分ではなかった。SOE^sの収益は、価格管理によって、また時には急上昇するコストによってしばしば減少し、収益の再投資でさえも、中央政府への移転を行わせる法的要求によって阻害されることがあった。

この資金面での制約は、最終的には、国際的な銀行貸し出しの増加によって一九七〇年代に緩和された。実際、外国銀行にとって、一般政府およびSOE^sの両方の公的部門への貸し付けは、民間部門への貸し付けよりも魅力的であり、これは、前者が常に償還について公的保証を伴っていたからである。多くのラテンアメリカ諸国における大規模なSOE^sが、もっとも有利な顧客であった。メキシコでは、PEMEXが新規貸し付け全体の大部分を受け取っていた。GDPに占めるSOE支出の割合は着実に上昇した(表10‐4参照)。資金面での制約が緩和されるに従って、総固定資本形成への公的部門の寄与率は急増していった。一九七〇年代前半の新たな投資の全てを事実上国家が担っていたチリだけが、資本形成に対する公的部門の寄与を低下させた[121]。

その結果、一九七〇年代のラテンアメリカにおける、総固定資本形成比率はかなりのものとなった。一九五〇年代に二〇%以上の投資率(GDPに占める)を常に達成していたのはベネズエラのみであったが、一九七〇年代にはラテンアメリカの平均が二一％を下回ることは一度もなく、一九七四年から一九八一年の間には毎年二三％を超えた。[122]他の地域と比べて、それまでしばしばあまり高くなかった投資率は、ついに、一人当たり実質ＧＤＰが長期間急成長するのに必要とする水準にまで到達し始めた。しかし、この投資率は持続可能ではなかった。国際的な銀行貸し出しの基盤は、変化しやすい砂地に根ざしているようなもので極めてもろく、一九八〇年代には崩壊した。さらに、銀行貸し出しの低下は、公共投資の機会を減少させただけでなく、ラテンアメリカの発展が基盤としてきた資本蓄積モデル全体を徐々に衰えさせることになった。

▼債務主導型成長

一九三〇年代の債務不履行によって、ラテンアメリカは、この地域が過度に依存していた海外からの資金調達先である民間の国際債券市場から、事実上閉め出されていた。一九四〇年代以降、国際資本市場の活動範囲と複雑化が急速に進んでいったにもかかわらず、ラテンアメリカの債券市場はさほど大きくならなかった。戦後初期に民間のポートフォリオ資本がラテンアメリカに流入したが、これは主に商業利子率による短期貿易信用の形態をとっていた。

ラテンアメリカにおける対外直接投資は、一九四〇年代以降、かなり増加し、海外の資金源へのアクセスを増大させるのに熱心であった受け入れ国政府によって、当初は大いに歓迎された。しかしＭＮＣｓのラテンアメリカに対する資金面での貢献度は、期待はずれなものとなった。その資本はしばしば現地で調達され、多くの投資は既存企業の買収というかたちをとり、しかも、その売り手が現地でその収入を再投資する保証はなかった。さらに、海外へ送付される収益とロイヤルティ支払いの結果、いかなる年においても、外貨流出の累積は対外直接投資の流入をしばしば上回っていた。

資本が稀少な地域であったため、ラテンアメリカは、資本蓄積を実現するのに必要な国内貯蓄を補うために、海外からの借り入れに期待した。自律的な（そして積極的な）資本流入によってファイナンスできるのであれば、国際収支の経常赤字は「正常な」出来事であると、当然のように考えられていた。しかしながら、ポートフォリオあるいは直接投資といった民間資本の純流入を増大させることが困難だったため、ラテンアメリカは第二次大戦後の二〇年間、海外の公的借り入れに過度に依存したままであった。一九六八年頃においても、ラテンアメリカの公的対外債務の六〇％を公的資金が占めていた。[123]

政府借り入れは、バイラテラルでも、マルチラテラルでも行われた。前者は、単一国からの借り入れであり（例えば、輸出入銀行、あるいは米国の国際開発機関）、後者は、異なる国によって管理されている資金源による貸し付けであった。マルチラテラルな資金源は、ＩＭＦと世界銀行がブレトン・ウッズ会議で設立されたことをきっかけに有力なものとなり、一九六一年に米州開発銀行（Inter-American Development Bank: IDB）

が創設されたことで、ラテンアメリカにとって非常に重要となった第三の国際金融機関（international financial institution: IFI）がさらに加わった。

一九六〇年代に、ALPRO（「進歩のための同盟」）がラテンアメリカへの政府資本フローを上昇させ、特にIFIsはその貸し出しを増加させた。しかし、バイラテラルな流入（主に、米国からのもの）が依然として最も大きく、そのためリンドン・ジョンソン（Lyndon Johnson）政権およびリチャード・ニクソン（Richard Nixon）政権がALPROへの興味を喪失したことは、ラテンアメリカの海外資金調達の必要性にとって、重大な意味を持ったかもしれなかった。

現実にはそのようにならなかったが、それは、国際金融システムの変化により、一九六〇年代末以降、外国銀行にとってラテンアメリカへの貸し出しが魅力的なものとなったからであった。この政策の変化の発端はユーロ・ダラー市場の成長に見ることができ[124]、このユーロ・ダラー市場の形成によって、国際銀行の管理下で膨大な国際流動性のプールが生じ、そのため、貸し手は新たな借り手を獲得しなければならなかった。最初は米国の貿易赤字によってファイナンスされ、後にはベトナム戦争に関連した巨額の米国財政赤字によって膨らんだため、ユーロ・カレンシーの預金残高は、一九六四年末期の一二〇億ドルから、一九七〇年末期の五七〇億ドルへと急上昇した[125]。

ユーロ・カレンシー市場の成長は、ラテンアメリカへの銀行貸し出しが変化する最初のステップにしかすぎなかった。第二のステップは、ラテンアメリカ市場での国際銀行の支店および代理店の拡大であった。当初は、米国の金融機関（特にシティーコープ（Citicorp））が率先し、長期間行われていなかったラテンアメリカへの支店銀行業務を再開したことで、外国銀行は、この地域における多国籍企業という顧客にサービスを行うことができるようになった[126]。この支店や代理店の拡大は、さらに、現地の状況や有益な貸し出し機会の情報に関して、ラテンアメリカと本店の間に計り知れないほど重要なパイプをもたらした。

しかしながら、一九三〇年代に債務不履行が広範囲にわたって行われたために、ラテンアメリカへの銀行貸し出しの妥当性を抑えるものが残っていた。これらの抑制は、一九六〇年代末に貸し出しを実施した際に起きた二つの変化の結果、最終的には克服された。最初は、シンジケート・ローンの利用であり、これによって銀行は、多数の（場合によっては五〇〇近くの）貸し出し機関で諸外国への貸し出しリスクを分散することができた。第二は、変動利子率への転換であった。それ以後、借り手は、債務契約によって、市況に応じて変化する参考利子率（例えば、ニューヨークのプライムレート）より高い一定のプレミアムを支払わなければならなくなった。

シンジケート・ローン、変動利子率、そして大きなプレミアムという組み合わせによって、以前はあまりにもリスクが高いために排除されていた、高い収益性を持つ国家への貸し出しが行われた。一九七六年までに、シティーコープはブラジルへの貸し出しだけで、総収益の一三％を占めていた。[127] 銀行貸し出しは、一九六六年のラテンアメリカの公的対外債務の一〇・五％から、一九七二年の二六・一％へと急激に上昇し、債務増加のほぼ半分が、外国銀行の貸し付けによるものであった。[128]

第一次石油危機が、この有益な貸し出しをさらに刺激した。石油輸入国から輸出国へ移転された石油ダラーによって膨張したユーロ・カレンシーの預金残高は、一九七四年末頃には二〇五〇億ドルにまで跳ね上がった。第二次石油危機が二度目の上昇をもたらし、一九八一年末には、ユーロ・カレンシーの預金は六六一〇億ドルとなった。一九七三年以降の一〇年間、銀行は、収益性の高い新たな貸し出し先を早急に見つけださなければならなかった。ラテンアメリカは、シンジケート・ローンの最初の取り引きが非常にうまくいき、かつ、国際銀行が現地支店のネットワークを張り巡らしていた地域であったため、有力な市場であった。

当然、銀行は、ラテンアメリカに新たな貸し出しを積極的に行いたいと思っていた（実際に切望していた）。さらにラテンアメリカも同様に、貸し出しの受け入れを強く望んでいた。従って時には、銀行の熱心さが、通常の職業的および倫理的基準をはるかに下回るようなセールス技術につながることがあったが、貸し付け可能な資金に対する需給は、歩調を合わせて進んでいった。[129]

銀行貸し付けに対するラテンアメリカの借り手の需要は、様々な理由から生じていた。アンデス協定の決議二四に反映されたように、一九六〇年代までに対外直接投資への不満がピークに達していた。いくつかの分野の技術的専門知識のためにMNCsが必要であることは認識されていたが、国際収支赤字をファイナンスするためにMNCsを当てにすることはできなかった。新たな資金源が必要とされていたのである。同時に、ALPROの終焉の結果、公的資本フローが減少していた。

他のポートフォリオの資金源以上に、銀行貸し出しはもう一つの利点を有していた。それは銀行貸し出しが実質的に無条件だったことである。殆どのラテンアメリカ政府が、しばしばIMFのコンディショナリティを満たそうと苦闘していたのに比べて、国際銀行の新規貸し出しは、非常に少ない付帯条件で実施された。一九七〇年代の米国銀行による総貸し出しの六〇％近くが、「一般的目的」(general purpose)、「目的を問わない」(purpose unknown)、あるいは「再融資」(refinancing) に向けられた。[130] SOEsが銀行貸し出しの主な受け手であったが、中央銀行もまた受益者であり、財政や国際収支、あるいはその両方の赤字をファイナンスするための貸し出しが契約された。[131]

銀行貸し出しを切望した最後の理由は、二度の石油危機がもたらした対外ショックによるものである。石油輸入国（例えば、ブラジル）にとっては、無条件の銀行貸し出しへのアクセスは、痛みを伴う安定化プログラムや調整プログラムを採用することなく、また、高いGDP成長率を犠牲にすることもなく、国際収支赤字をファイナンスする方法を与えてくれるものであった。石油輸出国にとっては、石油の価格が高くなったことで、石油生産を拡大させる（例えばエクアドルやメキシコ）か、あるいは、非石油経済への大規模な投資を通じて、石油依存から脱し経済を多角化させる（例えば、ベネズエラ）かの機会を与えてくれた。どちらの場合にも、計画された投資規模は国内資源をはるかに超えるもので、対外貸し出しへのアクセスを必要とした。

一九七〇年代には、公的資本フローもまた世界の流動性の増大から利益を得ており、ラテンアメリカにとって、銀行が唯一の新規貸し出しの源泉であったというわけではなく、また全ての銀行貸し出しが、公的部門に向かったわけではなかった。従って、あらゆる種類の債務が急激に広がった。たとえ、貸し出しが民間部門向けであっても、可能なときはいつでも銀行は貸し出しへの公的保証を求めた。しかし、チリのピノチェット政権はそのような保証を与えることを拒絶し[132]、ベネズエラは豊富な石油埋蔵量により、そのような保証は必要ないと考えた。さらに、大国においては、銀行は依然として、公的保証がなくても民間部門企業へ貸し出そうとしていた。一九八二年末時点での、アルゼンチンとブラジルにおける総債務の四分の一は、保証のない民間の長期貸し出しの形態をとっていた。

ラテンアメリカへの貸し出しに対する銀行の強い関心は、全ての国に一様に広がったわけではなかった。彼らは、圧倒的に大国（アルゼンチン、ブラジル、チリ、コロンビア、メキシコ、そしてベネズエラ）への貸し出しを選好した。しかし、コロンビアは、財政問題で長期にわたって保守的な伝統を有していたため、銀行のコロンビアへの貸し出しの努力は、フリオ・セサル・トゥルバイ・アヤラ（Julio César Turbay Ayala）政権（一九七八—八二年）まで殆ど拒否されていた[133]。一九八二年末時点でも、コロンビアの対外債務の半分以上は、世界銀行と他の公的機関によるものであった。

事実、銀行の小国への関心は、きわめて限られたものであった。コスタリカ、パナマ、そしてウルグアイを除けば、これら小国は公的資金源に大きく依存したままであった。例えば、エルサルバドルおよびグアテマラでは、一九八〇年代初頭に、自国債務の約九〇％を公的資金源に負っており、ボリビア、ドミニカ共和国、ハイチ、ホンジュラス、ニカラグア、そしてパラグアイではこの割合が五〇％以上であった。しかしながら、公的資本フローといくつかの銀行貸し出しが上昇した結果、殆どの小国の総債務は急速に増大し続けた。

一九六〇年代後期以降におけるラテンアメリカの債務の増加（表10－5参照）は、非常に急速であった。それにもかかわらず、少なくとも一九七八—七九年の第二次石油危機までは、債務への名目利子率が名目輸出額の成長率を下回っていたため、その増加は維持できるものであった。高い水準の国際流動性と、第一次石油危機以後の先進国の景気後退によって、世界のインフレ率を下回る名目利子率が維持されていたのである。また商品価格が高くなった結果、ラテンアメリカの輸出収入は急増した。従って、ラテンアメリカは、債務—輸出比率が維持できないほど上昇するというリスクを背負うことなく、債務に課

表10-5　対外債務指標，1960-82年

年	A	B	C	D
1960	7.2[1]	16.4	17.7[1]	3.6[1]
1970	20.8[1]	19.5	17.6[1]	5.6[1]
1975	75.4	42.9	26.6	13.0
1979	184.2	56.0	43.4	19.2
1980	229.1	56.6	38.3	21.2
1981	279.7	57.6	43.8	26.4
1982	314.4	57.6	59.0	34.3

記号A　公的，民間および短期債務の合計，10億ドル。
　　B　公的対外債務に占める銀行債務のシェア（%）。
　　C　輸出に対する元利金支払い（利子を年賦償還）の比率。
　　D　輸出に対する利子支払いの比率。
注1）公的対外債務のみ。
出所）CEPAL (1976), p. 25, IDB (1983), Table 56, 58-60, (1984b), Table 1, p. 12, および Table 5, p. 21, (1989), Table E-6.

せられた利子を支払うのに必要な諸資源を、国際的に借り入れることができた。財政および金融問題の重大な管理の失敗に苦しんでいたペルーのみが、一九七〇年代に債務問題に直面していた。[134] しかし、IMFと銀行による救済計画の成功とNBTTの上昇が、一九七〇年代末に同時に起きたため、国際的な債権者は、問題はすでに解決していると思い違いをしていた。

　第二次石油危機は、グローバル経済の運営において一つの分岐点となった。先進諸国は景気後退に入り、商品価格が下落し、ラテンアメリカの石油輸入国のNBTTは急激に悪化した。しかしながら、先進諸国は、金融引き締め政策によって自国の構造的不均衡に取り組み、世界利子率を非常に高い水準にまで引き上げていった。一九八一年までに、ロンドンとニューヨークの基準レートが一六％以上となり、これによって、銀行債務に対して返済すべき利子率は二〇％近くにもなった。[135] ラテンアメリカの輸出収入の増加は、一九八〇年以降急速に減退し、また、石油輸出国と非石油輸出国の両方の輸出収入は一九八一年をピークとして下降したため、債務主導型成長はもはや持続不可能となった。

　しかし、驚くべきことに、第二次石油危機以降でさえも、銀行や他の債権者は貸し出しを継続していた。一九七九年から一九八二年の間（表10-5参照）、ラテンアメリカの債務残高は一八四〇億ドルから三一四〇億ドルへと急激に上昇した。当然のことながら、債務－輸出比率はかなり悪化した。この比率は、一九八〇年末においては、一二カ国で、持続可能性を示す大まかな数値である二〇〇%以下を記録していた。一九八二年には、望ましい水準であったのは、僅か三カ国（グアテマラ、ハイチ、そしてパラグアイ）のみとなった。さらに、輸出収入に対する債務の利子および元本支払いの比率である債務返済比率は、一九七五年の債務返済の実行が可能な二六・六%から、一九八二年の実行不可能な五九%へと急激に増加した（表10－5参照）。

第二次石油危機以降のラテンアメリカへの継続的な貸し出しは、前例のない輸入上昇を引き起こした。数年のうちに輸入は二倍以上となり、石油輸出額の上昇にもかかわらず、経常収支赤字は一九八一年には四〇〇億ドルにまで拡大した。さらに悪いことに、多くのラテンアメリカ諸国の民間部門が公共政策を信頼しなくなり、また通貨の引き上げを期待して、資本逃避が加速していったが、その殆どが非合法であった。一九八二年末までに、アルゼンチン、メキシコ、そしてベネズエラの民間部門の対外資産は、各国の公的対外債務額の少なくとも半分に達していたと推定されていた[136]。

あらゆる警告のサインが、手遅れとなるまで債務者にも債権者にも無視された。コスタリカとニカラグアは、一九八〇年に重大な債務問題に直面していたが、双方とも、他のラテンアメリカ諸国とはさほど関連がないものと片付けられていた[137]。石油価格の大幅な上昇にもかかわらず経常収支赤字と財政赤字に直面していた石油輸出国、とりわけエクアドル、メキシコ、そしてベネズエラの惨状は、非常に軽く考えられていた。債務返済比率と債務—輸出比率が大きく悪化しても、当初は不安が引き起こされることはなかった。一九八二年においてのみ、ラテンアメリカの輸出額が前年のピーク水準から下降し始めたために、貸し出しの速度が減退した。世界の景気後退が商品価格を下落させるにつれて、非石油輸出国の交易条件は急激に悪化していった。しかし皮肉なことに、惨事を突然引き起こしたのは、石油輸出国であった。もはやその債務利子の支払いが不可能となっていたメキシコが、八月に債務不履行の脅威を告げたときに、ついに債務危機が生じたのであった。

第11章　債務、調整、そして回復

メキシコ政府による、一九八二年八月の公的対外債務に対する債務不履行という脅威は、ついには債務危機を勃発させる引き金となった。銀行貸し出しのラテンアメリカへの純フローは停止し、純資金移転は突然マイナスに転じた。先進諸国の民間金融機関が、ラテンアメリカに関するそれまでの楽観的見通しを一変させるにつれて、累積対外債務負担に慎重であったコロンビアのような国でさえも影響を受けた。[1]

銀行貸し出しの減少によって、殆どの共和国で、この一〇年間の終わりまでに、輸出を基盤とした新たな成長モデルにつながる一連の事象が始動した。新たな軌道への転換は痛みを伴い、また、最も広範囲におよぶ改革プログラムを実行する覚悟があった諸国でも、転換は決して完璧なものではなかった。それにもかかわらず、状況を説明する論理があらゆる政治的領域にわたる政府の対応を必要としていたために、各国は代替策を殆ど有していなかった。資本蓄積の過程における国家の中心的役割を基盤としてきた古い成長モデルは、一つには国営企業(state-owned enterprises: SOEs) への資本フローが低下したことによって、また、一つには新自由主義経済と小さな国家を支持するコンセンサスが生じてきたことによって、非難にさらされた。

新たな輸出主導型モデルは、部分的には、一九八〇年代に各国が採用していた一連の調整プログラムと安定化プログラムへの現実的な対応策として生じた。資金移転がマイナスのため貿易黒字を蓄積せざるを得なくなり、ラテンアメリカ諸国は、一九六〇年代以降殆どの国が課題にしてきた輸出促進を、ついに最優先することとなった。海外から資金を借り入れることは不可能であったため、政府は同時に、財政改革、非効率な国営企業、そして氾濫していた補助金といった諸問題にも取り組み始めた。

新たな成長モデルにとっては、国際金融機関（international financial institutions: IFIs）、学識者、先進諸国の政府との間で、自由市場、貿易と金融の自由化、公営事業の民営化を支持する意見がかつてないほど一致したことも追い風となった。その理論的および実証的基盤が不十分であったにもかかわらず、この正統性は、[2] 依然として残っていた内向き政策と干渉主義的国家を支持するラテンアメリカの声を圧倒した。表面上は国家の範囲を縮小させることを表明する政府がラテンアメリカ全域で勢力を得、ラテンアメリカの知的思潮は急速に自由市場経済を支持する方向に移行していった。旧モデルの改訂版を提唱していた伝統的な研究機関が、着実に影響力を失っていく一方で、新しい正統性に傾倒していた研究機関や大学が活気づいた。先進諸国の経験とは全くかけ離れた現象であるハイパー・インフレに関してと、これと戦うための安定化プログラムにおいてのみ、依然としてラテンアメリカの意見が信頼の置けるものとして聞き入れられた。

新たな成長モデルの出現は、経済政策の殆どの分野を変化させた。貿易は自由化され、金融市場は規制が緩和され、そして公営事業は民間部門へ払い下げられ始めた。関税と貿易に関する一般協定（General Agreement on Tariffs and Trade: GATT）にまだ加盟していなかったラテンアメリカ諸国は加盟を申請し、[3] いくつかの国は農業の自由貿易を実現するためにケアンズ・グループに加盟した。[4] 以前は殆ど聞こえなかったラテンアメリカの意見が、国際貿易交渉において聞かれはじめ、いくつかの最も大きな国は、第一世界の地位を得ようとする自分たちの野心をはっきりと表していったのである。

米国との関係における態度の変化が、最も明白であった。一九八九年一二月の米国のパナマ侵攻は非難を受けたものの、[5] ラテンアメリカと米国との間の摩擦問題は、着実に減少していった。冷戦が終結し、東欧とソ連での社会主義の試みが崩壊するにつれて、キューバはより孤立し、米国がずっと抱いてきた安全保障の懸念は徐々に小さくなっていった。共産主義に代わって麻薬が米国の対外政策の優先課題となり、麻薬撲滅プログラムは、米国と多くのラテンアメリカ諸国との間で密度の高い協力を必要とした。かつてその制約的な慣行が大いに非難された米国の多国籍企業（multinational corporations: MNCs）は、今やその投資の潜在能力によって、ラテンアメリカから支持されるようになった。ラテンアメリカの多くの国で、民間部門を政策理念として強く支持する政府が選挙で勝利し、ワシントンを喜ばせた。自由選挙で左翼諸党が敗北したことで、米国が直面していた安全保障と民主主義のどちらを選択するかという伝統的なジレンマが和らいだ。

貿易の自由化もまた、北米と南米とを緊密にした。非伝統的輸出品の市場を見いだすという必要性に迫られてはいたものの、多くのラテンアメリカ諸国は、保護主義的な声が依然として勢力を持つ世界貿易システムの恣意的な性質を懸念していた。ＧＡＴＴのウルグアイ・ラウンド交渉でいくつかの困難が表面化したために、[6] メキシコは、自国の輸出に対して保証されたアクセスを確保し、米国の経済システムにより深く入り込むため、北の近隣諸国との自由貿易協定（free trade agreement: FTA）を求めることで対応しようとした。[7] ジョージ・ブッシュ（George Bush）大統領は、前任者であるロナルド・レーガン（Ronald Reagan）よりもラテンアメリカをより重要であるとみなしていたので、積極的に対応し、米国とメキシコの両国は、ＦＴＡｓのネットワークに他のラテンアメリカ諸国を引き入れる可能性を力説した。特にブッシュ政権は、一九九〇年六月にラテンアメリカ支援構想（Enterprise for the Americas Initiative）に着手し、これは、一九九〇年代末までに米国と全てのラテンアメリカ諸国との間にＦＴＡｓが結ばれるという展望を示すこととなった。[8]

ラテンアメリカ経済の見通しについて一九八〇年代に世界中で示された悲観論は、一九九〇年代始めまでには楽観論に取って替わり始めていた。いくつかの国際銀行と先進諸国の政府当局は、僅か数年前まではその無能と腐敗を非難していたこの地域に、惜しみない賞賛を与えさえした。真実はその中間のどこかにあった。一九八〇年代に大抵のことは成し遂げられていたが、多くの事柄が手付かずの状態で残ったままであり、大国（とりわけブラジル）は特にその対応が緩慢であった。さらに、債務危機によって数が増大した貧困層に対して新しい成長モデルが与える影響は、依然として不明確なままであった。独立から二世紀近くたっても、生産性の向上、社会的支出、教育投資によって貧困を最終的に払拭することは、依然として容易には実現できなかった。

▼債務危機から債務負担へ

一九八二年八月にメキシコの債務不履行の恐れがでた際に、主要な国際銀行の多くは、ラテンアメリカに対して、彼らの金融機関としての存続の可能性が危険にさらされるほど高い水準のエクスポージャーを有していた。一九八二年末までに、自己資本に対するラテンアメリカ貸し出しの比率は、カナダと米国の主要な国際銀行一八行のうち一七行で一〇〇％を超えていた。これら銀行のうち、一八行が同地域に七〇〇億ドル近くまで信用を拡大しており、一行（シティーコープ（Citicorp））は一〇〇億ドル以上を提供していた。[9]

主要な国際銀行が高水準のエクスポージャーを有していたため、先進諸国の政府は、ラテンアメリカの債務危機に強い懸念を持った。一九三〇年代には、債務不履行に直面した民間の債権保有者の訴えは一般に無視されたが、一九八〇年代は政府の対応が迅速かつ決然としていた。一つには国際金融システムの安定性への不安から、また部分的にはメキシコの経済崩壊という結果を恐れて、米国政府が率先して事に当たった。[10]

国際銀行の大きな危機を回避する一方で、債務国を正常な状態に戻す一連の共通ルールを構築するため、レーガン政権の指揮の下、ラテンアメリカに対する民間および公的（バイラテラルとマルチラテラル）貸し手の間で、事実上の債権者カルテルが間もなく形成された。ラテンアメリカにさほどエクスポージャーがなかった小規模な銀行は、債務国との片務的な解決を積極的に思いとどまったが、これは、そのような解決が、より危機にさらされた金融機関に深刻な影響を及ぼす可能性があったためであった。一つの大規模な貸し出しに関係した銀行が五〇〇行もあったため、あらゆる交渉において、民間の債権者を代表する職務の権限が委任されなければならず、また、小規模な銀行諮問委員会（Bank Advisory Committe）が各国でつくられた。

債権者の統制は、銀行諮問委員会の存在だけでなく、銀行、政府、そしてＩＦＩｓ間での度重なる公式および非公式の会議によって強化された。ＩＦＩｓの役割は特に重要であった。加盟国の国際収支問題に責任を持つ機関として、国際通貨基金（International Monetary Fund: IMF）はそれまでラテンアメリカに対処してきた以上に強い態度をとるようになった。政策の改革が最重要課題となるに従って、より伝統的なプロジェクト・ローンと同様に、構造および部門別の調整ローンに関与するようになっていた世界銀行もまた、債務危機の処理に関する戦略計画で主要な役割を果たしていた。

当然のことながら、債権者の統制の維持は、債権者カルテルの権威を保証するものではなかった。ラテンアメリカは長い債務不履行の歴史を有しており、そのため、過去の知識を持ち合わせていた銀行が楽観的になるはずはなかった。しかし当初、債務諸国は、カルテルによって設定されたゲームのルールを受け入れ、多くの場合、多大な経済的および政治的コストにもかかわらず、即座にしかも完全に債務を支払った。[11] チリの場合は、起きる可能性のあった金融崩壊を未然に阻止するために、アウグスト・ピノチェット（Augusto Pinochet）政権が、一九八二―八三年に重債務を有する民間銀行に介入した直後にのみ支払いが可能となったとはいえ、公的保証を受けていなかった民間部門への貸し出し（チリとベネズエラでは非常に多かった）でさえも支払いが行われた。[12]

債務諸国が正統的な方法で積極的に対処しようとしていたのは、一九八二年末までに債権国と債務国の双方が持つようになっていた、暗黙の合意によるものであった。多くの債務国政府が自分たちの債務を積極的に支払おうとしたのは、この金融危機が流動性の危機であり、支払い能力の危機ではないという、交渉にあたった全ての関係者が広く持っていた信念によるものであった。一九七〇年代末以降この地域を襲い（二八一―五ページ参照）、債務返済比率の悪化をもたらした一連の外的ショックは、一時的なものであると判断されていた。従って、ラテンアメリカへの新規貸し出しの継続は流動性の問題を軽減し、対外的な条件がより「正常に」なるまでの休息期間をもたらすはずであった。名目利子率（例えば米国のプライム・レート）は低下すると期待され、先進国、すなわち経済協力開発機構（Organization for Economic Cooperation and Development:

OECD）に加盟している国々は再び成長し、また一次産品価格も回復するであろうと考えられた。そしてこれら全てが、利払いを減少させ、かつ輸出を上昇させることによって、債務返済比率が改善する環境を生むはずであった。

ラテンアメリカ諸国の政府は、民間および公的債権者が既存の債務に対する債務繰り延べを行い、新規の貸し出しを継続するつもりがあれば、債務危機から堂々と抜け出すことができると確信していた。しかし債権者は、マクロ経済調整と政策改革が行われてはじめて協力を行うことを明らかにした。従って、債務の繰り延べと新規貸し出しの見込みは、ＩＭＦと、そして大抵の場合、同様に世界銀行との合意を条件として行われ、未払い金を累積することは例外的なケースにおいてのみ許された。

債務繰り延べと新規貸し出しのコンディショナリティによって、ＩＭＦと世界銀行は重要な地位を担っていった。この二つの機関と債権国政府の協力は、かつてないほど緊密なものとなった。過去のラテンアメリカの経済政策に対する不満のため、債権者がラテンアメリカに対して妥当であると考えた、首尾一貫した見解「ワシントン・コンセンサス」（Washington consensus）が徐々に具体化し始めた[13]。債務返済を可能にするようなマクロおよびミクロ経済の諸条件を構築するため、ＩＭＦと世界銀行双方の監視のもとで、安定化および調整プログラムが導入された。影響を受けなかったのはごく少数の諸国であったが、それは、債務繰り延べの必要がなかったからか（例えばコロンビア）、あるいは、政治的環境がＩＭＦの支援を不可能としたから（例えばニカラグア）のいずれかであった。

債務国と債権者との間で行われた取り引きは、当初はうまくいくように見えた。国際利子率は低下し、先進諸国の成長は回復し、ラテンアメリカの輸出量は増加し始めていた。特に米国経済は一九八二年以降、急速な成長を経験し、これによって輸入が大幅に増加した。友好国に報い、敵対国を制裁するためのあからさまな試みとして、レーガン政権は、多数のカリブ海の小国あるいはその周辺国が、広範囲にわたる商品に関して無税でアクセスすることのできる、カリブ開発計画（Caribbean Basin Initiative: CBI）を創った[14]。また、一九八五年中頃まで、この地域の石油輸入国は石油価格が大幅に低下したことで利益を得ていた[15]。

しかし、暗黙の合意は、二つの大きな問題に突き当たった。第一は、米ドルが強くなったことが要因となって商品価格が下落した結果、輸出量が増加しても収益の上昇をもたらさなかったことであった[16]。純商品交易条件（net barter terms of trade: NBTT）が、殆どの国で一九八〇年代の前半に悪化し、輸出量の増加は価格の下落を相殺するほど十分ではなかった。一九八五年のこの地域の輸出額は、一九八一年を上回ることはなく、さらにその一年後の石油価格が下落した後には、二〇％近くも低くなった。債務返済比率は改善されず[17]、流動性の危機は、以前と同様に厳しい状況のままであった。

第二に、債権者が積極的に債務を繰り延べしようとしても、それは新規貸し出しを保証するものではなかったということである。公的債権者、特に国際金融機関は、当初はラテンアメリカへの貸し出しを増加させたが、民間の資金は枯渇し始めていた。小規模銀行は特に消極的な態度を示し、またいくつかの債権者が自らのエクスポージャーを増加させることを渋った結果、多くの債務国への新規のマネー・パッケージは、数カ月間停止された。さらに、公的債権者からの新規借款は返済されなければならなかったため、一九八七年までには、主要な三つのＩＦＩｓでさえもラテンアメリカからの純資本受け取り者となった。(18)

債務の再交渉の効率性と柔軟性を改善するために、多くの努力が払われた。銀行債務のセカンダリー・マーケットが現れ始め、これによって小規模銀行は、自分たちの無用なエクスポージャーを処分することができ、また、債務繰り延べに関わっていた債権者の数が減少した。債権者も債務国も、限界債権者(marginal creditors: 最小限の危機に直面している債権者）が自分たちの貸し付けに関して若干の損失と引き替えにそこから抜け出すことのできる、「免責債」(exit bonds)の適用を歓迎した。いくつかの国では、セカンダリー・マーケットで手に入れた債務を使って債務の株式化(Debt-equity swaps)が利用され、対外公的債務を実物資産の所有へと転換した。また、債務の転換(debt conversions)も同様のメカニズムを利用して、対外債務を現地通貨で返済できる対内（国内）債務に置き換えた。環境の改善と引き替えに債務を帳消しにするデット・フォー・ネイチャー・スワップ(Debt-for-nature swaps)も流行し、ハーバード大学は、デット・フォー・スカラシップ(debt-for-scholarship)スキームを提唱さえした。

これら新考案は全て長所を持っていたが、基本的な問題を隠すことは出来なかった。十分な新規債権がなかったために、ラテンアメリカは、純資本流入で受け入れるよりもかなり多くの利子と利潤送金を、海外に移転していた。この資金移転は、一九七九年から一九八一年の間は、年間平均一三〇億ドルのプラスの流入を記録していたが、一九八二年には急激にマイナスとなり、八〇年代を通してずっとその状態が続いた。一九八〇年代半ばまでに、マイナスの資金移転は約三〇〇億ドルにまで達したが、これはこの地域のＧＤＰの四％、輸出の三〇％に匹敵していた。

マイナスの資金移転は資本逃避によって悪化したが、この資本逃避の多くは、公的統計で把握することができなかった。債務危機が発生する以前でも、ラテンアメリカ諸国の民間部門は、利子率の違い、為替リスク、政治的不安定に対応するため、かなりの金融資産残高を海外（主に米国）に蓄積し始めていた。為替管理が弱いかあるいは存在しない国が特に影響を受けたが、資本流出に関するきわめて厳しい規制（ブラジルのように）でさえも、ある程度の金融流出を回避することはできなかった。

全ての国で為替管理が厳しくなったにもかかわらず、資本逃避は一九八二年以降も続いたが、資本を逃避させていたのは豊かな人々だけではなかった。アルゼンチン、メキシコ、ベネズエラの何千もの小口の貯蓄者が、政治的かつ経済的な不安定に対処するために、海外の銀行口座を利用した。一九八二年に銀行システムを国有化したのに続いて、メキシコ政府がドル表示勘定をペソに変えると決定したことは、かつてない程高いインフレ率に直面していた中流階級によって、特に大きな批判を受けた。アルゼンチン、ブラジル、チリ、メキシコ、そしてベネズエラからの資本逃避は、一九八三年だけで、一二一億ドルになったと推定されている。[19] この一〇年間の半ばには、アルゼンチン、メキシコ、そしてベネズエラの民間部門が有していた海外金融資産残高（主にドル）は、公的部門が商業銀行に負っていた債務と殆ど同じ額になっていた。

統計上は確認できない資本逃避によってさらに悪化したマイナスの純資金移転は、債務者と債権者の間の暗黙の合意に深刻な緊張をもたらした。輸出額の大部分を海外へ移転しなければならなかったため、全ての国は、輸入を抑制するための厳しくかつ不評を買う政策を採らざるを得なかった。期待された自発的な銀行貸し出しの再開は具体化せず、公的債権者の強制的な介入によってかえって利潤の減少に苦しむことになった。一九八五年中頃までには、この戦略が機能していないことが、全ての主要な当事者たちの目に明らかとなった。主要債権国として、米国は、ついに新たなイニシアティブの必要性を認めたのである。

米国の財務長官ジェームス・ベーカー（James Baker）にちなんで、ベーカー・プラン（Baker Plan）と名付けられた新たなイニシアティブは、一五の最重債務国（その殆どがラテンアメリカ諸国であった）に対する三〇〇億ドルの新規貸し出しの増加を求めたが、そのうち、二〇〇億ドルが商業銀行によって、一〇〇億ドルがＩＦＩｓによって提供されるというものであった。しかし、コスタリカとジャマイカを含め後に一七カ国に増えたこのベーカー・プランの対象国が、景気後退を避け成長を回復させるために実際に必要とした資金は、そのプランで予想されたよりもはるかに大きかった。さらにベーカーは、公的および民間の債権者のいずれからも、当てにしていた新規貸し出しの増加を引き出すことができず、そのため、一九八五年以降も資金移転はマイナスのままであった。

ベーカー・プランの失敗は、間もなく明らかとなったが、債権者は、「戦略はうまく機能しており、債務の市場価額は額面価額と同じである」という、妄想を支持する以外になかった。銀行の規制は国によって異なっていたが、全ての国が共通の特徴を有していた。すなわち、期日までに利払いができなければ、その根元的資産が、「減少した価値」（value impaired）との宣告を受けることになる、ということであった。債務繰り延べにもかかわらず、多くのラテンアメリカの小国（特に、ボリビア、コスタリカ、そしてニカラグア）は、首尾一貫して支払い要件を満たすことができなかった。同様に、アラン・ガルシア・ペレス（Alan García Pérez）が一九八五年に大統領に選出された後のペルーは、債務返済を輸出の一〇％に制限すると一方的に宣言した。しかし、主要債務国はそれぞれの義務を即座に果たしており、成果を上げるための多大な努力がなされていたので、債権者たちはこのような展開を過度に懸念することはなかった。その結果、セカンダリー・マーケットでの公的対外債務の価額は、その債務が債務不履行に陥っていた少数の国以外については、五〇％以上を維持した。

このようなフィクションは、非正統的安定化プログラムが失敗に終わり、その帰結に苦しんでいたブラジルが、一方的なモラトリアムを宣言した一九八七年の二月まで続けられた。ブラジルは、モラトリアムという大胆不敵な行動に対して、その犠牲を短期貸し付け（非常に重要な貿易信用を含む）の減少によって支払わされ、その翌年にはより正統的なアプローチを再び採るようになった。しかしダメージはすでに生じており、ブラジルの例は伝染していった。一九八七年一二月までには、セカンダリー・マーケット価格は急激に低下し、コロンビアの証券だけが唯一、六〇％以上で取り引きされた。レーガン政権末期には、債務返済を完全に行っていたのは、僅か数カ国のみとなり、ベーカー・プランは過去の思い出となった。

ブラジルのモラトリアムによって、債権銀行は、自分たちのラテンアメリカ資産の価値を再評価せざるを得なくなった。債権者カルテルが大きな痛手を負う中で、シティーコープは、一九八七年五月にラテンアメリカ債務に対して三〇％まで貸し倒れ引き当て金を用いる予定であることを発表した。これによって、シティーコープはその経常勘定において多大な損失を受けることを余儀なくされたが、このイニシアティブは株式市場に非常に歓迎され、同行の株価は上昇した。他の主要な国際銀行と同様に、シティーコープも一九八二年以降の一定期間を利用して資本ベースを改善させており、そのため、もはやラテンアメリカの債務が総資本のうちの多くを占めることはなくなった。先進国全体で、政府が会計上の影響に関して好意的な見解を持ち、貸し倒れ引き当てに関する税制上の特典を容認する事が明白になるにつれて、他の銀行もそれにならい、三〇％以上の貸し倒れ引き当てが一般的となっていった。

貸し倒れ引き当ては、債権の市場価格と額面価額が同じであるという妄想を崩壊させた。それによって多くの小規模銀行といくつかの大銀行は、ラテンアメリカの債務危機に見切りをつけ、時に間違いはあったものの、別の地域では、より有益な貸し出しを行うことができるだろうと期待をはせるようになった。先進国政府の税制上の特典によって、銀行は証券の損失を相殺することができたが、債務国の返済義務は以前と変わりなく残っていた。すなわち債務返済は、（市場価格ではなく）貸し付けの額面価額とリンクし続けていたのである。

セカンダリー・マーケット価格に合わせて債務返済を減少させようとする債務国の努力は、最初のうちは成功しなかった。ラテンアメリカの政府間で会議が何度も行われ、フィデル・カストロ（Fidel Castro）が一方的な債務不履行を熱心に呼びかけたにもかかわらず、非常に懸念されていた「債務国カルテル」（debtors cartel）が具体化することはなかった。それぞれの債務国の国益は本質的にあまりにも異なっており、キューバは、他のラテンアメリカ諸国に返済義務を拒否するよう訴える一方で、自国の債務を間断なく返済し続けていたときさえあった。主要債務国のいずれも、将来、国際資本市場へのアクセスを排除される可能性があるような措置を採る覚悟はなく、各国が、全体的ではなく個別に、よりよい条件を手に入れることができると確信し続けていた。

債務返済を軽減する唯一の確かな方法は、未払いの返済を蓄積させていくというものであった。この傾向がラテンアメリカ全域に広がったために、ブッシュ政権は、再度新たなイニシアティブをとらなければならないと考えた。米国の新しい財務長官である、ニコラス・ブレイディ（Nicholas Brady）にちなんで名付けられた、ブレイディ・プラン（Brady Plan）が一九八九年三月に始められ、様々な条件を前提に、債務の市場価格が低いという利益を諸国が受けることができるよう工夫された。これらの条件には、未払い金をなくすこと、ワシントンに受け入れられるような政策の改革を導入することが含まれていた。各国は、明白な選択に直面していた。すなわち、未払いを蓄積し続け国際資本市場から排除されるというリスクを負うか、あるいはブレイディ・プランの条件を受け入れ、セカンダリー・マーケットでラテンアメリカ債務の割引額を共有するか、であった。

追加的な銀行貸し付けの見通しが少ないか、あるいは全くない国は、未払いを蓄積する方がかなり魅力的であると感じた。しかし、国際資本市場は、債務危機後の一〇年間でかなり変化していた。ラテンアメリカへの商業銀行の長期貸し出しは制限された状態のままで、バイラテラルな公的債権者は稀少資源に対する東欧からの新たな需要に直面していたが、ＩＦＩｓへの支払いができる国は殆どなかった。米州開発銀行（Inter-American Development Bank: IDB）は、資本ベースを大幅に増大させるとともに貸し出しを容易にし、ラテンアメリカに対する新規貸し出しという点で世界銀行に追いつくことを目指した。同様に民間の資本フローも変化した。一九二〇年代以降、実質的には休止状態であったラテンアメリカの債券市場が再生しはじめ、「エマージング」株式市場における機関投資家の関心は、先進国の貯蓄をラテンアメリカの株式投資に向ける、多くのカントリー・ファンドの創出につながった。少なくとも、チリ、メキシコ、そしてベネズエラでは、ようやく対外直接投資（direct foreign investment: DFI）が増加し始めた。

従って、ブレイディ・プランのもとでなされた債務の合意が持っていた潜在的な便益は、かなり大きかった。最初の発表から二年以内に、コスタリカ、メキシコ、ウルグアイ、そしてベネズエラはその民間債務を有利な条件で再交渉し、チリとコロンビアは、債務の評価減を必要とせずに国際市場に復帰することができた。ブレイディ・プランの対象となった各国は、民間債権者に一つのメニューを提示したが、そこには、債務の高割り引き債との交換、額面債の利子率の引き下げ、そして新たなマネー・オプションが含まれていた。コスタリカはＩＦＩｓからの基金を利用し、セカンダリー・マーケットで自国債務を一ドル当たり一六セントで買い戻すことさえできた。

当初、ブレイディ・プランは懐疑的な態度で受け入れられた。銀行家たちは、債務国がセカンダリー・マーケットの割引きに加わることができたことでモラル・ハザードが発生することを恐れた。経済学者たちは、海外の純資金移転が与える影響は比較的小さいと考えた。しかし、経済学でしばしば起こるように、間接的な結果が、直接的な結果よりもはるかに大きくなった。ブレイディ・プランのもとでの債務の合意は、政府のマクロ経済政策に信頼を置いており、この点が最も重要となった。合意が発表されたとき、メキシコの国内利子率は急激に低下し、全てのブレイディ・プラン対象国では、逃避した資本が本国に環流し始めた。カントリー・ファンドは最も正統的な政策プログラムを行っている国（チリ、メキシコ、そしてベネズエラ）に集中し、メキシコはついにブラジルを追い越し、ラテンアメリカで最大のＤＦＩの受け入れ国となった。ブレイディ・プランに関わるという期待だけで、マクロ経済政策が実施しなければならない環境を、十分に改善することができた。

ブレイディ・プランは、公的債権には適用されなかったが、バイラテラルおよびマルチラテラルの債権国は、より柔軟な政策を適用する意志を示した。公的債務の削減は稀であったが、全くないわけではなかった。特にボリビアは、公的債権国である、いわゆるパリ・クラブによる優遇措置によって恩恵を受けた。一般的に、公的債権に関する債務繰り延べの条件はより寛大となり、もはや単年度の繰り延べに制限されることはなかった。

一九八二年から一九九〇年の間マイナスであった純資金移転は、一九九一年についにプラスに転じた。[20] 債務危機が最初に発生した一〇年後の一九九二年までには、債務危機は、明らかに峠を越えようとしていた。債務返済比率は改善し、多くの国で資本逃避は還流していた。全ての国で、大きな債務負担が依然として残ってはいたが、それはもはや債務危機ではなかった。調整への負担とセカンダリー・マーケットの割り引きの利益を、債務国と債権者が共有することのできる処方箋がついに見いだされたのであった。その後、債務危機が再び起こり、特に一九九四年一二月に起きたメキシコのテキーラ・ショックは大きかったが、これらは結局のところそれほど長く続くことはなく、また、ラテンアメリカ全体に大きな影響をおよぼすことはなかった。

▼対外調整

一九八二年にプラスであった純資金移転がマイナスに転換したことは、ラテンアメリカにとって大きな意味を持った。一九三〇年以降、内向きの開発を強化したにもかかわらず、依然としてこの地域は外的なショックに脆弱であった。実際、対外債務による高い金融エクスポージャーと相対的に低い貿易依存という組み合わせによって、資本フローの減少の影響は深刻なものとなった。東アジアの数カ国（例えば韓国）もまた、債務問題に悩まされたが、それらの国々は、より大規模な対外貿易部門を有しており、それによって、必要な調整を実施することができた。一方、貿易依存度が低かった他の国々（例えばインド）は、ラテンアメリカと同じような規模の債務には苦しんでいなかった。大国において最も顕著であった、ラテンアメリカの高い対外債務と低い貿易依存度という組み合わせが、特に危険なものだったのである。[21]

資金移転の向きを転じさせるために、対外勘定を即座に調整しなければならなかった。国際収支は以下のようにまとめることができる。

貸方	借方
財・サービスの輸出（E）	財・サービスの輸入（M）
純移転受け取り（T）	純要素支払い（F）
	経常勘定赤字（B）
純資本受け取り（K）	外貨準備の純減（R）

対外債務の利払いは、純要素支払い（F）に含まれる。従って、国際収支の経常勘定赤字（B）は、以下のように書き表される。

$$B=(E+T)-(M+F) \qquad (11.1)$$

総収入と総支出が等しいということは、

$$E+T+K=M+F+R \qquad (11.2)$$

を意味する。対外調整は、長期においては準備金の減少によっては実行され得ないので、Rは、ゼロと設定される。そうすると以下のようになる。

$$(F-K)=(E+T)-M \qquad (11.3)$$

左辺（F−K）は、（マイナスの）純資金移転であり、右辺は、貿易収支に近似する。[22] 従って、プラスの流入から純資金移転が三〇〇億ドルのマイナスへ変化することは、ほぼそれと同額の貿易黒字となることを意味する。一九八〇年の（プラスの）純資金移転（貿易赤字）は、国内総生産（ＧＤＰ）の約二％であったので、債務危機への調整は、ラテンアメリカ地域全体で、ＧＤＰの六％にあたる大規模な対外勘定上の変更を必要とした。

このような高い貿易黒字を創出することと結びついた調整上の問題は、一九八〇年以降のＮＢＴＴの悪化によってさらに深刻となった（表11－1参照）。厳しい金融政策と高い実質および名目利子率の結果生じた、一九八〇年代初めの先進国の景気後退は、ラテンアメリカの非石油商品の輸出価格に大きな影響を与えた。殆どの商品価格がドルで表示されていたため、一九八〇年代前半のドル高は、ラテンアメリカの輸出価格にかなりの打撃を与えた。ついには、石油およびガス価格が一九八五年末に急激に下落し、ラテンアメリカの主要な炭化水素輸出国（ボリビア、コロンビア、エクアドル、メキシコ、ペルー、そしてベネズエラ）に深刻な問題をもたらした。

表11-1　純商品交易条件，1980-91年

(1980＝100)

年	ラテンアメリカ全体	石油輸出国	非石油輸出国
1983	87	95	82
1984	93	97	90
1985	88	95	83
1986	79	64	94
1987	79	73	85
1988	78	64	91
1989	78	70	87
1990	78	74	92
1991	77	63	81

出所）ECLAC, *Anuario estadístico de América Latina y el Caribe; CEPAL* (1993).

対外調整を迅速に実行しなければならないことと、NBTTの悪化が重なったために、主に輸入抑制によって貿易黒字を確保する以外に方法はなかった。多くのラテンアメリカ諸国では反輸出性向の歴史があったため、一般的には輸出促進を即座に達成することはできず、また、一九八〇年代初期の世界の景気後退のために、輸出ドライブをスタートさせるのに都合のよい状況ではなかった。二大市場である米国と欧州共同体（European Community: EC）は、ラテンアメリカの伝統的および非伝統的輸出のいずれにも影響を与える、強い保護主義圧力の下にあった。砂糖輸出は、米国政府が国内生産に対して追加的支援を行い、一九八〇年代を通して米国が砂糖輸入割り当てを急激に減少させるようになったことで特に悪影響を受けた。輸出自主規制（Voluntary export restrains: VERs）がEC内で急増し、いくつかのラテンアメリカの大国に対して、非伝統的輸出という機会に打撃を与えた。自由市場で水準以上の価格を維持するのに貢献してきた国際商品協定は、より一層の困難に直面した。スズとコーヒーに関する協定は崩壊し、国際価格は非常に低い水準になったのである[23]。

大きな社会的かつ経済的コストにもかかわらず、輸入抑制は全てのラテンアメリカ諸国にとってなじみのある方法であった。輸入需要を管理し、かつ利用可能な外貨を制限するために、実に様々な手段が数年間にわたって行使された。輸入割り当て、ライセンス、高関税、そして輸入優遇預金スキームが殆どの国で依然として広範囲に使われ、また外貨を得る手続きに際しては、官僚主義的に遅れることが多かった[24]。さらに、ラテンアメリカ数カ国への商業貸し出しの急増によって、当然、不必要な輸入が過度に増加していたが、これも早急に削減された。例えばメキシコでは、輸入額が一九七五年の六三億ドルから、一九八一年の二四〇億ドルへと上昇していたのである。

あらゆる伝統的な手段が、輸入を抑制するために用いられた。多くの国で輸入関税が引き上げられた。債務危機以前の時期にかなり関税を引き下げていたチリのような国でさえ、貿易自由化政策を変更せざるを得なかった。輸入割り当てやライセ

表11-2　実質実効為替レート，1980-91年

(1980＝100)

国	1981	1982	1983	1984	1985	1986	1987	1988	1989	1990	1991
アルゼンチン	112.2	121.6	202.6	174.7	193.5	216.5	239.4	237.0	317.3	231.8	172.6
ボリビア	74.9	69.0	75.1	57.9	33.8	114.7	119.0	125.5	130.8	155.2	150.1
ブラジル	115.2	109.1	130.1	134.6	138.6	147.8	147.7	136.9	109.7	93.5	115.4
チ　リ	82.3	91.0	111.8	113.9	141.1	167.0	180.0	192.2	188.1	193.6	187.6
コロンビア	90.5	84.9	85.2	93.1	106.7	143.2	160.5	166.5	172.7	195.8	189.5
コスタリカ	155.7	136.2	118.4	120.5	122.2	135.9	149.9	163.6	157.7	160.8	176.3
ドミニカ共和国	97.0	95.7	101.1	138.6	126.7	135.4	162.2	193.7	155.1	150.3	140.6
エクアドル	87.9	89.7	94.3	114.2	110.0	136.7	177.7	236.6	204.5	222.2	212.0
エルサルバドル	88.0	81.5	76.7	71.0	66.0	80.5	71.7	62.9	63.8	68.5	67.5
グアテマラ	91.2	88.3	83.8	83.6	114.7	117.7	122.2	132.1	142.8	170.5	145.6
ハイチ	94.3	88.5	80.0	75.8	69.0	77.9	88.6	94.5	96.5	107.9	n/a
ホンジュラス	93.7	89.4	86.4	84.0	80.2	84.2	87.5	87.2	81.0	126.7	145.2
メキシコ	84.2	115.2	125.5	102.9	99.1	144.7	157.5	130.2	118.3	114.4	109.9
ニカラグア	78.9	77.8	63.9	55.7	39.3	33.1	22.7	22.7	37.9	30.8	27.7
パナマ	97.1	95.2	93.5	92.6	91.7	101.0	108.7	116.3	125.0	131.6	135.1
パラグアイ	81.5	92.4	99.1	105.4	121.9	121.1	150.5	145.3	190.8	196.3	169.8
ペルー	84.1	81.6	86.9	86.9	106.0	95.5	84.1	92.2	50.5	36.0	28.8
ウルグアイ	83.9	80.2	130.4	136.1	141.0	143.0	146.6	155.5	148.7	164.9	144.9
ベネズエラ	88.3	81.6	89.6	105.6	110.0	131.7	183.6	164.7	193.7	215.3	201.8

出所）IDB (1992), Table 3, p. 12.

ンスが強化され、ブラジルは、輸入エネルギーへの依存度を減らすため、第一次石油危機以降着手していた大がかりな輸入代替プログラムを、強力に推し進めた。

しかし、必要とされた調整の規模は、伝統的な手段では不十分であった。あらゆる困難にもかかわらず、輸出促進を無視できるような国はなく、そのため、輸出を損なうことなく輸入を抑制できるような措置を採る必要があった。それまでしばしば過大評価されてきた為替レートが、多くの国で対外調整プログラムの重要な道具となった。輸入を減少させ、同時に輸出を増加させるため、実質実効為替レートの切り下げ（real effective Exchange-rate depreciation: RERD）が確保される水準まで、名目の平価切り下げが行われた。この一〇年間の中頃までには（表11－2参照）、実質為替レートの切り上げに苦しんだ国は、依然として名目固定為替レートの立場をとった国（エルサルバドル、ハイチ、ホンジュラス、そしてパナマ）と、ハイパーインフレーションに苦しんでいた国（ボリビア、ニカラグア）であった。

これらの措置の影響はかなりのものであった。一九八二年までマイナスであった貿易収支はプラスとなり、一九八三年には三〇〇億ドル、一九八四年には約四〇〇億ドル近くの黒字となった。輸出促進のために採られた措置は、一九八二年以降、輸出量の増加を伴いある程度の効果を有したが、NBTTの悪化のために、輸出額は事実上変化しなかった。従って、大規模な貿易黒字への調整の負担は、当初はもっぱら輸入抑制によってもたらされ、輸入額はピーク時の一九八一年の一〇〇〇億ドルから、一九八三年の六〇〇億ドルにまで低下し、この水準は、以後三年間維持された。

輸入削減は、域外輸入と域内輸入の双方に起きた。輸入財が大抵の場合、国内生産と競合するという事実のために、多くの域内輸入がその影響を強く受けた。ベネズエラのコロンビアからの輸入は、それまで伝統的にアンデス協定（Andean Pact）の域内貿易の中心となっていたが、一九八一年以降消失した。中米共同市場（Central American Common Market: CACM）での域内輸入は、非関税障壁が拡大し政治危機がひどくなるにつれて、一九八〇年以降の六年間で六〇%減少した。域内輸入が続いていた地域でも、支払いが常に保証されるとは限らず、域内債務が深刻な問題となっていった。アルゼンチンがボリビアからの天然ガス輸入への支払いを期日通りに行うことができず、また、ニカラグアが他の中米諸国からの輸入財への支払いを常に履行することができなかったことが、ＣＡＣＭの危機の大きな要因となった。一国の域内輸入は、他国の輸出であるため、域内貿易の減少によって、ラテンアメリカの対外調整の負担が軽減されるわけではなかった[25]。

全ての主要ラテンアメリカ諸国は、一九八二年以降、大規模な貿易黒字を維持していたが、輸入抑制と輸出促進の間の負担を乖離させることができたのは、当初ブラジルだけであった。多くの大がかりな輸入代替計画が、一九八〇年代初頭に始まっていたため、ブラジルは隣国に比べて比較的容易に輸入を削減することができた[26]。同時に、ブラジルが一九六〇年代後半以降、輸出促進に傾倒したことは、一九八〇年代初めの景気後退に対応して、自国市場から海外市場に諸資源をシフトさせるための枠組みを与えた。輸出量は、一九八二年から一九八五年の間に約五〇%増加し、それはＮＢＴＴの悪化を相殺してもなお余りあるほどであった。

一九八一年以降、貿易黒字が常態となる一方で、少数の小国は依然として貿易赤字を持ち続けていた。サンディニスタ革命が進行中であったニカラグアを除くすべての中米諸国では、主に米国やＩＦＩｓによる公的資金フローによって、外的ショック、国内紛争、政治危機がもたらした経済的損害を補償した。ニカラグアは、ソ連と東欧からの国際収支支援が増え続けていたことと、同情的な西欧の諸政府からある程度の援助を受けていたことを背景に、巨額な貿易赤字を維持し続けていた。米国の親類からの送金もまた、ドミニカ共和国、ハイチ、そしてエルサルバドルの貿易赤字をファイナンスする重要な要素であった。

公式統計には記録されていないが、多くの諸国の麻薬の輸出と再輸出が拡大したこともまた、対外調整の負担を軽減するのに一役買った。推計によってかなり違いはあるが、コロンビアの輸入が相対的にそれほど減少しなかった背景には、コカイン販売によるコロンビアへの外貨フローが一要因としてあった。一九八六年までに、ボリビアの輸入も同様の理由で一九八〇年のレベルを上回っていた。麻薬からのマネー・ロンダリング

(Money-laundering: 資金洗浄）は、一九八〇年代半ばにはパナマ経済の主要な特徴となっており、コスタリカ、グアテマラ、そしてメキシコでは、麻薬の再輸出が重要な役割を果たしていた。[27]

しかし麻薬貿易の影響は、容易に悪化した。コカ・ペーストの主要輸出国であるペルーは、深刻な調整の必要性からいつまでも逃れることができず、麻薬ドルの殆どが生産国に戻らず、しかも、麻薬マネーに関連した所得の集中は非常に高かった。コカの主要生産国（ボリビア、コロンビア、そしてペルー）においてのみ、多くの労働者がこの非合法貿易から便益を得ることができ、そのような労働者が労働力の五％以上を占めていたのは、ボリビアだけであった。[28] 最も麻薬輸出に成功した国であるコロンビアにおいてさえ、得られた額は、合法的輸出の四分の一以下であった。[29]

輸入抑制は効果的ではあったが、それは高いコストを伴う短期的な戦略であった。インフレが加速し始め実質所得が低下し続けるにつれて、終息する気配のない債務危機に対する長期的対応として輸入抑制を利用することは困難なことだということが、徐々に明らかとなってきた。一九八〇年代中盤までには、多くの国で、債務返済と再成長という両方の要求を満たすために、貿易自由化と輸出促進を支持する大きな政策変更が行われるようになった。八〇年代の終わりが近づくにつれて、徐々により多くの国が、輸出主導型成長を基盤とした新しい外向きの戦略を選択するようになった。一九九〇年代初めまでには、新しい正統貿易がラテンアメリカ全域に広まり、一握りの国以外、殆ど全ての国を巻き込んでいた。

いくつかの要因が、新たな正統理論の台頭に寄与していた。債務危機は、単なる短期的な流動性の問題にはとどまってはおらず、商業銀行は以前と同じペースでラテンアメリカへの貸し出しを継続することはなく、ラテンアメリカは、国際市場において稀少な資金を他国（恒常的な国際収支赤字と財政赤字が世界の貯蓄を引きつけていた米国を含む）と競合していかなければならなくなる、ということが認識されてきた。対外投資（直接投資及びポートフォリオ）を引きつけるのに成功していたラテンアメリカ諸国でさえも、全体としてはマイナスの資金移転を避けることは期待できず、このことが、輸入抑制ではなく輸出促進を強化する戦略における、成長の建て直しと結びついたようであった。

ＩＦＩｓを含む公的債権者もまた輸出促進の必要性を重視していた。特に世界銀行とＩＭＦは、米国国際開発局（U. S. Agency for International Development: USAID）とともに、コンディショナリティのもつ影響力を利用し、債務国を自由貿易の方向へ向けようとした。アジアの輸出主導型成長とラテンアメリカの内向きの開発に対して、あまりにも極端で単純きわまりない解釈が加えられ、この解釈からＩＦＩｓは、自由貿易が即座に再成長につながるという結論を引き出した。ＩＦＩｓからの圧力は、それだけでは各国を輸出主導型成長へと向かわせるには十分ではなかったが、政策の改革を支持する国内の合意が生まれつつあった国では、自由貿易を選択する勢いの一因となった。

ミクロ経済的考察もまた、政策の変更を説明する上で重要であった。伝統的輸出品を基盤とした輸出主導型成長を支持する政策決定者は殆どいなかった。工業製品を含む新たな非伝統的輸出品が優先されたが、輸入抑制とその他の貿易上の歪みが多くの財投入物を高コストにしたため、これら製品に関してラテンアメリカは不利な立場にあった。貿易自由化によって、原材料投入物のコストは国際水準に近づき、国内企業は豊富な非熟練労働者と天然資源がもたらす長期のダイナミックな比較優位を利用できるようになると、期待された。

大規模な貿易自由化戦略に着手した最初の国々には、ボリビア、チリ、コスタリカ、ドミニカ共和国、エクアドル、そしてメキシコが含まれていた。新自由主義を採るチリとエクアドルの政府は、一九八四年には早くも、関税引き下げ、輸入割り当ての削除、そして輸出税引き下げのプロセスを開始していた。一九八五年八月にボリビアは、反インフレ安定化プログラムの一つとして、いずれの関税率も等しい、単一の統一関税を講じた。[30] 同年メキシコは、詳細な輸入割り当てシステムを撤廃し関税を引き下げる、多くのプロセスを加速化した。コスタリカは、対外共通関税（common external tariff: CET）を一括して引き下げていたCACMの一員として、一九八五年に関税を引き下げていたが、結局のところ、一九八七年に、世界銀行との合意に従って、関税を再び片務的に引き下げることとなった。ドミニカ共和国は、一九八六年の大統領選以降、一般的な傾向に反して外向きの強化を部分的に逆行させはしたものの、輸出加工区のプログラムを促進した。[31]

新たな貿易政策は、その後、殆どのラテンアメリカ諸国で導入されるようになった。一九六〇年代終わり以降、輸出促進と輸入代替を組み合わせていたブラジルとコロンビアの両国は、一九九〇年代の初めに、より正統的な貿易自由化政策に傾倒していった。[32] アルゼンチンも、依然としてインフレ安定化問題が続いていたが、先例にならった。[33] カルロス・アンドレス・ペレス大統領は、再選の後に一九七〇年代の自身の政策を転換させ、ベネズエラを開放し始めた。かつての東欧同盟国が見捨てたキューバでさえ、それほど成功したわけではなかったが、非伝統的輸出を促進するために国内価格と国際価格を近づけようと奮闘した。[34]

新たな貿易政策は、各国の境界を越えてはるかに進んでいく効果を有していた。非伝統的輸出が促進されると、相殺関税、非関税障壁、そして輸出「自主」規制を通じた差別によって、諸国は不利な立場に立たされた。従って、いくつかのセーフガードが求められた。GATTに未加盟であった国々は加盟を申請し、また、GATTの加盟を促進するために、メキシコとベネズエラは、輸入品に対するライセンス制度を殆ど完全に廃止した。一九八〇年代終わりに施行されていたカナダと米国間のFTAに対応して、メキシコは、一九九〇年代初頭に北米自由貿易協定（North American Free Trade Agreement: NAFTA）

を強硬に推し進めた。米国では、活発な反NAFTAキャンペーンが行われたが、この協定は、一九九三年末に米国議会で承認された。チリは、他の多くの諸国とともにNAFTA参加の希望を表明した。一九八九年にはハイチとドミニカ共和国が、輸出主導成長を促進するため、ロメ協定〔Lomé Convention: ECとACP（アフリカ・カリブ海・太平洋地域）諸国との間の、工業協力、資金・技術援助に関する協定〕に加わった。この二カ国は、ラテンアメリカ諸国でロメ協定への参加が認められた唯一の国であった[35]。

これらのイニシアティブはまた、域内貿易にも拡大された。ブラジルとアルゼンチンの経済統合のための二国間協定は、一九九一年にMERCOSURに進展し、この四カ国統合スキームは、一九九五年までに自由貿易とCETを実施した[36]。新たな息吹きは、アンデス協定[37]、CACM[38]にも吹き込んだ。他のラテンアメリカ諸国、とりわけチリにとっては、NAFTAが一つのモデルと考えられ、さらに、自由貿易あるいはより自由な貿易のための二国間協定が、ラテンアメリカ全域で合意された。かつての統合の試みとは異なり、新しいスキームは、域外輸出促進の強化を補完するものであると考えられた。

債務危機が最初の打撃を与えた一〇年後に、新たな政策が実を結んでいた。輸出量は着実に増加し、一九九一年までには一九八〇年よりも七八％増加した（表11-3参照）。チリ、コロンビア、そしてメキシコの実績が、特に顕著であった。いくつかの商品価格の競争力は弱いままであったが、輸出量の増加が非常に大きく、一九八七年以降、輸出額を急激に上昇させることができた。ラテンアメリカの、貿易政策の有効な指標である（一九八八年の）固定価格でのGDPに対する輸出額比率は、一九八〇年の一一％から一九九〇年の一七％へと上昇し、アルゼンチンやブラジルでは、二倍近くになった。貿易自由化は輸入の急速な増加を可能にしたが、輸出拡大がラテンアメリカの貿易黒字の大幅な低下を防ぎ、貿易黒字は一九九一年には、依然として百億ドル近かった。

新たな貿易政策は、輸出関係者や債権国からは称賛を、多くのビジネス・グループからは渋々ながらの同意を、そして多くの知識人からは賛同を得た。損害を被るようなグループによる抗議は、非常に少なかった。しかし、それでもなお多くの問題が残っていた。ラテンアメリカの世界貿易に占めるシェアは、依然としておよそ四％であり、これは世界人口に占めるラテンアメリカのシェアの半分以下であった。いくつかの小国は、商品価格の下落に脆弱だったので、依然として一九八〇年の輸出水準までには改善していなかった。輸出の地理的集中度がさらに高まり、多くの国で米国のシェアが急激に上昇した。域内貿易も上昇し始めたが、総貿易に占めるシェアは依然として緩慢であった。

輸出構造もまた、懸念材料の一つであった。輸出額上昇の大部分は、伝統的輸出品（例えば、チリの銅）や非伝統的な天然資源（例えば、コロンビアの石炭）によるものであった。この地域の輸出は、一次産品に依然として大きく依存し、ウルグア

表11-3　輸出量，1980-91年

(1980＝100)

国	1985	1987	1989	1991
アルゼンチン	144	120	141	178
ボリビア	69	68	86	105
ブラジル	163	168	196	184
チ　リ	136	158	187	217
コロンビア	104	169	170	221
コスタリカ	113	138	164	190
キューバ	124	n/a	n/a	n/a
ドミニカ共和国	94	94	97	95
エクアドル	146	140	166	192
エルサルバドル	72	64	54	84
グアテマラ	88	76	84	103
ハイチ	123	88	73	62
ホンジュラス	103	106	111	107
メキシコ	180	206	223	260
ニカラグア	76	69	69	70
パナマ	86	90	81	109
パラグアイ	134	165	275	317
ペルー	102	86	94	97
ウルグアイ	103	126	145	158
ベネズエラ	81	95	109	130
ラテンアメリカ[1)]	131	141	159	178

注1）バハマ，バルバドス，ガイアナ協同共和国，ジャマイカ，スリナム共和国，トリニダッド・トバゴ共和国は含まれるが，キューバは除く。

出所）CEPAL (1991), p. 44, ECLAC (1992), pp. 494-5, Cubaについては，Brundenius and Zimbalist (1989), Table 9.3, p. 146 (1965 prices).

イ・ラウンドにおけるＧＡＴＴの改善にもかかわらず、その収益は、外的ショックに脆弱であった。重要であった工業製品輸出の分野では、僅か数カ国のみが実質的な進歩を実現したにすぎなかった。輸出における金属工業製品の重要度が急激に上昇したのは、殆ど全くといっていいほど、ブラジルとメキシコのおかげだった。工業製品に分類される多くの財は、ＥＰＺｓで組み立てられる生産物から成る「スクリュー・ドライバー」産業の域を脱していなかった。

これらの諸問題のいくつかは、輸出主導型の成長モデルに基づく新たな軌道への移行に付随していた、避けることができない問題に起因していたかもしれない。例えば小国が、国際貿易において長期の成長率がかなり高いと予測されるような工業製品（耐久消費財のようなもの）を促進するのではなく、たとえそれが非伝統的産品であっても、一次産品を強化することによって自分たちの輸出ドライブを開始しようとしたのは、避けられないことであった。より厄介なことは、一九九〇年代初頭に資本が本国に戻ったことに関連して、通貨が過大評価された結果、輸出部門に首尾一貫した支援を提示することができなかったことである。さらに多くの政府は、通貨の過大評価を、債務危機が最もひどかった数年間に加速していたインフレ圧力を引き下げる一つの方法とみなしていた。従って、政府は気がついてみると二つの戦場で戦っており、そのため、輸出促進とインフレ安定化という二つの目的の間の緊張は、過去にしばしばそうであったように、政策の不安定を生んだのであった。

▼国内調整と安定化

債務危機によってラテンアメリカへの新規の資本フローが減少したため、各国は、輸入を削減し、できることなら、早急に輸出を増加させることを余儀なくされた。この対外調整は、引き下げられた輸入に見合う水準にまで総需要を抑え、また、供給を国内市場から世界市場へシフトさせるための価格およびその他のインセンティブを与えるような、国内の調整プロセスに反映された。

貿易黒字は、先進国の債権者たちに純資金移転のための外貨をもたらした。しかし、殆どの国で、貿易黒字は民間部門において生じていたが、大半の対外債務は公的部門の手中にあった。従って、公的部門は民間部門によって得られた外貨へのアクセスを確保しなければならないという、国内移転問題が生じた。チリ、メキシコ、ベネズエラなどの数カ国においてのみ、SOEsからの輸出所得のシェアが高かったため、国内の資金移転が比較的容易であった[39]。

従って国内調整は、総需要抑制、供給のシフト、そして、民間部門から公的部門への国内移転を巻き込んだ複雑なプロセスとなった。それぞれの調整要素は、インフレ圧力をさらに悪化させる危険をもっていた。一九八一年以降の輸入削減が総供給を急激に減少させていたため、もしも総需要が非常にゆっくりとしか低下しなかったら、不景気においてさえも超過需要が発生したであろう。国内市場から世界市場への供給のシフトは、絶対（名目）価格の上昇を引き起こすような相対価格の変化を意味していた[40]。最後に、もしも政府が、公的部門の貯蓄を十分な水準に高めるために、税収を用いるのではなく貨幣を印刷して資源管理を行おうとしたならば、外貨の公的部門への国内移転は高いインフレを誘発したであろう。

従って国内調整の問題は、対外調整およびインフレ安定化の両方と分離することができなかった。同時に、殆どのラテンアメリカ諸国は、高水準のインフレ（表11－4参照）を含む深刻な国内不安定という諸問題を抱えたまま、債務危機に突入していた。債務危機が発生する前年の一九八一年に、年インフレ率が一〇％以下であったのは、僅か五カ国（チリ、ドミニカ共和国、グアテマラ、ホンジュラス、そしてパナマ）であり、そのいずれの場合も、為替レートが米ドルに対して名目値で固定されていた[41]。残りの諸国のうち、五カ国は年インフレ率が二〇％から五〇％の間、三カ国は五〇％から一〇〇％の間、そして一カ国（アルゼンチン）は一〇〇％を超えていた。

中央政府の財政赤字もまた、債務危機以前に増加し始めていた。一九八一年には半分近くの国がＧＤＰの五％を超える赤字を抱えており、財政黒字であったのはチリとベネズエラだけであった。SOEsの損失と地方自治体および国家行政諸機関の

表11-4　年間インフレ率（消費者物価），12月-12月変動，1980-91年

国	1980	1981	1982	1983	1984	1985	1986	1987	1988	1989	1990	1991
アルゼンチン	87.6	131.2	209.7	433.7	688.0	385.4	81.9	174.8	387.7	4,923.6	1,343.9	84.0
ボリビア	23.9	25.2	296.5	328.5	2,177.2	8,170.5	66.0	10.7	21.5	16.6	18.0	14.5
ブラジル	95.3	91.2	97.9	179.2	209.1	239.0	59.2	394.7	992.7	1,861.6	1,584.6	475.8
チ　リ	31.2	9.5	20.7	23.6	23.2	26.2	17.4	21.4	12.7	21.5	27.3	18.7
コロンビア	26.5	27.5	24.1	16.5	18.4	22.4	21.0	24.0	28.2	26.1	32.4	26.8
コスタリカ	17.8	65.1	81.7	10.7	17.3	10.9	15.4	16.4	25.3	10.0	27.3	25.3
ドミニカ共和国	4.6	7.3	7.2	7.7	40.9	28.3	6.5	25.0	57.6	41.2	100.7	4.0
エクアドル	14.5	17.9	24.3	52.5	25.1	24.4	27.3	32.5	85.7	54.2	49.5	49.0
エルサルバドル	18.6	11.6	13.8	15.5	9.1	31.9	30.3	19.6	18.2	23.5	19.3	9.8
グアテマラ	9.1	8.7	−2.0	15.4	7.2	27.9	21.4	9.3	12.3	20.2	59.6	10.2
ハイチ	15.6	16.4	4.9	11.2	5.4	17.4	−11.4	−4.1	8.6	10.9	26.1	6.6
ホンジュラス	11.5	9.2	8.8	7.2	2.7	4.2	3.2	2.9	6.6	11.5	36.4	21.4
メキシコ	29.8	28.7	98.8	80.8	59.2	63.7	105.7	159.2	51.7	19.7	29.9	18.8
ニカラグア	24.8	23.2	22.2	35.5	47.3	334.3	747.4	1,347.2	33,547.6	1,689.1	13,490.2	775.4
パナマ	14.4	4.8	3.7	2.0	0.9	0.4	0.4	0.9	0.3	−0.2	1.2	1.1
パラグアイ	8.9	15.0	4.2	14.1	29.8	23.1	24.1	32.0	16.9	28.5	44.1	11.8
ペルー	59.7	72.7	72.9	125.1	111.5	158.3	62.9	114.5	1,722.6	2,775.3	7,649.6	139.2
ウルグアイ	42.8	29.4	20.5	51.5	66.0	83.2	70.6	57.3	69.0	89.2	129.0	81.5
ベネズエラ	19.6	11.0	7.3	7.0	18.3	7.3	12.7	40.3	35.5	81.0	36.5	31.0

出所）CEPAL（1988），p. 17 および(1992)，p. 43.

赤字を含む公的部門の赤字は、多くの場合、中央政府の財政赤字をさらに上回っていた。[42] 多くの国の国内資本市場は、大量の政府発行の有価証券を吸収するには消極的か、もしくは不十分だったために、それほど大きくない財政赤字でも、そのインフレ傾向はかなり大きなものとなった。

従って、債務危機の時点で受け継がれた状況は、決して満足のいくものではなかった。さらに、債務危機に対応するために対外調整を支持して採られた措置の多くは、国内の不安定という問題をさらに悪化させた。急激な実質実効為替レート（real effective exchange rate: REER）の切り下げは、貿易黒字の創出にはかなり貢献したが、インフレ圧力を強めることとなった。一九九〇年代初頭までには、殆ど全ての国が名目固定為替レートを放棄し、恒常的に一〇％以下のインフレ率を維持していたのは、二つの例外国（ハイチおよびパナマ）だけであった（表11－4参照）。小国においては、インフレが加速するにつれて、ブラック・マーケットや並行為替レートにおける変化がその経済全体で価格上昇のシグナルとなり、当局は、一定の実質的な減価を達成するために、名目上の切り下げをますます大幅に実行しなければならなかった。

対外調整は、輸入の急激な削減と国内の景気後退につながり、同時に政府歳入に対しても深刻な影響を与えた。政府歳入の大部分を依然として輸入関税に依存していた小国は、輸入の減少によって特に大きな痛手を被った。当初、いくつかの国で関税率が引き上げられたが、これは輸入額および輸入量の急激な減少による影響を相殺することはできなかった。景気後退は、多くの企業や労働者をフォーマル・セクターからインフォーマル・セクターへと追いやり、国家が財の生産や分配から直接および間接的な税収を得ることは、さらに困難となった。[43] 同時に、供給を国内市場から世界市場へシフトさせるインセンティブは、多くの場合、輸出業者への減税を必然的に伴っていた。当然のことながら、中央政府歳入のＧＤＰ比率は、危機の最初の年に殆どの国で減少した。

非常に多くの安定化プログラムの結果、財政支出の削減が行われたにもかかわらず、債務危機以後歳入を増加させることが困難であったことは、いかなる国も、本源的黒字を生み出して、その歳入で、債務返済のために必要な外貨を民間部門から獲得することはできない、ということを意味していた。[44] さらに、多くの国は、公的部門が特別レートで外貨を「買う」ことができる複数為替レート・システムを採っており、このことは、中央銀行にとっては巨額の為替レート損失を意味していた。[45] これらの損失は概して、財政赤字の定義には含まれないため、このようなシステムは、しばしば財政および金融の正統性に関して誤解を招くような印象を与えた。

多くの国は、債務返済に必要となる外貨を得るために、単純に通貨を増発した。しかし大国（アルゼンチン、ブラジル、メキシコ）は、国内移転を実現させる方法として、民間部門に対して国債を発行したり、その他の金融手段を行うことができた。理論的にはこれはインフレを誘発するものではなかったが、実際には深刻なインフレを招いた。第一に、国内の民間部門に政府債務を吸収させるため、国内の名目および実質利子率を急激に上昇させなければならなかった。第二に、債務それ自身が非常に流動的であり（特にブラジルにおいて）、そのため、債務は事実上準貨幣であった。第三に、内債が急激に増大したために、名目利子支払いが政府収入の大部分を占めはじめるようになり、公的部門の財政バランスを徐々に弱体化させていった。アルゼンチン、ブラジルともに、結局のところ、内債に関して一部債務不履行を宣言し、一時的に国内資本市場に対する民間部門の信頼が損なわれ、政府が将来借り入れを行うコストが上昇した(46)。

一九八二年以降のラテンアメリカ債務におけるセカンダリー・マーケットの出現によって、公的部門と民間部門は、しばしば断行される急激な割り引き手段に期待した。債務の転換と債務の株式化の両方を認める法律が多くの国で導入された。前者は対外債務を内債に置き換え、後者は対外債務を株に置き換えるものであった(47)。二つの方法とも公的対外債務の額面価格を引き下げることはできた（チリのケースではかなり大きく低下した）が、インフレ・リスクをともなった。ブラジルとメキシコは、割り引かれた債務の額面価格に対して支払われる国内通貨の発行が、貨幣供給量の増加に深刻な影響を与えることが明らかになったとき、一時的に債務の株式化を停止した。このような不安は、債務の株式化が、総フローを大きく増加させることなく外国投資を補助しているという考えが広がることによって、割り引かれた債務を所有する外国人保有者の間に増大した。実際、セカンダリー・マーケットでの転換が補助を意味したにもかかわらず、ラテンアメリカにおけるＤＦＩは、一九八〇年代を通じて多くの国でいつまでたっても低い水準のままであった(48)。

一九八〇年代半ばまで、殆ど全ての国で、インフレは、実質的には債務危機以前よりも高かった（表11－4参照）。インフレが加速するに従い、財政赤字とインフレ率は相関関係にあるということが明らかとなっていった。大きな財政赤字がインフレに結びついたのだ、という月並みな主張を否定することはできないだろうが、インフレの加速が財政赤字の拡大を引き起こしたというのもまた事実であり、少なくとも名目値でみた場合にはそうであった。

加速するインフレと名目の財政赤字の規模との間の因果関係には、いくつかの解釈があった。第一に、名目の政府支出が、名目の政府収入以上に急速に増加する傾向にあった。多くの政府は、公共支出の大半が、賃金給与（軍隊を含む）である場合や対外および対内の債務に関する利子支払いである場合には、公共支出を削減することが非常に困難であると気づいていた。第二に、インフレが進む局面で国民が支払いを遅らせたため、実質税収が徐々に損なわれていった（オリベイラ・タンジ効果(Oliveira-Tanzi effect)）(49)。第三に、ますますリスクが大きくなる環境下で国民に政府債務を保有させるためには、国内の実質利子率を上昇させる必要があった。これは、インフレが加速していくと名目利子率がより急速に上昇することを意味し，そのため，国内の債務返済額の増加率は名目の政府収入の上昇を上回った。

加速するインフレと名目の財政赤字との間の因果関係によって，財政政策の効果を正確に測定することが困難となった。諸政府は，利子支払いを含まない本源的赤字と，利子支払いを含む財政赤字とが，全く異なるということを認識し始めた。例えばメキシコでは，（GDP中のパーセンテージで示された）財政赤字は一九八四年には一九八〇年とほぼ同じであったが，一九八〇年に四・一％であった本源的赤字は，一九八四年には三・五％の本源的黒字となっていた。一九八一年以降，財政政策が急激に引き締められたために，名目の財政赤字はマクロ経済均衡を示す指針としては不十分なものとなった[50]。

財政的なスタンスは，実質的な赤字，すなわちインフレで調整された名目財政赤字によってのみ測定され得るものであると，さらに一歩進んで論じる政府もいくつかあった。これには，内債および対外債務の実質価値に対する実質利子支払いだけではなく，インフレの結果生じる貨幣保有の実質価値の低減であるインフレ税による調整を含んでいた[51]。インフレ税はしばしばかなりの諸資源を生み出すので，政府は，別の指標が財政政策が緩やかであると示したときにも，財政政策は厳格であると主張できた。例えば，メキシコは，本源的な財政収支と名目の財政収支の両方が赤字であったときに，特に実質赤字の測定にインフレ税が影響を与えた結果，一九八二年に実質財政黒字を達成している[52]。

インフレが加速する中で財政状況を測定することには諸問題が伴っていたが，従来の指標の利用を思い切って止めようとする経済学者は殆どいなかった。さらに，課税基準（貨幣保有の実質価値）が低下したため，インフレ税からの収益は政府にとって次第に有利でなくなっていった。債務危機以降の一九八〇年代に，民間部門がその貨幣残高を節約するようになり，代替的な流動資産（しばしば米ドル）を見いだすにつれて，GDPに対する貨幣供給量（M_1）の比率は殆ど全ての高インフレ国で低下していった。例えばこの比率は，低インフレであったベネズエラで二一％であったのに比べ，ブラジルでは，一九八五年には三・九％にまで急落した[53]。

債務危機に対して，適切な安定化および調整プログラムを適用できなかったため，通常，月に五〇％を超すインフレ率と定義されるハイパーインフレにつながった国もあった。一九八四年の終わりまでにボリビアは，政府支出の僅か二％しか税収でまかなうことができず，一九八五年のインフレ率は八〇〇〇％を超えていた[54]。さらに，一九八八年のニカラグアがこの数字を上回った。当時ニカラグアでは防衛支出が最優先事項とされ，貨幣増発の過程によってインフレ率は三万三〇〇〇％以上に上昇した。これはラテンアメリカで記録されたもっとも高いインフレ率の一つである。ペルーではガルシア政権（一九八五―九〇年）の最後の数カ月が同様の経過をたどって弱体化し，国内通貨の逃避と膨大な財政赤字によって，一九九〇年のインフレ率は七〇〇〇%以上になった。全ての政府レベルで、粉飾された会計によって財政赤字の真の規模が隠されていたアルゼンチンとブラジルは、一九八〇年代初頭に両国政権がインフレ対策を最優先事項とするのを渋ったため、様々な局面でハイパーインフレに陥った[55]。

ラテンアメリカ中で、国内調整は安定化プログラムの採用を必要としていた。債務繰り延べは、一般的には政府がIMFとの協定に署名した場合にのみ可能であったので、IMFは、一九八〇年代における安定化プログラムの第一の波を立案し実行する上で重要な役割を果たした。この最初の波が起こっている間に、IMFのコンディショナリティへの服従を回避することができたのは五カ国のみであったが、それは、キューバ（非IMFメンバー）、コロンビア（繰り延べを一度も行わなかった）、ニカラグア（米国の圧力によりIMF支援を拒否）、パラグアイおよびベネズエラ（IMFによる国際収支の支援が必要でなかった）であった。

IMFが、安定化プログラムの立案において深く関与したということは、政策が当初は正統的なものであったことを意味していた。IMFは、通貨切り下げ、金融自由化、国内信用管理に関与し続けていたが、IMFの意を受けたプログラムは、歳入の増加と歳出の削減を通した財政赤字削減の必要性を強調していた。いくつかの国では、構造調整についての世界銀行との協定や公的部門活動の削減についてのUSAIDとの協定によって、財政節度に対する要求が強化された。

国庫収入のうち（国内外の）債務の利払いにあてられる割合が上昇し、また、政府が公的部門の賃金総額を極端に削減することに積極的ではなかったために、財政支出を削減させる必要性は現実のものとはならなかった。従って調整の負担は、経常支出よりも資本支出に大きくかかることになり、一九八〇年代には殆ど全ての国で、財政支出総額に占める投資のシェアが低下していった。公共事業、衛生、教育の全てが、削減にかなり苦しむこととなった。この傾向に抵抗した唯一の国はドミニカ共和国で、同国では新たに選出されたホアキン・バラゲール（Joaquín Balaguer）政権が、公共事業と公的部門の雇用増加が政治的に有利となるために、国内調整を延期し、公共投資は一九八五年以降急激に増大させた[56]。

財政支出の削減は、財政節度を回復させるには十分ではなかった。実際、債務（国内外）の利払いの上昇によって、多くの国で政府支出が抑制されたにもかかわらず、財政支出総額が対GDP比で上昇し続けた。ブラジルでは、GDPに占める中央政府の支出総額が、一九八一年の二七%から、一九八五年の五一%へと急激に上昇した[57]。かなり強い信念を持って財政緊縮を採用したメキシコでさえも、一九八一年の二一%から、一九八七年の三一%へ上昇した。どちらのケースも、利子支払いが途方もなく急激に上昇したためであり、この利払いは、一九八〇年にはメキシコの中央政府支出総額の一〇%以下であったのが、一九八七年までには五〇%以上を占めるようになっていた[58]。

従って、正統的な安定化プログラムは、等式の歳入面に力を注がなければならなかった。しかし、その状況は望ましいものではなかった。一九八一年以降の景気後退とインフォーマル・セクターへの逃避のために徴税がより難しくなり、対外調整は輸出を刺激するために多くの税の譲歩を必要とした。従って、（直接および間接の）税率を上昇させる政策は大きな成果を収めそうにもなく、IMFから強くせかされていた安定化プログラムの第一の波は、SOEsによる損失を減少させるため、公的部門による全てのサービスへの料金を上昇させる必要性を強める傾向にあった。

これら価格の上昇に続いて、SOEsの現在もしくは期待収益性が上昇するにつれ、公的部門の資産を民間部門へ売却する（民営化）可能性がより現実的となった。しかし、IMFの圧力にもかかわらず、一九八〇年代の前半に、財政問題の解決策として民営化を多く利用したのは、一九七三年以降その政策を継続して実行していたチリだけであった。[59] 他の国の政府は、当初確信を持てないままであったが、それは、公的部門の資産が、現在の割り引き価値を反映しない価格で民間部門に売却されるだけではないのか、という恐れを抱いていたか、あるいは、公的部門の純投資資産の減少が長期成長に与えるダメージを懸念していたためであった。しかし、財政危機が続くに従い、また、SOEsに対する外国の貸し出しが制限されたままであることが明らかとなるにつれて、他国政府も民営化に取り組み始め、その結果、一九九〇年代の初めには、多くの国で公的部門の売却が財政歳入に寄与するようになった。[60]

一九八二年以降の政府歳入の引き上げという問題によって、多くのラテンアメリカ諸国の課税基準が極端にもろいということが明らかとなり、税制改革問題の協議が余儀なくされた。限界税率はしばしば極めて高かったが、控除、脱税、回避が徴税をかなり減少させていた。債務危機以前は、一二カ国で、中央政府歳入がGDPの一五%以下であり、二〇%以上であったのは僅か五カ国のみであった。鉱物輸出を国営にしても、高い税収が保証されているわけではなかった。チリとベネズエラは、それぞれ銅と石油を輸出していたSOEsからかなりの収入を得、両国ともに中央政府収入総額がGDPの二五%以上にまで上昇していたが、SOEsが鉱物輸出を支配していたその他の諸国（例えば、ボリビア、エクアドル、そしてメキシコ）では、税収入がそれほど増えることはなかった。従って、もはや税制改革は避けがたいものとなり、最優先されたのが課税基準の拡大であった。多く採用された選択肢は、全ての財とサービスを広く網羅する、付加価値税（value-added tax: VAT）の導入もしくは拡張であった。ハイチとペルーは一九八二年に、グアテマラは一九八三年に、コロンビアは一九八四年に、そしてボリビアは一九八七年にVATを導入した。[61] 企業および個人に対する直接税率がより低い税率へと変更され、また控除や脱税に関しては厳しく取り締まられた。チリとメキシコがまず率先して行い、他国がそれに続くこととなった。

債務危機後の最初の安定化プログラムの波は、さほど成功を収めなかった。IMFが採用した優れた構想と、IMFのコンディショナリティが広く利用されたにもかかわらず、一九八一年以降、殆どの国でインフレが加速した。合意されていた目標を実現できなかったために、IMFは、スタンドバイ協定を一時停止し、融資を延長した。ブラジルは、数年間のうちにIMFとの間で七つの取り決めに署名したが、最初の融資が行われる前に合意事項はしばしば破られてしまった[62]。

IMFは、財政および金融の節度が欠如しているとして諸政府を批判したが、問題が遙かに根深いことは明白であった。債務危機以前に国内不均衡とインフレに苦しんでいた一四カ国のうち、一九八〇年代半ばまでに安定化に関して実質的な進展を成し遂げたのは、僅か一カ国（コスタリカ）のみであった[63]。過去から引き継がれていた不安定要素がすでにかなり深刻であったために、国内の安定化に対して債務危機がもたらした衝撃は、大抵の場合非常に大きく、IMFの意を受けた正統的な安定化プログラムの枠組みの中では処理できなかったのである。一九八二年以前に深刻な国内不均衡を回避することができていた数カ国（例えば、ドミニカ共和国、グアテマラ、ホンジュラス）でさえ、債務危機以後、必要とされた国内調整を実現することができなかった。

正統的な対応では限界があることが明らかとなるにつれて、非正統的な安定化プログラムへの関心が高まった。新たなインフレ理論が受け入れられ始めたが、それは、インフレの惰性的性質を重要視し、インフレ期待を引き下げるため価格を協調して引き下げるというものであった[64]。正統的アプローチは、為替レートの引き下げ、名目利子率の上昇、公的部門の関税の上昇などであったが、インフレ期待が一般的な環境下で、逆に市場の力でインフレ期待を弱めようとしていた点で、非難を受けた。景気後退や、緊縮的な財政および金融政策にもかかわらず、何らかの名目のアンカーがなければ、正統的なアプローチの中ではインフレ率は容易に上昇していく可能性があった。

非正統的な安定化プログラムは、一九八〇年代後半に多数のラテンアメリカ諸国で採用された。このプログラムの主要な点は、まず手始めに、歪みをなくすために相対価格を急激に変化させ、その後、主要な価格（名目賃金率を含む）を凍結することによって、インフレ期待を弱めることであった。最後に、ごく僅かな例外を除いて、高インフレ国で広範囲にわたる指数化が利用された。インフレが低下していくにつれて、オリベイラ・タンジ効果が反対に作用し始める、すなわち実質税収を増加させ実質貨幣残高の上昇（そして民間部門貯蓄）を刺激していくと期待したこのプログラムの立案者たちは、価格凍結を永久に続けることはできないと認識していた。凍結された為替レートは通貨の過大評価に、固定名目賃金は実質賃金の低下に、そして、価格管理は新たな歪みの発生につながるかもしれなかったが、凍結が解除されるまでには、インフレ期待が恒常的に弱まるかもしれないと考えられた[65]。

非正統的な安定化プログラムは、成功しなかったわけではなかった。ボリビアでは、貨幣賃金を凍結し、財政制度を完全に改革し、外為市場を自由化したプログラムを実施した結果、一九八五年にハイパーインフレがぴたりと止まった[66]。企業、組合、そして政府間の三者協定によって一九八七年一二月に始められたメキシコのプログラムもまた、管理為替レートがインフレ期待を弱めるのに重要な役割を担い、インフレの急激な低下をもたらした。インフレが鎮まるにつれて、名目利子率も低下し、高水準の債務返済による財政負担は緩和された[67]。ニカラグアでは、固定為替レートを適用し、緊縮的な金融政策を採り、また追加的な輸入を支援するために対外援助にアクセスした後、ハイパーインフレが一九九一年に終息した[68]。

ボリビア、メキシコ、ニカラグアの非正統的プログラムは、財政節度の必要性を看過したわけではなかった。従って、非正統的な措置は、正統的な政策を慎重に併せ持ったものであった。反対に、アルゼンチンで一九八五年に（アウストラル・プラン（Austral Plan）[69]）、またブラジルで一九八六年に（クルザード・プラン（Cruzado Plan）[70]）始められた非正統的なプログラムは、緊縮的な財政政策が欠如していた点が特徴的である。価格凍結と為替レートの固定に反応して、当初インフレ率は急激に低下したが、名目総需要は利用可能な供給を上回り続け、間もなくインフレ圧力が再び現われた。相対価格の歪みが再び発生したため、財政節度が修復される前に、価格管理が撤廃されなければならなかった。その結果、インフレ率が非正統的なプログラムが適用される以前の水準を上回り、急上昇したのである[71]。

ブラジルとアルゼンチンでの非正統的なプログラムの失敗は、初めのうちは、正統性への復活にはつながらなかった。むしろ両国政府は、国内の金融資産を凍結させ、躍起になってインフレと財政赤字を管理下に置こうとした。しかし、一〇年間におよぶ安定化プログラムが失敗した一九九〇年初頭までには、正統的な財政措置（民営化を含む）と非正統的な政策を組み合わせる必要性が、最終的に認識された。大きな成功を収めたのはアルゼンチンであり、一九九一年末までには、月間インフレ率が適度な水準にまで下がった。その頃には、ラテンアメリカ全域で、価格安定のための必要条件として、税制改革、民営化、公的部門サービスに対する「現実的」価格に重きを置く、安定化についてのコンセンサスが生まれ始めていた。インフレを鎮めようとするこのような努力は、主に一九九〇年代以降のラテンアメリカへの資本の環流によって支えられていた。一九九四年のブラジルによるレアル・プラン（*Plano Real*）の採用は、通貨の過大評価という犠牲をある程度払いはしたが、三年以内にそのシステムからインフレを閉め出すこととなった。ベネズエラのように、インフレが問題として残っていたところでは、いつも決まって為替レートの切り下げがかかわっていた。一九九〇年代末までには、ブラジルの指標に助けられて、ラテンアメリカのインフレは年次ベースで一桁まで下がった[72]。

表11-5　一人当たりの実質 GDP

(1988年米ドル)

国	1981	1985	1990	年変化率	
				1981-85	1985-90
アルゼンチン	3,228	2,869	2,672	−3.0	−1.4
ボリビア	1,137	949	910	−4.6	−0.8
ブラジル	2,225	2,235	2,233	+0.1	0.0
チ　リ	2,401	2,043	2,527	−4.1	+4.4
コロンビア	1,254	1,275	1,455	+0.4	+2.7
コスタリカ	1,687	1,556	1,679	−2.0	+1.5
キューバ	n/a	n/a	n/a	+5.1[1)]	−0.8[1)]
ドミニカ共和国	725	679	671	−1.7	−0.2
エクアドル	1,394	1,305	1,255	−1.7	−0.8
エルサルバドル	1,126	1,055	1,059	−1.6	−0.1
グアテマラ	1,075	902	901	−4.5	0
ハイチ	336	305	263	−2.4	−3.0
ホンジュラス	835	765	768	−2.2	0.0
メキシコ	2,587	2,364	2,266	−2.3	−0.9
ニカラグア	869	737	540	−4.2	−6.4
パナマ	2,347	2,363	1,992	+0.2	−3.5
パラグアイ	1,641	1,489	1,557	−2.5	+0.9
ペルー	1,925	1,608	1,341	−4.6	−3.7
ウルグアイ	2,883	2,390	2,755	−4.8	+2.9
ベネズエラ	3,944	3,351	3,407	−4.2	+0.3
ラテンアメリカ[2)]	2,209	2,066	2,034	−1.7	−0.3

注1）社会的総生産を参考。CEPAL (1991), p. 38 を参照。
　2）バハマ，バルバドス，ガイアナ協同共和国，ジャマイカ，スリナム共和国およびトリニダッド・トバゴ共和国は含まれるが，キューバは除く。
出所）Inter-American Development Bank unpublished database, および IDB (1992), Table B-2.

▼政策改革と新たな経済軌道

債務危機は、一九七〇年代の終わりから一九八〇年代初頭にかけて、ラテンアメリカを直撃した一連の外的ショックの中でも最大のものであった。NBTTの下落、国際金利水準の上昇、OECDの景気後退、そして、新規の資本フローの減少という四重苦は、結果的にGNPの三％（ペルー）から一七％（チリ）の間に相当すると推定されるほどの打撃となった[73]。東アジア諸国を襲った打撃もこれと同程度であった。しかし、東アジアはより開放的であったために、対輸出比率でみると、その打撃は東アジアよりもラテンアメリカで遙かに大きかった。従って、必要とされた経済調整と再構築は、ラテンアメリカではより困難で、かつより苦痛を伴うものであった。

調整プロセスは、ラテンアメリカで深刻な景気後退を引き起こした。一九八〇年から一九八三年の間、実質GDPが一一カ国で低下した[74]。人口が多くの国で年二％以上で成長し続けたため、実質GDPが適度に上昇した国でさえも、一人当たり実質GDPの低下を防ぐことはできなかった。実際、一九八一年から一九八五年にかけて、一人当たり実質GDPは、殆ど全ての国で下落した（表11－5参照）[75]。一九八〇年代の後半は、一人当たり実質GDPの実績についてごく僅かだけ好転した。一九八五年から一九九〇年の間、一人当たり実質GDPが下落したかもしくは変化しなかったのは一三カ国であった（もしもキューバを含むなら一四カ国となる）。コロンビアは、ラテンアメリカでこの一〇年間の全てを通じて、さほど大きくはなかったが上昇を維持した唯一の国であった。さらに、一九八五年以降、一人当たり実質GDPが上昇した五カ国のうち、四カ国（コスタリカ、パラグアイ、ウルグアイ、そしてベネズエラ）の経済基盤は脆弱であった。チリだけが一九八〇年代初期にかなり積極的に調整を遂行し、これが同年代終盤の数年間の持続可能な成長の基盤となった。一九九〇年代前半になって初めて、一人当たり実質GDPがラテンアメリカで再び上昇するようになったが（表11－5参照）、その時でさえ、いくつかの例外があった。

輸入を抑制する必要性（その大部分は資本財）と、景気後退がもたらした収益性の低下が、民間投資に特に悪影響を与えた。同時に、財政節度の追求と公的部門への新規貸し出しの減少が、公共投資を無力化させた。その結果、（対GDP比率で表される）総資本形成比率が急激に低下した。全ての国が影響を受け、資本形成比率は、一九八〇年代半ばまでに、殆どの国で二〇％以下に低下した。これは、GDPの二五％以上を投資していた国が八カ国以上あった一九八〇年における状況とは、著しく異なっていた[76]。

一九八〇年代後半には若干の投資率の回復がみられたが、全ての主要国では、依然としてこの一〇年間の初めに記録した水準を下回っていた。チリは、十分な水準にまで投資を建て直すことができた。コロンビアは、一〇年間を通じて、大きな景気後退を回避していた。メキシコの投資率は、一九八七年以降、調整プログラムと政策改革の効果が徐々に民間部門の信用を取り戻し、公的部門の意思決定に関する信頼性を回復させるにつれて、上昇し始めた。しかし、多くの国では、投資の低下は回復せず、（ボリビアのように）成功した安定化プログラムが適用されても、それは資本形成比率の回復を先導するものではなかった。従って、ラテンアメリカ全体で見れば、実質投資額は一九八〇年から一九九〇年にかけて二五％低下した。これは年率で三・二％の減少であった[77]。

一九二九年の危機では、ラテンアメリカの諸政府は、国際収支を守るため、多くの国が輸入代替と製造業の成長を刺激する一連の措置を採用することを余儀なくされた。反対に一九八〇年代は、国際収支を守るためにとられた措置ではあったが、九カ国で製造業が絶対的に低下し、一三カ国で同部門の相対的重要性が低下（表11－6）したことが特徴となっていた。大国の中では、ベネズエラ（石油資産によって高水準の消費財輸入が可能であったため、輸入代替工業化（import-substituting industrialization: ISI）の「容易な」段階はまだ終わっていなかった）とメキシコ（工業製品輸出およびマキラドーラ輸出の成長が急速であった）のみが、GDPにおける製造業のシェアを、何とか上昇させることができた。ラテンアメリカの工業のエンジン・ルームであったブラジルでさえ、世界市場での成功にもかかわらず、

表11-6　1980年固定価格でのGDPに占める農業および製造業のシェア

国	農　業			製造業		
	1980	1985	1990	1980	1985	1990
アルゼンチン	8.6	11.0	11.8	25.0	23.3	21.6
ボリビア	18.4	22.7	20.7	14.6	12.1	13.4
ブラジル	10.5	12.1	11.5	33.2	30.3	27.9
チ　リ	7.2	8.6	8.2	21.4	20.3	21.7
コロンビア	19.4	18.4	18.2	23.3	21.7	22.1
コスタリカ	17.8	19.1	19.4	18.6	18.6	18.6
キューバ[1]	16.2	13.1	13.7[2]	42.2[3]	45.0[3]	45.4[2,3]
ドミニカ共和国	20.2	20.3	17.6	15.3	13.7	13.1
エクアドル	12.1	12.2	14.4	8.8[4]	8.4	7.3
エルサルバドル	27.8	27.2	26.3	15.0	14.6	15.3
グアテマラ	21.6	24.3	23.3	13.6	13.6	12.9
ハイチ	33.4	33.2	34.7	17.6	15.3	14.1
ホンジュラス	21.5	22.0	22.4	16.9	17.3	18.2
メキシコ	8.2	8.5	7.5	22.1	21.4	22.8
ニカラグア	23.2	24.1	24.7	25.6	25.9	20.3
パナマ	9.0	9.3	10.8	10.0	8.7	9.0
パラグアイ	29.5	31.3	31.9	16.5	15.5	14.9
ペルー	10.2	12.1	13.9	20.2	18.4	18.4
ウルグアイ	14.5	16.7	14.6	28.2	25.2	25.5
ベネズエラ	4.2	5.2	5.0	18.8	21.5	20.3
ラテンアメリカ[5]	10.1	11.3	10.9	25.5	24.1	23.4

注1）1981年価格での社会的総生産。
　2）データは1989年のもの。
　3）鉱業および漁業を含む。
　4）石油精製を含む。
　5）バハマ，バルバドス，ガイアナ協同共和国，ジャマイカ，スリナム共和国およびトリニダッド・トバゴ共和国は含まれるが，キューバは除く。
出所）ECLAC (1992), pp. 77, 90, 266–7.

八〇年代の大半にわたって自国市場が不景気であったために、製造業部門の純生産高において、ごく僅かな上昇しか実現できなかった。大国では、「容易な」ＩＳＩの時期は数年前に過ぎており、また輸出市場への依存をより強める方向にシフトすることは、早急に達成されるものではなかった。

外的ショックへの調整が、多くのラテンアメリカでインフレ圧力をさらに悪化させた。そのため、景気後退とインフレが同時に起きるスタグフレーションという言葉が、多くの国の経済状況を的確に表していた。貨幣賃金は、一般的にはインフレの加速率に歩調を合わせることができなかったため、実質賃金および実質最低賃金は殆どの場合低下した。一九九〇年までにインフレ率が減速したにもかかわらず[78]、メキシコの最低賃金は一九八〇年の水準の僅か四四％であり、アルゼンチン、ニカラグア、そしてペルーでは、ハイパーインフレが実質賃金価値を崩壊させていた。クルザード・プランの間、ブラジルで急上昇した実質賃金も、一九八〇年代末までには低下していたため[79]、一〇年間を通じて平均実質賃金の持続的上昇を達成することができたのは、コロンビアとチリのみであった。[80]一九八〇年代以前には無視できるほどだったアルゼンチンの顕在的失業は、債務危機以降二倍となり、[81]グアテマラ、パナマ、ベネズエラといったあちこちの国で急激に上昇した。チリとコスタリカでは、顕在的失業率は急激に低下したが、[82]そのような国はこの二カ国だけであった。

ラテンアメリカ全域で、財政緊縮の影響を受けて公共支出が十分に行われなかったため、衛生および教育への公的部門による社会的支出は減少していった。ペルーで発生し、その隣接諸国に広がったコレラの流行は、基本的な公共サービスが低下したことと関連した人的コストといえる、一九九〇年代初めの悲惨な出来事であった。平均寿命、識字率、幼児死亡率は改善し続けたが（それは部分的には、債務危機以前の高い社会的投資水準によるものであった）、多くの社会指標は債務危機後の一〇年間に悪化した。五歳以下の子供の栄養失調は、アルゼンチン、コスタリカ、チリ、キューバ、ウルグアイ、そしてベネズエラを除く全ての国で同年齢層の一〇％以上となり、エクアドルとグアテマラでは三〇％以上にもなった。[83]統計を出すことができた殆どの国で所得分配は悪化した。ブラジルのジニ係数は〇・六のままで、[84]世界で最も不平等が大きい国の一つとなり、家計の低位二〇％は、所得の二％しか受け取っていなかった。

全ての国で社会保障制度が存在していたものの、[85]景気後退の犠牲者の殆どに対してそれが機能していると公言できたのは、コスタリカ、チリ、キューバ、そしてウルグアイだけであった。従って、一九三〇年代と同様、多くの中産階級とともに貧困層にとっても、生活水準の低下を最小限度にとどめるような防衛メカニズムが働き始めた。多くの場合、大企業がコストを削減する目的で、インフォーマルな集団へ労働を下請けに出したために、都市部のインフォーマル・セクターの雇用機会が増大して、フォーマル・セクターの職の減少は相殺された。[86]購買力を維持するために、副業、あるいは三番目の職が中産階級の専門職従事者の間で頻繁となり、これは、メキシコでは実質賃金低下の影響を軽減するのに役立ち、また、アルゼンチンでは、中産階級の生存のために必要不可欠なものとなった。こうして副業は一つの社会現象となった。

カリブ海諸国にとっては、海外、主に米国に居住していた親族からの送金フローもまた、一九八〇年代には重要な防衛メカニズムとなった。米国に居住していたそのような住民は、エルサルバドルの場合は一〇〇万人と推定されており、最も大きな影響を受けたが、[87]ハイチ、ドミニカ共和国、メキシコといった国々もまた、便益を享受した。

依然として主要な雇用源であった農業部門は、非伝統品輸出の機会と輸入代替のためのインセンティブの両方によって助けられ、殆ど全ての国で成長し続け、同部門の相対的大きさはこの一〇年間に高まった（表11‐6参照）。実際にベネズエラでは、一九八〇年代末の貿易自由化プログラムによって農産物輸入に対する関税および非関税障壁が引き下げられるまでは、農業の輸入代替（import substitution in agriculture: ISA）が重要

表11-7　ラテンアメリカの国民会計，1980，1985および1990年

（100万ドル，1980年価格）

国民会計	1980	1985	1990
市場価格での国内総生産	701,147.2	721877.3	793,377.1
＋交易条件の効果	0.0	−23,329.8	−45,822.8
＝市場価格での実質国内総生産	701,147.2	698,547.5	747,554.3
−海外への純要素所得支払	19,187.6	36,364.0	28,252.3
＋海外からのその他の純経常移転受取	643.9	1,396.8	4,257.8
＝市場価格での国民可処分所得	682,603.5	663,580.3	723,559.8
−総最終消費支出	542,001.2	545,262.2	602,791.2
＝国民総貯蓄	140,602.3	118,318.1	120,768.6
−経常取引における余剰	−30,619.1	−3,409.6	−2,766.5
＝総資本形成	171,221.4	121,727.7	123,535.1

出所）ECLAC (1992), pp. 180-1.

な回復メカニズムとなった[88]。

このような防衛メカニズムは、継続的な人口増加の結果、一人当たりの実質民間消費の低下をくい止めることはできなかったものの、実質民間消費水準の急激な減少を防ぐことはできた。実際に一九八一年から一九八三年の間に、総消費（民間および政府）は、ラテンアメリカ地域全体では僅か三%しか減少せず、一九八四年までには回復していた。この一〇年間の終わりには、総消費はアルゼンチン、エルサルバドル、ハイチ、ニカラグア、ペルー、そしてベネズエラを除く全ての国で上昇したが、これは総資本形成の減少とは全く対照的であった。

この消費水準は、社会基盤にとっては望ましいものであったが、経済的には好ましくない結果をもたらした。消費はGDPの最大の構成要素であるので、その水準を維持しようとする努力は、表11－7で明らかなように、利用可能な国内貯蓄源を圧迫することとなった。一九八〇年代の交易条件の負の効果と外国への膨大な利払いのために、一九八〇年以降の五年間で実質国内可処分所得は減少したが、消費支出は適度に増加した。貿易黒字を維持しておかなければならなかったので、海外貯蓄（国際収支における経常収支赤字）はかなり減らされ、国内および海外の資金で、高水準の投資を十分にファイナンスすることはできなかった。

一九八〇年以降の三年間で、国内貯蓄は四〇%近く減少し、一九八六年以降になって初めて回復し始めたが、それはそれ程大きくなかった。一九八七年の終わりでも、国内貯蓄は、大半

の国で一九八〇年の水準を依然として下回っていた。いくつかのケースでは，その低下が極めて顕著であった。アルゼンチンでは，国民が貨幣および金融システムへの信頼を喪失していたために，実質国内貯蓄が五〇％以上減少した。[89] ニカラグアでは，海外からの移転によって支えられていた消費が毎年可処分所得を上回っていったために，国内総貯蓄はこの一〇年間の多くを通じてマイナスとなった。[90] ボリビアでさえ，思い切った反インフレ安定化プログラムにもかかわらず，一九八六年と一九八七年にマイナスの実質国内総貯蓄を記録した。[91]

貯蓄を刺激するために，いくつかの国は，長年にわたって遅れたままだった金融改革に取り組んだ。[92] 最も成功したのはチリであり，債務危機以降うち立てられた新たな管理システムによって，債務超過を排除し，銀行システムの信頼性を再構築した。メキシコもまた，一九九〇年代初頭までに金融システムにおける民間部門の信頼性を再構築した。一九八二年に国有化された銀行は，漸次民間部門へ戻され，国内貯蓄を獲得するために新たな手段がとられた。海外からの資金流入によって株式市場が活発となり，にわかに活気づき始めた。[93]

ラテンアメリカは外的ショックに慣れていなかったわけではないが，債務危機は，経済政策の進展に一つの転換点を示した。国際銀行による公的部門への借款の純供給が枯渇していくことが明らかとなるにつれて，ラテンアメリカの政府は，SOEsによる大規模な公共投資に基盤をおいた開発モデルが崩壊してしまったことを，認識せざるを得なかった。国家は，経済全般にわたる投資プログラムを縮小せざるを得なくなるにつれて，公共投資以上の民間投資が必要となっていた。東欧での共産主義の崩壊にも不動であったキューバは，ジョイント・ベンチャーへの外国投資は黙認したものの，この傾向を拒絶した。SOEsを通じて公的部門が高い割合の輸出収入を得ていた国（ベネズエラのように）においてのみ，大きな公共投資の再開の見通しを立てることができた。

銀行の新規貸し出しの減少とマイナスの資金移転によって，輸出促進や伝統的な一次産品からの輸出の多角化が必要であるという認識が増大していった。輸出主導型成長への勢いがペースを増していくに従って，輸出企業は他国の競合企業が支払うのと同じ価格で投入物にアクセスしなければならないのだから，国際競争力は貿易自由化によってのみ確実なものとなる，ということが明らかとなっていった。自国市場への生産を奨励する複雑な特恵の網や管理は，ラテンアメリカ全域にわたる諸国で取り除かれ始め，保護の継続を要求する既得権は永久に失われた。

公的部門への新規の資本フローの減少はまた，財政政策にも影響を及ぼした。海外から財政赤字をファイナンスすることができなかったため，殆どの国は，国内資本市場に頼らなければならなかった。しかし，全ての国で資本市場が脆弱であり，またいくつかの国では国内の債務不履行があったために，インフレを招かないで，財政赤字の資金を供給することはますます困難になっていった。高いインフレ率は，経済回復だけでなく，多くのもろい民主主義の政治的安定性にまで脅威を与えたので、財政および金融節度が非常に高い優先権を持ち始めた。実際に、数カ国、特に一九九〇年以降のアルゼンチンは、長期の経済回復に関して財政および金融基盤を構築すべく、多大の犠牲を払う覚悟を決めていた。(94)

民間投資を優先させること、貿易自由化、そして財政節度といった、債務危機が引き起こした全ての変化が、政策の改革を意味した。そのプロセスは、漸次的ではあったが累積的であった。一九九〇年初頭までには、全ての国が何らかの政策の改革に取り組んでいた。エルサルバドルのように内戦のまっただなかにあった国でさえ、多くの新たな戦略を採用していた。(95) 国際機関と西側諸国政府は、この変化の広がりについてよりいっそう雄弁となり、外国の金融機関（いくつかの銀行を含む）は、貿易と金融の自由化が生んだ成果を利用し始めていた。

一九九〇年代初めまでには、ラテンアメリカで順調に進んでいた改革と、国際的な債権者によって支持されていた政策案（いわゆるワシントン・コンセンサス、あるいはWC）とが盛んに比較され始めていた。(96) 多くの東アジア諸国の経験から、基本的にある一つの組み合わせが絞り込まれ、WCは、国際収支政策（実質為替レート、貿易自由化、そして対外直接投資）、財政政策（財政節度、公共投資、そして税制改革）、競争政策（民営化、規制緩和、そして財産所有権）といった諸政策の改革、そして金融自由化を強調した。ワシントン自身も、東アジアのいずれの国もこの案をまるごと実行したわけではなかったが、成功をもたらす調整と成長が長期にわたって持続可能となるための必要条件に対する、強固な基盤として、WCは殆ど神話的な地位を獲得した。

WCは、ラテンアメリカでの政策の改革に酷似していたが、その類似点と同様に相違点もまた重要であった。非常に多くのラテンアメリカ諸国は、一九八〇年代に、まず、債務危機が創出した新たな環境への短期的な対応として、政策の改革を行った。従って、ラテンアメリカの政策の改革は、WCの中の新たな現実に相当するいくつかの点（例えば、競争的な実質為替レート）を重視し、他の政策（例えば、規制緩和）に対してはさほど注意が向けられず、これらの政策における改革は延期された。

政策改革に対するこの二つのアプローチの違いは、民営化の実施によって鮮明となった。チリとそれに続いたメキシコは、効率性を重視して民営化を望ましいものと考えていたが、他の国々は、主に財政的理由によって民営化を促進した。即座に政府収入に寄与させるために、公的部門企業は現在割り引き価値を下回る価格で民間部門へ売却された。公的部門の企業は民間部門の独占企業へと変わり、競争を増大させる試みは僅かか、あるいは何もなされなかった。政府所得に相当貢献していたかなり高い収益性をもつSOEsは、もしも民営化されたならば効率性が確実に改善したであろうにもかかわらず、公的部門に留保された。

早い輸出成長と低いインフレ率が支配し続ける、新たな軌道にラテンアメリカをシフトさせるための、政策の改革が必要であった。債務危機が初めて発生した以後の一〇年間では、ラテンアメリカはこの両方の分野でかなりの成功を達成した。しかし輸出主導型成長を促進する諸政策は、同時にいくつかの困難を伴っていた。多くの国は輸出量を増加させることができたが、国際貿易システムのもとでは、一次産品は、工業製品やサービスより依然として不利な状態におかれていた。一九八五年以降の国際スズ協定の崩壊によって、ボリビアは、輸出商品が高水準に集中することが危険であるということを思い知った[97]。米国が砂糖輸入割り当てを継続的に減少させたため、多くのカリブ海諸国では、非伝統的輸出品の上昇がもたらした利益の大部分が、相殺されてしまった[98]。

GATTのウルグアイ・ラウンド交渉は、農産物の貿易を執拗に議題にあげた[99]。多くの失望や明白な失敗があった後、貿易自由化に関する協定の見通しが立ったことで、恣意的な意思決定や非関税障壁、そして価格変動に対して、一次産品輸出が保護されるかもしれないという期待があちこちで高まった。しかし、農産物貿易の重要性の相対的な低下は、貿易差別の削減によって覆すことはできない長期的な現象である。国際貿易の中でダイナミックな分野は、依然として工業製品やサービスであり、これらの分野では、ラテンアメリカは、紛れもなく不利な状態で一九八〇年代に突入していた。一〇年後、メキシコとブラジルのみが、その輸出構造を大きく変化させ、ダイナミックな長期的見通しを持つ製品が有利となったと主張することができた[100]。チリでさえ、平均以上の実績を収めていたにもかかわらず、依然として圧倒的に伝統的輸出品（銅）と一握りの非伝統的一次産品（果物、漁業、森林）に依存していた。

このような諸問題にもかかわらず、殆ど全ての国がより外向きとなっていき、輸出の対GDP比率は上昇し、同時に輸入水準も一九八〇年代中期以降、急激に増加した。貿易自由化が、懸念された消費財の急増をもたらすことはなく、大抵の場合多くの企業は、当初は、必然的に起こった海外商品との競合に対して積極的に対応していた。一九八〇年代初期の金融危機は殆ど全ての資産価値を低下させ、不確実な環境の中で自分たちの資本を進んでリスクにさらそうとする企業家たちにとっては、格好の機会をもたらした。それぞれの国の中で産業と金融のリーダーシップを確保するために、新たな複合企業が（大抵伝統的なファミリー・グループから）つくられた。この経済の若いエリート世代は、その多くが海外で訓練や教育を受けていたが、少なくとも、新しいビジネス・アイデアに対する受容力がより大きく、古い世代のエリートたちほど保護された国内市場に固執しようとすることはなかった。

これらの変化は、一九九四年一二月のメキシコのペソ切り下げとともに始まった外的ショックから、ラテンアメリカを隔離するのに役立った。多くの国の銀行システム、特にアルゼンチンは過酷な試練を受けたが、信頼性がその過程によって高められ、海外投資家たちは、ラテンアメリカの国によって違いがあることを認識し始めた。

一九九七年に始まったアジアの金融危機は、投資家たちが、ゲームの新たなルールに対する政策決定者たちの関与を疑い始めていたために、ラテンアメリカの改革プロセスの土台を崩壊させる恐れがあった。しかし、最も困難な時にも、改革を支持する広いコンセンサスが、正統的な政策を続けるのを助けた。一九九〇年代の終わりに、域外の金融の大変動がもたらす悪影響をラテンアメリカが回避すると確信できた者は、誰もいなかっただろうが、明らかなことは、過去に戻りたいとは誰も思わないことであった。その意味で、債務危機は、重要な転機とラテンアメリカの新たな成長モデルのスタートを示すものであった。

結論

独立後のラテンアメリカの経済発展は、果たされない約束の物語である。豊富な天然資源を持ち、労働力に対する土地面積には恵まれ、植民地支配から脱しておよそ二世紀の間自由を享受したにもかかわらず、一つの国家も未だに先進国の仲間入りを果たしていない。さらにいくつかの報告では、ラテンアメリカと先進国の生活水準の格差は、ラテンアメリカが発展途上地域のなかでは最も豊かであった一九世紀の初期以降、確実に増大している(1)。

イベリア半島の支配が崩壊し、貿易への制約がなくなったにもかかわらず、ラテンアメリカは他国が作る決まりごとに支配される世界で行動し続けた。ラテンアメリカは先進資本主義諸国という魅力的なグループに入ることができなかったために、外部の影響をもろに受ける、周辺部地域のままであり続けた。貿易の変動、投資、消費パターン、累積債務、それに技術移転は全て、ラテンアメリカが殆ど統制力を発揮できない外部要因によって引き起こされた。内向きの発展の時期でも、外部の力は域内の急激な変化に強い影響を与えた。

ラテンアメリカの後進性を説明するのに、周辺部に位置したことがしばしば利用される(2)。しかし他の国々も同様な制約に直面したのである。そしてそれらの国々はゲームのルールに従いながらも、自らの立場を改善するために努力した。米国は一九世紀初頭には周辺国であったが、技術革新と投資を基盤とした生産性革命を通して、その世紀の終わりには、英国の生活水準を凌駕した(3)。スカンジナビア諸国は二〇世紀初めまでに、一次産品に基づいた輸出主導型成長を通して、経済の転換を経験した(4)。一九世紀後半、多くの中央ヨーロッパ諸国は公的助成により産業革命を開始することができた[5]。英国の自治領はその全体が、一人当たりの輸出額の最高記録を達成し、生活水準を向上させた[6]。日本は一九四五年以降、軍事力を卓越した産業機械に転換して、世界を席捲した[7]。東アジアの新興工業諸国(Newly industrialized countries: NICs) は、一九五〇年以降の世界貿易の急速な成長が可能にした、労働集約型の製造品輸出の機会を巧みに利用した[8]。一握りの小さな国々(例えばバハマ)は近年、サービス輸出に助けられて、生活水準を先進国のレベルにまで向上させた[9]。

個々の事例を切り離してしまうと、それぞれは特別の場合として片づけられてしまうかもしれない。しかし、全てを総じて考慮してみると、周辺部からの離脱が常に可能であったことを例示している。外部的な制約は大きかったかもしれない。しかし圧倒的なものではなかった。すなわちラテンアメリカは、世界経済史から学び取ることのできる教訓によって、慰められることは殆どなかったのである。大多数のラテンアメリカ諸国は、形式的には植民地支配から解放されていて、周辺的な立場から現実に脱却することのできた多くの国々には与えられなかったような、強い独立性を享受したのである。かくして、ラテンアメリカの相対的後進性の主因は、この地域の内部に求めることができる[10]。

独立後のラテンアメリカの経済発展は、比較的容易に二つの異なる、しかし部分的に重複する局面に分けることができ、この二つの局面の後に、ちょうど始まったばかりの第三局面が続いている。第一局面は一次産品に基礎を置く、伝統的な輸出主導型成長に該当する。第一局面はゆっくりと開始したために、二〇世紀の最初の一〇年に頂点に達し、そして大恐慌と共に消滅した。第二局面は内向き成長の時期に該当する。この内向き成長は、大きな国では一九世紀後半に始まった輸入代替工業化を基盤として、第二次大戦後の四半世紀に頂点に達した。(非伝統的な輸出産品に基づく)第三局面は、一九六〇年代に始まり、一九八〇年代の債務危機後に支配的となった。

ラテンアメリカは常に追い風を受けていたわけではなかった。この地域の伝統的な輸出主導型成長の試みは、国際貿易において、一次産品が享受していた製造工業品に対する相対的に有利な動きとは反対に作用する力を増した。先進国の産業構造と消費パターンの変化は、単位生産量当たりの一次産品の投入量を減少させた技術進歩も加わり、(一九世紀末までに)製造品が有利となるように国際貿易を変化させた[11]。世界経済が持続的かつ急速な国際貿易の成長を遂げる時期がスタートした時点で、ラテンアメリカの内向き成長は絶頂に達していた。第三の局面は、やや消極的ではあったが、国際貿易の目を見張る好況がちょうど終わろうとしていた一九六〇年代に開始された。

しかしながらタイミングだけが好機をもたらすものではない。一九世紀の進歩が緩慢だったのは、多くの国が直面した輸出拡大の供給サイドの障害を除去することに、時間を取られたためであった。内向きの発展戦略は、当初国際市場の混乱ということで正当化された期間をはるかに上回って、長期にわたっ

表結-1　一人当たりGDPの年間成長率，1820年頃から1928年

(%)

国	一人当たりGDP 1928年（1970年価格）	1820年代の一人当たりGDP（1970年価格）[1)			
		150	200	250	300
アルゼンチン	571	1.3	1.1	0.8	0.6
ブラジル	160	0.1	−0.2	−0.4	−0.6
チ　リ	501	1.2	0.9	0.7	0.5
コロンビア	158	0.1	−0.2	−0.4	−0.6
コスタリカ	219	0.4	0.1	−0.1	−0.3
キューバ	298	0.7	0.4	0.2	0
エルサルバドル	121	−0.2	−0.5	−0.7	−0.9
グアテマラ	195	0.3	0	−0.2	−0.4
ホンジュラス	223	0.4	0.1	−0.1	−0.3
メキシコ	252	0.5	0.2	0	−0.2
ニカラグア	189	0.3	−0.1	−0.3	−0.5
ペルー	163	0.1	−0.2	−0.4	−0.6
プエルトリコ	468	1.1	0.9	0.6	0.4
ウルグアイ	592	1.4	1.1	0.9	0.7
ベネズエラ	197	0.3	0	−0.2	−0.4
ラテンアメリカ	264	0.6	0.3	0.1	−0.1

注記）成長率は1820年代の一人当たりGDPの水準を，150ドルから300ドルの範囲の異なる推計を利用することで計算している。
注1）データは1828年を指すものとし，年間成長率は100年間以上で計算している。
出所）1928年の一人当たりGDPは，Table A-3-2を参照。

て継続した。非伝統的輸出産品を促進する機会は、ラテンアメリカで実際にそれが流行するよりも、ずっと以前から明瞭に存在した。さらに企業と個人は価格シグナルに反応していたかもしれない。しかしそのシグナル自体が常に、世界経済の変化を反映していたわけではない。いくつかの市場が未登場で、その他の市場も細分化され、公共政策が一貫していないために、相対価格の動きは、世界経済が提供する機会に呼応するには遅かった。

ラテンアメリカの独立後の最初の発展局面は、一次産品輸出に基づいていた。急速な成長は、非輸出部門の生産性を上げ、一人当たりの所得を上昇させることにより、経済全体を転換させると期待された。この基準で判断すると、輸出主導型の成長は一般的には失敗であった。一世紀の間さまざまな輸出産品を試みた後の一九二〇年代後半までには、ラテンアメリカの大部分の国では、ごく僅かな成長率しか記録していなかった。それどころかいくつかの例では、生活水準が低下さえしたかもしれなかった。

表結-1はその緩慢であった成長の記録を示している。一九二〇年代の終わりまでに、一人当たりの国内総生産（GDP）は一二一ドルから五九二ドル（一九七〇年価格）に変化したが、大部分の国は下限の範囲に集まっていた。独立時の一人当たりの所得（一九七〇年価格）は一〇〇ドル（最低生活水準）から三〇〇ドル位の間に入るに相違ない[12]。とはいえ、近年の研究によるとラテンアメリカの大部分の国は有利な土地―人口比率と好ましい気候に恵まれて、独立時には最低生活水準を上回っていたことを示唆している。従って下限の範囲は変動幅（一五〇ドルから三〇〇ドル）の上方に狭めることができよう。[13] これにより、ありうる年間成長率の行列を得られるが、明らかにその中に入るのはごく一握りの国々だけである。大部分の国は、生活水準がほんの少し上昇しただけで、ラテンアメリカ諸国と先進国の格差は着実に拡大した。[14]

輸出主導型成長の失敗の根本要因は、輸出の伸びが遅かったことである。輸出成長モデル内部の成長のエンジンとして、輸出部門は経済全体の平均的な生活水準を上昇させるために急激に拡大しなければならなかった。しかし、僅かの例外を除いて、二〇世紀初期の持続的なブームまでは、輸出増加は緩慢であるか循環的なものであった。実際のところ、独立の最初の半世紀は、外国貿易が提供した機会をつかむことに多くの国が繰り返し失敗し、台なしにされた。時には、商品の当たり外れが非難されるべきであった。次第に重要性がなくなる輸出品に資源を集中したからである。しばしば、相対価格が変動することでは簡単には解決しない、要素投入が不足するという問題を伴った。そしてほぼ常に、輸出部門の成長はインフラストラクチャーの問題によって妨げられた。

しかし、輸出主導型成長と輸出の急速な成長とは同義ではなかった。輸出拡大に呼応するように、非輸出部門が自動的に成長したわけではなかった。従って輸出主導型成長モデルのメカニズムを当然のこととして受け入れることはできなかった。商品の当たり外れは、生産性上昇による利益を、ある部門から他の部門に転換することを促進した。しかしそのことは、またその転換を弱体化させもした。その上非輸出部門は、輸出部門が直面したのと同じ多くの問題に直面した。それらは、インフラストラクチャーの欠如、生産要素の希少性それに補完的な投入財の欠乏であった。とはいえ全体の中で最も大きな問題は、国内市場の成長であった。輸出部門の成長を、非輸出部門の生産物への有効な需要に移すことは、国内の交通網が相当貧弱で、実質賃金の上昇を防ぐために労働市場が人工的に歪められている時には、単純なことではなかった。輸出部門（特に鉱業）に外国資本が流入したことで、ある程度輸出が上昇したため非輸出経済への刺激を一段と減少させた。[15]

非輸出部門を変化させる際に直面した諸困難は、製造部門によく例示されている。第一次大戦までに、全ての国で輸出エンジンは始動していた。しかし近代的な産業は一握りの国々にしかなかった。スカンジナビア諸国では、輸出部門が必要とする資本財とその他の投入物を供給する企業が出現していた。しかしラテンアメリカでは同様の需要を満たすのに、輸入に大きく依存していた。英連邦では輸出部門が急速に成長したので、国内市場に完成品を供給するための工場が出現した。しかしラテンアメリカの多くの国ではこのような物資の調達は、家内工業と輸入品により賄われたのである。経済規模と一人当たりの所得に関しては、第一次大戦前は、ラテンアメリカは未熟な工業化の段階にあった。[16]

近代的な製造業が根づくまでには、多くの障害を克服しなければならなかった。エネルギーの供給は不十分であったし、投入財と産出物の輸送費用は通常高く、さらに機械は輸入しなければならなかった。とはいえこのような問題は、ルーマニアやスイスのような近代的な製造業が確立されようとしていた、周辺部の国々が直面していた問題と同じことであった。相違点は、このような問題が当局によって軽視されたことであった。リカード流の比較優位説の考え方が真剣に考慮され、一次産品の輸出を製造品の輸入と交換することが最適なことと考えられた。そして国家の介入は輸出部門を優遇した。時として、関税を引き上げて産業の保護措置を行使しようとする努力は、関税が輸入品価格を上げるよりもより速く輸入品のコストを下げてしまうような実質為替レートの変動によって、(また信用機関が殆ど完璧に存在していないためその効果が) 打ち消されてしまった。

近代的な産業が確立したところでは、それは常に高いコストがかかり通常非効率的なものであった[17]。製造品の輸出は、戦争やその他の正常な貿易チャンネルが使えないことによる、人為的にもたらされた環境のもとでのみ可能であった。ラテンアメリカでは労働集約的な工業製品の輸出に基礎を置く第一次輸出代替 (primary export substitution)[18] は、殆ど完全に知られていなかった。ところがこれは、他の多くの一次産品輸出国が周辺部に置かれた状況から脱却するのに、大きく貢献したのである。ラテンアメリカの紡績産業は、国際価格で綿花を購入することができ、実質賃金は英国の何分の一かのコストであったにもかかわらず、輸出によって余剰を生むことはおろか、先進国からの輸入を代替することさえかなり困難であった。

特にスカンジナビア諸国で選択されたものだが、伝統的な輸出主導型成長のもとで、より高い生活水準を達成する一つの方法は、一次産品を加工し付加価値を上昇させることであった[19]。しかし、一九世紀において緩やかな関税の段階的な操作や、その他の貿易操作政策はあったものの、ラテンアメリカ諸国内の垂直的な統合の例は殆ど存在しない。一次産品輸出の多くは、輸入完成品の一部として加工されて戻ってきた。鉄鉱石から作る鉄製品のような場合に、垂直的な統合が成立しなかったことは理解できる。しかし多くの場合 (例えば羊毛から作る衣類のような)、統合が成立しなかったことを当然のことと考えるのは容易ではない。牛と小麦を、冷凍牛肉と小麦粉の貿易に転換させたアルゼンチンだけが真剣に、生産の連鎖のそれぞれの段階に付随する付加価値を獲得しようと試みたのである。

アルゼンチンの例は輸出主導型成長が、ラテンアメリカの状況でも十分に機能できることを示している。アルゼンチンがその飛躍的な輸出拡大を開始するのは比較的遅く、輸出主導型モデルが機能する道のりには多くの欠点があった。とはいえ輸出主導型の成長メカニズムは、どのような場所であれ、完璧に働くものではなかった。二〇世紀初頭に周辺部に位置していた大半の国は、アルゼンチンを正統なモデルとみなし、その商品輸出の豊かさと、輸出市場の多角性を羨んだ。工業化の水準は相対的に見て低かったにもかかわらず、アルゼンチンの一人当たりの所得水準は、二〇世紀の初頭までには、世界中からの移民を引き寄せるまでに達していた。その上アルゼンチンの生活水準は、都市化が急速に進み福祉が向上しているものの、一人当たりの輸出額の水準が増加しないという不安定な状態に置かれていた隣国のウルグアイよりは、はるかにしっかりとしていたのである。

もしアルゼンチンが、独立後の発展の最初の時期の、議論の余地のない成功例であるならば、その反対のことが第二の（内向き）局面についていえる。しかしながら第二局面の失敗は避けることができたし、実際のところ、アルゼンチン経済の相対的な落ち込みは、一九五〇年代までは、非常に顕著だったわけではない。アルゼンチンは一九二〇年代に先進国の仲間入りするその入口で宙に浮いていて、長い間望んでいた先進国入りを、今や二一世紀まで待たなければならなくなってしまった。先進国における農業の保護政策はアルゼンチンに大きな打撃を与えたが、アルゼンチンが最終的に神の恩寵を失ったのは、内向きの局面の間に、回避することが可能であった経済政策の過誤が累積したことであった。

現代の社会科学研究者は、ラテンアメリカの内向きの局面を、盛んに現代版の輸出主導による成長と、否定的に対照させようとした。その結果内向きの局面は、作り話のようになった。批判の大半は正当化できるが、このことを強調し過ぎてはならない[20]。内向きの発展は、一九一三年以後の国際市場の混乱に対する、合理的な対応であった。問題は、この局面がラテンアメリカではあまりにもゆっくりと開始され、あまりにも長期間続いたことであった。一九三〇年代、そして一九四〇年代でさえ、輸出主導型成長モデルは依然として、多くの国では唯一、長期にわたる一貫した選択肢を提供するものと目されていたのである。このため、内向きの成長はこの地域にとって、第二次大戦後に世界貿易が急速な拡張を開始するまでは、模範とはならなかったのである。内向きの発展モデルの機会費用はその後、急速に増大した。というのは、増大する保護主義を支持した結果、国際的な産品の特化から得られたであろう利益を放棄したからである。

内向きモデルのコストはやがて過大であることが判明したが、当初の利益は相当なものであったようだ。一人当たりの実質GDPの年間成長率（表結-2参照）は、輸出主導型成長の局面の推定成長率（表結-1参照）と比較すると、内向きの発展の時代に、事実上殆ど全ての国で上昇した。多くの国は一九八〇年以前の半世紀に、一九世紀には妥当であると考えられていた、一人当たりの実質所得年間成長率一・五%を達成していた。しかしゴールポストは動かされていたのである。（米国のような）成熟した資本主義国では、長期の成長率は今やほぼ二%となっていたし、ヨーロッパの新興工業国の成長率はほぼ三%を確保していた[21]。

このより厳しい基準で判断すると、一握りの国々（ブラジル、メキシコ、ペルー、プエルトリコそれにベネズエラ）しか十分な実績を上げていない。しかもこれらの国々の殆どは、伝統的な輸出主導型成長の時期には、不振だったのである。その上輸出主導型成長を着実に実行した国のどれも、内向き成長の成功組には入っていないのである。実際のところ、もしアルゼンチン、チリ、キューバそれにウルグアイが、内向き成長の局面で（いくつかの国で起きたように）年三％の長期成長率を維持していたならば、このような国々は債務危機発生以前に先進国の地位に達していたであろう。[22]

二つの局面において国の実績が相反する関係について、その原因の説明を求めるのは興味深いことである。輸出主導型成長の下で最も不振であった国（ブラジルだろうか）は、おそらく、輸出の利益を犠牲にして、内向きの発展を優先しようとしていたのであろう。輸出部門が成功した国（キューバだろうか）は、輸出という絶対確実な方策をうち捨てるのに消極的であったかもしれない。確立した基盤を持つ輸出グループは、自分たちの商業上の利害を精力的に保護する手段に頼ることができたし、輸出の利害が細分化された国では、新しく勃興した工業部門は、より多くの行動する余地を見いだすことができたであろう。以前に成功していた輸出部門（アルゼンチンだろうか）の抵抗を打破するためには経済を不安定化させたり、あるいは価格の大きな歪みがもたらされるほど内向きの発展に大きなインセンティブを提供するといった（ウルグアイだろうか）、極端な措置が必要であったかもしれない。しかしこの線に沿った分析にあまり深入りすべきではない。反例は存在するし、多くの国では、両方の局面で僅かの実績しか上げなかったからである。

内向きの局面は、大きな国内市場を持つ、より巨大な経済規模に有利に働いた。輸入代替が促進した新しい活動は一般的に、規模の経済に依存していた。従って単位当たりのコストは生産工程の長さとは負の相関関係にあった。とはいえ工場の最適規模は時間と共に拡大する傾向があり、内向きの政策を採用することに遅れると、費用の高いものとなることがあった。一九五〇年代から一九六〇年代に、ラテンアメリカ全体で、最善の水準よりは一段下の生産水準を持ち、単位当たりのコストの高い小規模の工場が設立された。もしこのような工場が一世代前に設立されていたならば、国際的に競争することができたか

表結-2　一人当たりGDPの年間成長率，1928年頃から1980年

(%)

国	GDP成長率
アルゼンチン	1.2
ブラジル	2.9
チ　リ	1.3
コロンビア	2.0
コスタリカ	2.2
キューバ	2.2
エルサルバドル	1.6
グアテマラ	1.5
ホンジュラス	0.6
メキシコ	2.6
ニカラグア	0.8
ペルー	2.7
プエルトリコ	3.2
ウルグアイ	1.0
ベネズエラ	3.6
ラテンアメリカ[1)]	2.1

注1）プエルトリコを除く記載された全ての国に基づく。
出所）表A-3-2。

もしれない。

内向きの局面では、全ての国で近代的な産業が出現した。ＧＤＰに対する製造業の純生産比率は、小さな国でも急速に上昇したが、このことはあまり慰めにはならなかった。累進的に増加する関税の壁に守られたものの、新しい工場は国内市場の需要を満たすために、しばしば追加的な非関税障壁を必要とした。輸入品との競争は無くなったが、品質とデザインを改善するための圧力が消えてしまった。国内の生産者間の競争が、この状況を緩和したかもしれない。しかし初期に高い資本コストを必要とする、という参入障壁があるために、一般的には寡占状態であった。

寡占は産業のさまざまな分野における高い資本収益率と結びついており、これは外国資本と国内資本双方に刺激となった。しかしこのことは先進国において高い経済利益を生んだ研究開発に結びつくことはなかった。多国籍企業の子会社は、先進国では彼らのライバルが存在したのと異なり、自分たちの市場での支配的な立場を揺るがすような内外からの脅威には直面しなかった。国内企業は通常、業界の主導的な企業が造りあげた模範に従うことで満足したのである。その結果、生産量の増加の大半は要素投入量の増加によって説明することができ、全要素生産性の上昇によるものはごく僅かであった。[23] 大国の成長要因分析（sources-of-growth analysis）では、内向き成長の局面の期間中、資本の生産性は殆ど全く変化しなかったことを示唆している。[24]（第二次大戦後にいったん製造品の貿易が増加し始めると）ラテンアメリカの資本の生産性が変化しなかったことは、工業生産を世界市場向けに転換する際の、弱点となった。ラテンアメリカの輸出悲観論は、先進資本主義国に残存する一握りの保護主義によって当然のことだと考えられるよりも、より長期間存在した。そして東アジアＮＩＣｓの教訓は、当初は不適当であるとして退けられた。ラテンアメリカは戦後、戦勝国側にあったにもかかわらず、国際貿易のルール改定には事実上殆ど参加しなかった。加えて関税と貿易に関する一般協定（ＧＡＴＴ）を、豊かな国のクラブとみなした。

一九六〇年代の地域統合の実験は、内向きモデルの制約を克服するための試みであった。ラテンアメリカ版の地域統合は、ヨーロッパ経済共同体の成功に部分的に感化されたものであった。しかしこれは、ヨーロッパが何百万人の命と二つの大戦のもたらした廃墟の教訓から学んだ政治的決意とビジョンを欠いていたのである。ヨーロッパの政策責任者は、国家主権が影を潜め、農産品の消費者に事実上税を課したことを、域内の安全と産業の対外的な競争力保持のために支払わざるを得ない代償とみなした。ラテンアメリカは利益は望んだが、その対価を支払う用意はしてはいなかった。一九七〇年代まで、（域内貿易——その大部分は特恵のないものだったが——は増加し続けたもの）地域統合は多国間の投資を促進するための人工的な枠組みへと衰退した。

もし大恐慌と第二次大戦が、輸出主導型成長のモデルを決定的に弱めたとすれば、一九八〇年代の債務危機が、内向きの局面を終わらせたといえるであろう。どんなに輸入を抑制しても、債務を支払い、生産を増加させるのに必要な資源を手に入れることはできなかった。非伝統的産品の輸出を促進するために、既に採用されていた暫定的な措置が強化された。そして域内全体で資源を輸出部門に戻すための新しい枠組みが導入された。貿易は自由化され、企業はようやく輸入品との競争の矢面に立たされた。ＧＤＰに対する輸出の比率はついに再度上昇を開始した[25]。

新しいモデルとそれがラテンアメリカに与えた影響を評価するのは時期尚早だが、容易にいくつかの問題点を予想することはできる。内向きの局面で成功したいくつかの国（ブラジルだろうか）では、新しいモデルに付随する試練を受け入れるのは、どちらかといえば困難かもしれない。新モデルの下での「非伝統的」輸出品の多くは、すぐに「伝統的」となってしまい、より脆弱だった従来の商品が経験したのと同じ問題に直面するであろう。商品の当たり外れは今では以前ほど重要ではないが、天然資源（未加工状態）は依然として所得弾力性が低く、合成品との価格競争から逃れることができない。産出国で一次産品の加工を完了することには、依然として相当な抵抗がある。そして高度技術を利用した製造品の輸出は、いまだに少数の大きな国に限定されている。

タイミングにも問題があった。ラテンアメリカは先進資本主義国が管理貿易を選択することを表明した時に、貿易自由化の必要性を受け入れたのである。近年ＧＡＴＴに先進国として参加した国々は、保護主義をグローバルな視点で解決することに興味を失いつつあった。ラテンアメリカ諸国が先進国からの輸入品を一方的に自由化するにつれて、先進国は国際競争の危険に晒される産業を保護するためのより巧妙な非関税障壁を作り上げることに取り組み始めた。特に米国は、貿易黒字国の市場を開放すべく、新重商主義の形態を採用し、一方では、ラテンアメリカの重要産品については差別を続けた。一般的には世界は、（従来のヨーロッパ共同体 European Community が、一九九三年末に改称された）欧州連合（European Union）と日本、それに米国に準拠する三つの貿易ブロックに区分され、そしてラテンアメリカの宿命は、北米自由貿易協定（North American Free Trade Agreement: NAFTA）と結びついていると考えられていた[26]。

一九五〇年以後の世界貿易が一時的に活況を呈したのは、全く例外的なもので、この活況はそれ以前の二〇年間に蓄積された貿易制限が反作用した黄金時代であった。たとえ貿易悲観論者が間違っているにせよ、世界輸出が黄金時代と同じような活況を呈すると期待すべきではない。一九九三年末のＧＡＴＴウルグアイラウンドの決定は、かなりの成果を上げたものだった。しかしそれは貿易摩擦の終わりをもたらすものではない。かくして新しい輸出主導型成長のモデルは、たとえ非輸出部門が転換するにしても、貿易からの刺激をより効率的に利用することを必要とするであろう。商品の当たり外れは、貿易リストのなかで、製造品が次第に一次産品に取って代わっているので、その重要性を減じたかもしれないが、輸出主導型成長のメカニズムはこれまでと同様に重要なものであろう。

ラテンアメリカでは輸出部門、輸入代替工業のいずれであろうと、成長のエンジンをこれ以外の経済部門の発展に利用することは、常に困難なことであった。物理的にも、経済的にもまた金融上も驚くほどの障壁が存在するので、最初の刺激は、遠く離れた地域の生産性の低い活動にまで到着する前にしばしば弱まってしまった。公共政策は、これらの障壁を打ち壊すことに、間違いなく重要な役割を果たすであろうと考えられてきた。

政策を実施する環境もまた、成長のエンジンそれ自身を育てるのには重要な役割を果たした。利益のために熱帯の密林を刈り込んで牧草地にするような、荒っぽい企業家であれば外部世界を引きつけたかもしれない[27]。しかし、政府との基本合意なしに、一セントさえ投資した外国資本家はいなかったし、国内資本家でそのような投資をした者は極く少数であった。たとえ公的部門が当初、十分なインフラストラクチャー、十分な融資、あるいは基本的な投入財などを提供できなくても、公共部門は依然として土地、労働立法、関税の譲許を提供することができた。成長のエンジンの出現は通常このような公共政策の変化と密接に結びついていた。そしてラテンアメリカでは強力な輸出部門、輸入品と競争できる産業でさえもが自発的に出現した例は、ごく僅かであった。

ラテンアメリカにおける部門別政策は、長い歴史を持ち、しばしば成功した。アルゼンチンの食肉、グアテマラのコーヒーそしてベネズエラの石油などの商品全てにいえることだが、政府の部門別政策の枠組みは、独立後の最初の発展の局面において、強力な輸出部門の出現に欠かせない要素となった。ブラジルの基幹産業、コロンビアの繊維産業、メキシコのマキラドーラ［maquiladora: 輸出加工区］は、第二局面の例である。失敗（例えば一九世紀のホンジュラスのコーヒー）はあるが、成功した例は数多い。国家は資源の配分に影響を及ぼすほど十分な支配力を持っていた。そして多くの場合、民間部門が特定の経済活動に有利となるよう政府に圧力を加えると、政府はそのいうがままになったのである。

為替レートは部門別政策の進展に主導的な役割を果たした。実効為替レートの変動は、ある選択された部門に資源を投入しあるいはそこから引き出すための、強力かつ透明な手段であった。通貨の変動はしばしば、意図しない為替レート上昇の結果逆効果を生み、強みのある分野から資源を引き出す動きとなった。とはいえ、これは単に公的および民間部門に、為替政策の有効性を強く認識させる効果をもたらしただけであった。為替政策は独立以来、国家が管理した唯一最重要の手段であった。これは金、銀あるいはドル本位制度の下で、為替相場が名目上固定された時期においても当てはまる。というのは実質為替相場は急激に変化することがあるからである。

公共政策を部門別次元で実施することは、常に最も容易なことであった。政策の枠組みはしばしば、選好された部門の経済的なレントに、相当大きく寄与した。成長のエンジンに息切れの兆候が現れると、それらのレントを社会的な収益比率がより高い他の分野に投資することが最大の課題となった。課税がその移動を容易にするのに、主要な役割を果たすはずであった。しかし独立後の歴史を通してラテンアメリカでは、財政政策は全く不十分なものであった。その結果資源配分は惰性的となり、特恵的な経済活動は社会的に正当化されるよりもずっと長期にわたり、その特権的な立場を維持した。その最良の例はおそらくコーヒーであろう。コーヒーはラテンアメリカの主要輸出品の一つである。しかしほぼ一世紀もの間、世界のコーヒー供給は需要よりも速く増加するという抗し難い傾向があった。

不十分な財政資金と旧態依然とした租税構造のために、ラテンアメリカ各国政府は通常、経済制度の柔軟性を増すのに必要な僅かの出費ですら、支障を来した。生産的な活動が潜在的に可能な地域も、ほぼ完全に通信が途絶えた孤立状態にあり、農業の余剰を生み出し、工業製品に市場を提供することができなかった。非識字人口の存在は、独立後の大半の時期も悩みの種のままで、技術進歩の妨げとなり、技術革新に水をさした。疾患予防に不十分な出費しかしなかったこと、保健制度が富裕層を対象としていたために、労働生産性の向上が抑制された[28]。

時として財政支出を増加させようとする圧力が、歳入が不十分なために起きる、支出の抑制を打ち破ることもあった。資本市場が未発達で外国からの借り入れが制約されている場合には、結果的に常に、通貨の供給拡大と（それによる）インフレーションが起きた。アルゼンチン、ブラジルそしてチリは、一九世紀の終わりまでには、高いインフレーションを持つ国として知れ渡っていたが、このような出来事は、開発の第一局面では通常長続きするものではなかった。ハイパーインフレーションも知られていたが、一九四〇年代までは、この現象は常に戦争あるいは内乱と結びついていた。とはいえ一般的にはラテンアメリカ各国政府は、発展の第一局面では、歳入が不十分なために、公共支出が制約されることを受け入れていた。実際のところ歳入と歳出の溝を埋めるためには、債務サービスの支払い停止のほうが、通貨供給を拡大することよりも一般的な方法であった。

発展の第二局面は、インフレーションの拡散を伴った。新しいモデルは、第一局面から受け継いだ比較的柔軟性の少ないシステムの内部では、簡単には調整することの出来ない需要の転換を生み出していた。制度学派は、このようなインフレーション圧力をもたらしたボトルネックに注目した点では正しかった。しかし外国からの財の供給が相対的に減少し、消費財の輸入が絶対的に減少したことは、金融節度が欠けていると、国内の価格上昇によって手ひどい目に遭うということを意味した。マネタリストによるオーソドックスな金融政策と柔軟な価格政策を、簡単に放棄するわけにはいかない。

第二局面の間でさえ、多くのラテンアメリカ諸国は低いインフレ率と安定した為替相場を維持した。一九八〇年代になってようやく、ラテンアメリカにおけるインフレーションがこの地域特有のものとなった。事実上全ての国が二桁インフレの被害を受け、ハイパーインフレのエピソードがより頻繁となった[29]。インフレの加速と債務返済の因果関係は明白で、債務危機から脱出するためには、価格の上昇を抑制しなければならなかった。しかしインフレ期待を打ち破ることは困難で、ブラジルでは慣性インフレーションが主要な問題に浮上した[30]。インフレは依然として、表面的に不均衡を解決するのには、魅力的な方法であった。そして価格が螺旋状に上昇していくことで、いつも利益を得る者が存在した。

一九八〇年代にインフレーションが加速したことの敗者は貧困層であった。多くの国で所得格差が広がり、貧困状態にある絶対数は増加した。とはいえ、(絶対的及び相対的な)貧困と不平等は、独立後のラテンアメリカの、不変の特徴ではあった。ラテンアメリカは最貧層と最富裕層の生活水準の格差があまりに根強く、世界で最も所得格差の大きい地域であるという評判(確かにそのことは当たっているが)を生んだ[31]。

独立後の歴史を通して、ラテンアメリカの際立った特徴は不平等であった。ここでいう不平等とは、所得と富の分配、さらに同一国内の地域間格差のことである。不平等は権力の集中を生み、政府は支配的な集団の利益を反映するものとなった。このような状況の下で、変革はしばしば暴力によってのみ達成され、経済発展もそれに応じて被害を受けた。不平等は理論的には、高い投資率をもたらすと考えられたが、それはどちらかといえば稀なことであった。富裕層は外国にいる自分たちと同じ立場の仲間よりは、より高い割合の所得を消費に回した。生活水準を急速に向上させるのに必要とされた資本形成比率と民間投資の格差は、第二次大戦後は公的部門によって埋め合わされた。しかしこれは、思慮分別の限界を越えて政府の資金を移動させることになった。このプロセスは一九八〇年代に行き詰まった。

不平等の問題は植民地時代から受け継いだものである。財産(主として土地)の分配が所得の集中をもたらした。あらゆる政府は当時、富の再分配を目指した財政政策を行わなかったし、教会の財産を貧困層に移転することは、あまりに小規模で、所得の不平等に効果を与えるほどのものではなかった。所得と富がより均等に分配されたのは、有り余る土地はあったが労働力が不足し、家族農業が唯一の選択肢となったコスタリカだけであった[32]。

独立後の経済発展の第一局面は、ラテンアメリカが受け継いだ不平等の問題を矯正する機会を提供した。輸出主導型成長モデルは、労働力が不足した状態での労働集約的な一次産品輸出に基づいていた。これは生産要素の相対的な利潤率を変化させ、低所得者層に有利になるように所得分配をシフトさせるための、潜在的に強力な処方箋であった。しかし資本もまた不足気味で、土地所有者は(その後外国人の投資家もこれに加わったが)、新しい資本の所有者となり、輸出主導型成長の原動力を支配するようになった。労働市場は強制労働に基づいていた。

拡大する部門に、労働力を固定もしくはより低い実質賃金で供給するために、土地所有は人為的に制限された。自国通貨の過小評価は、強制労働を必要とせずに、輸出部門の実質コストを低くするための、追加的な手段となった。

従って市場諸力は操作され、発展の第一局面で起きなければならなかった所得分配のシフトを弱めてしまった。国家が介入したことで問題がさらに悪化した。受け継いだ富の偏在という問題は、公有地の下賜、国内外の資本所有者に対する土地の譲渡によって悪化し、再び富裕層に所得が集中した。教会財産の民営化は所得を再分配し不公平を改善するための追加的な機会であったが、権力の座にある豊かな人々は、自分たちの保有地を増加させることが可能となり、富の再分配を試みたいくつかの政府は、妨害さえ受けたのであった[33]。

第二の内向きの局面は当初、いくつかの国では、所得再分配を改善させたかもしれない（しかし十分な統計資料がないので、このことは確認できない）。高関税により国際競争から保護された部門に、生産性の低い農業と家内工業から、資源をシフトすることは、都市の労働組合と大衆的な政党政治が興隆する機運を伴って、労働力不足が蔓延した状態では、強力な混合薬となった。しかし第二次大戦後ラテンアメリカ全体で労働力が過剰となり、それまで達成されたごく僅かな進歩も損なわれてしまった。第二局面の終わりまでに、所得と富ははっきりと上位所得層に集中した。ジニ係数はより高い数値に上昇し悪化したのである。

第三番目の局面は、再び輸出に依存したものであったが、国家の財産を民営化することで、所得と富の分配を改善する機会を伴って開始された。しかし、一九世紀の教会の財産と同様に、二〇世紀後半の国家の財産は、圧倒的に上位所得層に移転された。所有権の集中を阻止する防御メカニズムは壊れていて、国家の財産の多くは、市場価格を反映しない価格で売却された。そして、政府機関が下位所得者層の地位改善のために、売却による収益を利用するといった試みは殆どなされなかった。民営化は効率性の観点からは今でも望ましいものかもしれないが、不平等を是正する機会はすでに失われていた。一方、輸出主導型成長の新しいモデルは多くの国で、絶対的な貧困の減少を生むと期待されているが、それ自身では、豊かな層から貧しい層に所得の移転をもたらしそうにはない。

従って独立後の大部分の時期は、支配的な経済発展モデルの原動力は、既存の不平等の水準をそのまま保持するか、あるいはむしろそれを悪化させたのである。通常対立する勢力が政府介入を当てにしており、そのため二〇世紀のラテンアメリカにおける公共政策はしばしば、所得再分配を意図したものだった。とはいえ実際のところ、その効果はかなり限られていた。国家の裁量に任された正統な手段は、切れ味が悪く非効率的であった。非正統的手段は政治的な混乱と反革命を生む傾向があった。このことは厄介なジレンマであった。

最も不満足なことは、財政政策であった。先進国ではかつて絶大な効果を生んだが、ラテンアメリカの財政政策は、所得分配にはごく僅かな効果しか生まなかった。直接税の限界比率は、平均比率を超えていたかもしれない。しかし間接税に依存したため、財政政策は逆進的な性格を有していた。歳入面においては、所得税納入者の数が少なかったので、税引き後所得を変えることは困難であった。貧困層に社会的な支出が向けられるといういかなる希望も、中間層それに上部階層でさえもが、保健、教育そして社会保障支出から得られる利益の大半を受け取ってしまうことができたために、挫かれてしまった。最下位所得層は、声を上げることも政治的な影響力を行使することもなく制度の外部に置かれたままであり[34]、彼らが受けた主たる恩恵は、初等教育の普及であった。

財政政策に付随する問題の一つは、所得再分配政策の策定において、再分配以外の作用を常に考慮しなければならないことであった。課税は所得再分配の他に、多くの役割を演じる。そして財政支出は、資源配分に多くの影響力を持つが、その原資は、国内外から調達しなければならない。石油に恵まれて豊かなベネズエラだけが、財政制度を、効率性と民間部門のインセンティブを考慮しないで、もっぱら所得の再分配の手段として利用することができた。貧困層への支出が生んだ予算不足は、財政の不均衡を招いた。結局貧困層は、インフレーションの亢進に苦しむこととなった。

所得再分配を支持する非正統派の政策は、このような制約に左右されることはなかった[35]。「富裕層から搾り取る」ことを目指した非正統派の政策は、通常短期的には効果的ではあったが、長期的には非生産的であった。ファン・ドミンゴ・ペロン(Juan Domingo Perón)政権下の大規模な所得再分配は、その後四〇年間にわたってアルゼンチン社会に危機をもたらした。サルバドル・アジェンデ(Salvador Allende)政権下のチリの実験は、結局軍事独裁を生んだ。アラン・ガルシア(Alan García)政権下のペルーではハイパーインフレをもたらした。ニカラグアの貧しい人々は結局、ソモサ王朝の時代よりもサンディニスタ政権の時に、より苦しんだのである。カストロ政権下におけるキューバの実験は続いているが、得たものが失ったものより大きいという確証は全くない。

所得再分配の改善の見通しは、人口が変化してラテンアメリカの過剰労働力がなくならない限り、暗い。それには時間がかかる。格差は縮まり始めているが[36]、二一世紀の中頃までは、粗出生率は死亡率と等しくなるほどは低下しないと思われる。非正統派の処方箋には依然として問題がある。従って中期的な改善をもたらすには、正統派の政策の強化が必要である。その際には財政改革が重要視され、従来の公共支出のパターンを変化させる必要がある。この二つの分野は優先して検討されるべきである[37]。

かりに政府が所得分配に関してどちらかといえば消極的(かつ非効率)であったとしても、政府は生産の分野ではより積極的であった。政府は、植民地時代の行政当局から受け継いだ全ての独占権を手放したわけではない。政府は未発達の銀行部門を、育成しなければならなかった。また一九世紀の鉄道でさえ、しばしば公共事業としての要素を有していた。二〇世紀には、公益事業、鉱業、基幹産業（石油精製を含む）、そして通信事業、さらには農業と建設業において、政府の介入が拡大した。政府が生産部門に直接参加したことは、生産量を増加し、経済のさまざまな部門への資源配分に影響を与えるような、一連の間接的な措置によって補完された。政府が通常比較的弱体で、支配的な階層集団の利益を代表するにしか過ぎない場合には、このような政府の積極的な役割は、民間部門の承諾なしには考えられないことであった。実際のところ（一九七〇年代以前は確かだが）殆どの場合は、限られたインフラストラクチャーしか持たず、僅かの生産者しかいないような、貧しい国で起こりがちな市場の失敗に、政府が介入したものであった。政府は（一九世紀の鉄道のように）外国の民間企業の利害と競合しようとしたのかもしれないし、（二〇世紀の石油のように）それを接収さえしたかもしれない。しかし国内の民間部門には一般的に、公共部門と直接競合せずに自らの利害を拡大することのできる、十分な経済的余地が確保されていた。

ラテンアメリカでは市場の失敗が広まったが、歴史上大部分の期間は、政府はそれに対応するための資源を欠いていた。かくして一九四〇年以前の政府の介入は実際のところ、介入主義者のイデオロギーが示唆するであろうよりも、はるかに穏健なものであった。[38] 政府が活用できる資源が増えるとすぐに、政府はその活動範囲を拡大しようとした。ペロンが管理した不兌換性のポンド残高は、アルゼンチンが第二次大戦後に英国の財産を購入するための強いインセンティブとなった。一九四〇年以後ベネズエラ政府が手にした石油による収益レントは、政府が領土内の未開地を開拓するための資金となった。一九七〇年代に一見して無制限となった外国資金を利用する機会は、事実上全ての政府にとり、逆らうことのできない誘惑となった。

公的部門が一九四〇年以降進出していた分野から撤退するにつれて、政府は今や介入と反対の方向に動いている。[39] より伝統的な立場が取り戻され、政府は財政の緊縮と資源の稀少性という制約を受けるようになった。収益を生みかつそれを公的部門に移転できる能力のみによって保護される、極く少数の「神聖で侵さざる」分野だけが残ったのである。

とはいえ広義には、民間部門の収益性は、依然として政府の介入に極めて敏感に反応している。発展の第一局面では、輸出部門の収益性はしばしば、政府が管理するさまざまな手段のどれを選択するかに大きく左右され、実際、世界市場が大きく変動するので、政府の介入は、周辺部に位置するために起きる避け難い変動から、民間部門を保護するために、なくてはならないものとみなされた。ブラジルのコーヒー価格安定化政策は、民間部門の危機に対する公的な対応であった。輸出（それに輸入）関税は輸出部門の必要に応じて変化した。一次産品が必要とするのに合わせて、公的なインフラストラクチャーは整備された。第二の（内向きの）局面では、民間部門の収益性は公的な手段が設定した水準に、おそらくより大きな影響を受けた。輸入品と競合する部門が成功あるいは失敗するかを決めるのは、通常、企業内部で資源の投資の配分に関する企業内の決定よりも、為替レート、関税、割り当て制それに許可制などであった。

従って、政府は古典派の自由主義者が望んだように、生産の舞台から手を引くことを望まなかったし、そうすることもできなかった。政府が基本的に、その脆弱性のために受け身であることを強いられた場合、その結果は、民間部門のイニシアティブが急増するのではなくて、民間部門の新規活動が不在となったのである。実際、(輸出主導型成長はいうまでもなく)、一九世紀末のラテンアメリカ諸国の輸出成長の遅れの原因は、部分的には、政府が輸出部門の最小限の要件さえも提供できなかったことにある。

政府の介入は一般的には民間部門の投資を補完し促進したが、競争は生み出さなかった。それどころか、ラテンアメリカのフォーマルセクターは不完全競争、寡占構造、そして(しばしば)完全な独占にあった。いくつかの農産品生産の部門のように、大量の売り手が存在するところでは、彼らは通常限られた数の買い手としか出会えなかった。実際、それぞれの一連の加工過程の連鎖は、集中を増加させる傾向があった。比較的最近出現した都市のインフォーマルセクターにおいてのみ競争が存在し、そして多数の売り手と買い手のいることがごくありふれたことになった。

寡占や市場の集中は必ずしも、経済成長の敵というわけではない。発展とより高い生活水準をもたらすための長期的な鍵は、資本の蓄積、技術革新それに全要素生産性の上昇である。多くの国ではこれらは全て、市場支配力を有する企業に付随するものである。不完全競争は資源配分の効率を悪化させるが、寡占は多くの国では、長期にわたるより高い経済成長率を可能にした経済的な収益を生んだ。都市におけるインフォーマルセクターがどれほど「完全」競争であったとしても、これが全要素生産性の上昇を通して、急速な生活水準の向上にたどり着く経路であると考えるのは困難である。

ラテンアメリカの寡占的な構造は、標準以上の利益とかなりの経済的な収益を生んだかもしれない。しかしそれらの構造は伝統的には、技術革新、投資ブームあるいは全要素生産性の上昇とは結びつかなかった。[40] 一次産品輸出部門の収益は、ヨーロッパの都会での消費支出で消えた。というのは、土地が十分にあることと国家が従順だったために、長期にわたる収益性が確保され、内向きの成長局面の標準以上の利益は、しばしば海外に移転されたからである。国際競争がなかったので、収益性は保証されていたのである。一九世紀の米国や第二次大戦後の日本で顕著であった、レントを生産的に利用するという刺激は欠如していた。

教会財産の譲渡、外国人の資産没収あるいは国家資産の民営化を通して、国内の民間部門に資産を移転したが、これは競争的な環境を強化するためには決して利用されなかった。その代わりに新しく(家族を基盤にした)複合企業体がしばしば現れて、既存のグループの覇権に挑戦し、国家の決定に影響力と支配力を持つ特権的な仲間に入った。内向き局面における、政府の特権をある集団から他の集団に移転することに基盤を置いて、収益を追求しようとする戦略は、今では、国際市場を利用し、コストを削減することで収益を生み出そうとする戦略に、とって代わった。とはいえこの新しい発展局面は、レントを技術革新と全要素生産性向上に移転するような方法を見いださなければ、今までと同様に失敗するであろう。

これはようやく実現しようとしているかもしれない。ラテンアメリカの天然資源は依然として、長期的な比較優位の鍵となるかもしれない。しかし（かってはそうだったかもしれないが）、もはやそれだけでは経済的な成功を確保するためには、十分ではない。新しい非伝統的輸出品は、価格や量と同様に、品質とデザインが重要になりつつある、国際的な市場で売らなければならない。たとえ世界が、グローバルな自由化よりも地域的なブロックに基盤を置く管理貿易を選択するにしても、ラテンアメリカは依然として経済的な利潤の利用と管理が著しく生産的である企業と競争しなければならないであろう。新しい局面において、全てのラテンアメリカ諸国が同じように巧くやってのけることを期待するのは、現実的ではない。最初の発展局面から、敗者の数は勝者の数を軽く上回った。たとえ第二局面で多くの成功が生まれたにしても、失敗は（そのいくつかは実際目を見張るものだが）、依然として数多いのである。ラテンアメリカという特異なクラブには、その全てのメンバーに好ましい結果をもたらすことを保証するような、単一の処方箋はない。とはいえ第三局面において、二一世紀の中頃までに一人当たりのGDPが、先進国の中の下位グループの水準にまで達するような、急速な生活水準の上昇がラテンアメリカのいくつかの国で起きなければ、それは実際驚くべきことになろう。このことは依然として圧倒的な貧困のなかで暮らす人々が、熱いまなざしを向けるに違いない、希望の光である。しかしたとえ到達点は明瞭であっても、将来の道のりははっきりしない。エリートたちが無力で、腐敗し、貪欲なことでよろめいている国は、手ひどい目に遭うであろう。これは特権を持つ人々が、聞き入れなければならない警告である。

補論　一九九〇年代のラテンアメリカ経済

本書はラテンアメリカの大部分の国が独立した頃からの、経済史を考察したものである。従って、一連の経済のパラダイムが経済政策の考え方を支配した、約二世紀に及ぶ経済発展を論じることになる。これらのパラダイムの中で最新の経済モデル（NEM）は、一九八〇年代の、内向きの発展が失敗した後に採用された。このパラダイム転換の引き金となったのは、一九八二年にラテンアメリカで発生した債務危機であった。しかしパラダイムの知的基盤はそれよりもずっと以前に構築されていた。本書の第11章では、債務危機がどうして、一九八〇年代に新しい経済モデルの導入をもたらしたかを説明している。第11章ではラテンアメリカのいくつかの国が、内向きの発展の遺産を払拭し、新しいパラダイムが必要とする政策と制度を作りあげるべく努力していることを述べた。

本論の目的は、新世紀初頭に至るまでの政策とその成果の分析を通して、この話を現時点にまでつなげることである。これはラテンアメリカのすべての国々が、より良い経済実績を達成しようと、経済政策を変革した時期である。加えてこの期間は、NEMが成長と平等そして環境に与えた影響を評価し、新旧パラダイムを比較するには、十分な長さである。ラテンアメリカにおける政策とその成果の変化を理解するには、対外的な要因が常に重要であった。内向きの発展の段階の期間でさえ、国際収支の制約はしばしば、経済発展を左右する最も重要な要因であった。過去一〇年間（一九九〇―二〇〇〇年）もその例外ではない。そこで本論も対外環境の変化とそれがラテンアメリカに与えた影響の分析から始めることにしたい。

NEMを次の六つの構成要因、（地域統合を含む）貿易自由化、金融の自由化、国際収支の資本収支の開放、（民営化を含む）財政改革、労働市場の改革、および規制緩和にわたって詳述する。当初これら諸政策は、内的及び外的な安定を達成するための、マクロ経済環境に過度に集中していた。最近では、ラテンアメリカ企業の競争力を増強するために、ミクロ経済の改革により大きな関心が払われるようになってきた。本論の第三番目の部分は、ＮＥＭの下での経済実績の評価に当てられる。一人当たりの国内総生産（ＧＤＰ）の成長はかつては経済実績の決定的な変数と考えられていた。しかし現在はインフレや貿易、雇用、貧困、所得分配そして環境の質など他の変数を考察することで、補足する必要がある。ラテンアメリカは主に、ＯＥＣＤ（経済協力開発機構）の豊かな国々と南アジアそれにサハラ以南のアフリカの貧しい国々との間に位置する、中所得国で構成されている。しかしラテンアメリカ域内で、豊かな国と貧しい国との間にかなりの格差が常に存在している。従って本論では最後に、第11章で終わっているストーリーを再度検討しながら、ＮＥＭを地域の次元で考察したい。

▼対外的な要因

一九八〇年代のラテンアメリカの債務危機は、グローバル化の進行と一致していた。グローバル化には長い歴史がある。しかし一九八〇年代に、九五年の世界貿易機構（ＷＴＯ）の創設につながる、関税と貿易に関する一般協定（ＧＡＴＴ）の下で、貿易交渉であるウルグアイ・ラウンドが開始され、グローバル化が質的に飛躍したことに疑問の余地はない。ラテンアメリカとカリブの殆どすべての国は今やＷＴＯの加盟国（唯一の例外はバハマ）となり、このことで、新たな義務と責任が生まれた。関税は制限され、一定の範囲を超えて引き上げることは不可能となった。数量制限は違法となり、その多くは段階的に撤廃されることになった。知的所有権法は、ウルグアイ・ラウンド条項と世界知的所有権機関（ＷＩＰＯ）が策定した義務を考慮して見直されることになった。とはいえＷＴＯに参加することで、市場へのアクセスを保証する良い機会を手にした。いくつかのラテンアメリカ諸国は、ＷＴＯを有効に利用して、以前は制約されていた、先進国の商品とサービスの市場を開放させたのである。

グローバル化には多くの次元が存在するが、おそらく最も重要なものは、資本移動の自由化であろう。自由化の結果、一九八〇年代半ば以降、直接投資及び有価証券による外国からの投資が急増した。為替の変動相場制を持つ国では、今や為替相場を決定するのは、経常収支ではなくて、国際収支の資本収支の動きとなった。資本流出の増加は当初、ラテンアメリカを素通りしていた。ラテンアメリカは先進国の資金運用者たちからは、恒常的に不安定と考えられていた。また債券市場は躍起になって、国際銀行へのコミットメントを履行しようとしている政府や企業に、手形を出すことを躊躇していた。しかしラテンアメリカの債務整理のためのブレイディー・プラン［民間銀行の債務削減を、公的に認めた計画］が一九八九年に開始されたことで、域外の投資家によるラテンアメリカの評価が変化した。一九八〇年代の特徴であった、資金の純マイナス移転はプラスに転じ、ラテンアメリカはその後五年間資本の主要な受け手となった。

新たな外国投資は、直接投資と有価証券投資の両方であった。対外直接投資（ＤＦＩ）は、ＮＥＭが生んだ法改正や機会の提供と同様に、国営企業の民営化が地域全体で起きたことによっても刺激された。債券発行と国内株式市場の改革の両方によって、有価証券投資が可能となった。ラテンアメリカの大国は「新興市場」の仲間に入り、ラテンアメリカ向けの多くのファンドが生まれた。

資本流入は多くの国で、外国為替の一時的な飽和状態と、実質為替レートの過大評価をもたらした。経常収支の赤字は対ＧＤＰ比で、危険な水準にまで達した。このことで対外均衡が脅威にさらされ、メキシコがその最初の犠牲者となった。一九九四年には資本逃避が危険な水準に達し、同年末の大規模な自国通貨の為替レート切り下げは、いわゆるテキーラショックをもたらした。

テキーラショックはメキシコのみならず他のラテンアメリカ諸国にも、マイナスの影響を与えた。資本移動の自由化は、国内投資と同様に、対外投資を容易にしたことにも留意すべきであろう。一九九七年のアジア通貨危機と九八年のロシアの債務不履行によって、ラテンアメリカの資金吸収能力が再評価されるようになり、外国投資家の人気を回復していた。しかし今回はブラジルが矢面に立たされ、九九年一月のレアルの切り下げは、その後数カ月間ブラジルだけでなく近隣諸国にも深刻な打撃を与えた。

従って対外的な要因は、ラテンアメリカ経済の展開を理解する上で、決定的に重要である。過去においては、経済実績の鍵はしばしば、一次産品輸出の国際価格であったが、今日では最も重要な決定要因は純資本流入である。ラテンアメリカ諸国が資本流入の量と質にある程度の管理を行使する必要性については、かなり指摘されてきた。しかし実際に、個々の国を国際資本市場の変動から隔離することは、極めて困難であるのは明らかである。チリは先駆的に短期の資本流入に課税したが、ブラジルの通貨切り下げの波を受けて、これを放棄せざるを得なかった。

ラテンアメリカにおけるそれぞれの金融危機は、この地域に責任のある国際金融機関――ＩＭＦ、世界銀行、米州開発銀行――による対応を必要とした。かくして、これらの機関が策定した、健全な経済を回復するための条件も、対外的な要因の中に含まれることとなった。この外部からの統制は、妥当なものであるかもしれないし、国内の反対に直面しつつも、改革プログラムを実施しようと苦闘している政府には、時として歓迎されている。しかしながら、この外部からの試練は過酷な場合もあり、規模の小さな国はしばしば、コンディショナリティーが道理にかなった範囲を超えていると不満を述べている。

殆どのラテンアメリカ諸国にとっては、資本移動が外部環境の支配的なものであるかもしれないが、その他の懸念を有している国々もある。国際的な麻薬の取り引きは、原料の生産国

（例えばボリビアやペルー）、原料の精製国（例えばコロンビア）、輸送経由地（例えばメキシコ）、あるいは資金洗浄の中心地（例えばパナマ）などの経済にかなりの影響を与えている。国際的な麻薬取り引きがラテンアメリカ経済に与える正確な影響は、誰にもわからない。しかしこの活動は非合法で、内外の政府が過少に見せようと努力するため、外貨は潤沢となり、多くの歪みを生んだのである。

労働力移動の自由化は、グローバル化の公式的な課題には含まれていないが、国際移住は過去二〇年間にわたり、ラテンアメリカの主要な特徴の一つとなった。いくつかの例では移住者はラテンアメリカ内の国から別の国へと移動してきた（例えばニカラグア人がコスタリカへ、あるいはパラグアイ人がアルゼンチンなど）。しかし通常、人気のある目的地は域外であり、米国が最も好まれている。

このような移住者は母国とのつながりを保ち続け、送金している。多くの小国にとっては、このような送金が外部世界との非常に重要なつながりとなっている。エルサルバドル人の送金額は、今ではコーヒー輸出額を凌駕し、米国にいるキューバ人の送金額は、砂糖輸出所得よりも重要となっている。過去何代にもわたり米国政府が言明してきたのとは裏腹に、米国への移住者はここで居住するように思われる。これは多くのラテンアメリカ諸国にとって、重要な対外要因であり続けるであろう。

▼新経済モデル

一九八〇年代の債務危機以後、ラテンアメリカで採用された新しいパラダイムには、多くの名前が付けられてきた。最初の名前はワシントン・コンセンサスであったが、これには新しいパラダイムが外部から課せられたものであるという意味が込められている。二番目はネオリベラリズムであり、この方がより正確である。しかしネオリベラリズムには強いイデオロギー的意味合いがあるので、ラテンアメリカの多くの指導者たちは、実際には「ネオリベラル」な政策を実施しているにもかかわらず、自分たちを「ネオリベラル」と呼ぶことを拒絶した。このような理由で、より中立的な呼称である新経済モデル（ＮＥＭ）という表現を使用するのが望ましい。

ＮＥＭには多くの構成要素がある。しかし最も一般的に採用されたのは、貿易の自由化であった。一九八〇年代以降関税の引き下げ、輸入割り当ての廃止や他の非関税障壁の撤廃が、まさに劇的といえる程実行されてきた。ラテンアメリカの関税の加重平均は、現在一二％に近づいている。同様に重要なことは、関税率のばらつきが少なくなったことである。このことは過去の関税政策に付随した歪みが、かなり減少したことを意味している。

貿易自由化は容易ではなかった。障壁を減らすことで輸入に関しては予期された効果を生んだが、輸出が増加するかは、不明であった。実際のところ、一九九〇年代の資本の流入は多くの国で通貨の実質切り上げを、そしていくつかの国では過大評価をもたらした。これにより輸出が困難となっただけではなく、輸入がより容易となった。かくして資本が流入したことで、輸出が次第に増加するといういかなる保証もなしに、経常収支赤字が拡大した。

この問題に直面して、殆どすべてのラテンアメリカ諸国は、地域統合のスキームの優位性を見直した。近隣諸国との貿易を自由化することで、輸出増加の見通しは強まる。国連ラテンアメリカ・カリブ経済委員会（ECLAC）は、「開かれた地域主義」を支持した。開かれた地域主義は、域内輸出は競争力を高め、域外輸出のための基盤を創設することが可能である、ということを示唆している。すなわち開かれた地域主義は、一九六〇年代にラテンアメリカで採用された統合のスキームの問題の一つであった、「閉ざされた」地域主義と対照をなしたのである。一九九〇年代にはラテンアメリカとカリブで、地域統合が数多く形成された。中米共同市場（CACM）は一九九〇年に再出発した。一九九一年には、アルゼンチン、ブラジル、パラグアイそしてウルグアイが、関税同盟を形成することを明確な目標として、メルコスールを創設した。アンデス地域統合は一九九五年にアンデス共同体として再出発した。カリブ共同体（CARICOM）は九〇年代の終わりに、単一の市場を創設することを決めた。カナダ、メキシコそれに米国が参加する北米自由貿易協定（NAFTA）は、一九九四年にスタートした。

米州において国同士がペアとなって結ばれた、自由貿易協定（FTA）のネットワークもまた、正式な地域統合スキームと同様に重要であった。メキシコは先駆的にラテンアメリカの殆どの国とだけではなく、域外の国あるいは地域とも同じように二国間協定を結んだ（欧州連合とのFTAが二〇〇〇年に効力を発した）。チリもまた自由貿易協定に非常に熱心で、メルコスールの準加盟国となることで合意に達し、カナダとFTAを締結し、二〇〇一年には米国とのFTA交渉を開始している。

地域主義は万能薬ではなく、また外部からの負の衝撃に免疫があるわけではなかった（たとえばメルコスールの貿易は、一九九九年のブラジルの通貨切り下げの後、ほぼ二五％減少した）。しかしながら、地域主義は依然として支持されていて、（交渉から外されたキューバを唯一除く）西半球の三四の独立国はすべて、二〇〇五年までに米州自由貿易圏（FTAA）を創設することを約束した。かつては遠い夢と思われたが、今やFTAAは明瞭に可能なことのように思われる。

NEMのもう一つの重要な構成要素は、金融自由化である。債務危機以前はラテンアメリカ諸国は、実質金利がマイナスであり、貨幣の対GDP比率が低く、さらに資金が乏しいと特徴づけられていた。金融サービスが自由化されたことで、新しい参入者（その多くは域外から）が出現し、合併と買収による大規模な再編成が生まれ、実質金利はプラスに転じた。

にもかかわらず、ラテンアメリカの金融システムは、多くの歪みによって苦しめられたままであった。借り入れと貸し出しの金利差であるスプレッドは依然として大きく、その水準は世界でももっとも大きい。貸し出しは依然として、銀行にとくに人気のある、短期の公的債務である。中小企業にとって、銀行システムを利用して資金を増やすことは困難であり、他方、インフォーマルセクターの企業は、事実上融資を利用できない状態にある。これら二つの経済活動が都市の雇用を支配していたので、ラテンアメリカにおいては雇用創出は深刻な問題のまま残されている。

金融システムの透明性を高め、競争を促すことが必要であったので、ドル化の費用・便益を検討する国もあった。ラテンアメリカ全体でますます資産がドルで表示されており、多くの国が居住者のドル口座の保有を認めている。アルゼンチンは一九九一年に部分的なドル化を導入し、アルゼンチンの多くの政界と実業界の指導者たちは、自国通貨とドルとの完全な交代を要求してきた。キューバは九三年先例にならい、その過程で自国通貨とドルの二層からなる経済を創り出した。エクアドルは二〇〇〇年に、一世紀にわたりドルが法貨であるパナマの仲間に加わって、完全なドル制を採用した。エルサルバドルは二〇〇〇年末に、いずれ完全なドル制を採用するための前段階として、ドル使用を合法化すると発表した。

ドル化は、固定相場制の極端な例と考えることができる。固定為替相場にするか変動為替相場にするかの問題は、債務危機後に国際収支の資本収支を開放したことで、あらたな山場を迎えた。先進世界と同じように、資本収支をめぐる動きは、今では為替レートの価値を決める主要因であり、国家が為替レートを操作する能力は弱まった。まだ「新興国」には分類されない、より規模の小さな国（たとえばコスタリカ）だけが、クローリング・ペッグ制の為替レートを維持することが可能となっている。大国は、自由な変動相場制（たとえばブラジルやメキシコ）か固定相場制（たとえばアルゼンチン）のどちらかを採用している。

NEMは、ラテンアメリカ経済を世界経済により密接に統合するように計画されている。このことは国内の均衡、とくにインフレの安定化に留意することを意味してきた。インフレを退治する最適な方法については、依然として盛んに論争されているが、責任ある財政が必要である、とする点ですべての分析は一致している。かくして新しいパラダイムでは、財政改革が鍵となった。

ラテンアメリカにおける財政改革には、いくつかのかなめとなる点がある。第一に、より効率的でより弾力的に、すなわち経済活動の変化により早く対応できるように、租税制度を再検討することである。そのような税制度が機能する過程で、必ずしも公平性の改善につながったわけではなく、また税収全体に占める直接税の割合は依然として小さい。とはいえ間接税は、税制度を簡略化し、税が企業の競争力に与える重荷を軽減すべく意図された付加価値税に、ますます依存するようになった。

歳入の増加をもたらした主役は、民営化であった。キューバを含めたすべての国は、かなりの政府所有の資産を民間部門に移し、いくつかの国（例えばアルゼンチン）は、先進国で行われた以上に、これを進めた。民営化は一回限りの利益なので、これが終了した時点で何が起きるかという疑問が生まれた。しかし、新しく民営化された企業はしばしば、国営企業であった時よりもはるかに利益を生んだので、安定した税収入をもたらすようになった。

支出面での財政改革は、極めて困難であった。一律に配分する補助金を廃止して、目標を絞り込んで、最も必要とするグループに対して、利害のからまない支出をすることは、政治的に都合の悪いことであった。例えばメキシコでは、大学生に適度な授業料を払わせようと試みたが、結果的にメキシコの最も大きな大学を、一四カ月間閉鎖に追いやったのである。憲法上の障害も改革の進行をしばしば阻んだ。その顕著な例はブラジルで、連邦政府が州と自治体に、社会保障支出、年金そして交付金を支払うことが、一九八八年憲法で詳細に規定されていた。

これらの障害にもかかわらず、すべての方面で前進が見られ、多くの国で財政赤字は減少した。実際、プライマリーバランス（公的債務の利払い前の財政収支）はしばしば黒字となった。しかし利子率が高かったので、困難が続いた。これは（国内の債務に支払われるべき）利子率が高かっただけではなく、対外債務のリスクプレミアムによるものでもあった。リスクプレミアムは四〇〇ベーシスポイント（先進国の基準レートより四％高いことを意味する）を下まわることは決してなかったし、いくつかの例（例えばベネズエラ）では、金融危機の際には一〇〇〇ベーシスポイントかそれ以上に急上昇した。

上述の諸改革は、主としてマクロ経済的な性質を持つものであった。しかしNEMは急速に、ミクロ経済の改革に注目するようになった。これなくして、企業レベルの競争力をつけることができるようになるのは、極めて困難であった。とはいえ必要とされるミクロ経済の改革が何であるか、そしていかにしてそれを実行するかについての合意は、殆どなかったのである。あらゆる国は労働市場の改革を主張するものの、いかにしてそれを達成するかについての意見は殆ど一致していない。ある政府にとっては、それは労働者の雇用と解雇をより柔軟にすることを意味した。別の政府にとっては、給与総額への課税を引き下げること、あるいは最低賃金を実質的に下落させることを意味した。またある政府は、労働力の訓練と教育に、最大の力点を置いた。

同様の問題が規制緩和の分野に起きた。あらゆる政府は、企業の競争力を強めるには、これが必要である点では一致している。すべての国で、企業家たちはビジネス上の追加的な費用（例えばクスト・ブラジレイロ）について不満を述べている。しかしミクロ経済の効率性を高める過程で、その障害物を発見しそれを除去することは、極めて問題の多いことが判明した。チリがもっともこれを進めたが、チリモデルの教訓を、その他の国に容易に適用できるものではない。

これまで以上に規制が必要な分野もまた存在する。それは、独占あるいは準独占の状態にある、民営化された企業への規制である。規制が存在しないことは、政府が民営化からの収入を極大化しようとする願望の結果であり、これによって、多くの場合高い利潤と税の支払いが生じた。とはいえ、民営化された企業が提供する商品とサービスの実質価格は、しばしば下落するのではなく上昇し、残りの民間部門の重荷となっている。民営化された企業への規制はおそらく今後一〇年間の、重要な課題となるであろう。

▼経済実績

ＮＥＭは今や十分な期間実施されたので、それが経済実績に与えた影響について判断を下すことができる。ＮＥＭの当初の目標は、まだ達成されたわけではない。ＮＥＭはラテンアメリカ経済を変革したわけではないし、アジア諸国が成功したような高い生産性をもたらしたわけではない。とはいえある程度の成果は収めたのである。

その中で最大のものは、インフレを抑えたことである。債務危機以前は、全てのラテンアメリカ諸国が、慢性インフレに悩まされたわけではないが、最大規模でかつ重要な国々が悩まされるようになった。しかし二〇〇〇年までには、エクアドルだけが年間インフレ率が二〇％を超えていた。エクアドルはドル化により、二年以内には価格が安定するであろうと期待されている。これ以外の国では、新しい世紀の初めには、年間インフレ率は大概は一桁となり、アルゼンチンでは物価は現実には下落しているのである。

仮に物価の安定が当たり前のことであったとしても、その道のりは極めて多様である。ラテンアメリカにおいては、インフレ安定化のプログラムは、非正統の要素に正統の政策が混じり合っていて、かなり相違している［非正統、正統に関しては本書三一二ページ］。名目為替レートの維持装置はしばしば、（アルゼンチンのように）インフレ期待を打ち破る鍵となったが、常にそうなるとは限らなかった。チリは物価安定をクローリング・ペッグの為替レートで達成した。他方メキシコは一九九四年以降、自由な変動相場制によって、何とか物価安定をなし遂げた。ブラジルは九四年のレアルプラン開始後、名目為替レートの維持装置を利用し、最初の四年間はかなりの効果を上げたが、政府が九九年の初めに変動為替レートに移行しても、インフレは発生しなかった。

成功した全てのインフレ安定化プログラムは、財政規律を強調した。このことは通常ＩＭＦとの合意によって保証されてきたものであるが、中央銀行により大きな自律性が付与されたことも効を奏した。限られた数の国（ブラジルが顕著である）では、ヨーロッパの中央銀行やイングランド銀行の実践をまねて、目標をインフレ退治に向けたのである。

従ってインフレの実績は、ＮＥＭでは良好であり、内向きの発展モデルの下での実績と比べると、著しい対照をなしていた。しかし成長の実績はこれと異なり、落胆すべきものである。一九九一年から二〇〇〇年の間のＧＤＰの年間平均成長率（一九九五年不変価格）は、三・三％であった。この数字は一九五〇年から八〇年のラテンアメリカの平均成長率をはるかに下回っている。幸運なことに、ラテンアメリカの人口増加率は、下落している。かくしてGDPの成長率は緩やかであっても、一人当たりのGDPの年間成長率は、依然として一・五％のままである。これは一九八〇年代の「失われた一〇年」よりもはるかに改善したが、一九八〇年以前のラテンアメリカ、また東南アジア及び北東アジアのおよそ過去三〇年間ほど良好ではない。この数字は、生活水準が五〇年ごとでようやく二倍になることを意味しているが、ラテンアメリカの直面する主要な社会問題に取り組むのに五〇年もかかったのでは、あまりにも遅すぎる。

ＮＥＭの下での経済実績が芳しくなかったことについては、多くの理由が挙げられている。改革が成果をもたらすには時間がかかると主張されているが、この新しいパラダイムは現在までに、結果を生むには十分長い時間実施されてきたのである。またインフレを抑制する必要から、各国が成長を加速する政策を実施することは、不可能であったとも言われている。しかしながら、成長は比較的物価の安定している国々（例えばグアテマラ）と同様に、低インフレへの転換が困難であった国々（例えばブラジル）でも失望するものである。更に、一九九〇年代（少なくとも一九九九年までは）に最も成長が高かった国のひとつは、この一〇年間をハイパーインフレの下で迎えたアルゼンチンである。

ラテンアメリカにおける成長への制約は、実際のところは、よりオーソドックスなものである。その第一は、国内貯蓄率が低いことによる内部的な制約である。これにより、投資率がある水準以上には高くならなくなる。というのはいかなる国も、外貨預金がGDPの五％を超えることは期待できないし、多くの場合慎重に考えて、これよりもずっと低い率を想定しているからである。かくして、ラテンアメリカの投資率は、（過少設備が利用可能である短期を除いて）急速な成長を確保するには不十分であった。東南アジアや北東アジアで通常、投資率が対GDP比で三五％に達することと比較すると、一様に見劣りのするものだった。

国内貯蓄率が低いことは、ラテンアメリカでは相当に議論されてきた話題である。年金制度の民営化は、家計の貯蓄促進を招くであろうと、チリの例を引き合いに出して主張する者もいた。しかしながら家計部門の貯蓄は、国内貯蓄が主として企業によって支えられているラテンアメリカでは、それほど重要なものではない。またある論者は、成長が貯蓄を生むのが因果法則であり、その反対ではないと論じており、より急速な成長こそが貯蓄率の改善になると主張している。

二番目の成長の制約は、国際収支である。伝統的にラテンアメリカの成長は、外貨が潤沢な時期が極めてまれで、外貨が不足することで制約されていた。一九九〇年代の初め、大量の資本の純流入は、国際収支の制約を除去するかに見えた。しかしながら急速な成長は不可避的に、輸出よりもより大きな輸入増加を招き、経常収支赤字は、成長率と歩調を合わせて増加した。この状態を維持することはできなくなり、経済成長を抑えなくてはならなくなった。

国際収支の制約の原因が、輸出成長の弱さにある点については、広く認められている。輸入増加を抑制することへの支持はなく、外国資本への依存を高めることを欲してはいない。かくして輸出増加が最重要であり、この点については、NEMの実績は非常に複雑である。

一見したところでは、NEMの実績が複雑であるということは分かりにくいことかもしれない。二〇〇〇年までに輸出額はおよそ三〇〇〇億ドルに達したし、現在は対GDP比で、一九九〇年よりも高い比率を占めるようになった。すなわち新しいパラダイムで期待されているように、成長は輸出主導型であった。しかしながら輸出の数字をよく見てみると、メキシコがラテンアメリカ輸出の半分を占めていて、その大部分はNAFTA向けであることがわかる。これ以外のラテンアメリカを個別に検討すると、輸出実績はかなり悪い。

メキシコが輸出促進に成功したのは、米国経済への統合を強めたことによるものである。このことはNAFTA以前に起きてはいたが、米国との統合により、より拍車がかけられた。輸出促進はまた、一九九四年のメキシコ通貨の実質的な切り下げによっても、可能となった。このようにメキシコの輸出実績の鍵となったのは、市場アクセスと競争力であった。これ以外の大多数のラテンアメリカ諸国には、この主要な二点が欠けていたのである。アルゼンチンとベネズエラで顕著なように、実質為替レートは長年にわたり、極めて過大評価されてきた。加えて、ウルグアイ・ラウンドにおける貿易自由化にもかかわらず、多くの国にとって、農産物輸出の市場アクセスは依然として極めて問題のあるものであった。

GDPの成長が緩慢であったこと、（メキシコを主な例外とした）輸出実績が不十分であったために、雇用情勢が芳しくなかったのは、ごく自然なことである。失業率は一九九〇年代に殆どあらゆるところで上昇し、多くの国で失業が主要な社会問題となっている。しかしながら、公開されている失業だけが、労働市場の不均衡を示すものではない。フォーマルセクターでの雇用創出が緩慢であったために、インフォーマルセクターで仕事を探す労働者の数が増加している。

この残念な状況は、短期間で改善するようには思われない。企業は競争力を強めねばならないので、民間部門は生産性を向上させねばならないが、成長率が急速に上昇しない限り、このことはそれ程大きな雇用創出につながるはずはない。民営化企業は、必要とする労働力を大幅に減らし、公的部門もまた財政改革に対応して、労働力を減らす圧力を受けている。成長する企業の必要とする技能と、職を求める人々が提供する技能との間にもまた、ミスマッチがあるようである。政府が教育の優先度をかなり高めたこともあり、ラテンアメリカの労働力の平均就学期間は、現在は伸びているが、依然として短いし、多くのアジア諸国と比較すると、ずっと低い水準にある。

NEMはまた、貧困と所得分配に与えた影響という観点からも、判断されねばならない。貧困率と所得不平等の両方が増した一九八〇年代以後、状況はより複雑となった。貧困状態にある世帯の割合は過去一〇年間に多くの国で減少した（しかし絶対数では、人口増加のために、上昇し続けている）。この減少は地域全体としては緩やかなものであり、これは主としてGDP成長率が緩慢であった結果による。しかし、インフレが急激に鎮静化したところでは、通常はるかに急速に貧困が減少している。このことは一九九四年のレアル・プラン以後のブラジル、九一年に通貨のペッグ制を導入した後のアルゼンチンで起きている。かくして、広く期待されたインフレの抑制は、ラテンアメリカの貧困を軽減するのに役立ったのである。

しかし成長もインフレもどちらも、所得分配の改善には、大して役には立たなかった。所得分配の指標として最もよく利用されるジニ係数は、どうしても高いままであった。急速に成長し、貧困が減少し、実質賃金が上昇したチリでさえ、所得分配の改善には失敗した。ブラジルは貧困が減少したにもかかわらず、世界で最も高いジニ係数の一つを持ち続けている。

ジニ係数が変化しない原因は、主として賃金が不平等であることによると思われる。熟練労働力への需要は、賃金格差を助長し、未熟練労働者とそれ以外の賃金格差を拡大した。このことは多くの国で賃金の不平等を招き、それによってジニ係数が下落しなかったのである。この問題を効果的に解決するのは、唯一教育制度を通してであるが、所得分配をより公平にするという点で、人的資本への投資が成果を生むのには、長い年月を要するであろう。

最後になったが重要なこととして、NEMは環境への影響という点でも判断されなければならない。全てのラテンアメリカ諸国は今では、持続可能な成長を約束している。しかし成長を持続させることははるかに難しい。森林を伐採する比率は多くの国で依然として高い。例えばブラジルの熱帯多雨林は依然として年間一四〇万ヘクタールの割合で消滅している。これは年間にして森林の一％に相当しており、さらに熱帯多雨林の消滅が中止される気配は殆どない。化学物質や肥料による河川や湖沼の汚染は続いているし、海洋資源は枯渇し、多くの都市で市街地の汚染はすでに危険な水準にまで達した。こうした欠陥の責任をNEMのせいにするのは適当ではないが、NEMが環境の悪化を食い止めることができなかったことも、事実である。

多くの人々は、京都議定書を早期に批准することで、ラテンアメリカの環境保全のために、強く必要とされている刺激が提供されると期待している。特に議定書に盛り込まれた、クリーン開発メカニズム［先進国が途上国の温暖化ガス削減効果を持つプロジェクトに協力した場合に、途上国の削減量を、その先進国の削減量に算入するもの］は、先進国がラテンアメリカの炭素ガス除去装置に資金を移転し、先進国の温暖化ガスを減少させるという国の目標を達成させるという可能性がある。しかしながらこの議定書はまだ批准されておらず、これまで各国は、現実にクリーン開発メカニズムをいかに機能させるかについて、合意していない。

▼地域格差

ラテンアメリカではよくあることだが、NEM実施期間中の経済実績の地域格差には、かなりのものがある。改革を意欲的に実施した国々が、必ずしも十分に報いられたわけではないが、改革に失敗した国々が、ひどい目にあったことは確かである。かくして過去一〇年間、最良と最悪の実績を示した国々の格差は、非常に大きかった。

一九八〇年代同様花形となった国はチリであった。一九九一年から二〇〇〇年まで、この国のGDPは年間六・六％、一人当たりのGDPでは五％上昇した。成長率は安定し、輸出主導型成長であった。ラテンアメリカでは唯一、国内貯蓄率が高くかつ上昇し、これにより、過去一〇年間の殆どで、投資率は三〇％近かった。インフレは国際水準近くにまで落ち着き、貧困は減少し、多くの組織の質は改善した。チリの実績で最も成果の上がらなかった点は、そのかなり不公平な所得分配を変えることができなかったことと、多くの都市で環境の質が悪化したことである。とはいえチリは民主主義を回復させた期間の成績を誇ることができよう。

実績が二番目に良好だったのは、一〇〇〇年までの一〇年間、一人当たりのGDPが年間四・四％で上昇したドミニカ共和国である。これは改革が非常に表面的であったので、それが十分になされたことによるというよりも、商品とサービスの輸出促進が成功したことによるものである。輸出加工区からの組み立て輸出が伸びたのと同様に、観光業も成長した。カリブ開発計画による対米国市場、ロメ協定の下での対ヨーロッパ市場へのアクセスが、非常に重要な要素となった。ドミニカ共和国はまた、米国在住のドミニカ人からの定期的な送金によっても、恩恵を受けた。チリとドミニカ共和国の二つの例は、これ以上の相違がないほど異なったもので、ラテンアメリカの発展の複雑さを浮き彫りにしている。この次に来る国々——アルゼンチン（一人当たりのGDP成長率二・九％）、パナマ（同二・六％）、エルサルバドル（同二・五％）そしてペルー（同二・四％）——はすべて、一見すると良好な経済実績を示しているようである。しかしながらそれぞれの国は、問題を抱えている。アルゼンチンの成長率は、一九九一年から九四年の顕著に良かった時期を反映したもので、維持できないことが判明した。その他の三カ国は一九八〇年代末の例外的に深刻な不況から回復していたのである。これら四カ国の長期的な見通しはその全てに問題をはらんでいて、九〇年代の過去の実績は、将来への優れた道案内とはならないかもしれない。

この他の二カ国——コスタリカとウルグアイ——だけが、二〇〇〇年までの一〇年間に、GDPの一人当たり年間成長率が二％を超えたのである。コスタリカの成長は輸出主導型で、成功は、高い質の外国投資を引きつけたことを反映していた。ウルグアイは、メルコスールの中心にあり、輸出先の半分以上をメルコスールが占めるという、戦略的な位置の恩恵を受けていた。しかし一九九八年以降のメルコスールの域内貿易の減少は、ウルグアイに大きな打撃を与えている。

この次に来るのは、一人当たりＧＤＰの年間成長率一％以上を、何とか達成した国々である。このグループには二つの大国（ブラジルとメキシコ）と、ボリビアとグアテマラが入る。ラテンアメリカ全体の実績が緩慢であった主因は、ブラジルとメキシコが、このグループに入ったことにある。ブラジルとメキシコの規模と重要性を考慮すると、地域全体の平均は、大部分がこれら二カ国により決定されている。

メキシコは長年の低成長と経済不安定の後に、ラテンアメリカの花形国の一つとなると思われる。ラテンアメリカで、メキシコの市場アクセスに比肩できる国は見当たらないし、民間部門は多くの分野で競争力がある。民主主義体制への移行は現時点ではかなりのもので、富の公平の問題は、より多くの関心を集めているようである。ブラジルの見通しは、それほど確かではない。完全とはとてもいえないが、改革のプロセスは目を見張るものである。しかしブラジルはまだ、大規模な輸出促進の方法を見いだしていない。成長を高めるには、新しい輸出文化の出現を待たなければならないかもしれない。

ラテンアメリカの残りの八カ国は、失望（例えばコロンビアの〇・六％）から悲劇的（例えばハイチのマイナス二・八％）な実績を記録した。八カ国の内四カ国（キューバ、エクアドル、ハイチそれにパラグアイ）は一九九〇年代に一人当たりのＧＤＰが減少した。しかしキューバの下降は、その一〇年間の最初の三年間に集中している。その後、経済は回復し、一九九八年以後は観光と外国からの送金の増加で急速に成長している。

従って地域の全体像は、私たちが過去二〇〇年間の経済史で発見するのと同様に、非常に変化している。現在の花形国がしばしば、すぐに凋落国へと転落し、いかなる国も長期にわたり、優れた経済実績を維持することはできなかった。ＮＥＭがこのことを転換したと考えるのは困難である。

新しいパラダイムは、成功する国も失敗する国も生むであろう。チリとドミニカ共和国の例が示すように、成功した国は必ずしも改革を最大限に行った国ではない。幸運、あるいは少なくとも地理上の有利性は、一つの要因ではある。しかし失敗した国の中には、変化への消極性や無力が、貧しい経済実績につながった国々も、含まれている。急速な成長は約束されてはいないが、新しいパラダイムの下では、全てのラテンアメリカ諸国が、緩やかな成長とある程度の公平性の改善を果たすことは可能である。

訳者あとがき

本書はビクター・バルマー＝トーマス（Victor Bulmer-Thomas）著 *The Economic History of Latin America since Independence*, Cambridge University Press, 1994 の全訳である。刊行後七年が経過していることもあり、一九九八年九月に加筆を、二〇〇一年三月にはラテンアメリカ経済の最近の動きとこれからの見通しを概観する、日本語版のための補論の執筆を、原著者にお願いした。従って本書は原著の増補版ということができる。

バルマー＝トーマス氏は一九四八年英国生まれで、オックスフォード大学で経済学を学び、英国植民地下の中米ベリーズで経済協力のボランティアとして二年間過ごした後に、開発途上国の計量経済モデルを論じた研究で経済学の博士号を取得した。その後ロンドン大学クイーンメリー、ウエストフィールド校の経済学教授に就任、一九九二年から九八年まで同大学附置のラテンアメリカ研究所（Institute of Latin American Studies: ILAS）所長を歴任し、二〇〇一年四月からは由緒ある英国国際問題研究所（Royal Institute of International Affairs: Chatham House）所長の職にある。

氏の業績は学術論文だけで五〇点以上に及ぶが、主要な単著と編著のみを三点紹介すると次のようである。まず開発途上国の計量経済学モデルの理論的な研究書である *Input-Output Analysis in Developing Countries: Sources, Methods, and Applications*, Chichester, 1982. 本書より先に、定評あるケンブリッジ大学出版局のラテンアメリカ研究シリーズの一冊として刊行された、*The Political Economy of Central America since 1920*, Cambridge University Press, 1987. 共編著として *The United States and Latin America: The New Agenda*, Harvard University Press, 1999 がある。

バルマー＝トーマス教授の研究の特徴は、ディシプリン（専門学問分野）としての経済学のエッセンスである計量経済学、ミクロ・マクロ経済学の正統的なアプローチを、ラテンアメリカという地域レベルの分析に、縦横無尽に利用している点にある。のみならず、経済学の基本的な分析枠組みをフルに利用しながら、関連学問領域（歴史学、政治学、社会学など）の最新の研究成果を自家薬籠中のものとして、十二分に活用している。近年ディシプリンがあまりにも細分化し、特に経済学では、ピースミール・エンジニアリングと揶揄されるように、木を見て森を見ない類の議論が多い中で、バルマー＝トーマス教授の研究手法は、複合領域にまたがるユニークなものであり、光彩を放っている。

本書でもこのような研究姿勢は首尾一貫している。本書の特徴は、面積では日本の五四倍、人口約五億人、三三の独立国を有する広大なラテンアメリカの植民地時代から現在に至る経済史を、経済学の分析視座だけではなくて、歴史学などの膨大な成果を最大限に援用しながら論述していることである。

本書以外で、ラテンアメリカ経済史を扱う最近の主要な研究として、Rosemary Thorp, *Progress, Poverty and Exclusion: An Economic History of Latin America in the 20th Century*, The Johns Hopkins University Press, 1998. Barbara Stallings and Wilson Peres, *Growth, Employment, and Equity: the Impact of the Economic Reforms in Latin America and the Caribbean*, United Nations / Brookings Institution Press, 2000. André A. Hofman, *The Economic Development of Latin America in the Twentieth Century*, Edward Elgar, 2000 の三著がある（贅言をお許し頂ければ、この中で米国人はスターリングスだけである。過度に細分化され、市場システムの効率性分析に重点を置く現代の米国流の経済学では、ラテンアメリカのような周辺地域の研究は、適当ではないのかもしれない。この点ラテンアメリカ人自身と、英国を初めとするヨーロッパの研究者に一日の長があるように思われる）。

こうした文献のいずれもは、比較的近年のラテンアメリカ経済を論じるだけか、あるいは統計的にのみ、古い時代を論じている。これらと比較すると、本書は一四九二年の新大陸の「発見」以降の動きを、植民地制度自体の問題点をも視野に入れながら、あらゆる角度から分析している。内容の豊富さや分析の緻密さという点で、本書を凌駕する著作は現時点ではまだ刊行されていないのではなかろうか。ラテンアメリカ経済史研究の古典としての地位を既に確立しているといって過言ではない。

本書付録1―3にあるように、バルマー＝トーマス氏は一九世紀以降の各国の人口推計値、輸出比率、GDPなどのマクロ数値を丹念に自身で算出している。先に挙げた三冊はいずれも、彼の統計データを参照している。経済史研究における統計的な手法（クリオメトリックス）については、その開拓者ともいうべきフォーゲル（Robert William Fogel）が一九九三年にノーベル経済学賞を受賞したことに代表されるように、経済学分野の中で重要な地位を占めるに至っている。しかし本書のような「地域研究」の範疇に分類される、サブリージョン、サブシステムを扱う研究において、このような精緻な統計的な論証を行う研究の数は、驚くほど少ないのが現状である。

先に紹介したソープ、スターリングス／ペレス、ホフマンの三冊はいずれも、マクロデータを駆使した、高水準のラテンアメリカ経済史の著作であり一読に値する。とはいえ統計数字の裏にある、ラテンアメリカが植民地体制のもとで有していた、構造的な問題について十分に考察しているとはいいがたい。一例を紹介しよう。

独立後長期にわたり各国の主要な歳入源は関税、特に輸入税であった。輸入税はもっぱら従量税に依存していた。これは従価税と比較して徴収が容易で、脱税もしにくいことなどによる。この結果ヨーロッパからの工業製品への課税は当初割安であった（このことで最も恩恵を受けたのは、一部の特権階級である。彼らの購入する奢侈品への課税比率は、法外に低かったのである）。しかし産業革命後の工業製品の価格下落は、ラテンアメリカの必要とする（大部分は繊維製品）の相対的な課税比率を上昇させ、従量税は保護関税の機能を果たす。このことは、ラテンアメリカにおける繊維産業の勃興（特にメキシコの例を指す。しかしアルゼンチンの繊維業は不十分にしか発展しなかった）をある程度説明する。

この議論は一世を風靡した「従属理論」の主張した、一次産品の長期的な交易条件悪化説とも矛盾する。詳細は本書（六五ページ）に譲るが、統計上いかなる見方をもってしても、一次産品全体の価格が長期にわたり一貫して、工業製品と比較して、相対的に下落したことを裏づけるデータは見つからない。

バルマー＝トーマスが本書でラテンアメリカ経済を分析する際のキーワードは、商品の当たり外れ、輸出主導型成長の構造、経済政策の実施環境の三つである。

商品の当たり外れとは、ラテンアメリカ諸国が輸出する商品のさまざまな特徴を指し、当該商品が持つ連関効果や、先進国の需要条件などに左右される。先進国の需要にうまく呼応し、ある程度国内で前方・後方連関効果を生むような一次産品（例えばチリの硝石）は国内市場の形成にも役立ち、ひいては非輸出部門の生産性向上につながる。この対局にあるのが、飛び地的な経済圏を形成したり、一時的なブームをもたらすものの、その国の経済全体に殆ど波及効果をもたない産品（例えばペルーのグアノ）である。

輸出主導型成長の構造とは資本（技術革新と技術移転を含む）、労働力そして政府を指す。これら三つの装置が順調に機能する国は、発展を期待できる。ここにいう資本とは、もっぱら輸出所得を非輸出部門に移転するメカニズムのことである。資本余剰をいかに国内の非輸出部門に移転し、生産性を上げることで所得増加を生むか。さらに労働力は、独立後も相当期間奴隷制や強制労働に依存していた国と、ヨーロッパからの移民を受け入れ、これを熟練労働者や起業家の供給源とした国では、国内市場の形成にかなりの相違点が生まれる。ラテンアメリカの多くの政府はもっぱら関税を歳入源とするので、経済政策が輸入に与える影響や、歳出がどの分野に重点的に支出されるかは、国内経済形成にとって重要な要素となる。

経済政策の実施環境とは、多分に政治的な安定性に関係するが、一貫した経済政策を取ることが可能であるか、そしてそれが国内の支持を得ているか。逆に一貫した経済政策が取れない国は、輸出促進も非輸出部門の拡大も望めない。近年経済政策の実施環境は、商品の当たり外れ、輸出主導型成長の構造に比べると重要性が増している。

以上の三つのキーワードは、いわば本書の分析枠組みの基本的な視座である。もちろんこれらの要素は、たとえ同一の国でも時期により相違し、現実は複雑に錯綜しており、画一的な結論が導き出されるものではない。やや乱暴な表現を許して頂ければ、本書全体を貫くバルマー＝トーマス教授の視点は、ラテンアメリカ経済（停滞）の内部原因説であろう。そのことをもっとも良く表現しているのは、「五％の富しか享受しない三〇％の人々には希望の光を、三〇％の富を享受する五％の人々には警告を」（扉裏）という言葉である。植民地時代から今日に至るまで、ラテンアメリカ全体が持つ、国ごとの経済格差と国内の格差（富の偏在）、という特徴は変わっていない。新経済モデルの導入は格差をむしろ広げている。そしてその主因を、ラテンアメリカの特権を持つエリートたちの行動に向けているのである。著者が従属理論を峻拒する理由のひとつはそこにある。さらに彼が従属論に与しない大きな理由は、歴史的に見て開発途上国がやがては中進国、更に先進国になる例が現に存在することである。この文脈のなかで、しばしば日本が引き合いに出される。とはいえ別の見方では、例えば一次産品の国際的な流通システムが、先進国に有利に制度化されている側面も否定できない（綿花の国際取り引きなどはその好例であろう）。従属論の問題意識には傾聴すべきものがあるのではなかろうか、というのが筆者の偽らざる感想ではある。

本書がこのような形で出版されるきっかけとなったのは、一九九八年一月、訳者の一人田中が、名古屋大学経済学部の経済史関係の教官・院生のセミナーであるケーン（COEHN）で、日本紡績業の中米進出について報告する機会を与えられたことにある。名大経済史スクールの良き伝統を育まれ、本書刊行の意義を十分に理解され応援して下さった、藤瀬浩司、金井雄一、福澤直樹の諸先生を初め、関係の皆様にお礼申し上げたい。

バルマー＝トーマス教授は一九九九年九月、ベリーズ出身で植物学者のバーバラ夫人を伴い、国立民族学博物館地域研究企画交流センターの招きで待望の初来日を果たされた。この間中部大学国際関係学部、九州大学経済学部、アジア経済研究所、筑波大学国際政治経済研究科、大和総研で講演するという精力的な日程をこなされた。また夫妻と訳者全員は夕食を共にする機会を得た。これをきっかけとして、米国のラテンアメリカ研究の影響が強い日本で、十分に紹介されてきたとはいいがたい、英国の研究者との交流が深まることを期待してやまない。夫妻の来日に際しては山田睦男、村上勇介、稲葉安勇、アリ・エル＝アグラ、枝村純郎、竹内恒理、幡谷則子、星野妙子、リヴァノ・サアベドラ、高橋百合子、荻野晴章などの皆様のご協力があった。石井章中部大学教授は、本書の原稿全体に目を通され綿密なコメントを、さらに西島章次・細野昭雄両神戸大学教授には、具体的かつ適切な助言を頂いた。荻野正蔵、悦子夫妻に校正を手伝って頂いた。

翻訳は榎股が第5章—第8章、鶴田が第9章—第11章、これ以外を田中が担当した。語句、訳語の統一などは田中が行った。訳注は最小限に止め［　］で表した。地名の一部をもとのスペイン語の発音で表記した（例えばニュースペインはヌエバ・エスパーニャ）。思わぬ誤記、誤訳などもあろうかと思う。大方のご叱正を賜りたい。

訳業がはかどらず予定が大幅に遅れるなかで、何とか出版にこぎ着けたのは、名古屋大学出版会編集部の橘宗吾氏の叱咤激励の賜物である。三木信吾氏のご尽力にも感謝したい。最後に、本書刊行に際し「中部大学学術叢書」として助成金を頂戴した。関係の皆様に記してお礼申し上げたい。

訳者を代表して　田　中　高

《訳者紹介》

田中《たなか》　高《たかし》

現　在　中部大学国際関係学部教授

著　書　『日本紡績業の中米進出』（古今書院，1997年）

『ラテンアメリカ世界を生きる』（共編，新評論，2001年）

榎股一索《えのまたいっさく》

現　在　鹿児島大学法文学部助教授

論　文　「1920年代アルゼンチンの牧畜業危機と最低価格法」『経済科学』第45巻第2号，1997年9月。

鶴田利恵《つるたりえ》

現　在　四日市大学経済学部助教授

論　文　「自由貿易協定がEU-MERCOSUR経済関係に与える影響」『四日市大学論集』第13巻第1号，2000年9月。

ラテンアメリカ経済史

2001年10月1日　初版第1刷発行
2003年9月1日　初版第2刷発行

定価はカバーに
表示しています

訳者　田中　高
　　　榎股一索
　　　鶴田利恵

発行者　岩坂泰信

発行所　財団法人　名古屋大学出版会

〒464-0814　名古屋市千種区不老町1名古屋大学構内
電話(052)781-5027/FAX(052)781-0697

Printed in Japan

印刷・製本 ㈱クイックス

ISBN4-8158-0415-X

乱丁・落丁はお取替えいたします。

索　引

ア　行

カ　行

タ　行

ナ　行

ハ　行

マ　行

ヤ　行

ラ・ワ行

図表一覧

参考文献

Abente, D. (1989). "Foreign Capital, Economic Elites and the State in Paraguay during the Liberal Republic (1870–1936)," *Journal of Latin American Studies* 21 (1): 61–88.
Acevedo, E. (1902). *Historia económica de la República de Uruguay*. 2 vols. Montevideo: El Siglo Ilustrado.
Adams, F. (1914). *Conquest of the Tropics*. New York: Doubleday.
Albala Bertrand, J. M. (1993). "Evolution of Aggregate Welfare and Development Indicators in Latin America and the OECD, 1950–85." In Abel, C., and Lewis, C. M. (eds.), *Welfare, Poverty and Development in Latin America*. Basingstoke, Eng.: Macmillan / St. Antony's College.
Alberro, J. L. (1987). "La dinámica de los precios relativos en un ambiente inflacionario," *Estudios Económicos*, Número Extraordinario (October): 267–304.
Albert, B. (1988). *South America and the First World War: The Impact of the War on Brazil, Argentina, Peru and Chile*. Cambridge University Press.
Alhadeff, P. (1986). "The Economic Formulae of the 1930s; a Reassessment." In Di Tella, G., and Platt, D. C. M. (eds.), *The Political Economy of Argentina, 1880–1946*. Basingstoke, Eng.: Macmillan / St. Antony's College.
Alienes, J. (1950). *Características fundamentales de la economía cubana*. Havana: Banco Nacional de Cuba.
Amadeo, E., et al. (1990). *Inflación y estabilización en América Latina: nuevos modelos estructuralistas*. Bogotá: Tercer Mundo Editores.
Andere, E. (1992). "Regímenes antidumping de México y Estados Unidos: Consideraciones para la negociación del tratado de libre comercio." In Andere, E., and Kessel, G. (eds.), *México y el tratado trilateral de libre comercio*. Mexico, D. F.: McGraw-Hill.
Anna, T. (1985). "The Independence of Mexico and Central America." In Bethell, L. (ed.), *The Cambridge History of Latin America, Vol. III: From Independence to c. 1870*. Cambridge University Press.
Arndt, H. W. (1985). "The Origins of Structuralism," *World Development* 13 (2): 151–9.
Arriaga, E. (1968). *New Life Tables for Latin American Populations in the Nineteenth and Twentieth Centuries*. Berkeley: University of California.
Arrieta, C., et al. (1991). *El narcotráfico en Colombia*. Bogotá: Tercer Mundo Editores.
Ascher, W. (1984). *Scheming for the Poor: The Politics of Redistribution in Latin America*. Cambridge, Mass.: Harvard University Press.
Bacha, E. (1977). "Issues and Evidence in Recent Brazilian Economic Growth," *World Development* 5 (1–2): 47–67.
Baer, W. (1969). *The Development of the Brazilian Steel Industry*. Nashville, Tenn.: Vanderbilt University Press.
(1983). *The Brazilian Economy: Growth and Development*. New York: Praeger.

Baer, W., and Birch, M. H. (1984). "Expansion of the Economic Frontier: Paraguayan Growth in the 1970s," *World Development* 12 (8): 783–98.

Bagley, B. (1988). "US Foreign Policy and the War on Drugs: Analysis of a Policy Failure," *Journal of Interamerican Studies and World Affairs* 30 (2–3): 189–212.

Bairoch, P., and Etemard, B. (1985). *Commodity Structure of Third World Exports*. Geneva: Libraire Droz.

Bairoch, P., and Lévy-Leboyer, M. (eds.) (1981). *Disparities in Economic Development since the Industrial Revolution.* Basingstoke, Eng.: Macmillan.

Bairoch, P., and Toutain, J. (1991). *World Energy Production*. Geneva: Libraire Droz.

Bakewell, P. (1984). "Mining in Colonial Spanish America." In Bethell, L. (ed.), *The Cambridge History of Latin America: Vol. II: Colonial Latin America.* Cambridge University Press.

Balassa, B. (1982). *Development Strategies in Semi-Industrial Economies*. Baltimore: Johns Hopkins University Press.

Balassa, B., et al. (1986). *Towards Renewed Economic Growth in Latin America: Summary, Overview and Recommendations*. Washington, D.C.: Institute for International Economics.

Balasubramanyam, V. (1988). "Export Processing Zones in Developing Countries: Theory and Empirical Evidence." In Greenaway, D. (ed.), *Economic Development and International Trade.* Basingstoke, Eng.: Macmillan.

Ballesteros, M., and Davis, T. E. (1963). "The Growth of Output and Employment in Basic Sectors of the Chilean Economy, 1908–1957," *Economic Development and Cultural Change* 11: 152–76.

Banco de Guatemala (1989). *Banca Central*, No. 1. Guatemala City: Banco de Guatemala.

Banco de la República (1990). *El Banco de la República: Antecedentes, evolución y estructura.* Bogotá: Banco de la República.

Banuri, T. (1991). *Economic Liberalization: No Panacea. The Experiences of Latin America and Asia*. Oxford: Clarendon Press.

Barbier, E. B. (1989). *Economics, Natural-Resource Scarcity and Development*. London: Earthscan Publications Ltd.

Barraclough, S. (ed.) (1973). *Agrarian Structure in Latin America*. Lexington, Mass.: Heath.

Batou, J. (1990). *One Hundred Years of Resistance to Underdevelopment*. Geneva: Libraire Droz.

(1991). *Between Development and Underdevelopment*. Geneva: Libraire Droz.

Bauer, A. (1986). "Rural Spanish America, 1870–1930." In Bethell, L. (ed.), *The Cambridge History of Latin America, Vol. IV: c. 1870–1930*. Cambridge University Press.

Bauer Paíz, A. (1956). *Cómo opera el capital yanqui en Centroamérica (el caso de Guatemala).* Mexico, D. F.: Editorial Ibero-Mexicana.

Bazant, J. (1985). "Mexico from Independence to 1867." In Bethell, L. (ed.), *The Cambridge History of Latin America, Vol. III: From Independence to c. 1870*. Cambridge University Press.

Beckerman, P. (1989). "Austerity, External Debt, and Capital Formation in Peru." In Handelman, H., and Baer, W. (eds.), *Paying the Costs of Austerity in Latin America.* Boulder, Colo.: Westview.

Benoit, P. (1954). *1804–1954: cent cinquante ans de commerce exterieur d'Haiti*. Port-au-Prince: Institut Haitien de Statistique.

Berend, I. T. (1982). *The European Periphery & Industrialization: 1780–1914*. Cambridge University Press.

Bergad, L. (1983). *Coffee and the Growth of Agrarian Capitalism in Nineteenth Century Puerto Rico*. Princeton, N.J.: Princeton University Press.

Bergquist, C. (1978). *Coffee and Conflict in Colombia, 1886–1910*. Durham, N.C.: Duke University Press.

Bergsman, J. (1970). Brazil: *Industrialization and Trade Policies*. London: Oxford University Press.

Berry, A. (1983). "A Descriptive History of Colombian Industrial Development in the Twentieth Century." In Berry, A. (ed.), *Essays on Industrialization in Colombia*. Tempe: Center for Latin American Studies, Arizona State University.

(1987). "The Limited Role of Rural Small-Scale Manufacturing for Late-Comers: Some Hypotheses on the Colombian Experience," *Journal of Latin American Studies* 19 (2): 279–94.

Berry, A., and Cline, W. (1979). *Agrarian Structure and Productivity in Developing Countries*. Baltimore: Johns Hopkins University Press.

Bethell, L. (1970). *The Abolition of the Brazilian Slave Trade*. Cambridge University Press.

(1985). "The Independence of Brazil." In Bethell, L. (ed.), *The Cambridge History of Latin America, Vol. III: From Independence to c. 1870*. Cambridge University Press.

Bethell, L. (ed.) (1991). *The Cambridge History of Latin America, Vol. VIII: Latin America since 1930: Spanish South America*. Cambridge University Press.

Bethell, L., and Roxborough, I. (1988). "Latin America between the Second World War and the Cold War: Some Reflections on the 1945–8 Conjuncture," *Journal of Latin American Studies* 20 (1): 167–89.

(1992). *Latin America between the Second World War and the Cold War, 1944–1948*. Cambridge University Press.

Blakemore, H. (1974). *British Nitrates and Chilean Politics, 1886–1896: North v Balmaceda*. London: Athlone Press.

(1986). "Chile from the War of the Pacific to the World Depression, 1880–1930." In Bethell, L. (ed.), *The Cambridge History of Latin America, Vol. V: c. 1870 to 1930*. Cambridge University Press.

Blaug, H. (1976). *Economic Theory in Retrospect*, 3d ed. Cambridge University Press.

Blomström, M. (1990). *Transnational Corporations and Manufacturing Exports from Developing Countries*. New York: United Nations.

Blomström, M., and Meller, P. (eds.) (1991). *Diverging Paths: Comparing a Century of Scandinavian and Latin American Economic Development*. Washington, D.C.: Inter-American Development Bank.

Bocco, A. M. (1987). *Auge petrolero, modernización y subdesarrollo: El Ecuador de los años setenta*. Quito: Corporación Editora Nacional.

Bogart, E. L. (1908). *The Economic History of the United States*. London: Longmans.

Boloña, C. (1981). "Tariff Policies in Peru, 1880–1980." D.Phil. dissertation, Oxford University.

Bonilla, H. (1985). "Peru and Bolivia from Independence to the War of the Pacific." In Bethell, L. (ed.), *The Cambridge History of Latin America, Vol. III: From Independence to c. 1870*. Cambridge University Press.

Booth, J. A. (1982). *The End and the Beginning – The Nicaraguan Revolution*. Boulder, Colo.: Westview.

Bourgade, E. de (1892). *Paraguay: The Land and the People, National Wealth and Commercial Capabilities*. London: George Philip.

Brading, D. (1978). *Haciendas and Ranchos in the Mexican Bajío: León 1700–1860*. Cambridge University Press.

Broadberry, S. N. (1986). *The British Economy between the Wars: A Macroeconomic Survey*. Oxford: Basil Blackwell.

Brockett, C. D. (1988). *Land, Power and Poverty: Agrarian Transformation and Political Conflict in Central America*. Boston: Unwin Hyman.

Brogan, C. (1984). *The Retreat from Oil Nationalism in Ecuador, 1976–1983*. London: Institute of Latin American Studies.

Brothers, D. S., and Solís M. L. (1966). *Mexican Financial Development*. Austin: University of Texas Press.

Brown, J. (1979). *A Socio-Economic History of Argentina, 1776–1860*. Cambridge University Press.

Browning, D. (1971). *El Salvador: Landscape and Society*. Oxford: Oxford University Press.

Brundenius, C. (1984). *Revolutionary Cuba: The Challenge of Economic Growth with Equity*. Boulder, Colo.: Westview.

Brundenius, C., and Zimbalist, A. (1989). *The Cuban Economy: Measurement and Analysis of Socialist Performance*. Baltimore: Johns Hopkins University Press.

Bruno, M., Fischer, S., Helpman, E., and Liviatan, N. (eds.). (1991). *Lessons of Economic Stabilization and Its Aftermath*. Cambridge, Mass.: MIT Press.

Bruton, H. (1989). "Import Substitution." In Chenery, H., and Srinivasan, T. N. (eds.), *Handbook of Development Economics*, Vol. 2. Amsterdam: North-Holland.

Bryce, J. (1912). *South America: Observations and Impressions*. London: Macmillan.

Buiter, W. (1983). "Measurement of the Public Sector Deficit and the Implications for Policy Evaluation and Design," *IMF Staff Papers* 30 (2). Washington, D.C.

Bulmer-Thomas, I. (1965). *The Growth of the British Party System*. 2 vols. London: Baker.

Bulmer-Thomas, V. (1987). *The Political Economy of Central America since 1920*. Cambridge University Press.

(1988). *Studies in the Economics of Central America*. Basingstoke, Eng.: Macmillan; New York: St. Martin's.

(1990a). "Honduras since 1930." In Bethell, L. (ed.), *The Cambridge History of Latin America, Vol. VII: Latin America since 1930: Mexico, Central America and the Caribbean*. Cambridge University Press.

(1990b). "Nicaragua since 1930." In Bethell, L. (ed.), *The Cambridge History of Latin America, Vol. VII: Latin America since 1930: Mexico, Central America and the Caribbean*. Cambridge University Press.

Bulmer-Thomas, V., et al. (1992). *Central American Integration: Report for the Commission of the European Community*. Miami: University of Miami.

Bureau de Publicidad de la América Latina (1916–1917), *El 'Libro Azul' de Panamá*. Panama City: Bureau de Publicidad de la América Latina.

Bureau of the American Republics (1892a). *Handbook of Bolivia*. Washington, D.C.: Government Printing Office.

(1892b). *Handbook of Costa Rica*. Washington, D.C.: Government Printing Office.

(1892c). *Handbook of Ecuador*. Washington, D.C.: Government Printing Office.

(1892d). *Handbook of Haiti*. Washington, D.C.: Government Printing Office.

(1892e). *Handbook of Nicaragua*. Washington, D.C.: Government Printing Office.

(1892f). *Handbook of Paraguay*. Washington, D.C.: Government Printing Office.

(1892g). *Handbook of the Argentine Republic*. Washington, D.C.: Government Printing Office.

(1892h). *Handbook of Venezuela*. Washington, D.C.: Government Printing Office.

(1904). *Honduras: Geographical Sketch, Natural Resources, Laws, Economic Conditions, Actual Development, Prospects of Future Growth*. Washington, D.C.: Government Printing Office.

Burns, E. B. (1980). *The Poverty of Progress: Latin America in the Nineteenth Century*. Berkeley: University of California Press.

(1991). *Patriarch and Folk: The Emergence of Nicaragua 1798–1858*. Cambridge, Mass.: Harvard University Press.

Bushnell, D. (1970). *The Santander Regime in Gran Colombia*. Westport, Conn.: Greenwood.

Bushnell, D., and Macaulay, N. (1988). *The Emergence of Latin America in the Nineteenth Century*. New York: Oxford University Press.

Cantarero, L. A. (1949). "The Economic Development of Nicaragua, 1920–1947." Ph.D. dissertation, University of Iowa.

Cárdenas, E. (1984). "The Great Depression and Industrialization: The Case of Mexico." In Thorp, R. (ed.), *Latin America in the 1930s: The Role of the Periphery in World Crisis*. Oxford: Macmillan / St. Antony's College.

Cárdenas, E., and Manns, C. (1989). "Inflación y estabilización monetaria en México durante la revolución," *El Trimestre Económico* 56 (221): 57–79.

Cardoso, E. (1981). "Food Supply and Inflation," *Journal of Development Economics* 8 (3): 269–84.

(1991). "From Inertia to Megainflation: Brazil in the 1980s." In Bruno, M., Fischer, S., Helpman, E., and Liviatan, N. (eds.), *Lessons of Economic Stabilization and Its Aftermath*. Cambridge, Mass.: MIT Press.

Cardoso, E., and Helwege, A. (1992). *Latin America's Economy: Diversity, Trends and Conflicts*. Cambridge, Mass.: MIT Press.

Cardoso, F. H., and Brignoli, H. (1979a). *Historia económica de América Latina. Vol. 1: Sistemas agrarios e historia colonial*. Barcelona: Editorial Crítica.

(1979b). *Historia económica de América Latina. Vol. 2: Economías de exportación y desarrollo capitalista*. Barcelona: Editorial Crítica.

Cardoso, F. H., and Faletto, E. (1979). *Dependency and Development in Latin America*. Berkeley: University of California Press.

Cariaga, J. L. (1990). "Three Policy Experiments – Bolivia." In Williamson, J. (ed.), *Latin American Adjustment: How Much Has Happened?* Washington, D.C.: Institute for International Economics.

Carnoy, M. (1972). *Industrialization in a Latin American Common Market*. Washington, D.C.: Brookings Institution.

Carr, R. (1984). *Puerto Rico: A Colonial Experiment*. New York: New York University Press.

Carroll, H. (1975). *Report on the Island of Porto Rico*. New York: Arno Press.

Catão, L. (1991). "The International Transmission of Long Cycles between 'Core' and 'Periphery' Economies: A Case Study of Brazil and Mexico, c. 1870–1940." D.Phil. dissertation, Cambridge University.

Centro Español de Estudios de América Latina (CEDEAL). (1991). *Situación latinoamericana: Informes de coyuntura económica, política y social*. Vol. 1, no. 6. Madrid: Fundación CEDEAL.

CEPAL (1959). *El desarrollo económico de la Argentina*, 3 vols. Santiago, Chile: United Nations.

(1976). *América Latina: Relación de precios del intercambio*. Cuadernos Estadísticos de la Cepal. Santiago, Chile: United Nations.

(1978). *Series históricas del crecimiento de América Latina*. Cuadernos Estadísticos de la Cepal. Santiago, Chile: United Nations.

(1986). *La distribución personal del ingreso en el Gran Buenos Aires en el período 1974–1983*, Documento de Trabajo No. 23. Buenos Aires: CEPAL.

(1988). *Preliminary Overview of the Latin American Economy 1988*. Notas Sobre la Economía y el Desarrollo. Santiago, Chile: United Nations.

(1991). *Preliminary Overview of the Latin American and Caribbean Economy 1991*. Notas Sobre la Economía y el Desarrollo. Santiago, Chile: United Nations.

(1992). *Preliminary Overview of the Latin American and Caribbean Economy 1992*. Notas Sobre la Economía y el Desarrollo. Santiago, Chile: United Nations.

(1993). *Preliminary Overview of the Latin American and Caribbean Economy 1993*. Notas Sobre la Economía y el Desarrollo. Santiago, Chile: United Nations.

Cerdas Cruz, R. (1990). "Costa Rica since 1930." In Bethell, L. (ed.), *The Cambridge History of Latin America, Vol. VII: Latin America since 1930: Mexico, Central America and the Caribbean*. Cambridge University Press.

Chalmers, H. (1944). "Inter-American Trade Policy." In Harris, S. E. (ed.), *Economic Problems of Latin America*. New York: McGraw-Hill.

Chalmin, P. G. (1984). "The Important Trends in Sugar Diplomacy before 1914." In Albert, B., and Graves, A. (eds.), *Crisis and Change in the International Sugar Economy 1860–1914*. Norwich, Eng.: ISC Press.

Chenery, H. (1960). "Patterns of Industrial Growth," *American Economic Review* 50 (3): 624–54.

Chowning, M. (1990). "The Management of Church Wealth in Michoacán, Mexico, 1810–1856: Economic Motivations and Political Implications," *Journal of Latin American Studies* 22 (3): 459–96.

Clark, V., et al. (1975). *Porto Rico and Its Problems*. New York: Arno Press.

Clark, W. (1911). *Cotton Goods in Latin America, Part II*. US Dept of Commerce and Labor, Washington, D.C.: Government Printing Office.

Cline, W. R. (1978). "Benefits and Costs of Economic Integration in Central America." In Cline, W. R., and Delgado, E. (eds.), *Economic Integration in Central America*. Washington, D.C.: Brookings Institution.

Coatsworth, J. (1978). "Obstacles to Economic Growth in Nineteenth Century Mexico," *American Historical Review* 83 (1): 80–100.

(1981). *Growth against Development – The Economic Impact of Railroads in Porfirian Mexico*. Dekalb: Northern Illionois University Press.

Colburn, F. D. (1990). *Managing the Commanding Heights: Nicaragua's State Enterprises*. Berkeley: University of California Press.

Collier, S. (1986). *The Life, Music and Times of Carlos Gardel*. Pittsburgh, Pa.: University of Pittsburgh Press.

Conaghan, C., and Espinal, R. (1990). "Unlikely Transition to Uncertain Regimes? Democracy without Compromise in the Dominican Republic and Ecuador," *Journal of Latin American Studies* 22 (3): 553–74.

Connell-Smith, G. (1966). *The Inter-American System*. London: Oxford University Press.

Conniff, M. L. (1985). *Black Labor on a White Canal: Panama, 1904–1981*. Pittsburgh, Pa.: University of Pittsburgh Press.

Consejo Monetario Centroamericano (1991), *Boletín Estadístico 1991*. San José, Costa Rica: Consejo Monetario Centroamericano.

Corden, W. M. (1971). *The Theory of Protection*. Oxford: Clarendon Press.

Cortés Conde, R. (1985). "The Export Economy of Argentina, 1880–1920." In Cortés Conde, R., and Hunt, S. J. (eds.), *The Latin American Economies: Growth and the Export Sector, 1880–1930*. New York: Holmes & Meier.

(1986). "The Growth of the Argentine Economy c. 1870–1914." In Bethell, L. (ed.), *The Cambridge History of Latin America, Vol. V: c. 1870–1930*. Cambridge University Press.

Council of Foreign Bondholders (1931). *Annual Report*. London: Council of Foreign Bondholders.

Cowell, F. A. (1977). *Measuring Inequality*. Oxford: Philip Allan.

Cuddington, J. T., and Urzúa, C. M. (1989). "Trends and Cycles in the Net Barter Terms of Trade: A New Approach," *Economic Journal* 99 (396): 426–42.

Cukierman, A. (1988). "The End of High Israeli Inflation: An Experiment in Heterodox Stabilization." In Bruno, M., et al. (eds.), *Inflation Stabilization: The Experience of Israel, Argentina, Brazil, Bolivia and Mexico*. Cambridge, Mass.: MIT Press.

Cumberland, W. W. (1928). *Nicaragua: An Economic and Financial Survey*. Washington, D.C.: Government Printing Office.

Dalton, L. (1916). *Venezuela*. London: T. Fisher Unwin.

Dawson, F. G. (1990). *The First Latin American Debt Crisis: The City of London and the 1822–25 Loan Bubble*. New Haven, Conn.: Yale University Press.

Dean, W. (1969). *The Industrialization of São Paulo, 1880–1945*. Austin: University of Texas Press.
(1987). *Brazil and the Struggle for Rubber: A Study of Environmental History*. Cambridge University Press.
Deas, M. (1982). "The Fiscal Problems of Nineteenth-Century Colombia," *Journal of Latin American Studies* 14 (2): 287–328.
(1985). "Venezuela, Colombia and Ecuador: The First Half-Century of Independence." In Bethell, L. (ed.), *The Cambridge History of Latin America, Vol. III: From Independence to c. 1870*. Cambridge University Press.
(1986). "Colombia, Ecuador and Venezuela, c. 1880–1930." In Bethell, L. (ed.), *The Cambridge History of Latin America, Vol. V: c. 1870–1930*. Cambridge University Press.
Deas, M. (ed.) (1991). *Latin America in Perspective*. Boston: Houghton Mifflin.
De Franco, M., and Godoy, R. (1992). "The Economic Consequences of Cocaine Production in Bolivia: Historical, Local and Macreconomic Perspectives," *Journal of Latin American Studies* 24 (2): 375–406.
de Janvry, A. (1990). *The Agrarian Question and Reformism in Latin America*. Baltimore: Johns Hopkins University Press.
Dell, S. (1966). *A Latin American Common Market?* London: Oxford University Press.
Denny, H. (1929). *Dollars for Bullets: The Story of American Rule in Nicaragua*. New York: Dial Press.
De Soto, H. (1987). *El otro sendero: La revolución informal*. Buenos Aires: Editorial Sudamericana.
de Vries, M. G. (1986). *The IMF in a Changing World*. Washington, D.C.: International Monetary Fund.
de Vylder, S. (1976). *Allende's Chile*. Cambridge University Press.
Diakosavvos, D., and Scandizzo, P. (1991). "Trends in the Terms of Trade of Primary Commodities, 1900–1982: The Controversy and Its Origins," *Economic Development and Cultural Change* 39 (2): 231–64.
Dias Carneiro, D. (1987). "Long-Run Adjustment, the Debt Crisis and the Changing Role of Stabilisation Policies in the Recent Brazilian Experience." In Thorp, R., and Whitehead, L. (eds.), *Latin American Debt and the Adjustment Crisis*. Basingstoke, Eng.: Macmillan / St. Antony's College.
Díaz-Alejandro, C. F. (1965). *Exchange Rate Devaluation in a Semi-Industrialized Country: The Experience of Argentina, 1955–1961*. Cambridge, Mass.: MIT Press.
(1970). *Essays on the Economic History of the Argentine Republic*. New Haven, Conn.: Yale University Press.
(1976). *Colombia (Foreign Trade Regimes and Economic Development)*. New York: National Bureau of Economic Research.
(1981). "Southern Cone Stabilization Plans." In Cline, W. R., and Weintraub, S. (eds.), *Economic Stabilization in Developing Countries*. Washington, D.C.: Brookings Institution.
(1984a). "Latin America in the 1930s." In Thorp, R. (ed.), *Latin America in the 1930s: The Role of the Periphery in World Crisis*. Basingstoke, Eng.: Macmillan / St. Antony's College.
(1984b). "Latin American Debt: I Don't Think We Are in Kansas Anymore," *Brookings Papers on Economic Activity, 2*.
Diederich, B. (1982). *Somoza and the Legacy of US Involvement in Central America*. London: Junction Books.
Dietz, J. L. (1986). *Economic History of Puerto Rico: Institutional Change and Capitalist Development*. Princeton, N.J.: Princeton University Press.
Dirección General de Estadística (México) (1933). *Censo industrial*. México, D.F.: Dirección General de Estadística.

Dirección General de Estadística y Censos (Costa Rica) (1930). *Anuario estadístico 1929*. San José: Dirección General de Estadística y Censos.

(1974). *Censo agropecuario*. San José: Dirección General de Estadística y Censos.

Domínguez, J. (1989). *To Make a World Safe for Revolution: Cuba's Foreign Policy*. Cambridge, Mass.: Harvard University Press.

Dore, E. (1988). *The Peruvian Mining Industry: Growth, Stagnation and Crisis*. Boulder, Colo.: Westview.

Downes, R. (1992). "Autos over Rails: How US Business Supplanted the British in Brazil, 1910–28," *Journal of Latin American Studies* 24 (3): 551–83.

Drake, P. W. (1989). *The Money Doctor in the Andes: The Kemmerer Missions, 1923–1933*. Durham, N.C.: Duke University Press.

Duncan, K., et al. (1977). *Land and Labour in Latin America: Essays on the Development of Agrarian Capitalism in the Nineteenth and Twentieth Centuries*. Cambridge University Press.

Dunkerley, J. (1982). *The Long War: Dictatorship and Revolution in El Salvador*. London: Junction Books.

(1984). *Rebellion in the Veins: Political Struggle in Bolivia 1952–1982*. London: Verso.

Eakin, M. (1989). *British Enterprise in Brazil: The St. John d'el Rey Mining Company and the Morro Velho Gold Mine, 1830–1960*. Durham, N.C.: Duke University Press.

Echeverri Gent, E. (1992). "Forgotten Workers: British West Indians and the Early Days of the Banana Industry in Costa Rica and Honduras," *Journal of Latin American Studies* 24 (2): 275–308.

ECLA (1949). *Economic Survey of Latin America, 1948*. New York: United Nations.

(1951). *Economic Survey of Latin America, 1949*. New York: United Nations.

(1956). *Study of Inter-American Trade*. New York: United Nations.

(1959). *Inter-American Trade: Current Problems*. New York: United Nations.

(1963). *Towards a Dynamic Development Policy for Latin America*. New York: United Nations.

(1965). *External Financing in Latin America*. New York: United Nations.

(1970). *Development Problems in Latin America*. Austin: University of Texas Press.

(1971). *Income Distribution in Latin America*. New York: United Nations.

ECLAC (1988). *ECLAC 40 Years (1948–1988)*. Santiago, Chile: United Nations.

(1989). *Anuario estadístico de América Latina y el Caribe*, 1988. Santiago, Chile: United Nations.

(1992). *Anuario estadístico de América Latina y el Caribe*, 1991. Santiago, Chile: United Nations.

Edel, M. (1969). *Food Supply and Inflation in Latin America*. New York: Praeger.

Eder, G. J. (1968). *Inflation and Development in Latin America: A Case History of Inflation and Stabilization in Bolivia*. Ann Arbor: University of Michigan.

Eder, P. (1912). *Colombia*. London: T. Fisher Unwin.

Edwards, S. (1984). "Coffee, Money and Inflation in Colombia," *World Development* 12 (11/12): 1107–17.

(1989). "Exchange Controls, Devaluations and Real Exchange Rates: The Latin American Experience," *Economic Development and Cultural Change* 37 (3): 457–94.

Edwards, S., and Cox Edwards, A. (1987). *Monetarism and Liberalization: The Chilean Experiment*. Chicago: University of Chicago Press.

Eichengreen, B., and Portes, R. (1988). *Settling Defaults in the Era of Bond Finance*. Birkbeck College, Discussion Paper in Economics, 1988/8.

El-Agraa, A. M. (1988). "The Theory of Economic Integration." In El-Agraa, A. M. (ed.), *International Economic Integration*. Basingstoke, Eng.: Macmillan.

El-Agraa, A. M., and Hojman, D. (1988). "The Andean Pact." In El-Agraa, A. M. (ed.), *International Economic Integration*. Basingstoke, Eng.: Macmillan.

Elías, V. (1992). *Sources of Growth: A Study of Seven Latin American Economies*. San Francisco: International Center for Economic Growth.

Enock, R. (1919). *Mexico*. London: T. Fisher Unwin.

Escudé, C. (1990). "US Political Destabilisation and Economic Boycott of Argentina during the 1940s." In Di Tella, G., and Watt, C. (eds.), *Argentina between the Great Powers, 1939–46*. Pittsburgh, Pa.: University of Pittsburgh Press.

Evans, P. (1979). *Dependent Development: The Alliance of Multinational, State and Local Capital in Brazil*. Princeton, N.J.: Princeton University Press.

Ewell, J. (1991). "Venezuela since 1930." In Bethell, L. (ed.), *The Cambridge History of Latin America, Vol. VIII: 1930 to the Present*. Cambridge University Press.

Fajnzylber, F. (1990). *Unavoidable Industrial Restructuring in Latin America*. Durham, N.C.: Duke University Press.

Farrands, C. (1982). "The Political Economy of the Multifibre Arrangement." In Stevens, C. (ed.), *EEC and the Third World: A Survey. Vol. II: Hunger in the World*. London: Hodder and Stoughton / ODI / Institute of Development Studies.

Fass, S. M. (1990). *Political Economy in Haiti: The Drama of Survival*. New Brunswick, N.J.: Transaction Publishers.

Feder, G. (1983). "On Exports and Economic Growth," *Journal of Development Economics* 12 (1/2): 59–73.

Fei, J., Ranis, G., and Kuo, S. (1979). *Growth with Equity: The Taiwan Case*. New York: Oxford University Press.

Feinberg, R. E. (1990). "How to Reverse the Defunding of Latin America by the Multilateral Lending Agencies." In Felix, D. (ed.), *Debt and Transfiguration? Prospects for Latin America's Economic Revival*. Armonk, N.Y.: M. E. Sharpe, Inc.

Felix, D., and Caskey, J. P. (1990). "The Road to Default: An Assessment of Debt Crisis Management in Latin America." In Felix, D. (ed.), *Debt and Transfiguration? Prospects for Latin America's Economic Revival*. Armonk, N.Y.: M. E. Sharpe, Inc.

Ferns, H. S. (1960). *Britain and Argentina in the Nineteenth Century*. Oxford: Clarendon Press.

Ferns, H. (1992). "The Baring Crisis Revisited," *Journal of Latin American Studies* 24 (2): 241–73.

Fetter, F. (1931). *Monetary Inflation in Chile*. Princeton, N.J.: Princeton University Press.

Ffrench-Davis, R. (1988). "The Foreign Debt Crisis and Adjustment in Chile: 1976–86." In Griffith-Jones, S. (ed.), *Managing World Debt*. New York: Harvester Wheatsheaf.

(1990). "Debt and Growth in Chile: Trends and Prospects." In Felix, D. (ed.), *Debt and Transfiguration? Prospects for Latin America's Economic Revival*. Armonk, N.Y.: M. E. Sharpe, Inc.

Ffrench-Davis, R., Muñoz, O., and Palma, J. G. (1994). "The Latin American Economies, 1950–1990." In Bethell, L. (ed.), *The Cambridge History of Latin America, Vol. VI: Latin America since 1930: Economy, Society and Politics*, Part 1. Cambridge University Press.

Fields, G. S. (1980). *Poverty, Inequality and Development*. Cambridge University Press.

Finch, M. H. J. (1981). *A Political Economy of Uruguay since 1870*. Basingstoke, Eng.: Macmillan.

(1988). "The Latin American Free Trade Association." In El-Agraa, A. M. (ed.), *International Economic Integration*. Basingstoke, Eng.: Macmillan.

Fischel, A. (1991). "Politics and Education in Costa Rica." Ph.D. dissertation, University of Southampton.

Fisher, J. (1985). *Commercial Relations between Spain and Spanish America in the Era of Free Trade, 1778–1796*. Liverpool: Centre for Latin American Studies, University of Liverpool.

Fishlow, A. (1972). "Origins and Consequences of Import Substitution in Brazil." In Di Marco, L. (ed.), *International Economics and Development*. New York: Academic Press.

(1973). "Some Reflections on Post–1964 Brazilian Economic Policy." In Stepan, A. (ed.), *Authoritarian Brazil: Origins, Policies, and Future*. New Haven, Conn.: Yale University Press.

(1991). "Some Reflections on Comparative Latin American Economic Performance and Policy." In Banuri, T. (ed.), *Economic Liberalization: No Panacea. The Experiences of Latin America and Asia*. Oxford: Clarendon Press.

Fitzgerald, E. V. K. (1976). *The State and Economic Development: Peru Since 1968*. Cambridge University Press.

Fitzgerald, H. (1992). *ECLA and the Formation of Latin American Economic Doctrine in the 1940s*. Working Paper Series, No. 106. The Hague: Institute of Social Studies.

Floyd, R. H., Gray, C., and Short, R. (1984). *Public Enterprise in Mixed Economies: Some Macroeconomic Aspects*. Washington, D.C.: International Monetary Fund.

Fodor, J. (1986). "The Origin of Argentina's Sterling Balances, 1939–43." In Di Tella, G., and Platt, D. C. M. (eds.), *The Political Economy of Argentina, 1880–1946*. Basingstoke, Eng.: Macmillan / St. Antony's College.

Fodor, J., and O'Connell, A. (1973). "La Argentina y la economía atlántica en la primera mitad del siglo XX," *Desarrollo Económico* 13 (49): 1–67.

Foner, P. S. (1963). *A History of Cuba and Its Relations with the United States, Vol. II: 1845–1895*. New York: International Publishers.

Ford, A. G. (1962). *The Gold Standard, 1880–1914: Britain v Argentina*. Oxford: Oxford University Press.

Fortín, C., and Anglade, C. (1985). *The State and Capital Accumulation in Latin America, Vol. I: Brazil, Chile, Mexico*. Pittsburgh, Pa.: University of Pittsburgh Press.

Foxley, A. (1983). *Latin American Experiments in Neo-Conservative Economics*. Berkeley: University of California Press.

Frank, A. G. (1969). *Capitalism and Underdevelopment in Latin America*. New York: Monthly Review Press.

Fritsch, W. (1988). *External Constraints on Economic Policy in Brazil, 1889–1930*. Basingstoke, Eng.: Macmillan.

Funkhouser, E. (1992). "Migration from Nicaragua: Some Recent Evidence," *World Development* 20 (8): 1209–18.

Furtado, C. (1963). *The Economic Growth of Brazil*. Berkeley: University of California Press.

(1976). *Economic Development of Latin America: A Survey from Colonial Times to the Cuban Revolution*, 2d ed. Cambridge University Press.

Gallo, E. (1986). "Argentina: Society and Politics, 1880–1916." In Bethell, L. (ed.), *The Cambridge History of Latin America, Vol. V: c. 1870 to 1930*. Cambridge University Press.

García, R. (1989). *Incipient Industrialization in an "Underdeveloped Country." The Case of Chile, 1845–1879*. Stockholm: Institute of Latin American Studies.

Gerchunoff, P. (1989). "Peronist Economic Policies, 1946–55." In Di Tella, G., and Dornbusch, R. (eds.). *The Political Economy of Argentina, 1946–83*. Basingstoke, Eng.: Macmillan.

Gilbert, A. J. (ed.) (1982). *Urbanization in Contemporary Latin America*. Chichester, Eng.: John Wiley.

Gleijeses, P. (1991). *Shattered Hope: The Guatemalan Revolution and the United States, 1944–1954*. Princeton, N.J.: Princeton University Press.

(1992). "The Limits of Sympathy: The United States and the Independence of Spanish America," *Journal of Latin American Studies* 24 (3): 481–505.

Gold, J. (1988). "Mexico and the Development of the Practice of the International Monetary Fund," *World Development* 16 (10): 1127–42.

Gonzales, M. J. (1989). "Chinese Plantation Workers and Social Conflict in Peru in the Late Nineteenth Century," *Journal of Latin American Studies* 21 (3): 385–424.

Goodman, D., and Hall, A. (eds.) (1991). *The Future of Amazonia: Destruction or Sustainable Development?* London: Macmillan.

Gootenberg, P. (1989). *Between Silver and Guano: Commercial Policy and the State in Post-Independence Peru*. Princeton, N.J.: Princeton University Press.

(1991). "North–South: Trade Policy, Regionalism and *Caudillismo* in Post-Independence Peru," *Journal of Latin American Studies* 23 (2): 273–308.

Gravil, R. (1970). "State Intervention in Argentina's Export Trade between the Wars," *Journal of Latin American Studies* 2 (2): 147–66.

Greenhill, R. (1977a). "The Brazilian Coffee Trade." In Platt, D. C. M. (ed.), *Business Imperialism, 1840–1930: An Inquiry Based on British Experience in Latin America*. Oxford: Clarendon Press.

(1977b). "Merchants and Latin American Trades: An Introduction." In Platt, D. C. M. (ed.), *Business Imperialism, 1840–1930: An Inquiry Based on British Experience in Latin America*. Oxford: Clarendon Press.

(1977c). "The Nitrate and Iodine Trades, 1880–1914." In Platt, D. C. M. (ed.), *Business Imperialism, 1840–1930: An Inquiry Based on British Experience in Latin America*. Oxford: Clarendon Press.

(1977d). "Shipping, 1850–1914." In Platt, D. C. M. (ed.), *Business Imperialism, 1840–1930: An Inquiry Based on British Experience in Latin America*. Oxford: Clarendon Press.

Greenhill, R., and Crossley, C. (1977). "The River Plate Beef Trade." In Platt, D. C. M. (ed.), *Business Imperialism 1840–1930: An Inquiry Based on British Experience in Latin America*. Oxford: Oxford University Press.

Grieb, K. J. (1979). *Guatemalan Caudillo: The Regime of Jorge Ubico, Guatemala – 1931 to 1944*. Athens: Ohio University Press.

Griffin, K. (1969). *Under-Development in Spanish America*. London: George Allen and Unwin Ltd.

Griffith-Jones, S. (1984). *International Finance and Latin America*. London: Croom Helm.

Griffith-Jones, S., Marcel, M., and Palma, G. (1987). *Third World Debt and British Banks: A Policy for Labour*. London: Fabian Society.

Grindle, M. (1986). *State and Countryside: Development Policy and Agrarian Politics in Latin America*. Baltimore: Johns Hopkins University Press.

Grosse, R. (1989). *Multinationals in Latin America*. London: Routledge.

Ground, R. L. (1988). "The Genesis of Import Substitution in Latin America," *CEPAL Review*, No. 36: 179–203.

Grunwald, J., and Musgrove, P. (1970). *Natural Resources in Latin American Development*. Baltimore: Johns Hopkins University Press.

Guadagni, A. A. (1989). "Economic Policy during Illia's Period in Office." In Di Tella, G., and Dornbusch, R. (eds.), *The Political Economy of Argentina, 1946–83*. Basingstoke, Eng.: Macmillan.

Gudmundson, L. (1986). *Costa Rica before Coffee: Society and Economy on the Eve of the Export Boom*. Baton Rouge: Louisiana State University Press.

Guerra Borges, A. (1981). *Compendio de geografía económica y humana de Guatemala*. Guatemala City: Universidad de San Carlos.

Gupta, B. (1989). "Import Substitution of Capital Goods: The Case of Brazil 1929–1979." D.Phil. dissertation, University of Oxford.

Haber, S. (1989). *Industry and Underdevelopment: The Industrialisation of Mexico, 1890–1940*. Stanford, Calif.: Stanford University Press.

(1992). "Assessing the Obstacles to Industrialization: The Mexican Economy, 1830–1940," *Journal of Latin American Studies* 24 (1): 1–32.

Haddad, C. (1974). "Growth of Brazilian Real Output, 1900–47." Ph.D. dissertation, University of Chicago.

Hale, C. A. (1986). "Political and Social Ideas in Latin America, 1870–1930." In Bethell, L. (ed.), *The Cambridge History of Latin America, Vol. IV: c. 1870 to 1930*. Cambridge University Press.

Halperín Donghi, T. (1985). "Economy and Society in Post-Independence Spanish America." In Bethell, L. (ed.), *The Cambridge History of Latin America, Vol. III: From Independence to c. 1870*. Cambridge University Press.

Handelman, H., and Baer, W. (eds.) (1989). *Paying the Costs of Austerity in Latin America*. Boulder, Colo.: Westview.

Hanson, S. (1938). *Argentine Meat and the British Market*. Stanford, Calif.: Stanford University Press.

Harpelle, R. N. (1993). "The Social and Political Integration of West Indians in Costa Rica: 1930–50," *Journal of Latin American Studies* 25 (1): 103–20.

Harris, S. (1944). "Price Stabilization Programs in Latin America." In Harris, S. (ed.), *Economic Problems of Latin America*. New York: McGraw-Hill.

Harrod, R. S. (1951). *The Life of John Maynard Keynes*. London: Macmillan.

Haslip, J. (1971). *The Crown of Mexico: Maximilian and His Empress Carlota*. New York: Holt, Rinehart & Winston.

Heath, D., Erasmus, C., and Buechler, H. (1989). *Land Reform and Social Revolution in Bolivia*. New York: Praeger.

Herrera Canales, I. (1977). *El comercio exterior de México, 1821–1875*. Mexico, D.F.: Colegio de México.

Hewitt de Alcantara, C. (1976). *Modernizing Mexican Agriculture*. Geneva: UNRISD.

Hillman, J. (1988). "Bolivia and the International Tin Cartel, 1931–1941," *Journal of Latin American Studies* 20 (1): 83–110.

(1990). "Bolivia and British Tin Policy, 1939–1945," *Journal of Latin American Studies* 22 (2): 289–315.

Hirschman, A. O. (1963). *Journeys towards Progress: Studies of Economic Policy Making in Latin America*. New York: Twentieth Century Fund.

(1981). *Essays in Trespassing*. Cambridge University Press.

Hoetink, H. (1986). "The Dominican Republic, c. 1870–1930." In Bethell, L. (ed.), *The Cambridge History of Latin America, Vol. V: c. 1870 to 1930*. Cambridge University Press.

Holloway, T. (1980). *Immigrants on the Land: Coffee and Society in São Paulo, 1886–1934*. Chapel Hill: University of North Carolina Press.

Hood, M. (1975). *Gunboat Diplomacy 1895–1905: Great Power Pressure in Venezuela*. London: George Allen & Unwin.

Hopkins, A. G. (1994). "Informal Empire in Argentina: An Alternative View," *Journal of Latin American Studies*, 26 (2).

Horn, P. V., and Bice, H. E. (1949). *Latin American Trade and Economics*. New York: Prentice-Hall.

Horsefield, J. K. (1969). *The International Monetary Fund 1945–1965. Vol. I: Chronicle*. Washington, D.C.: International Monetary Fund.

Hughlett, L. J. (ed.) (1946). *Industrialization of Latin America*. New York: McGraw-Hill.

Humphreys, R. A. (1946). *The Evolution of Modern Latin America*. Oxford: Clarendon Press.

(1961). *The Diplomatic History of British Honduras*. Oxford: Oxford University Press.

(1981). *Latin America and the Second World War 1939–1942*. London: Athlone Press.

(1982). *Latin America and the Second World War 1942–1945*. London: Athlone Press.

Hunt, S. (1973). *Prices and Quantum Estimates of Peruvian Exports, 1830–1962*. Woodrow Wilson School Research Program in Economic Development, Discussion Paper No. 31. Princeton, N.J.: Princeton University.

(1985). "Growth and Guano in 19th Century Peru." In Cortés Conde, R., and Hunt, S. (eds.), *The Latin American Economies: Growth and the Export Sector, 1880–1930*. New York: Holmes and Meier.

Hurrell, A. (1991). "The Politics of Amazonian Deforestation," *Journal of Latin American Studies* 23 (1): 197–215.
Imlah, A. (1958). *Economic Elements of the Pax Britannica*. Cambridge University Press.
Instituto Brasileiro de Geografia e Estatística (IBGE) (1987). *Estatísticas históricas do Brasil*. Rio de Janeiro: IBGE.
Instituto de Relaciones Europeo-Latinoamericanas (IRELA) (1992). *Prospects for the Processes of Sub-Regional Integration in Central and South America*. Madrid: IRELA.
Inter-American Development Bank (IDB) (1981). *Economic and Social Progress in Latin America, 1980–81 Report*. Washington, D.C.: IDB.
(1982). *Economic and Social Progress in Latin America: The External Sector, 1982 Report*. Washington, D.C.: IDB.
(1983). *Economic and Social Progress in Latin America: Natural Resources, 1983 Report*. Washington, D.C.: IDB.
(1984a). *Economic and Social Progress in Latin America: Economic Integration, 1984 Report*. Washington, D.C.: IDB.
(1984b). *External Debt and Economic Development in Latin America: Background and Prospects*. Washington, D.C.: IDB.
(1986). *Economic and Social Progress in Latin America 1986 Report*. Washington, D.C.: IDB.
(1988). *Economic and Social Progress in Latin America 1988 Report*. Washington, D.C.: IDB.
(1989). *Economic and Social Progress in Latin America 1989 Report*. Washington, D.C.: IDB.
(1990). *Economic and Social Progress in Latin America 1990 Report*. Washington, D.C.: IDB.
(1991). *Economic and Social Progress in Latin America 1991 Report*. Washington, D.C.: IDB.
(1992). *Economic and Social Progress in Latin America 1992 Report*. Washington, D.C.: IDB.
(1993). *Economic and Social Progress in Latin America 1993 Report*. Washington, D.C.: IDB.
International Monetary Fund (1986a). *Government Finance Statistics Yearbook 1986*. Washington, D.C.: International Monetary Fund.
(1986b). *Yearbook of Balance of Payments Statistics 1986*. Washington, D.C.: International Monetary Fund.
(1987). *Yearbook of International Financial Statistics 1987*. Washington, D.C.: International Monetary Fund.
(1990). *Yearbook of International Financial Statistics 1990*. Washington, D.C.: International Monetary Fund.
James, E. W. (1945). "A Quarter Century of Road-Building in the Americas," *Bulletin of the Pan American Union* 79 (1): 609–18.
Jenkins, R. (1984). *Transnational Corporations and Industrial Transformation in Latin America*. Basingstoke, Eng.: Macmillan.
(1987). *Transnational Corporations and the Latin American Automobile Industry*. Basingstoke, Eng.: Macmillan.
Jones, C. (1977a). "Commercial Banks and Mortgage Companies." In Platt, D. C. M. (ed.), *Business Imperialism, 1840–1930: An Inquiry Based on British Experience in Latin America*. Oxford: Clarendon Press.
(1977b). "Insurance Companies." In Platt, D. C. M. (ed.), *Business Imperialism 1840–1930: An Inquiry Based on British Experience in Latin America*. Oxford: Clarendon Press.
Jones, C. L. (1940). *Guatemala Past and Present*. Minneapolis: University of Minnesota Press.
Jorgensen, E., and Sachs, J. (1989). "Default and Renegotiation of Latin American Foreign Bonds in the Interwar Period." In Eichengreen, B., and Lindert, P. (eds.), *The International Debt Crisis in Historical Perspective*. Cambridge, Mass.: MIT Press.
Joseph, E. (1982). *Revolution from Without: Yucatán, Mexico and the United States, 1880–1924*. Cambridge University Press.
Joslin, D. (1963). *A Century of Banking in Latin America*. London: Oxford University Press.
Kahil, R. (1973). *Inflation and Economic Development in Brazil 1946–1963*. Oxford: Clarendon Press.

Kahler, M. (1990). "Orthodoxy and Its Alternatives: Explaining Approaches to Stabilization and Adjustment." In Nelson, J. M. (ed.), *Economic Crisis and Policy Choice: The Politics of Adjustment in the Third World*. Princeton, N.J.: Princeton University Press.

Karlsson, W. (1975). *Manufacturing in Venezuela: Studies on Development and Location*. Stockholm: Latinamerika-institutet i Stockholm.

Karnes, T. L. (1978). *Tropical Enterprise: Standard Fruit and Steamship Company in Latin America*. Baton Rouge: Louisiana State University Press.

Katz, F. (1981). *The Secret War in Mexico: Europe, the United States and the Mexican Revolution*. Chicago: University of Chicago Press.

Katz, J. M. (1987). *Technology Generation in Latin American Manufacturing Industries*. Basingstoke, Eng.: Macmillan.

Kaufman, E. (1988). *Crisis in Allende's Chile: New Perspectives*. New York: Praeger.

Kay, C. (1989). *Latin American Theories of Development and Underdevelopment*. London: Routledge.

Kelly, M., et al. (1988). *Issues and Developments in International Trade Policy*. Washington, D.C.: International Monetary Fund.

Kepner, C. (1936). *Social Aspects of the Banana Industry*. New York: Columbia University Press.

Kepner, C., and Soothill, J. (1935). *The Banana Empire: A Case Study in Economic Imperialism*. New York: Vanguard Press.

Kindleberger, C. (1987). *The World in Depression*. London: Penguin.

Kirsch, H. W. (1977). *Industrial Development in a Traditional Society: The Conflict of Entrepreneurship and Modernization in Chile*. Gainesville: University Presses of Florida.

Klarén, P. F. (1986). "The Origins of Modern Peru, 1880–1930." In Bethell, L. (ed.), *The Cambridge History of Latin America, Vol. V: c. 1870 to 1930*. Cambridge University Press.

Klein, H. S. (1982). *Bolivia: The Evolution of a Multi-Ethnic Society*. New York: Oxford University Press.

(1992). *Bolivia: The Evolution of a Multi-Ethnic Society*. 2d ed. New York: Oxford University Press.

Knape, J. (1987). "British Foreign Policy in the Caribbean Basin 1938–1945: Oil, Nationalism and Relations with the United States," *Journal of Latin American Studies* 19 (2): 279–94.

Knight, A. (1986a). *The Mexican Revolution: Vol. I: Porfirians, Liberals and Peasants*. Lincoln: University of Nebraska Press.

(1986b) *The Mexican Revolution: Vol. II: Counter-revolution and Reconstruction*. Lincoln: University of Nebraska Press.

(1990). "Mexico, c. 1930–46." In Bethell, L. (ed.), *The Cambridge History of Latin America, Vol. VII: Latin America since 1930: Mexico, Central America and the Caribbean*. Cambridge University Press.

Knight, F. (1990). *The Caribbean: The Genesis of a Fragmented Nationalism*. 2d ed. Oxford: Oxford University Press.

Kock-Petersen, S. A. (1946). "The Cement Industry." In Hughlett, L. J. (ed.), *Industrialization of Latin America*. New York: McGraw-Hill.

Koebel, W. H. (n.d.). *Central America*. New York: Scribner.

(1911). *Uruguay*. London: T. Fisher Unwin.

(1919). *Paraguay*. London: T. Fisher Unwin.

Korol, J. C., and Sábato, H. (1990). "Incomplete Industrialization: An Argentine Obsession," *Latin American Research Review* 25 (1): 7–30.

Kravis, I. B., Heston, A. W., and Summers, R. (1978). "Real GDP Per Capita for More Than One Hundred Countries," *Economic Journal* 88 (349): 215–42.

Krehm, W. (1984). *Democracies and Tyrannies of the Caribbean*. Westport, Conn.: Lawrence Hill.

Krueger, A. (1978). *Liberalization Attempts and Consequences*. New York: National Bureau of Economic Research.

Kuczynski, P. (1988). *Latin American Debt*. Baltimore: Johns Hopkins University Press.

Kuznets, S. (1965). *Modern Economic Growth*. New Haven, Conn.: Yale University Press.

Lafeber, W. (1978). *The Panama Canal: The Crisis in Historical Perspective*. New York: Oxford University Press.

Langley, L. (1968). *The Cuban Policy of the United States: A Brief History*. New York: Wiley.

Langley, L. D. (1983). *The Banana Wars: An Inner History of American Empire 1900–1934*. Lexington: University Press of Kentucky.

Larraín, F., and Selowsky, H. (1991). *The Public Sector and the Latin American Crisis*. San Francisco: ICS Press.

Latham, A. J. H. (1987). *The International Economy and the Undeveloped World 1856–1914*. London: Croom Helm.

Latin America Bureau (LAB) (1987). *The Great Tin Crash, Bolivia and the World Tin Market*. London: LAB.

Latin Finance (1992). *Privatization in Latin America*. Coral Gables, Fla.: Latin American Financial Publications, Inc.

League of Nations (1925). *Statistical Yearbook*. Geneva: League of Nations.

(1926). *Statistical Yearbook*. Geneva: League of Nations.

(1927). *Statistical Yearbook*. Geneva: League of Nations.

(1928). *Statistical Yearbook*. Geneva: League of Nations.

(1930). *International Yearbook of Agricultural Statistics, 1929/30*. Geneva: League of Nations.

(1931). *Statistical Yearbook*. Geneva: League of Nations.

(1933). *International Yearbook of Agricultural Statistics, 1932/3*. Geneva: League of Nations.

(1938). *Public Finance*. Geneva: League of Nations.

(1945). *Statistical Yearbook, 1942/4*. Geneva: League of Nations.

Leff, N. H. (1968). *The Brazilian Capital Goods Industry 1929–1964*. Cambridge, Mass.: Harvard University Press.

(1982a). *Underdevelopment and Development in Brazil. Vol. I: Economic Structure and Change, 1822–1947*. London: George Allen & Unwin.

(1982b). *Underdevelopment and Development in Brazil. Vol. II: Reassessing the Obstacles to Economic Development*. London: George Allen & Unwin.

León Gómez, A. (1978). *El escándalo del ferrocarril. Ensayo histórico*. Tegucigalpa: Imprenta Soto.

Levi, D. (1987). *The Prados of São Paulo: An Elite Family and Social Change, 1840–1930*. Athens: University of Georgia Press.

Levin, J. (1960). *The Export Economies: Their Pattern of Development in Historical Perspective*. Cambridge, Mass.: Harvard University Press.

Levine, V. (1914). *South American Handbooks: Colombia*. London: Pitman.

Lewis, A. (1978). *Growth and Fluctuations, 1870–1913*. London: Allen & Unwin.

Lewis, C. (1986). "Industry in Latin America before 1930." In Bethell, L. (ed.), *The Cambridge History of Latin America, Vol. IV: c. 1870 to 1930*. Cambridge University Press.

Lewis, C. (1983). *British Railways in Argentina 1857–1914*. London: Institute of Latin American Studies.

Lewis, P. H. (1990). *The Crisis of Argentine Capitalism*. Chapel Hill: University of North Carolina Press.

(1991). "Paraguay since 1930." In Bethell, L. (ed.), *The Cambridge History of Latin America, Vol. VIII: Latin America since 1930: Spanish South America*. Cambridge University Press.

Lewis, W. A. (1989). "The Roots of Development Theory." In Chenery, H., and Srinivasan, T. N. (eds.), *Handbook of Development Economics*. Amsterdam: North-Holland.

Libby, D. C. (1991). "Proto-Industrialization in a Slave Society: The Case of Minas Gerais," *Journal of Latin American Studies* 23 (1): 1–35.

Lieuwen, E. (1965). *Venezuela*. London: Oxford University Press.

(1985). "The Politics of Energy in Venezuela." In Wirth, J. D. (ed.), *Latin American Oil Companies and the Politics of Energy*. Lincoln: University of Nebraska Press.

Lin, C. (1988). "East Asia and Latin America as Contrasting Models," *Economic Development and Cultural Change* 36 (3): S153–S197.

Lindo-Fuentes, H. (1990). *Weak Foundations: The Economy of El Salvador in the Nineteenth Century, 1821–1898*. Berkeley: University of California Press.

Linke, L. (1962). *Ecuador: Country of Contrasts*. London: Oxford University Press.

Little, I., Scitovsky, T., and Scott, M. (1970). *Industry and Trade in Some Developing Countries: A Comparative Study*. London: Oxford University Press.

Lockhart, J., and Schwartz, S. B. (1983). *Early Latin America: A History of Colonial Spanish America and Brazil*. Cambridge University Press.

Lomnitz, L., and Pérez-Lizaur, M. (1987). *A Mexican Elite Family 1820–1980*. Princeton, N.J.: Princeton University Press.

Looney, R. E. (1985). *Economic Policymaking in Mexico: Factors Underlying the 1982 Crisis*. Durham, N.C.: Duke University Press.

Love, J. (1994). "Economic Ideas and Ideologies in Latin America since 1930." In Bethell, L. (ed.), *The Cambridge History of Latin America, Vol. VI: Latin America since 1930: Economy, Society and Politics*, Part 1. Cambridge University Press.

Lundahl, M. (1979). *Peasants and Poverty: A Study of Haiti*. London: Croom Helm.

(1992). *Politics or Markets? Essays on Haitian Underdevelopment*. London: Routledge.

Lynch, J. (1985a). "The Origins of Spanish American Independence." In Bethell, L. (ed.), *The Cambridge History of Latin America, Vol. III: From Independence to c. 1870*. Cambridge University Press.

(1985b). "The River Plate Republics from Independence to the Paraguayan War." In Bethell, L. (ed.), *The Cambridge History of Latin America, Vol. III: From Independence to c. 1870*. Cambridge University Press.

Macario, S. (1964). "Protectionism and Industrialization in Latin America," *Economic Bulletin for Latin America* 9 (1): 62–101.

Macbean, A., and Nguyen, T. (1987). "International Commodity Agreements: Shadow and Substance," *World Development* 15 (5): 575–90.

McBeth, J. S. (1983). *Juan Vicente Gómez and the Oil Companies in Venezuela, 1908–1935*. Cambridge University Press.

McClintock, M. (1985). *The American Connection, Vol. II, State Terror and Popular Resistance in Guatemala*. London: Zed Books.

McCloskey, D., and Zecker, J. (1981). "How the Gold Standard Worked, 1880–1913." In McCloskey, D. (ed.), *Enterprise and Trade in Victorian Britain*. London: Allen & Unwin.

McCreery, D. (1983). *Development and the State in Reforma Guatemala 1871–1885*. Athens: Center for International Studies, Ohio University.

MacDonald, C. A. (1990). "The Braden Campaign and Anglo-American Relations in Argentina, 1945–6." In Di Tella, G., and Watt, C. (eds.), *Argentina between the Great Powers, 1939–46*. Pittsburgh, Pa.: University of Pittsburgh Press.

McDowall, D. (1988). *The Light: Brazilian Traction, Light and Power Company 1899–1945*. Toronto: University of Toronto Press.

McGreevey, W. P. (1971). *An Economic History of Colombia, 1845–1930*. Cambridge University Press.

(1985). "The Transition to Economic Growth in Colombia." In Cortés Conde, R., and Hunt, S. (eds.), *The Latin American Economies: Growth and the Export Sector, 1880–1930*. New York: Holmes and Meier.

Machinea, J. L., and Fanelli, J. M. (1988). "Stopping Hyperinflation: The Case of the Austral Plan in Argentina, 1985–87." In Bruno, M., et al. (eds.), *Inflation Stabilization: The Experiences of Israel, Argentina, Brazil, Bolivia and Mexico*. Cambridge, Mass.: MIT Press.

McKinnon, R. I. (1973). *Money and Capital in Economic Development*. Washington, D.C.: Brookings Institution.

McLure, C., et al. (1990). *The Taxation of Income from Business and Capital in Colombia*. Durham, N.C.: Duke University Press.

Maddison, A. (1985). *Two Crises: Latin America and Asia, 1929–38 and 1973–83*. Paris: Organization for Economic Cooperation and Development.

(1991). "Economic and Social Conditions in Latin America, 1913–1950." In Urrutia, M. (ed.), *Long Term Trends in Latin American Economic Development*. Washington, D.C.: Inter-American Development Bank.

Maizels, A. (1963). *Industrial Growth and World Trade*. Cambridge University Press.

(1970). *Growth and Trade: An Abridged Version of Industrial Growth and World Trade*. Cambridge University Press.

(1992). *Commodities in Crisis*. Oxford: Clarendon Press.

Major, J. (1990). "The Panama Canal Zone, 1904–79." In Bethell, L. (ed.), *The Cambridge History of Latin America, Vol. VII: Latin America since 1930: Mexico, Central America and the Caribbean*. Cambridge University Press.

Mamalakis, M., and Reynolds, C. W. (1965). *Essays on the Chilean Economy*. Homewood, Ill.: Irwin.

Manchester, A. (1933). *British Preeminence in Brazil, Its Rise and Decline: A Study in European Expansion*. Chapel Hill: University of North Carolina Press.

Marcel, M. (1989). "Privatización y finanzas públicas: El caso de Chile, 1985–88," *Colección Estudios CIEPLAN* 26 (June): 5–30.

Marichal, C. (1989). *A Century of Debt Crises in Latin America: From Independence to the Great Depression*. Princeton, N.J.: Princeton University Press.

Marshall, O. (1991). *European Immigration and Ethnicity in Latin America: A Bibliography*. London: Institute of Latin American Studies.

Mathieson, J. A. (1988). "Problems and Prospects of Export Diversification: Case Studies–Dominican Republic." In Paus, E. (ed.), *Struggle against Dependence: Nontraditional Export Growth in Central America and the Caribbean*. Boulder, Colo.: Westview.

May, S., and Plaza, G. (1958). *The United Fruit Company in Latin America*. Washington, D.C.: National Planning Association.

Maynard, G. (1989). "Argentina: Macroeconomic Policy, 1966–73." In Di Tella, G., and Dornbusch, R. (eds.), *The Political Economy of Argentina, 1946–83*. Basingstoke, Eng.: Macmillan / St. Antony's College.

Mecham, J. L. (1961). *The United States and Inter-American Security, 1889–1960*. Austin: University of Texas Press.

Meier, G. M. (1984). *Pioneers in Development*. New York: Oxford University Press / World Bank.

(1987). *Pioneers in Development (Second Series)*. New York: Oxford University Press / World Bank.

Mendels, F. (1972). "Proto-industrialization: The First Phase of the Industrialization Process," *Journal of Economic History* 32 (2): 241–61.

Menjívar, R. (1980). *Acumulación originaria y desarrollo del capitalismo en El Salvador*. San José, Costa Rica: EDUCA.

Mesa-Lago, C. (1978). *Social Security in Latin America: Pressure Groups, Stratification and Inequality*. Pittsburgh, Pa.: University of Pittsburgh Press.

(1981). *The Economy of Socialist Cuba: A Two-Decade Appraisal*. Albuquerque: University of New Mexico Press.

(1991). *Social Security and Prospects for Equity in Latin America*. Washington, D.C.: World Bank.

Meyer, M. C., and Sherman, W. L. (1979). *The Course of Mexican History*. New York: Oxford University Press.

Miller, S. (1990). "Mexican Junkers and Capitalist Haciendas, 1810–1910: The Arable Estate and the Transition to Capitalism between the Insurgency and the Revolution," *Journal of Latin American Studies* 22 (2): 229–63.

Millot, J., Silva, C., and Silva, L. (1973). *El desarrollo industrial del Uruguay de la crisis de 1929 a la postguerra*. Montevideo: Instituto de Economía, Universidad de la República.

Mills, G. J. (n.d.), *South American Handbooks: Argentina*. London: Pitman.

(1914). *South American Handbooks: Chile*. London: Pitman.

Mitchell, B. (1980). *European Historical Statistics*. London: Macmillan.

(1983). *International Historical Statistics: Australasia and Americas*. London: Macmillan.

(1988). *British Historical Statistics*. 2d ed. London: Macmillan.

(1993). *International Historical Statistics. The Americas 1750–1988*. Basingstoke, Eng.: Macmillan.

Modiano, E. M. (1988). "The Cruzado First Attempt: The Brazilian Stabilization Program of February 1986." In Bruno. M., et al. (eds.), *Inflation Stabilization: The Experiences of Israel, Argentina, Brazil, Bolivia and Mexico*. Cambridge, Mass.: MIT Press.

Molina, F. (1851). *Bosquejo de la República de Costa Rica*. New York: S. W. Benedict.

Molina Chocano, G. (1982). *Estado liberal y desarrollo capitalista en Honduras*. Tegucigalpa: Universidad Nacional de Honduras.

Morales, J. A. (1988). "Inflation Stabilization in Bolivia." In Bruno, M., et al. (eds.), *Inflation Stabilization: The Experiences of Israel, Argentina, Brazil, Bolivia and Mexico*. Cambridge, Mass.: MIT Press.

Morawetz, D. (1981). *Why the Emperor's New Clothes Are Not Made in Colombia: A Case Study in Latin American and East Asian Manufactured Exports*. New York: Oxford University Press.

Moreno Fraginals, M. (1986). "Plantation Economies and Societies in the Spanish Caribbean, 1860–1930." In Bethell, L. (ed.), *The Cambridge History of Latin America, Vol. IV: c. 1870–1930*. Cambridge University Press.

Moya Pons, F. (1985). "Haiti and Santo Domingo: 1790–*c*. 1870." In Bethell, L. (ed.), *The Cambridge History of Latin America, Vol. III: From Independence to c. 1870*. Cambridge University Press.

(1990a). "The Dominican Republic since 1930." In Bethell, L. (ed.), *The Cambridge History of Latin America, Vol. VII: Latin America since 1930: Central America and the Caribbean*. Cambridge University Press.

(1990b). "Import-Substitution Industrialization Policies in the Dominican Republic, 1925–61," *Hispanic American Historical Review* 70 (4): 539–77.

Mulhall, M. G., and Mulhall, E. T. (1885). *Handbooks of the River Plate*. London: Trubner & Co.

Munro, D. (1964). *Intervention and Dollar Diplomacy in the Caribbean 1900–1921*. Princeton, N.J.: Princeton University Press.

Nickson, A. (1989). "The Overthrow of the Stroessner Regime: Re-establishing the Status Quo," *Bulletin of Latin American Research* 8 (2): 185–209.

Ocampo, J. A. (1984). *Colombia y la economía mundial 1830–1910*. Bogotá: FEDESAROLLO.
(1984b). "The Colombian Economy in the 1930s." In Thorp, R. (ed.), *Latin America in the 1930s: The Role of the Periphery in World Crisis*. Basingstoke, Eng.: Macmillan / St. Antony's College.
(1987). "Crisis and Economic Policy in Colombia, 1980–5." In Thorp, R., and Whitehead, L. (eds.), *Latin American Debt and the Adjustment Crisis*. Basingstoke, Eng.: Macmillan / St. Antony's College.
(1990). "Import Controls, Prices and Economic Activity in Colombia," *Journal of Development Economics*, 32 (2): 369–87.
(1991). "The Transition from Primary Exports to Industrial Development in Colombia." In Blömstrom, M., and Meller, P. (eds.), *Diverging Paths: Comparing a Century of Scandinavian and Latin American Economic Development*. Washington, D.C.: Inter-American Development Bank.
Ocampo, J. A., and Montenegro, S. (1984). *Crisis mundial, protección e industrialización: Ensayos de historia económica colombiana*. Bogotá: Fondo Editorial CEREC.
O'Connell, A. (1984). "Argentina into the Depression: Problems of an Open Economy." In Thorp, R. (ed.), *Latin America in the 1930s: The Role of the Periphery in World Crisis*. Basingstoke, Eng.: Macmillan / St. Antony's College.
Oddone, J. A. (1986). "The Formation of Modern Uruguay, c. 1870–1930." In Bethell, L. (ed.), *The Cambridge History of Latin America, Vol. V: c. 1870–1930*. Cambridge University Press.
Ohkawa, K., and Rosovsky, R. (1973). *Japanese Economic Growth: Trend Acceleration in the Twentieth Century*. Stanford, Calif.: Stanford University Press.
Oribe Stemmer, J. E. (1989). "Freight Rates in the Trade between Europe and South America, 1840–1914," *Journal of Latin American Studies* 21 (1): 23–59.
Ortega, L. (1990). "El proceso de industrialización en Chile, 1850–1970." Paper presented at the 10th World Congress of Economic History. Leuven.
Ortiz, G. (1991). "Mexico beyond the Debt Crisis: Toward Sustainable Growth with Price Stability." In Bruno, M., Fischer, S., Helpman, E., and Liviatan, N. (eds.), *Lessons of Economic Stabilization and Its Aftermath*. Cambridge, Mass.: MIT Press.
Palma, G. (1979). "Growth and Structure of Chilean Manufacturing Industry from 1830 to 1935." Ph.D. dissertation, Cambridge University.
(1984). "From an Export-Led to an Import-Substituting Economy: Chile 1914–39." In Thorp, R. (ed.), *Latin America in the 1930s: The Role of the Periphery in World Crisis*. Basingstoke, Eng.: Macmillan / St. Antony's College.
Pan-American Union (1952). *The Foreign Trade of Latin America Since 1913*. Washington, D.C.: Pan-American Union.
Parkin, V. (1991). *Chronic Inflation in an Industrialising Economy: The Brazilian Experience*. Cambridge University Press.
Pastor, M. (1991). "Bolivia: Hyperinflation, Stabilisation and Beyond," *Journal of Development Studies* 27 (2): 211–37.
Paus, E. (1988). *Struggle against Dependence: Nontraditional Export Growth in Central America and the Caribbean*. Boulder, Colo.: Westview.
(1989). "Direct Foreign Investment and Economic Development in Latin America: Perspectives for the Future," *Journal of Latin American Studies* 21 (2): 221–39.
Pederson, L. (1966). *The Mining Industry of the Norte Chico, Chile*. Evanston, Ill.: Northwestern University.
Peek, P., and Standing, G. (1982). *State Policies and Migration: Studies in Latin America and the Caribbean*. London: Croom Helm.
Peláez, C. (1972). *Historia de industrialização brasileira*. Rio de Janeiro: APEC.
Peña, F. (1992). "The MERCOSUR and Its Prospects: An Option for Competitive Insertion

in the World Economy." In Instituto de Relaciones Europeo-Latinoamericanas (IRELA), *Prospects for the Processes of Sub-Regional Integration in Central and South America.* Madrid: IRELA.

Peñaloza Cordero, L. (1983). *Nueva historia económica de Bolivia de la independencia a los albores de la guerra del Pacífico.* La Paz: Editorial Los Amigos del Libro.

Pérez-López, J. (1974). "An Index of Cuban Industrial Output, 1950–58." Ph.D. dissertation, State University of New York at Albany.

Pérez-López, J. F. (1991). "Bringing the Cuban Economy into Focus: Conceptual and Empirical Challenges," *Latin American Research Review* 26 (3): 7–53.

Perloff, H. S. (1950). *Puerto Rico's Economic Future: A Study in Planned Development.* Chicago: University of Chicago Press.

Petrecolla, A. (1989). "Unbalanced Development, 1958–62." In Di Tella, G., and Dornbusch, R. (eds.), *The Political Economy of Argentina, 1946–83.* Basingstoke, Eng.: Macmillan / St. Antony's College.

Phelps, D. M. (1936). *Migration of Industry to South America.* New York: McGraw-Hill.

Philip, G. (1982). *Oil and Politics in Latin America: Nationalist Movements and State Companies.* Cambridge University Press.

Pinder, J. (1991). *European Community: The Building of a Union.* Oxford: Oxford University Press.

Platt, D. C. M. (1971). "Problems in the Interpretation of Foreign Trade Statistics before 1914," *Journal of Latin American Studies* 3 (2): 119–30.

(1972). *Latin America and British Trade 1806–1914.* London: Adam & Charles Black.

Platt, D. C. M. (ed.) (1977). *Business Imperialism, 1840–1930: An Inquiry Based on British Experience in Latin America.* Oxford: Clarendon Press.

Portes, A., Castells, M., and Benton, L. (eds.) (1989). *The Informal Economy: Studies in Advanced and Less Developed Countries.* Baltimore: Johns Hopkins University Press.

Potash, R. (1969). *The Army and Politics in Argentina, 1928–45: Yrigoyen to Perón.* Stanford, Calif.: Stanford University Press.

(1980). *The Army and Politics in Argentina, 1945–62: Perón to Frondizi.* Stanford, Calif.: Stanford University Press.

Potash, R. A. (1983). *The Mexican Government and Industrial Development in the Early Republic: The Banco de Avío.* Amherst, Mass.: Stanford.

Powell, A. (1991). "Commodity and Developing Country Terms of Trade: What Does the Long Run Show?" *Economic Journal* 101 (409): 1485–96.

Prado, L. (1991). "Commercial Capital, Domestic Market and Manufacturing in Imperial Brazil: The Failure of Brazilian Economic Development in the XIXth Century." Ph.D. dissertation, University of London.

Programa Regional de Empleo para América Latina y el Caribe (PREALC) (1990). *Ventas Informales. Relaciones con el sector moderno.* Santiago, Chile: PREALC.

Psacharopoulos, G., et al. (1993). *Poverty and Income Distribution in Latin America: The Story of the 1980s.* Washington, D.C.: World Bank.

Rabe, S. (1988). *Eisenhower and Latin America: The Foreign Policy of Anticommunism.* Chapel Hill: University of North Carolina Press.

Ramos, J. (1986). *Neoconservative Economics in the Southern Cone of Latin America, 1973–1983.* Baltimore: Johns Hopkins University Press.

Ramos Mattei, A. (1984). "The Growth of the Puerto Rican Sugar Industry under North American Domination: 1899–1910." In Albert, B., and Graves, A. (eds.), *Crisis and Change in the International Sugar Economy 1860–1914.* Norwich, Eng.: ISC Press.

Ramsett, D. (1969). *Regional Industrial Development in Central America: A Case Study of the Integration Industries Scheme.* New York: Praeger.

Randall, L. (1977). *A Comparative Economic History of Latin America, 1500–1914. Vol. I: Mexico.* New York: Institute of Latin American Studies, Columbia University.

(1987). *The Political Economy of Venezuelan Oil*. New York: Praeger.

Rangel, D. (1970). *Capital y desarrollo: El rey petróleo*. 2 vols. Caracas: Universidad Central de Venezuela.

Ranis, G. (1981). "Challenges and Opportunities Posed by Asia's Superexporters: Implications for Manufactured Exports from Latin America." In Baer, W., and Gillis, M. (eds.), *Export Diversification and the New Protectionism: The Experiences of Latin America*. Champaign: Bureau of Economic and Business Research, University of Illinois.

Ranis, G., and Orrock, L. (1985). "Latin American and East Asian NICs: Development Strategies Compared." In Durán, E. (ed.), *Latin America and the World Recession*. Cambridge University Press / Royal Institute of International Affairs.

Reed, N. (1964). *The Caste War of Yucatán*. Stanford, Calif.: Stanford University Press.

Regalsky, A. M. (1989). "Foreign Capital, Local Interests and Railway Development in Argentina: French Investments in Railways, 1900–1914," *Journal of Latin American Studies* 21 (3): 425–52.

Remmer, K. (1986). "The Politics of Economic Stabilisation: IMF Standby Programs in Latin America, 1954–84," *Comparative Politics* 19 (6): 1–24.

Reynolds, C. W. (1965). "Development Problems of an Export Economy: The Case of Chile and Copper." In Mamalakis, M., and Reynolds, C. W., *Essays on the Chilean Economy*. Homewood, Ill.: Irwin.

Rippy, J. F. (1945). *Historical Evolution of Hispanic America*. New York: Appleton-Century-Crofts, Inc.

(1959). *British Investments in Latin America 1822–1949: A Case Study in the Operations of Private Enterprise in Retarded Regions*. Minneapolis: University of Minnesota Press.

Rock, D. (1986). "Argentina in 1914: The Pampas, the Interior, Buenos Aires." In Bethell, L. (ed.), *The Cambridge History of Latin America, Vol. V. c. 1870 to 1930*. Cambridge University Press.

(1987). *Argentina 1516–1987: From Spanish Colonization to Alfonsín*. Berkeley: University of California Press.

(1991). "Argentina, 1930–46." In Bethell, L. (ed.), *The Cambridge History of Latin America, Vol. VIII: Latin America since 1930: Spanish South America*. Cambridge University Press.

Rockland, H. A. (1970). *Sarmiento's Travels in the United States in 1847*. Princeton, N.J.: Princeton University Press.

Roddick, J. (1988). *The Dance of the Millions: Latin America and the Debt Crisis*. London: Latin America Bureau.

Rodríguez, L. (1985). *The Search for Public Policy: Regional Politics and Public Finance in Ecuador, 1830–1940*. Berkeley: University of California Press.

Rodríguez, M. (1991). "Public Sector Behavior in Venezuela." In Larraín, F., and Selowsky, M. (eds.), *The Public Sector and the Latin American Crisis*. San Francisco: ICS Press.

Roemer, M. (1970). *Fishing for Growth: Export-Led Development in Peru, 1950–1967*. Cambridge, Mass.: Harvard University Press.

Roett, R., and Sacks, R. S. (1991). *Paraguay: The Personalist Legacy*. Boulder, Colo.: Westview.

Ros, J. (1987). "Mexico from the Oil Boom to the Debt Crisis: An Analysis of Policy Responses to External Shocks, 1978–85." In Thorp, R., and Whitehead, L. (eds.), *Latin American Debt and the Adjustment Crisis*. Basingstoke, Eng.: Macmillan / St. Antony's College.

Rosenberg, M. (1983). *Las luchas por el seguro social en Costa Rica*. San José: Editorial Costa Rica.

Rosenzweig Hernández, F. (1989). *El desarrollo económico de México 1800–1910*. Toluca, Mex.: El Colegio Mexiquense / Instituto Tecnológico Autónomo de México.

Rowe, J. (1965). *Primary Commodities in International Trade*. Cambridge University Press.

Saborio, S. (1992). *The Premise and the Promise: Free Trade in the Americas*. Washington, D.C.: Overseas Development Council.

Sachs, J. (1985). "External Debt and Macroeconomic Performance in Latin American and East Asian NICs," *Brookings Papers 2*.

Sachs, J. D. (1989). *Development Country Debt and the World Economy*. Chicago: University of Chicago Press.

Sahota, G. S. (1990). *Poverty Theory and Policy: A Study of Panama*. Baltimore: Johns Hopkins University Press.

St. John, S. (1888). *Hayti or the Black Republic*. London: Smith Elder.

Salazar-Carrillo, J. (1982). *The Structure of Wages in Latin American Manufacturing Industries*. Miami: Florida International University.

Salvucci, R. J. (1987). *Textiles and Capitalism in Mexico: An Economic History of the Obrajes, 1539–1840*. Princeton, N.J.: Princeton University Press.

Samper, M. (1990). *Generations of Settlers: Rural Households and Markets on the Costa Rican Frontier, 1850–1935*. Boulder, Colo.: Westview.

Sánchez-Albórnoz, N. (1977). *La población de América Latina desde los tiempos precolombianos al año 2000*. Madrid: Alianza Universidad.

(1986). "The Population of Latin America, 1850–1930." In Bethell, L. (ed.), *The Cambridge History of Latin America, Vol. IV: c. 1870–1930*. Cambridge University Press.

Sanderson, S. (1981). *The Transformation of Mexican Agriculture: International Structure and the Politics of Rural Change*. Princeton, N.J.: Princeton University Press.

Sandilands, R. (1990). *The Life and Political Economy of Lauchlin Currie: New Dealer, Presidential Adviser and Development Economist*. Durham, N.C.: Duke University Press.

Scammell, W. M. (1980). *The International Economy since 1945*. Basingstoke, Eng.: Macmillan.

Schneider, J. (1981). "Terms of Trade Between France and Latin America, 1826–1856: Causes of Increasing Economic Disparities?" In Bairoch, P., and Lévy-Leboyer, M. (eds.), *Disparities in Economic Development since the Industrial Revolution*. Basingstoke, Eng.: Macmillan.

Schneider, R. M. (1991). *Order and Progress: A Political History of Brazil*. Boulder, Colo.: Westview.

Schoonover, T. D. (1991). *The United States in Central America, 1860–1911: Episodes of Social Imperialism and Imperial Rivalry in the World System*. Durham, N.C.: Duke University Press.

Selowsky, M. (1979). *Who Benefits from Government Expenditure? A Case Study of Colombia*. New York: Oxford University Press / World Bank.

Serrano, M. (1992). *Common Security in Latin America: The 1967 Treaty of Tlatelolco*. London: Institute of Latin American Studies.

Shaw, E. S. (1973). *Financial Deepening in Economic Development*. New York: Oxford University Press.

Sheahan, J. (1987). *Patterns of Development in Latin America: Poverty, Repression, and Economic Strategy*. Princeton, N.J.: Princeton University Press.

Short, R. P. (1984). "The Role of Public Enterprise; An International Statistical Comparison." In Floyd, R. H., Gray, C., and Short, R., *Public Enterprise in Mixed Economies: Some Macroeconomic Aspects*. Washington, D.C.: International Monetary Fund.

Singer, M. (1969). *Growth, Equality and the Mexican Experience*. Austin: University of Texas Press.

Sjaastad, L. A. (1989). "Argentine Economic Policy, 1976–81." In Di Tella, G., and Dornbusch, R. (eds.), *The Political Economy of Argentina, 1946–83*. Basingstoke, Eng.: Macmillan / St. Antony's College.

Sklair, L. (1989). *Assembling for Development: The Maquila Industry in Mexico and the United States*. Boston: Unwin Hyman.

Smith, P. (1969). *Politics and Beef in Argentina's Patterns of Conflict and Change*. New York: Columbia University Press.

Smith, R. (1972). *The United States and Revolutionary Nationalism in Mexico, 1916–32*. Chicago: University of Chicago Press.

Smith, R. F. (1986). "Latin America, the United States and the European Powers, 1830–1930." In Bethell, L. (ed.), *The Cambridge History of Latin America, Vol. IV: c. 1870 to 1930*. Cambridge University Press.

Solís, L. (1983). *La realidad económica mexicana: Retrovisión y perspectivas*. Mexico, D.F.: Siglo Veintiuno.

Solomou, S. (1990). *Phases of Economic Growth 1850–1973: Kondratieff Waves and Kuznets Swings*. Cambridge University Press.

The South American Handbook, 1924. London: South American Publications.

Spender, J. (1930). *Weetman Pearson, First Viscount Cowdray*. London: Cassell.

Spraos, J. (1983). *Inequalising Trade?* Oxford: Clarendon Press.

Squier, E. G. (1856). *Notes on Central America*. London: Samper Low.

Staley, E. (1944). *World Economic Development*. Montreal: International Labour Office.

Stallings, B. (1987). *Banker to the Third World: US Portfolio Investment in Latin America 1900–1986*. Berkeley: University of California Press.

Stein, S. (1957). *The Brazilian Cotton Manufacture*. Cambridge, Mass.: Harvard University Press.

Stewart, W. (1964). *Keith and Costa Rica: The Biography of Minor Cooper Keith, American Entrepreneur*. Albuquerque: University of New Mexico Press.

Strachan, H. W. (1976). *Family and Other Business Groups in Economic Development: The Case of Nicaragua*. New York: Praeger.

Stubbs, J. (1985). *Tobacco on the Periphery: A Case Study in Cuban Labour History, 1860–1958*. Cambridge University Press.

Sunkel, O. (1982). *Un siglo de historia económica de Chile, 1830–1930: Dos ensayos y una bibliografía*. Madrid: Ediciones Cultura Hispánica.

Sunkel, O., and Cariola, C. (1985). "The Growth of the Nitrates Industry and Socioeconomic Change in Chile, 1880–1930." In Cortés Conde, R., and Hunt, S. (eds.), *The Latin American Economies: Growth and the Export Sector, 1880–1930*. New York: Holmes and Meier.

Swerling, B. (1949). *International Control of Sugar, 1918–1941*. Stanford, Calif.: Stanford University Press.

Syrquin, M. (1988). "Patterns of Structural Change." In Chenery, H., and Srinivasan, T. (eds.), *Handbook of Development Economics*, vol. 1. Amsterdam: North-Holland.

Taylor, C. C. (1948). *Rural Life in Argentina*. Baton Rouge: Louisiana State University Press.

ten Kate, A., and Wallace, R. B. (1980). *Protection and Economic Development in Mexico*. Westmead, Eng.: Gower.

Thiesenhusen, W. C. (1989). *Searching for Agrarian Reform in Latin America*. Boston: Unwin Hyman.

Thomas, H. (1971). *Cuba or the Pursuit of Freedom*. London: Eyre & Spottiswoode.

Thomas, J. (1992). *Informal Economic Activity*. New York and London: Harvester Wheatsheaf.

Thomas, V. (1985). *Linking Macroeconomic and Agricultural Policies for Adjustment with Growth: The Colombian Experience*. Baltimore: Johns Hopkins University Press.

Thompson, A. (1992). "Informal Empire? An Exploration in the History of Anglo-Argentine Relations, 1810–1914," *Journal of Latin American Studies* 24 (2): 419–36.

Thomson, G. (1985). "Protectionism and Industrialization in Mexico, 1821–1854." In Abel, C., and Lewis, C. *Latin America: Economic Imperialism and the State*. London: Athlone Press.

(1989). *Puebla de los Angeles: Industry and Society in a Mexican City, 1700–1850*. Boulder, Colo.: Westview.

Thorp, R. (1967). "Inflation and Orthodox Economic Policy in Peru," *Bulletin of the Oxford University Institute of Economics and Statistics* 29 (3): 185–210.

(1971). "Inflation and the Financing of Economic Development." In Griffin, K. (ed.), *Financing Development in Latin America*. Basingstoke, Eng.: Macmillan.

(1986)."Latin America and the International Economy from the First World War to the World Depression." In Bethell, L. (ed.), *The Cambridge History of Latin America, Vol. IV: c. 1870 to 1930*. Cambridge University Press.

(1991). *Economic Management and Economic Development in Peru and Colombia*. London: Macmillan.

(1992). "A Reappraisal of the Origins of Import Substituting, Industrialisation, 1930–50," *Journal of Latin American Studies* 24 (Quincentenery Suppl.): 181–98.

(1994). "The Latin American Economies, 1939–*c*. 1950." In Bethell, L. (ed.), *The Cambridge History of Latin America, Vol. VI: Latin America since 1930: Economy, Society and Politics*, Part 1. Cambridge University Press.

Thorp, R. (ed.) (1984). *Latin America in the 1930s: The Role of the Periphery in World Crisis*. Basingstoke, Eng.: Macmillan / St. Antony's College.

Thorp, R., and Bertram, G. (1978). *Peru 1890–1977: Growth and Policy in an Open Economy*. Basingstoke, Eng.: Macmillan.

Thorp, R., and Whitehead, L. (eds.) (1979). *Inflation and Stabilisation in Latin America*. Basingstoke, Eng.: Macmillan / St. Antony's College.

(1987). *Latin American Debt and the Adjustment Crisis*. Basingstoke, Eng.: Macmillan / St. Antony's College.

Thoumi, F. E. (1989). *Las exportaciones intrarregionales y la integración latinoamericana y del Caribe en perspectiva*. Washington, D.C.: Banco Interamericano de Desarrollo.

Torre, J. C., and Riz, L. de (1991). "Argentina since 1946." In Bethell, L. (ed.), *The Cambridge History of Latin America, Vol. VIII: Latin America since 1930: Spanish South America*. Cambridge University Press.

Travis, C. (1990). *A Guide to Latin American and Caribbean Census Material: A Bibliography and Union List*. London: British Library / Standing Conference of National and University Libraries / Institute of Latin American Studies.

Trebat, T. (1983). *Brazil's State-Owned Enterprises, A Case Study of the State as Entrepreneur*. Cambridge University Press.

Tregarthen, G. (1897). *The Story of the Nations: Australia*. London: T. Fisher Unwin.

Triffin, R. (1944). "Central Banking and Monetary Management in Latin America." In Harris, J. (ed.), *Economic Problems of Latin America*. New York: McGraw-Hill.

Truslow, F. A. (1951). *Report on Cuba*. Baltimore: Johns Hopkins University Press.

Tulchin, J. (1971). *The Aftermath of War: World War I and US Policy toward Latin America*. New York: New York University Press.

Tyler, W. (1976). *Manufactured Export Expansion and Industrialization in Brazil*. Tubingen: Mohr.

(1983). "The Anti-Export Bias in Commercial Policies and Export Performance: Some Evidence from Recent Brazilian Experience." *Weltwirtschaftliches Archiv* 119 (1): 97–107.

United Nations (1986). *World Comparisons of Purchasing Power and Real Product for 1980*. New York: United Nations.

Urrutia, M. (1985). *Winners and Losers in Colombia's Economic Growth of the 1970s*. New York: Oxford University Press / World Bank.

Urrutia, M., and Arrubla, M. (eds.) (1970). *Compendio de estadísticas históricas de Colombia*. Bogotá: University Nacional de Colombia.

Vaitsos, C. (1974). *Intercountry Income Distribution and Transnational Enterprises*. Oxford: Oxford University Press.

(1978). "Crisis in Regional Economic Cooperation (Integration) among Developing Countries: A Survey," *World Development* 6 (6): 719–70.

Van Dormael, A. (1978). *Bretton Woods: Birth of a Monetary System*. London: Macmillan.

Vedovato, C. (1986). *Politics, Foreign Trade and Economic Development: A Study of the Dominican Republic*. London: Croom Helm.

Véliz, C. (1961). *Historia de la marina mercante de Chile*. Santiago: Ediciones de la Universidad de Chile.

Vernon, R. (1981). "State-owned Enterprises in Latin American Exports." In Baer, W., and Gillis, M. (eds.), *Export Diversification and the New Protectionism*. Cambridge, Mass.: National Bureau of Economic Research.

Versiani, F. (1979). *Industrial Investment in an 'Export' Economy: The Brazilian Experience before 1914*. London: Institute of Latin American Studies.

(1984). "Before the Depression: Brazilian Industry in the 1920s." In Thorp, R. (ed.), *Latin America in the 1930s: The Role of the Periphery in World Crisis*. Basingstoke, Eng.: Macmillan / St. Antony's College.

Villela, A., and Suzigan, W. (1977). *Política do governo e crescimento da economia brasileira*. Rio de Janeiro: IPEA/INPES.

Viotti da Costa, E. (1986). "Brazil: The Age of Reform, 1870–1889." In Bethell, L. (ed.), *The Cambridge History of Latin America, Vol. V: c. 1870 to 1930*. Cambridge University Press.

Vivian, E. (1914). *South American Handbooks: Peru*. London: Pitman.

Wachter, S. (1976). *Latin American Inflation: The Structuralist-Monetarist Debate*. Lexington, Mass.: Lexington Books.

Wadsworth, F. (1982). "La deforestación, muerte del Canal de Panamá." In Heckadon Moreno, S., and McKay, A. (eds.), *Colonización y destrucción de bosques en Panamá*. Panama City: Asociación Panameña de Antropología.

Walle, P. (1914). *Bolivia. Its People and Its Resources. Its Railways, Mines and Rubber-Forests*. London: T. Fisher Unwin Ltd.

Wallich, H. (1944). "Fiscal Policy and the Budget." In Harris, S. (ed.), *Economic Problems of Latin America*. New York: McGraw-Hill.

(1950). *Monetary Problems of an Export Economy*. Cambridge, Mass.: Harvard University Press.

Watkins, V. (1967). *Taxes and Tax Harmonization in Central America*. Cambridge, Mass.: Harvard University Press.

Webster, C. K. (ed.) (1938). *Britain and the Independence of Latin America, 1812–1830*. 2 vols. Oxford: Oxford University Press.

Weeks, J. (1985). *The Economies of Central America*. New York: Holmes and Meier.

Weeks, J., and Zimbalist, A. (1991). *Panama at the Crossroads: Economic Development and Political Change in the Twentieth Century*. Berkeley: University of California Press.

Welch, J. H. (1993). "The New Face of Latin America: Financial Flows, Markets and Institutions in the 1990s," *Journal of Latin American Studies* 25 (1): 1–24.

Wells, J. (1979). "Brazil and the Post-1973 Crisis in the International Economy." In Thorp, R., and Whitehead, L. (eds.), *Inflation and Stabilisation in Latin America*. Basingstoke, Eng.: Macmillan.

(1987). *Empleo en América Latina: Una búsqueda de opciones*. Santiago, Chile: PREALC.

Weston, A. (1982). "Who Is More Preferred? An Analysis of the New Generalised System of Preferences." In Stevens, C. (ed.), *EEC and the Third World: A Survey*, vol. 2. London: Overseas Development Institute.

White, A. (1973). *El Salvador*. London: Ernest Benn Ltd.

Whitehead, L. (1987). "The Adjustment Process in Chile: A Comparative Perspective." In Thorp, R., and Whitehead, L. (eds.), *Latin American Debt and the Adjustment Crisis*. Basingstoke, Eng.: Macmillan / St. Antony's College.

(1991). "Bolivia since 1958." In Bethell, L. (ed.), *The Cambridge History of Latin America, Vol. VIII: Latin America since 1930: Spanish South America*. Cambridge University Press.

(1994). "State Organization in Latin America since 1930." In Bethell, L. (ed.), *The Cambridge History of Latin America, Vol. VI: Latin America since 1930: Economy, Society and Politics*, Part 2. Cambridge University Press.

Wickizer, C. (1943). *The World Coffee Economy with Special Reference to Control Schemes*. Stanford, Calif.: Stanford University Press.

Wilcox, M., and Rines, G. (1917). *Encyclopaedia of Latin America*. New York: Encyclopaedia Amazona Corporation.

Wilkie, J. W. (1974). *Statistics and National Policy*, supplement 3. Los Angeles: University of California.

(1985). *Statistical Abstract of Latin America*, 23. Los Angeles: University of California.

(1990). *Statistical Abstract of Latin America*, 28. Los Angeles: University of California.

(1993). *Statistical Abstract of Latin America*, 31, Part 1. Los Angeles: University of California.

Williams, G. (1991). *The Welsh in Patagonia: The State and the Ethnic Community*. Cardiff: University of Wales Press.

Williams, J. (1920). *Argentine International Trade under Inconvertible Paper Money, 1880–1900*. Cambridge, Mass.: Harvard University Press.

Williams, R. E. (1986). *Export Agriculture and the Crisis in Central America*. Chapel Hill: University of North Carolina Press.

Williams, R. W. (1916). *Anglo-American Isthmian Diplomacy, 1815–1915*. London: Oxford University Press.

Williamson, J. W. (1990). *Latin American Adjustment: How Much Has Happened?* Washington, D.C.: Institute for International Economics.

Winters, L. A. (1990). "The Road to Uruguay," *Economic Journal* 100 (403): 1288–1303.

Woodward, R. L. (1985). "Central America from Independence to c. 1870." In Bethell, L. (ed.), *The Cambridge History of Latin America, Vol. III: From Independence to c. 1870*. Cambridge University Press.

World Bank (1950). *The Basis of a Development Program for Colombia*. Baltimore: Johns Hopkins University Press.

(1980). *World Tables*. 2d ed. Washington, D.C.: International Bank for Reconstruction and Development / World Bank / Oxford University Press.

(1983). *World Tables*. 3d ed. Washington, D.C.: International Bank for Reconstruction and Development / World Bank / Oxford University Press.

(1984). *World Development Report 1984*. Washington, D.C.: International Bank for Reconstruction and Development / World Bank / Oxford University Press.

(1986). *World Development Report 1986*. Washington, D.C.: International Bank for Reconstruction and Development / World Bank / Oxford University Press.

(1987). *World Development Report 1987*. Washington, D.C.: International Bank for Reconstruction and Development / World Bank / Oxford University Press.

(1989). *World Development Report 1989*. Washington, D.C.: International Bank for Reconstruction and Development / World Bank / Oxford University Press.

(1990). *World Development Report 1990*. Washington, D.C.: International Bank for Reconstruction and Development / World Bank / Oxford University Press.

(1991a). *Social Indicators of Development 1990*. Washington, D.C.: World Bank.

(1991b). *World Development Report 1991*. Washington, D.C.: International Bank for Reconstruction and Development / World Bank / Oxford University Press.

(1991c). *World Tables. 1991*. Washington, D.C.: International Bank for Reconstruction and Development / World Bank / Oxford University Press.

(1992). *World Development Report 1992*. Washington, D.C.: World Bank.

(1993). *World Development Report 1993*. Washington, D.C.: International Bank for Reconstruction and Development / World Bank / Oxford University Press.

Wythe, G. (1945). *Industry in Latin America*. New York: Columbia University Press.

Yotopoulos, P. A. (1989). "The (Rip)Tide of Privatization: Lessons from Chile," *World Development* 17 (5): 683–702.

Young, D. (1966). *Member for Mexico: A Biography of Weetman Pearson, First Viscount Cowdray*. London: Cassell.

Young, J. P. (1925). *Central American Currency and Finance*. Princeton, N.J.: Princeton University Press.

Zimbalist, A. (1992). "Teetering on the Brink: Cuba's Current Economic and Political Crisis," *Journal of Latin American Studies* 24 (2): 407–18.

Zuvekas, C., and Luzuriaga, C. (1983). *Income Distribution and Poverty in Rural Ecuador 1950–1979*. Tempe: Center for Latin American Studies, Arizona State University.

日本語訳のある文献

Bogart, Ernest Ludlow, *Economic History of the United States*／ボガート，E・L，細野武男訳『アメリカ経済史』生活社，1941 年。

Leff, Nathaniel H., *The Brazilian Capital Goods Industry*／レフ，ナザニエル・H，ラテン・アメリカ協会訳，『ブラジル国の資本財工業：1929-1964 年』ラテン・アメリカ協会，1970 年。

Solomou, Solomos, *Phases of Economic Growth, 1850-1973: Kondratieff waves and Kuznets swings*／ソロム，ソロモス，笹倉和幸訳，『長期波動の経済分析：コンドラチェフ波からクズネッツ波へ』東洋経済新報社，1997 年。

Rippy, J. Fred, *Historical Evolution of Hispanic America*／リッピイ，ジェー・フレッド，松本悟郎訳，『中南米発達全史』国際日本協会，1944 年。

Clarkson, Leslie A., *Proto-Industrialization: the First Phase of Industrialization ?*／クラークソン，L・A，鈴木健夫訳，『プロト工業化：工業化の第一局面』早稲田大学出版部，1993 年。

Maizels, Alfred, *Indutrial Growth and World Trade: an Empirical Study of Trends in Production, Consumption and Trade in Manufactures from 1899-1959 with a discussion of probable future trends*／メイゼルス，A，渡部福太郎訳，『工業発展と世界貿易』春秋社，1970 年。

Harrod, Roy Ford, *The Life of John Maynard Keynes*／ハロッド，R・F，塩野谷九十九訳，『ケインズ伝』（改訳版），東洋経済新報社，1967 年。

United Nations, Statistical Office, *Patterns of Industrial Growth, 1938-1958*／国連統計局編，経済企画庁総合計画局訳，『世界の経済成長と産業構造：1938-1958』原書房，1960 年。

Mitchell, B. R., *European Historical Statistics, International Historical Statistics: Austrasia and Americas*／ミッチェル，B・R，中村宏，北村甫，斉藤真監訳，『マクミラン世界歴史統計 1 ヨーロッパ編，2 日本・アジア・アフリカ編，3 南北アメリカ・大洋州編』原書房，1983-85 年。

Mitchell, B. R., *British Historical Statistics*／ミッチェル，B・R，犬井正監訳，『イギリス歴史統計』原書房，1995 年。

注

第1章　ラテンアメリカの経済発展——展　望

(1)　Bushnell and Macaulay (1988), p. 3 参照。
(2)　依然として係争中の水域を含む主な国境紛争は以下の通り。グアテマラとベリーズ，コロンビアとベネズエラ，ベネズエラとガイアナ，エクアドルとペルー。フォークランド/マルビナス諸島を巡るアルゼンチンと英国との長期にわたる国境論争もまた，未解決である。
(3)　プエルトリコの歴史とその特異な制度上の立場については Carr (1984) を参照。住民が連邦の一員であることを望んでいることは，1993年11月の住民投票で再確認された。
(4)　パナマがコロンビアから分離し，独立した共和国が創設されたことについては，Lafeber (1978) 参照。
(5)　例外は以下の通り。ハイチは1804年にフランスから独立。ウルグアイは1828年にアルゼンチンとブラジルの間の緩衝国として創られた。ドミニカ共和国は1844年にハイチから独立を勝ち取った。キューバは1898年にスペインから独立した。パナマの特殊性については既述の通りである（注(4)参照）。
(6)　その例としては韓国と台湾がある。1990年には，マレーシアは一人当たりのドル所得で，全てのラテンアメリカ諸国を上回った。World Bank, (1992), Table 1 参照。
(7)　GDP は居住者に関係なく，生産要素により創出された産出高を表す。GNP から海外で支払われた要素所得を調節して，GDP を得る。その違いはいくつかのラテンアメリカ諸国では，例えば外資系企業の存在により，かなりのものとなる。
(8)　GNP の国際比較は為替レートの選択に大きく左右される。その他の比較（例えば購買力平価に基づくもの）は，その格差は依然として相当なものではあるが，より小さいことを示唆している。
(9)　インフォーマル部門には沢山の定義があるが，これを民間あるいは公的部門で，中規模，あるいは大規模な会社に吸収されない全ての労働者を雇用するものと考えると容易である。しかしこの定義に従うと，都市のインフォーマルセクターには，多くのラテンアメリカの都市で，50%以上の労働力が従事していることになる。
(10)　主な例外はブラジルで，首都はリオデジャネイロから1950年代に新しく建設されたブラジリアに移転した。新首都はそれ自身重要な都市ではあるが，殆どの分野の民間企業は，リオデジャネイロやサンパウロをより重視している。
(11)　ラテンアメリカから輸出される麻薬の推計額には非常な幅がある。この産業の調査については，Bagley (1988) 参照。
(12)　アマゾン川流域が提起した環境問題に関する優れた研究として，Barbier (1989), Ch. 6 参照。Hurrell (1991) と Goodman and Hall (1991) も参照。
(13)　1970年価格の純要素価格。CEPAL (1978), Table 5 参照。
(14)　例えば Bryce (1912), Ch. 13 参照。
(15)　アルゼンチンは1956年には，一人当たり実質 GDP（1970年価格）で，ベネズエラに追

い抜かれた（CEPAL [1978], Table 2 参照）。アルゼンチンは1920年代の半世紀前までは，ラテンアメリカの代表的な成功例で，ベネズエラは最悪の失敗の一つとされていた。

(16) 例えばGriffin (1969), Frank (1969) 参照。

(17) ラテンアメリカの枠組みにおける，従属論の古典的な記述は，Cardoso and Faletto (1979) である。

(18) 非公式の帝国とアルゼンチンの立場についての対照的な見方は，Thompson (1992) と Hopkins (1994) を参照。

(19) 例えば Little, Scitovsky, and Scott (1970), Krueger (1978), and Balassa (1982) を参照。輸出と GDP 成長との関係の経験法則については，Feder (1983) 参照。

(20) 例えば De Soto (1987) 参照。

(21) グアノは鳥の糞により作られる天然の肥料で，ペルー沿岸沖に大量に見つかり，19世紀に商業的に採取され始めた。

(22) 世界貿易に対して障壁があることで，国内価格と国際価格との間に乖離が生まれ，国内経済政策は，資源配分と経済成長率の重要な決定要因となった。

(23) メキシコは，全ての先進国が参加する経済協力開発機構（OECD）のメンバーになったが，これはメキシコ経済の実力というよりも，北米における自由貿易政策により強く関係したものである。

第2章 独立から19世紀中頃までの，ナショナルアイデンティティー

(1) 英国の，米国を除く新大陸（the Americas）への輸出申告額は，1805年の780万ポンドから1809年には1,800万ポンドに跳ね上がった。Plat (1972), p. 28 参照。

(2) Bethell (1985), pp. 179-87 参照。

(3) Anna (1985), pp. 86-93 参照。

(4) F. Knight (1990), Ch. 6 参照。

(5) Moya Pons (1985), pp. 237-55 参照。

(6) この5カ国とは，コスタリカ，エルサルバドル，グアテマラ，ホンジュラス，ニカラグアである。しかし英国は19世紀には公式あるいは非公式に，ベリーズ（英領ホンジュラス），モスキティア，ベイ・アイランドといった植民地や保護領を通して，地峡の大西洋岸の大半を支配した。Williams (1916) を参照。

(7) テキサスは1845年に米国に加わった。従ってローンスター（Lone Star）共和国は10年も続かなかった。Meyer and Sherman (1979), pp. 335-42 参照。

(8) Reed (1964), pp. 4-32 参照。

(9) グラン・コロンビアの崩壊は，1826年のパナマ会議でボリーバルが強調したパンアメリカン連合の夢に終わりを告げるものであった。この地域統合への初期の取り組みの意気込みとその難しさについては，Bushnell (1970) 参照。

(10) Bonilla (1985), pp. 564-70 参照。

(11) Lynch (1985), p. 688 参照。

(12) Bushnell and Macaulay (1988), pp. 167-75 参照。

(13) しかしながら先住民の最終的な敗北と服従は，1880年代までは起こらなかった。

(14) Moya Pons (1985), pp. 255-68 参照。

(15) 1865年までは，パラグアイと近隣諸国との間で戦争は起きなかった。しかしいったん戦争が起こると，陸地に囲まれたパラグアイには悲惨な結果となった。アルゼンチン，ブラ

ジル，ウルグアイの3カ国連合とパラグアイの戦いでは，後者の人口の半分と国土の大半が失われた。

(16) ベリーズ（以前の英領ホンジュラス）に対する英国とグアテマラの間の争いについては，Humphreys (1961) 参照。ガイアナ（以前の英領ギアナ）とベネズエラの国境紛争については，Lieuwen (1965), pp. 166–8 参照。

(17) Bazant (1985), pp. 441–4 参照。メキシコはかなりの国土を喪失したが，その影響を受けた人口は僅かに2%であった。

(18) この時期ヨーロッパ全体に蔓延した重商主義の影響については，Blaug (1976), p. 10ff. 参照。

(19) 鉱業はそれぞれ，ヌエバ・エスパーニャの場合は現在のメキシコ，アルト・ペルーの場合は現在のボリビア，ヌエバ・グラナダの場合は現在のコロンビアで行われていた。植民地時代と独立後のラテンアメリカとの相関関係を示した地図は，Humphreys (1946) にある。

(20) グアテマラ総監領は現在の中米にチアパス（独立の際にメキシコが併合した）を加えたものである。ホンジュラスとニカラグアで少量の金が産出されたが，王室の関心を得るには不十分であった。

(21) Lockhart and Schwartz (1983), pp. 370–87 参照。

(22) ブルボン改革とその経済効果についての文献は豊富である。例えば，Fisher (1985), Ch. 1 参照。

(23) ポンバル改革については，Lockhart and Schwartz (1983), pp. 383–97 参照。

(24) ヌエバ・エスパーニャの繊維産業については，優れた研究が数多く存在する。例えば，Thomson (1989), part 1 参照。

(25) 植民地時代の鉱業の労働組織は，十分に調査されている。優れた研究例として，Bakewell (1984), pp. 123–31 参照。

(26) 現地生まれのクリオージョと外国生まれのペニンスラールの対照と，しばしば複雑である双方の関係は多くの研究の注目するところであった。その概観は，Lockhart and Schwartz (1983), Ch. 9 参照。

(27) Bairoch and Lévy-Leboyer (1981), Table 1. 6 and 1. 7 参照。

(28) 独立時のメキシコの惨憺たる経済実績については，Coatsworth (1978) 参照。Randall (1977), p. 224 もまたメキシコの GDP を大まかに推定し，19世紀の前半には経済が下降したことを実証している。

(29) 英国がスペイン領アメリカの独立を認めたのは，それほど複雑な話ではなかった。そのことは Webster (1938) が集めた同時代の報告で雄弁に語られている。ブラジルの場合は，英国がポルトガルと長期にわたり緊密な関係にあったので，立場は複雑であった。しかし商業上の見通しが優先され，英国は1825年にブラジルの独立を承認した。Manchester (1933), pp. 186–219 参照。その他の国がラテンアメリカの独立を承認したことも，貿易上の見通しが大きく影響していた。米国の例については，Gleijeses (1992) 参照。

(30) 陰謀に満ち現実離れした登場人物の織りなすこの物語は，Dawson (1990) で見事に描写されている。この債務危機と後の債務危機の比較は，Marichal (1989) に見られる。

(31) カトリック教会と，金融，資本蓄積の関係については，メキシコが最も徹底して研究されている。例えば Chowning (1990) 参照。

(32) 家族が所有し経営する典型的な小農場は，ラテンアメリカ経済史ではどちらかというと無視されてきた。例外として，Brading (1978) 参照。

(33) メキシコのアビオ銀行については，Potash (1983) 参照。ブラジルにおける商業銀行設

立の失敗に関しては，Prado (1991), pp. 135-65 参照。

(34) ペルーで奴隷制が廃止されたのは1854年で，ブラジル，キューバが廃止するずっと前であった。その大きな理由は，グアノ・ブームによる歳入の増加で，これによりペルー政府はそれまでの奴隷所有者に補償金を払うことができた。Bushnell and Macaulay (1988), pp. 243-4 参照。

(35) この多大な影響力を持つハミルトンの作品が出版されたのは，1791年である。この年は，アダム・スミスの『諸国民の富』が，最小限の政府の介入と自由貿易を最も強力で実行可能な事例として提示した僅か15年後であった。

(36) 特恵貿易協定により生じたブラジルと英国の間の摩擦についての優れた説明は，Manchester (1933), pp. 69-108 参照。

(37) 保護貿易の圧力団体と，政策に影響を与えたその活動については，Gootenberg (1989), ch. 3 で見事に描かれている。

(38) 独立後のメキシコ繊維産業の成長は，自由貿易主義に屈服しない人々の間で，ある種の判例となった。Salvucci (1987), pp. 166-76 参照。

(39) この例はDeas (1982) の，19世紀コロンビアの歳入についての詳細な研究の一部に出てくる。

(40) これらの外国鉱業会社の失敗は，Rippy (1959), pp. 23-5 で述べられている。

(41) 独立後のチリの銅と銀の生産拡大については，Pederson (1966) 参照。

(42) この時期のキューバ糖業の成長に関しては，多くの研究がある。例えばThomas (1971), pp. 109-27 参照。

(43) Ocampo (1984a), pp. 301-46 は，19世紀のコロンビアのコーヒー生産の成長についての優れた説明である。コーヒー輸出は19世紀前半に確立したが，その大きな拡大は1850年以後である。

(44) コーヒーと異なり，19世紀のラテンアメリカのカカオ産業に関しては，今までのところ十分な注目を受けていない。

(45) 多くの優れた論文が，この時期のアルゼンチン経済史を扱っている。例えばBrown (1979) 参照。

(46) グアノの脆弱な前方連関，後方連関についての古典的な記述として，Levin (1960) がある。より肯定的に評価するものとしては，Hunt (1985) 参照。

(47) Bairoch and Etemard (1985) のTable 1.5 は，ラテンアメリカの1829-31年の一人当たりの輸出額を5.1ドルと推計している。不完全な数字に基づいているものではあるが，表2-4の1850年の5.2ドルに近似している。このことは，独立後最初の数十年間は一人当たりの輸出額が停滞したことを立証している。

(48) この時期のパラグアイの孤立に関しては議論されていない。Burns (1980) はグアテマラがラファエル・カレラ (Rafael Carrera 1838-65) 時代に同様な方針を取ったと論じている。おそらくこのことが，表2-4にあるグアテマラの極めて低い一人当たりの輸出額を説明するであろう。

(49) この時期のブラジルのNBTTについては，Leff (1982a) p. 82 参照。フランスとラテンアメリカの交易条件については，Schneider (1981) 参照。

(50) 自由貿易論者が保護主義論者に最終的に勝利したことは，Gootenberg (1991) に詳しく述べられている。

(51) Lynch (1985b), pp. 668-70 参照。フランシアが選択した孤立主義の力強い擁護論に関しては，Burns (1980) 参照。

(52) ブラジルの1820年代初期の一人当たり輸出額は，1880年の価格でおよそ2ドルであっ

た。Leff（1982a）p. 80参照。一人当たりGDPの生存水準，すなわち最低の生活を送る現実的な数字は1880年価格で，約40ドルである。ブラジルが1820年代にほぼこの水準であったことを考慮すると，輸出の対GDP（1880年価格）比率は5％ということになる。

(53)　チリは世紀半ばのゴールドラッシュの間，オーストラリアとカリフォルニアに小麦と小麦粉を輸出することが可能であった。García（1989), pp. 84-6参照。

(54)　Haber（1992）は，独立後最初の半世紀におけるメキシコの産業の成長を疎外した，輸送網のボトルネックに注目している。

(55)　チリでは1835年の法律により，商船艦隊が奨励された。これによりチリ沿岸の国内貿易は，すべてチリ船籍の船で行うことになった。しかし1850年までには，外国船への差別はなくなった。García（1989), pp. 112-8参照。

(56)　ラテンアメリカの牧畜地帯での，広範囲の革窓の使用が好例である。ガラスは入手不可能か，法外に高価であった。

(57)　Berry（1987）はコロンビアにおけるプロト工業化への障害に関する慎重な評価を行っている。

(58)　Salvucci（1987), Thomson（1989）参照。ペルーの繊維工業については，Gootenberg（1989), pp. 46-8参照。

(59)　独立の時点で，例えばブラジルの人口は，だいたいポルトガル，ルーマニア，スウェーデンと同水準で，またデンマーク，フィンランド，ギリシャ，ノルウェーよりもずっと多かった。Berend（1982), p. 46参照。

(60)　メキシコの産業促進政策一般については，Thomson（1985), pp. 113-42参照。

(61)　Prado（1991), pp. 118-65参照。

(62)　植民地行政時代には，ブルボン改革に従いアルト・ペルー（ボリビア）からの銀がブエノスアイレスを通して輸出されるようになった。この貿易は利益を生むものだったが，独立後に衰退した。

(63)　これはフランシア政権についての一般化した見方である。しかしBurns（1980）は異論を唱えている。Burnsはこの文献やこの後の作品，例えばBurns（1991）の19世紀のニカラグアについての研究で，「民衆」の所得分配の公平と物質的な豊かさは，外国貿易の拡大とは正反対に変化したと主張している。

(64)　Gootenberg（1989), Table 2. 1, p. 165参照。

(65)　政府の歳出は増加したものの，Hunt（1985）が主張する，グアノの経済的な貢献が通常考えられているよりもずっと大きいという論拠は，財政上の収入増加を生んだという点にある。

(66)　19世紀の米国の一人当たりの成長率は，Kuznets（1965), p. 305に報告されている。

(67)　1850年までに（表2-4参照)，ラテンアメリカの人口は3,000万人に達していた。表2-1の1823年の数字が正確であると仮定すると，人口の年間増加率は1.4%になる。

第3章　輸出部門と世界経済，1850-1914年頃

(1)　これらのエピソードで最も深刻なものは，1861年にスペインがサントドミンゴ（ドミニカ共和国）を併合したことであった。同国が独立を回復するのに4年間を要した。Moya Pons（1985), pp. 272-5参照。

(2)　この10年間の独立闘争は失敗したが，ホセ・マルテイ（José Martí）をキューバの独立

運動の指導者として世に出した。Foner (1963), Ch. 15-21 参照。マルテイはキューバにおけるスペインの支配を終結させた戦争（1895-98 年）では，民族主義運動の指導者となった。

（3） 1820 年代に宣言されたモンロー・ドクトリンは，米州で新たにヨーロッパが占領地を所有しようとする全ての試みに抵抗するという警告であった。フランスのメキシコ介入については，Haslip (1971) 参照。

（4） 19 世紀には，デンマークとスウェーデンもまた，カリブ海に小さな植民地を有していた。英国（英領ホンジュラス，英領ギアナ），フランス（仏領ギアナ）そしてオランダ（蘭領ギアナ）だけが大陸に領有地を有していた。これら三カ国のヨーロッパ列強は全てカリブ海の島を，（英国の場合はそれに加えて）南大西洋（フォークランド諸島とその属領）を支配していた。（ホンジュラス沖にある）ベイ・アイランドと中米（ホンジュラスとニカラグア）のモスキート海岸の英国保護領は，1860 年以後放棄された。

（5） ブラジルは奴隷労働力の供給を維持するためには，大西洋の奴隷貿易は不可欠と判断していた。この貿易を巡るブラジルと英国の摩擦については，Bethell (1970) 参照。

（6） 1857 年憲法施行後にベニート・フアレス（Benito Juárez）大統領によって開始された自由主義改革は，保守派の強い反対を招き，内戦を生んだ。メキシコ政府は債務返済を履行できなかったので，1861 年ヨーロッパ諸国が介入した。Marichal (1989), pp. 65-7 参照。

（7） この封鎖については，Hood (1975) が詳しく論じているが，二つの非常に異なる反応を引き起こした。ラテンアメリカ諸国は，債務不履行が決して外国の軍事的な介入の理由にはならないことを保証する，ドラゴ・ドクトリン（Drago Doctrine）を強く支持した。他方米国は，「危機にある」国の内政に米国がより強力に関与することで，ヨーロッパの介入の正当化をくじくことを目的とする，モンロー・ドクトリンへのローズヴェルトの系論を素早く宣言することとなった。

（8） 19 世紀後半の四半世紀に突出した米国の国力は，米国が第一位の経済力を持ったことを反映したものであるが，この点は Smith (1986) が論じている。

（9） この時期の米国の膨張を「内部」から説明したものとして，Munro (1964) が優れている。ダナ・マンロ（Dana Munro）は国務省員で，中米・カリブ問題に長年従事した。

(10) パナマ独立に果たした米国の役割に関する文献は多数ある。例えば，Schoonover (1991), Ch. 6 を参照。

(11) 米国のニカラグア介入の初期段階については，Denny (1929) がジャーナリストの視点で叙述している。1933 年に終結した軍事介入の全期間については，Bulmer-Thomas (1990 b) を参照。

(12) コロンブスはハイチ人とドミニカ人が共有するこの島を，イスパニオラ（Hispaniola）と名付けたが，米国のイスパニオラへの介入については，Langley (1983), Ch. 10-12 が的確に述べている。

(13) プエルトリコがスペイン領から米国属領に移行したことに関しては，Carr (1984) を参照。米国はキューバの独立を正式に認めたが，それはキューバがプラット修正条項を憲法に取り入れることに同意した後であった。これはキューバの主権に多くの制約を課すもので，条件次第で米国に介入する権利を与えるものであった。1934 年ようやく廃止されたプラット修正条項については，Lagley (1968) 参照。

(14) 「ドル外交」として知られるようになったのは，この実力行使の一部であった。Munro (1964) 参照。

(15) 19 世紀のパラグアイの人口推定には，かなりの範囲の幅がある。最も信頼できる推定で

は，人口は1850年の35万人から1870年には22万1,000人に減少し，1890年まで1850年の水準に回復しなかったと示唆している。付録1を参照。

(16)　ボリビアが太平洋岸の海岸部を失ったこと，そしてその喪失が国家の発展に与えた影響については，Bonilla（1985）が論じている。

(17)　アントニオ・グスマン・ブランコ（Antonio Guzmán Blanco）はほぼ20年間にわたりベネズエラ政治の中心的な人物であった。その間ベネズエラは独立後初めて，真の政治的な安定を経験し，他のラテンアメリカ諸国と同様な，自由主義的な近代化計画が採用された。しかしながらグスマン・ブランコの政治システムには「自由主義的」なものは何もなかった。Deas（1985）参照。

(18)　ポルフィリアート期として知られるこの時期の経済的な成果は，Rosenzweig Hernández (1989)，Ch. 4-6が論じている。この時期の政治とメキシコ革命の背景については，Knight (1986a), Ch. 1-3が見事に描写している。

(19)　公に論じられたこれらの全ての問題については，Hale（1986）を参照。

(20)　一人当たりの実質GNP成長率は1800年から1910年の間は1.5%，1800年から1910年は1.6%，1850年から1910年は1.9%であった。これらの推定値は全て，Mitchell (1983）の人口とGNPの不変価格のデータから入手した。関心のある読者は，筆者の計算が終わった直後に出版された，Mitchell（1993）を併せて参照されたい。

(21)　この4カ国が世界経済に占める重要性については，Lewis（1978）が論じている。Latham（1978), Solomou（1990）も参照。

(22)　ヨーロッパ周辺部での工業化については，Berendo（1982）が論じている。

(23)　決定的だったのは，1846年の穀物法の廃案であった。これによって英国の穀物農家は保護を失ったのである。植民地への優遇措置を終わらせるにはより長い時間を要したが，それはラテンアメリカにかなりの影響を与えた。例えば第三世界の果物と野菜輸出に占めるラテンアメリカの比率は，1829-31年のゼロから1911-13年には29%へと上昇した。Bairoch and Etemard（1985）p. 79を参照。

(24)　Solomou（1990), Ch. 1参照。

(25)　Lewis（1978), Ch. 2参照。

(26)　米国の輸入は1860年には3億3,600万ドルであったが，1862年には1億9,200万ドルに下落した。Mitchell（1983）参照。

(27)　Platt（1972), Appendix 2参照。

(28)　Staley（1944), Ch. 8参照。

(29)　1850年から1913年の間，英国の輸入額は（1913年の）不変価格で600%上昇した。しかし原料の輸入は400%しか増加しなかった。最も速い速度で輸入が増加した品目は，ラテンアメリカは太刀打ちできなかった完成工業製品であった。Mitchell（1988）を参照。

(30)　ヨーロッパが農産品輸入の関税を引き下げたことで貿易創出効果が完了すると，所得の需要弾力性に従って食料市場は拡大した。例えば英国の輸入に占める食料と畜産物の割合は，貿易創出が大きかった1850年から1890年にかけて増加した。しかしこの比率は，食料への需要の所得弾力性が相対的に低かったことを一部反映して，1890年から1913年の間に減少した。

(31)　初期のメキシコ石油産業の山師的な性格については，Spender（1930）が，英国人の企業家でポルフィリアート期に巨万の富を得て，最初のカウドレー伯爵となったウイートマン・ピアソン（Weetman Pearson）を取り上げて描写している。Young（1966）も参照。

(32)　メキシコのヘネケン産業の中心地は，ユカタンであった。ヘネケンは，北米の穀物生産の

機械化に必要な撚り糸として，理想的なことが判明した。

(33) キニーネは医薬品として価値があったが，多くのアンデス諸国でキナノキから採取された。パラグアイとアルゼンチンの最北地域に豊富なケブラコの木は，染料として珍重される，タンニンのエキスを産出した。

(34) ペルーのバルサムは医薬品として貴重なカシから抽出されるが，その名前にもかかわらず，原産地はペルーではなくエルサルバドルである。Browning (1971), pp. 61-2 参照。「ペルーの」という言葉は，おそらく植民地貿易の独特の表現に由来するに違いない。同様に，コロンビアとエクアドル産の麦藁帽子が，ヨーロッパや北米で売られる前に地峡を通過したので，19 世紀には「パナマ」として知られるようになった。

(35) コーヒーは 1911 年から 13 年には，ラテンアメリカの総輸出の 18.6%を占めた。この数字はアルゼンチンを除外すると 26.5%に上昇する。Bairoch and Etemard (1985), p. 77 参照。

(36) Thorp and Bertram (1978), Tables A. 1. 1 and A. 1. 2 参照。

(37) 図 3-2 のそれぞれのマトリックスの最初の列は，労働生産性の上昇をゼロと示しているが，これは大変厳しい推定である。最後のコラムは，一人当たりの実質 GDP 成長率の目標数値に等しい労働生産性（1.5%）の上昇を示している。このような算出結果は望ましいものではあるが，輸出主導型成長の初期の段階では，輸出および非輸出部門が同じ比率で成長していることを前提としているので，起こりそうにないことである。

(38) ウルグアイでは，たとえ非輸出部門の労働生産性が年率 1.5%で上昇しても，依然として一人当たりの実質 GDP 成長率を目標値に押し上げるには不十分である。ウルグアイの輸出実績が，目標（輸出比率が 0.3 から 0.4 と仮定して）の成長率に一致するには，労働生産性は年間 2 %上昇しなければならない。

(39) グアノ貿易の周期については，Hunt (1985) 参照。

(40) グアテマラでは，コーヒー産業はフスト・ルフィーノ・バリオス（Justo Rufino Barrios）大統領期の自由主義改革にかなり強く保護された。McCreery (1983) を参照。

(41) この輸出拡大で決定的な役割を果たしたのが鉄道であったことは，今では広く受け入れられている。Coatsworth (1981) 参照。

(42) この結果は複利の公式，$A=P\{(0.995)\}^{62}$, ここで P は期初の価値（例えば 100)，A は 62 年後（1850-1912 年）の最終的な価値，を応用して得ることができる。

(43) この（例外的な）期間，ラテンアメリカの輸出は年間 6.8%で成長したであろうと推計されている。Bairoch and Etemard (1985), p. 25 参照。

(44) 最悪の長期実績は，ハイチとホンジュラスの記録である。しかし双方ともに，長期に一貫して停滞したのではなく，短期間のプラス成長とマイナス成長を交互に繰り返した。

(45) 典例としてメキシコがある。1870 年以降メキシコの輸出実績は目標の数値の下限にかなり接近し，1890 年以後はそれを十分に上回ったが，長期間の輸出実績は，1850 年から 1870 年の輸出の絶対額が下落したことで悪化した。メキシコの輸出は，一人当たりの実質 GDP の長期の成長目標と一致するには，1912 年には（実際の水準の倍である）3 億 7,200 万ドルに達する必要があった。

(46) 1873 年以後の英国の長期「不況」についての従来の見解は，近年見直されている。現在では，実質所得の下落ないしは停滞というよりもむしろ，価格下落であると考えられている。この点は，表 3-1 で確認できる。これによると，1873 年から 1899 年までの英国の実質 GDP 成長率（2.1%）は，世紀の残りの年の実績と完全に一致している。しかし輸入額は，価格下落の結果，年に僅か 1 %しか増加しなかった。この輸入価格の下落は，英国市場に大きく依存していた国（例えばオーストラリア）の輸出額を反映するものであっ

た。

(47)　もしわれわれが輸出比率 w を 0.2 と 0.4 の間と仮定すると，三つの支配地への輸出の目標範囲（表 3-3）と長期の輸出（1850 年頃-1912 年頃）は次のようになる。オーストラリアの輸出目標範囲は 5.3 と 8.5 の間，輸出成長は 5.7。カナダの輸出目標範囲は 4.3 と 7.5 の間，輸出成長は 5.3。ニュージーランドの輸出目標範囲は 8.3 と 11.5 で，輸出成長は 8.8 である。このように，三カ国全部の長期間の輸出実績は，目標範囲の下限を超えていたし，年間実質 GDP 成長率 1.5%と一致している。

(48)　最終的に奴隷制が廃止された 1 年後の 1889 年に，大した社会的あるいは政治的な混乱もなく帝国から共和国への移行が達成された。Viotti da Costa（1986）参照。

(49)　Catão (1991), Ch. 4 参照。

(50)　バナナ輸出は鉄道の副産物として開始された。大西洋岸から首都サンホセまでの鉄道建設には莫大な費用がかかるため，線路が海岸部から内陸部に前進するにつれて，収入源を得るために，線路脇の地味豊かな土地で，すぐに生産できる作物が必要となった。コスタリカの鉄道建設とバナナ産業の鍵となる人物，マイノール・クーパー・キース（Minor Cooper Keith）の伝記，Stewart（1964）参照。

(51)　バナナ産業の起源と，その拡大に伴う無数の問題については，Adams（1914）が論じている。

(52)　貿易統計は Ferns (1960), pp. 492-3 にある。ベアリング恐慌それ自体については，Ferns（1992）参照。

(53)　19 世紀の貿易統計の問題点についての見事な説明は，Platt（1971）にある。

(54)　米国の輸入統計の最大の誤りはキューバ産タバコに関するものであるが，その理由は，そのうちのかなりが再輸出されたからである。Stubbs (1985), Ch. 1 参照。

(55)　英国人はアジアから輸入される茶を好んできたために今日まで，英国人の一人当たりのコーヒー消費は押し下げられてきたが，英国と他の諸国とのコーヒーの消費量の格差は，19 世紀のほうが大きかった。

(56)　Bureau of the American Republics (1892g), p. 132 参照。

(57)　Mills (n. d.), p. 159 参照。

(58)　とはいえウルグアイはアルゼンチンと同様，輸出先を多角化していた。Finch　(1981), p. 131 参照。

(59)　Ocampo（1984a）p. 157 参照。

(60)　Dalton (1916), pp. 276-7 参照。

(61)　Platt（1972), Appendix 1. 参照。

(62)　米国は暗黙のうちに，南部地域（アルゼンチン，チリ，ウルグアイ）における英国の優位を受け入れ，他方英国は，中米・カリブ地域における米国の優位を受け入れたが，第一次大戦前の，メキシコ市場を巡る英国と米国の対立は激しかった。Katz（1981）参照。

(63)　第一次大戦直前，この「パナマ帽」はコロンビアの輸出の 4 %を占めていた。Ocampo (1984a), p. 100 参照。

(64)　NBTT は輸出価格 $p(x)$ を輸入価格 $p(m)$ で割ったものと定義される。かくして，NBTT の上昇（下落）は，輸出価格の相対的な上昇（下落）を意味している。

(65)　この仮説は第 9 章でより詳しく論じられている。

(66)　IBGE (1987), Table II. II 参照。

(67)　例えば多くの場合，ラテンアメリカの輸入価格の代用として，英国の輸出価格を利用しているが，1850 年には 100.8（1880＝100），1913 年には 96.9 であった。Imlah　(1958), pp. 94-8 参照。

(68) Leff (1982a), p. 82 参照。
(69) Ocampo (1984 a) 参照。
(70) Rosenzweig (1989), pp. 181-2 参照。
(71) Palma (1979), Appendixes 18 and 32 参照。
(72) Hunt (1985), Table 2 参照。
(73) Platt (1971) 参照。
(74) Rosenzweig (1989), p. 162 参照。
(75) Oribe Stemmer (1989) 参照。
(76) しかしいくつかの価格が下落したのは，生産性の上昇によるものであった。キューバの砂糖価格が，19 世紀の長期間にわたり下落したのは，機械化による労働生産性の上昇と単位当たりコストの下落によるものである。
(77) ITT はITT＝NBTT. $q(x)=\{p(x)/p(m)\}$. $q(x)=e(x)/p(m)$と書くことができる。ここで$q(x)$は輸出量，$e(x)$は輸出額である。かくしてITT は輸出価格を輸入額で割ったもので得られる。従ってこれは，所与の輸出額で購入できる輸入量を測るものである。
(78) 最も整備されているのは，Brazil (IBGE, 1987), Chile (Palma, 1979), Peru (Hunt, 1973) である。
(79) 最初のブラジルのコーヒー・バロライゼーションの枠組については，Fritsch (1988), pp. 13-8 参照。
(80) アーサー・ルイス卿 (Sir Arthur Lewis) はしばしば，経済主体の最適化の行動を極めて困難にする，商品市場のいくつかの政治的な性質について注目している。1914 年までの砂糖外交の簡潔な要約については，Chalmin (1984) 参照。
(81) 自由党から転向したジョセフ・チェンバレン (Joseph Chamberlain) は，英国の自由貿易政策は競争力の喪失をもたらすと論じた。彼のポピュリスト的な主張は無視はできなかったが，彼は論争に敗れた。しかし彼の論陣によって英国が信を置いていた自由貿易が抑えられたことは疑いない。Bulmer-Thomas (1965), Vol. 1., pp. 162-3, 参照。

第 4 章　輸出主導型成長——供給面

(1) バナナ産業の初期に関しては，いくつかの優れた研究がある。例えば Kepner and Soothill (1935), Ch. 1-2 参照。
(2) 銀からスズへの転換については，Klein (1982), Ch. 6 参照。
(3) Bergad (1983), Ch. 3-4 参照。
(4) Rock (1986), pp. 406-7 参照。
(5) 糖業のこの視点については，Moreno Fraginals (1986), pp. 217-29 が適切に記述している。
(6) 例えばブラジルでは，1879 年の男子の誕生時の平均寿命は 27.1 才であった。この数字は当時のラテンアメリカではごくありふれたものであった。1920 年には，この数字は 31.4 才に上昇した。Arriaga (1968), pp. 29, 34 参照。1914 年に平均寿命が 48 才であったアルゼンチンだけが，先進国の水準にほぼ到達した。Sánchez-Albőrnoz (1986), p. 142 参照。
(7) Sunkel (1982), pp. 82-6 参照。
(8) グアテマラについては，Jones (1940), Ch. 12 参照。エルサルバドルについては，Menjívar (1980), pp. 87-112 参照。

(9) ブラジルにおけるゴムのブームは，Dean（1987）の優れた論文の主題となっている。ゴム労働者の扱いが国際的なスキャンダルとなったペルーについては，Vivian（1914），pp. 151-4 参照。
(10) Bureau of the American Republics (1892b), pp. 96-104 は，ある米国人領事による，当時のマテ茶の記述である。
(11) Bauer (1986), p. 182 参照。
(12) これらの問題点は，Duncan et al.（1977）所収の多くの優れた論文のテーマである。
(13) Gonzales（1989）参照。
(14) Thomas (1971), p. 186 参照。
(15) とはいえこのような労働者の死亡率は高く，英領西インド諸島の人間が彼らと交替した。Echeverri Gent（1992）参照。
(16) Bauer (1986), p. 184 参照。
(17) パナマの英領西インド人については，Conniff (1985), Ch. 1-3 参照。
(18) Hoetink (1986), p. 293 参照。
(19) こうした農業植民地には，多くの国籍を持つ人々が，さまざまな理由で関係した。パタゴニアに入植したウェールズ人にとっては，その動機の一つは自分たちの言語を保存することにあった。Williams (1991), Ch. 8 参照。Marshall（1991）には，ヨーロッパ系移民全体の優れた書誌が載っている。
(20) ブラジルのヨーロッパ移民の経済的な側面については，Leff (1982a), Ch. 4 参照。
(21) ブエノスアイレスの人口は1910年には，150万人に達していた。これと唯一競合したのは，リオデジャネイロの87万人であった。Mitchell（1983）参照。
(22) Cortés Conde (1986), p. 340 参照。
(23) Finch (1981), p. 25 参照。
(24) Sánchez-Albórnoz (1986), p. 129 参照。
(25) 国際的な（集団的）人口移動は，輸出部門の労働力不足を解決する方法としては不適当であった。第一に，全ての移民がその国に定住したわけではない。第二に，多くの移民は輸出部門で働くことを選択しなかった。ブラジルのサンパウロ州の場合，1892年から1895年の間に到着した移民のうち79%が，定住した。しかし1906年から1910年の間に到着した移民で定住したのは，僅かに9％であった。Holloway (1980), p. 179 参照。
(26) 最も悪名高い例は，1907年のチリ北部の硝石の積み出し港イキケの，ストライキの鎮圧で，数百人が犠牲となった。Blakemore (1986), p. 529 参照。
(27) 例えばブラジルでは，「このような条件は，経済の先進部門が，実質賃金を上昇させることなくほぼ一世紀は成長できるようなパターンを生んだ」と議論されてきた。Leff (1982a), p. 69 参照。
(28) 債務隷農，すなわち債務ペオンは，近年再解釈の対象となっている。すなわち労働力不足は，債権者よりも債務者に有利であったという見方である。例としてMiller（1990）を参照。労働力不足が債務者に有利に働いたという議論は，直ちに導かれるであろうが，実際にそのことが起きたかどうかは定かではない。
(29) オーストラリアは，囚人の植民地であったという不運な出発にもかかわらず，1841年から45年と1886年から90年の間に賃金は120%上昇した。同時期の物価上昇率は10%であった。Tregarthen (1897), p. 421 参照。
(30) 贈与はリチャードソン建設会社（Richardson Construction Company）に対して行われた。Knight (1986a), p. 111 参照。
(31) 革命前夜の1910年のセンサスは，1万1,000人（人口の0.1%）の地主が57%の土地を

支配していることを明らかにした。Singer (1969), p. 49 参照。

(32) エクアドルでは，19 世紀末に政府が教会の土地を没収したが，その土地は分配されなかった。ごく一部のかなりの資産のある者だけが，その土地を手に入れることができた。Deas (1986), pp. 666–7 参照。

(33) この時期のパラグアイ経済史については，Abente (1989) を参照。

(34) 砂糖経済については，Moreno Fraginals (1986) 参照。バナナ産業の規模の経済については，Karnes (1978), Ch. 2 参照。

(35) Gallo (1986), p. 367 参照。Taylor (1948), pp. 190–204 も参照。

(36) Brading (1978), Ch. 6 参照。また Knight (1986a), p. 12 も参照。

(37) グアノは未熟練労働力と最も原始的な道具（例えばシャベル）を利用して採取することが可能であった。Levin (1960) 参照。

(38) メキシコにおける教会の融資については，Chowning (1990) 参照。

(39) 鉱山の失敗に関しては，Rippy (1959), ch. 1 参照。稀な例外は英国人が所有していた，ブラジルのセント・ジョン・デル・レイ鉱山会社 (St. John D'el Rey Mining Company) であった。Eakin (1989) を参照。債務の初期の不履行については，本書第 2 章参照。

(40) 商業銀行の普及については，Jones (1977a) が見事に記述している。

(41) 現在のシティーバンク (Citibank) の前身であるナショナル・シティー・バンク (National City Bank) が，米国の法改正を最初に有利に活用し，1914 年 11 月，ブエノスアイレスに支店を開設した。Stallings (1987), pp. 64–6 参照。

(42) 例えば 4 つの主要な英国系のラテンアメリカの銀行の全財産は，1870 年の 890 万ポンドから 1890 年には 3,260 万ポンド，1910 年には 6,630 万ポンドに上昇した。Jones (1977a), p. 21 参照。

(43) Rippy (1959), p. 74 参照。

(44) 外国（英国）資本の生産部門への投資の平均利益率は，6–7%であったが，これは英国内と植民地政府の債券利回りを 3–4%（約 2 倍）上回っていた。Platt (1977), p. 12 参照。

(45) ラテンアメリカの金融，土地それに投資会社 58 社のうち，19 社もがアルゼンチンで業務を行っていた。Wilcox and Rines (1917), pp. 840–4 参照。

(46) (1896 年に設立された) ペルー証券取引所は当初数年間，いくつかの民間企業の設立に利用された。しかし 1914 年にはその重要性を失った。Thorp and Bertram (1978), pp. 36, 131 参照。

(47) Lewis (1990) Ch. 4 は，Di Tella とその他のアルゼンチンの成功した資本家について見事に記述している。

(48) アントニオ・プラド (Antonio Prado) (1840–1929) は，一族の財産の基礎を土地から製造業と金融に転換した開拓者であった。Levi (1987) 参照。

(49) アグスティン・エドワーズ (Agustín Edwards) は 19 世紀末までに，製造業，金融，商業それに農業に利権を有していた。Kirsch (1977), p. 102 参照。

(50) 第一次大戦前の世代までに，ゴメス (Gómez) 一族は製造業と進歩的な職業において，確固たる地盤を巧みに築いた。Lomnitz and Pérez-Lizaur (1987), p. 106 参照。

(51) アルゼンチンでは 1883 年には早くも，就学年齢のほぼ 4 分の 1 近い，13 万人の子供が，初等教育を受けていた。生徒一人当たりの支出は，ほぼ英国と同じで，米国よりも多かった。Mulhall and Mulhall (1885), p. 67 参照。

(52) 1914 年までに，チリでは入学者数を 38 万人にまで押し上げて，1885 年に 30%以下であった識字率を，1910 年には 50%以上に上昇させた。Blakemore (1986), p. 527 参照。

(53) Fischel (1991) はコスタリカ政府の教育制度とその初期の初等教育へのコミットメント

に関する，優れた研究である。

(54)　ウルグアイ政府の教育へのコミットメントは，ホセ・バッイェ・イ・オルドーニエス（José Batlle y Ordóñez）が1903年の政権に就いたことによる。Oddone（1986), p. 466参照。

(55)　Wilcox and Rines（1917), pp. 31-9参照。

(56)　時代遅れのカリキュラムと厳し過ぎる訓練に対して不満が高まり，1918年にコルドバ（アルゼンチン）で大規模なストライキが発生した。これがきっかけとなり，ラテンアメリカ全体で高等教育改革への道が拓かれた。Hale（1986), pp. 424-5参照。

(57)　ラテンアメリカへの投資を行った，その他の先進国として，ベルギー，イタリアそれにスペインがある。

(58)　1850年以降，ラテンアメリカ諸国がいかにして国際資本市場に復帰したかについては，Marichal（1989）の記述が優れている。

(59)　1824年の債務を返済した年の10年後の1870年，ブエノスアイレス州は依然として，ロンドン市場において103万4,000ポンドの債券発行額に対して，12%の割引を受け入れなければならなかった。Rippy（1959), p. 30参照。

(60)　とはいえ第一次大戦前の最後の平穏の年であった1913年でさえ，グアテマラとホンジュラスは債務不履行に陥っていた。Rippy（1959), p. 72参照。

(61)　例えば1914年までの5年間，ブラジルにおける公的債務全体の70%程度が，外国からの借款によるものであった。Fritsch（1988), Tables A. II and A. 14参照。残りの30%は国内債務の支払いに充てられた。

(62)　例えばこれは，米国が侵攻する以前のドミニカ共和国で起きた。Hoetink（1986), p. 300参照。

(63)　グレース契約（The Grace Contract）は，グレース会社（Grace Company）を設立した移民の名前を取って名付けられたものだが1890年に発効した。対外債務全体が，債権者（以後ロンドン・ペルー会社（Peruvian Corporation of London）に一括委任された）への，国有鉄道の66年間の使用権，チチカカ湖の無料航海権，300万トンのグアノとの引き替えに，帳消しにされた。Klarén（1986), pp. 598-9参照。

(64)　Langley（1983）は，このような国々において，米国が対外貿易関税を監視したことを記述している。

(65)　Moreno Fraginals（1986）を参照。スペインが駆逐された後のプエルトリコでは，米国の投資の結果，糖業が目を見張る程成長した。Ramos Mattei（1984）参照。

(66)　米国管理下のバナナ産業は，1899年にいくつかの小さな会社が集まってユナイテッド・フルーツ社（United Fruit Company）が設立された後，急速に成長した。Kepner（1936), Ch. 2参照。

(67)　アルゼンチンの食肉産業への英国資本の投資については，Hanson（1938), Ch. 5参照。ウルグアイについては，Finch（1981), Ch. 5参照。

(68)　好例はラプラタ川沿岸諸国が，輸出割り当てを通して競争を制限するために設立した，牛肉トラストである。Smith（1969), Ch. 3参照。

(69)　ピアソン（Pearson）はついに，近郊地域から運河によってメキシコ市に水を供給する技術的な問題を解決した。Spender（1930）参照。

(70)　ラテンアメリカの英国系公益事業会社については，Greenhill（1977）参照。ブラジルにおけるカナダの公益事業会社の優れた事例研究として，McDowall（1988）参照。

(71)　Jones（1977b), pp. 58-63参照。明らかに，このような価格固定の取り決めは，部分的には，1890年以降多くのラテンアメリカ諸国が採用した，外国保険会社に，政府発行有価

証券を買うことと，現地預金を持つことを義務づけた，敵対的な立法措置の動きにその原因がある。

(72) 最も顕著な例は，中米のインターナショナル鉄道（International Railway）である。この会社はグアテマラにあるユナイテッド・フルーツ社（United Fruit Company）(UFCO) の子会社で，UFCO が大西洋岸で運営していたプエルト・バリオス（Puerto Barrios）（港）に外国貿易を向けるために，価格差別化を行った。Bauer Paíz (1956) 参照。

(73) この不平等な関係は，小国に限定されたわけではなかった。ベネズエラで 1908 年にファン・ヴィセンテ・ゴメス（Juan Vicente Gómez）が政権についてから，外国の石油会社に大規模な土地の譲渡と免税の特権を与えたことは，まさにこのことを指している。McBeth (1983), Ch. 1 参照。

(74) 債務返済能力を低下させた，財政の悪化が，悪名高いグレース契約（Grace Contract）の背後にある，主要因であった。注(63)参照。

(75) 例外的に，包括的な国際収支の統計が作成されたブラジルでは，1889 年から 1914 年の間，一年を除いて，毎年貿易黒字（輸出マイナス輸入）を記録した。この黒字は，対外債務の利払いのために縮少したものの，2 年間を除いて，経常収支はなお黒字であった。この期間中の 11 年間，公的対外債務の償還は，新規の外資流入を上回っていた。Fritsch (1988), Table A. II を参照。

(76) 例えばペルーでは，グアノ・ブーム期に輸出税は段階的に廃止された。そして輸出業者の政治力により，歳入が不足していたにもかかわらず，その後再び徴収されることはなかった。Thorp and Bertram (1978), p. 30 参照。

(77) 第一次大戦前，サンパウロ州では，コーヒー輸出税が税収入総額の 70%を占めていた。Holloway (1980) 参照。

(78) 輸出税は，1876 年から 77 年の間，歳入総額の 6 %を占めたが，1910 年から 11 年の間にこの比率は 0.5%に減少した。Catão (1991), p. 132, Table IV. 3. 7 参照。

(79) Sunkel and Cariola (1985), Tables 20-22 参照。

(80) 1913 年には，11 の英国系硝石会社の資本の収益率は，その全てが 15%以上であった。そしてひとつの例（Liverpool Company）では，150%という驚異的な数字に達した。Rippy (1959), p. 73 参照。（「硝石の王様」として知られていた）英国人技師ジョン・トーマス・ノース（John Thomas North）は，1896 年に死亡するまでに，このような会社の多くを設立した。Blakemore (1974) 参照。

(81) 例えばペルー会社（Peruvian Corporation）は，グレース契約（Grace Contract）の規定により，グアノ輸出に課税されなかった。注(63)参照。

(82) 中米及びカリブ諸国で果物会社が署名した，バナナ生産の契約書では，果物会社内の売店で販売される消費物資を含めて，あらゆる輸入品に，殆ど例外なく免税特権を付与していた。

(83) 関税（外国貿易）への課税基準は，その国の規模に反比例して変化する傾向があった。とはいえ多くの国に比べて，対外貿易の相対的な規模がそれほど大きくないブラジルでさえ，1913 年には，依然として輸入関税だけで，連邦政府の全歳入の 56%を占めていた。Fritsch (1988), Table A. 14 参照。

(84) 1909 年から 12 年の間に，コーヒー価格が急上昇した時に，ブラジルの連邦政府の歳入はほぼ 40%上昇した。しかし政府の歳出はそれよりも早く増加し，この結果赤字が拡大した。Fritsch (1988), Table A. 12 参照。ペルーではギブス契約（Gibbs Contract）(1849-61) とドレイフス契約（Dreyfus Contract）(1869-78) により，政府は非常に高い割合の

利益を受け取ることになった。その結果多くの税が徐々に廃止されるか減少し，グアノ以外の資金源からの収入は，1840 年代中頃よりも 1870 年代中頃のほうが少なかったのである。Hunt (1985), Tables 3 and 5 参照。

(85)　従量税は貿易量（例えば，織物 1 メーターに対して 10 ペソ）に課税される。他方従価税は価額に対して課税される（例えば織物の輸入価格の 10%）。従量税は，輸入業者が輸入額を正しく評価することが，不可能とはいえないまでも困難な時に，選択された。またこれには税関での不正を減少させる意図もあった。19 世紀の貿易統計は「申告」と「公式」の価格による輸出入額であったが，その「価格」はしばしば長年にわたり変化しなかった。

(86)　1890 年から 1898 年の間，ブラジルの生計費指数は 200%上昇した。（課税基準の）輸入のポンド価格は事実上変化しなかったが，輸入税による歳入は 120%上昇した。かくして国内のインフレーションに合わせて，従量税を上げるいくつかの試みがなされたが，実質的な収入額は大幅に減少さえした。

(87)　米国の税関管理官がいったん置かれると，解任するのは困難であった。例えば米国がニカラグアの税関を支配し始めたのは 1911 年であったが，最終的に支配が終了したのはその 40 年後であった。

(88)　Thorp and Bertram (1978), p. 359, n. 59 参照。

(89)　1890 年から 1913 年の間に，（極めて典型的な例である）ブラジルでは，政府の支出総額の 24.7%が，公的債務の返済に充てられたが，総歳入額に占める比率はもっと高かった。Fritsch (1988), Table A. 14 参照。公的債務の利払いは，固定資本形成よりもはるかに大きく，ある年（1898 年）には，利払いを含まない全ての経常支出よりも多かった。

(90)　革命は 1910 年に始まり，徐々に暴力の度を増した。ある程度安定化したのは，1917 年にベヌスティアーノ・カランサ（Venustiano Carranza）が大統領に就任してからである。革命の最中はハイパーインフレーション（1913 年から 16 年），社会，政治それに金融上の動乱の時期であった。

(91)　エンシルアメント（encilhamento）として知られるが，これはブラジルのパペリスタ（papelistas）が王室の追放に引き続いて，あらゆる金融上の慎重さを放棄した時期であった。（1889 年から 91 年の）2 年の間に，貨幣供給量は 200%上昇した。

(92)　内戦は 1890 年に始まり，1902 年に終わった。この間に，自由派と保守派の双方は，非常な勢いで紙幣を発行したので，通貨価値は 30 セント金貨から 1900 年には 10 セントに，1901 年には 2 セント，1902 年には 0.4 セントに下落した。Eder (1912), p. 75 参照。また Bergquist (1978), pp. 200-1 も参照。

(93)　このプロセスはホセ・マリア・レイナ・バリオス（José María Reyna Barrios）(1895-98) が開始したが，真犯人はマヌエル・エストラーダ・カブレラ（Manuel Estrada Cabrera）(1898-1929) であった。彼はコーヒー農園主の強力な政治的忠誠を得るのに不可欠な手段として，不兌換紙幣を作り，通貨の切り下げを行った。Young (1925) を参照。

(94)　セラヤ大統領（1893-1909 年）の場合，多くの反乱に直面し，軍事支出の増大の結果，財政は赤字となった。Young (1925) 参照。

(95)　銀の金価格の下落は 1873 年に始まった。そして 20 世紀の初めまで続いたが，この時までには，ニューヨークにおける 1 オンス当たりの純銀の平均価格は，1 ドル 32 セントから 53 セントに下落していた。

(96)　通貨の混在は，正貨が不足したことにより，しばしばより混乱した。このため各国は，日々の取り引きに輸入した硬貨を使用することを余儀なくされた。例えばペルーのソル

は，19世紀の後半に，グアテマラの貨幣として重要な役割を果たし，20世紀初めには，英領ホンジュラス（ベリーズ）の金融にまで浸透した。Banco de Guatemala (1989), pp. 64-75参照。

(97) エルサルバドルは1892年に，金本位制の導入を試みたが，金準備高は不十分であった。従って金貨は流通するや否や退蔵された。同国は第一次大戦が勃発した後に，不兌換性が宣言されるまで，銀本位制に戻ることを余儀なくされた。Young (1925) 参照。

(98) 例えば，これはボリビアやグアテマラの場合に当てはまる。またメキシコが1905年に金本位制を採用するまで，同様のことが起きた。

(99) 貨幣的錯覚の程度はそれほど驚くべきものではない。僅かの国しか，生計費指数を作成していないし，成人の大多数が非識字人口である社会で，指数を公表しても大きな影響はなかったであろう。労働契約は現金支払と同様にしばしば現物支給を伴った。インフレーションは通貨の切り下げを意味したかもしれない。しかしこの関係をはっきりと理解したのは，農民よりも都市のエリート層であった。

(100) 1オンス当たりの純銀の平均価格は1902年の53セントから1906年には67セントに上昇し，1908年には再び53セントに下落した。

(101) グアテマラの輸出業者は時として，同一年に為替レートの乱高下に直面した。1899年にはその差は1ドルに対して3.00ペソから8.50ペソの間であったが，1903年には12.15から21.00となった。この差は，コーヒーの販売を黒字から赤字に逆転させることができるほど，大きいものであった。

(102) このような税はしばしば従量税であり，このことが通貨の切り下げと歩調を合わせて上昇しなかったもう一つの理由である。しかし公的対外債務の支払いは，通貨切り下げに比例して増大した。

(103) 注(97)を参照。エルサルバドルは銀の金価格が高かった1919年ついに，金本位制への移行に成功した。

(104) チリでは1895年，アルゼンチンでは1899年，ブラジルでは1906年に交換基金が設立された。Williams (1920) とFord (1962) は，金本位制の前後それぞれの，アルゼンチンの金融制度についての古典的な研究を盛り込んでいる。

(105) チリの実験は1895年に開始されたが，1898年に頓挫した。Hirschman (1963), pp. 171-2参照。

(106) ドミニカ共和国は1900年にドルを採用した。パナマではドル以外の通貨が流通したことはない。現地硬貨バルボア（balboa）が創られたが，これは国家主権を表現するために利用された虚構であった。

(107) 第一次大戦前のチリのインフレーションは，多くの研究のテーマとなってきた。例えばFetter (1931) 参照。

第5章　輸出主導型成長と非輸出経済

(1) 主要な例外は，フランシア（Francia）政権下のパラグアイである。本書32ページ参照。

(2) 肉牛飼育の副産物として生産された石鹸や蠟燭は，ラテンアメリカにおける初期の化学工業生産の例である。

(3) チリの海運業は1835年から1849年の間，競争から強く保護されていた。カリフォルニアのゴールドラッシュによって，チリの輸出業者は新たな機会をつかみ，チリ国内の海運業

の優位は消滅していった。Véliz（1961）を参照。

（4） ブラジルの沿岸海運業に対する保護は，1862年以降になくなった。そして1873年に自由競争が最終的に確立した。Prado（1991），pp. 196-8参照。

（5） これらの例外的な状況は，殆ど全ての生産物が輸出され，殆ど全ての消費が輸入によって充足される時に出現する。この場合，輸出増加率とGDP増加率は殆ど同じである。しかしながらラテンアメリカ諸国の中でこのような高い水準の輸出特化を達成した国は一つもない。付録2参照。

（6） DUAに従事するPEAは，農業部門の割合から輸出部門の割合（E）を引いたものに等しい。輸出部門の割合　L［E］/PEA　は，次のように表現できる。
L[E]/PEA＝(E/GDP)・(GDP/PEA)・(L［E］/E)＝(E/GDP)・(APL/APL［E］)
(E/GDP)はGDPに対する輸出の割合，APLは労働の平均生産性，APL［E］は輸出部門における労働生産性を意味する。1914年以前，多くのラテンアメリカ諸国では，農業部門の労働者の割合が70%ぐらいであった。そしてGDPに占める輸出部門の割合は20%であった。従って，輸出部門の労働生産性は，国全体での平均よりも高かったことが導かれる。すなわち，(APL/APL[E])＜1となり，PEAに占めるDUAのシェアは50%を超えていたことになる。

（7） 最も低い数値はアルゼンチン，チリ，ウルグアイにみられる。しかしこれら3カ国においても，オーストラリアやニュージーランドに比べると（農業に従事する労働力の）割合は高かった。

（8） ブラジルではGDPに対する農業の割合が25%，GDPに占める輸出（そして輸出向け農業）の割合は15%であった。こうしてGDPの10%は，DUAに従事していた全労働力の50%によって生み出された。これはDUAの労働生産性が，国全体の平均の20%に等しかったことを示す。

（9） 生存部門は，それが作り出したものを消費する。従って市場で取り引きされる余剰は存在しない。ラテンアメリカで市場で取引されたのは全産出量のごく僅かであったけれども，ラテンアメリカ農村社会においては，生存部門は非常に珍しい事例であった。

(10) Dietz（1986），Table 1. 3, p. 20参照。

(11) Ocampo（1984a），Table 3. 11, p. 158参照。

(12) 南米南部は，アルゼンチン・チリ・ウルグアイの地理上の名称である。

(13) Sunkel（1982），Table 43, p. 158参照。

(14) 第一次大戦直前におけるメキシコのトウモロコシの生産量は，1ヘクタール当たり8.5キンタル（quintal:　約46 kg）であった。同時期，米国は16.3キンタル，オーストラリアは17.7キンタル，ニュージーランドは31.2キンタル，そしてカナダは35.2キンタルであった。League of Nations（1925），Table 51を参照。

(15) チリ北部の硝石鉱山から中部渓谷の農業への後方連関についてはSunkel and Cariola（1985）の研究で詳細に分析されている。このような環境の下で，チリのGDPに対する農業の貢献度（表5-1参照）に比べて農業に従事する労働力の割合が高いことに，おそらく困惑するであろう。この問題は1907年センサスの質を反映しているのかもしれない。労働力データが引き出されているこのセンサスは，計数が「(次回のセンサスに比べて)センサス実施時の農業従事人口を過大評価しているかもしれない」という議論を引き起こした。Ballesteros and Davis（1962），p. 159を参照。

(16) Leff（1982a），pp. 146-9を参照。

(17) Coastworth（1981），Ch. 4を参照。

(18) Rosenzweig（1989），Table 16, p. 250を参照。

(19) 例えばニカラグアでは，山岳から大西洋岸の間に広大な牧草地が広がっていたが，1908年には人口が50万を超えていたのに対し牛は25万2,000頭しかいなかった。
(20) Singer (1969), p. 49 参照。
(21) Taylor (1948), p. 191 参照。
(22) 19世紀のコスタリカの土地集中の程度に関する議論は今も続いている。しかし自分の土地を所有する農業労働力の割合が非常に高かった事実に対しては異論はない。Gudmundson (1986) Ch. 1, 2 参照。
(23) 例えば Miller (1990) によるメキシコのアシエンダの研究を参照。
(24) ガウチョの消滅は，ホセ・エルナンデス（José Hernández）の詩『マルティン・フィエロ』（*Martín Fierro*）の中で雄弁に語られている。彼らの経済面での重要性は，アルゼンチンのパンパに有刺鉄線が導入されてから低下した。なぜならガウチョの主要な役割は，何マイルにもわたる原野を歩き回る牛を追うことだったからである。
(25) 1840年代に既に米国は，単に農業機械を生産するだけでなく輸出もしていた。後にアルゼンチン大統領になるドミンゴ・サルミエント（Domingo Sarmiento）は，1847年に米国を訪れたとき，機械が農業生産に利用されているのを見て強い印象を受けた。Rockland (1970) 参照。
(26) 本書34ページを参照。
(27) これらの初期の工業生産の例は，Lewis (1986) の中でよく述べられている。
(28) 砂糖を生産するための器具には様々な名前がつけられている。例えばコスタリカではトラピッチェ（trapiche: 圧搾機）と呼ばれていた。これらの器具は，通常は馬やラバの力で動き，仕組みはそれほど複雑ではなかった。砂糖は主に家庭に売られたが，サトウキビの搾り汁は，しばしばラム工場へ売却された。例えば Samper (1990), p. 63 を参照。
(29) ヨーロッパのプロト工業化の古典的研究として Mendels (1972) がある。
(30) ラテンアメリカのプロト工業化については，多くの研究がなされてきた。例えば次の研究を参照。コロンビアについては Berry (1987)，ブラジルのミナス・ジェライスについては Libby (1991)。Batou (1990, 1991) は，ラテンアメリカと中東の初期の工業化について，多くの事例研究を用いて優れた比較を行っている。
(31) このような婦人服は，洗練された刺繍を含んでいるので，工場制度といった条件下では生産するのが難しかったし，今でも難しい。
(32) Berry (1983), Table 2. 1, p. 10 を参照。
(33) 1910年のブラジルでは，毎時3億7,400万キロワットの電力が発電された。このうち3億1,500万キロワットは水力発電によるものであった。Bairoch and Toutain (1991), p. 106 を参照。
(34) 1990年のボリビアもまだ，1900年のアルゼンチンほど都市化はされていない。人口の大部分が，農村部の小さなコミュニティーに散在していたことは，工業化率に大きな影響を及ぼしていた。
(35) 例えばメキシコでは，鉄道時代になっても，これらの地域独占の多くはなくならなかった。Haber (1989), pp. 84-6 参照。
(36) 移民と製造業との関係を分析した良い研究は多数ある。例えばブラジルのサンパウロに関する Dean (1969) とアルゼンチンに関する Lewis (1990) を参照。
(37) ペルー・イタリア銀行（The Peruvian Banco Italiano）は1898年に設立され，多くの新興製造業企業に資金援助を行った。Thorp and Bertram (1978), p. 32 を参照。
(38) この当たり前の論点は，通常，初期のラテンアメリカ製造業に関する従属学派の著作の中では見過ごされてきた。本書149-50ページ参照。

(39) 本書25ページ参照。
(40) いくつかの証拠によれば，コロンビアは1905年以降，経済的「離陸」を開始したことになっている。McGreevey（1985）参照。しかし1905年は，1914年以前の主要なマクロ経済指標に十分な影響を持つには，あまりにも遅すぎた。そしていずれにせよ第一次大戦後の長期間にわたって，工場生産は依然としてさほど重要ではなかった。Berry （1983), Table 2. 1, p. 10参照。
(41) 中米諸国の大部分では，1870年から1890年の間，輸出の急速な拡大を享受したが，近代製造業への目立った投資は見られなかった。
(42) 北東部から南部への繊維産業の移転については，次の研究がよく説明している。Stein (1957)。
(43) 繊維産業が支配的であったプエブラ（Puebla）は相対的に衰退していった。一方，モンテレイ（Monterrey）は，都市部における新しい躍動的な産業が立地されたため，その重要性を急速に高めていった。
(44) しかし戦後のコロンビアでは，メデジン（Medellín）が大きな製造業都市として登場し，首都に工業が集中するという流れは抑えられた。
(45) Fishlow（1972), p. 323参照。Fishlowが明らかにしているように，この単純な統計による計測には，実際には問題がある。
(46) IBGE（1987）所収のTable 7. 6と3. 1から得た。
(47) 19世紀ドイツの統計学者エンゲルは，家計所得の水準と所得のうち食品に支出される割合の間には負の関係があることを明確にした。このことは，食料に対する需要は所得に対して非弾力的であり，他の条件が一定であれば，平均所得が上がるにつれて全製造業に占める食品生産の割合は低下することを導き出す。
(48) メキシコの紡錘数は，1910年で72万6,000錘であった。Clark（1911), Part 4, p. 118.
(49) 比較優位の法則は，ある国の中で最も相対コストが小さい商品をその国は輸出すべきであるということを述べている。アルゼンチンの場合，これは明らかに農産物加工品の輸出であった。
(50) ラテンアメリカのセメント産業の起源は，Kock-Petersen（1946）を参照。
(51) モンテレイ鋳造所（Fundidora Monterrey）は，利益を生まなかったので，第一次大戦前に配当を出すことは決してなかった。Haber（1989), Ch. 7参照。
(52) 早くも1900年から1904年には，アルゼンチンの輸入に占める消費財の割合は，40%以下になった。Díaz-Alejandro（1970), p. 15参照。
(53) Thorp and Bertram（1978）は，現地企業を基礎にした1890年代のペルー工業のダイナミズムは，第一次大戦前の10年間，あまりさえない状況となったと述べている。
(54) この基本的な関係はChenery（1960）によって確立され，その後数多くの精緻化を経てきた。例えばSyrquin（1988）を参照。
(55) 本書88-90ページを参照。
(56) 米国では，1791年にアレクサンダー・ハミルトンの製造業に関する有名な著作が出版されて以来，関税の保護機能が認識されてきた。第一次大戦前の保護主義は，1890年のマッキンリー（McKinley）関税においてピークに達した。これは関税の全体的な水準を38%から49.5%に引き上げるものであった。事実，米国の保護主義は大変強く，ある歴史家は次のように記している。「わが国の通商政策の基調は，それが開始されたときからずっと，自国の製造業のために自国市場を保護し，外国との競争を排除することにあった」。Bogart（1908), p. 396.
(57) 例えばコロンビアでは，1820年以前の関税水準は30-40%の幅であった。McGreevey

(1971)， p. 34. 1840年代初めの平均的な関税は，27.9%であったと計算されている。Ocampo and Montenegro (1984), p. 264.

(58) 本書27-8ページを参照。

(59) 従ってラテンアメリカの「自由」貿易は英国とは異なり，関税をゼロにすることを決して意味しなかった。実際は，「公正」貿易の方が19世紀の商業（貿易）政策を表すのにより正確な記述でであろう。

(60) Ocampo and Montenegro (1984), pp. 265-6を参照。他の資料ではさらに低い数値が示されている。例えばMcGreevey (1971), p. 170を参照。

(61) 需要の価格弾力性は，価格変化の割合に対する需要変化の割合の比率である。従って弾力性が1より大きい場合，価格が低下すると総収入は増加する。

(62) この効果はNBTTが改善されている時期により強く現れた。他の条件が同じと仮定すれば，NBTTの上昇は輸出購買力の増加と輸入能力の拡大を意味した。

(63) Versiani (1979), p. 19を参照。

(64) McGreevey (1971), p. 80を参照。

(65) Rock (1987), p. 150を参照。

(66) Thorp and Bertram (1978), p. 30を参照。またHunt (1985), Table 13では，1860年代以前から，いくつかの品目に対して，従価関税率が低下しているのがわかる。

(67) 平均値は不変でも相違が大きい場合，保護の度合いが高まることがある。なぜなら現地生産されている可能性がある商品に対して高いレートが殆ど常に適用されるからである。

(68) アルゼンチン，オーストラリア，カナダ，米国についてはDíaz-Alejandro (1970), p. 285を参照。ブラジルについてはLeff (1982a), p. 175を，ウルグアイについてはFinch (1981), p. 168を，ベネズエラについてはKarlsson (1975), p. 64を参照。

(69) アルゼンチンのこの差額は，1910-40年の間については計算されている。Diaz-Alejandro (1970), p. 282を参照。

(70) Díaz-Alejandro (1970), p. 286を参照。

(71) 公式な輸入価格を基に計算すると，1913年の平均輸入関税率は20.8%となる。市場価格を使用すると，この値は17.7%に低下する。Díaz-Alejandro (1970), pp. 280-6を参照。

(72) アルゼンチンに対する英国の鉄道投資に関しては，Lewis (1983) を参照。フランスの投資に関しては，Regalsky (1989) を参照。

(73) Palma (1979), Ch. 2を参照。

(74) しかしブラジルはある種の原料に高い関税をかけていたので，これらの投入財に大きく依存していた産業では，名目保護率よりも実質保護率のほうが低くなったことも明記されるべきである。Leff (1982a), p. 176を参照。

(75) Díaz-Alejandro (1970), p. 290を参照。

(76) Versiani (1979), pp. 18-23を参照。

(77) Thorp and Bertram (1978), p. 125を参照。

(78) 比較可能なデータを見つけるためにMaizels (1963) に記載されている13カ国（ラテンアメリカ諸国を除く）を用いることで，1913年に対して次の方程式が得られた（1955年価格使用)。

$$lnMAN[pc] = -2.57964 + 1.497379\ lnGDP[pc] + 0.135668\ lnPOP \quad R2 = .72$$
$$(0.290418) \qquad\qquad (0.16763)$$

$lnMAN[pc]$ は製造業の人口一人当たり純生産の対数である。$lnGDP[pc]$ は一人当たりの実質GDPの対数である。$lnPOP$ は人口の対数である。括弧内の数値は係数の標準誤差である。そしてこの方程式は，表5-3に載っている国の製造業の純産出を予測するた

めに使われた。1955年米ドル価格と1970年米ドル価格の差を調整し（50%上昇したと仮定した），次に公的為替レートと購買力平価為替レートの違いを調整した後（Maizels (1963), Table F. 2, p. 546を参照）に算出された5カ国の製造業の純産出高の実質値と予測値の比率は次の通りである。アルゼンチン（0.55），ブラジル（1.15），チリ（1.29），コロンビア（0.68），メキシコ（1.03）。この結果によって，一人当たりの所得水準と人口規模を前提にしたとき，特にアルゼンチンは相対的に工業化が進展しなかったことが論証される。

(79) 1955年ドル価格（購買力平価為替レートを使用）によれば，1913年のアルゼンチンの一人当たりの純製造業生産は70ドルであった。アルゼンチンよりも人口が少なく一人当たりの実質所得も低いスウェーデンは145ドルを記録した。オランダとノルウェーは，一人当たりのGDPはほぼ同じで人口規模は小さかったが，それぞれ105ドルと120ドルを記録した。Maizels (1970), Tables B. 2とB. 4を参照。

(80) このことは，アルゼンチンが最初の農業センサスを行ってから25年後の1908年に初めて工業センサスを行ったこと，そしてそれから1937年まで第2次工業センサスが行われなかったことと関係している。Travis（1990）を参照。

(81) もしアルゼンチンの繊維産業がブラジルと同水準の付加価値（表5-3と5-4を参照）を生み出していたら，一人当たりの製造業純生産はほぼ15%増加したであろう。

(82) Diaz-Alejandro（1970), p. 291を参照。

(83) 本書第4章注(84)を参照。

(84) ラテンアメリカにおける製造業者の最初の組合については，Lewis (1986), pp. 310-9を参照。

(85) Haber（1989）の研究は，メキシコの工業製品輸出業者が，高価格のために直面した問題について見事に説明している。

(86) 例えばメキシコの製鉄業では，1905年において設備の4%しか稼動していなかった。これは極端な数値である。しかしポルフィリオ・ディアス（Porfiriato）政権下でも40%を超えることは決してなかった。Haber（1989), p. 33を参照。

(87) アルゼンチンの数値（付録3を参照）は，公定為替レートを使うと537ドルであった（購買力平価為替レートを使うと687ドルになる)。Mithchell（1983）によるカナダの数値は1,524ドルであった。Maizels（1970）によるオーストラリアとニュージーランドの数値は，それぞれ1,397ドルと1,277ドルであった。

(88) 1913年のGDPに対する砂糖輸出の割合は40%近くであった。このためキューバの経済は，世界の砂糖政策や砂糖価格の変動の影響を極めて受けやすくなっていた。

(89) プエルトリコにおける制限についてはCarroll（1975), pp. 385-94で詳しく述べられている。

第6章　第一次大戦とその後

(1) Fritsch (1988), Tables A. 11およびA. 16を参照。

(2) Stallings (1987), p. 66参照。

(3) Stallings (1987), p. 174参照。

(4) Sunkel (1982), Table 6, p. 125参照。

(5) ベネズエラでは，ゴメス（Juan Vicente Gőmez）による長い独裁体制（1908-35年）の初期に鉱物採掘のための法的枠組みが整備されており，外国企業は新しい機会をすぐに利

用したのである。McBeth (1983), Ch. 2 を参照。

(6) 貿易黒字は，外貨準備を引き上げるならば，通常はマネーサプライ（海外から流入した通貨）を増加させ，インフレ圧力を引き起こすことになる。この外貨準備変動の貨幣化については注(57)でさらに詳しく論じている。

(7) Albert (1988), Ch. 6 はアルゼンチン，ブラジル，チリ，ペルーで生じた社会的激変の優れた説明である。

(8) Albert (1988), pp. 56-7 参照。

(9) Karnes (1978), Ch. 4 参照。

(10) Tulchin (1971), Ch. 1 参照。

(11) 外国貿易の三角関係についてはいくつかの研究がある。たとえばFodor and O'Connell (1973) を参照。

(12) 1919 年に調印されたベルサイユ条約は，ドイツに対して多額の戦争賠償金を課した。それに続く国際会議では，金本位制下での多角的決済制度の再建が関心事となっていた。

(13) 戦前の旧平価（1ポンド4.86ドル）で金本位制に復帰するという1925年の英国の決定は，今では大きな間違いであったという認識が広がっている。Kindleberger (1987), pp. 28-32 を参照。

(14) Broadberry (1986), Ch. 2 を参照。

(15) 米国が世界経済で首位を占めるようになったことで，その保護主義的な傾向が弱まることはなかった。1920 年代，特に牛肉といったラテンアメリカからの温帯農産物輸出は，新たな輸入制限という危険にさらされた。

(16) 1913 年から 1929 年の間，米国のラテンアメリカからの輸入は，110.6%増加し，一方ラテンアメリカの米国からの輸入は，161.2%増加した。対英国の数値は，それぞれ45.5%と34.5%であった。Cardoso and Brignoli (1979b), Ch. 5 を参照。

(17) ドル外交は，ヨーロッパの金融面の弱さもあり，1920 年代半ばまでに米国のラテンアメリカ諸国に対する金融面での進出を大幅に促した。Tulchin (1971), Ch. 5 を参照。

(18) フランス・英国両国は戦費調達のため投資引き揚げを進めざるをえなかった。このことは正常な資本流出が再開されるしばらく前のことであった。ドイツの資本流出は，賠償金支払いの必要から麻痺していた。Kindleberger (1987), Ch. 2 参照。

(19) このような米国の介入の多くの事例に関する優れた研究として Munro (1964) を参照。

(20) この有名な語句は，伝えられるところによると，二人のコロンビア人 Laureano Gómez と Alfonso López Pumarejo によって造られた。彼らは借款による繁栄を強く批判していた。Banco de la República (1990), p. 219 参照。

(21) 1920 年代には，米国の対ラテンアメリカ全投資額のうち4.7%だけが「目的不明」と分類されていたにもかかわらず，少なくとも50.3%もの資金が「再融資」，12.1%が「一般的目的」に投資されていた。Stallings (1987), Table 10, p. 131 を参照。

(22) 世界規模でのコーヒーの在庫は，1917 年には 1,177 万袋であったのが，1922 年終わりまでには 533 万袋にまで落ち込んでいた。Fritsch (1988), Table A. 6 を参照。

(23) 米国の卸売物価（1913 年を 100 とする）は，1918 年には 188 に達していた。その後 1920 年に 221 まで上昇し，1921 年には 143，1922 年には 130 まで下落した。League of Nations (1928), Table 102 を参照。フランスや英国でも同じような傾向が観察された。一方ドイツでは，ハイパーインフレを抑えることができず，1920 年後も物価が上昇し続けた。

(24) 1920 年代末までの粗出生率（千人当たりの正常出産の割合）は，中心部の主要国において 20 ぐらいまで下がっていた。死亡率は 12 から 17 の間であった。これは戦前期に比べ，

人口の自然増加率が著しく低下していることを意味していた。

(25) エンゲルの法則は，家計収入と収入に占める食費支出の割合には，反比例の関係があると主張している。エンゲルの法則は，短期的には一次産品輸出に対する影響力は小さいが，実質収入が増加し続けるならば，長期的な影響は相当なものにならざるを得ない。

(26) 世界的に見て化学工業は1920年代に長足の進歩を遂げた。これによって綿・ゴム・天然染料・木材そして硝石といった天然品の代替品の生産が可能になった。

(27) Palma (1984), Table 3-1, p. 55 を参照。

(28) O'Connell (1984), p. 213, note 3 を参照。

(29) 一次産品生産者にとっての1920-21年不況のNBTTへの影響は，次の研究で詳細に検討されている。Cuddington and Urzua (1989) とPowel (1991)。実質購買力を与えるために，輸出量の増加に合わせて交易条件が調整されたときでも，コロンビア，ホンジュラス，メキシコ，ペルー，ベネズエラの5カ国だけは，年率5％以上の成長率を達成した。Thorp (1986), Table 5, p. 68 を参照。

(30) 1913年のドル表示の世界貿易額は資料によって異なる。これらの差異によって，1913年から1929年の間の輸出額の年成長率は，3.1%から3.7%の間となる。

(31) 1913年価格で，工業国からの総輸出額は，1913年の111億100万ドルから1929年の139億1,600万ドルになったと推計されている。平均成長率は1.4%であった。Maizels (1970), Table A. 2 を参照。同時期，一次産品輸出量も同じ率で成長したとする推計もある。Maizelas (1970), Table 4. 1, p. 80 を参照。

(32) しかしながらメキシコの石油生産・輸出は，1920年代に減少している。メキシコの石油の単価は，ベネズエラよりもはるかに超過していた。

(33) 国内交易条件は，農産物価格を工業製品価格と対比させることによってしばしば推計される。この国内交易条件は，資源の部門間配分の大まかな指標にしかすぎない。それぞれの部門の資本収益率は，これよりも優れた指標であるが，この時期のラテンアメリカには体系的な形では資料が利用できない。

(34) 1917年のメキシコ憲法には，政府の石油採掘権が規定されていた。従って石油生産には政府の承認が必要となり，石油会社が保有している土地は全て借地に転換された。Knight (1986b), p. 470 参照。

(35) ブカレリ条約（Bucareli Treaty）については，Smith (1972) を参照。

(36) ベネズエラのゴメス政権が与えた石油譲渡の寛大な性格については，Mcberth (1983) に良い説明がある。

(37) 輸出額は1913年の320万ドルから1929年の2,460万ドルにまで増加した。年間増加率は13.6%であった。Pan-American Union (1952) を参照。

(38) これはブラジルが一方的にコーヒー価格設定計画を実施していたときに直面したものと同じ問題であった。

(39) 「オランダ病」という用語は，1960年代の天然ガス発見がオランダの国際収支均衡にもたらした影響を表現するために造られた。オランダのエネルギー輸出の増加は，実質為替レートを上昇させることになり，これによって貿易収支が均衡したままで同国の伝統的な（製造業）輸出が減少することになった。あとから考えてみれば，多くの国がオランダ病に悩まされていたことは明白である。ベネズエラの場合，強い為替レートによって衰えた伝統的な輸出活動は，工業ではなく農業であった。

(40) 20カ国にプエルトリコを加えた21カ国のうち，66%にあたる14カ国が世界の輸出成長率を超えた。これに「失敗した」7カ国は，ボリビア，ブラジル，エクアドル，ハイチ，ニカラグア，パナマ，ウルグアイであった。ブラジルを除いて全て小国であった。

(41) 商品と国の組み合わせは次の通りである。アルゼンチン（牛肉・亜麻仁・トウモロコシ・小麦），ボリビア（スズ），ブラジル（コーヒー），チリ（硝石），キューバ（砂糖），ホンジュラス（バナナ），メキシコ（銀）。

(42) 輸出の「還流額」(returned value）とは，申告された輸出額のうち，賃金・給与，税金の支払い，そして現地での原料コストへの支出の結果，その国に残される部分の事を示す。それゆえ，理論的には（そして実際には），申告された輸出額とそのうち残される額は，短期・中期に反対の方向へ動くことも可能であった。還流額の定義は，Reynolds (1965）のチリ銅産業に関する研究の中で初めて使用された。

(43) Thorp and Bertram (1978), p. 87 を参照。

(44) McBeth (1983), pp. 117-8 参照。

(45) 最も市場シェアを失ったのは，例えばソ連の大麦・ライ麦・小麦であった（表 6-3 ではヨーロッパ地域に含まれている)。これはそれだけでは報復を生まなかった。なぜならソ連は意図的に世界貿易から撤退していたからだ。しかしながら他のヨーロッパでもこれらの品目の多くで市場シェアを失っており（例外は大麦），報復の可能性は非常に現実味を帯びていた。

(46) 粗糖の平均価格は 1913 年に 1 ポンド当たり 3.5 セントであった。1929 年の平均価格は 3.77 セントであった。League of Nations (1930), Table 204 参照。

(47) ボリビアのスズ産業は，1920 年代までに 3 つの自国資本によって支配されていた。シモン・パティーニョ（Simon Patiño）は，3 つの中で最も重要であり，1916 年には英国に世界最大のスズ精錬所を持つに至った。Klein (1982), p. 165 参照。

(48) 1920 年代末までにパティーニョは実質的に外国の資本家になっていた。というのは彼がボリビアの鉱山経営から得る利益の大部分は，ヨーロッパでの新事業に投資されていたからである。

(49) カカオの収穫は，2 つの病害の影響を受けた。より深刻だったのは，天狗巣病（witch-broom）であった。Linke (1962), p. 135 参照。その結果，カカオの世界貿易に占めるエクアドルの占有率は，1913 年の 16.4%から 1928 年の 4.2%にまで減少した。

(50) 「硝石王」ジョン・トーマス・ノース（John Thomas North）が 1896 年に亡くなった後も，硝石産業における英国の利害は依然強かった。第一次大戦直前まで新規の会社が設立された。Rippy (1959), pp. 57-65 参照。

(51) 第一次大戦終了時に急激に減少した輸出量は，1928 年までには戦時期の水準を回復した。Sunkel (1982), Table 8, p. 127 参照。

(52) 1920 年代，コーヒー価格設定政策の責任は，サンパウロ州政府とリオデジャネイロの連邦政府との間を移動した。この二重の責任体制は，コーヒーの異なった機能を反映したものである。州の農場経営者にとっては主要な収入源であり，連邦政府にとっては外国為替政策，財政，そして金融政策に大きな影響を及ぼすものであった。Fritsch (1988）参照。

(53) 本書 150 ページを参照。ここでは 1920 年代のブラジルの工業化についてさらに詳細に議論している。

(54) Hanson (1938), pp. 62-7 参照。

(55) Finch (1981), p. 140 参照。

(56) バッイェスモのイデオロギーおよびウルグアイの福祉国家成立については，Oddone (1986）を参照。

(57) マネーサプライは，銀行システム全体の貸方によって示されるので，銀行の海外・国内純資産の合計としても表すことができる。このようにマネーサプライの変化は，純海外資産

（海外からの通貨）あるいは純国内資産（国内からの通貨）の変化によって表現されうる。この有益な定義は，現在では開発途上国の金融制度に関する多くの教科書で採用されており，1940年代にRobert Triffinが最初に明確に使用した。Thorp（1994）参照。

(58) 先進工業国の金本位制の機能については数多くの優れた研究書が著されてきた。例えばMcCloskey and Zecker (1981), pp. 184-208を参照。

(59) Triffin (1944), pp. 94-6を参照。

(60) 例えばブラジルでは，小売価格は1913年から1918年の間に158%上昇した。年率にすると20.9%となる。これはドル表示の輸入価格に基づいて算定された数値よりもはるかに高い。

(61) メキシコにおけるインフレ圧力は非常に大きかったため，為替レートは，1913年1月の1ドル＝2.01ペソから1916年12月の1ドル＝217.4ペソへと下落した。Cárdenas and Manns (1989), p. 68参照。

(62) Rock（1986）は，アルゼンチンにおいて大衆による抗議に続いて発生した労働不安が，1919年1月に鎮圧されたことを描いている。

(63) この悪循環の最も極端な事例は，外国貿易に対し開放的であったキューバに見ることができる。Wallich（1950）を参照。

(64) 第一次大戦後に設立された国際連盟は，1920年代に早くも様々な国際金融上の問題を討議する会議を召集した。その中で金本位制への復帰の問題は重要であると認識された。Kindleberger（1987), pp. 46-8参照。

(65) 第一次大戦前の40年間，チリでは通貨の安定性を回復させるために様々な試みがなされてきた。しかしそれらは全て失敗に終わった。Fetter（1931）は，影響力のあるその研究書の中で，政府の政策に対する土地所有者の影響力が失敗をもたらしたと考えた。土地所有者の影響力は，現在では通貨価値下落をもたらした数多くの要因の一つに過ぎないと考えられている。Hirschman（1963）を参照。

(66) コーヒー生産に従事する強力な寡頭勢力が通貨価値下落によって予想外の利益をあげたことで，1898年から1920年の間，エストラーダ・カブレラ（Estrada Cabrera）が独裁者として君臨しつづけることを容易にしたことは疑い得ない。

(67) 賃金・給与という形で所得を得るこの社会グループは，通貨価値が下落した時に輸入品の国内通貨コストが引き上がったため，最初に苦しめられた。物価スライド制や強力な労働組合が存在しなかったので，物価の動きに沿って報酬が上がることは保障されていなかった。

(68) 第一次大戦中および大戦後，この新しい社会勢力を代表するような勢力がいくつかの国で政権を獲得した。その好例は，イポリト・イリゴージェン（Hipólito Yrigoyen: 1916-30）に率いられたアルゼンチンの急進党（Radicals）であり，チリのアルトゥーロ・アレサンドリ（Arturo Alessandri: 1920-25）の自由党（Liberals）である。

(69) これらの国と米国との緊密な関係は，経済状況や金融政策に関する多くの詳細な研究の中で明らかにされている。例えばCumberland（1928）を参照。

(70) その国の通貨と米ドルが明確に結びついていないケースもあった。たとえばパラグアイ・ペソはアルゼンチンの通貨とリンクしていた。ボリビア・ペソは，英ポンドとリンクしていた。しかしながら，金本位制が機能することで，全ての国の通貨は，米ドルと間接的にリンクするようになった。

(71) 金為替本位制については次の研究で詳細に述べられている。Kindleberger (1987), pp. 46-9.

(72) ホンジュラスでのこの動きはYoung（1925）の中で詳しく述べられている。メキシコに

関しては Cárdenas（1984）を参照。

(73) ここでいうアンデス諸国とは，ボリビア，チリ，コロンビア，エクアドル，ペルーを指す。

(74) 南米へのケメラー使節団や，外国からの資金流入を通して自ら提案した計画に根拠を与えようとするケメラー自身の奮闘については，Drake（1989）が詳しく述べている。

(75) 「自由銀行」とは，通常の自由裁量で銀行業を営むという条件のもとで，商業銀行が「自由」に自身の銀行券を発行している状況のことを言い表している。この制度は，スコットランドでは形を変えて存続したが，世界全体では，一つの銀行に対して紙幣発行の独占権を与えることが主流となり，実質的に消滅していった。

(76) たとえば米国とアルゼンチンの卸売物価は，1922 年と同様，1927 年においても実質的に同じであったが，この間のアルゼンチンにおける基準からの逸脱はきわめて高く，一年間に物価が 10％も乱高下した。

(77) Albert（1988）, p. 145 を参照。

(78) Tulchin（1971）, p. 80 を参照。

(79) 対外債務の返済義務は金とリンクした通貨で表示されていた。従って各国の大蔵大臣が，金でも集めることが可能な関税収入を選んだことは理解できる。貿易税はその最も有力な候補であった。

(80) Thorp（1984）, p. 82 を参照。

(81) Stallings（1987）, Table 1. A を参照。

(82) コロンビアとペルー間の資金の使い方の対比は，Thorp（1991）の重要なテーマの一つである。Thorp（1991）, Ch. 1-2.

(83) 1920 年代末，グアテマラとウルグアイは，ほぼ同規模の人口であった（170 万人）。しかしウルグアイの首都モンテビデオには比較的高所得を得ている 50 万人近くの人口があった。一方，グアテマラシティーの人口は 12 万人あまりで，つつましい中心都市であった。

(84) この議論は，対外的な経済ショックを受けることで，ラテンアメリカの製造業が直面する国際競争が弱まるので，ラテンアメリカの工業は有利になるだろうという従属学派の主張によって引き起こされた。Frank（1969）を参照。

(85) コロンビアについては Ocampo and Montenegro（1984）, Part 1 を，ベネズエラについては Karlsson（1975）, Ch. 2 を参照。

(86) Haber（1989）, Ch. 8 を参照。

(87) この時期の厳しい社会経済状況については Knight（1986b）, pp. 406-20 で詳しく描かれている。

(88) Kirsch（1977）, pp. 45-8 を参照。また Palma（1979）も参照。

(89) Thorp and Bertram（1978）, Ch. 6 を参照。

(90) アルゼンチンについては，Díaz-Alejandro（1970）がこの時期の基礎的な数値を残している。ウルグアイについては Finch（1981）を参照。

(91) Albert（1988）, Ch. 3 を参照。

(92) Finch（1981）, p. 164 を参照。

(93) 1917 年の段階においても純工業生産額（1970 年価格）は，依然として 1913 年の水準よりも 16.3％低かった。CEPAL（1978）, Table 12 を参照。さらに詳細な研究は CEPAL（1959）に見ることができる。

(94) Wythe（1945）, p. 83 を参照。

(95) Albert（1988）, pp. 72-5 を参照。

(96)　Albert (1988), pp. 183-98を参照。

(97)　1912年から1920年にかけて，工場の数は9,475から13,336にまで増加した。IBGE (1987), Tables 7. 2 and 7. 6を参照。

(98)　輸入品に占める消費財の割合は，1913年に30.1%，1914年には34%であった。1918年までには23.1%にまで下落した。Albert (1988), Table 5-3, p. 189を参照。

(99)　Finch (1981), Table 6. 8, p. 168を参照。

(100)　1919年から22年の間に，アルゼンチン，ペルー，ウルグアイにおける関税保護は，最初の2カ国では50%，ウルグアイでは40%以上上昇した。Finch (1981), Table 6. 8, p. 168を参照。

(101)　Palma (1979) を参照。

(102)　Palma (1984) がこれを強く主張している。Palma (1984), pp. 57-9.

(103)　1914年から29年までの純工業生産と価格一定の条件のもとでの輸出額との間の対数曲線を調べる回帰分析を行うと，弱い相関関係が示される。Palma (1984), p. 59を参照。しかし，チリの交易条件が購買力や実質工業需要に与える大きな影響力を考えると，恒常価格での輸出が正しい説明変数であるかは明白ではない。

(104)　Ortega (1990), pp. 22-3を参照。

(105)　Wythe (1945), pp. 324-43を参照。

(106)　Haber (1989), Ch. 9を参照。

(107)　ペルーの国際石油会社 (International Petroleum Company: IPC) は，1916年から29年の間に合計3億560万ドル販売した（その大部分は輸出であった)。しかし439万ドルだけが現地通貨支出の収益額であった。Thorp and Bertram (1978), Table 5. 8, p. 104を参照。

(108)　注(100)で述べたように，価格下落の結果，戦争終結時の潜在的な関税保護の高まりは，戦時期のインフレによって引き起こされた保護の歪みを埋め合わせるには不十分であった。1928年においてさえ，平均関税（輸入額に占める輸入税収入の割合）は，依然として20.4%に過ぎなかった。これは1910年の推計値である25.4%よりも小さい。Finch (1981), Table 6. 8, p. 168を参照。

(109)　Versiani (1984) の中によくまとまったサーヴェイがある。

(110)　Leff (1982a), Table 8. 8, p. 175を参照。

(111)　Phelps (1936) を参照。

(112)　Fritsch (1988), Ch. 6を参照。

(113)　Versiani (1984), Table 7. 4, p. 169を参照。

(114)　工業製品に対する総需要のうち国内生産が満たす比率は，非常に混乱しやすい数値である。計測の問題に加え（Fishlow (1972) を参照)，高比率が高水準の工業化を示すものであると認識することは不可能である。殆ど工業化していなかった1840年代のパラグアイは，工業製品輸入が低い水準にあったために，この比率が非常に高くなっていたことを想起すればよいであろう。

(115)　アルゼンチンが1930年以前に同国の成長や繁栄に見合った産業を築くことに明らかに失敗した要因に関しては，様々な研究がある。この問題の優れたサーヴェイとして，Korol and Sábato (1990) の研究を参照。

第7章　1930年代における政策・実績・構造変化

（1）　1920年代の金融改革と為替レートの正統性に関しては，本書140-51ページで検討されている。

（2）　1930年代のGDPに関するデータは，その質に違いはあるものの，20カ国中14カ国に存在する（アルゼンチン，ブラジル，チリ，コロンビア，キューバ，メキシコ，ペルー，ウルグアイ，ベネズエラ，そして中米の5カ国）。しかし，キューバの資料の中には，実質輸入に関するデータが存在していないので（注(25)参照），表7-1には13カ国のみが掲載されている。1929年価格で計った貿易の割合は，平均して低かった。特にメキシコの場合はそうであった。Maddison (1985), Table 6を参照。

（3）　10カ国のうちブラジル，コロンビア，エルサルバドル，グアテマラ，ニカラグアの5カ国はコーヒーを輸出していた。キューバとドミニカの2カ国は砂糖であった。ホンジュラスはバナナ，ボリビアはスズ，ベネズエラは石油であった。

（4）　ラテンアメリカの貿易に占めるこの工業4カ国の割合は，数十年間にわたって極めて安定的であった。但し米国は他国の犠牲の上に市場を獲得してきた。

（5）　購買力平価為替レート（1970年価格）で計った場合，1929年のアルゼンチンの一人当たりの実質収入は748ドルであり，ブラジルは179ドルであった。CEPAL（1978）を参照。このように1920年代末の両国間の差は，1990年代初めの韓国と米国との差ほど大きかった。

（6）　しかし，例えばコーヒーのように表面的には同質の商品でさえ，市場は細分化されていた。それゆえラテンアメリカの商品の中には，1927年の初頭（第一四半期）に早くも価格のピークに達していたものがある。

（7）　例えば，1926年のチリの中央銀行の公定歩合は，米国連銀のそれのほぼ2倍であった。それが1929年前半には実質的に同水準になっていた。League of Nations (1931), p. 252を参照。

（8）　バナナの輸出管理価格は1947年まで国際収支目的のために用いられていた。果物会社は現地通貨で国内でのコストを計算し，公式レートを用いてドル表示の輸出価格を設定し，それによって国内での義務を果たしたのである。

（9）　メキシコの石油生産が減少したことは，輸入国の在庫の割合が高かった銅・鉛・スズが，1920年代末には同国の有数の輸出商品となったことを示している。

（10）　チリが硝石と銅に依存していたことは，最悪の輸出商品の組み合わせを示している。硝石は，世界の化学工業で生産されていた安い合成代用品と競合していた。銅輸出は，保護主義的な圧力団体が力を持つ米国内の銅生産と競合していた。

（11）　しかしキューバの貿易比率は現在価格で算出することができる。Alienes（1950），Pan-American Union（1952）を参照。これらによれば，1929年の輸出比率は47.7%であり，この地域で最も高い値の一つであった。

（12）　この委員会は，「われわれがここで提案していることは，不変である需要と供給の原則を阻もうとしているのではない」と主張していた。にもかかわらず1931年のキューバの輸出を1928年水準に制限した。この水準は1922年から1930年の間で最も低かった。Swerling (1949), pp. 42-3を参照。

（13）　米国のキューバからの砂糖輸入の割当を減らすと決めた1934年のジョーンズ・コスティガン法（Jones-Costigan Act）によって，キューバの問題はさらに深刻になった。

（14）　ペルーの主要な輸出品は鉱産物であった。しかし最も重要な輸出品は石油であり，在庫保

有はさほど重要ではなく，恐慌期においては他の鉱物に比べ価格下落の影響をさほど受けなかった。

(15)　League of Nations (1933), p. 577 を参照。

(16)　ブラジルのコーヒー防衛（defensa）は1929年に崩壊した。Fritsch (1988), pp. 152-3 を参照。

(17)　Swerling (1949), pp. 40-50 を参照。

(18)　公共支出に対する実質債務負担も急激に増加した。Alhadeff (1986), p. 101 を参照。

(19)　IBGE (1987), Table 12. 1 および 12. 2 を参照。

(20)　1920年代の数年間，チリでは輸出関税が輸入税よりも重要であった。なぜなら限界輸出関税は平均輸出関税よりも高かったので，輸出価格が下落すると，輸出関税による収益は不釣合いに大きく減少したからである。

(21)　多くの政府は早くも1930年には倒れた。例えば軍事クーデターによってブラジルのヴァルガス（Getúlio Vargas）が政権に就き，アルゼンチンではイリゴージェン大統領（Hipólito Yrigoyen）が失脚している。チリでは政治的不安定が高まり，12日間しか続かなかったが，1932年に軍の将校によって社会主義的な政権までもが樹立された。Bethell (1991) の関連する章を参照。

(22)　1928年にはゴメスに対するクーデターが試みられた。しかし石油価格の下落や生産の減少にもかかわらず，不況期においてゴメス独裁政権の正当性への挑戦は見られなかったのである。Ewell (1991), pp. 728-9 を参照。

(23)　1910年代の長引く革命を耐え抜いてきたメキシコでは，1920年代においても政治の安定は見られなかった。軍部は二度反乱を行った。「クリステーロの乱」（*Cristero* Rebellion）は流血を再びもたらし，前大統領で，新たに大統領に再選されることになっていたオブレゴン（Alvaro Obregón）は1928年7月に暗殺された。しかしながら1920年代末には近代国家が設立され，個人支配に代わり制度的な支配が始まった。カルデナス（Lázaro Cárdenas）が大統領（1934-40年）に選出されたことで，メキシコ革命は完了したのである。A. Knight (1990), pp. 4-7 を参照。

(24)　Stallings (1987), Appendix 1 を参照。

(25)　Brundenius (1984), Table A. 2. 1 を参照。一次資料は Alienes (1950) である。

(26)　Palma (1984), Table 3. 5 を参照。この研究では ECLA (1951) から GDP の推計を行っている。また Ballesteros (1962) も推計を行っている。

(27)　アルゼンチンは1920年代には正統的な為替レートに復帰していたかもしれない。しかしブラジルと同様に依然として中央銀行は存在しなかった。さらに兌換金庫（caja conversión）による金兌換は1927年8月まで再開されなかった。

(28)　輸入は，1929年の13億8,800万ドルから1932年の3億6,400万ドルへと，実際に74%減少した。CEPAL (1976), p. 27 を参照。

(29)　コロンビアに新たに設立された中央銀行（Banco de la República）は，恐慌の最初の兆候に対し，極めて正統的に対処した。こうして公定歩合は恐慌前の水準を超え，物価が急激に下落する時の公定歩合は平均8-9%になっていた。Ocampo (1984b), p. 127 を参照。それゆえ実際の公定歩合は20%を超えていた。ただしこのことはコロンビアだけに限られたことではない。Ground (1988), p. 182, note 16 を参照。

(30)　このようにしてアルゼンチンは1927年8月以前に機能していた不換紙幣のシステムに戻った。しかし当初これは通貨切り下げを意味していなかった。O'Connell (1984), p. 204 を参照。

(31)　コスタリカでは兌換金庫（Caja de conversión）が為替レートを設定しており，1932年1

月に設置された管理委員会（board of control）がその適用範囲を制限していた。このようにして外国為替に対する需要は，為替レートと為替の割り当ての管理によって制限されていた。Bulmer-Thomas (1987), p. 54 を参照。

(32) 金本位制が崩壊する以前の国際金融の正統的なルールのもとでは，新たな金平価を設定することが唯一の通貨切り下げの方法であった。ペルーもまた 1930 年の金平価変更を利用して，リブラ（libra）からソル（sol: ペルーの伝統的な貨幣単位）への交換を 1 紙幣リブラ当たり 10 ソルという比率で実施した。

(33) キューバは 1934 年 6 月に為替管理を導入した。しかし 1 カ月後には，非効率的であるという理由でそれを廃止した。ホンジュラスは 1934 年 3 月に為替管理を導入した。しかしバナナ生産地域においてドルが広く流通していた結果，実質的には影響力を持たなかった。

(34) 米国の金に対する通貨価値切り下げは急であった。1933 年第四四半期まで 1929 年の金平価の 60%にまで米ドルの価値は下落した。これが他の通貨に対する切り下げに転換するかどうかは，それまでの金平価に対する各国の対応の仕方にかかっていた。このようにして工業国家間における一連の通貨切り下げ競争が開始されたのである。そしてこのことは第二次大戦前における国際金融システムの不安定化につながっていった。Kindleberger (1987), Chapters 9-11 を参照。

(35) コスタリカとエルサルバドルの通貨切り下げは比較的緩やかであり，インフレを引き起こすことはなかった。しかしニカラグアでは，ソモサ（Anastasio Somoza: 1936 年に大統領に「選出」される）が，通貨切下げは農産物輸出利害を有利にし，政治的反対勢力の力を弱める最も便利な方法であると考えられた。Bulmer-Thomas (1990b), p. 335 を参照。

(36) メキシコでは 1931 年 12 月に正統派のルイス・モンテス・デ・オカ（Luis Montes de Oca）に代わって大蔵大臣となったアルベルト・パニ（Alberto Pani）が拡張的な通貨政策を採用したために，通貨安定はより困難となった。従って通貨安定への最初の試みは放棄しなければならなかった。2 回目の試みはかなり成功し，1933 年 11 月から 1938 年 3 月まで，ペソは米ドルに対して変動しなかった。Cārdenas (1984), pp. 229-32 を参照。

(37) 石油の生産が増加し，石油輸出による収益が増加したことで，外国為替受け取りが増加した。一方，石油会社は輸入増加を伴う投資を削減し，ベネズエラはいかなる債務返済も行う必要がなかった。このような状況の下，ボリーバルの切り上げは驚くには当たらない。McBeth (1983), Ch. 4 を参照。

(38) 大戦後，ラテンアメリカ諸国の政府が経験したように，複数の為替レートシステムは利益と共に損失も生み出しうる。しかし 1930 年代において複数の為替レートを設定するシステムの目的は，殆ど全ての輸入品をより割高にすることにあった。従って為替レートによって得られた利益は例外ではなく一般的なものであった。

(39) 平均して 1932 年の輸入価格は 1929 年よりも約 3 分の 1 低くなっていた。従って，1929 年時点で 1 ドルで輸入され，20 セントの従量税がかけられた 1 メートルの布は，3 年後には 70 セントのコストしかかからなかった。従量税が変化しない場合，実質的な関税率は 20%から 28.6%へと引き上げられた。これは税率 40%以上の引き上げに相当する。

(40) Cārdenas (1984), pp. 224-5 を参照。

(41) ラテンアメリカは伝統的に貿易黒字を続けてきた。すなわち商品輸出は商品輸入を上回っていたのである。Horn and Bice (1949), p. 103 を参照。しかし黒字の大きさはかなり変動し，1920 年代の終わりには減少し，1930 年代には増加した。

(42) パナマの通貨はバルボア（balboa）と呼ばれていたし，現在もそうであるにもかかわらず，これは法律上，架空のものであったし，現在もそうである。なぜなら，事実上，米ド

ルが通貨の単位であったからである。こうしてパナマ政府は，外国からの借金なしに財政赤字を解決することはできなかった。1930年代においてそれは実質的に不可能であった。

(43)　チリの卸売・小売物価は，1930・31年と下落した。しかしその後の通貨価値の下落は，すぐに物価上昇として現れた。これは恐らく，チリでは長期にわたる為替切り下げのため，インフレ期待が定着したことによるものであった。Hirschman (1963), Ch. 3を参照。

(44)　1932年，サンパウロ州の暴動のため連邦政府が歳出を急激に増加しなければならなくなり，ブラジルの財政問題はさらに深まった。Schneider (1991), pp. 118-25を参照。

(45)　この良い例は，英国資本によって所有されていたロンドン・南米銀行（Bank of London and South America）に見られる。同行は，信用喪失を避けるため，殆どの支店で高い準備金を保持していた。Joslin (1963), p. 250を参照。

(46)　Eichengreen and Portes (1988), pp. 25-31を参照。

(47)　帳簿の上では小額の外国債務が残っていたけれども，これは政府が債権者を見つけることができなかったからである。同様の理由から債務の利払いもなされなかった。

(48)　ホンジュラスが対外債務に対して正統的であったといえるのは，1860年代の国有鉄道会社に対する詐欺的な融資を含む19世紀の返済義務を1926年に最終的に果たしていたという事実によるものであった。その返済条件は緩やかであり，延滞利子が全て帳消しにされたり，元本の削減が行われたりした。

(49)　1930年代のアルゼンチンの考え方が正統派的であったことを説明する文献は数多くある。例えばRock (1991) を参照。

(50)　ボリビアの財政不均衡は，1932年のパラグアイとの戦争が勃発した時に軍事予算を増加させる必要から拡大していった。国防予算は1932年から1933年の間に8倍になり，歳入は全歳出の25%しかカバーできなかった。

(51)　輸入可能財とは，輸入財と競合する形で国内で生産されている商品のことを指す。非貿易財（nontradables）とは，輸出されることもなく，また輸入品との競争にさらされることのない財やサービスのことを指す。1930年代の相対価格については次の文献を参照。Ground (1988)。

(52)　理論上は，サービス部門の輸入代替（import substitution in services: ISS）も考慮に入れる必要がある。しかし1930年代においてサービス部門の国際取引は制限されており，実質的には無視することができる。

(53)　ボリビアでは1931年から1937年の間に小売価格が300%上昇した。国内で影響力を持つ鉱業は，国内でのコストの増大を相殺する目的で通貨価値の下落を要求したため，すぐに悪循環が広まった。Whitehead (1991), pp. 520-1を参照。

(54)　ホンジュラスは，その経済的運命がバナナ産業の盛衰と密接に結びついていたため，1931年以降にバナナ・プランテーションで作物病が蔓延したことでその経済は駄目になってしまった。ニカラグアもまた，弱い輸出部門によって苦しめられていたが，さらに1933年1月の米国海兵隊の最終的な撤退によって生じた経済問題にも取り組まなければならなかった。

(55)　14カ国については，1930年代のGDPの成長率は推定に拠っている。表7-6を参照。

(56)　Chenery (1960) を参照。またオリジナルの方法論を様々の点で洗練することを議論しているSyrquin (1988) の研究も参照のこと。

(57)　成長要因方程式（the souces-of-growth equation）は，例えば工業のように産出量の変化を輸入代替，輸出促進，中間消費，そして国内最終需要といった要因に分解できる特定の

部門に対して，より適用しやすい。この方程式に必要なデータは 1930 年代に関しては，一般的には利用できない。

(58) 経済的な目的のためパナマ運河地域は 1979 年まで米国領として扱われていた。パナマ政府は米国から使用料を受け取っていたが，これは政府支出総額のほんの一部分しかカバーしなかった。1936 年には米国との間で，パナマ運河地帯の取り扱いに関し商業的に有利な内容の新しい条約が結ばれた。しかし事実上これらの利点に関しては殆ど忘れ去られていた。Major (1990), p. 657 を参照。

(59) この 12 カ国は，ウルグアイを除く表 7-1 に載っている全ての国である。

(60) Grunwald and Musgrove (1970), Table A. 4, pp. 16-7 を参照。

(61) アルゼンチン中央銀行は 1935 年に設立された。ラウル・プレビッシュが総支配人（general manager）を務めた。しかし 1930 年代を通じてプレビッシュの経済観は，一貫して正統派的であった。Love (1994) を参照。

(62) 1931-32 年以降，物価は上昇し始めたが，上昇率はさほど高くはなかった。例えば，1929 年の卸売物価を基準（100）とすれば，1939 年になってもアルゼンチンでは 112，ブラジルでは 101，メキシコでは 122，ペルーでは 116 であった。既に言及してあるように，主要な例外はボリビアとチリであった。注(43)と(53)を参照。

(63) 1930 年代に最優先されたのは，急激に増大する自動車輸送に利用できる単純な道路（しばしば舗装されていない）の建設であった。それゆえ道路建設は労働集約的であり，大抵の場合，道具や機械には少し支出をすればよかった。極端な例は，ホルヘ・ウビコ (Jorge Ubico) 時代のグアテマラである。そこでは道路建設法（ley vialidad）によって，労働には実質的なコストがかからない状態が作られていた。Grieb (1979), Ch. 9 を参照。

(64) アルゼンチンでは道路網は特に急速に拡大した。政府にとってのインセンティブは非常に強かった。その理由は，輸入を増やさなくてもよいことに加え，道路建設計画が農場主に対して，鉄道（特に外国資本によって所有されているもの）に代わる輸送手段を提供したからである。

(65) 例えば，ブラジルの製造機械輸入は，1913 年価格で見れば，1938 年には大不況以前のピークを回復した。IBGE (1987), p. 345 を参照。

(66) 機能的分配とは，所得を賃金・利子・利益に分配することを指す。これを所得分配の大きさと混同してはならない。所得分配の大きさとは人口の特定の十分位数もしくは五分位数が受け取った所得の割合を指している。

(67) 変化の総和とは，輸出可能部門・輸入可能部門・非貿易部門の 3 部門の変化を加重平均したものである。輸入競合部門がそれほど重要ではなかったか，あるいは輸入競合部門が農業のように労働集約的な部門に限定されていた国では，輸出部門の利益を用いて調整されていたならば，1930 年代の所得分配は改善されたかもしれない。

(68) スムート・ホーリー関税法は 1930 年 6 月に成立した。しかし，株式市場恐慌よりもはるか以前の 1929 年 5 月に同法は下院を通過しており，1920 年代末には多くの国が関税引き上げの適用を受けていた。言うまでもないが，スムート・ホーリー関税は，1930 年代において多くの政府に対して，さらなる関税引き上げを必要とする「正当性」を与えることとなった。これらの報復的な関税の改変は，1930 年代の貿易の低迷をさらに悪化させることになった。

(69) Maddison (1985), p. 28 を参照。

(70) Hillman (1988), pp. 83-110 を参照。

(71) コーデル・ハルは，1930 年代の報復的な関税の引き上げを痛烈に批判した。そして，

1933年の世界経済会議でこの流れを止めようとしたけれども，成功しなかった。1930年代後半に米国と多くのラテンアメリカ諸国との間で調印された二国間貿易協定ではハルはより大きな成功を収めた。

(72) 石油国有化は，外国資本系企業とメキシコ労働者との間の紛争から生じた。それは非常に大きな支持を受けたが，外国企業が国際的なボイコットを組織したため，カルデナス政権にとっては深刻な問題を引き起こすことにもなった。A. Knight (1990), pp. 42-7を参照。

(73) ロカ・ランシマン協定（公式にはロンドン協定として知られている）は，英国の帝国特恵関税採用に対する論理的な対応であった。なぜなら，この協定は，アルゼンチンに対して英国への牛肉および穀物輸出を続けることを認めていたからである。しかし通商協定の議定書では，アルゼンチンは多くの英国からの輸入品に対する関税を引き下げることが義務付けられた。また英国の企業には，アルゼンチンの対英輸出から控除する手段での送金を認めた。英国はその交渉の立場から得られる最大限のメリットを引き出した。しかしアルゼンチンに屈辱を与えたことで長期的には非常に高いコストとなった。Rock (1991), pp. 21-4を参照。同様の協定はウルグアイとも締結されていた。

(74) ブラジルと外国（英国と米国）の卸売物価の違いから名目為替レートを調整することで得られた著者の計算結果による。

(75) 債務の返済猶予は，支払われない債務の代わりに担保を売り払うという方法で，銀行が顧客に対して担保権を行使するのを防いだ。資産価値が減少し続けていること，そして銀行が流動性を維持するために望まない資産を売り払わなければならなくなった場合には資産価値がさらに急速に下落するであろうということが分かっていたので，この非正統的な手段に対する銀行からの反対は強くなかった。

(76) さらにアルゼンチンでは，国際価格よりも高い国内価格を農家に提供するため，政府によるいくつかのマーケティング委員会が設立された。委員会に内在する損失は，複数の為替レートシステムの管理から得られた利益によって穴埋めされた。Gravil (1970) を参照。

(77) McBeth (1983), Ch. 5を参照。

(78) この基金計画のマクロ経済学的影響は多くの議論を生んだ論点である。例えばFurtado (1963), Peláez (1972) を参照。Fishlow (1972) では，この議論に関する優れたサーヴェイが行われており，この計画を拡張的であるとするフルタードの解釈に対し全体的に好意的である。

(79) Peláez (1972) の第3章は，1930年代のサンパウロ州の綿花栽培の増加を見事に説明している。そして大恐慌前に州政府の資金援助によって行われた綿花調査における先行投資に注目している。

(80) 輸入関税から逃れられることに引きつけられて，アメリカタバコ会社（American Tobacco Company）は1932年にキューバからニュージャージーへ事業拠点を移した。Stubbs (1985), Ch. 4を参照。

(81) しかしながらパラグアイとの間で戦われたチャコ戦争の結果もたらされた破壊によって，ボリビアは国際カルテル協定での割当を満たすことができないままであった。Hillman (1988), pp. 101-3を参照。

(82) ユナイテッド・フルーツ社（United Fruit Company）は，1930年代初めにバナナ生産をコスタリカの大西洋岸から太平洋岸に既に移し始めていた。ユナイテッド・フルーツ社とコスタリカ政府との間の契約によって，大西洋側プランテーションで働く多数の黒人労働者の自由な移動が禁じられていたので，プエルト・リモン（Puerto Limón）地区では失業が深刻な問題となった。ユナイテッド・フルーツ社が使用しなくなった土地でカカオを

栽培することは，自らが引き起こしたジレンマを解決する手段と政府は認識していた。Harpelle（1993）を参照。

(83) 第一次大戦直後の1920年のドイツは対ラテンアメリカ輸出の1.8%，輸入の3-4%しか占めていなかったことを考えれば，このシェアは注目に値する数値である。

(84) Horn and Bice (1949), Ch. 5を参照。

(85) 米国との貿易額の増加は，1937年以降の米国の不況によって中断された。1938年には米国の輸入が急激に減少し，ベネズエラを除くラテンアメリカ主要諸国の全ては，深刻な影響を受けた。しかしこの米国の不況は，その前の不況ほど深刻ではなく，世界のその他の地域に対する影響も非常に限られていた。そのためラテンアメリカ全体に対する影響はそれほど深刻ではなかった。

(86) 注(59)を参照。対象となる期間は1932年から1939年の間である。

(87) このことはGround (1988), p. 193で議論されている。彼は「関税は，大不況の調整を和らげるためには使われなかった」と主張した。しかしこの結論は，同書の表7の数値を使えば異議を唱えることができる。さらに別の計算を用いるとより強く反論できる。例えば，Díaz-Alejandro (1975), p. 220を参照。

(88) Karlsson (1975), p. 220を参照。

(89) Haber (1989), p. 177を参照。

(90) Fishlow (1972), Table 7およびLeff (1968) を参照。

(91) Hughlett (1946), pp. 7-13を参照。

(92) 石油国有化はメキシコが最初ではなかった。ボリビアのスタンダード石油（Standard Oil）は，チャコ戦争後にポピュリズム政権が成立したことで1937年に没収された。Whitehead (1991), p. 522を参照。

(93) しかし1930年代の製造業への外国からの投資は，これを扱った良質の研究論文を生み出されたことからわかるように十分に重要なことと考えられていた。Phelps (1936) を参照。

(94) ISIの可能性が極めて限られていた中米の5カ国についてはBulmer-Thomas (1987), pp. 79-82を参照。

(95) Leff (1982a), p. 181を参照。

(96) Collier (1986), p. 255を参照。

(97) この主張は，内向きの発展を好むセパリスタ（cepalista: 国連ラテンアメリカ経済委員会の研究者）の伝統を引く構造主義者や，それに反対するレッセ・フェールの伝統を引く非構造主義者の双方によって力強く主張されている。

(98) de Vries (1986), p. 21を参照。

(99) Díaz-Alejandro (1984a), pp. 22-36を参照。

(100) アルゼンチン経済の長期的凋落の起源に関する研究は膨大である。例えばHalperín-Donghi (1986) やKorol and Sabato (1990) を参照。

(101) 土地改革は1917年憲法以来の検討課題であった。しかしカルデナス大統領期まで実質的な効力をもたなかった。約1,800万ヘクタールが80万人の受益者に対して分配され，エヒード（村の共有地: ejido）の重要性が非常に大きくなった。A. Knight (1990), p. 20を参照。

(102) 1930年代のメキシコ政府は，新たな貯蓄を生み出したり，新しい活動へ資源を配分する手段を確保するために，金融機関の創設にも積極的であった。最も有名な例は，1934年に設立されたナショナル・フィナンシエラ（Nacional Financiera）であった。Brothers and Solís (1966), pp. 12-20を参照。

第8章　戦争と新国際経済秩序

(1) その他のショックは，第一次大戦（第6章を参照）と1929年大恐慌（第7章）であった。それに加えて，1920・21年の短い期間，世界貿易が不振となり商品価格が崩壊した時，そしてまた1937年から1939年にかけて主に米国における不況によって世界貿易量が減少した時にもラテンアメリカは不利な影響を受けた。

(2) 1940年における枢軸国はドイツとイタリアであった。1941年12月にハワイの真珠湾にあった米海軍基地を攻撃したことで日本がこれに加わった。

(3) 全てのラテンアメリカ諸国は，1941年12月に日本が米国を攻撃するまでは，中立であった。この時点で，赤道以北の全ての国は枢軸国に宣戦するか，もしくは外交関係を解消した。しかし赤道以南の国では事情が異なった。アルゼンチンとチリは殆ど終戦間近まで中立を保っていた。Humphereys（1982）を参照。

(4) 第7章注(68)を参照。

(5) 第7章注(73)を参照。

(6) チャコ戦争後のボリビアにおけるナショナリズムは，ヨーロッパにおける国家社会主義と共通点を有していた。ヘルマン・ブッシュ大統領（Germán Busch）が持っていた枢軸国に対する共感は，米国や英国にとって強い関心となっていた。1939年8月の彼の突然の自殺によって，戦争が始まると同時に，ボリビアが汎米陣営に加入するための道が開かれた。Dunkerley（1984）, pp. 28-9を参照。

(7) 戦争に参加するためには，必ずしも正式な宣戦を必要とはしなかった。メキシコは，石油国有化をめぐる米国との対立が真珠湾以前にうまく解決していたので，1942年1月までには早くも米軍に対して港や飛行場を開放していた。5月にドイツの潜水艦によってメキシコのタンカーが撃沈されて初めて，メキシコは枢軸国に宣戦した。Humphereys（1981）, pp. 118-9を参照。

(8) ドミニカ共和国の砂糖，ベネズエラの石油，そしてボリビアのスズに対して行われたこれらの努力によって，戦争が始まってからの最初の数カ月における英国の対ラテンアメリカ貿易額は維持された。事実，ドイツとの戦闘が最も激しかった1940年10月，南米には正式な貿易使節団が派遣されていたのである。しかし使節団が帰国した頃には，英国の主要な貿易相手は英連邦と植民地諸国へと転換していた。Humphreys（1981）, pp. 52-3を参照。

(9) パナマ会議は，戦争協力への道を開くことになったが，ローズヴェルト大統領の善隣外交の結果米国とラテンアメリカの関係が改善したことを反映していた。

(10) Connell-Smith（1966）, p. 119を参照。

(11) このような「エキゾチック」な熱帯産品は，戦時には特に重要であった。ケナフ（kenaf）とマニラ麻は共にロープの製造に用いられていたし，キナノキ（chichona）はマラリアの蔓延を防ぐ薬の基本的な原料であり，またゴムは履物やタイヤのために必要であった。

(12) 輸出入銀行（Export-Import Bank）は，1934年ローズヴェルト政権下で設立されていたが，戦争が始まるまでは米州間の貿易関係に実質的な影響を持たなかった。武器貸与法は，1941年3月に米国によって採用され，当初は英国を援助することを目的としていた。しかし戦争の終わりには，殆ど全てのラテンアメリカ諸国（重要な例外はアルゼンチン）が，武器貸与法を通じた援助を受けていた。

(13) 米国政府のラテンアメリカに対する借款は，1938年まで実質的にゼロであり，戦争初期

の数年間には平均1,500万ドル，そして1943年には1億7,800万ドルとピークに達した。Stallings (1987), Table 1. A を参照。

(14) Wickizer (1943), pp. 233-9 を参照。

(15) 多くのラテンアメリカ諸国を結ぶ輸送システムは十分ではなかったため，1933年の第7回汎米会議で最初に提案されたパン・アメリカン・ハイウェイの完成が最優先して行われた。戦争末期，米国からパナマ運河へ陸路で到着することがようやく可能となった。James (1945), pp. 609-18 を参照。

(16) ピネド計画は，当時のアルゼンチン政府（保守連合：Concordancia）が戦争の初期における工業を振興する目的で立てた枠組みと結びついていた。議会で同計画は拒否されたにもかかわらず，アルゼンチンと近隣諸国との間の関税同盟形成を促し，工業促進を達成するのに必要な製造品輸出の販路を確保することを意図した。Rock (1991), pp. 41-4 を参照。

(17) 5カ国は，アルゼンチン，ボリビア，ブラジル，パラグアイ，そしてウルグアイであった。Chalmers (1944), pp. 212-4 を参照。

(18) Hillman (1990), pp. 304-9 を参照。

(19) Knape (1987), pp. 279-90 を参照。

(20) CEPAL (1959), Vol. 1, p. 252 を参照。

(21) Hughlett (1946), p. 10 を参照。また Thorp (1994) も参照。

(22) しかしこのことを誇張して考えるべきではない。資本財生産が既に見込みのある形で始まっていたブラジルにおいてさえ，資本財は輸入によってかなりの部分が調達されていたため，この部門が成長し続けることは難しかった。1949年になっても資本財生産部門は工業付加価値の僅か5.2％を占めているに過ぎなかった。Fishlow (1972), Table 9, p. 344 を参照。また Gupta (1989) も参照。

(23) ブラジルの繊維輸出は非常に成功し，ある時点においては総輸出入収入の20％を占めるようになっていた。Baer (1983), p. 47 を参照。

(24) Wythe (1945), p. 296 を参照。

(25) 戦争前，ヴァルガス（Getúlio Vargas）政権は，ドイツの武器製造会社クルップとの間で，製鋼工場を建設する際に援助を受ける協定に調印する直前にまでなっていた。戦争が始まった後，ドイツに代わって米国からの貸し付けによって必要資金がすぐに準備された。製鋼工場は1941年に建設が始まり，1944年に完成した。Baer (1969) を参照。

(26) 戦時期のブラジルで最も急速に発展した工業部門は非金属鉱物・金属・ゴム製品を産出する部門であったが，これらは全て中間財を生産していた。Baer (1983), Table 10, p. 47 を参照。

(27) CEPAL (1959), Vol. 1, p. 252 を参照。

(28) 必然的に枢軸国の財産の移転は，ラテンアメリカの腐敗した指導者に汚職の機会を与えた。例えばソモサ（Anastasio Somoza）は，ニカラグアにあったドイツ資産を途方もないくらい低い価格で入手することができた。Diederich (1982), p. 22 を参照。

(29) しかしこの直接介入の大部分は1946年以降に行われた。Lewis (1990), Ch. 9 を参照。

(30) Trebat (1983), Ch. 3 を参照。

(31) Hewitt de Alcantara (1976), Ch. 3 を参照。

(32) 1939年から1945年の間にメキシコの人口は年率2.3％で増加した。これは純農業生産の成長率と全く同じであった。

(33) 米州間戦時協力の一環として，エクアドルは米国向けの米の輸出を大きく増やした。これはエクアドルの農業の成長に直接貢献し，実質所得を増加させた。そしてこの所得の大部

分は食料品に支出された。Linke (1962), pp. 137-8 を参照。

(34) 例外はコスタリカである。ここでは農業よりも工業がマイナスの影響を受けたので，実質GDPが戦時期に減少した。

(35) Knape (1987), pp. 284-9 を参照。

(36) Lewis (1990), p. 40 を参照。

(37) 平和の到来によってインフレ圧力が減少したにもかかわらず，価格管理が廃止されたことで，企業に価格引き上げの余地が与えられた。主要な先進国では，1947-48 年まで物価が安定しなかった。Scammell (1980), Table 5. 8, p. 70 を参照。

(38) これらのインフレーションに関する記述は，本書 91-3 ページを参照。

(39) 1930 年代の物価の動向に関しては，本書 166-71 ページを参照。

(40) 戦争が勃発してから，ポンドは兌換されなくなった。こうして英国との間に貿易黒字を抱えていたアルゼンチンのような国は，容易には使用できないロンドンにあるポンド残高を増加させることとなった。Fodor (1986), pp. 154-70 を参照。

(41) 戦時期のインフレ問題に関しては，Harris (1944), Chs. 6-7 でよく議論されている。

(42) 戦時中の財政問題については，Wallich (1944) を参照。

(43) ブラジルは，ラテンアメリカ諸国の中で，最初に輸入関税依存から脱却しようとした国であった。1940 年代初め，貿易比率は急激に減少，そのため総輸入に占める消費財のシェアは 20%以下に低下した。それと同時に，それまで工業化に取り組んでいたヴァルガス政権は，中間財や資本財の輸入に高い関税をかけることによって製造業を阻害するようなことを望んでいなかった。そのためヴァルガス自身が自ら名付けた独裁体制「新国家」(o estado novo) では，財政改革を幅広く利用しなければならなかった。Villela and Suzigan (1977), pp. 220-5 を参照。

(44) 1941 年に勃発した戦争は，汎米運動にとって困惑の種になった。米国からの強い圧力を受け，ペルーが実質的に領土を確保する内容の平和条約が 1942 年 1 月に締結された。しかしこの協定は，1960 年，エクアドルによって破棄された。この問題は，その後も未解決のままである。Humphereys (1981), pp. 125-6 を参照。

(45) William Krehm が 1940 年代に執筆した研究は，カリブ海の独裁者たちが自らの地位を高めるために，どのように戦争を利用したかを見事に説明している。Krehm (1984) を参照。

(46) ペロンが権力を握ったのは，彼が組織的な労働運動を支配するようになったことと密接に結びついていた。しかし軍部もまた，1943 年のクーデターの恩恵を受けていた。Potasch (1980), Ch. 3 を参照。

(47) これは教師に対する年金基金であった。傷害保険や失業給付に関する規定も 1930 年代に作られたが，特に年金システムは，バッイェ大統領（José Batlle y Ordóñez; 1903-07, 1911-15 年）の下でかなり拡充された。Mesa-Lago (1978) を参照。

(48) 1940 年代の 10 年間は，新しい社会保障プログラムが始まったという点で 20 世紀の中で最も活発な時期であった。Mesa-Lago (1991), Table 1. 2 を参照。

(49) Triffin (1944), pp. 105-7 を参照。

(50) Rosenberg (1983), Ch. 3 を参照。

(51) ウルグアイの自由為替レートは，1939 年には 1 米ドル当たり 2.775 ペソであったのが，1945 年には 1.9 ペソのペソ高になっていた。これは 31.5%の切り上げである。しかし公定為替レートは，1.899 ペソのままであった。

(52) 売りに出されていた金融資産は限られていた。例えばチリ，ペルー，ベネズエラにおける工業関連株の指標は，11 銘柄か 10 銘柄を基にしていた。League of Nations (1945),

Table 103 を参照。

(53) 都市化が急速に進行したブラジルでは，特に土地価格の上昇による影響を受けた。リオデジャネイロとサンパウロの人口は1940年代末までに200万人を超えたが，ラテンアメリカ最大の都市はブエノスアイレスだった。ラテンアメリカの都市化に関する全体的な研究は，Gilbert（1982）を参照。

(54) 1950年代以前のラテンアメリカ全体における厳密な意味での都市化の進展は，各国の国勢調査で使用された定義が異なっていたため，かなり大きな誤りがある。しかしながら，1940年の農村人口は総人口の67%であったが，1950年には63%に減少したと推定されている。この時までに，アルゼンチン，チリ，ウルグアイのみが，明らかに都市化が進んでいたと分類された。Wilkie (1990), Table 644, p. 137 を参照。

(55) ラテンアメリカ地域の人口の年平均増加率は，1930年代の1.9%から1940年代の2.5%へと加速していた。コスタリカ，メキシコ，ベネズエラといった幾つかの国においては，3%に届くか，あるいは超えてさえいた。Sánchez-Albórnz (1977), p. 203 を参照。

(56) 戦争末期に生じた社会・政治運動は，次の研究の中で分析されている。Bethell and Roxborough（1988）。また次の研究も参照。Bethell and Roxborough（1992）。

(57) チャプルテペック会議は，多くのラテンアメリカ諸国にとっては失望するものであった。ラテンアメリカは，米国との戦時協力によって，米州間関係において新しい経済秩序が与えられるであろうと考えていた。

(58) Rabe (1988), Ch. 2 を参照。

(59) ポンド交換性の回復は，米国が英国に強制したことであった。米国は，国際金融をより正常な状況に戻したいと考えていたが，しかしこれは時期尚早であることがわかり，撤回しなければならなかった。Horsefield (1969), pp. 186–7 を参照。

(60) ソ連は，本来はマーシャル・プラン援助の恩恵を受けるつもりであった。しかし1947年以降の米ソ関係の急速な悪化により状況は完全に変わってしまった。マーシャル・プランについてはScammell (1980), pp. 30–4 を参照。

(61) 朝鮮戦争（1950–54年）は，朝鮮半島を二分する形で現れた米国とソ連の間接的な対立であり，第三次大戦が極めて現実味を帯びてきた。先進国による戦略物資の備蓄は，その一つの反応である。

(62) 1946年9月，チリは世界銀行から4,000億ドルの融資を拒否された。チリ政府と債権者との合意が発表された後，1948年3月，世界銀行は1,600万ドルの融資を行った。Jorgensen and Sacks（1989）を参照。

(63) Jorgensen and Sacks（1989）を参照。

(64) 英国がすぐにポンドに対する責任を放棄し，アルゼンチンには価値のなくなった資産が残されるということをペロンが確信していたという見解もある。アルゼンチンは米国からの支持も期待できなかった。ペロン政権の最初の数年間，米国はアルゼンチンと強い敵対関係にあったからである。MacDonald (1990), pp. 137–43 を参照。

(65) 国有化は国内資本家も巻き込んだ。こうしてペロンはアルゼンチン貿易促進庁（Instituto argentino para la Promoción y el Intercambio: IAPI）を設立することで外国貿易を実質的に独占し，多くの国内企業を整理した。IAPIによって，ペロン政権は，農業輸出品の外国における価格と国内価格との差額を利用して，工業化計画に対しその利益を移転させることが可能となった。

(66) アルゼンチンは，中立を保ったことによって米国の不興を買い，苦しんでいた。米国は1942年2月に部分的な経済ボイコットを行い，アルゼンチンは多くの輸入品が特に減少したことで苦しんでいた。Escudé (1990), pp. 63–8 を参照。

(67) Love（1994）を参照。
(68) このことはアルゼンチンにおいて工業化が追求されたことを説明するのに役立つ。工業化は，都市部に住むペロンの支持者に恩恵を与え，同時に外国勢力への依存を弱めるものであるとペロンは見ていた。
(69) CEPAL の初代委員長は，当初，プレビッシュにそのポストが提供されたにもかかわらず，メキシコ人であるマルティネス（Gustavo Martínez Cabañas: 任期 1949-50 年）が就任した。しかしプレビッシュは 1948 年にサンチアゴに移り，CEPAL が初めて公表したラテンアメリカ経済のサーヴェイの序論を執筆した。ECLA（1949）を参照。プレビッシュは 1950 年から 1963 年の間，事務局長を務めた。ECLAC（1988), p. 15 を参照。
(70) 当初，国連ラテンアメリカ経済委員会（U. N. Economic Commission for Latin America）の関心はラテンアメリカ諸国の問題に限定されていた。カリブ諸国の独立の後，幾つかの旧英国植民地がこの組織に加入したことで，1970 年代に ECLA は ECLAC（国連ラテンアメリカ・カリブ経済委員会 Economic Commission for Latin America and the Caribbean）に変わった。スペイン語の頭文字 CEPAL は変わらなかったので，本書では，ECLA もしくは ECLAC よりも優先して使用する。
(71) この問題に関する研究は膨大である。例えば Spraos（1983），Diakosavvas and Scandizzo（1991），Powell（1991）を参照。
(72) Kahil（1973), pp. 250-8 を参照。
(73) Gold（1988), pp. 1128-30 を参照。
(74) ブートストラップ計画はプエルトリコの生産構造を変容させ，最も重要な部門を農業から工業へと変えた。
(75) ペロニスト（Peronist）の経済政策については，Gerchunoff（1989）を参照。
(76) メキシコの為替レート政策に関しては Solis（1983), pp. 118-22 を，コロンビアに関しては Ocampo（1987), pp. 252-62 を参照。
(77) Grunwald and Musgrove（1970), p. 20 を参照。
(78) Van Dormael（1978), Ch. 16 を参照。
(79) Harrod（1951), Chs. 13-4 を参照。国際収支残高が少ない債務国の代表としてケインズは国際準備通貨（バンコール Bancor）の創設に尽力した。このバンコールは命令によって発行することができたとされ，赤字国の流動性問題を緩和したかもしれないといわれている。
(80) しかしケインズは一次産品輸出国が直面していた問題に敏感であり，ブレトン・ウッズで一次産品価格の安定化に関する計画を擁護した。
(81) ブレトン・ウッズへの参加は連合国に協力した独立国に限定されていたので，この重要な会議に代表団を派遣したのは 45 カ国だけであった。このうち 19 カ国はラテンアメリカからの派遣であった。このときアルゼンチンは参加せず，ペロンが失脚するまで正式メンバーになることは延期しなければならなかった。ハイチがブレトン・ウッズに合意するのが遅れたのは「技術的」な理由からであった。Horsefield（1969), p. 117 を参照。
(82) 1939 年以降，ドル価格は上がり続け，外貨準備に対する名目収益がゼロであったので，実質利子率はマイナスのままであった。1940 年代末にドルのインフレーションが穏やかになった時でさえ，外貨準備の持つ実質購買力の喪失はかなりのものであった。
(83) 最も知られている報告書は，Lauchlin Currie によって編集されたコロンビアに関するレポートである。World Bank（1950）を参照。この報告書は著者とコロンビア政府との長期間に渡る関係が役に立っていた。Sandilands（1990）を参照。
(84) 投票権は拠出割当（quotas）に比例していた。アルゼンチンを除くラテンアメリカ 19 カ

国が最初に出資した拠出割当は全体の7.9%であった。米国は31.25%，英国は14.8%を出資していた。Horsefield (1969), p. 96を参照。

(85) 開発途上国を別のブロックとしてみる理解は，開発経済学を一つの研究分野として認識するものと一致していた。Arndt (1985), pp. 151-9を参照。また多くの開発経済学の先駆者たちに関する個別の解説は，Meier（1984, 1987）を参照。

(86) Scammell (1980), p. 45を参照。

(87) GATTの規定から農業が外されたことは，幾つかの要因によるものであった。最も重要であったのは，その当時はびこっていた不安定な雰囲気であった。先進国は，自由貿易を改変することで食料供給への途を犠牲にすることに対し気乗りがしなかった。Winters (1990), pp. 1288-303を参照。

(88) 先進国の戦後復興に関してはScammell (1980), Ch. 5を参照。

(89) コスタリカ，メキシコ，ベネズエラといった多くのラテンアメリカ諸国は，1980年代あるいはそれ以降までGATTに加入することを拒否していた。

(90) 1980年代にヨーロッパ共同体（European Community: EC)，1990年代にはヨーロッパ連合（European Union: EU）へと変化していくヨーロッパ経済共同体は，ベルギー，フランス，旧西ドイツ，イタリア，ルクセンブルグ，オランダの6カ国によって1957年のローマ条約によって結成された。英国は当初，EECに加盟することと自らの帝国維持の間に矛盾を感じ，1960年にオーストリア，デンマーク，ノルウェー，スウェーデン，スイスと共にヨーロッパ自由貿易連合（European Free Trade Association: EFTA）を結成した。

(91) Scammell (1980), Table 8. 5, p. 128を参照。

(92) これらの国とは，「四つのドラゴン」として知られていた，香港，シンガポール，韓国，台湾であった。1990年代までに，4カ国だったものが，インドネシア，マレーシア，フィリピン，タイを含めるようになり，8カ国になった。

(93) 工業製品価格に対する一次産品価格の比率が長期持続的に低下するという仮説は，現在も論争が続いている。この仮説は1950年代初め以降，20年間，殆ど全ての一次産品輸出国が直面していた低下とは区別して考えなければならない。朝鮮戦争の結果，一次産品価格の高騰したことを考慮すると，このことは当然である。その後のNBTTの下落は必然的に国際収支に制約を課すことになった。このことは，CEPALが出した数多くの出版物の中で，長期仮説の有効性を明白に証明するものとして使われていた。例えばCEPAL (1970), pp. 3-31を参照。

(94) 共通農業政策（CAP）は1957年のローマ条約によって構築された。この時EECは食料品の純輸入国であったので，国内農業生産者に対するCAPの高価格支持政策の最初の効果は，輸入代替農業（ISA）と貿易の転換であった。しかしCAPが非常に効果的であったため，EECは食料の純輸入国から純輸出国へと急激に変わり，砂糖・牛肉・小麦といった多くのラテンアメリカの重要商品の世界市場に大きな影響を与えた。CAPに関しては，Pinder (1991), Ch. 5を参照。

(95) 米国の農民はローズヴェルトのニューディール政策により大きな保護を受けており，補助金制度は戦後も残った。日本の米穀生産者は厚い保護を受けていたので，国内の米価は世界価格よりも4ないし5ポイントも恒常的に超過していた。

(96) ロメ協定は，デンマークとアイルランドと共に英国が1973年にEECに参加してすぐ後に締結された。この協定はヤウンデ協定を受け継いだものである。ヤウンデ協定は，EECを通して特恵制度を張り巡らすことで，フランスに対し旧植民地との関係維持を認める内容のものであった。ロメ協定によってヨーロッパと結びついていたカリブ諸国が多

かったので，EECは最終的にドミニカ共和国とハイチの加盟を受け入れ，キューバとプエルトリコとは公式な関係を結ばずにいた。Pinder (1991), pp. 177-81を参照。

(97)　これは，トリニダッド・トバゴといった幾つかのカリブ諸国がラテンアメリカにではなく西半球の開発途上国に分類されていたためである。

(98)　これは税金や輸出を刺激する試みと一緒に行われた。Gerchunoff (1989), pp. 71-8を参照。

(99)　1960年にキューバの砂糖割当量を残りのラテンアメリカ諸国に再配分したことは，キューバ革命後の両国の関係悪化に続いて米国が採った報復措置の一つであった。多くのラテンアメリカ諸国が利益を得たので，1962年に米州機構（Organization of American States: OAS）からキューバを追放するために必要な支持を取り付ける上で，この再配分は有効な手段であると米国は考えていた。

(100)　マキラドーラの初期の発展については，Sklair (1989), Ch. 3を参照。

(101)　所得の不平等を示す最も一般的な指数であるジニ係数は，1950年代，ラテンアメリカに比べてアジア新興経済地域（四つのドラゴン）の方がはるかに低かった。そしてその後の数年間の間に，両者の差異はさらに開いた。Fields (1980), Ch. 5を参照。

(102)　1940年代後半まで，アルゼンチンの各種の生産者委員会はいうまでもなく，複数為替レート・関税・割当・免許といった多くの国が持つ複雑な構造によって，世界市場の価格の変化に対して輸出業者にとってより適切であるように国内の政策手段は変更されていった。例えば，世界市場価格の小さな変化がもたらす影響は，その商品に対して別の為替レートを適用することで，転嫁させることが可能であった。

第9章　戦後期における内向きの開発

(1)　「輸出強化」とは，GDPと（あるいはいくつかの例では）総輸出中のシェアを上昇させることで，伝統的輸出品を強化することを意味する。「輸出多角化」とは，非伝統的輸出品の促進を意味する。

(2)　1948-49年までの総輸入に占める消費財のシェアは，アルゼンチンで13%，ブラジルで16%，チリで12%，コロンビアで20%，そしてメキシコで17%であった。Grunwald and Musgrove (1970), p. 20を参照。

(3)　Bergsman (1970), pp. 30-2を参照のこと。文中の表3-1は，消費財の輸入業者が支払わなければならなかった，公定為替レートに付加された膨大な割り増しを示している。

(4)　ERPは，自由貿易の状態と比較した時の，保護の結果による（生産単位当たりの）付加価値の比例的変化と定義される。Corden (1971)，第3章を参照。

(5)　ERPは，関税による保護のみならず，輸入割り当て，ライセンス，複数為替レートによる保護をも考慮に入れなければならないため，現実には推定が困難である。従って，推定値は，同じ国で行われているものでさえかなり異なっている。しかし，1950年代および1960年代の製造業のERPが非常に高かったという点では，全ての推定値で一致している。Cardoso and Helwege (1992), pp. 94-6を参照。文中のTable 4. 9は，例えばウルグアイの製造業の平均ERPは，384%であったと記している。

(6)　1959年12月に，外国資本は国内資本と同等の権利を与えられた。Petrecolla (1989), p. 110を参照。

(7)　ブラジルで実施されていたきわめて厳しい為替管理システムのもとで，国内企業はしばしば，資本財輸入に必要な外国為替の獲得が困難となった。しかし，1955年に通貨当局

(SUMOC) は指令113を出し，外国企業が外国為替取り引きを行わなくても設備を輸入できるようにした。この非常に優遇された輸入財は，もし指令113がなかったならば，45%多くの費用がかかったであろうと推定される。Bergsman (1970), pp. 73-5参照。

(8) 工業生産に占める外国企業のシェアは，長期にわたって構築されていた産業においてさえもかなり高かった。1960年代末までにそのシェアは，多くの国の食品部門では15%から42%に，繊維部門では14%から62%に変化した。特に顕著だったのは，たばこ部門で，そのシェアは，アルゼンチン，ブラジル，チリ，メキシコでは90%以上にもなった。Jenkins (1984), p. 34のTable 2. 4を参照。

(9) MNCsの子会社は相互に売買を行っているため，国際的な税負担を最小限にする取り引きに対してしばしば非市場価格を選択することができた。従って，高い限界税率が存在する諸国では，輸入投入財コストを引き上げ，輸出品の価値を引き下げるために，これらの「移転価格」が利用された。Vaitsos (1974) 参照。一般的な企業内トランスファーに関しては，Grosse (1989), Ch. 10を参照のこと。

(10) 1920年代にブラジルで最初の自動車組み立てが行われたときには，使用された国内の原材料投入は，シートを包むジュートのみであった。Downes (1992), p. 570参照。ローカル・コンテントを引き上げた1950年代の法律によって，1970年までに輸入投入財は産出価値の僅か4%となった。Jenkins (1987), Ch. 4およびp. 72のTable 5. 2を参照。

(11) Petrobrasの創設に関してはPhilip (1982), Ch. 11を参照のこと。

(12) 一般的に工業品は，規模の経済を享受するため，プラント規模が上昇するにつれて生産の単位コストは減少する。Carnoy (1972) は，ある範囲の工業製品について，国内市場に限られた生産活動を行う場合の超過コストを示した。

(13) ブラジルの主要MNCs 10社の収益率（資本および準備金に対する純利益の比率として計算される）は，1967年と1973年の間に9.3%から26.5%にまで変化した。Evans (1979), Table 4. 4を参照。これは国際水準より高いものであった。

(14) メキシコにおける国境産業の影響を推定することは，国際収支統計が貿易収支にはマキラドーラを除いているが，経常収支にはマキラドーラの純輸出を含めているために複雑である。1970年のマキラドーラの純輸出は，商品輸出が13億4,800万ドルであったのに対して，8,100万ドルであった。

(15) 主に米国からの観光客によるところが大きかったが，メキシコの観光産業の成長は，非常に顕著であった。1970年までに200万人以上の観光客が記録された（これはラテンアメリカ全体の約半分である）。メキシコ人自身も海外旅行に強い嗜好を持っていたが，国際収支に対する観光業の純受け取りの貢献度は，依然として大きかった（1960年には2億6,000万ドル，1970年には4億1,600万ドルであった）。ECLAC (1989), Table 258, p. 466を参照。

(16) 反輸出偏向は，保護された国内市場における生産単位当たりの付加価値と，国際市場におけるそれとの間の差額と定義されている。従って，当然，同じ生産物に対してはERP以上に高くなる。1960年代のブラジルの反輸出偏向の推定については，Bergsman (1970), Table 3. 9, p. 52を参照。

(17) 政府のマーケティング委員会 (IAPI) については，第8章，注(65)を参照。またFurtado (1976), pp. 186-7を参照。

(18) 「通貨の過大評価」という言葉は二つの異なった方法で用いられている。第一は，国際収支を均衡させないような為替レートについてであり，従って，当局は別の輸入制限策を用いなければならない。第二は，輸入財を減少させるために作られた保護システムの導入に伴う為替レートの変化（平価の切り上げ）に関するものである。戦後の平価切り下げに

よって 1950 年代に度々第一のタイプの過大評価を回避したメキシコを除いて，LA 6 は全て，1950 年代と 1960 年代に第一と第二の両方の意味で通貨の過大評価を経験した。

(19) この結果，ウルグアイの世界輸出に占めるシェアは，1946 年の 0.45%から 1970 年の 0.08%，さらに 1975 年の 0.047%へと低下した。30 年間で 10 分の 1 に減少したのである。

(20) シミラーズ法（Law of Similars）によって，ブラジルの製造業者は，自分たちが国内で生産できると確信した財について，輸入禁止を要求することができた。1967 年まで国内生産の価格は，政府決定の情報を提供するための基準の一つとしては，公式には適用されなかった。Bergsman (1970), pp. 34-5 参照。

(21) 粗外貨節約は，代替された輸入の CIF 価格で計ることができる。しかし，純外貨節約は，輸入部品，輸入機械，ライセンス，ロイヤルティ，収益送金，などを考慮しなければならなかった。純外貨節約は常に正であったが，非常に低かった。

(22) マネタリストと構造主義者との間の議論に関する文献は豊富である。Thorp (1971); Wachter (1976); Sheahan (1987), Ch. 5 を参照。

(23) 実質 GDP の成長がなければ，インフレ税は貨幣鋳造税と同じになる。Cardoso and Helwege (1992), pp. 150-4 を参照。

(24) 食料供給のボトルネックについては，Edel (1969) を参照のこと。また Cardoso (1981) を参照。Cardoso は，食料供給のボトルネックがいかにインフレを増殖させるかを理論的に示している。Parkin (1991), Ch. 5 はこのモデルをブラジルのインフレに関する実証研究の基礎として用いている。

(25) ラテンアメリカの IMF のスタンドバイプログラムは Remmer (1986), pp. 1-24 で分析されている。

(26) IMF プログラムが失敗に終わった好い例は，1958 年以降のアルゼンチンである。Díaz-Alejandro (1965), pp. 145-53 を参照。

(27) ニカラグアのソモサのビジネスへの利権については，Booth (1982), Chs. 4-5 を参照のこと。ドミニカ共和国におけるトルヒーヨの利権については，Moya-Pons (1990a) を参照のこと。

(28) Whitehead (1991), pp. 535-9 を参照。

(29) *rosca* を構成していた三大採鉱企業は，革命後国営化され，傘下に多くの所属団体を持つ上部団体として，国営企業（ボリビア鉱業会社 Corporación Minera de Bolivia: COMIBOL）が創設された。多年にわたって，COMIBOL の意思決定には政治的配慮が何よりも優先され，同社は経済的非効率という点で有名になった。Klein (1992), pp. 233-45 参照。

(30) 1956 年のハイパーインフレの期間は，インフレが年率 60,000%にまでに達した 1985 年の悲惨な出来事と，顕著な類似点を有していた。1956 年のインフレは，米国の経済学者ジョージ・ジャクソン・エデー（George Jackson Eder）の協力で策定された安定化プログラムによって終結した。Eder (1968) を参照。

(31) Lewis (1991), p. 251 および Roett and Sacks (1991), p. 63 参照。

(32) ストロエスネル政権下の軍部が密輸に強く関わっていたことは，公然の秘密であった。Nickson (1989) を参照。

(33) これらペルーの経済モデルの急変は，Thorp and Bertram (1978), Chs. 10-3 で詳細に論じられている。

(34) 表 8-5 を参照のこと。

(35) 第二次大戦後のベネズエラの短期間の民主主義の試みは，軍事介入によって終わりを告げた。民主主義は 1958 年 12 月の選挙後にようやく確立された。Ewell (1991) を参照。

(36) Randall (1987), Ch. 3.

(37) COMIBOL は，1960 年以降，米国および（西）ドイツの公的資金から，技術および資金支援を受けた。これは COMIBOL の効率性を改善するための一部に用いられたが，損失は続いた。Dunkerley (1984), p. 105.

(38) 世界銀行は最初の国別研究の一つをキューバで行った。この研究では，キューバ経済の砂糖への依存度が強調された。Truslow（1951）参照。

(39) 砂糖への依存度を低下させなければならないという世界銀行ミッションの勧告があったにもかかわらず，キューバの革命直前の収穫高は，依然として国民所得の 30%を占めていた。これは 1913 年と同率であった。Brundenius (1984), Table A. 2. 2 参照。

(40) ペルーの魚粉産業の成長を主題としている論文がある。Roemer（1970）を参照。

(41) エクアドルのバナナブームは，May and Plazo (1958), pp. 169-75 で述べられている。Plazo は，そのブームが始まった 1948 年から 1952 年までエクアドルの大統領であった。

(42) Roett and Sacks (1991), Ch. 4 参照。

(43) キューバ産砂糖の輸入割り当ては，1960 年 7 月に削減された。皮肉にも，輸入割り当ては 1959 年の 12 月まで増加（312 万トンにまで）していた。Domínguez (1989), pp. 23-5 参照。

(44) Bulmer-Thomas (1987), pp. 185-90 参照。

(45) 香辛料であるショウズクの実は，中東諸国ではしばしばコーヒーに加えられる。グアテマラのショウズクの実の増加については，Guerra Borges (1981), pp. 256-8 を参照。

(46) 部分的に土壌の悪化に原因があると考えられる，ハイチの一次産品輸出の危機については，Lundahl (1992), Chaper 5 で分析されている。ハイチが実際に多少なりとも成功した製造輸出品は，野球用ボールのみであった。

(47) カーター・トリホス条約は，運河地帯に対するパナマの主権を取り戻し，運河運営の賃貸所得はかなり上昇した。しかし，運河の直接的な付加価値は，1950 年の 4410 万ドルから 1970 年の 1 億 5200 万ドルへと既に上昇していた。Weeks and Zimbalist (1991), p. 5 参照。

(48) 矛盾しているように思われるが，いくつかの推定にあるように，もしコロン自由貿易地帯からの輸出が，パナマの商品輸出として取り扱われるならば，カーター・トリホス条約の施行以降，このシェアは減少する。1979 年（米国が条約を批准した年）以降のパナマの国際収支の変容については，International Monetary Fund (1986b), pp. 507-8 を参照のこと。

(49) LA 6 の，GDP に対する輸出と輸入の（非加重）比率は，1960 年には 25.3%であった。他国（キューバを除く）については，非加重平均は 43%であった。World Bank (1980), Table 3, p. 387 を参照。

(50) 通貨切り下げに対するラテンアメリカの世評を考慮すると，いくつかの国の通貨が安定的であったという例外的な性質を強調しておく価値がある。パナマは一度も為替レートを変化させなかった。ハイチの為替レートは，第一次大戦以前より固定されていた。ドミニカ共和国，ホンジュラス，グアテマラは，1980 年代の債務危機以前，それぞれ，18 年間，17 年間，16 年間と通貨が安定していた。

(51) 1940 年以降，福祉国家が社会民主主義のもとで構築されたコスタリカは，度重なる財政赤字問題に直面し，1961 年には IMF の支援を受けざるを得なかった。

(52) 1961 年にトルヒーヨが暗殺された後，ドミニカ共和国では放漫な通貨政策が採られるようになり，財政赤字が上昇した。しかし価格はゆっくりと上昇し，為替レートは固定されたままであり，貨幣の増加は主に輸入の上昇につながった。

(53)　このような多数のプログラムに関する詳細な分析については，Remmer (1986), pp. 1-24 を参照のこと。
(54)　1970年以降でも，LA 6の総輸入中の消費財のシェアが7.8%であったのに対して，LA 14（キューバを除く）は，20.2%であった。ECLAC (1989), pp. 522, 562参照。
(55)　1956年のボリビアの安定化プログラム，1961年のコスタリカのプログラム，そして，1964年のドミニカ共和国のプログラムは，主要な国内外の不均衡を削減させるという，IMFの意向を受けたプログラムの例である。輸出主導型成長の見解を依然として採る一方で開始された，1959年のペルーの安定化プログラムでさえも，批判がなかったわけではないが，対外均衡を達成した。Thorp (1967) 参照。
(56)　ラテンアメリカ全体のNBTTは，1954年に最も高かったが，その後8年間で，30%近くも低下した。CEPAL (1976), p. 25.
(57)　これら国際商品協定は，Rowe (1965), pp. 155-83で論じられている。また，Macbean and Nguyen (1987) も参照のこと。
(58)　OPECは，ベネズエラが主導的役割を果たして，1961年に結成された。Randall (1987), p. 35. エクアドルは1970年代に加盟したが，それ以外のラテンアメリカの石油生産国は，いずれも加盟していない。
(59)　Grunwald and Musgrove (1970), p. 249参照。
(60)　Roemer (1970), pp. 87-8参照。
(61)　土壌浸食とハイチ経済の低下に関するその他の説明は，Lundahl (1979) に非常に詳細に示されている。
(62)　Wadsworth (1982), pp. 167-71参照。
(63)　この時期の，中米における綿花および牛肉産業への外国企業の進出に関する優れた説明は，Williams (1986) に見ることができる。
(64)　しかし，ボリビアのこのシェアの上昇は，1946年から1960年までのシェアの減少を到底相殺するものではなかった。
(65)　一次産品の世界貿易（経常ドルでみた）は，1950年から1970年までの間に年率6%で上昇した。Scammell (1980), p. 127参照。
(66)　Thomas (1971), p. 1142を参照のこと。1952年以降の6年間，世界の砂糖生産に占めるキューバのシェアは，19.4%から12.6%に低下したが，「自由な」市場での割り当ては実質上は変化しなかった。
(67)　各国のシェアは大きく変化したが，世界のバナナ輸出に占めるラテンアメリカのシェア（70%近く）は，1950年代と1960年代にほとんど変化していない。Grunwald and Musgrove (1970), Table 13. 3, p. 372参照。
(68)　Dore (1988), pp. 155-9参照。
(69)　Grunwald and Musgrove (1970), Table 8. 5, pp. 275-7参照。
(70)　Latin America Bureau (1987) 参照。
(71)　砂糖依存は，米国による砂糖割り当ての規模と緊密に結びついていた。Moya Pons (1990b), pp. 530-2参照。
(72)　キューバの砂糖輸出に占めるソ連のシェア（1959年には2%）は，1961年には49%，1978年には80%にまで達した。Brundenius (1984), Table 3. 9, p. 76参照。
(73)　1959年の安定化プログラムは，国際レベルまでにはインフレを低下させず，実質為替レートは，1967年の切り下げまで確実に切り上がっていった。
(74)　中米5カ国の経済政策の転換については，Bulmer-Thomas (1987), Ch. 9を参照のこと。
(75)　これら開発銀行の多くは，米州開発銀行（1961年設立）を含む国際機関の支援によって

設立された。

(76)　総民間銀行貸し出しのうち中米の農業（家畜を含む）が受けたシェアは，工業の急速な成長にもかかわらず，1970 年に 1961 年とほとんど同じであった。Bulmer-Thomas (1987), Table 9. 3, p. 186 参照。

(77)　小規模の生産工程と寡占的構造の組み合わせによって，ラテンアメリカはその両方の面で最低となってしまった。前者は単位コストを引き上げ，後者は競争市場を不可能にした。市場が崩壊したために，集中度（すなわち，総売上のうち主要な 3，4 の企業によって占められる割合）は，先進工業国より，ラテンアメリカ産業で常に低かった。例えば，製薬産業に関して Jenkins (1984), Table 4. 2, p. 83 を参照。

(78)　「基礎財」とは，中間財として工業部門全般に使用されるような生産物である（例えば，鉄鋼，化学，加工燃料）。

(79)　ECLA (1970), p. 140.

(80)　1964 年に設立された UNCTAD は，1971 年の一般特恵制度（GSP）の構築に成功した。この制度のもとで途上国は，広範囲に及ぶ工業および農業製品に関して，片務的な関税の譲許を受けることができた。しかし，その譲許は条件と例外によって，非常に厳しく制限されており，GSP からの純便益はかなり限られたものであった。GSP については，Weston (1982) を参照。

(81)　域内貿易に関する CEPAL の主要な文書は，ECLA (1956) および (1959) を参照のこと。

(82)　Dell (1966), pp. 25-9 参照。

(83)　Bulmer-Thomas (1987), pp. 185-90 参照。

(84)　El-Agraa (1988), pp. 16-40 参照。

(85)　仮定の一つは完全雇用であり，従って貿易創出が生む遊休資源は，後には他の活動に転換され得る。しかし，もし貿易創出の結果，失業が増大すれば，厚生の便益は不確かなものとなる。

(86)　このことは，中米において最も顕著であった。中米では，それ以前に工業化が実質上存在していなかったため，新しい関税システムの結果，貿易財を生産する新しい製造企業が大抵域外からの輸入財に代替することになった，Bulmer-Thomas (1988), pp. 75-100 参照。

(87)　Cline (1978) pp. 59-115 が，この問題について優れた分析を行っている。

(88)　LAFTA に関しては，多くの優れた説明がある。例えば，Finchi (1988). Vaitsos (1978) は，LAFTA を含む開発途上国における，地域統合スキームの比較研究も行っている。

(89)　Finch (1988), pp. 243-8 参照。

(90)　その財とは，バナナ，ココア，コーヒー，および綿である。これらは全てラテンアメリカの伝統的な一次産品輸出であり，LAFTA の考案者たちが促進しようとした製造工業品の類とは明らかに異なっていた。

(91)　IDB (1984a), Table 1. 1, p. 56 参照。

(92)　唯一意義あるものとして挙げることができる点は，開発途上国がよりゆっくりとしたペースで貿易自由化に向かうことができたことであった。しかしこれは，地域統合によって創出されるべき新たな工業内での「公正な」シェアを，低開発国に保証するものではなかった。その適切性を考慮しないで提示された公式な譲歩については，IDB (1984a), p. 70 を参照。

(93)　補完協定によって影響を受ける生産物リストは，IDB (1984a), p. 156, n. 8 に挙げられて

いる。そのリストにはMNCsが特に活発に行っていた（そして今も行っている）生産物が含まれている。

(94) アンデス協定の最初のメンバーは，ボリビア，チリ，コロンビア，エクアドル，そしてペルーであった。ベネズエラは1973年に加盟し，チリは1976年に脱退している。

(95) 新政策の最も急進的な措置はDecision 24であり，これは収益送金に対する最高限度率を定め，外国企業による過半数支配に終止符を打つものであった。当然のことながら，Decision 24は多くの摩擦を引き起こし，その急進的な性格は次第に薄れていった。El-Agraa and Hojman (1988), pp. 292-3。

(96) アンデス開発公社（Andean Development Corporation）での特別措置を含むボリビアとエクアドルに与えられた譲許のリストは，IDB (1984a), pp. 74-5に挙げられている。それにもかかわらず，「アンデスLDCs（開発途上国）に対する特別制度がさほど大きな効果を持たず，最初に期待された程の成果はなかった」とするIDBの評価に異議を唱えるのは困難である。

(97) これは工業開発の部門別プログラム（SPID）を通して達成させられることになっており，その目的は，「均等な発展という状況のもとで，最適利用が保証されるような方法で，生産施設の配分を行うことによって工業化を合理化する」ことであった。El-Agraa and Hojman (1988), p. 264参照。実際には，SPIDは最適とはいえない工場を増大させてしまった。

(98) チリの脱退は，アウグスト・ピノチェット・ウガルテ（Augusto Pinochet Ugarte）将軍の右翼独裁権と，その他アンデスの共和国における左翼的傾向の政府との間の，政治的差異に原因があるとしばしば誤って解釈されている。これらの差異がAPの順調な活動の助けにならなかったことは確かであるが，チリがAP加盟国と調和しない新自由経済プログラムを遂行しようとしたことに比べれば，これらは二次的なものである。

(99) 最も論議の的となった手段は統合工業計画であり，これは，規模の経済が重要であると考えられる一産業の単一企業に免税特典を与えるものであった。民間部門（および米国政府）の反対の結果，実際には崩壊したが，それ以前に二社のみがその特典を与えられ，事実上地域的独占となった。Ramsett (1969) 参照。

(100) CACM離脱の決定に際して重要な要因となったホンジュラスの問題は，ラテンアメリカの統合スキームが直面した困難を象徴するものであった。CACMの最弱小国として，ホンジュラスは事実上，域外からの輸入品を域内の高コスト輸入品（関税前）に代替しなければならなかった。しかし，CACMへのホンジュラスの輸出品は主に食料品であり，これは国際価格で販売され続けた。従って，ホンジュラスの交易条件は悪化した。統合スキームで予想されたのとは，正反対のことが生じたのであった。

(101) 二国間の戦争は，エルサルバドル人のホンジュラスへの移民によって生じた緊張の結果起こった。Bulmer-Thomas (1990a) 参照。

(102) IDB (1990), pp. 10-1参照。

(103) ピーク時に，域内輸出は総輸出の26%であった。しかしながら，その後起こった減少は，相対的なものにすぎず，貿易の絶対額は，1981年まで成長し続けた。

(104) El-Agraa and Hojiman (1988), Table 11. 1 (a), p. 261参照。

(105) 工業製品は，1975年には，域外輸出の僅か16%にすぎなかった。Thoumi (1989), Table 5, p. 13参照。

(106) 1965年には，地域市場への機械・輸送機器輸出は，世界市場への輸出の約2倍であった。二つの市場は，1970年代にはほぼ同じ大きさとなったが，1980年代には，世界市場の方が非常に大きくなった。これら輸出の多くは，ブラジルとメキシコで経営活動をしていた

MNCsによるものであった。Blomstrom (1990) を参照。

(107) この貿易の重要な部分はほとんど完全に軽視されてきた。一つの優れた例外としては，IDB (1984a), pp. 156-69を参照。

(108) カラカスを基盤とするSELAは，いかなる統合スキームのメンバーでもない全てのラテンアメリカ諸国（キューバ，ドミニカ共和国，ハイチ，パナマ）も含んでおり，同様にカリブ自由貿易連合（後のカリブ共同体CARICOM）の4カ国（バルバドス，ガイアナ，ジャマイカ，そしてトリニダッド・トバゴ）と，スリナムをも含んでいた。

(109) LAIAが，LAFTAが失敗した点をうまく成就することができたかどうかは疑わしい。しかしながら，LAIAおよび域内貿易は，1982年に始まった債務危機の結果，事実上崩壊した。

(110) 三カ国全てのケースにおいて，域内輸出は圧倒的にアルゼンチンとブラジルに向かっていた。Thoumi (1989), Table 14, p. 33参照。

(111) しかし，この貿易は1970年代末までには，主にコロンビアの対ベネズエラ輸出からなっており，従って，ベネズエラによって課される輸入規制に影響を受けやすいものであった。

(112) 1970年代末までには，エルサルバドルは域内輸出の60%をグアテマラに輸出しており，グアテマラの域内輸出中の対エルサルバドル輸出は50%近くであった。

(113) 例えば，LAFTAの加盟国であったという事実にもかかわらず，メキシコは事実上，ボリビア，パラグアイ，ウルグアイに何の輸出もしていなかった。同様に，CACMとLAFTA間の貿易網も緩慢であった。

(114) ビジネス交渉の増大は，地域内および準地域内のビジネス協会を急激に増加させた。これらは1960年の3から，1971年の14，そして1983年の41へと上昇した。IDB (1984a), p. 159参照。

(115) Thoumi (1989), Table 25, p. 80を参照。唯一の例外はホンジュラスであり，同国の1960年から1982年の間の不安定係数は，域外輸出に関して高くさえなった。

(116) 機械および輸送機器の場合のように（注(106)参照），それが可能な場合でも，域内輸出は，通常外的ショックに続いて課せられる輸入規制の影響を受けやすかった。

(117) 1940年代に一致団結した努力がなされ，米州間協力の援助のもとで地域規模を網羅する一貫性のある主要な社会・経済指標が達成されたときに，この状況は大きく改善した。

(118) 1930年代初頭には粗死亡率（CDR）は，アルゼンチン，キューバ，ウルグアイを除く全ての国で，1,000人中20人以上であった。Wilkie (1990), Table 710を参照。1960年代初頭までには，ボリビアおよびハイチを除く全ての国で20以下となった。1960年代頃には，ラテンアメリカの人口（1970年には2億7,600万人）は，1930年代の1.9%および1940年代の2.5%と比べると，年率2.8%で上昇し続けていた。

(119) ラテンアメリカへの大量の移民が終わっただけでなく，米国への移住が加速していた。1970年代までに，米国のヒスパニック系人口は，大部分がメキシコ出身の移民で占められていたが，広範囲におよぶ諸国からもたらされていた。

(120) World Bank (1984), Table 1を参照のこと。ここでは1980年代早期についてのデータが使用されており，このグループの中にはブラジルも含まれている。

(121) 例えば，1970年のメキシコの公定為替レートは，1ドルに対して12.5ペソであったが，購買力平価レート（CEPAL (1978), p. 8参照）は，8.88ペソであった。Kravis (1978) およびUnited Nations (1986) 参照。

(122) 1950年代には，二つのグループに関する（非加重の）実質GDPの年平均成長率は，同じ (4.3%) であった。1960年代には，LA 6の実質GDPの年平均成長率は，4.7%であった

のに対して，LA 14 は 5.1%であった。

(123) Wilkie (1990), Table 644, p. 137 参照。

(124) 1970 年までにラテンアメリカの 4 都市（メキシコシティー，サンパウロ，ブエノスアイレス，そしてリオデジャネイロ）は，700 万人以上の居住者（ニューヨークあるいはロンドンに匹敵する）を有していた。Wilkie (1990), Table 634, p. 129 参照。

(125) ラテンアメリカの移住に関する優れたケース・スタディは，Peek and Standing (1982) の中で行われている。

(126) 従って，経済活動人口（PEA）の増加率は，1950 年代の 2.1%から，1960 年代の 2.5%，1970 年代の 3.2%へと上昇した。PEA への女性参加の上昇があったため，この成長率は，（ラグのある）人口成長率よりも早かった。Deas (1991), Table 14. 1, p. 219 参照。

(127) その結果，女性の労働力の増加はかなり早く，1970 年代には年率 4.7%にまで達した。Deas (1991), Table 14. 1, p. 219 参照。

(128) 部門別で見ると，農業は概して，最低の資本一産出高比率を有している。従って，農業活動から非農業活動へのシフト（農村部門から都市部門へのシフトと同義）は，ある所与の投資水準のもとでは労働吸収の低下を意味する。従って，失業の上昇を防ぐためには，投資水準がかなり増加しなければならない。

(129) ジニ係数は，完全に平等であるケース（すなわち全ての人々が同額の所得を受け取る時）では，0 と仮定し，完全に不平等であるケース（すなわち全ての所得が一個人に向かう時）では 1 と仮定する。西ヨーロッパのジニ係数は，典型的に 0.3 から 0.4 の範囲であり，韓国と台湾でも類似した範囲が報告されていた。所得の不平等の推定については，Cowell (1977), pp. 121-9 を参照。

(130) ブラジルのジニ係数は，1960 年から 1970 年の間に 0.5 から 0.6 に上がった。Cardoso and Helwege (1992), Table 9. 10, p. 241 参照。

(131) 土地集中の程度は，膨大な農業センサスの公表によって 1950 年代に明らかとなってきた。エクアドルでは，1954 年に 100 ヘクタール以上の農家（総所有者の 2.2%）が，土地の 64.4%を管理し，膨大な数の準家族農家（全体の 73.1%）は，土地の僅か 7.2%しか所有していなかった。Zuvekas and Luzuriaga (1983), Table 4. 1, p. 54.

(132) コスタリカの 5%の農家のみが，1973 年においても借地農であった。しかし，500 ヘクタール以上の農家（全体の 1%）は，土地の 40%近くを所有していた。Dirección General de Estadística y Censos (1974), Table 29 参照。

(133) 一族支配の程度は，バランスシートや企業会計が公表されていないため，その量を測るのは困難であるが，少数の研究が明らかにしている。ニカラグアのケースについては Strachan (1976) を参照。

(134) 1960 年代末期頃には製造業への MNC の進出が顕著であり，外国企業は殆どいたる所で生産の少なくとも 30%を担っており，ブラジル，コロンビア，そしてペルーでは 40%以上であった。Jenkins (1984), Table 2. 2, p. 32 および Table 2. 4, p. 34 参照。

(135) 職業間，産業間の双方に関するラテンアメリカの賃格差は，Salazar-Carrillo (1982) を参照。また，Elías (1992), Ch. 6 も参照。

(136) ECLAC (1989), Table 31 p. 57 参照。

(137) メキシコでは，1960 年代中頃において，工業部門の上級幹部は未熟練労働者の約 10 倍近い所得を受け取っており，中級レベルの幹部は，約 4 倍近くを受け取っていた。Salazar-Carrillo (1982), p. 166 参照。

(138) 1960 年代に所得不平等が急激に拡大したブラジルのケースは，その実例である。最低所得者層 40%の総所得に占めるシェアが，急激に減少したにもかかわらず，一人当たり所

得の上昇は依然として緩慢であった。Cardoso and Helwege (1992), p. 240 参照。

(139) キューバの砂糖産業における不完全雇用問題は，革命以前の数年間，国際競争力を保持したままコストを低下させるために収穫期間を削減しようとした，砂糖企業の決定によって悪化した。Thomas (1971), Ch. 94 参照。

(140) エルサルバドルの有力な土地所有層は，1965 年まで農村の最低賃金の導入に反対した。しかし，農民労働組合は禁止され続けた。White (1973), pp. 106, 120 参照。

(141) 1960 年から 1970 年の間，ラテンアメリカの都市人口は 5,000 万人以上増加したが，農村人口は，僅か 1,000 万人増加しただけであった。IDB (1991), Table A. 2, p. 262 参照。

(142) 1970 年には貧困率（すなわち貧困と分類される人口の総人口に対する比率）は，農村部では 54%，都市部では 29%であった。10 年後，この数字はそれぞれ 51%と 21%となった。Deas (1991), Table 14. 3, p. 224 参照。

(143) 従って，農業における不完全雇用が低下した結果，全体の不完全雇用が減少したにもかかわらず（表 9-5 参照），非農業活動（主に都市）の不完全雇用は，1950 年の PEA の 13.6%から，1970 年の 16.9%，そして 1980 年の 19.4%へと上昇した。Wells (1987), p. 97 参照。

(144) この学派のスローガンは「諸要素価格を適正に」であり，これは，1970 年以降世界銀行によって強く採り入れられた。World Bank (1987), Part 2 参照。

(145) この立場の最も強い主張は，ペルーの富に関するデータに基づく De Soto (1987) が示している。

(146) 都市のインフォーマル・セクターの雇用を雇用労働力の割合としてみると，1980 年代初頭には 10.9%（コスタリカ）から 44%（ボリビア）までと大きな開きがあったと推定される。これは債務危機以前であり，インフォーマル・セクターの相対的重要性を十分に上昇させる効果を有していた。Thomas (1992), Table 4. 2, p. 68。

(147) 例えば，ECLA (1970) の中の Raúl Prebisch, pp. 257-78 の論文を参照。

(148) 台湾の所得分配のケーススタディに関しては，Fei, Ranis and Kuo (1979) を参照。

(149) 1950 年のキューバの一人当たり GDP は，表 9-4 から明らかなように，ラテンアメリカで 5 番目に高かった。

(150) 「進歩のための同盟」(ALPRO) は，本質的には，キューバ革命によって表面化した西半球の脅威に対する米国の対応であった。資本移転そのものは 1950 年代と比較するとかなり上昇したが，ラテンアメリカへの公的および民間の資本移動に対する高い目標は，実現されなかった。ALPRO は 1960 年代末までに事実上崩壊したが，それは資本フローを改革にリンクすることを強調したことが，ラテンアメリカのエリートと米国のニクソン政権の双方に嫌悪感を与えたためであった。

(151) IDB は，全てのラテンアメリカ諸国（キューバを除く）に融資を行った。カリブ地域の独立に続いて，多くの国が加盟し，拡大した。IDB は，当初より地域統合に対して熱心で，ラテンアメリカ経済統合機関 (Instituto para la Integración Económica de la América Latina: INTAL) を創設し，域内貿易を促進した。

(152) GNP に占める賃金シェアは，1943-44 年の 36.8%から 1950-52 年の 43.7%へと急増した。この上昇は，社会保障保険料を考慮に入れるとより顕著であった。Díaz-Alejandro (1970), Table 2. 20, p. 122。

(153) 1970 年および 1971 年には，実質賃金はそれぞれ 8.5%，22.5%上昇した。次の 2 年間に，インフレが名目賃金の上昇以上に加速したため，この実質賃金は，11.3%と 38.6%低下した。Larrain and Selowsky (1991), Table 7. 11, p. 200 参照。

(154) 逆進税は，裕福な人よりも貧しい人により負担が大きくかかる。一例は食料に対する物品

税である。食料は，豊かな人の所得よりも貧しい人の所得に，より高い比率を占めるからである。反対に所得税は，累進的であり，限界比率が平均比率以上に高いと仮定すると，豊かな人は貧しい人以上に，所得に比例して貢献する。コロンビアの財政制度がこれらの問題にいかに注意を払っていたかというケーススタディに関しては，McLure et al.（1990）参照。

(155)　これら二カ国の良好な実績は，殆ど確実に両国の民主主義体制に関連したものであり，それによって，政府は選挙民の重要性に敏感となった。

(156)　最も極端なケースは，間違いなくニカラグアであり，同国では，1960年代に僅か0.2％の人口（500人に1人）しか所得税を支払っていなかった。Watkins (1967), p. 405参照。

(157)　コロンビアでは，改革は一般的に真剣に行われていたが，教育および保健衛生に関する一人当たり補助金は，最高所得者層の20％において最も高かったということが明らかにされている。これはこのグループが，大学への政府支援から最も便益を受けていたためである。Selowsky (1979), Table 1. 6, p. 22参照。

(158)　IDB（1984a), Table 29, p. 436参照。

(159)　Fields (1980), pp. 185-94参照。

(160)　農地改革後のメキシコ農業の変化については，可耕農地の約4分の1の再分配につながった。Heath, Erasmus, and Buechler（1969）参照。

(161)　1953年の農地改革法によって，ボリビアの農地の約4分の1が再分配された。

(162)　グアテマラの最も急進的な局面でアルベンス大統領が行ったグアテマラの農地改革は，1954年に反革命が勝利を収めると，間もなく挫折した。農地改革そのものについては，Gleijeses (1991), Ch. 8を参照。

(163)　この反比例産出法則を示す根拠については，Barraclough（1973）を参照。

(164)　この議論に関して最も洗練された意見は，Berry and Cline（1979）に見ることができる。

(165)　これは，ホンジュラスにおいて非常に重要であると考えられたため，改革された部門からであっても，輸出向け生産の継続を保証するための，非常に多くの公的なイニシアティブがあった。Brockett (1988), Ch. 6参照。

(166)　Thiesenhusen (1989), Ch. 5, およびCh. 7参照。

(167)　Janvry（1990), pp. 123-31参照。

(168)　Grinlde (1986), Ch. 4参照。

(169)　農村部の労働力が多く，最も土地所有の集中度が高い国であったため，グアテマラ社会は，ある種の農地改革なしには，容易に変化することができなかった。

(170)　これは1970年代にさらに減少さえした。Brundenius (1984), Table 5. 6 and Figure 5. 1, p. 116参照。

(171)　キューバ当局自身が用いている試算方法である総社会生産（GSP）でさえ，1962年と1966年の間に僅かしか上昇しなかったことを示している。Pérez-López (1991), Table 1, p. 11参照。

(172)　ブランデニウス（Brundenius）は，キューバにおける一人当たりの基本的ニーズ（食料および飲料，衣服，住居，教育，そして保健衛生）支出の測定方法を構築したが，1970年までの革命以前レベル以上には殆ど改善が示されなかった。その後の10年間においてのみ実績は急激に改善した。Brundenius (1984), Table A. 2. 28, p. 178。

(173)　賃金政策は，短期においては非常に効果的であったが（注(152)参照)，長期においてはそれほど効果的ではなかった。

(174)　実質賃金に与える平価切り下げの影響は，Díaz-Alejandro（1965）によるアルゼンチン

のケーススタディで，最もよく明らかにされている。

(175) これはブラジルのケースで最も明白であり，農業部門の最低所得者層20%は，非農業部門の最低所得者層20%の2倍の農業所得シェアを受け取っており，最高所得者層10%の状況は，ちょうど反対であった。ECLA (1971), Table 9, p. 114 参照。

第10章　新貿易戦略と債務主導型成長

(1) 例えば，ECLA (1963) を参照。ここでは域内の工業製品輸出と同様に，域外の工業製品輸出を促進する必要性を認めている。

(2) 1960年代の貿易と開発に関して，輸出促進と市場の力を強調した，いくつかの代替案が現れたことが，Love (1994) で分析されている。

(3) ブレトン・ウッズ体制の崩壊については，Scammell (1980), Ch. 12 を参照。

(4) メキシコとペルーは原油の輸出国であったが，それぞれ1977年と1978年までは純輸入国であった。IDB (1982), Table 66. 7 参照。

(5) 1973年の第一次石油危機は，1バーレル当たりの平均価格を3ドルから12ドルまで引き上げ，1979年の第二次石油危機は，12ドルから30ドルへと引き上げた。従って石油輸入国は，10年足らずの間に10倍の価格上昇を負担しなければならなかった。

(6) Sachs (1985), pp. 523-73 参照。アジア NICs は，工業製品輸出の増加を通じてその経済を変化させ，1970年代の一人当たり GDP は，年率5%以上で上昇した。Ranis and Orrock (1985), Table 4. 3, p. 55 参照。

(7) GSP に関する問題の一つは，数量割り当てが広範囲に利用されていたために，LDCs が関税特恵を利用できる範囲が限られていたということであった。例えば，1980年においては，GSP でカバーされる LDCs からの総輸入額は，554億ドルであった。しかし，現実に GSP 待遇を受けることができたのは，これら輸入額の半分以下であり，これは，LDCs からの総輸入額の僅か8.2%にしかすぎなかった。Kelly et al. (1988), Table A. 25, p. 133 参照。

(8) Sklair (1989), pp. 8-9 参照。807条項は，最終生産物における米国の純投入物を計算した課税価格で商品が米国へ輸出されることを認めたものであるため，重要な規定であった。

(9) 1970年代を基準とすると，ラテンアメリカの NBTT は，10年間で50%上昇した。石油輸出国の NBTT 上昇は，176%であった。ECLAC (1989), Table 276, pp. 506-7 参照。

(10) 世界輸出に占めるラテンアメリカのシェアは，1970年の4.9%から1980年の4.6%へと低下した。Wilkie (1990), Table 2600, p. 674 参照。

(11) 安定化プログラムとそれが分配に与える影響については，Fishlow (1973) が論じている。また，Bacha (1977) も参照。

(12) ブラジルの奇跡の数年間（1967-73年）に，実質 GDP は年率10%で上昇した。Wells (1979), pp. 228-33 参照。

(13) 利益は，上位5%に最も集中しており，彼らの所得のシェアは，1960年の27.4%から1970年の36.3%に上昇した。Baer (1983), Table 27, p. 105 参照。ブラジルの人口は，1970年には1億人近かったので，このエリートグループは依然としてかなり大きな市場であった。

(14) 年間の自動車生産は，1960年の5万7300台から1975年の55万700台へと急増した。これは，ヨーロッパ諸国の生産レベルに匹敵していた。

(15) ブラジルの反輸出性向（国内で販売された場合の付加価値/輸出された場合の付加価値－1

と定義される）は，1967年において，製造業の21部門中18部門で50%以上であった。Bergsman (1970), p. 51 参照。

(16) これらの手段の範囲とそれが反輸出性向に与えた影響は，Bulmer-Thomas (1988), pp. 105-15 に示されている。

(17) Looney (1985), Chs. 5-6 参照。

(18) ブラジルは名目為替レートを固定しようとはしなかったが，その切り下げ率は，国内と海外とのインフレ格差を下回っていた。Baer (1983), p. 166.

(19) Thorp (1991), pp. 167-71 参照。また，Edwards (1984) も参照。

(20) Vedovato (1986), p. 163 参照。米ドルに対する公式な切り下げは，1985年に行われた。

(21) ラテンアメリカの為替レート問題に関する一般的見解に関しては，Edwards (1989) を参照。

(22) コロンビアの，輸出促進に基盤をおくバジェホ計画の詳細については，Díaz-Alejandro (1976) を参照。また，Thomas (1985), pp. 26-9 も参照。

(23) メキシコの輸入割り当ておよび，それらが利用されるにつれてますます高度に複雑化していったことについては，Kate and Wallace (1980), pp. 43-54 参照。

(24) 開発途上国におけるEPZsの拡大に関しては，Balasubramanyam (1988) を参照。

(25) Tyler (1983), pp. 97-107 参照。

(26) GATTのルールでは，相殺関税を適用することができたが，それは輸出業者が非合法な補助金を受け取る権利を与えられていた場合であった。反ダンピング関税は，輸出業者が総コスト以下でその製品を販売する場合に適用することができた。Kelly et. al (1988) 参照。

(27) ドミニカ共和国の貿易統計は，常にEPZsからの輸出を含めているとは限らない。もし，EPZsからの輸出を除けば，総輸出に占める工業製品のシェアは表10-1に記されているよりもかなり小さくなる。Mathieson (1988), pp. 41-63 参照。

(28) Wilkie (1990), Table 2614, p. 696 参照。

(29) ヘクシャー＝オリーンの定理は，諸国は，相対的に豊富な生産要素を集約的に用いた財を輸出する，としている。従って，ラテンアメリカの場合，この定理は，労働集約的な輸出品を意味していた。しかし，非常に多くの研究が，新たな工業製品輸出が資本集約的であったことを指摘している。例えばTyler (1976) を参照。

(30) Urrutia (1985), pp. 117-22 参照。労働集約的な輸出品である，コロンビアの繊維に関する優れたケーススタディは，Morawetz に示されている。

(31) 為替レートの切り上げに関しては，Thomas (1985), Ch. 2 を参照。麻薬産業がコロンビアに与えた経済的影響は，Arrieta et al. (1991), pp. 47-96 で分析されている。

(32) アルゼンチンが，短期間の安定化プログラムにもかかわらず輸出促進を試みたむずかしさについては，Guadagni (1989) およびMaynard (1989) を参照。

(33) これらのなかで最も重要であったのは，アルコール・プログラムであった。これはサトウキビを燃料に変えるというもので，輸入石油への需要の低下につながった。Baer (1983), pp. 146-7 参照。

(34) 先進国は，輸入の競合から自分たちの産業を保護する方法として，VERsの利用を増大させていった。VERsは，その輸入品が販売される最終価格を上昇させる効果を持っていたので，実質的にはいくつかの輸出業者たちは，販売単位当たりの収益を増大させることができた。

(35) 繊維の国際貿易は，1962年に制定された多角的繊維協定によって統制されており，これによって，全ての参加国には輸出および輸入割り当てが決められていた。Farrands

(1982) 参照。

(36) それを実現しようとした勇敢な試みについては，Handelman and Baer (1989), Ch. 2 および 3 を参照。南米南部諸国の安定化を支援した経済プログラムは，Díaz-Alejandro (1981) で分析されている。

(37) 1950 年から 1975 年までのアルゼンチン，チリ，ウルグアイの一人当たり輸出量は，それぞれ年率で 0.2%，2.3%，1.2%減少した。その他のラテンアメリカ諸国では，同時期年率 1.3%で上昇した。Ramos (1986), Table 1. 1, p. 2 参照

(38) 金融抑制は，時に減耗金融ともよばれ，実物資産に対する金融の比率が低く，金融手段の選択が限られているような経済を表現するのに用いられる言葉である。これは通常，負の実質利子率（すなわち，名目利子率を上回るインフレ率）と結びついている。金融抑制に関する古典的な研究は，Mckinnon (1973) および Shaw (1983) である。

(39) アジェンデ政権期に関する文献は膨大である。政治に関しては，Kaufman (1988) を，経済に関しては，Vylder (1976) を参照。

(40) 安定化プログラムと調整プログラムの本質的な違いは，対象期間である。安定化プログラムは，短期的な不均衡（例えば，国際収支危機）に対処するために採用され，必ずしも経済構造の変化を生じさせるわけではないが，調整プログラムは，その国のダイナミックな比較優位により密接に結びつく資源配分に向かって，長期にわたって生産要素をシフトさせるために必要とされる。従って，調整プログラムは，安定化問題を悪化させる可能性があり，逆もまた同じである。Kahler (1990) 参照。

(41) Ramos (1986), pp. 125-34 参照。

(42) Beckerman (1989), pp. 122-6 参照。

(43) 南米南部諸国での国際収支に対するマネタリー・アプローチに関しては，Foxley (1983), pp. 114-25.

(44) この為替レート政策は，為替レート表が定期的に公表され，将来の日付で通貨価値が知らされていたために *tablita* といわれていた。アルゼンチンにおけるこの役割については，Sjaastad (1989), pp. 259-64 参照。

(45) 実質利子率は，金融自由化の期間を通して 10%以上のままであり，しばしば，20%以上になることもあった。Ramos (1986), Table 8. 11, pp. 154-5 参照。

(46) 高い実質利子率によってインセンティブが与えられたにもかかわらず，国内の貯蓄率（GDP に対する総国民貯蓄の比率）は，低いままであるか低下さえした。Ramos (1986), pp. 141-58 参照。

(47) 貿易可能財は，輸出可能財と輸入可能財からなる。前者は，純輸出が正である部門であり，後者は，純輸入が正である部門である。南米南部諸国の貿易可能財のシェアの減少については，Ramos (1986), Table 7. 15, p. 133 を参照。

(48) この低下は，特に，ES 戦略が最も積極的に推進されていたチリにおいて急激であった。Fortín and Anglade (1985), pp. 191-5 参照。

(49) 全ての PED 11 カ国において，対外輸出に占める工業製品のシェアは低かった。しかし，中米諸国は，工業製品を基盤とした域内貿易を発展させていた。

(50) 中米の綿花ブームは，Williams (1986), Part 1 に詳細に述べられている。

(51) ベネズエラは，OPEC によって合意された輸出割り当ての制約を受けていた。スズ生産の単位コストが相対的に高く，石油の埋蔵量が殆ど枯渇していたボリビアは，大規模な新規投資なくして産出量を増加させることはできなかった。しかし，ボリビアの最初のスズ精錬業者が 1970 年代初めに生産するようになり，ボリビアは遂にスズ生産に伴う高い付加価値を獲得し始めた。

(52)　1961年以来，ソ連は，砂糖輸入に対して国際価格を上回る額を常にキューバに支払っていた。1974年の国際価格の急激な上昇によって，ソ連は先例に従わなければならなかったが，世界価格が下がり始めたときにも，支払い価格はそれに従って低下したわけではなかった。従って，1970年代末までに，キューバは，世界市場で取り引きされる価格の約5倍以上の価格をソ連から受け取っていた。Brundenius (1984), Table 3. 9, p. 76 参照。

(53)　1963年に成立したICAは，（可変的な）輸出割り当てを利用して価格をある範囲内に維持するために作られた。しかし，ブラジルの霜害によって世界生産が減少し，輸出割り当てを放棄しなければならなくなった。だがそれでもなお，ブラジル以外の国がブラジル生産の減少を相殺することはできず，価格は急速に上昇した。それはもともとICAが設定していた上限をはるかに超えていた。

(54)　ECLAC (1989), Table 289, pp. 564-5 参照。

(55)　エクアドルの石油ブームと，それが他の経済に与えた影響は，Bocco（1987）において詳細に分析されている。

(56)　算出可能一般均衡モデルを用いた，コカがボリビア経済に与えた影響の実証的推定については，De Franco and Godoy（1992）を参照。

(57)　ラテンアメリカ全域にわたるこのような非合法活動の影響については，今まで不確かな推測がなされてきた。麻薬貿易がコロンビアに与えた影響に関する冷静かつ客観的な評価については，Arrieta et al.（1991）を参照。

(58)　PPEは，輸出価格で買うことのできる輸入価格を測るものである。これは，輸出価格を輸入の単位価格で割るか，あるいは，輸出量にNBTTを乗じることによって算出される。

(59)　変動為替レートが特徴的となったブレトン・ウッズ後の期間，米ドルへ固定したからといって，他通貨に対する切り下げの可能性がなくなったわけではなかった。しかし，殆どのPED諸国にとっては，米国が主要な貿易相手国であり，そのため，対ドル固定レートが，安定した実効（貿易で加重した）為替レートに近いものであった。

(60)　物価スライド式経済における安定的なインフレ率は，必ずしも所得の不平等の拡大にはつながらないが，インフレ率の加速は必ずそうなる。これは，最低所得者層の十分位が，インフレ率の上昇に対して，ラグを伴ってしか反応することができないためである。

(61)　Philip (1982), pp. 455-60 参照。

(62)　参考価格の目的は，税最小化戦略の一つである，石油企業による移転価格の可能性を下げることであった。参考価格は，納税義務を計算して選定された。

(63)　Philip (1982), Ch. 13 参照。

(64)　Brogan (1984), pp. 5-6 参照。

(65)　Lieuwen (1985), pp. 209-15 参照。

(66)　ベネズエラの一人当たりGDP（1988年価格）は，1970年の4,941ドルから1980年の5,225ドルと，その上昇は僅かであった。これは，豊かな産油国であるトリニダッド・トバゴの水準以下であるが，ラテンアメリカでは依然として最も高かった。IDB　(1989), Table B. 1, p. 463 参照。

(67)　国民総所得（GDI）は，交易条件の変化で調整されたGDPである。従って，基準年の選定に左右されやすい。しかし，もし1970年が基準年として選ばれるならば，エネルギー輸出業者のNBTTは，1980年までの10年間でGDIの急激な上昇をもたらしたことになる。

(68)　ボリビアとエクアドルは，1975年まで（ベネズエラは1977年まで）国際収支の経常収支赤字を記録し続けていた。World Bank（1991c）参照。

(69) Weeks (1985), pp. 147-50 参照。
(70) 域内輸入は，1971 年の前年および 1975 年の前年に，僅かな低下を経験したが，それ以外の年には 1981 年まで成長し続けた。
(71) 伝統的輸出品である 5 品（コーヒー，バナナ，綿花，砂糖，そして食肉）は，1970 年の対外輸出の 84%を占めていた。約 10 年間にわたる劇的な輸出成長の後の 1979 年頃にも，これら 5 品目が総輸出に占める比率は殆ど同じであった。Bulmer-Thomas (1987), p. 204 参照。
(72) Bulmer-Thomas (1987), pp. 218-24 参照。
(73) Bulmer-Thomas (1987), Table 10. 7, p. 219 参照。
(74) Booth (1982), Ch. 8 参照。
(75) Bulmer-Thomas (1990b), pp. 353-65 参照。
(76) エルサルバドルの内戦の原因については，Dunkerley (1982) を参照。
(77) グアテマラでは 1960 年以降，ゲリラ戦がおこっていたが，その治安状態は 1970 年代の終わりに著しく悪化した。Mcclintock (1985), Part III 参照。
(78) この低下が非常に深刻であったために，1960 年代終わりに総輸出の 25%以上を占めていた域内貿易は，1986 年頃には 10%以下に下がった。
(79) この政策の変化は，1981 年まで採用されなかったが，石油価格が最高点に達したのと同時に実施された。1985 年までには，石油の再輸出によるドル収益は，世界市場への砂糖輸出による兌換通貨収益の三倍以上となっていた。Domínguez (1989), pp. 90, 207-8 参照。
(80) 1970 年以前の 10 年間と比べて，1970 年以降のキューバ経済が優れた実績を残したという点では，あらゆる論者で意見が一致している。Pérez-Lópoz (1991).
(81) 第三次部門輸出とは，サービス輸出（例えば，銀行，保険，海運業）である。従って，パナマは伝統的に，国際収支上，貿易収支は大幅な赤字であり，サービス収支は高い黒字となっていた。例えば 1980 年には，前者は 9 億 5,900 万ドルで，後者は 6 億 4,900 万ドルであった。IDB (1983), Table 42, p. 369, および Table 43, p. 370 参照。
(82) パナマの国際バンキングセンターの成長（およびそれに続く衰退）については，Weeks and Zimbalist (1991), pp. 68-83 参照。
(83) ピーク時には，自由貿易地帯からの付加価値（すなわち，再輸出から輸入を除いたもの）は，GDP の 10.3%に達していた。Weeks and Zimbalist (1991), p. 67 参照。
(84) 1970 年代に発見されたアラスカの原油を，米国東海岸の製油所に到達させることができる能率的なルートを見つけるのに，石油パイプラインの構想は必要であった。
(85) パナマの便宜船籍は非常に広く用いられたので，パナマは世界最大の船舶隊の一つを有しているように見えた（1980 年には 3,710 万トン）。しかし，この船舶隊の殆ど全ては，パナマ船籍を，税と雇用目的のために有益とみなしていた外国の所有となっていた。
(86) 当初，パナマのサービス部門は効率的な部門となっており，一部の拡大が他の成長を促進し，新たな活動を助長した（オフショア・バンキング・センターの成長に結びついたマネー・ロンダリングもまた，徐々にサービス経済の重要な一部となっていった）。しかし，パナマが 1980 年代の後半にその損害に気づいたように，逆のこともまた現実に起こった。
(87) この協定の詳細は，運河地帯の歴史に関する優れた説明の一つである Major (1990) に示されている。
(88) 1979 年（IMF 会計方式の旧システム最後の年）には，パナマは 3 億 5,600 万ドルの商品輸出を有していたと推定された。1980 年（新 IMF 会計システム下）にはこの数字は，と

りわけ，自由貿易地帯からの再輸出を含めた結果，22億6,700万ドルに急上昇した。しかし，両年とも経常収支赤字は殆ど同じであった。しかし，統計を利用する者は，全ての国際機関が同様のアプローチを用いているわけではないことに，注意しなければならない。

(89)　この輸出構成の変化は，大部分，パラグアイ東部の低い地価を反映したものであり，これによって，すでに綿花と大豆の生産に深く関わっていたブラジル人が，隣国への投資を行うことになった。Baer and Birch（1984）参照。

(90)　このブームによって，1970年代の最後の3年間で，建設部門の純産出高は年平均30%以上増加した。同時期，工業および商業もまた10%以上上昇した。Bear and Birch (1984), p. 790.

(91)　例えば，ベネズエラでは，1981年の石油ブームの絶頂時でさえ，中央政府は大きな財政赤字を経験していた。

(92)　アジェンデ政権下の国家所有の拡大は，de Vylder（1976）で述べられている。

(93)　アルベンス大統領の任期中の共産主義者の影響は大きかったが，生産における国家の役割は，本質的には，直接的というよりはむしろ間接的なままであった。それにもかかわらず，民間部門は，1954年以降，国家介入の境界線を素早く押し戻した。

(94)　Fitzgerald（1976）は，ペルーの軍事政権下での国家介入の増大に関して，詳しく分析している。国家介入からの撤退は，Thorp (1991), Ch. 5に概説されている。

(95)　サンディニスタ政権下でのニカラグアの国営企業は，Colburn（1990）で分析されている。

(96)　キューバの国家管理の範囲は，東欧で構築されたものを遙かに超えていった。たとえば，キューバの革命政府は，小規模な商店所有者がきわめて重要な役割を果たした分配システムを政府が受け継いだという事実にもかかわらず，商業部門における100パーセントの国有を主張した。Mesa-Lago (1981), Table 1, p. 15参照。

(97)　石油産業が国営化される以前の1975年における，ベネズエラの中央政府歳入はGDPの34.6%を占めていた。これは，ブラジルあるいはメキシコのほぼ3倍であった。IDB (1983), Table 19, p. 356参照。

(98)　キューバを含むならば，5カ国となる。

(99)　IMF (1986a), pp. 78-9参照。

(100)　ラテンアメリカの2カ国（コスタリカおよびメキシコ）では，防衛費比率は，世界で最も低い位置にあった。前者は1948年に軍隊を廃止しており，後者は，もしも米国が侵略することになったら必要となるであろう水準の防衛費を認めることができず，そのため，国内安全保障に必要とされるに等しい支出水準に妥協していた。

(101)　Finch (1981), Ch. 7参照。

(102)　リオ・ドセ渓谷会社（Companhia Vale do Rio Doce）というこの企業は，ボルタ・レドンダ（Volta Redonda）製鉄所とともに，工業化プロセスへの基礎的投入物に関する，国家の実質的な管理を招いた。

(103)　1952年以降のボリビアの革命政府の主な目標は，鉱業の寡頭政治（*rosca*）の政治力であった。*rosca*はスズ産業を支配していたため，国営化が唯一の解決策であると考えられた。その他の（小規模な）鉱業企業は影響を受けなかった。Dunkerley (1984), pp. 56-60参照。

(104)　鉱業部門の新たなSOEsは，Petroperu，Mineroperu，およびCentrominであった。さらに，政府は，砂糖輸出，食品流通，漁業，エネルギー供給，輸送，住宅，および金融において企業を設立した。Fitzgerald (1976), pp. 47-8参照。

(105) 国営の銅企業，CODELCO を公的部門内に保有しようという決定は，銅産業が経済にきわめて大きく寄与していることを反映したものであった。さらに，軍事予算の一部は CODELCO の収益から支払われており，この産業を民営化するいかなる提案にも，軍部の反対が起こっていた。

(106) ボーキサイトは，アルミニウム生産に用いられる原料である。その製造プロセスは，エネルギー集約的であるため，ベネズエラの豊富な安い電力によって，この産業が多角化プログラムに適したものとなったようである。Rodríguez (1991), pp. 249-52 参照。

(107) Lewis (1990), pp. 53-5 参照。

(108) 例えば，コスタリカにおいて，石油販売網は民間部門内に残っていたが，石油精製は 1968 年に国有化された。

(109) ラテンアメリカの石油産業における SOEs の拡大については，Vernon (1981), pp. 98-102 を参照。

(110) 1934 年に設立された Nacional Financiera は，民間部門が開発プロジェクトへの長期ローンを渋っていたために生じたギャップを急速に埋めていった。Brothers and Solís (1966), pp. 26-8 参照。

(111) 1939 年に設立された CORFO は，アジェンデが政権を握る以前でさえも，46 の企業に投資し，そのうちの 31 社で最大株主となった。Larraín and Selowsky (1991), p. 93.

(112) 銀行の国営化は，1948 年のコスタリカの内戦で勝利を収めた革命評議会の，最初の仕事の一つであった。この戦争で敗北した側であった，寡頭層の経済的中枢に打撃を与えたいということと無関係であったわけではないが，信用管理が長期開発計画にとって非常に重要であると考えられたのである。Cerdas Cruz (1990), pp. 386-7 参照。

(113) Katz (1987) には，ブラジルやメキシコの SOEs，および，アルゼンチンの民間企業を含む，ラテンアメリカの鉄鋼企業に関するいくつかの優れた章（5-7）がある。

(114) 国家安全保障は，アルゼンチンとブラジルでの国家原子力計画の創設を正当化するためにも引き合いに出された。Serrano (1992), pp. 51-65 参照。メキシコもまた，1970 年代終わりに原子力発電所の建設を開始したが，これはどちらかといえば，石油ブームによってかき立てられた，果てしない野心を反映したものであった。

(115) あらゆる政府レベルで，これら企業の殆どはサービス部門であり，多くは，民間部門が利益を得るような研究，開発活動であった。Trebat (1983), Table 3. 2 参照。

(116) Evans (1979), Ch. 5 参照。

(117) 1970 年代のチリの民営化プログラムについては，Edwards (1987), Ch. 4 を参照。また，Yotopoulos (1989) も同様に参照のこと。

(118) しかし，このことは，SOEs を持つ部門（銅を含む）への対外投資の成長を妨げるものではなかった。実際は，対外投資の趨勢は，ピノチェット政権下では例外的に有利であった。

(119) ベネズエラにおける，要素費用での GDP 中の SOEs のシェアは大きく，27.5%であった。Short (1984), p. 118 参照。

(120) 1970 年代終わりの，総国内投資におけるラテンアメリカの SOEs シェアの（加重）平均は 29%であり，米国では 4%，日本では 11%，英国では 17%であった。Kuczynski (1988), Table 3. 8, p. 54 参照。

(121) 個々の国に関する数値については，Short (1984), pp. 115-22 を参照。

(122) Wilkie (1990), Table 3437, p. 1057 参照。

(123) IDB (1983), Table 58, p. 383 参照。

(124) 「ユーロ・ダラー」という言葉は，発行国以外で保有している通貨を表現するのに用いら

れるので，誤解を招く可能性がある。従って，ロンドンの金融機関における米ドル預金と同様，時にはパナマの国際バンキングセンターでの日本円預金も含まれる。

(125)　Griffith-Jones (1984), Table 5. 3, p. 42 参照。

(126)　Stallings (1987), pp. 94-102 参照。

(127)　Sachs (1989), p. 8 参照。

(128)　様々な理由のために，債務の数値は非常に混乱を招きやすい。第一に，公的対外債務と民間対外債務を区別しなければならない。前者は，返済に関して国家の保証を伴う全ての債務（民間部門および公的部門両方によって受けとられた）を指し，後者は，いかなる公的保証も伴わない。従って，対外債務総額には，保証のない民間債務を含んでいる。第二に，支払いの延期（猶予），支払い停止，その他の結果により，多くの場合かなりの違いがあるので，約束と支払いを区別しなければならない。第三に，短期債務と長期債務を区別する必要がある。12カ月以下で満期となる債務を一般に短期として扱う。しかしながら，この定義に関係なく，債務全体に占める銀行貸し出しのシェアが，1970年代に急激に成長したことに留意せねばならない。

(129)　Roddick (1988), pp. 24-34 参照。

(130)　Stallings (1987), Table 10, p. 131 参照。

(131)　1970年代のラテンアメリカにおける，米国のポートフォリオ投資全体の三分の二近くが公的および民間企業向けであった。残りの殆どが中央政府向けであった。Stallings (1987), Table 9, p. 128 参照。

(132)　保証のない債務の利払いができず，金融システムが今にも崩壊しようとするのが明らかとなった1983年に，ピノチェット政権は介入し，リファイナンス・パッケージの一部として保証を提供した。Ffrench-Davis (1988), pp. 122-32 参照。

(133)　銀行が非常に熱心に提供したがった新規貸し出しを，当初コロンビアが受け入れを渋ったことについては，Ocampo (1987) を参照。1982年末でさえも，コロンビアは，その債務の半分以上を，依然として世界銀行と他の公的債権者に負っていた。

(134)　Thorp and Whitehead (1979), pp. 136-8 参照。

(135)　米国の実質利子率でさえも，10%近くになっていた。Thorp and Whitehead (1987), Table 1. 1, p. 3 参照。

(136)　資本逃避に関する的確な定義はないが，あらゆる推計が，これら3カ国が最悪の影響を受けていたことを示している。Sachs (1989), Table 1. 5, p. 10 参照。

(137)　Bulmer-Thomas (1987), pp. 237-52 参照。

第11章　債務，調整，そして回復

(1)　コロンビアは，商業銀行の新規貸し出しを受けるのに，ラテンアメリカの他の国々と同様に大変苦しい状況にあったが，フリオ・セサル・トゥルバイ・アヤラ（Julio César Turbay Ayala）政権（1978-82年）までは，債務の累積は緩慢であった。Ocampo (1987), pp. 240-4 参照.

(2)　新たな正統性は，大きな影響力を持ったBela Balassa, Gerardo Bueno, Pedro Pablo Kucynski, およびMario Henrique Simonsenらによる著書の中で示されており，これはスペイン語とポルトガル語に翻訳されラテンアメリカで広く読まれた。Balassa (1986) を参照。新たな正統性に対する批判に関しては，Banuri (1991) を参照。

(3)　1990年代初頭までに，殆どのラテンアメリカ諸国がGATTに加盟した。これは1970年

代終わりの状況とはかなり対照的であった。1990年代末に世界貿易機関（WTO）がGATTの後を継いだ際に，全てのラテンアメリカ諸国が加盟国となった。

（4） ケアンズ・グループは，非関税障壁によって特に悪影響を受け，かつ農産物の自由貿易に向かう動きを支持していた農産物輸出諸国によって形成された。ラテンアメリカのこのグループへの加盟国には，アルゼンチン，ブラジル，そしてウルグアイが含まれていた。

（5） 米国の侵略は，パナマにおけるマヌエル・ノリエガ（Manuel Noriega）政権を失墜させるための，レーガンおよびブッシュ両政権による長期にわたるキャンペーンの総決算であった。それは1983年のグレナダ侵略とは異なり，単独で行われたことで，ラテンアメリカでは冷戦後の環境にあっては受け入れがたい権力の乱用とみなされた。Weeks and Zimbalist（1991), pp. 136–55を参照.

（6） ウルグアイ・ラウンドは，1986年に開始された。それまでの10年間で，GATTから除外されていた農産物の貿易自由化がいかなる範囲でなされるべきかについて，米国と欧州共同体が合意できなかったことが，主な障害となっていた。この障害は，1993年末になってようやく除去された。

（7） 1989年のカナダと米国との間の自由貿易協定の採択は，メキシコが北米の自由貿易圏への参加を求めるインセンティブとなった。全ての当事国には政治的リスクがあったが，北米自由貿易協定（NAFTA）は驚くほど早く成立し，仮条約は1992年に調印された。しかし，条約の批准はより困難であり，ビル・クリントン（Bill Clinton）大統領がNAFTAに明確な支持を与えた後になって，ようやく米国内の反NAFTA勢力が鎮まった。自由貿易のメキシコに対する影響については，Andere（1992）を参照。

（8） ラテンアメリカ支援構想が単に美辞麗句だったのか，それとも，米国が本当に，西半球の自由貿易ブロックに関与することを知らせるものだったのかについては，意見が大きく分かれたままである。しかし，ラテンアメリカ諸国はそれを無視することはできず，大部分の国は，おおむね米国との自由貿易を構築したいという希望を示していた。Saborio（1992）を参照。

（9） Griffith-Jones, Marcel, and Palma（1987), Table 2を参照。

(10) メキシコの経済崩壊は，米国への移民の増加と米国との国境沿いの大きな政治的不安定につながった。もしも債務危機がさらに南（例えば，アルゼンチン）で始まっていたとしたら，米国の対応は異なっていたであろうと，一般的には考えられている。Díaz-Alejandro（1984b）を参照。

(11) 例外（例えばニカラグア）は少数であったため，その合計が国際金融システムの脅威となることはなかった。

(12) 銀行システムへの国家介入は，ピノチェット独裁政権がその政権期間中に支持した民営化プログラムとは，完全に対比するものであった。Whitehead（1987), pp. 126–37を参照。

(13) ワシントン・コンセンサスについては，Williamson（1990）の優れた文献でその概要が述べられている。

(14) 1984年に発効したCBIは，当初，ガイアナとニカラグアを除外していたが，これはこれら諸国政府とレーガン政権との間の緊張関係によるものであった。外交関係の改善の後，これら二カ国は初めてメンバーに加えられた。CBIの経済的効果に関しては，Paus（1988）を参照。

(15) ラテンアメリカ地域としては石油の純輸出地域であり，従って，高い石油価格によって利益を得る。しかし，大部分の国は石油の純輸入国であるため，石油価格が低下した場合には，それによって損失を受ける国よりも，利益を得る国の方が多い。

(16) 多くの商品価格はドルで表示されているため，ドルの切り上げによって世界需要はマイナ

スの影響を受け，また他の条件が同じならば商品価格は低下していく。しかしこれは，1980年代前半の商品価格低下の背後にあった一要因にすぎない。Maizels（1992），pp. 7-20を参照。

(17)　債務返済比率とは，総輸出額に対する債務の元利返済の比率を計ったものである。債務返済能力を正確に示すものとはいえないが，非常に多く使われている指標の一つである。1982年から1988年までの間，毎年，債務返済比率が40%を超え，1989年になって初めて30%以下となった。IDB (1992), Table E. 12参照。

(18)　ラテンアメリカにとって主要なIFIsは，米州開発銀行，IMF，そして世界銀行である。IFIsの純貸し出しがマイナスであったことについては，Feinberg (1990), pp. 220-36を参照。

(19)　資本逃避に関する推定には多くの問題があるが，この時期に非常に高かった点では，全ての推定で合致している。推定の一つとしては，Felix and Caskey (1990), Table 1. 7, p. 13を参照。

(20)　純資金移転は，純資本流入から純収益・利子支払いを差し引いたものと定義され，1991年には83億ドルであった。CEPAL（1993），Table 17, p. 45を参照。

(21)　ラテンアメリカとアジアのこのような対比は，Fishlow（1991）が行っている。

(22)　貿易収支は（E－M）である。従って，等式（11. 3）の右辺は純移転受け取り（T）を合わせた貿易収支ということになる。

(23)　スズ協定は1985年10月に崩壊し，ボリビアに特に深刻な影響をもたらした。Latin America Bureau（1987）を参照。コーヒー協定は1990年に崩壊し，全てのコーヒー輸出国に不利な結果をもたらした。

(24)　コロンビアの輸入管理に関するケース・スタディは，Ocampo（1990），pp. 369-87に示されている。

(25)　域内輸入は，域外輸入よりも急速に減少したため，全体に占める域内輸入のシェアは，1990年までには13.3%にまで減少した。ECLAC（1992），Table 92, p. 151を参照。

(26)　これらの計画は，1973年の第一次石油危機に対応して採用され，それにはサトウキビを自動車の燃料に変える大胆なプログラムも含まれていた。この計画は技術的にはうまくいったものの，経済的には，輸入石油価格が高くなったときのみ実行可能であった。従って，1985年以降に石油価格が低下したため，この計画は重要視されなくなった。

(27)　当然のことながら，麻薬による経済的影響に関する優れた学術研究は今でもかなり少ない。しかし，Bagley（1988）と同出版物に掲載のその他の文献を参照。

(28)　コカ産業がボリビアに与えたマクロ経済的影響に関する綿密なシュミレーションについては，De Franco and Godoy（1992）を参照。

(29)　Arrieta et al. (1991), pp. 53-67を参照。

(30)　それまでのボリビア政府が信頼性に欠けていたことを考えると，この計画がいかに大胆であったかが，Cariaga（1990）の主要共著者の一人によって明らかにされている。

(31)　ドミニカ共和国は，早くから安定化を試みた結果，1984年に食料暴動に直面し，政治システムが不十分な体質であったために，政策担当者はさらなるリスクを負うことに躊躇した。Conaghan and Espinal (1990), pp. 564-9を参照。

(32)　貿易自由化は，不運なフェルナンド・コロル・デ・メヨ（Fernando Collor de Mello）政権が，汚職スキャンダルで1992年末に崩壊する以前に成し遂げた成功のうちの一つであった。それまで，ブラジルのナショナリストたちから不可侵であると考えられていたコンピューター産業でさえ，国際競争にさらされることとなった。

(33)　1989年に選出されたアルゼンチンのカルロス・サウル・メネム（Carlos Saúl Menem）

政権は，国内産業を保護していた一連の関税及び非関税障壁を素早く撤廃し，多くの評者を驚かせた。2，3年の間に，アルゼンチン市場は，西半球において最も閉鎖された市場の一つから，最も開放された市場の一つとなった。

(34) 社会主義版の貿易自由化を生んだキューバの奮闘ぶりは，Zimbalist (1992) に述べられている。

(35) ロメ協定は，EC加盟国の旧植民地に対して，貿易及び援助の特権を与えるために創られた。ポルトガルとスペインのEC加盟は，ラテンアメリカ諸国に同様の特権を供与する機会であるとみられたかもしれないが，これは，同協定の既存の参加国によって反対された。結局ドミニカ共和国とハイチの加盟は，ヨーロッパとの植民地としてのつながりというよりは，カリブにおける変則的な地位という理由で受け入れられた。

(36) MERCOSUR (ブラジルではMERCOSUL) に関しては，Peña (1992), pp. 97-110に述べられている。CETに向けての進展は，1990年代初頭に集中して行われたアルゼンチンとブラジルのマクロ経済政策が失敗したことで，いったんはその土台が崩れた。しかし，MERCOSURは，対外共通関税の主要な例外を排除するために合意されたタイムテーブルに従って，1990年代終わりにはCETとなった。

(37) 新しいアンデス協定については，IRELA (1992), Part IIが述べている。しかし以前と同様に，きわめて重要な連携が，まもなくコロンビアとベネズエラとの間のバイラテラルな貿易という形で帰結した。ペルーは，その加盟を1992年に一旦停止した。

(38) 中米経済共同体として知られてる新生のCACMは，農業における自由貿易や対外共通関税の大幅な削減までをも受け入れた。Bulmer-Thomas et al. (1992) を参照。

(39) これは，まぎれもなく，民営化を約束していた政府が，膨大な外貨受け取りをもたらす鉱石企業の所有権をあまり譲渡したがらなかった理由の一つである。ピノチェット政権のチリでさえ，国営銅企業は依然として公的部門の手中にあった。

(40) 国内の財およびサービスの名目価値は下方硬直的であるため，相対価格の変化は絶対価格の変化を意味する。

(41) インフレ率の国際比較は，殆どの場合，常にキューバを除外しているが，これは，一つにはデータが欠如しているためと，もう一つには，価格調整によって，キューバの大部分の市場が複雑なためである。

(42) Larrain and Selowsky (1991), Table 8. 1を参照。

(43) Cardoso and Helwege (1992), pp. 231-6を参照。

(44) 本源的財政収支は，利子支払いを控除する前に計算されたものである。従って，もしも全体の財政赤字を回避するには，本源的黒字が必要となる。

(45) この良い例はコスタリカで，公式為替レート (政府の債務支払いに用いられていた) は，1982年以降1ドル当たり20コロンのままであったが，銀行間レートおよび自由市場レートは，着実に引き下がっていた。Consejo Monetario Centroamericano (1991), p. 38参照。

(46) アルゼンチンとブラジルにおけるこれらの部分的な債務不履行については，Welch (1993) が論じている。

(47) 債務の転換と債務の株式化の違いは，Ffrench-Davis (1990) で説明されている。

(48) 1980年代のラテンアメリカにおける対外直接投資については，Paus (1989) を参照。1991年に109億ドルに回復する前まで，流入は，1981年の80億ドルから1986年の28億ドルへと減少した。IDB (1992), Table D. 14, p. 316を参照。

(49) オリベイラ・タンジ効果は，Cukierman (1988), pp. 49-53により詳細に述べられている。

(50)　メキシコにおいては，財政赤字の測定が複雑であったために，最終的にIMFは，インフレに対して小規模な調整を認めざるを得なかった。
(51)　インフレ税は，Cardoso and Helwege (1992), pp. 150-4にその概要が述べられている。実質財政赤字に関する別の概念は，Buiter (1983) が考察している。
(52)　Ros (1987), Table 4. 6, p. 83を参照。
(53)　ベネズエラでは，1980年代終わりにインフレ率が加速したため，貨幣比率は急激に低下した。
(54)　Morales (1988) には，ハイパーインフレに関する事項と，それに続く安定化プログラムに関して，優れた記述がある。
(55)　Bruno, Fischer, Helpman, and Liviatan (1991) のアルゼンチンとブラジルの章を参照。
(56)　IMF支援の安定化プログラムが1984年に適用された時に，ドミニカ共和国が深刻な暴動を経験したことも忘れてはならない。注 (31) を参照。
(57)　IDB (1991), Table C. 2, p. 284を参照。
(58)　IDB (1991), Table C. 17, p. 292を参照。
(59)　チリの民営化に関する文献は豊富である。例えば，Marcel (1989) を参照。
(60)　民営化は，版権を持つ小規模な出版業者を大量に生んだ。例えば，ラテンアメリカ全域にわたるこの分野での民営化プロセスに関する概要を示しているLaton Finance (1992) を参照。
(61)　一般的な財政改革，特にVATについてはIDB (1990), pp. 31-6で論じられている。
(62)　Dias Carneiro (1987), pp. 48-58を参照。
(63)　Bulmer-Thomas (1987), pp. 244-52を参照。
(64)　惰性的インフレについては，Amadeo et al. (1990) を参照。
(65)　非正統的な安定化プログラムに関しての優れたものとしては，Alberro (1987) がある。
(66)　Pastor (1991) を参照。しかし，ボリビアのプログラムが実質的に非正統的であったかどうかについては若干の異論もある。
(67)　メキシコの安定化プログラムに関しては，多くの優れた記述がある。例えば，Ortiz (1991) を参照。
(68)　IDB (1992), pp. 140-1を参照。
(69)　アウストラル・プランについては，Machinea and Fanelli (1988), pp. 111-52を参照。
(70)　クルザード・プランについては，Modiano (1988), pp. 215-58を参照。
(71)　Cardoso (1991), pp. 143-77を参照。
(72)　ECLAC (1997), Table A. 3を参照。
(73)　Fishlow (1991), Table 5. 2, p. 155を参照。
(74)　ラテンアメリカでは，1980年代頃までに，統計学的には低い人口増加率に至る過渡期にあったが，大部分の国で年間の増加率が依然として2%以上であり，数カ国では，なおも3％を上回っていた。IDB (1992), Table A. 1, p. 285を参照。
(75)　一人当たり生産高が低下した主な理由は，極めて厳しい調整プログラムの適用であった。しかし，3カ国（コロンビア，キューバ，パナマ）は，当初調整を延期することができた。その理由はそれぞれのケースで異なっていた。過度の累積債務を回避していたコロンビアは，債務繰り延べをする必要がなかった。キューバは，ソ連からの石油輸入の一部を国際価格で再輸出できることで，便益を受けていた。パナマは，オフショア・バンキング・センターおよびサービス輸出国としての立場から，他のラテンアメリカ諸国が受けていたほどの打撃にさらされることはなかった。

(76) ピーク時でさえ，ラテンアメリカの投資率は，東南アジアで記録された投資率を依然としてかなり下回っていた。さらに，1980 年代の間，東アジアでは投資率が年率 9.9％で上昇したが，ラテンアメリカでは年率 2.3％で低下した。World Bank (1991b), Table 8 を参照。

(77) IDB (1990) および (1992)，Table B. 5 を参照。

(78) インフレは，政府，企業，そして労働組合の三者間協定が締結された 1987 年 11 月以降，急速に低下した。しかし，実質最低賃金は減少し続けた。CEPAL (1991), Table 7, p. 42 を参照。

(79) 1986 年のクルザード・プラン初期に実質賃金が改善したことは，続いて起こった安定化プログラム崩壊の主要な原因の一つとみなされている。しかし，この一時的な改善のために，労働者は多大な代償を支払わされた。実質賃金は 1990 年代の初期に急速に低下したのである。CEPAL (1991) Table 6, p. 41 を参照。

(80) 1980 年を 100 とすると，1990 年の実質賃金指数は，チリで 104.8，コロンビアで 118.4 となっている。CEPAL (1991), Table 6, p. 41 を参照。

(81) アルゼンチンの経済モデルが，多少閉鎖的な性質であったため，組織化された労働者は，どちらかというと，アルゼンチン経済の構造問題からは分離されたままであった。債務危機に対応して政策が変化し始めると，労働者をもはや隔離できなくなり，社会指標は急激に悪化した。実際，1980 年代のアルゼンチンにおける所得不平等の増大は，ラテンアメリカで最も急激なものの一つであった。

(82) CEPAL (1991), Table 4, p. 39 を参照。

(83) World Bank (1991a) を参照。

(84) Cardoso and Helwege (1992), Table 9. 10, p. 241 を参照。

(85) ラテンアメリカの社会保障制度に関する優れた研究は多数ある。特に，Mesa-Lago (1991) を参照。

(86) このようなミクロ経済的変化は，国際労働機構によって非常に詳細に研究されてきた。PREALC (1990) を参照。

(87) エルサルバドルの外貨送金の推計と，そのマクロ経済的影響は広く研究されてきている。例えば，Funkhouser (1992) を参照。

(88) しかし，ベネズエラの農業への貿易自由化の影響は大きく，純生産高は，1989 年と 1990 年の両方で減少した。IDB (1992), p. 185 を参照。

(89) アルゼンチンの実質貯蓄は，ハイパーインフレにのみ込まれていたために目減りした。最悪の瞬間は，消費者物価の月間変化率が 95.5％にまでも達した，1990 年 3 月に起きた。CEDEAL (1991), p. 21 を参照。

(90) ECLAC (1992), Table 122, pp. 204-5 を参照。

(91) ボリビアの安定化プログラムは，急速な経済回復を実現することができず，投資率は非常に低いままであった。その責任の多くは，間違いなく，制度上，高い実質貯蓄を獲得することができなかったことにあった。

(92) Welch (1993) を参照。

(93) 1990 年代初期には，多くのラテンアメリカ株式市場は，ドル表示では世界で最もうまく機能していた。純資産額が少なく，ラテンアメリカ投資のための大量のファンドが創出されたことと相俟って，急激に価格が上がった。同時に，現地株式市場以外には投資の選択肢が殆どなかったため，多くの国での年金制度改革は，追加的な金融資産をもたらした。

(94) アルゼンチンの金融安定の鍵は，米ドルに対する自国通貨を低く固定させ，中央銀行に少なくとも国内のマネタリー・ベースと等しい規模の外貨準備を保有させた，1991 年 3 月

のコンバティビリティ・プランによってもたらされた。通貨は，1993年末までかなり過大評価され続けたが，そのときまで，コンバティビリティはアルゼンチンのインフレ期待を弱めるのに大いに効力を発揮した。

(95)　IDB (1992), pp. 96-7を参照。

(96)　ワシントン・コンセンサスが通常意味する内容をうまく要約しているものとしては，Williamson (1990), pp. 7-20を参照。

(97)　ボリビアは，アルゼンチンが幾度もガス輸出への支払いができなくなったことにも苦しんでいた。これは，ラテンアメリカ諸国が，地域内で，債務国であると同時に債権国でもあったことを思い起こさせるできごとである。

(98)　CBIが1984年にレーガン大統領によって始められた際に，砂糖とその他のセンシティブな産品はその規定から排除された。

(99)　GATTが成立してから最初の40年間，農産物貿易はGATT交渉から排除されていた。1986年に始まったウルグアイ・ラウンド下でこの問題が取り扱われるようになるまでには，農業における歪みは大きくなり始めていた。当然のことながら，農産物貿易に対する外見上の合理性を回復しようとする試みは，非常に大きな困難を伴い，貿易戦争の脅威を頻繁にもたらすこととなった。

(100)　1990年代初めまでには，両国の輸出の50%以上が工業製品となり，その多くの部門は，急速に成長した部門のものであった。ラテンアメリカの工業製品輸出に関する優れた研究は，IDB (1992), Part IIにある。

結　論

(1)　19世紀初期の一人当たりの推計GDPは明らかに不十分なものではあるが，ラテンアメリカが現在の第三世界地域の中で，最も豊かであったことを示唆している。See Bairoch and Lévy-Leboyer (1981), Table 1. 7, p. 14.

(2)　例えばFrank (1969), Cardoso and Faletto (1979), またより特色のある視点としてFurtado (1976) を参照。このような見方を批判的に評価するものとしてKay (1989) がある。

(3)　米国は1860年までに，事実上英国との格差を解消していた。そして1913年までには，一人当たりのGDPは英国をほぼ30%上回っていた。Bairoch and Lévy-Leboyer (1981), Table 1. 4, p. 10参照。

(4)　Blomström and Meller (1991), Ch. 2, 4, 6, 8を参照。

(5)　Berend (1982), Ch. 5参照。

(6)　Lewis (1989), pp. 1574-81はアルゼンチンと二つの自治領（オーストラリア，カナダ）を見事に比較している。

(7)　Ohkawa and Rosovsky (1973), Ch. 2参照。

(8)　東アジアとラテンアメリカの実績を比較対照しているLin (1988) を参照。

(9)　米州開発銀行に加盟するラテンアメリカ・カリブ諸国の中で，一人当たりGDPが最も高いのはバハマで，ラテンアメリカの平均の5倍である。IDB (1992), Table B. 2参照。

(10)　このことは外的な衝撃が時として重要であったことを否定するものではない。しかし長期的には，外的な要因の影響が連続してマイナスであるとする仮説を主張することは困難である。

(11)　19世紀の殆どの時期，一次産品と製造品の貿易の成長はほぼ比較しうるものであった。

しかしながら1913年までには，製造品の貿易はより急速に増加した。Lewis（1978）参照。

(12) 1970年価格で見た，当時の世界の最下位の一人当たりの所得水準100ドルは，生存維持水準と考えられる。Bairoch and Lévy Leboyer（1981）が行った価格調整を加えた推計であるTable 1. 7では，独立時点でのラテンアメリカの一人当たりの所得は最大300ドルであったと示唆している。

(13) 1829-31年のラテンアメリカの一人当たりの輸出額は，第三世界の全ての国一人当たりの輸出額よりも2倍高かったと推計されている。またラテンアメリカはアフリカとアジアの20倍であったと推計されている。Bairoch and Etemard（1985), Table 1. 5, p. 27参照。かくして独立時に，ラテンアメリカの一人当たりの所得が生存維持水準に近かったということはなさそうである。

(14) Albala Bertrand (1993), Table 2. 1 and 2. 4.

(15) Lewis（1989）は，この論点の優れた分析的叙述である。

(16) これは特にアルゼンチンに当てはまる。第5章，注(78)参照。

(17) エコノミストは「非効率的」という言葉をさまざまな意味で使用する。ここでは，歪められた要素価格の結果としての配分の効率性と，所与の投入物によって産出を最大化することに失敗した，技術的な非効率の双方の意味で使っている。

(18) 「第一次輸出代替」(primary-export substitution）という言葉はRanis（1981）の造語である。これは，それ以前までは輸入代替工業化（ISI）の対象であった単純な製造品を輸出に向けるという，(1950年代後半のいくつかの東アジア諸国における）政策の方向転換を意味するものであった。

(19) 輸入された製品の加工度に応じて関税が上昇する時，関税は「段階的」(cascading）であるといわれる。このような関税は，輸出国がその製品を加工していない状態で輸送することを促した。さらに重要なのは，現地の天然資源に基づいた製造品を輸出することを抑制することである。

(20) 途上国全体のISIモデルの数少ない客観的な評価の一つとして，Bruton（1989）がある。

(21) これらの国のいくつか，例えばフィンランド，ギリシャ，ハンガリーそしてスペインは，1950年から1970年の間に一人当たりの実質GDPを3倍にした。Bairoch and Lévy-Leboyer (1981), Table 1. 4参照。

(22) 例えば1980年代には，アルゼンチンとウルグアイは，1970年価格で，一人当たりの実質GDPは3,000ドル近くの水準に達していたであろう。この数字は多くのヨーロッパ諸国の水準に並ぶものである。

(23) 全要素生産性とは，すべての要素投入物の単位当たりの産出量を計測したものである。それには要素投入物の（加重）平均を算出する必要がある。

(24) 成長源泉分析を主要ラテンアメリカ諸国に応用した稀な例として，Elías（1992）参照。

(25) 本書296-305ページを参照。

(26) 例えば，米州における貿易ブロックの持つ意味について検討している，Saborio（1992）の多くの章を参照せよ。

(27) 例えば，Stewart（1964）のユナイテッド・フルーツ社（United Fruit Company）の創設者マイノール・クーパー・キース（Minor Cooper Keith）の伝記を参照。

(28) 例えば一つの定義に従うと，コロンビアにおける一世帯当たりの医療補助は，下位の五分位階級よりも，上位の五分位階級の方が，26%も高かった。Selowsky（1979), pp. 94-7を参照。

(29)　本書表 11-4 参照。

(30)　ブラジルの月間インフレーション率は，1991 年 10 月から本書執筆時まで，20%から 40%の間である。しかしながら，1994 年 2 月に発表された新経済安定化政策後，期待が高まっている。

(31)　例えば唯一ブラジルだけが，世界銀行に対して，上位の五分位階級が世帯所得の 60%以上を受け取っていると報告している。World Bank (1991b), Table 30 参照。

(32)　とはいえコスタリカの平等主義は，土地フロンティアの消滅により存続しなくなった。20 世紀後半までには，コスタリカの所得分配はラテンアメリカ全体よりも極く僅かに均等だったに過ぎなかった。

(33)　メキシコのベニート・フアレス（Benito Juárez）政権下の改革の期間が，明瞭な事例であった。

(34)　「声」の概念については，Hirschman（1981）を参照。

(35)　ラテンアメリカにおける，いくつかの非正統的な異端の再分配プログラムの説明については，Ascher（1984）を参照。

(36)　1990 年代初めまでに，年間人口成長率は，1930 年代以来最低の 2 %にまで下落した。

(37)　世界銀行と米州開発銀行は 1990 年代初頭，財政改革と貧困撲滅に，はるかに高い優先順位を置くようになった。

(38)　Whitehead（1994）参照。

(39)　国家は 1940 年に活動を広げたいくつかの分野（例えば公益事業）からも撤退した。

(40)　ラテンアメリカ経済の停滞についての主要な研究である，Fajnzylber（1990）Ch. 2 の主要テーマは，技術進歩が遅いこと，研究開発の水準が低いことである。

付 録 1
1914年以前の人口と輸出のデータソース

人 口

19世紀のラテンアメリカの人口センサスデータの質は不満足な点がかなり多い。人口の一覧表はしばしば不完全で，先住民人口は時として除外されていた。さらに誤差（margin of error）は相当高かった。従って総人口に関するあらゆる予測値は，慎重に扱う必要がある。とはいえ20世紀の研究者たちは，19世紀の不十分な統計を改善するために多くのことをなし遂げた。その結果，19世紀中頃以降のさまざまな時点での，全てのラテンアメリカ諸国に推定値を算出することが可能なデータが存在する。ここでは1850年，1870年，1890年それに1912年を選んだ。

第一次大戦以前の時期の大部分，プエルトリコはラテンアメリカ社会の一員であり，またパナマは独立国として存在しなかった。一貫性を持たせるために，（米国の併合の後の）1898年以降，プエルトリコの数値を加え，（コロンビアから独立した）1903年以降，パナマを含めた。

表A-1-1は該当年の人口の数値を示している。1850年のデータは中米5カ国以外はSánchez-Albórnoz (1986), p. 122によるものである。中米5カ国の人口データは最近の学術研究の成果を反映したWoodward (1985), p. 478によるものである。それ以後の年については，主たる出所はMitchell (1983) であるが，国勢調査の端境期は，幾何年増加率（implied geometric）による年間増加率を利用して算出した。例外はSánchez-Albornoz (1986), p. 122の数値を基に，内挿予測を行ったドミニカ共和国，ハイチそれにウルグアイである。その他の国（オーストラリア，カナダ，ニュージーランドそれに米国）は，Mitchell (1983) を利用した。関心のある読者は，本書脱稿後に出版された，Mitchell (1993) も参照のこと。

輸 出

19世紀のラテンアメリカの輸出に関する数値は多様である。いくつかの国（例えばブラジルとチリ）は整合的で一貫したシリーズのデータがあるが，その他の国（例えばハイチ，ホンジュラス）はごく部分的なデータしかない。さらに，データはさまざまな通貨で表示されていて，共通の単位に換算する必要（米ドルを選択した）がある。これには必ずしも得るのが容易ではない，19世紀の為替レートに関する知識が必要である。

（第3章で利用したように）一人当たりの輸出額を計算するためには，人口と同じ年である1850年，1870年，1890年それに1912年の輸出額の推計値を作る必要があった。輸出額の年ごとの変動を考慮して，可能な場合は必ず，3年平均を利用した。4つのケース（1850年のプエルトリコ，1870年のキューバ，ホンジュラスそれにパラグアイ）で，輸出額の推定値を算出することができなかった。これらの4つのケースでは，できる限り近い年の輸出額を推計し，再度内挿予測の補外を利用して人口数に合わせながら，一人当たりの輸出額を計算した。第3章で利用した年間輸出増加率あるいは一人当たりの輸出額は，基準年あるいは最終年を選択した差を反映したものである。

（ドル表示の）輸出額の数字は表A-1-2にある。利用した出典は非常に多いので，別途下記に表示した。情報は各年の出典だけでなく，もともとの通貨(a)と（適当な場合には）一次データを米国ドルに換算する際に使った為替レート(b)も記してある。為替レートは，（1850-1912年まで

表 A-1-1　ラテンアメリカの人口，1850年から1912年頃

(1,000人)

国	1850年頃	1870年頃	1890年頃	1912年頃
アルゼンチン	1,100	1,793	3,366	7,333
ボリビア	1,374	1,495	1,626	1,866
ブラジル	7,230	9,808	14,334	24,386
チ　リ	1,443	1,943	2,600	3,414
コロンビア[1)]	2,200	2,819	3,610	5,363
コスタリカ	101	137	228	355
キューバ	1,186	1,459	1,617	2,364
ドミニカ共和国	146	242	400	729
エクアドル	816	1,013	1,257	1,708
エルサルバドル	366	493	785	1,107
グアテマラ	847	1,080	1,331	1,772
ハイチ	938	1,150	1,409	1,860
ホンジュラス	230	265	355	570
メキシコ	7,662	9,100	11,282	14,262
ニカラグア	274	337	379	558
パラグアイ	350	221	350	565
ペルー	2,001	2,568	2,972	4,561
プエルトリコ	495	667	835	1,152
ウルグアイ	132	286	621	1,144
ベネズエラ	1,490	1,752	2,305	2,387
ラテンアメリカ	30,381	38,628	51,662	77,456
オーストラリア	786	1,609	3,067	4,545
カナダ[2)]	2,546	3,790	4,975	7,591
ニュージーランド	27	246	617	1,076
米　国	23,192	39,818	62,948	94,569

注 1）パナマを含む。
　 2）ニューファンドランドを含む。
出所）1850年のデータは（中米を除いて）Sánchez-Albórnoz（1986），p. 122 による。（中米については）Woodward（1985），p. 478. その後の年とラテンアメリカ以外の国については主として Mitchell（1983）を利用したが，幾何年成長率を利用して国勢調査の端境期の内挿予測を計測した。例外はドミニカ共和国，ハイチ，ウルグアイで，内挿予測は Sánchez-Albórnoz（1986），p. 122 の数字を基に計測した。

1 対 5 であった）1 ポンド当たりの対ドルレートを除いて，1 ドルに対する現地通貨単位で表示されていることに注意されたい。そこで，一人当たりの輸出額のデータ（表 3-5 参照）は，表 A-1-1 と表 A-1-2 より得ることができる。

《アルゼンチン》

1850. Mulhall and Mulhall（1855）.（a）Gold pesos.（b）1.

1870. Mitchell（1983）.（a）Gold pesos.（b）1.

1890. Mitchell（1983）.（a）Gold pesos.（b）1.

Cortés Conde（1985），Table 14, p. 365, は（非公式の）1880-90 年のより低い輸出額の推計値を示している。

1912. Mitchell（1983）.（a）Paper pesos.（b）2.27. Mills（n. d.），pp. 200-1.参照。

表 A-1-2 ラテンアメリカの輸出額，1850年頃から1912年頃

（3年平均，1,000米ドル）

国	1850年頃	1870年頃	1890年頃	1912年頃
アルゼンチン	11,310	29,667	109,000	454,420
ボリビア	7,500	12,916	20,200	34,625
ブラジル	35,850	83,880	136,977	346,828
チ リ	11,308	27,625	52,750	152,750
コロンビア[1]	4,133	18,600	20,533	32,800
コスタリカ	1,150	2,900	8,633	9,612
キューバ	26,333	67,000[2]	90,000	153,000
ドミニカ共和国	500	1,200	3,233	11,300
エクアドル	1,594	4,133	5,833	13,496
エルサルバドル	1,185	3,586	5,301	9,229
グアテマラ	1,404	2,655	10,030	12,871
ハイチ	4,499	7,425	14,166	11,300
ホンジュラス	1,125	951[3]	2,874	2,668
メキシコ	24,313	21,276	50,000	152,883
ニカラグア	1,010	1,178	3,833	6,051
パラグアイ	451	1,582[4]	2,990	4,833
ペルー	7,500	25,834	9,910	43,000
プエルトリコ	6,204[5]	6,421	9,167	46,242
ウルグアイ	7,250	13,333	27,667	57,600
ベネズエラ	4,865	11,961	19,050	25,026
ラテンアメリカ	159,484	344,123	602,147	1,580,534
オーストラリア	13,000	101,833	161,833	395,333
カナダ[6]	16,325	77,132	107,825	393,833
ニュージーランド	578	23,882	47,700	106,333
米 国	162,000	400,000	859,667	2,307,000

注1）パナマを含む。
2）1877年のデータ。
3）1882年のデータ。
4）1879年のデータ。
5）1844年のデータ。
6）ニューファンドランドを含む。

《ボリビア》

1850. Klein (1992), Table 2, p. 320, 1840-49 年と 1850-59 年の銀平均生産量（この二つの時期の平均を利用した）。1850 年のドル表示の銀価格は Peñaloza Cordero (1983) による。従って銀は 1850 年の全輸出額の三分の二を占めたと仮定した。

1870. Klein (1992), Table 2, p. 32 を利用した，銀生産の増加に基づく。1870 年の数字は，1860-69 年の平均に等しいと仮定した。

1890. Bureau of the American Republics (1892a) は，非公式の米ドル推計を示しており，公式の推計よりも信頼できる。

1912. Mitchell (1983). (a) Bolivianos. (b) 2.57. Mills (n. d.), pp. 200-1 参照。

《ブラジル》

全ての年は，Leff (1982a). (a) Pounds sterling. (b) 5.

《チ　　リ》

1850. Palma (1979), Appendix II. (a) Constant (1900) pounds sterling. 同書の Appendix 3 のイギリスの卸売物価の価格指数を利用して，数字を時価ポンドに調整した。(b) 5.

その他の全ての年は，Mitchell (1983). (a) Gold pesos. (b) 2.666. Mills (n. d.). pp. 200-1 参照。

《コロンビア》

1850, 1870, and 1890. Urrutia and Arrubla (1970), (金を含めた) McGreevey の非公式の米国ドルシリーズを利用した。

1912. Mitchell (1983) は金を除いているので，利用できなかった。その代わりに，Levine (1914), Eder (1912), そして League of Nations (1926) を利用した。(a) Gold pesos. (b) 1. 1912 年にはパナマの数字を加えた。Mitchell (1983) 参照。

《コスタリカ》

1850. Molina (1851). (a) Pesos. (b) 1.
1870. Mitchell (1983). (a) Pesos. (b) 1.
1890. Mitchell (1983). (a) Pesos. (b) 1.50. Bureau of the American Republics (1892b) 参照。
1912. Mitchell (1983). (a) Pesos. (b) 2. 15. Young (1925) 参照。

《キューバ》

1850. Mitchell (1983). (a) Pesos. (b) 1.
1870. Mitchell (1983). (a) Pesos. (b) 1. 数字は 1877 年のもの。
1890. Mitchell (1983). (a) Pcsos. (b) 1. データは (1890 年と同じと仮定した) 1892 年のもの。
1912. Mitchell (1983). (a) Pesos. (b) 1.

《ドミニカ共和国》

1850. 公式な推定はない。一人当たりの輸出額は，ハイチの数字の 70%と仮定した。
1870. Mitchell (1983). (a) Pesos. (b) 1. データは (1870 年と同じと仮定した) 1872 年のもの。
1890 and 1912. Mitchell (1983). (a) Pesos. (b) 1.

《エクアドル》

1850. Rodríguez (1985), p. 191. データは 1847 年と 1853 年の平均。(a) Sucres. (b) 1.
1870. Rodríguez (1985), p. 197. (a) Sucres. (b) 1.
1890. Mitchell (1983). (a) Sucres. (b) 1.428. Bureau of American Republics (1892c) 参照。
1912. Mitchell (1983). (a) Sucres. (b) 2. 05. Mills (n. d.), pp. 200-1 参照。

《エルサルバドル》

1850. Lindo-Fuentes (1990). (a) Pesos. (b) 1.
1870. Lindo-Fuentes (1990). (a) Pesos. (b) 1.
1890. Lindo-Fuentes (1990). (a) Pesos. (b) 1. 267. Young (1925) 参照。
1912. Mitchell (1983). (a) Colones. (b) 2.42. Young (1925) 参照。

《グアテマラ》

1850. Mitchell (1983). (a) Pesos. (b) 1. データは（1850年と同じと仮定した）1851年のもの。

1870. Mitchell (1983). (a) Pesos. (b) 1.

1890. Mitchell (1983). (a) Pesos. (b) 1.39. Young (1925) 参照。

1912. Mitchell (1983). (a) Gold pesos. (b) 1.

《ハイチ》

1850. Benoit (1954). コーヒー輸出量に，ブラジルの輸出の単位当たりドル価格を掛け合わせたもの——IBGE (1987) 参照——を利用し，コーヒーが全輸出額の88%を占めると仮定した。St. John (1888), pp. 328-32を参照。

1870. Benoit (1954). 1850と同様。しかしコーヒーの全輸出額に占める割合を80%とした。

1890. Bureau of the American Republics (1892d). (a) U. S. dollars.

1912. Pan-American Union (1952). (a) U. S. dollars.

《ホンジュラス》

1850. Squier (1856). (a) U. S. dollars.

1870. Molina Chocano (1982). (a) Pesos. (b) 1. データは1882年のもの。

1890. Molina Chocano (1982). (a) Pesos. (b) 1. 428. Young (1925) 参照。データは（1890年と同じと仮定した）1889年のもの。

1912. Mitchell (1983). (a) Gold pesos. (b) 1. かなりの密輸出があったと考えられている。Bureau of the American Republics (1904) 参照。

《メキシコ》

1850. Herrera Canales (1977), p. 161. (a) Pesos fuertes. 1828年の数字は14,488,793 pesos fuertes，1856年は28,000,000 pesos fuertes. 含意された年間成長率は2.38%で，1850年の数字を得るのにこの数字を利用した。(b) 1.

1870. 1870-2の平均。Herrera Canales (1977), p. 161. (a) Pesos fuertes. (b) 1.

1890. Mitchell (1983). (a) Pesos. (b) 1.333. Rosenzweig Hernández (1989), p. 174 参照。

1912. Mitchell (1983). (a) Pesos. (b) 2（金本位制のもとで固定されていた）。

《ニカラグア》

1850. Woodward (1985). (a) U. S. dollars. データは（1850年と同じと仮定した）1851年のもの。

1870. Woodward (1985). (a) U. S. dollars. データは1870年と1871年の平均。(b) 1.

1890. Bureau of the American Republics (1892e). (a) U. S. dollars.

1912. Young (1925). (a) U. S. dollars. Mitchell (1983) は金を除外しているので利用できなかった。

《パラグアイ》

1850. Bourgade (1892). (a) Pesos. (b) 1. データは（1850年と同じと仮定した）1851年，1852年それに1853年の平均。

1870. Mitchell (1983). (a) Pesos. (b) 1. データは1879年のもの。

1890. Mitchell (1983). (a) Gold pesos. (b) 1.

1912. Mitchell (1983). (a) Gold pesos. (b) 1.

《ペルー》

1850. Mitchell (1983). (a) Pesos. (b) 1. Gootenberg (1986), p. 164 参照。データは（1850 年と同じと仮定した）1851 年のもの。

1870. Mitchell (1983). (a) Soles. (b) 0.8. Gootenberg (1989), p. 164 参照。

1890. Thorp and Bertram (1978), p. 334. (a) Pounds sterling. (b) 5.

1912. Mitchell (1983). (a) Soles. (b) 2. Mills (n. d.), pp. 200-1 参照。

《プエルトリコ》

1850. Dietz (1986), p. 18. (a) Pesos. (b) 1. データは 1844 年のもの。

1870. Dietz (1986), p. 18. (a) Pesos. (b) 1. データは 1865 年と 1874 年の平均。

1890. Bergad (1983), p. 146. (a) Pesos. (b) 1. データはコーヒーと砂糖の合計。

1912. Clark (1975), p. 607. (a) U. S. dollars.

《ウルグアイ》

1850. Mulhall and Mulhall (1885), p. 580. データは 1841-60 年の平均。Acevedo (1902), vol. 2, p. 146 も参照。(a) U. S. dollars.

1870. Mitchell (1983). (a) Pesos fuertes. (b) 1.

1890. Mitchell (1983). (a) Pesos fuertes. (b) 1.

1912. Finch (1981), p. 124. これは（1911 年と 1913 年の平均の）非公式の推計であるが，Mitchell (1983) の公式の数値よりも正確であると考えられている。

《ベネズエラ》

1850. Bureau of American Republics (1892h). (a) U. S. dollars. 出典では誤って輸出と輸入を反対にしている。

1870. Bureau of American Republics (1892h). (a) U. S. dollars. データは（1870 年と同じと仮定した）1872-73 年のもの。

1890. Bureau of American Republics (1892h). (a) U. S. dollars. データは 1889 年と 1890 年の平均。

1912. Mitchell (1983). (a) Bolivares. (b) 5. 18. Mills (n. d.), pp. 200-1 参照。

これ以外の全ての国は，Mitchell (1983) からである。

付 録 2

1850年頃から1912年頃の国内総生産に対する輸出比率，輸出購買力，そして輸出量

第3章で利用した，輸出主導型経済成長の成否を量る基準には，1914年以前のGDPに対する輸出比率，輸出の購買力に関する情報が必要である。本付録ではその統計量を計算する際に利用した方法を説明する。

輸出の対GDP比率

方程式（3. 1）で必要とされた輸出増加率の計算には，輸出の対GDP比率（w）の推計が不可欠である。wは時間とともに変化すると仮定されるので，この期間の最初（1850年頃）と最後（1912年頃）のwを推計する必要がある。

輸出の対GDP比率は，一人当たり輸出の対一人当たりGDP比率と同じである。表3-5は異なる間隔の時期における全ての国の時価ドルによる一人当たり輸出の比率を示している。また図5-1は1912年頃の，14カ国の不変ドル（1970年）の一人当たりGDPを示している（付録3参照）。従って1912年のwの推計は，米国の（物価）指数から入手できるデフレーターを利用してGDPデータを時価ドルに換算することにより得ることができる。Mitchell（1983）を参照。1970年を100とすると，1912年の（物価）指数は35と計算される。そこでGDPデータに0.35を掛けることで，時価ドルに換算できる。これによりGDPデータを提示する14カ国の，1912年のwの計算が可能となる。この他の6カ国（ボリビア，ドミニカ共和国，エクアドル，ハイチ，パラグアイそしてベネズエラ）の1912年の一人当たりのGDPの水準は，（ブラジル，エルサルバドルそしてペルーに見いだすことのできる）地域の平均値と最低水準の間にあると仮定して間違いないであろう。これにより時価で40ドルから80ドルの範囲となる。最終的な選択は，さまざまな指標をもとに行った。

1912年の一人当たり輸出，一人当たりGDPそしてwの推計は，表A-2-1に示してある。ラテンアメリカは1912年以前から輸出主導型成長を選択していたので，殆ど全ての例でwの推計値は考察対象の時期の終わりには開始時期よりも高かったと仮定して間違いないであろう。例外は生活水準の上昇と一人当たり輸出の停滞が同時に起きたウルグアイで，このことは1912年までにwはそれ以前の水準よりも低下したことを示唆している。

第3章では，輸出主導型成長の成否を分ける基準は，輸出増加率が表3-1と3-2に示された最低限の比率を超えるかどうかであった。他の事情が同じであれば，最低限の比率は，wの最大値で決められる。かくして1912年の輸出比率の推計が最重要となる。なぜなら（ウルグアイを除いて），これがwの最大値を決めるからである。wの上限を設定することで，表A-2-1の数値は，図3-1と3-2でwを選択した値に対応して切り上がったり切り下がったりする。

1850年のwを正確に推定するデータは入手不可能である。しかし一人当たりの輸出額の値と時間とともに一般的にwが上昇していたという前提により，適当な仮定をすることができる。表A-2-1の1850年の推定値は，（輸出の対GDP比率が1912年よりも1850年のほうが高かったと考えられるウルグアイを除いて）wの範囲の下限に該当する。

1860年のwの「推測推定値」は，1850年の一人当たり輸出のデータと共に，1850年の時価の一人当たりGDPを得ることに利用できる。これによりラテンアメリカ全体の一人当たり

表 A-2-1　輸出額の対 GDP 比，w，1850年と1912年

（時価に基づく米ドル）

国	1850年の w	一人当たり輸出額，1912年	一人当たりGDP，1912年	1912年の w	w の範囲
アルゼンチン	0.2	62.0	188	0.33	0.2-0.3
ボリビア	0.1	18.6	(60)	0.31	0.1-0.3
ブラジル	0.1	14.2	44	0.32	0.1-0.3
チ　リ	0.1	44.7	140	0.32	0.1-0.3
コロンビア	0.1	6.4	45	0.14	0.1-0.2
コスタリカ	0.2	27.1	76	0.36[1)]	0.2-0.4
キューバ	0.3	64.7	148[2)]	0.44	0.3-0.4
ドミニカ共和国	0.1	15.5	(65)	0.24	0.1-0.2
エクアドル	0.1	7.9	(40)	0.20	0.1-0.2
エルサルバドル	0.1	8.3	39	0.21[1)]	0.1-0.2
グアテマラ	0.1	7.2	65	0.11[1)]	0.1-0.2
ハイチ	0.1	6.1	(40)	0.15	0.1-0.2
ホンジュラス	0.1	4.7	67	0.07[1)]	0.1-0.2
メキシコ	0.1	10.7	78	0.14	0.1-0.2
ニカラグア	0.1	10.8	54	0.2[1)]	0.1-0.2
パラグアイ	0.1	8.6	(40)	0.22	0.1-0.2
ペルー	0.1	9.4	37	0.25	0.1-0.3
プエルトリコ	0.2	40.1	118	0.34	0.2-0.3
ウルグアイ	0.4	50.3	195	0.26	0.3-0.4
ベネズエラ	0.1	10.5	(50)	0.21	0.1-0.2
ラテンアメリカ	0.1	20.4	81	0.25	0.1-0.25

注記）括弧内は推計値。
注 1）輸出の数字は1912年であるが GDP は1920年である。このバイアスにより，w は低くなる。そこで最も影響を受けるグアテマラとホンジュラスについては，このバイアスを考慮して計算した。
2）Brundenius（1984），p. 140 で報告されている Alienes（1950）の GDP 推計は時価なので，表 A-3-2 の不変価格推計をデフレートするのに代えて，この数字を利用した。

GDP は約 50 ドルとなる。1850 年から 1912 年の間の米ドル価格の若干の上昇で調整すると，1850 年から 1912 年の，ラテンアメリカの一人当たり実質 GDP の成長率は年間 0.5 となる。公平に見て，この数字は妥当であろう。

輸出の購買力

第 3 章は 1850 年と 1912 年の期間のさまざまな時点における，PPE（purchasing power of exports: 輸出購買力）の推計値を利用している。どの国の PPE も，輸出額の変化を輸入価格の変化で割ることで得られるので，各国の輸入単価の数値が利用できれば，計算することが可能である。とはいえ全ての国は同じ商品を同じ生産地から購入していたので，（ドルもしくはポンド表示の）輸入価格の変化は，全ての国で等しかったと仮定するのが妥当である。

表 A-2-2 には，1912 年以前の異なる時期の，いくつかの価格指数が示されてある。それぞれはラテンアメリカの輸入単価の近似値となる。そこで 4 つの指数の非加重平均で，ラテンアメリカの輸入価格の変化を計算することにする。最後の欄は，算出された年平均変化率を示している。これらは PPE の成長率を得るために表 3-4 の輸出額の成長率に適用された，調整要素である。

表 A-2-2　輸入の価格指数，1850年頃から1912年頃

（基準年＝100）

年	英国輸出価格	ブラジル輸入価格	チリ輸入価格	米国輸出価格	平　均	年間変化率（パーセント）
1850-1870	119	115	118	n/a	117	+0.8
1870-1890	73	75	75	n/a	74	−1.5
1890-1912	108	136	161	113	130	+1.3
1850-1912	94	117	143	n/a	118	+0.3

出所）英国のデータは Mitchell（1988），ブラジルのデータは IBGE（1987），チリのデータは Palma（1979），米国のデータは Wilkie（1990）。

表 A-2-3　輸出量の成長率，1850年頃から1912年頃

（%）

国	1850-70	1870-90	1890-1912	1850-1912
アルゼンチン[1)]	n/a	5.2	5.2	5.2
ブラジル	3.4	1.8	3.7	3.0
チ　リ	4.1	5.0	2.5	3.8
キューバ[2)]	5.6	0.3	4.7	3.5
エクアドル[3)]	2.7	2.5	3.7	3.0
メキシコ	n/a	n/a	6.5	n/a
ペルー	4.4	−4.5	7.2	2.5

注 1）データは1875-79年から1890-94年，1890-94年から1910-14年，1875-79年から1910-14年。
2）砂糖だけをもとにした。
3）カカオだけをもとにした。

出所）アルゼンチンのデータは Díaz-Alejandro（1970），ブラジルのデータは IBGE（1987），チリのデータは Palma（1979），キューバのデータは Mitchell（1983），エクアドルのデータは Rodríguez（1985），メキシコのデータは Rosenzweig Hernández（1989），ペルーのデータは Hunt（1973）。

輸出量

1912 年以前の異なる時期に関する輸出量の増加率を計算するための十分な情報を提供している国は，ごく僅かである。表 A-2-3 は，アルゼンチン，ブラジル，チリ，エクアドル，メキシコそしてペルーの結果を示している。

表 A-2-3 の数値と輸出額の増加率とを比較することで，輸出価格が上昇していたか下落していたかが明らかとなる。キューバだけが一貫して顕著な価格下落の傾向が見られるが，これは 1850 年以降の砂糖価格の推移と一致する。これ以外では，1850 年と 1912 年の間に，輸出額は輸出量よりも急速に増加した。このことは輸出価格の上昇を意味している。しかし 1870 年から 90 年の小期間には，チリ，エクアドルそれにペルーで輸出価格は下落したと思われる。

付 録 3
1913年，1928年および1980年の一人当たり国内総生産

一人当たり国内総生産（GDP）の水準は，経済実績，成長率それに国ごとの生活水準の格差を測るのに広く利用されている。全てのラテンアメリカ諸国は1950年以降一人当たりGDPの推計を発表しているが，それ以前の年の情報は殆ど体系化されていない。この付録は可能な限り整合的にあらゆる入手可能な情報を集めて，1913年，1928年それに1980年の統計量を提供している。

基本的な出典はCEPAL（1978）で，これは（キューバとプエルトリコを除く）全てのラテンアメリカ諸国の，1970年価格を利用した要素費用表示のGDPの時系列データを提示している。従ってこのGDPの数字は，純間接税分を除外したものなので，市場価格表示のGDPとは異なっている。個々の国のデータは現地通貨（1970年価格）であり，適当な為替レートを利用することで米ドルに換算することができる。ここではWorld Bank（1983）に報告されている，1970年の年間平均為替レートを利用した。これらは表A-3-1の最初の欄に記してある。

これらの為替レートは公定なので，多くの国際比較に用いられるPPP（purchasing-power-parity: 購買力平価）の為替レートとは異なっている。途上国と先進国とを比較する際には，PPP為替レートが重要である。ほぼ同程度の途上国のグループの間の比較には，PPP為替レートはあまり意味はない。とはいえPPP為替レートは，CEPAL（1978）で報告されているように，表A-3-1にも入っている。これらは一様に公定レートよりも低くなっていて，相対比（PPP為替レートに対する公定為替レートの比率）は3番目の欄に書かれてある。これは公定レートの一人当たりGDPをPPPレートのGDPに換算するのに必要な，調整要素と考えることができる。

本付録では，（第一次大戦直前の）1913年，（大恐慌直前の）1928年，（債務危機直前の）1980年の一人当たりGDPのデータを提供している。そしてこれらの基準点のデータは，本書の至る所で利用されている。CEPAL（1978）は1913年のアルゼンチンだけの，そして1928年のアルゼンチン，ブラジル，コロンビアそしてメキシコだけの，要素費用表示のGDPの推計しか載せていない。しかしながら，多くのこの他のGDPの公式そして非公式の計算がCEPALの時系列データに組み込まれることで，そのほかの国々の1913年と1928年の推計が可能となる。また，CEPAL（1978）に含まれていないキューバとプエルトリコの一人当たりGDPの大雑把な推計を組み立てることができる。かくして1913年では14カ国，1928年では15カ国に関してデータが存在する。1980年についてはラテンアメリカの20カ国とプエルトリコの一人当たりGDPを推計することができる。

1913年の14カ国のデータは，ラテンアメリカの一人当たりGDPの推定値を得るために人口により加重されている。同じ処理が1928年の15カ国になされてある。しかし1980年のラテンアメリカの推計は，20カ国にしか基づいていない。プエルトリコはこの時点までに，一人当たりGDPで，二番目に豊かな国の二倍の水準であった(表A-3-2参照）が，推計に上方バイアスがかかることを避けるために，加重平均から除外した。プエルトリコを含めると，1980年のラテンアメリカの一人当たりGDPは約3％上昇するであろう。

考察対象の3つの年のデータは表A-3-2に示してある。以下のような理由で，統計量は他の出典に見られるものとは異なるかもしれない。第一に，可能な限り，統計量は要素費用での

表 A-3-1　公定および購買力の為替レート，1970年

（1米ドル当たり）

国	公定為替レート	購買力平価為替レート	公定為替レート/購買力平価為替レート	通　貨
アルゼンチン	3.78	2.95	1.28	Peso
ボリビア	11.88	9.03	1.31	Peso
ブラジル	4.59	4.14	1.11	New cruzeiro
チ　リ	0.0122	0.01	1.22	Peso
コロンビア	18.44	10.68	1.73	Peso
コスタリカ	6.62	5.09	1.30	Colón
ドミニカ共和国	1.0	0.87	1.15	Peso
エクアドル	25.0	14.0	1.79	Sucre
エルサルバドル	2.5	1.70	1.47	Colón
グアテマラ	1.0	0.81	1.23	Quetzal
ハイチ	5.0	3.99	1.25	Gourde
ホンジュラス	2.0	1.75	1.14	Lempira
メキシコ	12.5	8.88	1.41	Peso
ニカラグア	7.0	6.41	1.09	Córdoba
パナマ	1.0	0.76	1.32	Balboa
パラグアイ	126.0	85.41	1.48	Guaraní
ペルー	38.7	30.72	1.26	Sol
ウルグアイ	0.25	0.20	1.25	Peso
ベネズエラ	4.5	3.96	1.14	Bolívar

出所）公定為替レートはWorld Bank（1983）による。購買力平価為替レートはCEPAL（1978）による。

GDPである。これは純間接税分（間接税—補助金）が除外されてあるので，市場価格のGDPよりも低くなっている。またこれは国民総生産，国民可処分所得あるいは生活水準を表示するその他の値とは異なっている。第二に，表A-3-2のデータは，基準年の選択に左右される。例えばベネズエラのGDPは，もし1970年ではなく1980年が基準年であれば，ずっと高くなるであろう。なぜなら，それは1970年代の大幅な石油価格の上昇を反映するからである。第三に，これらの結果は国内通貨を米ドルに換算する際の為替レートの選択によっても影響される。最後に，全ての出典が，人口についての同一の統計量を利用しているわけではない。これはデータを変化させる可能性があり，特に初期の時代のデータはそうかもしれない。

各国に使われた出典と方法は，以下にリストアップしてある。重複を避けるために，最初にいくつかの一般的な特徴を述べておきたい。数字は可能な限り，自国通貨の要素費用表示のGDPの3年平均を人口の3年平均で割り，それをさらに為替レートで割ったものである。従って，例えば1928年は1927年と1929年の平均である。1980年以前の人口のデータは，特に断りのない限り，Wilkie（1974）によるものである。1980年の人口データは，キューバとプエルトリコを除いてWorld Bank（1983）による。中米5カ国のデータは，表A-3-1から導き出される転換要素（公定レート/PPP為替レート）を利用して，公定為替レートに調整したBulmer-Thomas（1987），Table A.3. によるものである。

《アルゼンチン》

1913. CEPAL（1978）.
1928. CEPAL（1978）.
1980. World Bank（1983）.

表 A-3-2　要素価格による一人当たりGDP，1913，28，80年
（公定為替レートによる1970年の米ドル）

国	1913	1928	1980
アルゼンチン	537	571	1,044
ボリビア			288
ブラジル	125	160	691
チ　リ	399	501[1)]	979
コロンビア	128	158	442
コスタリカ	218[2)]	219	679
キューバ	390	298	948
ドミニカ共和国			530
エクアドル			513
エルサルバドル	112[2)]	121	278
グアテマラ	185[2)]	195	417
ハイチ			137
ホンジュラス	191[2)]	223	307
メキシコ	223[3)]	252	972
ニカラグア	155[2)]	189	288
パナマ			910
パラグアイ			620
ペルー	106	163	649
プエルトリコ	338	468[4)]	2,222[5)]
ウルグアイ	557	592[4)]	979
ベネズエラ		197	1,237
ラテンアメリカ	230	264	758

注 1）データは1929年。
2）データは1920年。
3）データは1910年。
4）データは1930年。
5）ラテンアメリカの平均には含まない。

《ボリビア》

1980. World Bank (1983).

《ブラジル》

1913. 1920年についてはCEPAL (1978) で，Haddad (1974) を利用して1913年に調整した。
1928. CEPAL (1978).
1980. World Bank (1983).

《チ　リ》

1913. 1940年についてはCEPAL (1978) で，1929年はPalma (1984)，1913年はPalma (1979) を利用して調整した。
1928. 1940年はCEPAL (1978) で，Palma (1984) を利用して1929年に調整した。
1980. World Bank (1983). 出典では1977年の市場価格のGDPを表示している。このデータは1977年の為替レート (21.529) で米ドルに換算され，その後，1970年から1977年の米国のGDPデフレーター (0.65) を利用して，1970年価格に換算されてある。

《コロンビア》

1913. CEPAL (1978) の1929年から，Maddison (1991)，Table 1. 7, p. 6に引用された，L. Zimmerman の *Arme in Rijke Landen* (1964) を利用して，1913年に調整した。

1928. CEPAL (1978).

1980. World Bank (1983).

《キューバ》

1913. データは一人当たり実質国民所得で，Brundenius (1984), Table A. 2. 1., p. 140に報告されている Alienes (1950) から，砂糖と砂糖以外の加重平均により，1913年の時価から1970年価格に調整した。砂糖価格の変動（+7.79%）は，国際連盟の1913年と米州開発銀行（Inter-American Development Bank）の1970年のそれぞれの資料より得た。砂糖以外の価格変動（+206%）は，米国の卸売物価の変動と同じと仮定した。砂糖と砂糖以外のウエイトは，1913年のGDPの純産出高の，砂糖（0.28）と砂糖以外（0.72）の割合から得た。Brundenius (1984), Table A. 2. 1, p. 140参照。これによると，1913年と1970年の間に，加重平均で150%上昇している。この上昇率を Alienes (1950) の時価の推計値に適用して，1970年価格での1913年の一人当たり実質国民所得を得た。

1928. Alienes (1950) にある，1928年の一人当たり実質国民所得（1926年価格）の，1913年の一人当たり実質国民所得（1926年価格）に対する割合を1913年の数字に適用（上述参照）して，1928年の一人当たり実質国民所得（1970年価格）を得た。

1980. データは1970年の一人当たりGDPの数字——Pérez-López (1991) ——を1970年と1980年の間の実質GDP成長率によって調整して得た。

《ドミニカ共和国》

1980. World Bank (1983). データはGDPの市場価格である。

《エクアドル》

1980. World Bank (1983). データはGDPの市場価格である。出典ではGDPを1975年価格で表示してあるので，1975年の米ドルの為替レート（25.0）に換算して，その後1970年から1975年の期間の米国のGDPデフレーター（0.727）を利用して，1970年のドル価格にした。

《ハイチ》

1980. World Bank (1983). データは市場価格のGDPである。出典ではGDPを1976年価格で表示してあるので，1976年の米ドルの為替レート（5.0）に換算して，その後1970年から1976年の期間の米国のGDPデフレーター（0.69）を利用して，1970年のドル価格にした。

《メキシコ》

1913と1928. Solís (1983), Table 3. 1, pp. 79-80をSolís (1983) とCEPAL (1978) を比較することで得た1970年のGDPデフレーターにより，1960年価格から1970年価格に調整した。1913年のデータは1910年である。

1980. World Bank (1983).

《パナマ》

1980. World Bank (1983). データは市場価格の GDP である。

《パラグアイ》

1980. World Bank (1983). データは市場価格の GDP である。出典では GDP を 1977 年価格で表示しているので，1977 年の米ドルの為替レート（126）に換算して，その後 1970 年から 1977 年の期間の米国の GDP デフレーター（0.65）を利用して，1970 年のドル価格にした。

《ペルー》

1913 と 1928. 1950 年は CEPAL（1978）で，Maddison (1991), Table 1. 7, p. 6 で報告されているように，Boloña（1981）により，1913 年と 1928 年に調整されている。1928 年のデータは 1929 年のものである。

1980. World Bank (1983). データは市場価格の GDP である。出典では GDP を 1973 年価格で表示しているので，1973 年の米ドルの為替レート（38.7）に換算して，その後 1970 年から 1973 年の期間の米国 GDP のデフレーター（0.86）を利用して，1970 年のドル価格にした。

《プエルトリコ》

1913. 1913 年から 1930 年の期間に，一人当たりの GDP は年間 1.5%上昇したと仮定する。

1928. 数字は 1930 年のもの。Dietz（1986), p. 244 は，1970 年価格での 1950 年の GDP 推定値を得た表を提示している。そのデータは 1940 年と 1950 年の間の不変価格の純所得で作られた指数で 1940 年に調整された。Dietz（1986), p. 205 参照。このデータは次に 1930 年と 1940 年の期間にはいかなる価格（時価）にも変化はないと仮定した，1930 年から 1940 年の時価でのドル表示の純所得で作られた指数を利用して，1930 年に換算された。Perloff （1950), Table 49, p. 160 参照。

1980. Dietz（1986）Table 5.1, p. 244 より。

《ウルグアイ》

1913. 1928 年と同様に，アルゼンチンと同じ割合と仮定する。

1928. データは 1930 年のもの。CEPAL（1978）の 1935 年を，1930 年と 1935 年の期間の実質 GDP の変化で調整した。Millot, Silva, and Silva (1973), Table 23 参照。

1980. World Bank (1983). データは市場価格の GDP である。出典では GDP を 1978 年価格で表示してあるので，1978 年の米ドルの為替レート（6.125）に換算して，その後 1970 年から 1978 年の期間の米国の GDP デフレーター（0.60）を利用して，1970 年のドル価格にした。

《ベネズエラ》

1928. CEPAL（1978）の 1936 年を，1928 年と 1936 年の期間の実質 GDP の変化で調整した。Rangel（1970）参照。McBeth (1983), Table 17, p. 114 に報告されてある。

1980. World Bank (1983). データは市場価格の GDP である。出典では GDP を 1968 年価格で表示してあるので，1968 年の米ドルの為替レート（4.5）に換算して，その後 1968 年から 1970 年の期間の米国の GDP デフレーター（1.076）を利用して，1970 年のドル価格にした。